삼위일체 하나님과 세계

윤 철 호 지음

장로회신학대학교 출판부

삼위일체 하나님과 세계

초판 인쇄	2011년 12월 20일
초판 발행	2011년 12월 25일

지은이	윤철호
발행인	장영일
발행처	장로회신학대학교 출판부
등 록	제4-33호
주 소	143-756 서울시 광진구 광장로5길 25-1(광장동353)
전 화	(02) 450-0795
팩 스	(02) 450-0797

ⓒ장로회신학대학교 출판부 2011

정 가	32,000원
ISBN	978-89-7369-278-1 93230

존경과 사랑으로
이 책을 우리의 큰 스승이신
故 春溪 李鐘聲 교수님께 바칩니다.

머 리 말

칼빈은 신학자의 자세는 첫 번째도 겸손이요, 두 번째도 겸손이요, 세 번째도 겸손이라고 말했다. 이 말은 특히 우리가 하나님에 관하여 말해야 할 때 가장 절실하게 공감이 가는 말이다. 유한하고 죄악된 인간이 무한하고 거룩하신 하나님에 대하여 말한다는 것은 참으로 두렵고 떨리는 일이 아닐 수 없다. 이 두려움과 떨림 때문에 구약시대의 사람들은 하나님의 이름을 직접 부르지 못하고 주(아도나이)라는 대명사를 사용하지 않았던가? 객관화될 수 없는 하나님에 관하여 객관적으로 논하고자 할 때 두려움과 떨림은 더 가중된다. 우리는 하나님에 대하여 객관적으로 논할 때조차도 언제나 하나님 앞에 서 있다는 사실을 기억하지 않을 수 없다. 우리는 실존적으로 언제나 하나님 앞에 서 있다(coram Deo). 어리석고 우둔한 우리가 하나님에 관하여 하는 말이 얼마나 부정확하고 잘못된 것일지를 생각할 때, 이 하나님의 현존 앞에서 우리는 참으로 두렵고 떨리는 마음을 금할 수 없다. "주여 불쌍히 여겨 자비를 베풀어 주시옵소서!" Kyrie eleison! 이 책은 이와 같은 하나님 앞에서의 두려움과 떨림을 가지고 하나님의 긍휼과 자비를 구하는 마음으로 씌어졌다.

어거스틴은 "삼위일체를 부인하는 사람은 구원을 잃어버릴 위험에 처하지만, 삼위일체를 이해하려는 사람은 지성을 잃어버릴 위험에 처한다"고 말했다. 이 말은 삼위일체 교리는 기독교인이 고백해야 할 핵심적 교리지만, 이 교리를 지성으로 이해하는 것은 매우 어렵다는 사실을 표현한다. 그러나 우리는 반대로 이렇게 말할 수도 있다. "삼위일체를 부인하는 사람은 지성을 잃어버릴 위험에 처하지만, 삼위일체를 이해하려는 사람은 구원을 잃어버리릴 위험에 처한다." 이 말은 삼위일체를 부인하는 것은 지성으로 하나님을 이해하려는 노력을 포기하는 것이지만, 삼위일체를 지성으로 이해하려고 하다보면 하나님의 신비에 대한 경외심과 신앙을 잃어버릴 수도 있다는 사실을 표현한다. 유한하고 어리석은 인간이 무한한 지혜 가운데 계신 하나님의 신비를 이성으로 다 이해한다는 것은 불가능한 일이다. 그렇기 때문에 많은 신학자들이 숨어계신 하나님(Deus absconditus)에 관하여 말해왔으며, 특히 동방교회가 하나님의 이해 불가능성과 그로 인한 부정신학(apophatic)을 중요한 신학적 인식론의 길로 간주해 온 것은 이상한 일이 아니다.

그럼에도 불구하고 우리에게 구원을 가져오시는 예수 그리스도와 성령의 인격적 실재 안에서 경험된 하나님의 자기 계시에 기초하여 우리는 하나님의 신비에 접근한다. "진실로 생명의 원천이 주께 있사오니 주의 빛 안에서 우리가 빛을 보리이다"(시 36:9). 하나님의 계시가 참되듯이 하나님의 계시에 기초한 우리의 하나님 인식도 참되다. 하나님은 단지 하늘의 초월적 영역에 숨어계신 분이 아니라 우리 가운데 현존하시며, 자신을 계시하시며, 우리는 그 계시적 현존을 삼위일체적으로 경험한다. 여기에 기독교의 삼위일체론의 자리가 있다. 바르트의 말을 빌면, 결코 객관화될 수 없는 절대 주체인 하나님은 자신을 우리를 위한 객체로 내어주시기까지 자유로우신 분이다. 우리 가운데 현존하시는 하나님은 우리로 하여금 하나님 자신에 대하여 알 수 있는 눈을 열어준다. 여기에 삼위일체론으로서의 기독교 신학의 인식론적 가능성이 있다.

고대교회에서 하나님에 관한 학문으로서의 신학은 삼위일체론으로부터 시작되었다. 삼위일체론은 단지 사변적인 이론이 아니라 성서에 증언된 하나님의 구원의 계시에 대한 초기 기독교인들의 경험에 기초하여 발전된 구

머리말

원론적, 형이상학적 교리이다. 고대교회 이래 삼위일체적 사고와 상징은 기독교인의 영성과 교회의 예전적 삶의 방식을 형성해 왔다. 그러나 서구의 계몽주의 이후 실증주의적 사고의 득세와 역사적 예수 연구로 인한 고기독론의 쇠퇴로 인하여 삼위일체론은 점차 신학적 관심의 중심으로부터 멀어졌다. 그리하여 삼위일체론은 종종 구시대의 낡은 사변적 교리로 간주되었다. 그러나 20세기 중반 이후 삼위일체론은 다시 신학의 중심 주제로 부상하고 있다. 특히 1980년대 이후 구미의 신학계에서는 삼위일체론에 관한 수많은 논문들과 저서들이 발표 및 출판되고 있다. 삼위일체론에 관한 오늘날의 건설적인 연구와 논의들은 기독교의 삼위일체 신학의 전통을 소중히 계승하되 오늘날의 세계관과 현실에 적합한 방식으로 재구성하기 위한 길을 찾기 위한 목적으로 전개되고 있다. 그러나 아직 한국교회와 신학계는 고대교회에서의 고전적 삼위일체론의 형성과 발전과정에 대한 정확한 이해가 부족할 뿐만 아니라 오늘날 새롭게 전개되고 있는 다양한 형태의 삼위일체론들을 심도 있게 이해하고 그것들과 대화할 수 있는 준비도 부족하다. 이 책은 이와 같은 한국교회와 신학계를 위한 조그만 기여가 되고자 한다.

　오늘날 논의되는 삼위일체론의 주된 특징은 첫째, 전통적인 서구의 실체론적 세계관이 아니라 관계론적 세계관의 관점에서 전개되고 있으며, 둘째, 동·서방 교회가 함께 참여하는 에큐메니칼적인 대화가 활발하게 이루어지고 있으며, 셋째, 교회의 공동체적 삶을 위한 원형과 역사 속에서의 하나님 나라의 종말론적 완성을 삼위일체론의 주요 주제로 하고 있으며, 넷째, 하나님과 세계를 일방적이 아닌 보다 상호적인 관계 안에서 이해할 수 있는 신학의 패러다임을 만유재신론적 삼위일체론에서 발견하며, 다섯째, 이를 위하여 자연과학 등의 학문들과의 열린 대화를 통해 만유재신론적 삼위일체론의 전망을 수립하고자 한다는 점이다.

이 책의 삼위일체론은 대체로 이와 같은 오늘날의 삼위일체론의 특징들을 반영한다. 다시 말하면, 이 책의 주된 특징은 성서의 증언에 기초한 고전적 삼위일체론의 형성과 발전의 과정을 정확하게 소개함과 아울러 에큐메니칼적인 관점에서 동·서방 교회의 삼위일체론을 상호 비판적이고 변증법적으로 통합하는 통전적인 삼위일체론의 전망을 수립하고자 함에 있으며, 무엇보다도 세상과의 상호적인 관계성 안에 계신 포월적(包越的)인 하나님의 모습을 만유재신론적 삼위일체론의 관점에서 그려보고자 함에 있다. 그리고 이와 관련하여 신학과 과학 사이의 대화를 통해서 세상 안에서의 하나님의 섭리와 행동 양태를 가능한 한 이해 가능한 방식으로 설명하고자하는 것도 이 책의 중요한 관심사이다.

제1부에서는 삼위일체론의 역사를 다룬다. 제1부는 제1장 신구약성서의 하나님과 삼위일체, 제2장 고대교회에서의 삼위일체론의 형성과 발전: 콘스탄티노플 공의회에 이르기까지, 제3장 고대의 동·서방교회의 삼위일체론, 제4장 중세와 종교개혁시기의 동·서방 교회의 삼위일체론으로 구성된다.

제2부에서는 오늘날의 삼위일체론의 동향을 소개하고 통전적 삼위일체론의 전망을 제시한다. 제2부는 제5장 오늘날의 삼위일체론의 동향: 관계론적 삼위일체, 제6장 삼위일체론의 주요 논점들에 대한 고찰, 제7장 동·서방교회의 삼위일체론과 오늘날의 관점에서의 통전적 삼위일체론, 제8장 랭던 길키의 역사적 삼위일체론: 존재, 로고스, 사랑, 제9장 토착화신학과 이정용의 토착화 삼위일체론으로 구성된다.

제3부에서는 삼위일체론과 만유재신론의 관계를 다룬다. 제3부는 제10장 고전적 유신론과 만유재신론, 제11장 현대 신학자들의 삼위일체론의 유형들과 만유재신론적 삼위일체론, 제12장 틸리히의 변증법적 만유재신론,

머리말

제13장 과정사상의 유기체적 만유재신론, 제14장 로스키의 삼위일체론과 에너지적 만유재신론, 제15장 판넨베르그의 만유재신론적 역장(영) 삼위일체론, 제16장 몰트만의 페리코레시스적, 변증법적 만유재신론으로서의 삼위일체론, 제17장 삼위일체적, 변증법적, 종말론적 만유재신론으로으로 구성된다.

제4부에서는 신학과 과학의 대화를 통해서 하나님과 세계의 관계를 새롭게 조명한다. 제4부는 제18장 만유재신론과 과학적 세계관: 아서 피콕과 필립 클레이턴을 중심으로, 제19장 하나님의 섭리에 대한 과학적 자연신학의 이해, 제20장 세계 안에서의 하나님의 행동에 대한 과학적 자연신학의 관점에서의 통전적 이해로 구성된다.

이 책에 실린 20편의 글들 가운데에는 국제학술대회 또는 국내학술대회에서 발표되었던 논문들과 학술지에 게재된 논문들을 번역 또는 수정·보완한 글이 일부 포함되어 있다. 제7장 "동·서방교회의 삼위일체론과 오늘날의 관점에서의 통전적 삼위일체론"은 국제학술대회인 「동서신학포럼」(2011, 4, 9, 서울 이화여대)에서 발표되었던 "The Trinity in the East and West, and An Integrative View from the Contemporary Perspective"를 번역한 것이며, 제9장 "토착화 신학과 이정용의 역 삼위일체론"은 「한중학술대회」(2009, 10, 30, 중국 북경대)에서 발표되었던 "한국의 신학으로서의 토착화 신학과 이정용의 삼위일체론"을 수정·보완한 글이며, 제20장 "세계 안에서의 하나님의 행동에 대한 과학적 자연신학의 관점에서의 통전적 이해"는 「전국조직신학자대회」(2007, 4, 27, 충북 영동 단해교회)에서 발표되었던 "세계 안에서의 하나님의 행동에 대한 통전적 이해"를 수정·보완한 글이다. 그리고 제10장 "고전적 유신론과 만유재신론"은 『한국조직신학논총』(2009)에 같은 제목으로, 제14장 "로스키의 삼위일체론과 에너지적 만유재신론"은 『장신논단』(2010)에 "동방정교회의 삼위일체론: 블라디미르 로스키를 중심으로"라는 제목으로, 제17장 "삼위일체적, 변증법적, 종말론적 만유재신론"은 『장신논단』(2007)에 "변증법적 만유재신론"이라는 제목으로, 제19장 "하나님의 섭리에 대한 과학적 자연신학의 이해"는 『기독교와 과학』(2002)에 "하나님의 섭리에 대한 과학적 자연신학의 접근"이란 제목으로 게재되었던 논문들을 각각 다른 제목 또는 동일한 제목 하에 수정하고 보완함으로써 보다 완성도를 높인 글들임을 밝힌다.

필자는 이 책이 부족하지만 한국 신학계의 신학적 발전과 한국교회의 신앙적 성숙을 위한 작은 초석이 되기를 희망한다. 심히 우둔하고 연약하고 무지한 자를 여기까지 인도하신 하나님의 은혜는 이루 말로 다 표현할 수 없다. 사도 바울의 고백으로 하나님의 은혜에 대한 감사의 마음을 대신한다. "그러나 내가 나 된 것은 하나님의 은혜로 된 것이니 내게 주신 그의 은혜가 헛되지 아니하여 내가 모든 사도보다 더 많이 수고하였으나 내가 한 것이 아니요 오직 나와 함께 하신 하나님의 은혜로라"(고전 15:10).

2011년 10월 24일

아차산 기슭
장로회신학대학교 연구실에서
윤 철 호

차례

머리말 ··· 4

제1부 삼위일체론의 역사

제1장 신·구약성서의 하나님과 삼위일체
1. 서론 ··· 19
2. 구약성서 ··· 20
3. 신약성서 ··· 24

제2장 고대교회에서의 삼위일체론의 형성과 발전: 콘스탄티노플 공의회에 이르기까지
1. 저스틴 ··· 40
2. 이레네우스 ··· 41
3. 터툴리안 ··· 44
4. 오리겐 ··· 46
5. 아리우스와 니케아 신조 ··· 48
6. 아타나시우스 ··· 50
7. 콘스탄티노플 공의회 ··· 53

제3장 고대의 동·서방교회의 삼위일체론
1. 가이사랴의 바실 ··· 55
2. 닛사의 그레고리 ··· 57
3. 나지안주스의 그레고리 ··· 59
4. 어거스틴 ··· 62
5. 동·서방 교회의 필리오케 논쟁 ··· 67

제4장 중세와 종교개혁시기의 동·서방 교회의 삼위일체론
1. 다마스커스의 요한 ··· 73
2. 그레고리 팔라마스 ··· 74
3. 토마스 아퀴나스 ··· 75

4. 존 칼빈 ··· 78
5. 서방교회와 동방교회의 삼위일체론의 대조적 특징들 ······················ 80

제2부 오늘날의 삼위일체론의 동향과 통전적 삼위일체론의 전망

제5장 오늘날의 삼위일체론의 동향: 관계론적 삼위일체론
1. 서론 ··· 85
2. 위르겐 몰트만: 페리코레시스적 친교적 연합(perichoretic communion) ············· 87
3. 캐더린 모우리 라쿠냐: 테올로기아와 오이코노미아의 일치 ············· 93
4. 볼프하르트 판넨베르그: 하나님 나라의 종말론적 완성의 때에 결정되는 삼위일체 ···· 99
5. 존 지지울라스: 탈자아적 개방성과 친교적 연합 안에 있는 세 위격 ·············· 105
6. 조셉 브라켄: 만유 포괄적 활동의 장으로서의 사회(위격)들의 사회 ··············· 111
7. 결론: 관계론적 위격(인격)과 관계성 안의 본질 ································· 119

제6장 삼위일체론의 주요 논점들에 대한 고찰
1. 서론 ·· 123
2. 삼위일체론의 본래적 의미:
   세계와의 관계성 안에 계신 하나님의 변증법적 존재양식과 삶의 표현 ············· 125
3. 경세적 삼위일체론과 내재적 삼위일체론 ······································ 129
4. 심리적 삼위일체론과 사회적 삼위일체론 ······································ 137
5. 삼위일체 안에서 성령의 위상과 역할 ·· 144
6. 결론 ·· 152

제7장 동·서방교회의 삼위일체론과 오늘날의 관점에서의 통전적 삼위일체론
1. 서론 ·· 155
2. 동방교회와 서방교회의 삼위일체론 ·· 157
3. 오늘날의 서방교회와 동방교회의 신학자들의 삼위일체론 ················ 163
4. 결론: 오늘날의 관점에서의 통전적 삼위일체론 ······························ 175

제8장 랭던 길키의 역사적 삼위일체론: 존재, 로고스, 사랑
1. 서론 ·· 187

2. 하나님의 섭리 · 189
  3. 소외(죄)와 기독론 · 193
  4. 하나님의 궁극적 미래: 종말론 · 197
  5. 틸리히, 화이트헤드, 니버, 정치(해방)신학과의 비교 분석 · · · · · · · · · · · · · · 201
  6. 결론 · 209

제9장 토착화 신학과 이정용의 역 삼위일체론
  1. 서론: 신학의 역사성과 토착화 신학 · 213
  2. 이정용의 토착화 신학 · 218
  3. 역(易)으로서의 하나님 · 221
  4. 『역(易)의 신학』에 나타난 삼위일체론 · 223
  5. 『아시아적 관점에서의 삼위일체』에 나타난 삼위일체론 · · · · · · · · · · · · · · · 231
  6. 결론 · 240

제3부 삼위일체론과 만유재신론

제10장 고전적 유신론과 만유재신론
  1. 서론 · 249
  2. 만유재신론의 정의와 유형들 · 251
  3. 만유재신론의 성서적 근거 · 254
  4. 고전적 유신론과 만유재신론의 주요 논점들 · 257
  5. 수정된 고전적 유신론 · 272
  6. 결론 · 275

제11장 현대 신학자들의 삼위일체론의 유형들과 만유재신론적 삼위일체론
  1. 서론 · 279
  2. 칼 바르트: "위로부터"의 계시적 삼위일체론 · 280
  3. 칼 라너: 경세적-내재적 삼위일체론 · 285
  4. 위르겐 몰트만: 열린 사회적 삼위일체론 · 288
  5. 볼프하르트 판넨베르그: 역사적-종말론적 삼위일체론 · · · · · · · · · · · · · 294
  6. 존 지지울라스: 관계적 인격의 삼위일체론 · 298

7. 캐더린 모우리 라쿠냐: "아래로부터"의 오이코노미아 삼위일체론 ·············· 303
8. 엘리자벳 존슨: 소피아 삼위일체론 ······································· 308
9. 현대 신학자들의 삼위일체론의 유형들에 대한 비판적 고찰 ·············· 312
10. 만유재신론적 삼위일체론 ·· 322

제12장 틸리히의 변증법적 만유재신론

1. 서론 ·· 333
2. 하나님의 의미와 삼위일체적 유일신론 ······································ 335
3. 존재로서의 하나님 ··· 338
4. 살아계신 하나님 ··· 341
5. 창조의 하나님 ··· 345
6. 관계의 하나님 ··· 349
7. 결론: 변증법적 만유재신론 ·· 355

제13장 과정사상의 유기체적 만유재신론

1. 서론 ·· 363
2. 알프레드 노스 화이트헤드의 유기체 철학과 신론 ························· 365
3. 찰스 하트숀의 신론 ··· 373
4. 존 캅과 데이비드 그리핀의 신론 ·· 377
5. 결론 ·· 380

제14장 로스키의 삼위일체론과 에너지적 만유재신론

1. 서론 ·· 387
2. 삼위일체 하나님 ··· 389
3. 삼위일체 하나님의 본질과 에너지 ·· 396
4. 창조세계와 인간 ··· 402
5. 아들과 성령의 경세적 사역: 구속과 신화 ································ 405
6. 신화의 길과 종말론적 완성 ·· 410
7. 결론 ·· 413

차례

제15장 판넨베르그의 만유재신론적 역장(영) 삼위일체론
1. 서론 ··· 419
2. 무한자 하나님과 유한한 세계 ·· 421
3. 하나님의 본질인 역장(力場)으로서의 사랑의 영과 삼위일체 하나님 ············ 424
4. 창조의 본성과 삼위일체적 창조 ···································· 428
5. 창조세계의 공간과 시간, 그리고 "하나의 전체 포괄적인 역장"으로서의 영 ······ 432
6. 내재적 삼위일체와 경세적 삼위일체의 일치, 그리고 창조세계 ············ 434
7. 종말론적 완성 ··· 440
8. 결론 ··· 442

제16장 몰트만의 페리코레시스적, 변증법적 만유재신론으로서의 삼위일체론
1. 서론 ··· 449
2. 십자가에 달리신 하나님 ·· 450
3. 삼위일체와 하나님 나라 ·· 453
4. 창조 안에 계신 하나님 ·· 463
5. 오시는 하나님 ··· 466
6. 결론 ··· 470

제17장 삼위일체적, 변증법적, 종말론적 만유재신론
1. 서론 ··· 473
2. 하나님과 세계의 관계: 편재와 공간 ······························ 475
3. 하나님 안에 있는 세계, 세계 안에 계신 하나님 ·········· 478
4. 하나님과 세계의 상호적 관계성 ···································· 481
5. 만유재신론적 유비와 하나님의 행동 ···························· 485
6. 만유재신론과 삼위일체론 ··· 489
7. 변증법적 만유재신론 ·· 493
8. 결론: 종말론적 만유재신론 ··· 497

제4부 하나님과 세계: 신학과 과학의 대화

제18장 과학적 세계관과 만유재신론: 아서 피콕과 필립 클레이턴을 중심으로
1. 서론 ·· 501
2. 피콕의 자연주의 만유재신론 ·· 504
3. 클레이턴의 과학적-형이상학적 만유재신론 ·· 515
4. 결론 ·· 527

제19장 하나님의 섭리에 대한 과학적 자연신학의 이해
1. 서론 ·· 535
2. 과학적 자연신학(scientific theology of nature)의 전망 ···················· 537
3. 과학적 자연신학의 관점에서의 하나님의 섭리 ·································· 546
4. 결론: 포스트토대주의적 과학적 자연신학과
   만유재신론적 하나님의 비결정론적, 목적론적 섭리 ························ 561

제20장 세계 안에서의 하나님의 행동에 대한
   과학적 자연신학의 관점에서의 통전적 이해
1. 서론 ·· 569
2. 하나님의 행동에 관한 오늘날의 논의: 양자역학과 카오스 이론 ······ 571
3. 상향식 인과율과의 상호성 안에서의 하향식 인과율로서의
   신적 행동 모델: 폴킹혼 ·· 575
4. 비결정론적, 틈-의존적(초점적) 하향식 인과율 모델: 토마스 트레이시 ············ 579
5. 개입적 하향식과 비초점적 하향식 인과율의 중도 모델: 낸시 머피 ············ 584
6. 비초점적인 전일적 하향식 인과율 모델: 아서 피콕 ·························· 587
7. 결론 ·· 591

참고문헌 ·· 601
색인 ·· 617

제1부

삼위일체론의 역사

제 1 장
신·구약성서의 하나님과 삼위일체

1. 서론

기독교인들이 믿는 하나님은 이스라엘 민족이 과거에 믿었고 또한 지금도 믿고 있는 여호와 하나님과 다른 하나님이 아니다. 이것이 기독교인들이 여호와 하나님을 믿는 이스라엘 민족의 히브리어 경전을 구약성서라는 명칭의 하나님 말씀으로 받아들이는 이유이다. 기독교는 유대교로부터 여호와 하나님만을 유일하신 참된 신으로 믿는 철저한 유일신 신앙을 물려받았다. 기독교인들이 고백하는 십계명의 첫 두 계명은 바로 구약성서의 이 유일신 신앙을 잘 보여준다.

그러나 이와 동시에 기독교의 신관은 유대교의 신관과 구별된다. 즉 기독교의 핵심적 경전인 신약성서는 구약성서와 연속성과 동시에 불연속성의 관계에 있다. 왜냐하면 기독교인들은 신약성서가 증언하는 예수 그리스도와 성령의 실재에 대한 신학적 해석에 기초하여 삼위일체 하나님을 믿기 때문이다. 유대교의 유일신 신앙과 기독교의 삼위일체 신앙 사이에는 쉽사리 소화되기 힘든 긴장과 불일치가 존재한다. 그러나 기독교 신학의 관점에서 볼 때, 삼위일체 신앙과 유일신 신앙은 결코 모순적이거나 양립 불가능한 관계에 있지 않다. 기독교의 신관은 유일신론적 삼위일체론 또는 삼위일체론적 유일신론이다. 신약성서에서 증언되는 예수 그리스도와 성령의 실재에 대한 신학적 해석을 구약성서의 유일신론의 전통 안에서 유일신론적 삼위일체론 또는 삼위일체적 유일신론의 관점에서 가능한 한 이해 가능한 방식으로 설명하는 것이 기독교 신학에 부여된 과제이다.

2. 구약성서

구약성서의 하나님은 구원자 하나님이며 동시에 창조자 하나님이다. 창조자 하나님의 모습은 창세기의 서두의 창조 이야기(창 1:1 이하)와 시편(시 19:1-4, 95:4-5, 104:2-5) 그리고 지혜문학에 잘 나타난다, 특히 지혜문학은 이스라엘의 역사 속에서의 하나님의 구원행동에 관한 구속신학이 아니라 온 세계를 창조하신 창조자 하나님의 보편적 섭리에 관한 창조신학 또는 자연신학의 특징을 잘 보여준다. 창세기의 세계창조 이후 이른바 모세 오경과 역사서와 예언서는 최초의 인간들과 족장들과 이스라엘 민족의 역사 속에서의 하나님의 구원행동에 관해서 이야기한다. 이 구원행동은 때때로 인간의 죄에 대한 심판을 포함한다. 그러나 그 심판은 심판을 위한 심판이 아니라 회개와 회복을 통해 궁극적으로 구원에 이르게 하기 위한 심판이다. 창세기의 원역사를 제외하고 구약성서의 역사 속에서 하나님의 구원은 대체로 이스라엘 민족의 구원에 집중되어 있다. 그러나 이것은 구약성서 안에서 보편적 구원사상을 찾아볼 수 없다는 것을 의미하지는 않는다.

구약성서에 있어서 하나님과 피조물, 인간, 하나님의 백성 사이에 전개되는 창조로부터 종말에 이르는 역사는 하나님의 유일성을 전제한다. 창조에서 종말까지의 모든 역사의 과정은 한 분 하나님 안에서 하나의 연관된 역사가 된다. 이스라엘 민족을 구원하시는 하나님과 세상을 창조하신 하나님은 동일한 하나님이다. 베스터만에 의하면, "창조자가 구원자와 동일하기 때문에, 보편적 지평에서 자신의 창조세계를 축복하시는 하나님이 자신의 백성을 구원하시고 심판하시는 하나님과 동일하기 때문에… 그리고 찬송할 분이 오직 한 분이며 탄원할 분이 오직 한 분이기 때문에, 하나님과 인간, 하나님과 창조세계 사이에 일어나는 모든 것 안에 일관성과 연관성이 존재한다."[1]

구약성서에서 하나님의 유일성은 무시간적인 교리적 진술이 아니다. 베스터만은 하나님의 유일성에 관한 구약성서의 진술이 세 단계에 걸쳐 발전된다고 말한다.[2] 첫 번째 단계는 첫 번째 계명에 가장 잘 나타난다(출 20, 신 5). "나는 너를 애굽 땅, 종 되었던 집에서 인도하여 낸 네 하나님 여호와니라. 너는 나 외에는 다른 신을 네게 두지 말라"(출 20:2-3). 여기서 다른 신들의 존재여부에 관한 성찰은 나타나지 않는다. 이 구절은 다른 민족은 다른 신들을 숭배한다는 사실을 전제한다. 이 계명은 이스라엘은 오직 여호와 하나님만을 주님으로 믿고 섬겨야 한다는 사실에만 관심을 집중한다.

두 번째 단계는 신명기 6장 4절 "우리 하나님 여호와는 오직 유일한 여호와이시니"에 나타난다. 이 구절은 여호와의 유일성을 개념적으로 표현하여 의식화(意識化)한다. 하나님의 하나 되심에 대한 이 고백은 다신론적인 환경 속에서 여호와 신앙을 지키기 위한 긴 투쟁으로부터 생겨났다. 예배의 예루살렘 집중은 바로 "한 하나님에 대한 한 예배"를 상징한다.

세 번째 단계는 유대의 멸망과 포로기를 배경으로 하는 제2이사야에 나타난다. 이 절망의 시기에 이스라엘 민족은 바벨론의 종교들 가운데에서 여호와 하나님에 대한 신앙을 굳게 지키고자 하였으며, 따라서 하나님의 유일성에 대한 고백이 가장 강하게 표현되었다. "나의 전에 지음을 받은 신이 없었느니라. 나의 후에도 없으리라. 나 곧 나는 여호와라. 나 외에 구원자가 없느니라"(사 43:10-11). 여기서 다른 신의 존재는 단호하게 부정된다. 하나님

---

1) Claus Westermann, *Elements of Old Testament Theology*, trans. by Douglas W. Stott (Atlanta: John Knox Press, 1982), p. 32.
2) Ibid., pp. 32-33.

이 오직 한 분이라는 것과 하나님이 역사의 하나님이라는 것은 다른 말이 아니다. 하나님이 한 분이라는 사실은 하나님과 하나님의 백성 사이의 역사의 통일성과 연속성을 결정한다.

이와 같은 배타적 유일신 사상은 이스라엘 백성과 인류와 창조세계와의 역사 속에서의 여호와 하나님의 절대적 주권에 대한 고백으로 나타난다. 제2이사야는 이스라엘의 구원자 하나님을 만물의 창조자 하나님으로 묘사한다. "너는 알지 못하였느냐 듣지 못하였느냐 영원하신 하나님 여호와, 땅 끝까지 창조하신 이는 피곤하지 않으시며 곤비하지 않으시며 명철이 한이 없으시며"(사 40:28). 이스라엘의 구원자가 만물의 창조자라는 사실은 여호와 하나님의 보편적 주권성을 함축한다. 이스라엘의 구원자가 세계 역사의 주님이며 우주의 창조자이다. 오직 여호와 하나님만이 만유의 주님이다. 만유가 그분의 통치 아래에 있다.

족장시대 이후의 오경, 역사서, 예언서를 중심으로 한 역사 이야기와 메시지는 대체로 창조자 하나님의 보편적 주권성을 이스라엘 민족의 구원과 연결시킨다. 물론 예언서들 가운데 이사야, 에스겔, 요나 등에 모든 민족의 구원에 관한 보편적 구원사상이 나타나는 것이 사실이다. 그럼에도 불구하고 대체로 이스라엘의 여호와 신앙은 모든 만물의 창조주 하나님을 무엇보다 우선적으로 계약관계를 통해 하나님의 백성으로 선택된 이스라엘 민족의 구원자로 이해한다.

매우 오랫동안 이스라엘 민족은 성서(구약성서)에 기초하여 한 분 여호와 하나님을 믿는 군주신론적 유일신 사상을 유지해왔기 때문에 과연 구약성서로부터 세 위격과 한 본체(본질)로 이루어진 삼위일체적 신관을 이끌어낼 수 있는가 하는 문제는 손쉽게 대답하기 어려운 난해한 해석학적 문제이다. 오콜린스는 "구약성서는 삼위일체를 표현하고 설명하기 위해 사용될 수 있는 범주들을 예기적으로 포함하고 있다."[3]라고 말한다. 구약성서에는 기독교에서의 삼위일체론의 형성을 위한 단초로 여겨질 수 있는 명칭 또는 개념들이 발견된다. 이 명칭 또는 개념들은 기독교에서 그 의미가 재해석 또는 변용됨으로써 삼위일체론을 구성하는 핵심적인 용어들로 사용되었다. 구약성서에는 여호와 하나님을 지시하는 명칭으로 '아버지'란 칭호가 나타난다 (사 64:8, 렘 3:19). 구약성서는 여호와와 이스라엘의 관계를 아버지와 아들의 관계로 묘사한다(출 4:22-23, 신 14:2, 렘 3:19, 호 11:1). 여호와 하나님은 이스라엘 민족을 아들로 택하고 그들과 계약을 맺음으로써 그들을 통하여 구원의 역사를 이루고자 하신다. 이 아버지 칭호는 기독교에서 세 위격 가운데 한 위격으로서의 아버지를 가리키는 용어로 변용되었다.

구약성서에는 '하나님의 영'이란 단어가 400여회 나온다. 바람 또는 숨을 의미하는 영(루아흐)은 역사 안에서 활동하는 하나님의 능력을 지시한다. 영은 종종 인격적 존재로 나타나기도 한다. 그러나 이스라엘의 철저한 유일신 신앙에 있어서 대체로 영은 구별된 신적 인격이라기보다는 신적 속성을 의미한다. 영은 세계 안에서의 하나님의 현현과 능력있는 활동을 지시한다.[4] 구약성서에서 영은 모든 하나님의 백성들에게 보내어질 미래의 선물로 기대되었다(욜 2:28 이하; 겔 11:19; 36:26; 37:12; 슥 12:10). 인도하고, 교훈하고, 탄식하는 것과 같은 인격적 특성을 가진 영에 대한 관념의 발전은 하나님의 신성 안에 인격의 복수성을 생각할 수 있는 토양을 형성하였다. '하나님의 영'은 신약성서에서 '그리스도의 영'으로도 불렸으며, 고대교회에서 삼위일체의 세 위격 가운데 하나인 성령이 되었다.

히브리 개념인 '지혜(호크마)'도 삼위일체론의 형성을 위한 중요한 배경적 의미를 갖는다. 구약성서의 지혜문서에서 지혜는 인격화되어 나타난다 (잠 8-9장). 지혜는 창조에서 중요한 역할을 하였으며, 종종 율법과 동일시되며, 하나님과 구별된 신적 존재처럼 묘사된다. 그러나 구약성서에서 영과 마

---

3) Gerald O'Collins, *The Tripersonal God: Understand and Interpreting the Trinity* (London: Geoffrey Chapman, 1999), p. 11.
4) Ibid., p. 32.

찬가지로 지혜도 여호와 하나님과 나란히 존재하는 구별된 인격적 실재는 아니다. 왜냐하면 이스라엘의 유일신 신앙에 있어서 여호와 이외의 다른 신적 존재란 가능하지 않기 때문이다. 그럼에도 불구하고 신약성서 저자들은 (바울, 요한) 지혜 개념을 예수 그리스도를 지칭하기 위한 기독론 명칭으로 전유하였다. AD 100년경에 이르러 요한복음 저자는 히브리 개념인 지혜를 헬라의 로고스 개념과 동일시하고 아버지와 구별된 신적 인격으로서의 아들 예수 그리스도에 대한 선재적 고기독론을 발전시킴으로써 후대의 삼위일체론의 형성과 발전을 위한 성서적 전거를 마련하였다.

이와 같이 세 인격적 하나님의 존재를 표현하기 위한 신약성서와 신약성서 이후의 기독교의 언어는 구약성서로부터 기원한다. 구약성서에 나타나는 영과 지혜의 인격화는 결과적으로 세 인격적 신적 실재의 출현을 위한 기초를 놓은 셈이 되었다. 웨인라이트가 말한 바와 같이, 포로기 후기의 유대인들은 이미 신성 안에 복수성이 있다는 관념을 가졌으며, 따라서 "통일성 안에 복수성이 있다는 관념이 이미 유대교 신학 안에 함축되어 있었다."[5] 그러나 구약성서의 영과 지혜 개념은 예수의 삶, 죽음, 부활, 그리고 성령의 강림과 내주에 대한 초기 기독교인들의 경험의 빛 안에서 심대하게 수정되어야 했다. 구약성서의 이스라엘이 신적 인격의 연장을 경험했다면, 신약성서의 기독교인들은 연장된 신적 인격 안에서의 상호작용을 경험했다. 이 둘은 모두 고대교회에서의 삼위일체론의 종국적 출현을 위한 배경이 되었다.

3. 신약성서

구약성서의 하나님과 신약성서의 하나님은 동일성과 차별성의 이중적 관계에 있다. 신약성서의 하나님은 구약성서의 엘과 여호와 하나님, 즉 태초

---

5) Arthur Wainwright, *The Trinity in the New Testament* (London: SPCK, 1963), p. 37.

에 세계와 인간을 창조하셨으며. 족장들의 삶의 여정 속에서 아브라함과 이삭과 야곱과 모세의 하나님으로 자신을 나타내셨으며, 이스라엘 민족의 역사 속에서 구원과 심판의 하나님으로 나타나신 하나님과 동일한 하나님이다. 반면 신약성서의 하나님은 예수 그리스도 안에 결정적으로 계시된 아빠 아버지 하나님이며, 인간을 구원하기 위해 아들을 십자가에 내어 주신 자기희생적인 사랑의 하나님이다.

구약성서는 본래적으로 보편적인 창조자 하나님에 관한 창조신학의 틀거리를 가지고 있음에도 불구하고 여호와 하나님에 대한 이스라엘의 신앙은 족장시대 이후 대체로 자기 민족의 구원(심판)에 집중되어온 반면, 신약성서에서 예수 그리스도의 아버지 하나님의 구원행동은 전 인류를 향해 열려있다. 신약성서의 하나님은 단지 이스라엘의 민족의 하나님이 아니라 보편적 하나님, 즉 모든 인류와 온 우주의 하나님이다. 예수 그리스도와 성령 안에서 하나님은 이스라엘 민족을 넘어서 전 인류의 구원을 위해 행동하시며, 종말론적으로 만물을 완성하시고 새 하늘과 새 땅을 창조하신다.

(1) 아버지 하나님과 아들 예수

신약성서의 사건들 가운데 삼위일체론의 출현을 위한 가장 중요한 사건은 예수의 부활이다. 부활은 예수의 주되심을 확증했으며, 부활로 말미암아 그리스도의 신성이 복음의 핵심적 진리가 되었다. 부활하신 예수를 만나 회심했던 바울은 예수 그리스도를 '주'(큐리오스)라고 불렀다. 히브리어로 '주'(아도나이)는 여호와 하나님을 가리키는 대명사이다. 이 '주' 명칭의 사용은 초기 기독교가 이른 시기부터 예수 그리스도의 신성에 대한 믿음을 가지고 있었음을 입증한다. 래리 후타도는 바울이 고전 18:22에서 인용했던 아람어 기도인 "마라나타(주여 오시옵소서)"에 주목한다. 이 아람어 기도가 유래했을 팔레스타인 지역을 넘어서 헬라어를 말하는 공동체인 고린도에서 사용되던 이 기도 구절을 바울이 인용하고 있다는 사실은 예수를 주로 즉 하나님과 동등된 신적 존재로 고백하는 신앙이 매우 이른 시기에 시작되었음을 지시한다. 후타도에 의하면, 여기서 예수 그리스도는 오직 하나님에게만 표현되는 존경심과 함께 공동체적이고 예전적인 기도의 형태 안에서 불러지고 있다.6)

구약성서에서 여호와 하나님을 가리키는 '아버지'는 신약성서에서 그의 아들 예수 그리스도의 아버지가 되었다. 하지만 공관복음서에 있어서 하나님으로서의 아버지와 인간으로서의 아들 예수 사이에 분명한 질적 차이가 발견된다. 즉 예수는 하나님처럼 절대적으로 선하지도 않고 또 전지하지도 않다. "예수께서 이르시되 네가 어찌하여 나를 선하다 일컫느냐 하나님 한 분 외에는 선한 이가 없느니라"(막 10:18). "그러나 그 날과 그 때는 아무도 모르나니 하늘의 천사들도, 아들도 모르고 오직 아버지만 아시느니라"(마 24:36). 이러한 구절들은 공관복음서 저자들이 여호와 하나님 한 분만을 유일한 참된 신으로 믿고 섬기는 전통적인 유대의 유일신 신앙 전통 안에서 형성된 유대적 기독론 모델 즉 다윗과 같은 왕이나 모세와 같은 예언자로서의 메시아 모델을 따라 예수를 이해하고 있음을 보여준다.

그러나 후기에 씌어진 복음서인 요한복음은 예수 그리스도를 영원한 말씀(로고스)과 동일시한다. 말씀은 하나님(아버지)과 동등한 신적 존재로서 하나님과 하나이며 동시에 하나님과 구별된다. "태초에 말씀이 계시니라 이 말씀이 하나님과 함께 계셨으니 이 말씀은 곧 하나님이시라"(요 1:1). "하나님과 함께 계셨으니"라는 구절은 하나님과 구별된 말씀의 선재성을 표현하고, "하나님이시라"는 구절은 하나님과 말씀의 하나 됨과 동등성을 표현한다. 창조 이전에 선재한 말씀(로고스)은 만물을 창조했다(요 1:1, 3). 예수는 육신이 된 말씀이다(요 1:14). 예수 안에 성육신한 말씀은 하나님의 독생자

---

6) Larry W. Hurtado, "Lord," *Dictionary of Paul and His Letters*, ed. Gerald F. Hawthorne (Downers Grove, IL.: InterVersity Press, 1993), pp. 560-69.

이다(요 1:18).7)

요한복음에서 예수의 하나님의 아들 됨은 아버지 하나님과 동등한 말씀(로고스)을 의미한다. 아버지처럼 아들 예수도 사람들에게 영생을 가져다준다. 왜냐하면 아들 예수와 아버지 하나님은 하나이기 때문이다. "나와 아버지는 하나이니라"(요 10:30). 예수를 본 것은 아버지를 본 것이다(요 14:9). 예수와 아버지는 상호 내주한다. "아버지여, 아버지께서 내 안에, 내가 아버지 안에 있는 것 같이 그들도 다 하나가 되어 우리 안에 있게 하사…"(요 17:21, 또한 요 14:20). 예수는 자신을 하나님과 같은 믿음의 대상으로 동일시한다. "하나님을 믿으니 또 나를 믿으라"(요 14:1). 예수는 또한 자기 자신을 아들인 자기를 믿는 자에게 영생을 주고 믿지 않는 자를 심판하는 심판자로 묘사한다(요 5:20-29). 이와 같이 요한복음에서 아들 예수는 아버지 하나님과 동등한 신적 존재로 나타난다.

이미 신약성서 시기의 기독교 공동체에서 주로서 예수에 대한 숭배가 시작되었던 것으로 보인다. 많은 신약성서의 구절들이 주 예수 그리스도에 대한 찬양을 표현한다(벧후 3:18; 계 1:5-6). 순교의 현장에서 스데반은 주 예수에게 기도를 드렸다(행 7:59-60). 초기의 기독교인들은 주 예수의 다시 오심을 간구하는 기도를 드렸다. "우리 주여 오시옵소서"(고전 16:22; 계 22:20). 예수에 대한 이러한 숭배와 기도는 예수가 하나님(아버지)과 동등한 존재로 간주되었음을 의미한다. 유대교의 유일신 신앙을 지녔던 초기의 유대인 기독교 공동체 안에서, 아버지 하나님(여호와)에 대한 옛 신앙과 하나님의 아들 주 예수 그리스도에 대한 새로운 신앙이 공존했다. 따라서 신약성서 안에서 예배의 초점은 이위적(binitarian)이었다. 예수에 대한 초기 교회

---

7) 제임스 던은 온전한 의미의 그리스도의 인격적 선재 사상은 바울에게는 나타나지 않고 오직 히브리서와 요한복음에만 나타난다고 주장하는 반면, 후타도는 그리스도의 선재 사상이 바울의 교회에 분명히 나타난다고 주장한다. James D. G. Dunn, *Christology in the Making: A New Testament Inquiry into the Origin of the Doctrine of the Incarnation* (Philadelphia: Westminster Press, 1980), p. 117 이하; Larry W. Hurtado, "Pre-Existence," *Dictionary of Paul and His Letters*, ed. Hawthorne, p. 746.

의 예배는 구약성서의 유일신론의 신앙의 범주 안에서 행하여졌다. 그러나 예수에 대한 예배는 전통적인 유대교의 신앙의 범주 안에서는 설명하기 어려운 새로운 신앙의 출현을 의미한다. 따라서 초기 교회의 문제는 어떻게 이 두 신앙을 유대의 유일신론의 맥락 안에서 설명하는가 하는 것이었다.

후타도는 그리스도 숭배는 유대인 기독교 공동체에서 "첫 몇 년 안에 거의 폭발적으로 신속하게" 시작되었기 때문에, "기독론의 발전과정이 확인가능한 단계들을 거쳐 그리스도에게 신적 위상을 부여하는 단계에까지 이르게 되었다는 정교한 이론들은 증거에 의해 논박된다"[8]고 주장한다. 이 견해에는 어느 정도의 진실이 담겨져 있다. 그러나 이 주장에 대하여는 보완적 수정이 필요하다. 예수에 대한 숭배가 기독교 운동의 매우 이른 시기에 시작되었으며, 이러한 현상이 그 현상을 유대교의 유일신론의 맥락 안에서 설명하고자 했던 이론적 시도들을 선행하여 일어났다는 것은 아마도 사실일지 모른다. 그러나 예수의 숭배 자체가 곧 하나님과 동등된 예수의 신성에 대한 신앙을 의미하는 것은 아니다. 제2성전기 유대주의에서는 천사적/천사형태론적 중간적 존재들에 대한 사변이 발전되었다.[9] 이 시기의 유대사회에 있어서 중간적 존재들에 대한 언어는 세상 안에서의 하나님의 현존, 현현, 활동을 표현했다. 즉 이 천상의 중간적 존재들은 하나님을 대신하여 하나님의 백성을 위해 하나님의 뜻을 행하는 신적 대리자 또는 종이다. 이 중간적 존재들은 결코 하나님과 동등한 존재로 간주되지는 않았다. 하나님은 이 모든 존재들의 주님으로서 이들을 다스리고 명령하신다. 이 존재들은 하나님과 동등하

---

8) Larry W. Hurtado, "Christology," *Dictionary of the Later New Testament and Its Developments*, ed. Ralph P. Martin and Peter H. Davids (Downers Grove, IL.: InterVersity Press, 1997), pp. 178-79.
9) 천사적 존재로는 미가엘, 가브리엘, 야호엘과 같은 주요한 천사들이 있으며, 천사형태론적 존재로는 메시아적 왕, 제사장, 예언자, 아담, 에녹, 노아, 아브라함, 야곱/이스라엘, 요셉, 모세, 다윗, 엘리야, 인자, 영들이 있다. 구약성서에서 이러한 천상의 중간적 존재들에 대한 기술은 이사야 9:5(6), 아모스 4:13, 예레미야애가 4:20, 민수기 24:17, 예레미야 23:5, 스가랴 3:9; 6:12, 시편 72; 110:3 등에 나타난다. 천사적/천사형태론적 중간적 존재들에 관해서는 C. A. Gieschen, *Angelomorphic Christology: Antecedents and Early Evidence*, AGAJU 42 (Leiden: Brill, 1998)를 참고하라.

지는 않지만 하나님과 분리된 존재라는 점에서 지혜, 말씀, 영 등과 같은 인격화된 신적 속성과는 구별된다. 제2성전기의 유대교 정통주의는 유일신론을 확고하게 고수했으며 한 분 하나님께만 예배하였다. 하지만 신적 지위로 고양된 많은 중간적 존재들 역시 때때로 일반 대중들에게 경외와 찬양의 대상이 되었던 것으로 보인다. 따라서 기독교 이전의 유대주의에 이미 메시아를 하나님과 동등하지는 않은 천상의 신적 존재로 이해할 수 있는 사고의 틀이 마련되었다고 할 수 있다. 물론 이것은 곧바로 초기 기독교 공동체가 예수를 유대적인 천상의 중간적인 신적 존재로 숭배했다는 것을 의미하지는 않는다. 그러나 적어도 이것은 후타도의 주장처럼 예수의 숭배가 곧 예수와 하나님의 동등됨에 대한 신앙을 전제하는 것은 아니라는 것을 의미한다.

또한 후타도의 주장처럼 예수 숭배가 초기 기독교 공동체에서 "폭발적으로 신속하게" 시작되었다고 하더라도, 이 예수 숭배를 유대교의 유일신론의 맥락 안에서 설명해야 하는 초기 교회의 과제는 "폭발적으로 신속하게" 수행될 수 있는 것이 아니다. 예수에 대한 예배가 여러 장소에 존재했던 다양한 기독교 공동체들에서 동시적으로 시작되었다는 증거는 없다. 또한 예수 숭배에 수반되는 기독론의 형성은 "폭발적으로 신속하게" 이루어진 것이라기보다는 다양한 공동체의 삶의 자리에서 여러 시기에 걸쳐서 진행되었으며, 따라서 그 과정에 어느 정도 식별 가능한 단계적 발전의 특징이 발견된다고 주장하는 것은 잘못된 것이 아니다.

실제로 초기 기독교의 고기독론의 형성은 천사적/천사형태론적 중간적 존재들의 관점에서 이루어졌다기보다는 지혜, 말씀, 영, 등의 인격화된 신적 속성의 관점에서 이루어진 것으로 보인다. 예수를 아버지 하나님과 동일한 신적 지위로 고양시키는 고기독론은 부활전승(빈 무덤전승과 현현전승)이 형성되거나 전해진 공동체에서, 그리고 유대의 지혜전통의 영향이 강한 곳에서 먼저 이루어졌을 것이다. 그러나 역사적 예수의 유한한 인간성에 대한 기억이 생생하게 남아있던 공동체, 부활전승을 알지 못하거나 늦게 전해 받은 공동체, 그리고 다윗의 후손으로서의 왕적 메시아 모델 또는 성령이 충만한 마지막 때의 모세와 같은 종말론적 예언자 모델과 같은 전통적인 이스라엘의 메시아사상이 여전히 큰 영향력을 발휘하고 있었던 공동체에서는 예수를 하나님과 동등한 신적 존재로 숭배하는 고기독론의 형성이 쉽지 않았을 것이다. 예를 들면, 부활전승을 알지 못했던 마가복음에서는 전통적인 이스라엘의 성령이 충만한 종말론적 예언자로서의 메시아 기독론 모델이 나타나며, 마태복음에서는 다윗의 후손으로서의 왕적 메시아 기독론 모델이 나타난다.

예수를 신적 존재로 이해하는 고기독론의 형성에 관한 최근의 연구들은 유대의 지혜전통과 그 영향에 집중된다.10) 지혜전통에서 지혜는 대체로 하나님과 분리되어 실재하는 신적 위격이라기보다는 하나님 자신의 백성에 대한 신적 계시와 세상 안에서의 신적 행동을 표현하기 위한 문학적 인격화라고 할 수 있다. 제임스 던에 의하면 기독교 이전의 유대교가 지혜를 여호와로부터 독립적인 신적 존재로 이해했을 가능성은 없다. 이 언어는 그 당시의 보다 폭넓은 사변의 언어지만, 유대교의 유일신론 안에 있었다.11) 던은 히브리 사고가 하나님에 관해 이미 위격적 구별을 했다는 것은 입증되지 않으며, 신적 위격으로서의 지혜 개념은 훨씬 후의 고대 교회의 삼위일체론적 논쟁의 과정에서 외부로부터 도입된 개념이라고 본다.12)

바울은 구약성서의 유일신론 전통을 굳게 유지함(고전 8:5-6)과 동시에 또한 구약성서와 유대의 지혜문학의 관점에서 그리스도를 태초부터 하나님과 함께 계신 만물의 창조자로 고백한다(고전 8:6, 골 1:15-17). 바울의 글들은 그리스도의 신성을 고백하는 고기독론을 잘 보여준다. 그러나 바울의 고

---

10) 지혜전통을 보여주는 문헌들은 구약성서의 욥기 28장, 잠언 8:22-31, 구약성서 외경인 시락 24장, 바룩 3:9-4:4, 솔로몬의 지혜 6:12-11:1, 구약성서 위경인 에녹 1서 42장, 그리고 필로의 글 등이다.
11) James D. G. Dunn, *Christology in the Making: a New Testament Inquiry into the Origins of the Doctrine of the Incarnation* (London: SCM, 1989), p. 176.
12) Ibid., p. 174.

기독론이 유대교의 유일신론의 범주를 넘어서는 것으로 간주될 필요는 없다. 바울에게 있어서 지혜는 아버지 하나님과 구별된 제2의 실재로서 하나님과 동등한 위격적 존재라기보다는 유대의 지혜문학에서처럼 세상 안에서의 하나님의 현존과 활동에 대한 인격적 표현 또는 인격적으로 표현된 하나님의 자신의 경륜적 속성이라고 할 수 있다. 따라서 유대교의 율법학자였던 바울의 지혜 기독론은 여전히 유대교의 유일신론의 틀 안에 머물러 있었던 것으로 보인다. 그럼에도 불구하고 이른 시기부터 시작된 초기 기독교 공동체(그리고 바울이 속해 있었던)에서의 주 예수 그리스도에 대한 경배는 전통적인 유대교의 유일신 신앙의 틀에서는 해명하기 어려운 모호성을 안고 있었던 것이 사실이다. 하나님(아버지)과 위격적으로 구별되는 말씀(로고스)로서의 선재적 고기독론의 출현이 확인되는 곳은 가장 후기에 씌어진 복음서인 요한복음이다.

요약하면, 이스라엘의 전통적인 메시아 사상(왕, 예언자)에 기초한 공관복음서의 기독론에서, 유대적 지혜전통을 반영하는 바울의 고기독론을 거쳐, 유대적 지혜 개념과 헬라적 로고스 개념을 결합시킨 요한복음의 선재적 고기독론에 이르기까지, 신약성서에 나타난 초기교회의 기독론의 특징들은 다양하다. 이것은 성서시대에 있어서 예수 숭배와 기독론의 형성이 어느 한 시기와 장소에서 단번에 이루어진 것이 아니라 다양한 교회 공동체들의 다양한 삶의 자리에서 여러 시기에 걸쳐 다양한 형태로 진행되었음으로 보여준다. 따라서 기독론 유형에 있어서 어느 정도 단계적인 발전과정이 식별 가능하다고 주장하는 것은 전혀 틀린 말이 아니다. 신약성서의 다양한 기독론 모델 가운데 가장 후기에 씌어진 요한복음의 선재적 말씀 또는 하나님의 아들 기독론은 후대의 고대교회에서의 삼위일체론의 형성을 위한 독보적인 성서적 규범으로 기능하였다.

(2) 하나님의 영과 그리스도의 영으로서의 성령

신약성서의 관심은 아버지 하나님과 메시아, 주, 아들, 말씀 등으로 고백되는 예수의 관계에 집중된다. 특히 바울의 글에서 '하나님'은 아버지를 가리키고 '주'는 아들 그리스도를 가리킨다(롬 10: 9, 13; 고전 8:6, 12:3; 고후 4:5). 십자가의 죽음으로부터 다시 부활한 그리스도의 주 되심은 초기 기독교인들이 선포했던 케리그마의 핵심적 내용이다(행 2:36; 빌 2:9-11). 그러나 신약성서에는 가시적인 경배와 기도의 대상으로서의 신적 존재와 구별되는 또 하나의 신적 실재 즉 성령이 나타난다. 비가시성과 익명성으로 인하여 성령의 현존은 쉽게 드러나지 않는다. 그러나 바울과 초기 기독교인들의 삶에 있어서 성령은 매우 강력한 구원의 능력으로 현존하고 활동하는 신적 실재로 경험되었다.[13] 오순절 성령의 강림 사건은 초기교회의 탄생을 가져왔을 뿐만 아니라 그리스도의 복음을 전파하기 위한 교회의 선교적 삶의 근본적인 원동력이 되었다.

신약성서는 성령을 직접 하나님이라고 부르지는 않지만 성령에게 신적 속성을 돌린다. 예수는 성령에 의해 잉태되었다. 예수가 요단강에서 세례를 받을 때, 성령이 그에게 내려왔다(눅 3:22). 메시아 또는 그리스도로서의 예수의 사역은 성령의 능력으로 말미암았다. 그러나 부활 이후 성령은 그리스도의 조력자로 묘사된다. 요한복음에서 예수는 아버지에게 "또 다른 보혜자" 즉 성령을 보내줄 것을 요청한다(요 14:16). 뿐만 아니라 예수는 또한 자신이 아버지로부터 성령을 보내겠다고 말한다(요 15:26, 16:7). 그리고 얼마 후 예수는 숨을 내쉬어 성령을 제자들에게 주면서 그들을 세상으로 파송한다(요 20:21-22). 성령은 사도들을 진리로 인도한다. 성령은 자신이 아버지로부터 아들에 관하여 들은 것을 그들에게 가르친다. 성령은 스스로를 드러내지 않는다. 왜냐하면 성령은 자신이 아니라 그리스도에게 모든 관심을 돌

---

13) 바울은 자신의 서신들에서 성령을 가리키는 '프뉴마'란 단어를 115번이나 사용한다.

리기 때문이다. "진리의 성령이 오시면 그가 너희를 모든 진리 가운데로 인도하시리니 그가 스스로 말하지 않고 오직 들은 것을 말하며 장래 일을 너희에게 알리시리라. 그가 내 영광을 나타내리니 내 것을 가지고 너희에게 알리시겠음이라"(요 16:13-14). 성령은 예수가 주님이라는 고백을 가능하게 한다(고전 12:3).

신약성서의 주된 관심은 아버지 하나님과 아들 예수 그리스도에 집중되어 있지만 그럼에도 불구하고 삼위적인(triadic) 형태의 표현들이 나타난다. 지상명령에서 예수는 제자들에게 모든 민족을 제자로 삼고 "아버지와 아들과 성령의 이름으로" 세례를 베풀라고 명령한다(마 28:19). 바울은 종종 성령을 아버지와 주 예수 그리스도와 동등하게 언급한다. "은사는 여러 가지나 성령은 같고 직분은 여러 가지나 주는 같으며 또 사역은 여러 가지나 모든 것을 모든 사람 가운데서 이루시는 하나님은 같으니"(고전 12:4-6). "주 예수 그리스도의 은혜와 하나님의 사랑과 성령의 교통하심이 너희 무리와 함께 있을지어다"(고후 13:13). 바울은 성령을 "하나님의 영"으로 표현하기도 하고 "그리스도의 영"으로 표현하기도 한다. "만일 너희 속에 하나님의 영이 거하시면 너희가 육신에 있지 아니하고 영에 있나니 누구든지 그리스도의 영이 없으면 그리스도의 사람이 아니라"(롬 8:9).[14] 신약성서의 어느 곳에서도 직접적으로 성령을 하나님이라고 부르고 있지는 않지만, 이와 같은 구절들은 아버지 하나님과 아들 주 예수 그리스도와 동등한 성령의 신적 위상을 함축한다.

신약성서에 나타나는 삼위적 형태의 표현은 한 모델로 고정되어 있지 않다. 로버트 레담은 다양한 삼위적 형태의 모델을 열거한다.[15] 가장 두드러진 삼위적 형태는 '아버지로부터 아들을 통하여 성령 안에서(또는 성령에 의해

---

14) 이 외에도 삼위적 형태의 표현이 나타나는 구절들은 다음과 같다. 롬 5:1, 5; 8:5-11; 15:30; 고전 8:11; 6:12-20; 고후 1:21-22, 갈 4:4 6, 히 9:14; 벧전 1.1-2 등.
15) Robert Letham, *The Holy Trinity: In Scripture, History, Theology, and Worship* (Phillipsburg: P&R Publishing, 2004), p. 68.

서)'(아버지-아들-성령)의 모델이다. 이 형태는 하나님의 구원의 사역과 예수의 지상명령에 의한 세례 형식에 잘 나타나며, 고대교회의 교부들에 의해 규범적인 삼위일체 모델로 정립되었다. 그러나 예배와 기도를 통해 하나님의 구원을 경험하며 살아가는 기독교인의 전 삶의 관점에서 볼 때, 이 삼위적 형태는 '성령에 의해 아들을 통해 아버지에게'(성령-아들-아버지)의 모델이 된다. 바울도 '성령-아들-아버지'의 모델을 보여준다(고전 12:4-6; 엡 4:4-6).

공관복음서에는 '아버지-성령-아들'의 모델이 나타난다. 예수가 요단강에서 세례를 받을 때, 성령이 아버지로부터 나와 그에게 임재했다. 이 '아버지-성령-아들' 형태의 모델은 성령에 의한 예수의 잉태와 성령의 능력에 의한 예수의 메시아적 사역에 지배적으로 나타나는 모델이다. 다른 한편, 바울의 사도적 축복은 '아들-아버지-성령'의 모델을 보여준다(고후 13:13). 이것은 아들이 아버지를 계시하고 성령의 선물을 약속하는 요한복음의 모델과 일치한다.

신약성서에 나타나는 성령 이해의 중요한 특징은 하나님의 영이 예수의 부활 이후에 하나님의 영뿐만 아니라 그리스도의 영으로도 표현된다는 점이다. 예수의 수세 시에 그에게 임하였던 하나님의 영(아버지-성령-아들)이 부활 이후에는 그리스도에 의해 세상으로 보내지는 그리스도의 영이 된다(아버지-아들-성령). 즉 '아버지-성령-아들' 모델이 '아버지-아들-성령' 모델로 전환된다. 이러한 전환은 부활 이후에 예수가 주로 고양됨에 의해 수반된다. 고대교회 이래 '아버지-아들-성령' 모델은 교회의 정통적 모델이 되었다. 그러나 이 모델은 성령이 예수에게 임재하고 예수가 성령을 따라 행동하는 '아버지-성령-아들' 모델에 의해 균형이 맞추어질 필요가 있다.

(3) 유일신론과 삼위적 관계

신약성서 저자들은 예수처럼 모두 유대인들이었으며 당연히 유대교의 유일신 사상을 물려받았다. 삼위일체론의 문제는 근본적으로 기독론의 문제로부터 파생된다. 매우 이른 시기의 초기교회에서 이미 예수를 주(아도나이, 퀴리오스)로 경배하는 예배의식이 생겨났지만, 이것이 곧 초기 기독교인들이 유대교의 유일신 신앙을 떠났다는 것을 의미하는 것은 결코 아니다. 유대교 율법사였던 바울은 유대의 지혜사상의 전통 안에서 예수를 주로 고백하는 고기독론을 발전시킨 반면, 공관복음서 저자들은 대체로 유대교 전통의 메시아 사상의 전통 안에서 예수를 그리스도로 고백했다. 여기서는 인성을 고백하는 저기독론의 전통이 비교적 잘 드러난다.16) 한편, 가장 후대에 헬라세계에서 씌어진 요한복음에서는 유대의 지혜개념과 헬라의 로고스 개념이 결합된 선재적 고기독론이 등장한다. 여기서 말씀(로고스) 또는 하나님의 아들은 하나님과 하나이면서 동시에 구별되는 선재적인 신적 위격을 의미한다.

신약성서는 아버지 하나님과 아들 예수 사이의 이위적(binitarian) 관계뿐만 아니라 아버지와 아들과 성령 사이의 삼위적(trinitarian) 관계도 보여준다. 이러한 이위적 또는 삼위적 관계에 대한 이해의 발전을 위한 결정적으로 중요한 사건은 예수의 부활과 성령강림 사건이었다. 그러나 이 발전은 단번에 이루어진 것이 아니라 여러 시기에 걸쳐 이루어진 것이다. 이 발전은 단지 일직선적인 단계적 과정이 아니라 복합적인 다원성을 포함하는 해석학적 과정에 의한 것이다. 그러나 각 시기의 다양한 공동체의 삶의 자리로부터 형성된 어느 정도 단계적인 유형의 특징을 전혀 찾아볼 수 없는 것은 아니다.

신약성서에서 아버지 하나님과 아들 예수의 관계는 메시아적(왕, 예언

---

16) "네가 어찌하여 나를 선하다 일컫느냐 하나님 한 분 외에는 선한 이기 없느니라"(막 10:18), "그러나 그 날과 그 때는 아무도 모르나니 하늘의 천사들도, 아들도 모르고 오직 아버지만 아시느니라"(마 24:36), 그리고 막 3:5, 14:34 등.

자) 저기독론(공관복음서)과 지혜적 고기독론(바울)의 단계를 거쳐 로고스적 선재적 고기독론(요한복음)으로 발전되는 과정을 보여준다. 아버지와 아들과 성령의 관계는 예수의 십자가와 부활 이전에는 '아버지-성령-아들'의 모델(공관복음)로 나타나지만 예수가 부활 이후 주(하나님의 아들)로 고양된 이후에 '아버지-아들-성령'(바울, 요한)의 모델로 전환된다. 하지만 신약성서에 삼위적 관계의 고정된 모델이란 없다. 신약성서에서 삼위적 관계의 패턴은 성령의 능력에 의한 예수의 사역, 부활 이후에 예수가 제자들에게 성령을 줌, 그리고 오순절과 그 이후의 기독교인들의 성령체험과 구원의 경험 등에 각각 의존한다. 신약성서에 고정된 삼위적 관계의 모델이 존재하지 않는다는 사실은 한 신성 안의 세 신적 실재의 동등성에 대한 믿음을 함축한다고 볼 수도 있다. 그러나 신약성서 안에는 세 신적 실재의 관계에 대한 이론적 설명도 존재하지 않으며, 어떻게 세 신적 실재에 대한 믿음이 유일신 신앙과 조화될 수 있는지에 대한 논리적 해명도 존재하지 않는다.

공관복음서는 삼위적 진술을 함에 있어서 유대의 유일신론과의 관계에서 야기되는 문제에 대한 인식을 보여주지 않는다. 웨인라이트에 따르면, 비록 바울, 히브리서 저자, 그리고 요한이 유일신론적 배경 안에서 삼위적 관계가 야기하는 문제를 의식하고 있음에도 불구하고, 신약성서에서 삼위적 문제를 분명히 이해하고 이에 대한 설명을 시도하는 곳은 오직 요한복음이다.[17] 웨인라이트의 주장처럼 요한복음이 삼위적 문제를 분명히 이해하고 이에 대한 설명을 시도한다고 단정할 수 있는 확실한 근거는 없다. 하지만 우리는 "태초에" 말씀이 "하나님과 함께" 계셨으며 이 말씀이 곧 "하나님이시니라"라는 요한복음 서두(요 1:1)의 구절을 삼위적 문제에 대한 요한의 인식과 설명을 보여주는 구절로 간주할 수 있을 것이다. "태초에"는 말씀(아들)의 영원한 선재성을, 그리고 "하나님과 함께"는 하나님(아버지)와의 구별을

---

17) Wainwright, *The Trinity in the New Testament*, pp. 248-50.

표현하는 반면, "하나님이시니라"는 하나님(아버지)과의 통일성을 표현한다. 요한은 말씀을 만물의 창조자, 하나님의 독생자로 묘사하는데(요 1:3, 18), 이는 하나님(아버지)과의 동등성을 표현한다.

신약성서에서 온전한 의미에서의 선재적 고기독론은 오직 요한복음에서만 발견된다고 할 수 있다. 왜냐하면 말씀의 영원성과 선재성, 하나님(아버지)과 말씀(아들)의 차별성, 통일성, 동등성을 표현하는 요한복음의 선재적 로고스 기독론은 전통적인 유대교의 유일신론의 범주를 넘어서 기독교의 삼위일체적 유일신론으로 나아가는 분기점을 제공하고 있기 때문이다. 그러나 요한복음 공동체가 과연 스스로 자신들이 유대교의 유일신론의 범주를 넘어서고 있다는 자의식을 가졌는지는 분명치 않다. 그럼에도 불구하고 여기서는 구별된 위격적(hypostatic) 실재를 지칭하는 헬레니즘의 로고스 개념이 도입됨으로 말미암아 한 분 하나님의 존재 안에 위격적 분화의 가능성이 개념적으로 정초되고 있다고 할 수 있다. 2-3세기의 기독교 사상가들 즉 교부들은 요한복음의 선재적 로고스 기독론에 기초하여 로고스 기독론을 발전시켰다.

다른 한편, 요한복음에서는 성령의 실재 역시 두드러지게 나타나는데, 여기서 성령은 예수의 부활과 승천 이후 그리스도의 떠나가심과 동시에 오시는 보혜사(파라클레토스, 보호자)로 표현된다. "내가 떠나가지 아니하면 보혜사가 너희에게로 오시지 아니할 것이요 가면 내가 그를 너희에게로 보내리니"(요 16:7). 성령은 진리의 영으로서 그리스도의 것을 가지고 우리에게 알리신다. "진리의 성령이 오시면 그가 너희를 모든 진리 가운데로 인도하시리니 그가 스스로 말하지 않고 오직 들은 것을 말하며 장래 일을 너희에 알리시리라. 그가 내 영광을 나타내리니 내 것을 가지고 너희에게 알리시겠음이라"(요 16:13-14).

그러나 아직 아버지와 아들과의 관계에 있어서 성령의 위치는 다소 모호하다. 즉 어떤 곳에서는 보혜사 성령이 아버지로부터 보냄을 받는다고 기술된다. "내가 아버지께 구하겠으니 그가 또 다른 보혜사를 너희에게 주사 영원토록 너희와 함께 있게 하리니"(요 14:;16). 그러나 다른 곳에서는 그리스도가 직접 성령을 보낸다. "그들을 향하사 숨을 내쉬며 이르시되 성령을 받으라"(요 20:22). 이러한 아버지와 아들과의 기원적 관계에서의 성령의 위치의 모호성은 후대의 동·서방 교회의 필리오케 논쟁의 근원이 되었다.

한편, 신약성서 가운데 바울의 글들은 만유 안에 충만하게 거하시는 하나님 즉 만유재신론의 특징을 잘 보여준다. "주도 한 분이시요 믿음도 하나요 세례도 하나요 하나님도 한 분이시니 곧 만유의 아버지시라. 만유 위에 계시고 만유를 통일하시고 만유 가운데 계시도다"(엡 4:6). 아버지 하나님과 마찬가지로 그리스도도 만유 안에 계시며(골 3:11), 만유를 통일시키신다(엡 1:10). 아버지 하나님의 능력으로 부활하신 그리스도는 만유의 주님이다. "모든 통치와 권세와 능력과 주권과 이 세상 뿐 아니라 오는 세상에 일컫는 모든 이름 위에 뛰어나게 하시고 또 만물을 그의 발 아래 복종하게 하시고 그를 만물 위에 교회의 머리로 삼으셨느니라"(엡 1:21-22). 만유 안에 충만한 하나님의 현존은 궁극적으로 예수 그리스도의 재림과 더불어 도래하는 종말론적 하나님 나라에서 완성될 것이다. "만물을 그에게 복종하게 하실 때에는 아들 자신도 그 때에 만물을 자기에게 복종하게 하신 이에게 복종하게 되리니 이는 하나님이 만유의 주로서 만유 안에 계시려 하심이라"(고전 15:28). 이와 같은 바울의 글은 종말론적 만유재신론의 완성에 대한 비전을 보여준다.

제2장

고대교회에서의 삼위일체론의 형성과 발전: 콘스탄티노플 공의회에 이르기까지

신약성서 시대 이후, 헬레니즘 세계에서의 교회의 가장 긴급한 신학적 과제는 어떻게 오직 한 분 하나님만이 존재한다는 사실을 확증하면서 동시에 예수가 하나님과 하나인지를 설명하는 것이었다. 삼위일체론은 예수 그리스도의 신성에 관한 기독론 논쟁의 최종적 귀결이었다. 이 논쟁은 요한복음의 서두에서 발견되는 말씀 즉 로고스 개념에 기초한 로고스 기독론을 중심으로 전개되었다.

2세기 초의 사도적 교부들은[1] 교회의 사도적 신앙을 그리스의 사유의 세계 속에서 변증하고 이론적으로 설명하기보다는 사도적 신앙을 증언하거나 그 순수성을 보전하는데 관심을 기울였다. 이들은 유대교의 유일신 신앙의 전통 안에서 하나님의 통일성을 강조하면서 동시에 그리스도를 하나님으로 예배하는 것을 당연하게 받아들였다. 어떻게 그리스도가 하나님이 될 수 있으며 동시에 하나님의 통일성을 주장할 수 있는가 하는 문제에 대한 논의는 아직 제대로 이루어지지 않았다. 그리스도와 성령의 관계도 모호하게 남아 있었다. 성령은 때로는 하나님의 영이라고 불리기도 하고 때로는 그리스도의 영이라고 불리기도 하였다. 그러나 헬레니즘 세계 안에서 성령은 점차 유대교의 구속사적 맥락에서의 종말론적 의미를 상실하고 실체화되었다.

---

1) 2세기의 사도적 교부들로서는 이그나티우스, 헤르마스의 목자, 클레멘트 등이 있다.

삼위일체론의 형성을 위한 주목할 만한 신학적 논의는 기독교 신앙을 그리스 세계 속에서 이해 가능한 방식으로 체계화하고 변증하는데 관심을 기울였던 2-3세기의 변증적 교부들인 저스틴, 이레네우스, 터툴리안, 오리겐 등에 의해 비로소 시작되었다.

1. 저스틴

2세기 전반기에 활동했던 저스틴(-165)은 요한복음 1장의 로고스 개념을 그리스의 로고스 사상의 관점에서 해석하였다. 그는 그리스도의 오심 이전에도 사람들은 로고스의 씨앗을 소유하고 있었기 때문에 진리를 단편적으로 이해할 수 있었지만, 예수 그리스도 안에서 로고스가 사람이 됨으로써 자신의 진리를 온전히 계시하셨다고 보았다.[2] 그에 따르면 로고스는 모든 피조물이 창조되기 전에 하나님 즉 아버지에 의해 출생되었으며, 아버지와 함께 우주만물의 창조하는데 참여하였다.[3] 그에게 있어서 하나님과 로고스는 우리 자신과 우리 자신으로부터 나온 말, 불과 그 불로부터 옮겨진 불의 관계처럼 분리됨 없이 숫자적으로 구별된다.[4]

저스틴에게 있어서 아버지는 단지 삼위일체 하나님의 제1위격을 의미하는 것이 아니라 오직 한분이신 하나님 자체를 의미하였다. 따라서 그의 로고스 개념은 종속주의적이다. 그는 로고스를 하나님의 대리자로 이해하는데, 그에 따르면 구약성서에 나타나는 하나님의 현현들[5]은 모두 로고스를 의미

---

2) Justin Martyr, *The Second Apology*, Ante-Nicene Fathers: Apostolic Fathers, Justin Martyr, Irenaeus, vol. 1, eds. by Alexander Roberts and James Donaldson rev. by A. Cleveland Coxe (Grand Rapids: Eerdmans, 1950), ch. 10.
3) 저스틴은 지혜의 말씀에 대한 솔로몬의 지혜서의 진술에 의존한다. Justin Martyr, *The Dialogue with Trypho, a Jew*, Ante-Nicene Fathers vol. 1, ch. 61.
4) Ibid., ch. 61, ch. 128.
5) 여호수아에게 나타난 여호와의 군대장관, 아브라함과 모세와 야곱에게 나타난 불의 형태나 천사(권능)의 형상 등. Justin, *The First Apology*, Ante-Nicene Fathers vol. 1, ch. 63.

한다. 로고스는 경세적 차원에서 나타난 신적 존재이다. 즉 저스틴에게 있어서 로고스는 창조와 경세의 목적을 위하여 아버지로부터 출생된 제2의 신이었다. 이와 같은 저스틴의 사상은 당시의 고대교회에 강하게 남아있는 아버지 하나님 한분만을 유일신으로 믿는 유대적 유일신론과 로고스를 초월적 일자와 세계를 연결하는 중간자적 신으로 인식하는 그리스의 로고스 사상의 결합으로 생겨난 것이라고 할 수 있다. 또한 저스틴을 비롯한 2세기의 변증가들의 주된 관심은 하나님과 그리스도의 관계에 집중되었기 때문에 성령에 대한 신학적 이해는 거의 나타나지 않는다. 그러므로 이 시기의 기독교 신학은 아직 삼위일체론적이라고 하기에는 매우 미흡하다.

2. 이레네우스

기독교의 삼위일체적 신관은 2세기 후반기에 활동했던 이레네우스(140-202)에 의해 한 단계 더 발전하였다. 그는 최고의 신과 창조주(데미우르고스)를 구별하고 지고의 존재를 물질적 세계와 분리시키는 발렌티누스의 영지주의와 구약의 하나님(율법, 정의)과 신약의 하나님(복음, 사랑)을 분리시키는 마르시온의 이원론에 대적하기 위하여 『이단에 대적하여』(Against Heresies)를 저술하였다. 이 글에서 그는 오직 한 분이신 창조주 하나님에 대한 신앙을 강조하였다.[6] 즉 그는 예수 안에 성육신한 로고스/아들의 아버지 하나님이 구약성서의 창조자 하나님과 동일한 하나님임을 확증하였다.

이레네우스의 삼위일체론은 경세적 차원의 삼위일체론이다. 왜냐하면 그는 내재적 차원에 있어서 오직 한 분 하나님만이 존재하며, 아버지와 아들의 구별은 경세적 차원 즉 창조와 구속의 과정에 나타난다고 말하기 때문이

---

6) Irenaeus, *Against Heresies*, Ante-Nicene Fathers vol. 1, 2.30.1.

다.⁷⁾ 그는 내재적 차원에서의 하나님의 단일성과 초월성을 강조하였다. 내재적 차원에서는 오직 한 분 하나님만이 존재하신다. 하나님은 영원 전부터 자신 안에 말씀(아들)과 지혜(성령)를 담고 계신다. 아들과 성령은 아버지처럼 영원하다. 아들은 언제나 아버지와 함께 있었으며, 성령은 모든 창조 이전에 그와 함께 현존했다.⁸⁾

그러나 경세적 차원에서의 창조와 구속의 활동에 있어서 하나님은 말씀과 지혜(영)를 외부로 나타내시며 그들과 함께 일을 행하신다. "하나님의 말씀과 지혜, 하나님의 아들과 영은 항상 하나님과 함께 있다… 하나님은 그들과 함께 자유롭게 자발적으로 모든 만물을 만드셨다. 하나님은 '우리의 형상과 모양을 따라 사람을 만들자'고 말씀하셨다."⁹⁾ 경세적 차원에서, "아버지는 창조세계와 자신의 말씀을 동시적으로 낳는다. 그리고 아버지로부터 낳아진 말씀은 아버지의 뜻에 따라 모두에게 성령을 부여한다."¹⁰⁾ 이레네우스는 아들과 성령을 하나님의 '두 손'으로 표현했다. 하나님은 두 손으로 만물을 창조하고 다스리신다. 하나님의 창조, 섭리, 은혜의 전 사역이 두 손인 아들과 성령에 의해 수행된다. 두 손으로서의 아들과 성령은 아버지와 하나이며, 아버지의 사역을 공유한다. "아버지는 계획하고 명령하며, 아들은 실행하고 창조하며, 성령은 양육하고 증가시킨다."¹¹⁾

이와 같이 이레네우스의 삼위일체적 사고는 경세적이고 구원론적이다. 즉 그것은 세계와의 관계 속에서의 하나님의 창조, 섭리, 구원으로부터 유래한다. 그는 요단강에서의 예수의 세례 이야기에서 삼위적 패턴을 발견한다. 수세 시에 아버지로부터 예수에게 성령이 임한다. 아버지는 예수에게 성령

---

7) Irenaeus, *Demonstration of Apostolic Preaching*, Ante-Nicene Fathers vol. 1, 2.1.47.
8) Irenaeus, *Against Heresies*, 4.20.2-4 (Patrologia graeca, ed. J.-P. Migne et. al (Paris, 1857-86), 7:1032-34. 이하 PG).
9) Ibid., 4.20.1.
10) Ibid., 5.18.1 (PG 7:1172).
11) Ibid., 4.38.3 (PG 7:1107-8).

을 주고, 아버지로부터 성령을 받은 예수는 사람들에게 성령을 준다. 이 삼위적 패턴에 있어서, 아버지는 성령으로 기름 부으며, 아들은 성령에 의해 기름 부어지며, 성령은 기름부음이다.[12] 다른 한편, 성령은 아들 안에서 인간을 준비시키며, 아들은 인간을 하나님에게 이끌며, 아버지는 인간에게 영생을 위한 불멸성을 수여한다.[13] 따라서 삼위의 관계의 패턴은 두 가지로 나타난다. 즉 한편으로 은혜 안에서 아버지로부터 아들을 통해 성령으로의 하강이 있고, 다른 한편으로 우리 안에서 성령으로부터 아들을 통해 아버지로의 상승이 있다. 인간의 역사 속에서 구원은 말씀(아들)의 성육신에 의해 성취된다. "우리가 아담 안에서 잃어버린 것을 예수 그리스도 안에서 회복하도록 하기 위해서" 하나님의 말씀이 인간이 되었다.[14] 성육신하신 아들인 예수는 역사를 총괄갱신한다. 그는 아담의 불순종을 자신의 순종으로 치료한다. 불멸의 존재와 연합함으로써 우리는 불멸성을 얻는다.[15]

저스틴과 달리 이레네우스는 말씀 즉 로고스를 하나님과 세상 사이의 중간적 존재로 이해하지 않고 하나님과의 통일성 안에서 이해하였다. 그에게 있어서 하나님(아버지)과 아들, 마음(Mind)과 말씀(Logos)은 하나이다. 또한 그는 저스틴보다 하나님의 삼위일체적 존재 안에서의 성령의 위치를 더 분명하게 인식하였다. 이레네우스가 하나님이 아들과 영과 항상 함께 계시다고 말함에도 불구하고 그가 내재적 차원에서의 삼위일체론을 말한다고 보기 어려운 이유는 그가 내재적 차원에서의 아버지 하나님의 단일성과 초월성을 강조하고 있기 때문이다. 따라서 그의 삼위일체론은 군주론적 양태론에 가깝다. 다시 말하면, 그의 삼위일체론은 세 동등한 위격으로 구성되는 삼위일체론이라기보다는 말씀과 지혜('영)를 지닌 아버지의 단일한 위격에 의해 구성되는 군주론적, 양태론적 삼위일체론이라고 할 수 있다. 이러한 삼위일체

---

12) Ibid., 3.18.2-3 (PG 7:932-34).
13) Ibid., 4.20.5 (PG 7:1034-36).
14) Ibid., 3.18.1 (PG 7:932).
15) Ibid., 3.19.1 (PG 7:937-40).

론은 초기교회 이래 전승된 유대적인 유일신론 전통의 지속적인 영향을 반영한다.

3. 터툴리안

니케아 이전의 서방신학을 대표하는 교부는 카르타고 출신의 터툴리안(160-220)이다. 그는 『프락세아스에 대항하여』를 통해서 프락세아스의 양태론을 논박하였다. 프락세아스는 하나님의 한 분됨을 강조하면서, 아들과 영은 하나님 안에서의 영원한 위격적 구별이 아니라 단지 시간 속에서의 하나님의 현현방식에 불과하다고 주장하였다. 터툴리안의 주된 과제는 프락세아스의 양태론적 군주신론에 대항하여 한 하나님의 통일성과 세 위격 사이의 구별을 동시에 고백하는 삼위일체 신학을 수립하는데 있었다.

터툴리안의 삼위일체론은 기본적으로 이레네우스의 경세적 삼위일체론의 특징을 보여준다. 즉 한 분이신 하나님(아버지)은 창조와 구속의 과정 속에서 자신을 아들과 지혜를 통해 나타내신다. "오직 한 분이신 하나님은 경세 즉 신적 경륜 아래에서 아들 즉 말씀을 가지셨는데, 아들은 하나님으로부터 출생하셨고, 모든 만물을 지으셨으며, 그분 없이는 아무것도 생겨날 수 없다."[16] 터툴리안은 경세 속에 계시된 세 위격의 구별이 하나님의 본질적 통일성과 모순되지 않는다는 사실을 강조하였다. 하나님의 통일성(unity)은 삼위일체(trinity)이다. 그는 아버지와 아들과 성령이 한 하나님이면서 어떻게 서로 구별되는지 설명하기 위하여 공동의 실재인 '실체'(substance)와 개별적 실재인 '위격'(person)을 구별하였다. 하나님은 한 실체이면서 동시에 세 위격이다.[17] 세 위격은 나눌 수 없는 하나의 실체를 소유하면서 동시에 서로

---

16) Tertullian, *Against Praxeas*, *Ante-Nicene Fathers: Apostolic Fathers, Justin Martyr, Irenaeus*, vol. 3, eds. by Alexander Roberts and James Donaldson rev. by A. Cleveland Coxe (Grand Rapids: Eerdmans, 1973), 2 (Patrologia latina, ed. J.-P. Migne *et. al.* (Paris, 1878-90), 2:180. 이하 PL).

방해받지 않고 세 개별적 위격으로 존재한다.[18]

터툴리안은 아버지와 아들의 관계를 태양과 빛, 뿌리와 나무, 샘물과 강의 비유를 통해 설명하였다.[19] 태양으로부터 빛의 광선이 나오듯이 아들은 아버지로부터 나오며, 성령은 빛줄기의 정점이다. 파생되는 것은 파생시키는 것 다음에 온다.[20] 이 비유에서 아버지는 존재 전체이며 아들과 성령은 아버지의 실체로부터 파생되며 아버지에 종속되는 것처럼 보인다. 이처럼 아버지로부터 발출되는 삼위일체는 아버지의 군주적 경세를 유지한다. 터툴리안의 관심이 아버지와 아들의 통일성보다는 구별을 강조하는데 있었음에도 불구하고, 그의 태양과 빛, 뿌리와 나무, 샘물과 강의 비유는 여전히 양태론적이다. 이 비유들은 세 위격의 구별을 충분히 표현하기에는 부족해 보인다.

터툴리안은 후대에 교회에서 널리 사용되는 관용적 표현을 만들어냈다. 즉 아들은 "아버지의 실체로부터(de substantia Patris)" 출생하며, 성령은 "아버지로부터 아들을 통해(a Patre per Filium)" 보내진다.[21] 그에 의하면 세 위격은 한 하나님의 존재를 온전히 공유함에도 불구하고 아들과 성령이 "아버지로부터 흘러나오기"[22] 때문에 이들 가운데 순서가 있다. 즉 아들은 아버지 다음에 두 번째이며, 성령은 아버지와 아들 다음에 세 번째이다. 이 순서는 하나님의 삼위일체적 존재 안에 종속관계가 있음을 함축하는 것처럼 보인다. 터툴리안은 하나님의 존재 안의 세 위격들 사이에 어떤 불평등을 의

---

17) Ibid., 12-13 (PL 2:191-94). 터툴리안은 'trinitas'(삼위일체), 'persona'(인격, 위격), 'substance'(본질, 실체)와 같은 단어를 처음 사용하였다. 터툴리안에게 있어서 'pcrsona'는 세속적 용례에서처럼 단지 배우의 가면을 의미하지 않고 구체적인 개별적 존재를 의미했다.
18) 하나님은 "조건(condition)이 아니라 정도(degree)에 있어서, 실체(substance)가 아니라 형태(form)에 있어서, 능력(power)이 아니라 국면(aspect)에 있어서 셋이다. 그러나 하나님은 한 하나님이기 때문에 실체, 조건, 능력에 있어서 하나이다." Ibid., 2 (PL 2:180).
19) Ibid., 8 (PL 2:186-87).
20) Ibid.
21) Ibid., 4 (PL 2:182-83).
22) Ibid., 8 (PL 2:187).

도하지는 않았음에도 불구하고, 니케아 이전 시기의 다른 교부들과 마찬가지로 종속주의 경향을 완전히 벗어나지는 못하였다.

터툴리안은 하나님의 통일성과 단일통치를 훼손하지 않고 세 위격을 구별함으로써 양태론을 방지하였다. 한 하나님이 영원히 구별된 세 위격으로 존재한다. 그러나 이 구별은 하나님의 통일성과 단일통치(monarchy)를 훼손하지 않는다. 단일통치(monarchy)는 아버지에 의해 아들에게 위탁되었기 때문에 아들 안에서 보존되며, 또한 성령이 아버지로부터 아들을 통해 출원하기 때문에 성령 안에서도 보존된다.[23] 터툴리안은 말씀과 지혜를 통한 아버지의 자기 계시로부터 출발하는 경세적 삼위일체론으로부터 하나님의 내적 차원에서의 세 위격의 통일성과 구별을 말하는 내재적 삼위일체론으로 나아가는 길을 열어놓았다.

4. 오리겐

3세기의 동방교회 신학은 알렉산드리아의 오리겐(185-254)에 의해 대표된다. 오리겐은 삼위일체론의 논의를 내재적 차원으로 확장시켰다. 즉 그에게 있어서 세 위격은 단지 경세적 차원이 아닌 영원 속의 내재적 차원에서 구별된다. 그는 하나님의 통일성과 세 위격의 구별을 동시에 강조한다. 그는 "아버지에 의한 아들의 영원한 출생(generation)"이라는 유명한 관용구를 만들어냈다. 아들은 시간이 아닌 영원 속에서 아버지로부터 출생하였다. 그러므로 아들이 존재하지 않았던 때가 있었다고 말할 수 없다. 아들은 아버지와 함께 영원하며 참여에 의해서가 아니라 본질에 있어서 신적이다.[24] 아들은 보이지 않는 아버지의 형상이다. "이 형상은 아버지와 아들 사이의 본성

---

23) Ibid., 4 (PL 2:182-83).
24) Origen, *On First Principles, Ante-Nicene Fathers* vol. 4 (Peabody, Massachusetts: Hendrickson Publishers, 1994), 1.2.1.

과 실체의 일체를 표현한다."25) 아들에 대해서 말해지는 것은 또한 성령에 대해서도 말해질 수 있다. 성령은 영원히 삼위일체 안에 있다.

그러나 오리겐의 삼위일체론에는 일종의 계층질서가 발견된다. 그는 플라톤적인 이원론의 관점에서 하나님(아버지)의 초월성을 강조하였으며, 로고스를 하나님과 세상을 중재하기 위한 제2의 하나님으로 이해하였다. 아버지는 절대적으로 초월적인 존재인 반면, 아들은 아버지의 제한으로서 피조물과 관계를 갖는 존재이다. 아들의 신성은 아버지로부터 파생된다. 아버지는 전 창조세계 안에서 활동하고, 아들은 이성적 피조물 안에서 활동하고, 성령은 성도들 안에서 활동한다. 아들이나 성령은 스스로 하나님(autotheos)이 아니다. 왜냐하면 그들은 아버지의 신성을 파생에 의해 공유하기 때문이다.26)

아들과 성령의 신성이 존재의 근원인 아버지로부터 파생된다는 오리겐의 삼위일체론은 종속주의적이다. 그러나 그는 실체의 파생을 열등성과 동일시하지는 않았다. 즉 아버지로부터 아들의 출생이 아들이 아버지보다 열등하다는 것을 의미하지는 않는다. 그는 로고스가 시작을 가진 피조물이라고 주장했던 후대의 아리우스와 같은 의미에서의 종속주의자는 아니다.

2-3세기 고대교회의 삼위일체론의 다음 두 가지로 요약될 수 있다. 첫째, 이른 시기의 고대교회의 삼위일체론은 대체로 경세적 삼위일체론이었다. 즉 이 시기의 교부들은 아들과 성령을 세상의 창조와 구속을 위한 하나님의 경세의 관점에서 이해하였다. 하지만 터툴리안을 거쳐 오리겐에 이르러 영원한 세 위격의 내재적 관계로부터 출발하는 삼위일체론이 전개되기 시작하였다. 오리겐은 삼위일체론을 경세적 차원으로부터 내재적 차원으로 확장함으로써 4세기에서의 삼위일체론 논쟁과 형성을 위한 기반을 제공하였다.

둘째, 초기교회 이래의 유대적 유일신 신앙의 지속적인 영향으로 인하여 아버지의 군주성을 전제로 한 하나님의 통일성이 강조되었다. 따라서 아들

---

25) Ibid., 1,2,6 (PG 11:134-135).
26) Ibid., 1,2,13 (PG 11:143-45).

과 성령의 위격에 대한 이해가 분명치 않았으며, 특히 성령의 위격적 위치와 기능에 대한 이해가 매우 모호하였다. 따라서 2-3세기의 고대교회의 삼위일체론은 대체로 양태론과 종속주의의 경향성을 늘 내포하고 있었다.

5. 아리우스와 니케아 신조

2-3세기의 양태론자들(사모사타의 바울, 사벨리우스, 프락세아스)은 하나님의 통일성을 강조하였다. 3세기의 대표적인 양태론자인 사벨리우스는 한 하나님 즉 구약성서의 아버지가 신약성서의 아들이 되었으며 오순절 이후 성령으로서 교회를 거룩하게 하였다고 주장했다. 이 셋은 단지 한 인격적 하나님의 세 순차적 양태이다. 이 견해에서는 인간의 역사 안에서의 하나님의 계시가 하나님의 영원한 존재와 일치하지 않는다.

한편, 종속주의자들은 로고스/아들(그리고 성령)을 하나님과 세상을 매개하는 중재적 존재로 이해하였다. 실제로 종속주의는 3세기에 일반적인 현상이었다. 이것은 부분적으로는 그 당시에 여전히 유대적 군주신론이 지배적이었기 때문이며, 부분적으로는 하나님의 통일성을 유지하면서 세 신적 실재를 긍정하기 위한 적절한 개념과 언어가 아직 발전되지 않았기 때문이었다. 니케아 이전 시기에 가장 잘 알려진 종속주의자는 아리우스(256-)였다. 아리우스는 하나님(아버지)의 초월성, 자존성, 그리고 군주적 통치(monarchy)를 수호하고자 하였다. 그는 초월적이고 자존적인 하나님(아버지)과 그로부터 나온 아들 간에 존재론적 차이가 있으며, 비록 아들이 "무시간적으로" "모든 시간 이전에" "만물 이전에" 지어졌지만, 동시에 "무로부터 생겼다"고 가르쳤다.[27] 아들은 아버지처럼 영원하지 않으며, 하나님(아

---

27) Arius, *Epistula ad Eusebium Nicomediensem in Opitz, Athanasius Werke III/1*, 1-3 (Urkunde 1), p. 5. 서원모, "4세기 삼위일체 논쟁의 전개," 『삼위일체론의 역사』, 역사신학연구회 (서울: 대한기독교서회, 2008), p. 71에서 재인용.

버지)의 의지에 의해 창조되었다. 따라서 그가 존재하지 않았던 때가 있었다. 이것은 아들의 피조물성을 의미한다. 그는 아버지와 아들(그리고 성령)이 동일본질이 아니라 유사본질이라고 주장했다.

오리겐은 종속관계가 신성 안에 존재하며 아들은 영원히 출생한다고 주장한 반면, 아리우스에게 있어서 아들은 아버지 밖에서 무로부터 창조되며, 따라서 그가 존재하지 않았던 때가 있다. 아리우스는 하나님(아버지)이 창조 세계에 연루되는 것을 막고자 했다. 하나님이 고통을 경험한다는 것은 상상할 수 없는 일이다. 예수의 고통은 그가 하나님보다 열등함을 보여준다. 아리우스의 사고의 배후에는 지고의 존재를 물질적 세계로부터 격리시키려는 헬라(중기 플라톤주의)의 이원론적 세계관이 있다.

이와 같은 아리우스의 사상에 반대하여 알렉산드리아의 주교 알렉산더는 아버지와 아들의 관계가 영원하며, 아들은 아버지와 같이 영원히 존재한다고 주장했다. 그에 따르면, 아들은 '무로부터' 지어지지 않았으며, 그분은 없었던 때가 없었지만 아버지로부터 났다. 아버지는 모든 면에서 자신의 형상을 아들에게 본성적으로 각인시켜, 아들은 모든 면에서 아버지와 일치하는 완전한 형상으로 아버지와 조금도 다르지 않다.[28] 알렉산더는 아들이 '아버지의 존재로부터' 나온다고 표현함으로써, 아들이 본성상 아버지의 신성을 소유한다는 사실을 강조하였다.

아리우스에 의해 촉발된 교회의 논쟁과 대립으로 인한 로마제국의 분열을 우려한 콘스탄틴(Constantinus) 황제는 325년 제국 내의 모든 주교들을 니케아로 불러 이 문제를 해결하고자 하였다. 두 달 동안 계속된 니케아 공의회는 아리우스의 가르침을 배격하고 니케아 신조를 채택하였다. 니케아 신조는 아리우스의 주장과 달리 아들이 다른 피조물처럼 무로부터 아버지에 의해 "창조되지 않고 출생하며"(begotten not made), "아버지의 본질

---

28) Alexander Alexandrinus, *Epistula ad Alexandrum Thessalonicensis* in Opitz, Athanasius Werke III/1, pp. 19-29 (Urkunde 14), 4, 11, 12. 서원모, "4세기 삼위일체 논쟁의 전개," p. 74에서 재인용.

(또는 실체, substance, ousia)로부터" 나오며 아버지와 "동일본질"(consubstantial, homoousios)임을 천명하였다.

니케아 신조의 중요한 의미는 아들이 아버지와 동일본질임을 천명함으로써 아리우스의 종속주의를 극복한 것이다. 그러나 군주신론이나 양태론의 문제가 해결된 것은 아니었다. 왜냐하면 이 신조가 '본질'과 '위격'을 동의어로 사용하던 그 당시의 용례를 따라 아버지와 아들이 동일한 본질 또는 위격이라고 진술했기 때문이다. 양태론자들이(마르셀루스, 사벨리우스) 이 신조를 받아들인 것은 이상한 일이 아니었다.29) 그러나 후에 콘스탄티노플 공의회(381)에서 '위격'(hypostasis)은 세 구별된 인격을 그리고 '본질'(ousia)은 세 인격의 공통된 본성을 각기 지시하는 의미로 구분하여 사용됨에 따라, 아들이 아버지와 동일한 위격이라는 니케아의 진술은 거부되었다.

6. 아타나시우스

니케아 공의회 이후 니케아 신앙을 수호하는데 중요한 역할을 한 인물은 알렉산드리아의 아타나시우스(295?-373)이다. 그는 알렉산드리아 학파의 종속주의적 로고스 사상에 반대하여 아버지와 아들의 동등성을 강조하였다. 또한 그는 아들뿐만 아니라 성령의 동등한 신적 본성을 강조함으로써 고전적 삼위일체 신학의 길을 열었다. 그는 니케아 신조의 "동일본질," "아버지의 본질로부터"라는 표현이 구원신앙의 핵심적 내용임을 강조하였다.

아타나시우스는 이레네우스에 의해 천명된 구원론적 명제, 즉 우리를 구

---

29) 한센은 그 당시에는 'homoousios'라는 용어 자체의 의미가 모호했으며, 존재의 동일성이나 동등성을 지시하지 않았다고 주장한다. 가이사랴의 유세비우스 같은 사람이 니케아 신조에 서명을 한 것을 보면, 이 용어가 숫자적인 의미의 동일성 또는 하나 됨을 의미한 것은 아니었음이 분명하다고 할 수 있다. R. P. C. Hansen, *The Search for the Christian Doctrine of God: The Arian Controversy* (Edinburgh: T & T Clark, 1988), p. 202.

원하시는 구속주는 오직 창조주 하나님이어야 한다는 명제를 충실히 따랐다. 우리에게 구원을 가져온 그리스도가 그를 통해 아버지가 만물을 창조하신 아들/말씀이다. 따라서 그리스도 안의 구원은 창조세계의 갱신을 의미한다. "창조세계의 갱신은 태초에 세계를 창조한 동일한 말씀의 사역이었다."[30] 재창조로서의 우리의 구원은 아들의 성육신에 의해 가능하게 된다. 그리스도는 인간이 됨으로써 우리의 것을 취하였으며, 우리를 성화(또는 신화)시킴으로써 하나님과의 교제에 적합하게 만든다. 그리스도는 인간에게 신적 본성에 참여할 수 있는 은혜를 주었다.[31] 아타나시우스에게 있어서, 하나님의 아들/말씀으로서의 그리스도의 정체성은 우리의 구원을 위해 결정적으로 중요하다. 왜냐하면 "그가 인간이 된 것은 우리가 하나님이 되도록 하기 위함"[32]이기 때문이다. 아들은 우리를 그 자신 안에서 신화(deify)시키기 위하여 인간이 되었다.

아타나시우스에게 있어서 아버지와 아들은 한 존재이다.[33] 피조물과 달리 아들은 아버지의 본질로부터 나온다. 아들은 시작이 없으며 영원 속에서 출생하였다. 아들의 영원한 출생은 아버지와 아들의 하나 됨을 입증한다. 아버지가 영원히 아버지인 것처럼, 아들은 영원히 아들이다. 아들은 "전체 하나님"(holos theou)이다. 아들은 본 사람은 아버지를 본 것이다. 아버지의 신성이 아들 안에 있으며 아들 안에 나타난다. 아들은 아버지의 부분이 아니라, "전체 하나님의 전체 상이요 광휘"(holos holou)이다.[34] 빛에서 나오는 광휘처럼 아들의 존재 전체가 아버지의 본질에 적합하다. 아버지는 아들 안에 있으며, 아들은 아버지 안에 있다. 한 신성 안에서 이 둘의 본성은 히니이다. 아들의 신성이 아버지의 신성이며, 따라서 한 하나님이 존재한다.

---

30) Athanasius, *On the Incarnation* 1 (PG 25:97-98).
31) Ibid., 9 (PG 25:111-12).
32) Ibid., 54 (PG 25:191-94).
33) Athanasius, *Against the Arians* 3.1-6 (PG 26:321-34).
34) Athanasius, *Serapion* 1.16 (PG 26:568-69).

성령은 아버지와 아들의 신성과 연합되어 있다. 성령은 아버지로부터 출원하기 때문에 자신을 보내는 아버지의 손에 있으며 또한 자신을 전달하는 아들의 손에 있다.[35] 아들이 아버지 안에 있는 것처럼 성령은 아들인 그리스도 안에 있다. 하나님으로부터 말해지는 것은 그리스도를 통해 성령 안에서 말해진다.[36] 성령은 아들에 의해 우리에게 제공된다. 성령은 아들의 영이기 때문에 오직 아들만이 우리를 성령과 연합시킬 수 있다. 아버지가 샘의 원천이고 아들이 강이듯, 우리는 성령을 마신다. 우리가 성령을 마실 때 우리는 그리스도를 마신다.

아타나시우스는 성령과 아들의 불가분성을 강조하였다.[37] 아버지가 언급되는 곳에서 아들 또한 이해되며, 아들이 이해되는 곳에서 성령 또한 이해된다. 성령은 아들이 아버지와의 관계에서 갖는 질서와 본성과 동일한 질서와 본성을 아들과의 관계에서 갖는다. 아들이 아버지 안에 있고 아버지가 아들 안에 있는 것처럼, 성령이 아들 안에 있고 아들이 성령 안에 있다. 아들이 아버지의 이름으로 오는 것처럼, 성령은 아들의 이름으로 온다. 그러나 아타나시우스는 성령이 아들에 의해 보내지지만 아버지로부터 출원한다고 말한다. 왜냐하면 성령은 아버지로부터 나오는 말씀(아들)에 의해 보내지기 때문이다. 아들이 아버지를 영화롭게 하듯이 성령은 아들을 영화롭게 한다. "동일본질"은 아들에게 뿐만 아니라 성령에게도 적용될 수 있다.

아타나시우스는 아버지를 아들을 영원히 출생시키는 "원천"(arche)으로 부르며, 하나님의 한 존재 안에서의 아들과 성령의 완전한 신성(동일본질)과 세 위격의 완전한 동등성과 상호 내재적 관계성을 강조하였다.

---

35) Athanasius, *Statement of Faith* 4 (PG 25:203-6).
36) Athanasius, *Serapion* 1.14 (PG 26:564-65).
37) Ibid., 1.14 (PG 26:564-65); 1.20-21 (PG 26:576-81).

7. 콘스탄티노플 공의회

그러나 니케아 공회의 이후, 니케아 지지파와 니케아 반대파 간의 갈등과 싸움은 매우 복잡하고 격렬하게 전개되었다. 아타나시우스가 다섯 번이나 주교직에서 면직되어 추방되고 17년 이상을 유배지에서 보내야 했던 사실이 이러한 복잡한 정황을 단적으로 입증한다. 마침내 동방의 데오도시우스 황제는 381년 5월 동방지역의 주교들을 콘스탄티노플로 불러 모아 공의회를 열었다. 이 공의회에서 채택한 신조는 니케아 신조를 기본골격으로 하여 작성되었기 때문에 '니케아-콘스탄티노플 신조'라고 불린다. 이 신조에서 아버지와 아들의 관계에 대한 특별히 새로운 내용은 발견되지 않는다. 이 신조의 주된 특징은 성령론의 강화에 있다. 니케아 신조는 단지 "성령을 믿는다"라고 고백했지만, 여기서는 성령을 "주님이며 생명을 주시는 분, 아버지로부터 나오시는 분, 아버지와 아들과 함께 경배와 영광을 받으시는 분, 예언자들을 통해 말씀하신 분"으로 정의한다. 이러한 표현들은 모두 성령의 신성을 분명히 확증한다. 이 신조는 성령을 아버지와 아들과 '동일본질'로 규정하지는 않았지만 "아버지와 아들과 함께 경배를 받고 영광을 받으시는 분"으로 정의함으로써 성령이 아버지와 아들과 동등한 하나님임을 고백하였다.

교회 안에서의 신학적, 정치적 갈등과 분열을 초래하였던 4세기의 삼위일체 논쟁은 로마제국의 통일을 유지하기 위해 황제에 의해 소집된 니케아 공의회와 콘스탄티노플 공의회에서 일단락되었다. 니케아에서 아버지와 아들의 동일본질을, 그리고 콘스탄티노플에서 아버지와 아들과 성령의 동등성을 확증함으로써, 니케아-콘스탄티노플 신조는 기독교의 삼위일체 신학의 고전적 규범이 되었다.

콘스탄티노플 공의회 신조의 채택과 4세기 삼위일체론의 형성에는 동방의 카파도키아의 세 교부들인 가이사랴의 바실, 그의 동생 닛사의 그레고리,

그리고 나지안주스의 그레고리의 역할이 컸다. 이들은 니케아의 동일본질 교리를 정면으로 거부하거나 유사본질의 관점에서 재해석하려는 입장들에 대항하여 아버지와 아들의 동일본질뿐만 아니라 성령의 고유한 신적 본성을 강조함으로써 온전한 의미의 삼위일체 신학을 발전시켰으며, 본질과 위격을 구별하고 한 본질과 세 위격으로서의 삼위일체론을 수립하였다.

제3장
고대의 동·서방교회의 삼위일체론

콘스탄티노플 공의회 이후 동방교회의 삼위일체론은 카파도키아의 교부들을 중심으로 발전되었으며, 서방교회의 삼위일체론은 어거스틴을 중심으로 발전되었다. 카파도키아의 세 교부인 가이사랴의 바실, 닛사의 그레고리, 나지안주스의 그레고리는 동방교회의 삼위일체론의 전통을 수립하였으며, 어거스틴은 서방교회의 삼위일체론의 전통을 수립하였다. 동·서방교회는 특히 필리오케 문제로 첨예하게 대립하였으며, 이 문제로 인하여 동·서방교회의 분열이 촉진되었다.

1. 가이사랴의 바실

가이사랴의 주교 바실(330-379)은 처음으로 본질(ousia)과 위격(hypostasis)을 구별함으로써 '한 본질과 세 위격'으로서의 삼위일체론의 수립을 위한 길을 열었다. 그는 본질을 공통된 것으로, 위격을 개별적이고 고유한 것으로 구별하였다. 삼위일체 안에는 한 공동의 본질이 있고 세 개별적 위격이 있다. "본질이란 용어가 신성, 선, 또는 유사한 속성과 같이 공통적인 것이라면, 위격은 아버지 됨, 아들 됨, 거룩하게 하는 능력과 같이 고유한 특성을 가리킨다."[1] 동일본질은 신성의 통일성 안에 보존되어 있는 반면, 위격은 아버지, 아들, 성령의 특수한 속성 안에서 파악된다.

바실은 아버지 됨, 아들 됨, 거룩하게 하는 능력을 세 위격 각자의 고유한 특징으로 보았지만 이러한 구별이 하나님의 통일성을 훼손하지 않는다고 강조한다. 이 통일성은 아버지 중심적인 단일통치(monarchy)에 의존한다. "신 인식의 길은 한 성령으로부터 한 아들을 통해 한 아버지에게 이른다. 또한 본성적인 선, 본성에 따른 거룩함, 왕적 영광은 아버지로부터 홀로 나신 분을 통해 아버지에게로 도달한다. 이와 같이 위격들이 고백되지만 단일통치원리는 무너지지 않는다."[2] 세 위격 가운데 그 어느 위격도 다른 위격에 종속되지 않는다. 그러나 아버지는 여전히 궁극적인 원리 또는 기원이다.

바실은 아들뿐만 아니라 한 개별적 위격으로서의 성령의 신성을 변호하고자 했다. 그는 성령을 아버지와 아들과 동등한 위치에 자리매김하였다. 마태복음 28장 19절에 나타나는 세례 도식은 우리의 구원이 아버지와 아들과 성령에 의해 성취됨을 보여준다.[3] 영광송에서 그는 종종 "아들을 통해 성령 안에서 아버지에게"라는 통상적인 관용구 대신 "아버지에게 아들과 함께(meta) 성령과 더불어(syn)"라는 관용구를 사용하였다. 그는 성령에게도 아버지와 아들과 같은 영광을 돌려야 한다고 말함으로써 성령의 신성을 강조하였다. 아버지는 모든 피조물의 기원적 원인이며, 아들은 창조적 원인이며, 성령은 완성적 원인이다.

바실은 니케아의 동일본질 교리를 지지했지만 당시 니케아파가 유사본질파와 연합전선을 형성해야 했던 상황을 고려하여 유사본질도 인정할 수 있다고 말했다. 따라서 그는 성령을 직접적으로 하나님이라고 부르거나 아버지와 아들과 동일본질이라고 말하지는 않았다. 그러나 그는 성령의 위대함과 위엄과 행위를 통해 성령이 아버지와 아들과 본성을 공유하는 하나님

---

1) Basil of Caesarea, *Letters* 214.4 (PG 32:789).
2) Basil of Caesarea, *On the Holy Spirit* 18.47 (PG 32:153).
3) Ibid., 10.24-26 (PG 32:109-13).

임을 보여주고자 했다. "아버지와 아들과 성령의 경우 행위의 동일성은 본성의 차이가 없다는 것을 분명히 증명한다."[4])

서방교회에 의해 비판을 받고 있는 바실의 유산은 접근 불가능한 하나님의 본질과 접근 가능한 속성에 대한 그의 구별이다. 후에 그레고리 팔라마스는 바실을 따라 하나님의 본질과 에너지를 구별하였다. 이러한 구별은 하나님의 본질과 현현을 분리시킴으로써 하나님의 계시를 통해 하나님의 존재를 인식할 수 있는 길을 차단한다.

2. 닛사의 그레고리

바실의 동생인 닛사의 그레고리(335-394)는 381년의 콘스탄티노플 공의회에서 지도적인 역할을 수행했다. 그는 삼위일체론을 유대교의 유일신론과 이교의 다신론에 대한 중도적 대안으로 이해했다. 삼위일체론은 본성의 하나 됨 안에서 위격의 구별을 보는 것이다. 그는 일반적 본질(ousia) 또는 본성(physis)과 특수한 위격(hypostasis, prosopon)에 대한 바실의 구별을 수용했다. 하나님은 본질에 있어서 하나이며 위격에 있어서 셋이다. 세 위격은 분리되지 않고 구별되며, 혼동되지 않고 연합된다.

또한 그레고리는 바실의 군주적 단일통치 사상을 계승했다. 하나님의 통일성과 단일통치원리는 아버지의 군주적 기원성에 근거한다. 그는 나지안주스의 그레고리처럼 세 위격을 기원의 관점에서 구별했다. 아버지는 기원이 없으며, 아들은 아버지로부터 나시며, 성령은 아들로 말미암아 파악된다. 아버지는 능력의 원천이며, 아들은 아버지의 능력이며, 성령은 능력의 영이다. 창조는 아버지와 함께 시작되었으며, 아들을 통해 진행되었으며, 성령 안에서 완성되었다. 그리고 은혜는 아버지로부터 아들을 통해 성령 안에서

---
4) Basil of Caesarea, *Letters* 189.5-7.

온다.5) 아버지는 유일한 제일 원인이다. 하나님이 원인이라는 사실은 하나님의 본질이 아니라 "실존 방식의 차이"를 가리킨다. 따라서 인과성은 삼위일체의 인격들의 분화를 가져오는 반면, 하나님의 본질(본성, 존재)은 "변하지 않고 나누어지지 않는" 하나이다.6) 세 위격은 태양과 태양으로부터 나오는 빛의 광선처럼 인과적 의존의 질서 안에 존재한다. 그러나 이 인과적 질서는 세 위격의 하나 됨과 양립 불가능하지 않다. 왜냐하면 이 셋은 함께 영원하며, 서로 안에 내주하기 때문이다.7) 이 상호 내주에 의해 삼신론이 극복된다.

그레고리는 세 위격의 인과적 질서 안에서 성령이 아들의 중재를 통해 아버지로부터 출원된다고 말했다. 아들은 아버지로부터 직접 비롯되며, 성령은 아버지로부터 아들의 중재를 통해 비롯된다. "처음 원인에 직접적으로 비롯된 것과 처음 원인에 직접적으로 비롯된 것으로부터 말미암은 것이 있다. 홀로 나심은 의심할 바 없이 아들에게 남아 있지만, 아버지로부터 비롯됨이 성령(의 특성)이라는 것은 부정할 수 없다."8) 그가 아들의 중재를 통한 성령의 기원을 말하는 까닭은 아들이 독생자임을 유지하면서 동시에 성령도 아버지로부터 비롯됨을 말하기 위한 것이다. 따라서 그는 성령을 아버지의 영과 동시에 아들 즉 그리스도의 영으로 이해한다.

그레고리는 이러한 성령 이해가 성령과 다른 두 위격과의 동일성과 동등성을 훼손한다고 보지 않았다. 오히려 그는 삼위일체 하나님의 통일성을 누구보다 강조하였다. 그는 내재적인 삼위일체 안에서의 세 위격의 통일성을 경세적 차원에서의 하나님의 행위의 관점에서 설명했다. 즉 삼위일체 하나

---

5) Gregory of Nyssa, *Dogmatic Treatises, A Select Library of the Nicene and Post-Nicene Fathers of the Christian Church*, (second series,) ed. P. Schaff and H. Wace (Grand Rapids: Eerdmans, 1979), 5:320-23(이하 *NPNF2*), (PG 45:1301-33).
6) Ibid., 5:336.
7) Gregory of Nyssa, *Against Eunomius* 1.42; 2.2; 3.4.
8) Gregory of Nyssa, *Ad Ablabium quod non sint tres dei* 3.1,55-56. 서원모, "동방교부들의 삼위일체론," 『삼위일체론의 역사』, 역사신학연구회 (서울: 대한기독교서회, 2008), p. 160에서 재인용.

님의 경세적 행위는 분리되지 않는다. "…모든 행위는 아버지에게서 시작되고 아들을 통해 진행되며 성령 안에서 완성된다. 그러므로 행위의 이름은 다수의 행위자들로 분리되지 않는다."[9] 하나님의 모든 창조와 구속사역은 한 의지 안에서 공동으로 이루어진다. 하나의 동일한 신적 사역만이 있다. 하나님의 존재의 통일성은 셋 모두를 동시에 경배하는 예배에서 확인된다. 셋 중 어느 하나에 대한 예배는 셋 모두에 대한 예배이며 따라서 한 분에 대한 예배이다.

3. 나지안주스의 그레고리

나지안주스의 그레고리(330-391)는 콘스탄티노플의 주교로서 381년 콘스탄티노플 공의회의 의장이었으나, 계파들 간의 첨예한 대립으로 인하여 공의회를 떠나 나지안주스로 돌아갔다. 그는 사벨리우스는 하나님의 셋됨을 하나로 혼합하는 반면 아리우스는 다신론을 가르친다고 비판하고, 이 둘을 극복하는 삼위일체 신앙을 수립하고자 하였다. 즉 그는 "한 하나님을 보전하고 세 위격, 즉 세 인격과 고유성을 지닌 각자를 고백해야 한다."[10]고 강조했다.

그레고리는 381년 콘스탄티노플에서 다섯 번의 연설을 했다. 세 번째와 네 번째 연설에서 그는 카파도키아 교부들이 아버지를 아들과 성령의 신성의 원인으로 만듦으로써 아버지 중심적 군주신론을 수립한다는 비판에 응답하여, 단일통치(monarchy)가 한 위격 즉 아버지에게 국한되지 않고 삼위일

---

9) Gregory of Nyssa, *Ad Ablabium quod non sint tres dei* 3.1.47-48. 서원모, "동방교부들의 삼위일체론," p. 162에서 재인용.
10) Gregory of Nazianzen, *Select Orations of Saint Gregory Nazianzen*, 20.6, vol 7 of *NPNF2*. 그는 위격(hypostasis)과 인격(persona)을 같은 개념으로 이해했으며, 이는 콘스탄티노플 공의회에서 인정되었다.

체 전체에 속한다고 설명한다. 아버지는 출산자(begetter) 또는 발현자(emitter)이며, 아들은 출생자(begotten)이며, 성령은 발현(emission)이다. 그러나 그는 세 위격을 본질이 아닌 관계의 관점에서 구별하였다. 즉 아버지와 아들은 본질이 아니라 기원의 관계에 있어서, 즉 아버지는 아들을 낳으셨으며 아들은 아버지로부터 나셨다는 점에서 구별된다. 세 위격의 구별은 위격들의 관계에서 나타나며, 존재의 본성은 모두 동등하다.[11] 그는 관계 개념을 통해 세 위격이 각기 고유성을 지니면서 동시에 본질이 동일함을 말하고자 한다. "아버지는 본질이나 활동의 이름이 아니라 아버지가 아들에 대해, 아들이 아버지에 대해 갖는 관계(schesis)의 이름이다… 이 이름은 나신 분과 낳으신 분의 본질의 일치를 나타낸다."[12] 아들의 출생과 성령의 출원은 아버지의 존재와 동시 발생적이다. 아버지에 의한 아들의 출생은 그 둘의 본성의 동일성을 수립한다. 왜냐하면 자녀는 부모와 동일한 본성을 갖기 때문이다.[13]

그레고리는 위격의 구별을 하나님의 본질 밖에 자리매김하였다. 출산(아버지), 출생(아들), 출원(성령)은 한 본질이 아닌 세 위격의 속성이다.[14] 위격들의 속성은 하나님의 존재(본질)를 규정하지 않는다. 아버지란 이름은 하나님의 본질을 가리키지 않고 아들과의 관계, 즉 출산하는 아버지와 출생하는 아들 사이에 있는 본성의 정체성을 지시한다.[15] 아들은 아버지와의 관계에서의 본성의 정체성을 가리킨다.[16] 따라서 아들이 없이 아버지가 존재했던 적이 없으며, 아버지가 없이 아들이 존재한 적도 없다.

다섯 번째 연설에서 그레고리는 아버지, 아들, 성령이 관계 안에서의 속

---

11) Ibid., 29.2; 31.13-14; 39.12 (PG 36:76, 148-49, 348).
12) Ibid., 29.16.
13) Ibid., 29.9-10 (PG 36:84-88).
14) Ibid., 29.12 (PG 36:89).
15) Ibid., 29.16 (PG 36:93-96).
16) Ibid., 30.20 (PG 36:128-32).

성, 즉 비출생, 출생, 출원으로부터 온다고 주장한다. 이 속성들은 한 본질이 아니라 세 위격의 관계에서 발생한다. 그리고 세 위격의 구별은 신성의 한 본성 안에 보존된다.[17] 다섯 번째 연설의 초점은 성령에 있다. 바실과 닛사의 그레고리와 달리, 나지안주스의 그레고리는 성령의 신성을 분명히 고백한다. "성령이 하나님인가? 분명히 그렇다. 성령이 동일본질인가? 성령이 하나님이라면 물론 그렇다."[18] 우리는 하나님 아버지, 하나님 아들, 하나님 성령, 세 위격, 한 신성을 경배한다.[19]

그레고리는 신성의 하나 됨과 세 위격의 동등성을 함께 강조한다. "우리가 신성, 또는 첫 번째 원인, 또는 단일통치(monarchy)를 볼 때, 우리가 인식하는 것은 한 분이다. 그러나 신성이 내주하는 위격들을 볼 때, 우리가 경배하는 세 분이 있다."[20] 셋 가운데 어느 하나도 다른 둘보다 더 신적이지 않다. 그는 첫 번째 원리인 아버지로부터 아들과 성령의 신성이 파생되며 따라서 세 위격 사이에 인과적 의존의 사슬이 있다는 생각을 받아들이지 않는다. 그에 의하면 단일통치(monarchy), 첫 번째 원인은 한 신성이다. 각 위격은 그 자체로서 하나님이다. 아들과 성령의 신성은 아버지로부터 파생되지 않는다.

바실처럼 그레고리도 아버지 중심적 단일통치를 강조한다. 신적 통일성의 근원은 다른 두 위격의 기원인 아버지에게 있다. "하나 됨은 아버지로부터 이루어지는데, 다른 위격들은 그분으로부터 나오고 그분에게로 돌아가 시간, 의지, 권능의 분리 없이 결합(혼합이 아니라)된다."[21] 그러나 그는 기원의 관계를 제외하고는 세 위격이 완전히 동일하다고 주장한다.

---

17) Ibid., 31.9; 39.11-13 (PG 36:141-44, 345-49).
18) Ibid., 31.10 (PG 36:144). 그레고리는 성령의 독특한 속성을 표현하기 위해 '출원'(procession)이란 용어를 사용하였다.
19) Ibid., 31.28 (PG 36:164-65).
20) Ibid., 31.14 (PG 36:148-49).
21) Ibid., 42.15.

카파도키아 교부들은 콘스탄티노플 공의회에서 채택한 니케아-콘스탄티노플 신조의 이론적 기초를 제공하였다. 이들의 삼위일체론적 공헌은 본질과 위격을 구별하여 한 본질과 세 위격이라는 삼위일체론적 언어를 창출했으며, 한 본질로서의 세 위격의 통일성과 구별을 동시에 강조했다는 점에 있다. 또한 이들은 세 위격의 동등성과 성령의 고유한 위격성을 강조하였다. 카파도키아 교부들에게 있어서 삼위일체의 통일성 또는 단일통치의 원리는 다른 두 위격의 기원인 아버지에게 있으며 따라서 이들이 아버지 중심적인 군주적 통일성 또는 단일통치를 옹호한다는 비판은 적어도 나지안주스의 그레고리에게는 적절치 않다. 왜냐하면 그는 하나님의 단일통치(monarchy)가 아버지가 아닌 신성 즉 전체 삼위일체에 속하며, 아들과 성령의 신성은 아버지로부터 파생되는 것이 아니라고 주장했기 때문이다.

　　카파도키아 교부들의 삼위일체론은 일반적으로 오늘날의 사회적 삼위일체론의 원조로 알려져 있다. 그러나 여기서 '사회적'이란 개념은 분리된 개인을 전제하는 인간의 사회적 집단 안에서의 상호작용을 의미하지는 않는다. 이들에게 있어서 하나님의 통일성은 아버지와 아들과 성령이 친교적 연합(communion) 안에서 공유하는 한 본질에 근거한다. 따라서 이들의 삼위일체론은 사회적(social) 삼위일체론이라기보다는 친교적 연합(communal)의 삼위일체론이라고 말하는 것이 더 정확하다.

4. 어거스틴

　　서방교회의 삼위일체론은 터툴리안과 노바티안 등에 의해 기초가 세워졌으며, 어거스틴에 의해 완성되었다. 어거스틴의 삼위일체론은 서방교회의 삼위일체론의 규범이 되었다. 어거스틴은 자신의 『삼위일체론』(De Trinitate)에서 다음과 같은 물음에 답하고자 한다. 아버지와 아들과 성령이 모두 하나님인데 어떻게 세 하나님이 아니라 한 하나님이라고 할 수 있는가? 아버지와 아들과 성령이 한 하나님이라면, 어떻게 아버지와 아들과 성령의 인격(위격)과 사역이 구별되는가? 성령의 고유성은 무엇이며, 아들의 출생과 성령의 출원의 차이는 무엇인가?

어거스틴은 무엇보다 하나님의 본질의 통일성을 강조한다. 이것은 신플라톤주의의 영향에 의한 것으로 여겨진다. 하나님은 하나의 실체로서, 세 위격으로 존재하신다. 하나의 실체로서의 하나님이 계시기 때문에 아버지와 아들과 성령이 존재한다. 어거스틴은 세 위격을 본질이 아닌 관계의 관점에서 구별한다. 아버지는 그 자체로서 하나님이며, 아들과의 관계에서 아버지이다. 아들은 그 자체로서 하나님이며, 아버지와의 관계에서 아들이다. 동일한 본질 또는 실체의 존재로서, 아버지와 아들은 동일한 한 하나님이다. 하나님은 삼중적(thrice) 하나님이지 세(three) 하나님이 아니다.[22]

아들은 아버지와 동일한 본질(실체)이다. 우리에게 삼위일체의 위격(인격)과 사역은 순차적으로 계시됨에도 불구하고, 아들과 아버지는 한 존재이기 때문에 위격(인격)과 사역에 있어서 분리될 수 없다.[23] 아버지와 아들과 성령은 한 하나님(존재, 본질, 실체)이기 때문에 세 위격(인격)과 사역은 분리되지 않는다.[24] 창조는 세 분리된 행동이 아니라 아버지에 의해 아들을 통해 성령 안에서 이루어진다. 하나님은 한 의지, 한 능력, 한 위엄을 소유하신다.[25] 하나님의 모든 사역 안에 세 위격 모두가 함께 참여한다. 그럼에도 불구하고 각 사역은 각기 한 위격에 귀속된다. 아들만이 홀로 성육신의 주체이

---

22) Augustine, *Tractates on John* 6, *A Select Library of the Nicene and Post-Nicene Fathers of the Christian Church*, (first series,) ed. P. Schaff (Grand Rapids: Eerdmans, 1978-79), 7:39(이하 *NPNF*1), (PL 35:1425-35).

23) St. Augustine, *Trinity*, trans. Edmund Hill, ed. John E. Rotelle, *Augustinian Heritage Institute* (New York: New City Press, 1991), 1.8.9 (PL 42:825); 4.21.30 (PL 42:909-10).

24) 어거스틴은 카파도키아 교부들처럼 본질과 위격을 나누어 삼위일체론을 전개하지 않았다. 그는 본질(essence), 실체(substantia), 위격(hypostasis), 인격(persona)을 분명히 구별하지 않고 사용했다.

25) Augustine, *Tractates on John* 20, *NPNF*1, 7:131-37 (PL 35:1556-64); *Tractates on John* 22, *NPNF*1, 7:150 (PL 35:1574-82).

다. 그러나 이것은 아버지와 성령의 직접적인 참여가 없이 이루어지는 것이 아니다. 신적 위격들의 사역은 구별되지만 분리되지 않는다. 세 위격은 근본적으로 동등하다.26) 따라서 성령도 아버지와 아들과 동일한 본질(실체)이다. 성령은 "아버지와 아들의 친교적 연합"이며27), "아버지와 아들의 동일본질적(consubstantial) 사랑"28) 또는 "아버지와 아들의 동일본질적 친교적 연합"29)이며, 그 두 분을 연합하는 상호적 사랑이다.30)

세 위격의 동등성과 동일본질성의 전제 아래, 어거스틴은 아버지와 아들로부터 성령의 이중적 출원을 말한다. 아버지로부터 아들은 출생하고 성령은 본래적으로(principaliter) 출원한다. 어거스틴이 "본래적"이란 말을 덧붙이는 것은 성령이 또한 아들로부터도 출원하기 때문이다. "그분(아들: 역자)은 공동의 선물(성령: 역자)이 자신으로부터도 출원할 수 있는 방식으로 (아버지로부터: 역자) 출생하신다. 그리고 성령은 양자(아버지와 아들: 역자)의 영이다."31) 따라서 성령은 아버지로부터 "본래적으로" 출원한다. 그러나 아버지와 아들 모두로부터 공통적으로 출원한다. 이와 같은 어거스틴의 성령 이해는 '필리오케'(filioque) 논쟁의 불씨를 내포하고 있다. 하지만 그는 성령이 아버지와 어머니와 같은 두 원천으로부터 나온다고 주장하지는 않는다. 그는 아버지만이 성령이 출원하는 유일한 원천임을 고수한다.32) 성령은 본래적으로 아버지로부터 출원한다. 하지만 아버지는 아들에게 자신의 생명을 주며 이것은 성령의 부으심을 포함한다. 이와 같은 방식으로, 성령은 아버지와 아들에 의해 영원히 그리고 동시적으로 주어진다.

---

26) Augustine, *Trinity*, 1.6.13; 7.3.6 (PL 42:827-28, 938-39); J. N. D. Kelly, *Early Christian Doctrines* (London: Adam & Charles Black, 1968), pp. 272-73.
27) Augustine, *Trinity*, 5.11.12 (PL 42:918-19); 15.27.50 (PL 42:1096-97).
28) Augustine, *Tractates on John* 105, *NPNF*1, 7:396 (PL 35:1904-8).
29) Augustine, *Trinity*, 15.27.50 (PL 42:1096-97).
30) Ibid., 15.17.27 (PL 42:1079-80).
31) Ibid., 15.26.47; 15.26.45, 27.48 (PL 42:1092-96).
32) Ibid., 4.20.29 (PL 42:908-10).

어거스틴은 세 위격의 관계에 대하여 다음과 같이 설명한다. 아버지는 출산하고 아들은 출생한다. 아버지는 보내고 아들은 보냄을 받는다. 이 두 분은 하나이다. 성령은 아버지로부터 출원하며 또한 아들로부터도 출원한다. 따라서 성령은 아버지의 영이며 동시에 아들의 영이다. 아버지는 삼위일체의 원천이며 원리이다. 따라서 성령은 궁극적으로 아버지를 지시한다.[33] 이점에 있어서 어거스틴은 삼위일체의 원천과 원리로서의 아버지의 수위성을 강조하는 동방교회의 입장과 어느 정도 유사하다.

어거스틴은 『삼위일체론』의 후반부인 8-15권에서 인간 안에 있는 삼위일체의 흔적에 대하여 논의한다. 제8권에서 그는 하나님이 지적인 지식이 아니라 사랑에 의해 알려진다고 말하면서 사랑을 삼위일체적으로 즉 사랑하는 자, 사랑 받는 자, 사랑 자체로 제시한다.[34] 그는 제9권에서는 정신, 지식, 사랑, 제10권에서는 기억, 이해, 의지, 제11권에서는 사물, 지각, 의도, 또는 기억, 내적 지각, 의지, 제12권에서는 지혜, 합리적 지식, 동물적 지식, 제13권에서는 기억, 사고, 의지를 삼위일체의 흔적으로 제시한다. 그리고 제14권에서 어거스틴은 스스로 이 모든 논의가 성공적이지 못하다고 여기고 다시 기억, 이해, 의지의 모델로 돌아온다. 즉 정신은 기억하고, 이해하며, 자신을 사랑한다.[35] 그러나 이와 같은 어거스틴의 삼위일체 이해는 양태론적이다. 왜냐하면 이러한 삼중적 요소들은 모두 인격적 실재가 아니라 하나의 정신의 속성과 작용들이기 때문이다.

어거스틴은 창조세계와 인간 안에서 삼위일체의 흔적들을 찾으려고 했음에도 불구하고 그것들이 부적합한 이미지이며 양태론적인 예증사례임을 인정하였다.[36] 그의 의도는 구별되어 나타남에도 불구하고 불가분리적으

---

33) Ibid., 4.20.28-29 (PL 42:907-9); Augustine, *Tractates on John* 39, *NPNF*1, 7:222-23 (PL 35:1681-86).
34) Augustine, *Trinity*, 8.10.14 (Pl 42:960).
35) Ibid., 14.8.11 (PL 42:1044-45).
36) Ibid., 9.2.2 (PL 42:985-86); 15.22.42-24.45 (PL 42:1089-93).

로 작용하는 세 사물을 찾아보고자 하는데 있었다. 기억, 이해, 의지는 구별되지만 서로 분리되어 작용하지 않는다. 그는 기억을 아버지로, 이해를 아들로 의지를 성령과 동일시하지는 않는다. 단지 그는 구별되지만 작용에 있어서 분리되지 않는 삼위일체의 예증사례를 창조세계와 인간 안에서 찾고자 했다.37)

어거스틴의 삼위일체론은 다음과 같이 요약될 수 있다. 어거스틴의 관심은 삼위일체의 본질적 통일성에 집중되어 있다. 그에게 있어서 위격(인격)은 그 자체로서 고유성을 갖는 객관적 실재라기보다는 신적 존재 안에 있는 본유적인 관계의 표현이다. 즉 아버지는 오직 아들과 성령과의 관계에서만 아버지이다. 이와 같은 그의 삼위일체론에서 한 본질은 분명하지만 세 위격은 분명하지 않다. 또한 삼위일체에 대한 어거스틴의 심리적 유비 또는 예증사례는 양태론적이다. 왜냐하면 모든 것이 인간의 정신 안에 있기 때문이다. 어거스틴은 본질로서의 삼위일체의 존재론적 통일성뿐만 아니라 세 위격의 존재와 행동의 통일성과 동등성을 강조한다. 따라서 구속사에 있어서 삼위일체 하나님의 삼중적 사역은 서로 밀접하게 연결되어 있다. 마지막으로, 어거스틴은 성령을 아버지와 아들 사이의 사랑으로 정의한다. 이러한 성령 이해는 두 가지 문제점을 드러낸다. 하나는 사랑하는 자와 사랑 받는 자와 달리 사랑은 인격적 실재가 아니며 따라서 성령의 인격적(위격적) 위상이 의문시된다는 점이다. 다른 하나는 아버지와 아들이 사랑인 성령에 의해 연합되어야 하는 분리된 실재처럼 간주된다는 점이다. 즉 여기서는 세 위격 사이의 완전한 상호 내주(페리코레시스)를 말하기 어렵다. 그가 가르친 성령의 이중 출원(filioque) 교리는 동·서방 교회의 신학적 갈등의 주요한 원인이 되었다.

---

37) Augustine, *Letters* 169, *NPNF*1, 1:541 (PL 33:740-41).

5. 동·서방 교회의 필리오케 논쟁

니케아 신조는 성령이 "아버지로부터 출원한다"고 고백했다. 여기에는 성령이 아들로부터도 출원한다는 언급이 없다. 니케아-콘스탄티노플 공의회 이후에 서방교회는 '필리오케' 구절을 니케아-콘스탄티노플 신조에 추가하였다. 이 구절은 톨레도 공의회(589)에서 채택되었으며, 리옹 공의회(1274)에서 선포되었다. 필리오케 교리의 타당성 여부는 요한복음에 나오는 성령과 관련된 예수의 말씀들을 어떻게 이해하느냐에 달려있다. 예수는 자신이 아버지로부터 나오는 보혜사를 보내겠다고 말씀했다. "내가 아버지께로부터 너희에게 보낼 보혜사 곧 아버지께로부터 나오시는 진리의 성령이 오실 때에 그가 나를 증언하실 것이요"(요 15:26). 예수는 자신의 기도에 대한 응답으로 그리고 자신의 이름으로 아버지께서 오순절에 성령을 보낼 것이라고 말씀했다(요 14:16, 26). 그러나 또한 예수는 오순절에 자신이 직접 성령을 보내겠다고 말씀하기도 했다. "...가면 내가 그를 너희에게로 보내리니"(요 16:7). 그리고 그는 후에 제자들을 향하여 숨을 내쉬며 "성령을 받으라"(요 20:22)라고 말씀했다. 이 구절들은 아들이 아버지와 함께 영원히 성령을 출원시킨다는 것을 입증하는가?

(1) 서방교회

어거스틴의 삼위일체론은 한 본질로부터 출발하였다. 그는 아버지 위격이 아니라 신적 본질을 삼위일체의 토대로 삼았다. 아리우스주의자들에 대항하여, 그는 아버지와 아들의 동일본질을 강조하였다. 그는 성령이 아버지로부터 그리고 아버지와 동일본질인 아들로부터(filioque) 출원하는 것은 자연스러운 일이라고 생각했다. 아버지 하나님으로부터 말씀이 출생하고 성령이 '본래적으로' 출원한다. 어거스틴이 '본래적'이란 말을 붙인 까닭은 성령이 아들로부터도 출원하기 때문이다. 그러나 이것은 아버지 없이 아들에게 이미 있던 것이 아니라 출생 시에 아버지로부터 받는 것의 일부이다. "그(아들)는 공동의 선물이 자신으로부터도 출원하도록 출생하였다. 따라서 성령은 두 분 모두의 영이다."[38] 여기서 아버지와 아들은 두 원천이 아니라 한 원천이다. 왜냐하면 아버지와 아들은 동일본질이기 때문이다. 아버지는 신성의 유일한 원리와 원천이다. 아들은 아버지로부터 출생하며, 아버지와 아들의 공동의 사랑으로부터 성령이 출원한다(a patre filioque).[39] 어거스틴은 자신의 심리적 유비에서 성령을 아버지와 아들을 연합하는 사랑의 끈으로 표현했다. 그러나 아버지와 아들이 동일본질이며 한 원천이면 왜 둘을 연합하는 사랑의 끈이 필요한가?

(2) 동방교회

카파도키아 교부들은 아들과 성령의 위격적 실존(subsistence)의 원천으로서의 아버지에 주된 강조를 두었다. 아버지는 신성의 통일성의 보증자이며 아들과 성령의 유일한 원리, 원천, 원인이다. 따라서, 성령은 아버지로부터(만) 출원한다. 나지안주스의 그레고리는 단일통치(monarchy)는 아버지만이 아니라 전체 삼위일체에 속한다고 가르쳤다. 그러나 그도 아들과 성령의 인격적 실존의 원천으로서의 아버지에 대한 강조는 여전히 유지하였다.

동방 교부들은 오직 아버지만이 아들과 성령의 유일한 원천임을 강조했다. 그러나 그들은 성령의 출원에 있어서 아들의 중재적 역할을 인정했다. 따라서 그들은 "아버지로부터 아들을 통해서"라는 표현을 받아들였다. 바실에 의하면, 하나님으로부터 오는 선한 것은 "아버지로부터 독생자를 통해 성령에게" 온다.[40] 성령은 아버지로부터 아들을 통해 출원한다. 다마스커스의

---

38) Augustine, *Trinity*, 15.26.47 (PL 42:1092).
39) Ibid., 15.17.27 (PL 42:1079-80).
40) Basil of Caesarea, *On the Holy Spirit* 18.47 (PG 32:153).

요한은 성령이 아버지로부터 출원하여 아들에게 머물며, 아들을 통해 전달되고, 아버지와 아들이 소유한 모든 특성을 소유한다고 가르쳤다.[41]

그러나 동방 교부들은 서방의 필리오케가 아버지뿐만 아니라 아들도 성령의 원천으로 만듦으로써 아버지의 단일통치(monarchy)를 위태롭게 한다고 비판했다. 어거스틴은 아버지가 신성의 유일한 원천이지만 아들이 아버지와 동일본질이기 때문에 성령이 아버지뿐만 아니라 아들로부터도 출원하며, 이 출원은 아버지와 아들이 동일본질이기 때문에 한 원천으로부터의 출원이라고 주장했다. 서방 교부들은 아들이 아버지로부터 주어진 것을 주는 것이기 때문에, 필리오케가 아버지의 단일통치를 포기하는 것은 아니라고 주장했다. 그러나 동방 교부들은 아버지와 아들이 성령의 공동의 원인이라는 어거스틴의 가르침은 아버지와 아들을 혼동함으로써 아버지의 단일통치를 위태롭게 한다고 보았다. 그들은 비록 세 위격이 동일본질적 연합과 상호내주 안에서 한 하나님이지만 그들의 인격적 특수성은 혼동되어서는 안 된다고 주장했다. 뿐만 아니라 아버지와 아들의 동일본질의 전제 하에 필리오케를 말한다면, 성령은 다른 두 위격에 종속되게 된다. 왜냐하면 아버지와 아들이 성령의 원천인 반면 성령은 그 무엇의 원천도 아니기 때문이다.

동방신학의 문제점은 다마스커스의 요한 이래 하나님의 인식 불가능한 본질과 인식 가능한 에너지를 분리시키는데 있다. 이러한 이분법은 하나님 자신의 내적 삶에 대한 접근을 불가능하게 만들며, 하나님의 내적 존재(내재적 삼위일체)를 외적 행동(경세적 삼위일체)으로부터 괴리되게 만든다. 그러나 하나님의 영원한 존재는 역사 속에서의 하나님의 행동 안에 계시된 하나님의 존재로부터 분리될 수 없다. "계시 안에서 우리를 만나는 하나님의 실재는 영원의 모든 심층 안에 있는 하나님의 실재이다."[42]

---

41) John of Damascus, *The Orthodox Faith* 1.7 (PG 194:805).
42) Karl Barth, *Church Dogmatics*, ed. G. W. Bromiley (Edinburgh: T&T Clark, 1975), I/1, p. 479.

(3) 중재의 길

필리오케에 관한 동·서방교회의 대립된 견해를 중재할 수 있는 길은 무엇인가? 신약성서에서 아들과 성령의 관계는 일방적이지 않고 상호적이다. 예수는 성령에 의해서 잉태되었으며, 수세 시에 성령이 하늘로부터 예수에게 임했다. 이것은 성령이 예수를 선행한다는 것을 보여준다. 십자가 죽음 직전에 예수는 제자들에게 "내가 아버지께로부터 너희에게 보낼 보혜사 곧 아버지께로부터 나오시는 진리의 성령이 오실 때에 그가 나를 증언하실 것이요"(요 15:26)라고 말씀한다. 이 구절이 필리오케를 정당화하지는 않는다. 그러나 부활 이후에 예수는 제자들을 향하여 숨을 내쉬며 "성령을 받으라"(요 20:22)라고 말씀한다. 이 구절은 필리오케를 정당화하는 근거로 간주될 수 있다. 하지만 논란의 여지는 여전히 남아있다. 신약성서에서 부활이 예수(아들)와 성령의 관계에 있어서 전환점이 되는 것은 분명하다. 부활 이전에 성령은 하나님(아버지)의 영이라고 불린다. 그러나 부활 이후에 성령은 하나님의 영뿐만 아니라 아들의 영이라고도 불린다.

1991년에 열린 정교회와 개혁교회(WARC)의 대화에서 채택된 합의문에 의하면 성령의 출원은 한 신적 본질 안에서의 세 위격의 완전한 동일본질적, 페리코레시스적 관계 안에서 이해되어야 한다. 따라서 성령은 아버지와 아들로부터 불가분리하게 하나님의 존재로부터 출원하는 것으로 간주된다.[43]

몰트만은 동방교회와 서방교회의 견해를 중재하고자 한다. 그는 성령의 출원이 아들의 참여 없이는 일어나지 않는다는 점을 주지하면서 아버지로부터 성령의 출원을 유지하고자 한다. 따라서 그는 "아들의 아버지로부터 성령

---

43) "Agreed Statement on the Holy Trinity Between the Orthodox Church and the World Alliance of Reformed Churches," *Touchstone* 5, no. 1 (winter 1992); 22-23. 이에 대한 해설은 Thomas F. Torrance, *Trinintarian Perspectives: Toward Doctrinal Agreement* (Edinburgh: T&T Clark, 1994), pp. 110-43를 참고하라.

의 출원"이라는 표현을 제안한다.[44] 아버지는 오직 아들과의 관계에서만 즉 영원한 아들의 출생 안에서만 아버지이다. 아버지로부터 성령의 영원한 출원은 아버지에 의한 아들의 영원한 출생을 전제한다. 따라서 성령의 출원은 아들의 영원한 현존 안에서 일어난다.[45] 또한 몰트만은 위격들의 상호적 관계를 강조하면서, 아들과 성령의 상호적 관계를 표현하려면 필리오케는 '스피리투케'(Spirituque)에 의해 보완되어야 한다고 주장한다. 스피리투케가 의미하는 바는, 아버지로부터 성령의 영원한 출원이 아버지에 의한 아들의 영원한 출생을 전제하는 것과 마찬가지로 아버지에 의한 아들의 영원한 출생이 아버지로부터 성령의 영원한 출원을 전제한다는 것이다. 이는 예수의 잉태와 세례에서 예증되었다. 필리오케와 스피리투케는 함께 세 위격의 페리코레시스적 관계를 구성하며 따라서 삼위일체 하나님의 한 존재를 수립한다.

판넨베르그는 누구보다 철저하게 세 위격 사이의 상호적 관계를 강조한다. 그는 필리오케가 세 위격 사이의 상호적 관계를 깨뜨리고 성령의 종속을 초래한다는 이유로 거부한다. 그에게 있어서 세 위격의 삼위일체적 관계는 상호적 자기구별의 관계이다. 삼위일체적 관계는 단지 한 신적 주체의 서로 다른 존재양태가 아니라 분리된 행동의 중심들의 생동적 실현이다. 이 관계는 기원의 관계 즉 출산, 출생, 출원의 관계로 환원될 수 없다. 아버지는 단지 아들을 낳을 뿐 아니라 자신의 나라를 그에게 넘겨주고 다시 그로부터 되돌려 받는다. 아들은 아버지로부터 출생할 뿐만 아니라 아버지에게 순종하고 아버지를 영화롭게 한다. 성령은 단지 출원할 뿐만 아니라 아들을 채우며 아버지에게 순종하는 아들을 영화롭게 하며 그렇게 함으로써 아버지를 영화롭

---

44) Jürgen Moltmann, *The Trinity and the Kingdom: The Doctrine of God* (London: SCM, 1991), pp. 182-85.
45) Moltmann, "Theological Proposals Towards the Resolution of the Filioque Controversy," *Spirit of God, Spirit of Christ: Ecumenical Reflections on the Filioque Controversy*, ed. Lukas Vischer (London: SPCK, 1981), pp. 167-69.

게 한다.46) 이와 같이 삼위일체적 관계는 위격들의 상이한 정체성을 구성한다. "위격들은 단지 상호적 관계 속에 있는 그 자신들이다. 이 관계는 그들을 서로 구별시킴과 아울러 친교적 연합으로 이끈다."47)

---

46) Wolfhart Pannenberg, *Systematic Theology*, trans. G. W. Bromiley (Grand Rapids: Edrdmans, 1991), 1:320.
47) Ibid.

제4장
중세와 종교개혁시기의 동·서방 교회의 삼위일체론

1. 다마스커스의 요한

마지막 위대한 동방교부인 다마스커스의 요한(675-753)은 자신의 『정통신앙』에서 세 위격과 세 위격의 페리코레시스적 관계에 대하여 논했다. 그에 의하면 아버지는 영원히 아버지이다. 이 말은 아들이 없었던 때가 없었다는 것을 의미한다. 아들은 아버지의 본성으로부터 출생하며 아버지와 더불어 영원부터 공존한다. 아들의 기원으로서의 아버지의 존재는 인과성을 제외하고는 아무런 우월성도 함축하지 않는다. 성령은 아버지로부터 출원한다. 성령은 "자신의 고유하고 독특한 실존 안에 존재하는 본질적 능력으로서 아버지로부터 출원하고 말씀 안에 머물며 말씀을 드러내 보여준다."[1] 성령은 다른 두 위격과 동일한 본질이며 동일하게 영원하다. 아들의 출생과 성령의 출원은 동시적이다.

요한에 따르면 세 위격이 본질에 의해서가 아니라 각자의 고유하고 독특한 실존(subsistence)에 의해서 구별된다. 세 실존 안에 한 본질이 있다.[2] 위격들은 서로 안에 내주한다(요 14:11). 그러나 위격들은 고유하고 독특한 실

---
1) John of Damascus, *The Orthodox Faith* 1.7 (PG 194:805).
2) Ibid., 1.8 (PG 194:808-33).

존 때문에 혼동되거나 혼합되지 않는다. 또한 위격들은 동일한 본질을 지니며 서로 안에 내주하기 때문에 하나님은 통일성과 불가분리성을 갖는다. 아버지, 아들, 성령은 비출생, 출생, 출원을 제외하고는 모든 면에서 하나이다. 위격들은 융합되거나 혼합되지 않고 서로 안에 자신의 존재를 갖는다.

요한의 중요한 공헌은 그가 세 위격의 상호 내주를 표현하기 위해 '페리코레시스'라는 용어를 사용했다는데 있다. 그는 한 신적 본질이 아니라 계시에서 주어진 세 위격으로부터 출발하였다. 신적 본질의 하나 됨은 세 위격의 페리코레시스적 관계에 의해 수립된다. 그러나 요한의 부정적 유산은 그가 하나님의 존재(본질)의 이해불가능성을 강조하고, 신적 본질과 신적 속성 또는 에너지를 분리시킴으로써 후대의 이원론적 동방신학의 전통을 초래했다는데 있다.

2. 그레고리 팔라마스

동방교회의 그레고리 팔라마스(1296-1359)는 하나님의 본질과 에너지를 구별하는 다마스커스의 요한의 이론을 더욱 발전시켰다. 하나님의 본질은 비기원적이며, 영원하며, 이해 불가능하며, 소통 불가능하며, 접근 불가능하다. 하나님의 에너지도 역시 비기원적이고 비피조적이다. 그러나 그것은 이해 가능하고, 소통 가능하며, 접근 가능하다. 모든 신적 에너지가 비피조적이지만 그 모두가 시작이 없는 것은 아니다. 창조된 사물을 향하는 에너지는 시작을 갖는다. 따라서 본질과 에너지는 동일하지 않다.

그레고리는 어떤 때에는 에너지가 본질 안에 있다고 말하기도 하고 다른 때에는 에너지가 하나님 안이 아니라 하나님 주위에 있다고 말하기도 한다.[3] 어쨌든 에너지는 하나님의 세 위격의 페리코레시스적 삶의 현현이다.

---

3) Gregory Palamas, *The Triads*, ed. John Meyendorff, trans. Nicholas Gendle (New York: Paulist

그는 이름, 영원한 영광, 빛, 능력, 예지, 선, 덕, 의지 등의 신적 속성들을 에너지에 귀속시킨다. 신적 에너지는 신적 본질이 아님에도 불구하고 비피조적인 신적 실재이다. 따라서 에너지에 참여함으로써 우리는 하나님의 존재에 참여할 수 있다. 우리는 하나님의 본질이 아니라 에너지에 참여함으로써 (하나님이 됨 없이) 신화(deify)된다.[4]

그레고리에게 있어서 신적 본질은 위격을 초월하며, 세 위격으로 이루어져 있다. 신적 본질과 서로 간의 영원한 내적 관계에 있는 세 위격은 인식 불가능하다. 그러나 아들에 의한 현현에 있어서, 성령은 세상 안에서 활동하는 신적 에너지로서 인식 가능하다. 이것은 그레고리가 위격적 실존으로서 하나님으로부터 출원하는 성령과 역사 속에서의 사명을 위해 아버지에 의해 아들을 통해 보냄을 받는 신적 에너지로서의 성령을 구별하고 있음을 보여준다.[5] 여기서 하나님과 피조물을 연결하는 아들과 우리를 아들과 연합시키는 성령의 중재적 위상과 역할은 신적 에너지에 의해 대체된다. 즉 위격이 아니라 에너지가 피조물과의 친교적 연합 안으로 들어온다. 한편으로 위격들은 알 수 없는 신적 본질로 흡수되어 사라지고, 다른 한편으로 위격들은 에너지에 의해 대체되고 지워진다. 결국 에너지에 의해 현시된 하나님은 본질로서의 하나님으로부터 분리된다.

3. 토마스 아퀴나스

서방교회의 아퀴나스(1225-1274)는 하나님 안의 세 위격이 아니라 한 본질로부터 출발하는 어거스틴의 전통을 따른다. 그는 자신의 신학적 논의를 삼위일체로부터 시작하지 않고 하나님의 실존, 존재, 속성에 관한 논의로

Press, 1983), 3.2.5, 9.
4) Ibid., 3.2.13; 3.3.8.
5) Gregory Palamas, *Capita physica theologica* (PG 150:1145).

부터 시작한다. 그는 삼위일체에 대한 지식을 이성에 의해 얻는 것은 불가능하다고 생각한다. 이성에 의해, 우리는 위격의 구별에 관한 지식이 아닌 신적 존재(본질)의 하나 됨에 관한 지식을 얻을 수 있다. 삼위일체에 관한 이성적 지식과 논의는 성서의 증언에 기초한 신앙에 의해 그것을 받아들인 후에만 가능하다.6) 따라서 아퀴나스는 한 하나님과 세 위격의 하나님을 분리하여 전자는 그의 『신학대전』 2-26문항에서 다루고 후자는 27문항부터 다룬다.

아퀴나스는 신적 위격을 기원의 관계의 관점에서 구별한다.7) 이 기원의 관계는 우연이 아니라 신적 본질 자체이다. 신적 위격은 신적 본성 안에 실존하는 관계를 의미한다. 아퀴나스는 위격들 사이의 다양한 관계를 다음 네 가지 인격적 속성 또는 개념들로 구별한다. 아버지 됨(paternity), 자녀 됨(filiation), 공동의 발출(common spiration), 출원(procession).

아버지는 그로부터 다른 위격이 나오는 삼위일체의 원리이다. 아퀴나스는 원리와 원인을 구별한다. 원리는 우선성(priority)이 아니라 기원(origin)을 의미한다. 아버지는 원인이 아니라 원리이다. 왜냐하면 원인은 실체의 다원성과 종속을 함축하기 때문이다. 다른 위격의 원리로서 아버지는 스스로가 기원이다. 원리로서의 아버지는 아버지에 대한 아들과 성령의 종속을 허용하지 않는다. 즉 아들과 성령의 존재는 아버지에게 의존하지 않는다.8) 하나님의 형상인 아들은 아버지와 동일하고 영원하다. 아들은 시간이 아니라 영원 속에서 출생했다.9) 아퀴나스의 성령 이해는 매우 어거스틴적이다.10) 그는 성령이 아버지와 아울러 아들로부터 출원한다고 말한다. 아버지와 아들은 성령의 한 원리이다. 성령은 아버지와 아들 사이의 사랑의 끈이다. 성령은 아들을 위한 아버지의 사랑이다. 성령은 하나님의 선물이라고도 불린다.

---

6) Thomas Aquinas, *Summa Theologica*, Pt. 1a, Q. 32, art. 1.
7) Ibid., Pt. 1a, Q. 28 art. 4; 29, art. 4.
8) Ibid., Pt. 1a, Q. 33, arts. 1, 4.
9) Ibid., Pt. 1a, Q. 42, art. 2.
10) Ibid., Pt. 1a, Q. 37, arts. 1-2.

위격들은 본질에 있어서 하나이며, 관계에 의해 구별된다. 본질은 분리되지 않기 때문에 세 위격은 존재(본질)가 아닌 관계 또는 속성에 의해 구별된다. 즉 아버지 됨(paternity)은 아버지, 자녀 됨(filiation)은 아들, 발출(spiration)은 성령에 각각 해당된다.11) 세 위격이 한 본질이기 때문에, 이들은 동등하다. 그러나 위격들 간에는 우선성이 아닌 자연적 질서가 있다. 아버지와 아들은 동일한 본질을 갖는데, 이 본질이 "아버지에게 있어서는 수여자의 관계에 의해, 아들에게 있어서는 수용자의 관계에 의해 존재한다."12)

전체적으로, 아퀴나스는 어거스틴의 삼위일체론을 충실하게 따르고 있다. 그는 한 본질로부터 시작하며, 위격을 관계의 관점에서 설명하며, 성령을 사랑의 끈으로 이해하며, 필리오케를 고수한다. 신적 위격들은 관계에 의해 구성된다. 따라서 아들의 아버지 됨이 바로 아버지 자신이며, 아버지의 아들 됨이 바로 아들 자신이다. 신적 위격을 관계(아버지 됨, 자녀 됨, 발출, 출원)와 동일시하는 아퀴나스의 삼위일체론에 대하여, 과연 그러한 위격이 존재론적인 고유한 독특성을 갖는 진정한 위격인가 하는 질문이 제기된다. 그러나 아퀴나스는 위격들이 진정한 의미에서 서로 구별된다는 것을 강조함으로써 자신이 사벨리우스적인 양태론을 거부함을 분명히 밝힌다. 그는 관계성을 위격들 간의 구별뿐 아니라 위격들 자신의 고유한 정체성을 가능케 하는 존재론적 결정자로 이해하는 것처럼 보인다. 그럼에도 불구하고 그는 어거스틴 이래로 서방교회의 삼위일체론에 제기되어온 문제점, 즉 신적 본질의 하나 됨을 철저히 강조함으로써 출발하는 삼위일체론은 세 위격의 존재론적 구별을 진정성 있게 설명하기 어렵다는 문제점으로부터 자유롭지 못하다.

---

11) Ibid., Pt. 1a, Q. 40, arts. 1-2.
12) Ibid., Pt. 1a, Q. 42, arts. 1, 3, 4.

4. 존 칼빈

칼빈의 신학은 철저하게 삼위일체적이다. 그의 『기독교강요』의 구조적 기초는 삼위일체적 구조로 구성된 사도신경이다. 그의 삼위일체론은 한 본질이 아니라 세 위격으로부터 시작된다. 그는 성서의 구절들에 대한 주석을 통하여 아들과 성령의 영원한 신성을 수립하고자 한다. 칼빈은 무엇보다 세 위격이 하나의 동일하고 분리 불가능한 하나님의 존재를 동등하게 공유한다는 점을 강조한다. 그는 아들이 아버지로부터 신성을 부여받는다고 말하지 않는다. 아들은 아버지처럼 자신으로부터 신성을 갖는다. 그러나 이 말은 본질에 있어서 그렇다는 것이지 위격에 있어서 그렇다는 것이 아니다. 아들의 본질은 자신으로부터 존재하고 위격은 아버지로부터 출생한다. "아들은, 하나님이기 때문에, 스스로 존재한다. 그러나 자신의 위격에 있어서 그렇다는 것이 아니다. 그는 아들이기 때문에 우리는 그가 아버지로부터 존재한다고 말한다."13)

칼빈이 아들의 신성이 아버지로부터 파생되지 않는다고 말한 것은 아들(그리고 성령)의 완전하고 영원한 신성을 강조하기 위한 것이다. 한 하나님의 존재(본질)는 단순하고 분리 불가능하며 아버지, 아들, 성령에 의해 공유된다. 본질에 있어서 세 위격은 하나이며 동등하다. 그러나 관계에 있어서 세 위격은 각자의 고유한 구별된 속성을 가지며 아들과 성령은 파생적 성격을 갖는다. 그러므로 관계의 관점에서 세 위격 사이에는 순서가 있다. 즉 아버지가 첫째, 아들이 둘째, 성령이 셋째이다. 아버지가 시작이고 원천이기 때문에, 아버지가 아들과 성령과 함께 언급될 때 하나님이란 이름은 특별히 아버지에게 적용된다.14) 아들은 아버지로부터 파생되며, 성령은 아버지와 아들로부터 파생된다.

---

13) John Calvin, *Institutes of the Christian Religion*, trans. Ford Lewis Battles, ed. John T. McNeil (Philadelphia: Westminster Press, 1960), 1.13.25.
14) Ibid., 1.13.20.

아버지는 아들과 성령의 원리 또는 원천이다. 아버지는 위격의 관계적 질서의 관점에서 신성의 시작이며 근원이다. 아버지로부터 아들이 있고, 아버지와 아들로부터 성령이 있다(필리오케). "아들은 아버지로부터만 나오고, 성령은 아버지와 아들로부터 동시에 나온다."15) 이와 마찬가지로, 세 위격이 동역하는 하나님의 모든 사역에는 질서가 있다. 아들은 영원 속에서 아버지로부터 출생했다. 요한복음 17장에서 그리스도는 자신이 만세 전에 아버지로부터 출생한 영원한 말씀이라고 했다. 그리스도는 하늘의 영광으로부터 성령을 보낸다. 따라서 아버지가 아들과 성령의 유일한 원리이며 원천임에도 불구하고, 성령은 아버지로부터 뿐만 아니라 아들로부터도 출원한다. 칼빈은 성령을 아버지의 영이자 동시에 그리스도의 영으로 묘사하는 로마서 8:9에 대한 주석에서, 이 구절이 우리가 그리스도로부터 성령을 받을 수 있도록 성령 전체가 그리스도에게 부어졌으며, 성령이 아버지와 아들(아버지와 한 본질이며 또한 아버지와 동일하게 영원한 신성을 지닌)의 공동의 영임을 보여준다고 본다.16) 그는 또한 요한복음 14:10과 17:3에 근거하여, 완전히 그리고 동등하게 한 하나님의 존재를 공유하는 세 위격이 서로 안에 내주한다(perichoresis)고 말한다. "아버지는 전적으로 아들 안에 있고 아들은 전적으로 아버지 안에 있다."17)

대체로 칼빈은 사도신경과 니케아-콘스탄티노플 신조, 그리고 아타나시우스, 시릴, 나지안주스의 그레고리, 그리고 특히 어거스틴과 같은 정통교부들의 교리를 충실하게 따른다. 그는 한 하나님의 존재에 대한 이성적 논증으로부터 출발하는 아퀴나스와 달리 성서에 대한 주석에 기초한 철저히 산위

---

15) Ibid., 1.13.18.
16) John Calvin, *Calvin's Commentaries: The Epistles of Paul the Apostle to the Romans and to the Thessalonians*, trans. Ross Mackenzie, ed. David W. Torrance and Thomas F. Torrance (Edinburgh: Oliver and Boyd, 1961), on Rom. 8:9.
17) Calvin, *Institutes*, 1.13.19. John Calvin, *Calvin's Commentaries: The Gospel According th St. John 11–21*, trans. T. H. L. Paker, Ed. David W. Torrance and Thomas F. Torrance (Edinburgh: Oliver and Boyd, 1961), on John 17:3.

일체론적인 신학을 전개한다. 그는 서방과 동방의 삼위일체론을 통합하려는 노력을 보여주지만, 필리오케와 같은 교리를 지지함에 있어서 여전히 어거스틴적인 서방교회의 전통에 서 있다.

5. 서방교회와 동방교회의 삼위일체론의 대조적 특징들

어거스틴 이래 서방교회는 세 위격을 선행하는 하나님의 한 본질로부터 출발해 왔다. 하나님의 본질과 함께 출발하는 이 삼위일체론은 실체론적 존재론에 기초해 있다. 이 실체론적 존재론에 있어서는 비인격적 실체가 인격적 관계를 선행하며 인격적 범주는 실체적 범주에 종속된다. 어거스틴은 세 위격을 기원의 관계, 즉 출산(비출생), 출생, 출원의 관점에서 구별했는데, 이것은 하나님의 구원의 역사 속에 나타난 외적 관계를 하나님 자신 안의 내적 관계로 전환시킨 것이다. 따라서 성서에 기록된 역사적 현시로서의 경세적 삼위일체는 영원한 존재로서의 내재적 삼위일체로 전환된다. 세 위격을 선행하는 한 본질을 강조하고 위격을 상호적 관계의 관점에서 이해하는 서방교회의 삼위일체론은 양태론적 경향을 보여준다.

서방교회의 양태론적 경향은 적어도 부분적으로 언어의 문제와 관계가 있다. 라틴어 '페르소나'(persona)는 존재(실체)에 의존하는 가면 또는 역할을 의미한다. 이 '페르소나'가 신적 위격을 지칭하는 단어로 사용될 때, 세 위격은 개별적인 독자성을 지닌 인격체라기보다는 한 존재(본질, 실체)에 종속되는 속성처럼 보이게 되며, 따라서 양태론적인 경향을 나타내게 된다. 이와 같은 양태론적 경향은 삼위일체의 흔적을 기억, 이해, 의지에서 찾아보고자 한 어거스틴의 심리적 유비에 잘 나타난다. 이 심리적 유비는 단일한 한 인격체를 전제한다. 이 심리적 유비는 신약성서가 증언하는 역사 속에서의 하나님의 구원의 경륜으로부터 추론된 것이 아니다.

어거스틴 이래 서방교회는 성령을 아버지와 아들 사이의 사랑의 끈으로 이해해 왔는데, 이러한 성령 이해는 다음과 같은 물음들을 불러일으킨다. 여기서 성령은 자신의 고유한 인격성을 갖는 위격으로 간주되는가? 성령이 다른 위격들에게 종속되지 않는가? 아버지와 아들이 동일본질이라면, 그리고 위격들이 상호 내주한다면(페리코레시스), 왜 연결을 위한 끈이 필요한가? 또한 서방교회는 어거스틴의 필리오케 교리를 고수해왔다. 동방교회는 이 교리가 성령을 아들에게 종속시킬 뿐만 아니라 아버지와 아들을 성령의 동일한 원리 또는 원천으로 간주함으로써 아버지와 아들의 구별을 희석시키고 아버지의 군주성을 약화시킨다고 비판한다.

서방교회와 대조적으로 동방교회는 세 위격과 더불어 출발한다. 신약성서의 증언에 기초한 기독교 신앙은 아들과 성령에 의해 주어진 구원의 경험과 함께 시작된다. 삼위일체론의 과제는 이 삼중적 형태의 구원의 경험을 구약성서로부터 전승된 유일신론의 맥락에서 어떻게 설명하는가 하는 것이다. 어거스틴과 달리, 카파도키아 교부들에게 있어서 위격이 존재(본질)를 선행한다. 이들은 세 위격을 그리스어 '하이포스타시스'(hypostasis)로 표현했다. 이 단어는 본유적으로 관계적인 독특한 개별적 실재를 의미한다. 인격이 궁극적 실재이다. 지지울라스는 카파도키아 교부들의 존재론을 이렇게 요약한다. "사물을 존재하게 만드는 것은 실체나 본성이 아니라 인격 또는 위격이다. 따라서 존재는 실체로 소급되지 않고 인격(위격)으로 소급된다."[18]

카파도키아 교부들에게 있어서, 신적 본질이 아니라 위격으로서의 아버지가 다른 두 위격의 원천 또는 원인이다. 뿐만 아니라 아버지는 신성 즉 신적 존재(본질)의 기원적 원리이다. 또한 삼위일체의 통일의 원리 또는 결합의 힘도 서방교회에서처럼 성령이 아니라 아버지이다. 비록 나지안주스의 그레고리가 하나님의 단일통치(monarchy)를 단지 아버지만이 아닌 전체 삼

---

[18] John D. Zizioulas, *Being as Communion: Studies in Personhood and the Church* (Crestwood, N.Y.: St. Vladimir's Seminary Press, 1985), p. 42.

위일체에 귀속시켰지만, 그에게 있어서도 여전히 아버지는 신성의 첫 번째 원리이자 원인이다. 종속주의는 니케아와 콘스탄티노플 공의회에서 배격되었지만, 이와 같은 카파도키아의 삼위일체론은 서방교회로부터 군주신론적 종속주의의 경향을 보여준다고 비판을 받아왔다.

그러나 동방신학의 종속주의적 경향은 관계론적 존재론 특히 페리코레시스 개념에 의해 어느 정도 완화된다. 카파도키아 교부들은 위격을 관계적 관점에서 이해했다. 즉 위격(인격)은 자신 안에 닫혀져 있는 존재가 아니라 타자로부터 말미암고 타자를 향해 열려진 존재이다. 바실은 하나님의 통일성을 위격들의 친교적 연합(communion)의 관점에서 이해했다. 즉 하나님의 존재(본질) 자체가 위격들의 친교적 연합에 의해 구성된다. 이것은 하나님의 한 본질 이전에 세 위격이 존재한다는 의미가 아니라 상호적 관계 속에 있는 세 위격이 한 본질과 일치한다는 의미이다. 이 상호적 관계를 표현하는 용어가 페리코레시스이다. 다마스커스의 요한은 이 용어를 위격(인격)들의 상호내주, 상호성, 상호침투를 표현하기 위하여 사용했다. 페리코레시스는 세 위격의 친교적 연합을 의미한다. 친교적 연합 안에서 각 위격은 자신의 개별적인 인격적 온전성을 유지하면서 타자의 삶을 공유하고 그것에 참여한다.

제2부

오늘날의 삼위일체론의 동향과 통전적 삼위일체론의 전망

제5장

오늘날의 삼위일체론의 동향 : 관계론적 삼위일체론

1. 서론

주지하는 바와 같이 삼위일체론에는 전통적으로 두 가지 유형이 존재해 왔다. 하나는 서방교회의 심리적 또는 정신적 삼위일체론이며, 다른 하나는 동방교회의 사회적 삼위일체론이다. 전자는 어거스틴에 의해 대표되고, 후자는 카파도키아 신학자들에 의해 대표된다. 심리적, 정신적 삼위일체론을 보여주는 20세기의 대표적인 신학자는 바르트와 라너다. 전통적인 서구의 실체론적 실재관이 관계론적 실재관에 의해 대체됨에 따라, 오늘날 동·서방 교회를 막론하고 많은 신학자들이 관계론적 위격(인격)과 관계성 안의 본질 개념에 기초한 삼위일체론을 전개하고 있다. 물론 오늘날의 관계론적 삼위일체론자들은 단순히 카파도키아 신학자들의 삼위일체론을 반복하지는 않으며, 다양한 형태의 삼위일체론을 발전시키고 있다. 이 글의 목적은 오늘날의 관계론적 삼위일체론을 대표하는 몇 사람의 신학자들의 삼위일체론에 대하여 고찰하는 데 있다.

관계론적 삼위일체론은 세 위격으로부터 출발하여 한 본질로 나아가는 사회적 삼위일체론과 많은 부분 공명한다.[1] 사회적 삼위일체론의 주요 과제

---

1) 관계론적 삼위일체론이 반드시 사회적 삼위일체론인 것은 아니다. 라쿠냐의 삼위일체론은 관계론적

는 그것이 삼신론적 또는 다신론적이라는 비판에 어떻게 응답하는가 하는 것이다. 이를 위해서는 위격(인격)의 개념에 대한 재정의가 요구된다. 왜냐하면 세 독립적인 개별자로서의 세 위격이 함께 모여 하나의 공동체적 연합을 형성한다면, 그것은 삼신론과 다를 바 없기 때문이다. 계몽주의 이후 인격이란 개념은 개별적인 의식과 자유의 주체로 이해되어왔다. 삼위일체의 세 위격이 이러한 인격으로 이해되면 세 위격은 세 의식의 주체가 된다. 세 의식의 주체로 구성되는 삼위일체는 삼신론에 빠질 위험이 있다. 하나님의 한 주체성을 강조하는 바르트는 이러한 위험을 피하기 위해서 세 위격(인격)이란 용어 대신 "세 존재양태"(three modes of being)란 용어를 사용할 것을 제안했다. 이와 유사하게 라너는 "세 구별된 실존방식"(three distinct manners of subsisting)이란 표현을 사용할 것을 제안했다. 라너는 하나님은 궁극적 자기의식의 중심으로서의 절대적 주체로서, 세 구별된 방식으로 존재한다고 말한다. "한 분 하나님의 한 자기소통이 세 다른 소여성(given-ness)의 방식으로 일어난다."[2]

그러나 이들은 두 가지 점에서 비판을 받는다. 하나는 이들의 단일한 절대적 신적 주체로서의 하나님 이해가 양태론적이라는 비판이며, 다른 하나는 의식의 중심으로서의 현대의 인격 개념에 대한 이들의 이해가 협소하다는 비판이다. 오늘날에는 많은 사상가들이 타자와 대립되는 자기 충족적 주체로서의 개인주의적 인격 이해를 넘어서는 관계론적 인격개념을 지지한다. 관계론적 인격개념에 따르면 인격은 오직 관계성 안에 존재한다. 구체적인 인격성은 오직 상호적 인격성(interpersonality)으로서 존재한다. 마찬가지로 주체성은 오직 상호적 주체성(intersubjectivity)으로서 존재한다. 카스퍼는 하나님을 이와 같은 관계론적 인격 개념으로 정의한다. 그는 모든 존재를 결정하는 실재인 하나님을 인격적 존재로 정의함으로써 또한 존재 전체

삼위일체론이지만 사회적 삼위일체론인지는 불확실하다.
2) Karl Rahner, *The Trinity*, trans. Joseph Donceel (New York: Herder and Herder, 1970), p. 109.

를 인격적인 것으로 정의한다. 이것은 존재 이해의 혁명을 수반한다. "궁극적이고 지고한 실재는 실체가 아니라 관계이다… 존재의 의미는 자기소통적 사랑에서 발견되어야 한다."[3] 하나님의 형상으로서의 인간의 관계성과 상호적 인격성은 하나님의 관계성과 상호적 인격성의 반영이다. "삼위일체의 세 위격은 순수한 관계성이다. 이 세 위격의 관계성 안에 서로 구별되고 교환불가능한 세 가지 방식으로 존재하는 하나님의 본질(본성)이 존재한다."[4] 이와 같은 관계론적 인격 개념은 카스퍼 뿐만 아니라 이 글에서 고찰하고자 하는 신학자들에게도 공통적으로 나타난다. 이 글에서는 관계론적 인격과 관계성 안의 본질 개념에 기초한 오늘날의 삼위일체론들 가운데에서 가장 대표적인 위르겐 몰트만, 캐더린 모우리 라쿠냐, 볼프하르트 판넨베르그, 존 지지울라스, 조셉 브라켄의 삼위일체론에 대하여 고찰하고자 한다.

2. 위르겐 몰트만: 페리코레시스적 친교적 연합 (perichoretic communion)

몰트만에게 있어서 삼위일체론은 위로부터 출발하는 사변적인 교리가 아니라 아래로부터 즉 예수의 십자가 안에 나타난 아버지, 아들, 성령의 구원의 역사로부터 출발하는 교리이다. 즉 삼위일체론은 예수의 십자가에서 고통당하는 하나님에 대한 기독교적 경험에 기초한다. 몰트만에 따르면 십자가는 세상을 향한 사랑으로 인해 아버지, 아들, 성령의 세 신적 인격이 함께 고난당하는 삼위일체적 사건이다. "하나님은 '우리와 함께' 고통당하신다. 하나님은 '우리에 의해' 고통당하신다. 하나님은 '우리를 위해' 고통당하신

---

[3] Walter Kasper, *The God of Jesus Christ*, trans. Matthew J. O'Connell (New York: Crossroad, 1991), p. 156.
[4] Ibid., p. 309 카스퍼는 하나님 안에 세 의식이 있다고 생각하지 않는다. 그에 따르면 세 위격 각기 고유한 방식으로 소유하는 동일한 의식에 의해서 세 위격은 서로 상호적으로 의식된다. Ibid., p. 289.

다. 이 하나님에 대한 경험이 삼위일체 하나님을 계시한다."[5] 십자가의 고통한 가운데에서, 예수는 아버지로부터 버림을 당하는 아픔을 경험하는 반면, 아버지는 아들로부터 분리되는 아픔을 경험한다. 그러나 죄악된 인간을 위한 고통에 자신을 내어줌에 있어서 예수와 아버지는 성령 안에서 새로운 일치를 경험한다.

삼위일체론이 예수 그리스도를 통한 하나님의 구원의 경륜에 기초한다면, 이와 같은 구원의 경륜과 분리된 영원의 영역에 존재하는 내재적 삼위일체는 불가능하다. 하나님의 참된 본성은 언제나 십자가를 중심으로 한 역사 안의 하나님의 행위에서 이해되어야 한다. 이런 의미에서 몰트만의 삼위일체론은 세계의 역사를 향해 열려있는 삼위일체론이다. 하나님의 존재는 역사 안의 하나님의 행위에 의해 규정되고 결정된다. 다시 말하면 그리스도의 역사적 사건이 하나님의 고유한 삶을 구성한다. 따라서 하나님의 내적 삶은 십자가에서의 하나님의 외적 역사에 의해 영향 받고 또한 결정된다. 외적인 역사적 참여를 통해 내적인 삼위일체적 일치가 성취된다. 열린 삼위일체론은 역사를 삼위일체적 삶 안으로 통합한다. 과거의 예수 그리스도의 역사는 종말론적 완성을 통한 미래의 하나님의 영화에 대한 약속이다. 그리고 이 과거와 미래는 성령을 통해 현재의 교회의 삶 안으로 매개된다.

몰트만은 최고 실체나 절대적 주체를 전제하는 일신론적 또는 군주신론적 삼위일체론을 거부한다. 그는 최고 실체 삼위일체론은 삼위일체 하나님을 하나의 동질적인 신적 본질로 환원시키며, 절대 주체 삼위일체론은 삼위일체 하나님을 하나의 동일한 주체로 환원시킨다고 비판한다.[6] 그는 하나님을 한 실체나 주체로가 아니라 공동체로 이해한다. 이 공동체는 아버지, 아들, 성령의 교제 안에서 하나 됨을 이루는 공동체이다. 그는 한 본질(ousia, substantia)로서의 하나님의 절대적 주체성을 전제하고 삼위의 가능성을 묻

---

5) Jürgen Moltmann, *The Trinity and the Kingdom of God* (London: SCM Press, 1981), p. 4.
6) Ibid., pp. 10-16.

는 아타나시우스와 반대로, 카파도키아 교부들처럼 세 위격으로부터 시작하여 통일의 길을 설명하고자 한다. 그는 하나님에게는 한 행위 주체가 아니라 세 행위 주체(또는 자리, loci)가, 한 인격이 아니라 세 인격이 있다고 주장한다.[7] 삼위일체적 통일성이란 세 위격이 공유하는 동일한 본질 또는 실체로서의 선험적인 존재론적 통일성을 의미하는 것이 아니라, 역동적인 상호성과 관계성을 통한 통합적인 통일성을 의미한다.

몰트만은 기독교 신학의 주된 위험이 다신론이 아니라 하나님의 주권과 통일성을 강조하는 일신론에 있다고 본다. 왜냐하면 일신론적 하나님은 인간의 자유를 위한 자리를 남겨놓지 않으며, 지상의 군주제도와 정치적 억압을 정당화하기 때문이다. 우리는 분화된 상호성이 존재하며 또한 창조세계의 피조물들이 참여하는 열려진 신성을 필요로 한다. 삼위일체는 세 구별된 주체들의 상호적 관계에 의해 구성된다. 인격성과 상호적 관계성은 불가분리적 개념이다. 하나님과 인간은 모두 나-너(I-Thou)의 관계성에 의해 구성된다.[8] "세 신적 위격은 아버지, 아들, 성령으로서 각자의 특성을 가지고 서로 관계하며 존재한다. 이 위격들은 이 관계를 통해 결정되며, 이 관계 안에 있는 인격들이다. 이런 의미에서 위격(인격)은 관계-안에-존재함을 의미한다."[9] 그러나 몰트만은 실체론적 인격 이해를 완전히 포기하지는 않고, 실체론적 인격과 관계론적 인격을 상호적 관계 안에서 이해한다. "관계없는 인격도 없지만 인격 없는 관계도 없다. 인격은 관계를 통해 나타나며, 관계는 인격을 통해 형성된다."[10]

몰트만의 삼위일체론에 있어서 세 위격은 페리코레시스적 관계성 안에서 통일을 이룬다. "만일 우리가 삼위일체 하나님에 대한 성서의 증언, 즉 타자

---

7) 신약성서에 따르면, 하나님은 "자신의 아들을 우리 모두를 위하여"(롬 8:32) 내어주셨으며, 아들은 "나를 위하여 자신을 내어주었다"(갈 2:20).
8) Ibid., pp. 126, 145.
9) Ibid., p. 172.
10) Ibid.

를 자신과 연합시키는 하나님과 일치하는 통일성의 개념을 추구한다면, 우리는 한 실체 개념과 동일한 주체 개념을 버려야 한다… 통일성은 신적 위격들의 페리코레시스 안에서 인식되어야 한다."[11] 페리코레시스(perichoresis)란 세 인격 사이의 순환 또는 상호 내주를 의미한다. 삼위일체는 아버지, 아들, 성령이 페리코레시스적 친교의 연합(communion)을 통해 서로 분리된 개인들이 아닌 신적 삶의 영원한 순환 안에서 완전한 통일을 이루는 공동체이다. "삼위일체의 인격들의 영원한 페리코레시스에 삼위일체의 하나 됨이 있다."[12]

몰트만은 내재적 삼위일체와 경세적 삼위일체를 구별하는 전통적 방식 대신, 경세적 삼위일체가 내재적 삼위일체이며 내재적 삼위일체가 경세적 삼위일체라는 라너의 규정을 따른다. 삼위일체가 세계의 역사를 향해 열려진 삼위일체라는 것은 내재적 삼위일체와 경세적 삼위일체 사이의 분리가 사실상 불가능하다는 것을 의미한다. 바르트는 하나님의 초월적 자유를 보호하기 위해서 이 둘을 구별하고, 우리가 하나님을 아는 것은 자유 안에서의 하나님의 은혜로운 자기계시 행위의 결과임을 강조하였다. 그러나 몰트만은 하나님은 사랑으로서, 하나님의 자유는 오직 사랑하는 자유임을 강조한다. 삼위일체 하나님은 자신의 본질인 사랑의 내적 필연성에 의해 세상을 사랑한다. 따라서 내재적 삼위일체와 경세적 삼위일체 사이의 상응이 불필요할 뿐 아니라, 사실상 내재적 삼위일체라는 개념 자체가 불필요하다. 세상을 사랑하는 하나님은 스스로 자족하는 하나님과 조화되지 않는다. 삼위일체 하나님은 오직 자신의 본질적 모습으로서만 역사 안에 나타날 수 있다.[13]

그러나 몰트만이 내재적 삼위일체의 개념을 완전히 폐기하는 것은 아니다. 그는 경세적 삼위일체와 내재적 삼위일체의 구별이 영광송의 맥락에서

---

11) Ibid., pp.149-50.
12) Ibid., p.175.
13) Ibid., p.153.

가능하다고 주장한다. 즉 내재적 삼위일체는 초월적인 하나님을 경배하고 찬양하는 상황에서 요구된다. 하나님의 구원사역의 복음에 대한 우리의 응답은 단지 구원 자체가 아닌 하나님 자신을 예배하는 데까지 나아간다. 경세적 삼위일체는 하나님의 구원사역을 선포하는 케리그마 신학의 대상인 반면, 내재적 삼위일체는 영광송의 신학의 내용이다.[14] 또한 『삼위일체와 하나님 나라』보다 먼저 씌어진 『성령의 능력 안에 있는 교회』에서 몰트만은 기원의 삼위일체와 보냄의 삼위일체를 구별함으로써 하나님의 존재 자체와 하나님의 역사적 행위를 구별하고자 한다. 기원의 삼위일체는 역사 안에서의 하나님의 행위를 가능케 하는 하나님 안의 본래적 조건을 의미하며, 보냄의 삼위일체는 이 조건이 역사 속에 나타난 것, 곧 역사 안으로의 아들과 성령의 파송을 의미한다. 따라서 보냄의 삼위일체는 기원의 삼위일체, 즉 하나님 자신 안의 삼위일체적 관계를 전제하며 또한 그것에 상응한다.[15]

몰트만에 의하면, 하나님의 삼위일체적 삶이 세계를 향해 열려있기 때문에 삼위일체의 통일성의 문제는 역사적 문제이며 궁극적으로 종말론적 문제이다. "삼위일체는 모든 창조세계를 통합할 수 있고 그것과 하나가 될 수 있을 만큼 넓게 열려 있다. 신적 삼위일체의 통일성은 모든 창조세계와 자신과의 그리고 자신 안에서의 통일에 대하여 열려있다."[16] 이미 언급한 바와 같이, 실제적인 신적-역사적 사건의 과정에 의해 영향을 받지 않는 내재적 삼위일체란 없다. 삼위일체는 세계 역사와의 연합을 통하여 통합적 일치를 성취한다. 하나님의 내적 통일은 구원의 경륜을 통합한다. 따라서 하나님의 통일은 단지 시원적인 통일이라기보다 종말론적 통일이다. 종말의 때에 하나

---

14) Ibid., p. 154.
15) Jürgen Moltmann, *The Church in the Power of the Spirit* (New York: Harper & Row, 1977), p. 54. 기원의 삼위일체란 개념은 하나님 자신의 존재와 역사 속에서의 행위를 구별함으로써 세계에 대한 하나님의 자유를 확보하기 위한 개념이다. 하지만 몰트만의 기원의 삼위일체는 이 세상에서의 하나님의 행위에 대하여 열려 있으며 또한 그것과 영향을 주고받는다는 점에서 전통적인 내재적 삼위일체와 구별된다.
16) Moltmann, *The Trinity and the Kingdom of God*, p. 96.

님은 세계 역사의 전 과정을 자신의 영원한 내적인 삼위일체 안으로 통합한다. 역사 속에서의 하나님의 삼위일체적 삶은 종말론적으로 완성될 것이다. 다시 말하면, 종말의 때에 하나님의 세계 구원이 완성됨과 아울러 하나님의 삼위일체적 통일도 완성된다.

몰트만의 삼위일체론의 중요한 특징 가운데 하나는 삼위일체론이 갖는 인간 사회를 위한 정치적, 실천적 의미에 대한 강조에 있다. 그는 페리코레시스적 친교의 연합 안에서의 세 신적 위격의 일치를 인간의 사회 정치적 질서와 연관시킨다. 그는 신학적 일신론이 정치적 군주제와 전제주의를 정당화하는 반면, 삼위일체론은 군주제와 전제주의를 비판하고 바람직한 인간 사회를 위한 모형을 제시한다고 주장한다. 하나님의 세 위격의 사랑의 사귐과 나눔의 삶으로서의 페리코레시스적 연합은 이상적인 인간 사회의 모형이 된다. 우리는 우리의 사회적 삶 속에서 하나님의 페리코레시스적 친교의 연합에서 나타나는 평등, 자유, 나눔, 교제를 실현하도록 부름을 받았다. 이런 의미에서 몰트만은 "거룩한 삼위일체는 사회적 프로그램이다"라고 주장한다.[17] 그는 삼위일체에 상응하는 인간의 삶의 방식을 "사회주의적 개인주의"로 이해한다. 사회주의적 개인주의란 일신론적 사고가 투영된 개인주의도 개인의 인격성과 주체성이 와해되는 공산주의도 아닌, 개인의 자율적 인격성과 공동체성을 동시에 존중하는 사회적 프로그램이다.

몰트만의 삼위일체론에 대하여 종종 제기되는 질문은 신적 주체의 다원성으로 구성되는 그의 사회적 삼위일체론에 있어서 신적 통일성이 과연 성공적으로 보존되는가 하는 것이다. 몰트만은 유일신론과 사회적 삼위일체론을 대립시키고 세 분리된 주체 또는 행위 중심을 강조함으로써 삼신론에 빠졌다는 비판을 받기도 한다. 그러나 그는 삼신론은 개인주의적이고 고립적인 인격개념을 세 신적 위격에 적용할 때 가능하다고 말하며, 영원한 페리

---

17) Elisabeth Moltmann Wendel & Jürgen Moltmann, *Humanity in God* (Cleveland: Pilgrim Press, 1983), p. 104.

코레시스 안에서 통일을 이루는 관계적 인격 개념에 기초한 삼위일체론은 결코 삼신론이 아니라고 주장한다.18) 그는 한 사회가 그 구성원들과 그들의 관계로 이루어지듯 세 주체적 중심은 각기 한 하나님의 부분이며 하나님은 위격들과 그들의 관계로 구성됨을 말하고자 하였다. 여기서 세 위격은 단지 한 하나님의 부분들이 아니다. 세 위격 사이의 관계의 본성이 각 위격의 구별된 정체성을 구성하며, 세 위격의 정체성이 함께 신성을 구성한다. 그럼에도 불구하고 몰트만이 일신론과 사회적 삼위일체론을 대립시킨 것은 적절한 선택이 아니다. 삼위일체론은 일신론의 범주를 벗어나야할 이유가 없다. 일신론은 근본적으로 우리가 믿는 하나님은 한 분 여호와 하나님이라는 사실을 지시한다. 몰트만의 사회적 삼위일체론도 사실상 일신론적 삼위일체론의 범주 안에서 이해 가능하며 또한 그래야 한다.

3. 캐더린 모우리 라쿠냐: 테올로기아와 오이코노미아의 일치

라쿠냐의 삼위일체론은 철저하게 구원론적이다. 그녀에게 있어서 삼위일체론은 그리스도의 인격과 성령의 활동 안에 나타난 하나님의 자기계시의 틀 안에서 사랑, 관계성, 인격성, 친교적 연합의 신비를 탐구하는 가장 탁월한 관계성의 신학이다.19) 또한 이와 같은 삼위일체론은 그리스도인의 삶에 근본적인 결과를 초래하는 실천적 교리이다. 그녀는 오늘날 삼위일체론이 주변화 된 근본적인 원인이 니케아 공의회에서 '테올로기아'(theologia) 즉 하나님의 신비와 '오이코노미아'(oikonomia) 즉 구원의 신비가 분리된 데 있

---

18) Moltmann, *The Trinity and the Kingdom of God*, p. 175.
19) Catherine Mowry LaCugna, *God for Us: The Trinity and Christian Life* (San Francisco: Harper & Row, 1991), p. 22.

다고 본다. 오이코노미아 즉 경세적 삼위일체는 구원의 역사에서의 예수 그리스도의 인격과 성령의 활동을 통한 하나님의 자기전달을 가리킨다. 우리가 하나님에 관하여 아는 모든 것은 이 경륜적 활동의 결과이다. 테올로기아 즉 하나님의 영원한 존재에 대한 우리의 지식은 하나님의 경륜 안에 나타난 계시에 의해 우리가 알게 된 것과 동연적(同延的)이어야 한다. 우리는 계시된 것을 넘어서 하나님의 내재적 삶에 접근할 수 없다. 따라서 우리가 삼위일체적 삶을 계시 너머로 확장하려고 할 때, 우리는 불가해적인 신비에 부딪히게 된다.

라쿠냐에 따르면 경세적 삼위일체와 내재적 삼위일체를 구별하는 것은 하나님이 인격적이며, 자유로우며, 인간의 역사나 인간의 인식으로 환원될 수 없다는 사실을 보여주기 위한 것이다. 그러나 그녀는 삼위일체의 본래적 주제가 바로 구원의 경륜에 있어서의 인격적 존재이신 하나님과 인간의 인격적 만남에 있다고 주장한다.[20] 따라서 그녀는 니케아 이래 분리되어왔던 내재적 삼위일체(테올로기아)와 경세적 삼위일체(오이코노미아)의 원초적 일치를 회복하고자 한다.

신비하고 불가해한 하나님은 자신을 표현하며 나누는 행동 안의 하나님이다. 하나님의 행동은 하나님이 어떤 분인지를 계시한다. 하나님의 신비는 절대적인 것으로 남아있다고 할지라도, 우리는 구원의 역사 안에 계시된 하나님이 실제로 참된 하나님이라고 확신할 수 있다. 계시된 하나님(Deus revelatus) 뒤의 숨어계신 하나님(Deus absconditus)이란 없다. 라너가 경세적 하나님은 내재적 하나님이고 내재적 하나님은 경세적 하나님이라고 말한 것처럼, 그녀는 테올로기아는 오이코노미아이며 오이코노미아는 테올로기아라고 말한다. "신학은 구원론과 분리되지 않으며, 역도 마찬가지이다."[21] 그러나 테올로기아와 오이코노미아를 하나로 보는 라쿠냐의 사고는 내재적 삼

---

20) Ibid., pp. 304-5.
21) Ibid., p. 211.

위일체와 경세적 삼위일체, 하나님의 내재적(ad intra) 삶과 외향적(ad extra) 삶을 구별하는 라너의 사고보다 한 걸음 더 나아간다. 그녀에 의하면 시간적 역사의 전체 범위를 포괄하며 통합하는 오직 하나의 삼위일체 하나님의 삶이 있을 뿐이다. 경세적 삼위일체와 내재적 삼위일체가 존재하는 것이 아니라, 시간, 공간, 역사, 인격성의 구체적인 사건들 안에 계시된 테올로기아의 신비만이 존재한다.

라쿠냐는 내재적 삼위일체와 경세적 삼위일체, 또는 내적 삶과 외적 삶의 이분법을 극복하는 삼위일체 모델로서, 창조세계 전체를 자신 안에 포괄하고 통합하는 하나님의 포물선적-교차대칭적 삶의 모델을 제시하였다. 이 모델은 포물선적이고 교차대칭적인 방사(放射, emanation)와 회귀의 구조로 이루어진다. 아버지 하나님은 아들 예수 그리스도를 출생시킨다. 이로부터 성령이 출원한다. 그리고 세계가 창조된다. 성령은 종국적으로 세계를 완성하여 예수 그리스도로 하여금 세계를 종말론적으로 통일시키도록 한다. 그리스도는 만물을 아버지 하나님에게로 돌려드린다. 이것은 하나님으로부터 방사되어 창조, 구원, 종말론적 완성, 그리고 다시 하나님으로 회귀하는 운동, 즉 '아버지로부터 아버지께로'(a Patre ad Patrem)의 운동이다. 이 운동에 있어서 기독론과 성령론은 날카롭게 구별되지 않으며, 하나님의 내재적 관계와 경세적 관계는 분리되지 않는다.

오이코노미아는 외향적인 삼위일체가 아니라 창조에서 종국적 완성에 이르는 하나님의 전체 포괄적인 계획이다. 이 안에서 하나님과 모든 피조물은 사랑과 친교적 연합의 신비 안에서 함께 존재하도록 운명지어진다. 이와 유사하게, 테올로기아는 삼위일체 자체(in se)가 아니라 보다 소박하고 단순하게 말해서 하나님의 신비이다. 예수 그리스도를 통해 하나님에 의해 구원받는 경험으로부터 우리가 아는 바와 같이, 하나님의 신비는 우리와 함께 계시는 하나님의 신비이다.[22]

라쿠냐는 동방 정교회의 신화(theosis) 개념을 받아들여, 하나님의 자기 전달의 목적이 창조세계와 그리고 인간과의 연합에 있다고 말한다. 하나님의 구원의 경륜은 신화와 영화(榮化)의 경륜이다. 이는 우리 인간이 하나님과 그리고 인간 상호간의 완전한 사랑과 친교적 연합 안으로 들어감을 의미한다. "하나님의 삶은 하나님에게만 속한 것이 아니다. 삼위일체적 삶은 또한 우리의 삶이다."[23]

라쿠냐는 삼위일체 안의 세 위격(인격)의 관계를 어떻게 이해하는가? 그녀는 인격 개념을 바르트처럼 세 양태 안에 있는 한 본질(본성)에 적용하느냐, 아니면 몰트만처럼 한 본질을 이루는 세 위격에 적용하느냐 하는 것은 중요한 문제가 아니라고 본다. 그녀에게 있어서, "참으로 중요한 문제는 하나님이 인격적 존재라는 사실이며, 따라서 삼위일체의 본래적 주제는 구원의 경륜 안에서의 하나님과 인간 사이의 인격적 만남이다."[24] 그녀는 인격 개념을 관계론적 관점에서 이해한다. 신적 인격이건 인간적 인격이건 인격은 관계성에 의해 구성된다. 인격적이 되기 위해서는 상호 인격적, 상호 주체적이 되어야 한다. 올바른 관계성 안의 삶, 즉 친교적 연합 안의 삶이 기독교 신앙의 구원의 의미이며 이상이다. 우리의 인격성은 하나님과의 완전한 친교적 연합, 즉 신화 안에서 완성에 이른다. 우리와의 관계성 안에 계신 하나님의 존재방식이 하나님의 인격성이다. 이런 의미에서 경세적 하나님과 내재적 하나님이 동일하며, 하나님의 활동이 하나님의 본질을 드러낸다고 할 수 있다. 라쿠냐는 이와 같은 관계성 안의 하나님이 그 자신으로서의 하나님의 존재의 완전한 표현이라고 주장한다. 오직 하나님 안에서만 우리는 인격성과 존재, 위격과 본질의 완전한 일치를 발견한다. "우리를 위한 하나님은 바로 그 자신으로서의 하나님이다."[25]

---

22) Ibid., pp. 223-24.
23) Ibid., p. 228.
24) Ibid., p. 305.
25) Ibid.

라쿠냐는 삼위일체 교리 자체를 신비로 이해하는 입장을 거부한다. 그녀는 설명하기 어려운 모순적인 신학적 명제를 변명하기 위해 신비 개념을 사용하는 것에 반대한다. 또한 신비는 창조세계와 구원의 경륜 안에 계시된 것과 동떨어진 삼위일체 하나님의 내적 삶을 지시하지도 않는다. 그녀는 신비라는 용어를 우리가 경험했음에도 불구하고 이해할 수 없는 것에 적용한다. 우리가 경험한 것은 예수 그리스도와 성령 안에서의 하나님의 구원 활동이다. 우리가 그것에 참여함에도 불구하고 우리 자신의 무능력으로 인하여 그것을 완전히 이해할 수 없기 때문에 그것은 신비로 남아있다.

　라쿠냐는 몰트만이나 보프처럼 삼위일체론의 정치적 함의를 중요시한다. 특히 그녀는 삼위일체론이 갖는, 가부장적 사회구조에 대한 비판적 함의를 중요시한다. 그녀는 군주신론이 사회적 가부장제나 다른 종류의 인간의 불평등을 정당화할 수 있다고 본다. 즉 자기정의(self-definition), 자기 충족성, 고립된 자아로서의 아버지를 중심으로 구성되는 내재적 삼위일체론이나 유일신론은 가부장제를 지지할 수 있다. 이와 달리 관계성 안의 인격 개념에 기초한 삼위일체론은 친교적 연합 안에 있는 동등한 위격들의 공유된 통치를 지지한다. 삼위일체주의는 한 인격에 대한 다른 인격의 지배를 허용하지 않는다. 그것은 계층질서를 거부하고 상호성을 고무한다.[26]

　라쿠냐는 삼위일체 하나님에 대한 이해가 본유적으로 하나님의 구원의 경륜에 대한 이해 위에 정초되어야 한다는 사실을 정당하게 강조하였다. 그 본래적 의미에 있어서 삼위일체론은 창조, 성육신, 종말론적 완성의 변증법적 과정 안에서 나타나는 경세적 하나님의 신비합일저(ecstatic) 운동을 표현한다. 이 신비합일적 운동 안에서 하나님은 초월적이며 동시에 내재적이고, 영원하며 동시에 시간적이다. 다시 말하면, 하나님의 자기정의(定議)는 세계와의 관계성 안에서, 즉 세계의 역사를 포함하는 신적 운동을 통해서 구현된

---

26) Ibid., pp. 393-400.

다. 이와 같은 라쿠냐의 관점은 기본적으로 정당하다. 그러나 영원한 하나님의 존재의 신비(테올로기아)는 우리와 함께 계시는 하나님의 구원의 신비(오이코노미아) 안에 있지만 그것으로 다 소진되지는 않는다. 신적 신비의 개념은 보다 더 초월적인 차원으로 개방될 필요가 있다.

라쿠냐의 삼위일체 모델은 아버지와 아들과 성령의 위상과 관계에 관한 서로 다른 동·서방교회의 견해를 통합하고자 하는 그녀의 시도를 보여준다. 그녀는 동방교회와 서방교회의 삼위일체론을 다음과 같이 대조시킨다. 동방의 유출 모델에서는 화살이 아버지로부터 아들, 성령, 세계로 나아가는 하강적 궤적을 보여준다. 이와 달리 서구의 모델에서는 화살이 삼위일체의 세 위격을 모두 포함하는 원 전체로부터 세계를 향해 나아간다. 이 모델은 세계 안에서의 삼위일체 하나님의 사역은 나누어지지 않는다는 어거스틴의 원리를 반영한다. 라쿠냐가 제시하는 포물선적-교차대칭적 삼위일체 모델에 있어서, 하나님의 삼위일체적 운동은 아버지 하나님으로부터 시작하여 아들과 성령을 거쳐 세상으로 하강하는 포물선 운동으로 묘사된다. 그러나 이 운동은 교차대칭적으로 다시 성령과 아들을 통해 최종적으로 아버지를 향해 상승한다. 라쿠냐는 삼위일체론을 만물이 하나님으로부터 나오고 다시 하나님께로 돌아가는 하나님의 신비합일적 운동의 표현으로 이해한다. 만물은 아버지께로부터 나와서 아버지께로 돌아간다.

라쿠냐의 삼위일체 모델에서 성육신과 신화(deification)의 경륜은 본유적인 신적 삶 안으로 통합된다. 따라서 내재적 삼위일체는 구원의 경륜과 분리되지 않는다. 하나님의 신비 즉 테올로기아와 구원의 신비 즉 오이코노미아는 하나가 된다. 하나님 자신과 우리를 위한 하나님이 분리되지 않는다.[27] 하나님께 외재적이라고 생각되던 것이 내재적이 되었다. 하나님 자체(in se)로서 하나님 자신만을 위한 하나님이 우리와의 관계성 안에 계시는 하나님

---

27) Ibid., p. 223.

이 되었다. 또한 이 모델에서 기독론과 성령론은 동등하게 중요하다. 아들과 성령은 어느 한쪽이 다른 한쪽에 일방적으로 종속되지 않는 교차대칭적, 순환적 관계에 있다. 마지막으로, 이 모델에서는 아버지의 주권과 수위성을 강조하는 동방교회의 입장이 어느 정도 수용된다. 왜냐하면 만물이 아버지로부터 나와서 아버지께로 돌아가기(a Patre ad Patrem) 때문이다.

4. 볼프하르트 판넨베르그: 하나님 나라의 종말론적 완성의 때에 결정되는 삼위일체

판넨베르그의 삼위일체론은 아래로부터의 역사적, 귀납적 접근방식에 기초한다. 그에게 있어서, 삼위일체론이란 예수 그리스도 안에 나타난 하나님의 계시 안에 이미 함축되어 있는 것을 명시적으로 진술하는 것이다. 하나님은 그리스도 사건 안에서 자신의 신성을 정의한다. 따라서 이 역사적 사건은 하나님의 존재를 위한 존재론적 의미를 갖는다. 이 점에 있어서 판넨베르그는 경세적 삼위일체와 내재적 삼위일체의 관계에 대한 라너의 명제에 동의한다. 그러나 그는 라너가 이 둘 사이의 동일성을 말하면서도 아직 하나님의 영원한 자기 동일성이 아들과 성령의 역사적 구원사역과 분리되어 인식될 수 없다고 말하지는 않는다고 비판하면서, 하나님의 영원한 자기 동일성은 구원 역사 안에서의 아들과 성령의 사역과 동떨어져서 생각될 수 없다고 강조한다.[28] 그에 의하면, 신적 위격들이 세계와의 상호적 관계성 안에 존재한다는 것은 구원 역사가 하나님의 신성에 구성적 의미를 가지며 시간과 변화가 영원 안에 포함된다는 것을 의미한다. 아들의 성육신과 십자가와 부활뿐만 아니라 세상 안에서 하나님 나라를 역동적으로 실현하는 성령의 사역

---

[28] Wolfhart Pannenberg, "Problems of a Trinitarian Doctrine of God," *Dialog* 26, no. 4 (Fall 1987), p. 251.

역시 하나님의 삶을 구성한다. 이 하나님 나라가 없다면 하나님은 하나님이 될 수 없다.[29] 하나님의 존재는 곧 하나님의 통치이다. 삼위일체 하나님의 존재는 도래하는 하나님 나라의 미래에 달려있으며, 도래하는 하나님 나라의 미래는 예수의 인격과 사역에 달려있다. 예수의 인격과 사역은 하나님 나라의 미래를 예기하며 하나님의 사랑을 계시한다. 종말론적으로 완성되는 하나님 나라는 하나님에 대한 삼위일체적 이해를 완성한다.

판넨베르그는 정신적 또는 심리학적 유비를 사용하는 서방교회 전통의 삼위일체론을 비판한다. 이 삼위일체론에서는 단일한 신적 정신이 자신과 구별되면서 동시에 자신과의 연합을 유지하는 의식 대상을 자신 안에 포함한다.[30] 여기서 삼위일체적 관계는 단일한 신적 주체를 전제한다. 판넨베르그는 특히 세 존재양태로서의 세 인격 안에서 자신을 계시하는 하나의 단일한 신적 주체를 말하는 바르트의 삼위일체론을 비판한다. 그는 단일한 신적 주체를 전제하는 이러한 입장을 시간과 역사의 변화로부터 단절된 영원하고 불변하는 하나님을 전제하는 양태론 또는 "삼위일체 이전적 유신론"으로 간주한다.[31] 그는 단일한 신적 주체를 전제하는 것은 세 신적 위격들 사이의 상호적 관계를 통해 신적 통일성이 구성되는 것과 양립할 수 없다고 본다. 그는 카파도키아 교부들처럼 삼위일체적 관계에 의해 구성되는 통일된 신적 본질을 말한다. 즉 그는 신적 본질(ousia, esse) 개념을 관계론적으로 구성하고자 한다. 고대에는 관계가 실체에 종속되었다. 아리스토텔레스의 언어에 있어서 관계는 존재론적으로 우선적인 실체의 가변적 속성(accidents)에 속한다. 그러나 오늘날 관계 개념은 이러한 실체에 대한 종속으로부터 벗어났다. 오히려 이제는 실체 개념이 관계에 종속된다.

---

29) Wolfhart Pannenberg, *Theology and the Kingdom of God* (Louisville: Westminster/John Knox Press, 1969), p. 55.
30) 어거스틴의 모델에서는 사고의 원천을 아버지와 동일시하며, 헤겔의 모델에서는 성령이 자신을 분화(分化)시킨다.
31) Pannenberg, "Problems of a Trinitarian Doctrine of God," p. 251.

판넨베르그는 이러한 관계론적 사고를 신성에 적용한다. 한편으로, 그는 아버지가 신성의 원천으로서 아들을 출생시키고 성령을 출원한다고 주장하는 동방교회의 모델을 비판하면서 동시에 세 위격의 상호관계에 의해 신적 본질이 구성된다고 보는 동방교회의 사회적 모델을 받아들인다. 다른 한편으로, 그는 한 단일한 신적 주체를 전제하는 서방교회의 심리학적 유비의 모델을 비판하면서 동시에 각 위격이 다른 위격들과의 관계에 의해 결정된다고 주장하는 서방교회의 상호 관계적 모델을 받아들인다.[32] 각 위격은 다른 위격들과의 관계에 의해 결정된다. 위격들은 시간적 또는 논리적으로 우선하지 않는다. 관계성은 단지 부가적인 것이 아니라, 그 자체가 구성적인 것이다. 아버지는 아들과의 관계에서만 아버지이며, 아들은 아버지와의 관계에서만 아들이다. 성령은 아버지와 아들의 공동체의 끈으로서만 성령이다. 각 위격의 정체성은 타자와의 관계에 의존한다. 그리고 각 위격은 신적 통일성을 위해서 자신의 독립성을 포기한다. 따라서 삼위일체는 상호적 자기헌신의 통일성이다.

판넨베르그에 있어서 삼위일체 하나님의 본질은 사랑이다. 인격으로서의 신적 위격들이 사랑의 힘을 갖는 것이 아니라, 나-너의 관계 안의 사랑이 위격들에 자기 정체성을 부여한다. 신적 삶 안의 본유적인 타자성과 통일의 변증법이 세 위격의 근원이다.[33] 아버지가 아들을 사랑하는 사랑과 아들이 아버지를 사랑하는 사랑은 하나님이 세상을 사랑하는 사랑이며 또한 성령을 통하여 믿는 자의 마음에 부어지는 사랑이다. 이 사랑이 우리를 하나님과 그리고 서로 하나가 되게 만든다. 무한한 사랑은 단지 하나님의 한 속성이 아니라 신적 본질 자체이다. 아버지, 아들, 성령의 삼위일체적 친교 안에서 세 인격은 한 본질 즉 한 사랑이다.

판넨베르그에 따르면, 하나님의 고유한 삶 안에서 발생하는 예수의 고난

---

32) Pannenberg, *Systematic Theology*, vol. 1, pp. 272-80, 308-19.
33) Ibid., p. 427.

과 죽음은 하나님의 삼위일체적 삶의 관계성뿐 아니라 시간성을 계시한다. 역사적 예수의 수난은 단지 영원하고 불변하는 로고스에 부가된 시간 속의 우연적 사건이 아니다. 오히려 영원한 하나님의 신성이 예수의 운명의 역사적 사건 안에서 결정되고 정의된다. 하나님의 본성은 적어도 부분적으로 시간적 사건들에 의존한다. 시간 속의 구원사건이 영원 속의 신적 삶을 구성한다. 하나님의 신성은 세계에 대한 하나님의 주권에 의존한다. 아버지는 창조 이전에는 그 자체로서(a se) 주님일 수 있다. 그러나 창조 이후에는 아버지의 주권이 도전을 받는다. 불순종하고 죄로 가득 찬 창조세계는 하나님 나라를 부정한다. 창조세계 안에 성육신한 역사적 예수가 행한 일은 아버지에게 충성하여 자신을 드린 것이다. 예수는 전적인 순종을 통하여 아버지께 주권을 돌려드렸다. 역사 속에서, 예수는 한 개인적 인격으로서 이 일을 행함으로써 유일무이한 방식으로 자신을 아버지와 연합시켰다. 종말론적으로, 그리스도는 만물을 아버지의 통치에 넘겨줌으로써 하나님 나라를 완성할 것이다. 종말론적으로 아들이 모든 권세를 아버지에게 넘겨주고(고전 15:28) 자신까지도 복종시킬 때, 하나님은 만유의 주가 된다. 아버지에게 주권을 드림으로써 아들은 아버지께 신성을 드린다.

하나님 나라와 신성은 아들에게 달려있다. 아버지 하나님의 통치나 나라는 하나님이 하나님 나라가 없이도 하나님이 될 수 있을 정도로 하나님의 신성에 외적인 것이 아니다. 하나님의 주권의 대상으로서 세계는 하나님의 신성에 필수적인 것이 아닐 수 있다. 왜냐하면 세계의 존재는 하나님의 창조적 자유로부터 기원(起源)하기 때문이다. 그러나 세계의 존재는 세계에 대한 하나님의 주권 없이는 하나님의 신성과 양립할 수 없다. 따라서 하나님의 주권과 신성은 함께 간다.[34]

---

34) Ibid., p. 313.

이처럼 아버지 하나님의 신성은 아들과의 관계에 의해서 결정된다. 세 신적 위격은 상호 의존적 관계성 안에서 결정된다. 아들이나 성령의 인격성은 아버지로부터의 출생 또는 출원의 기원으로 환원될 수 없다. 각 위격의 신성은 상호적 관계성 안에 있는 인격성의 결과이다. 아들에게 있어서, 신성은 아버지의 형태로 자신을 나타내며, 아들은 성령 안에 참여함으로써만 자신을 인식한다. 아들은 아버지를 하나님으로 계시한다. 아버지에게 있어서, 아들은 순종을 통해 사랑의 하나님 나라를 실현함으로써 아버지 자신의 신성을 실현한다. 아버지는 성령 안에서 아들과의 통일성을 발견하며 자신의 신성을 확증한다. 한편 성령은 아들과 아버지를 섬김으로써 아버지와 아들의 공동체 안에서 자신의 고유한 인격성과 신성을 발견한다.[35] 그러므로 하나님의 신성의 통일성은 단순성의 통일성이 아니라 통합을 이루는 사랑의 통일성이다. 하나님의 통일적 실재는 하나의 단일한 실체로서의 인격이 아니라 세 위격, 즉 아버지, 아들, 성령으로서의 인격이다. 하나님이 인격적 관계 안에서 세계와 대면한다는 것은 아버지, 아들, 성령으로서 대면한다는 것을 의미한다. 인격적 정체성은 시간적이다. 만일 역사적 사건과의 관계가 신적 인격들 사이의 관계를 구성하는 요소라면, 아들과 성령과 아버지의 인격적 정체성은 종말론적으로 결정될 것이다.

판넨베르그는 내재적 신성과 외향적 신성을 구분할 필요를 느끼지 않는다. 세계와 하나님의 관계는 하나님의 정체성의 결정에 필수적이다. 그도 바르트 못지않게 하나님의 자유와 영원성과 세계로부터의 독립성을 강조한다. 성서가 말씀하는 바와 같이 하나님은 세계의 창조자이다. 그럼에도 불구하고 그는 하나님의 본질은 하나님의 속성에 의해 결정되며, 이 속성은 세계와의 관계성 안에 계신 하나님의 실존의 빛 안에서만 식별된다는 점을 강조

---

35) Wolfhart Pannenberg, "Die Subjektivität Gottes und die Trinitätslehre," *Grundfragen Systematischer Theologie*, Band II (Göttingen: Bandenhoeck & Ruprecht, 1980), p. 110. Peters, *God as Trinity*, p. 138.

한다. 세계와의 관계 안에서 하나님은 세 양태, 즉 창조자, 화해자, 완성자로 존재한다. 이 셋은 각기 신적 본질의 속성을 구성한다. 따라서 세계와의 관계성이 하나님의 속성과 본질을 구성한다. "하나님은 세계를 창조하심으로써 자신을 이 창조세계와 그 역사에 의존하게 만들었다."[36] 하나님의 신성은 하나님의 주권적 통치에 의존하며, 따라서 통치되는 세계가 필요하다. 이런 의미에서 하나님은 스스로 자신의 창조세계에 의존적이 되기로 선택하였다. 다시 말하면, 창조자 아버지, 화해자 아들, 완성자 성령으로서의 하나님의 실존은 세상과의 관계의 성격에 의해 결정된다. 세계의 창조자로서 하나님의 하나님 되심은 세계 안에서의 하나님의 통치, 즉 하나님 나라 없이는 생각될 수 없다. 하나님의 실존과 정체성은 최종적으로 세계의 종말론적 완성, 즉 종말론적 하나님 나라의 완성의 때에 결정된다. 그러나 판넨베르그는 삼위일체 하나님이 역사 안에서 발전적 과정의 결과로 생성된다고 말하지는 않는다. 오히려, 종말론적 사건이 영원히 참된 것을 결정한다. 한편, 역사적으로 보면 하나님의 신성은 미래의 종말론적 하나님 나라의 도래에 의존한다. 다른 한편, 종말론적 완성은 삼위일체 하나님이 영원부터 영원까지 언제나 참된 하나님임을 결정하는 자리이다.[37]

판넨베르그의 종말론은 역사의 미래에 도래하는 종말론적 하나님 나라에 대한 성서의 비전에 충실하다는 점에서 화이트헤드의 열려진 과정적 세계관과 구별된다. 또한 그의 신관은 종말론적인 하나님의 존재가 단지 역사 안에서의 발전과정의 결과가 아니라 하나님 나라를 완성하고 영원한 것을 결정하는 하나님 자신의 행위의 결과에 의한 것임 강조한다는 점에서, 화이트헤드의 과정적 실재로서의 신관과 구별되는 것처럼 보인다. 그러나 그의 하나님은 창조세계와의 역사적 관계에 참여하기 위하여 자신의 신성을 모험에 거는 하나님이라는 점에서, 하나님을 모험가로 기술하는 화이트헤드의

---

36) Pannenberg, "Problems of a Trinitarian Doctrine of God," p. 255.
37) Pannenberg, *Systematic Theology*, vol. 1, p. 331.

하나님과 크게 다르지 않다. 왜 하나님은 이러한 모험을 하는가? 그것은 하나님이 사랑의 하나님이기 때문이다. 사랑은 상대방을 일방적으로 결정하지 않는다. 사랑의 힘은 일방적이거나 강제적인 힘이 아니라 대화적이며 설득적인 힘이다. 그러므로 사랑의 하나님은 세계와의 관계에서 세계의 현실 속에 동참하며 세계를 설득하는 모험을 감행한다.[38] 이 사랑의 하나님은 바로 성서가 증언하는 하나님이다.

5. 존 지지울라스: 탈자아적 개방성과 친교적 연합 안에 있는 세 위격

정교회 신학자인 지지울라스의 삼위일체론의 핵심은 그의 인격 존재론에 있다. 그의 인격 존재론은 고대의 동방교회의 교부 신학에 뿌리를 두고 있다. 그는 동방교회의 교부 신학의 인격 개념이 오늘날의 관계적 범주의 인격 개념과 일치한다고 주장한다. 그에 의하면, 그리스 철학은 인간 개별자에게 독특한 영속성을 부여할 수 없었기 때문에 참된 인격 존재론에 이를 수 없었다. 여기서 존재는 영원한 반면, 개별적 존재는 일시적이다. "개별성은 존재론적으로 절대적이지 않다. 다자는 언제나 존재론적으로 파생적이지 원인적이지 않다."[39] 그리스 사고에 있어서 인격성이란 구체적인 존재론적 존재에 부속된 것에 불과하기 때문에 인격 존재론은 불가능했다.

그러나 성서적 사고는 이에 대한 대안적 존재 이해를 제공한다. 성시적 세계관에 있어서 존재는 인격적 존재인 하나님에 의해 창조되었다. 존재, 즉

---

38) 이러한 의미에서 화이트헤드는 하나님을 이해하며 세계와 함께 고통당하는 세계의 위대한 동반자로 표현하였다. Alfred North Whitehead, *Process and Reality*, David Ray Griffen & Donald W. Sherburne eds. (New York: Macmillan, 1978), p. 351.
39) John D. Zizioulas, "On Being a Person, Towards an Ontology of Personhood," *Persons, Divine and Human*, ed. C. Schwöbel and C. Gundon (Edinburgh: T&T Clark, 1991), p. 36.

세계의 실존은 무로부터 창조되었으며, 따라서 자유의 산물이다. 존재는 그리스 철학의 존재론적 필연성에 속박되지 않는다. 성서는 존재론적 자유가 인격적 존재인 하나님에 기초한다고 증언한다. 성서적 세계관에 있어서 개별적 인격은 존재론적으로 파생적이 아닌 원인적 실재가 된다. 삼위일체 하나님에 있어서 개별자인 위격이 존재론적으로 궁극적이다. 왜냐하면 아버지, 아들, 성령 세 위격이 영원한 친교적 연합(communion) 안에서의 관계적 일치를 통해 한 하나님의 존재를 구성하기 때문이다.[40]

지지울라스에 따르면, 4세기의 기독론 논쟁 과정 속에서 그리스 철학이 혁명적으로 변화되고 기독교의 인격 존재론이 발전되었다.[41] 카파도키아 신학자들은 니케아 공의회(325)때까지 하나님 이해에 있어서 동일한 의미로 사용되던 본질(ousia)과 위격(hypostasis)을 구별하고 위격(hypostasis)을 구체적이고 완전한 존재로서의 인격(prosopon, person)과 동일시하였다. 따라서 삼위일체 하나님은 세 위격, 세 완전한 존재들로 이해되었다. 그리고 그들은 삼신론을 피하기 위해서, 본질(ousia)을 한 존재 이상에 적용될 수 있는 총칭적 의미의 실체(substance)로 이해하였다. 이로써 존재론적 범주로서의 인격 개념이 탄생하였다.

카파도키아 교부의 한 사람인 가이사랴의 바실은 삼위일체의 각 위격이 구별되면서 또한 존재론적으로 완전한 존재임을 강조하면서 하나님의 통일성은 세 위격의 코이노니아를 통해 이루어진다고 주장하였다.[42] 그는 세 위

---

[40] 지지울라스의 인격 존재론은 교회 공동체의 성만찬 경험에 기초한다. 그에 따르면, 교회 공동체 안의 성만찬(communion, koinonia)과 예배의 경험은 하나님의 존재가 인격적 관계와 인격적 사랑을 통해 알려지며, "존재는 삶을 의미하며 삶은 친교적 연합을 의미한다"는 것을 드러낸다. John D. Zizioulas, *Being as Communion: Studies in Personhood and the Church* (New York: St. Vladimir's Seminary Press, 1993), pp. 16-17.
[41] Ibid., p. 36.
[42] John D. Zizioulas, "The Teaching of the 2nd Ecumenical Council on the Holy Spirit in Historical and Ecumenical Perspective," *Credo in Spiritum Sanctum*, ed. J. S. Martins (Rome: Libreria Editrice Vaticana, 1983) 1: 35. Patricia A. Fox, *God as Communion: John Zizioulas, Elizabeth Johnson, and the Retrieval of the Symbol of the Triune God* (Collegeville: The Liturgical Press, 2001), p. 39에서 재인용.

격이 코이노니아 안에서 한 분 하나님의 통일성을 이루기 때문에 세 위격이 동등하다고 주장하였다. 따라서 그는 "아들을 통하여(dia) 성령 안에서(en) 아버지께 영광"이라는 오리겐의 송영 대신에 "아들과(syn) 성령과(syn) 함께 계신 아버지께 영광"이라는 송영을 선호했다.[43] 지지울라스는 이러한 바실의 송영이 세 위격의 동시적 현존과 존재를 잘 표현한다고 본다.

지지울라스의 인격 존재론에 따르면, 인격은 존재에 부속적인 것이 아니라 존재 자체이며, 존재의 구성적 요소이다. 인격 또는 위격(person, hypostasis)은 궁극적 의미에서의 하나님의 존재이다.[44] 개별자는 존재론적 수월성(秀越性)을 지니며 존재 자체와 동일하다. 개별자의 관계성이 존재를 구성한다.[45] 지지울라스에 따르면, 삼위일체 하나님의 존재는 한 본질 또는 본성이 아니라 개별적 실재인 세 위격의 친교적 연합에 의해 구성된다.

(a) 친교적 연합(communion) 없는 참된 존재는 없다. 그 자체로 생각될 수 있는 "개별자"로 존재하는 것은 없다. 친교적 연합은 존재론적 범주이다.
(b) "위격"(hypostasis) 즉 구체적이고 자유로운 인격으로부터 나오지 않는 친교적 연합, 그리고 구체적이고 자유로운 인격 즉 "위격"으로 인도하지 않는 친교적 연합은 하나님의 존재의 "형상"이 아니다. 인격은 친교적 연합 없이 존재할 수 없다. 그러나 인격을 거부하거나 억압하는 모든 형태의 친교적 연합도 용납될 수 없다.[46]

니케아 공의회와 콘스탄티노플 공의회 사이에 제기된 중요한 문제는 하나님의 존재의 근원에 관한 것이었다. 카파도키아 신학자들은 하나님의 존

---

[43] Zizioulas, "The Teaching of the 2nd Ecumenical Council on the Holy Spirit in Historical and Ecumenical Perspective," p. 38. Fox, *God as Communion*, p. 39에서 재인용.
[44] Zizioulas, *Being as Communion*, p. 88.
[45] John Zizioulas, "On Being a Person, Towards an Ontology of Personhood," *Persons, Divine and Human*, ed. C. Schwöbel and C. Gunton (Edinburgh: T&T Clark, 1991), p. 41.
[46] Zizioulas, *Being as Communion*,. p. 18.

재의 근원을 실체(본질)가 아닌 아버지 위격과 동일시했다. 마찬가지로 지지울라스도 하나님의 존재의 근거 또는 존재론적 원리를 아버지 위격에서 찾는다. 하나님은 한 인격 즉 아버지로 인해 존재하지 한 본질로 인해 존재하지 않는다.[47] "인격 즉 아버지 위격으로서의 하나님이 한 신적 실체로서의 한 분 하나님을 만든다."[48] 아버지가 사랑에 의해 자유롭게 아들을 낳고 성령을 출원시키기 때문에 하나님의 존재가 있다.[49] 다시 말하면, 하나님의 존재론적 원리는 실체가 아니라 위격(인격)이며, 하나님의 존재는 아버지 위격과 동일하다. 따라서 지지울라스는 하나님의 세 위격의 통일성의 근거가 세 위격의 공통된 본질이나 본성이 아닌 아버지 위격(인격)에 있다고 주장한다. 아버지는 위격(인격)으로서 사랑 안에서 자유롭게 성령과 아들과 친교적 연합을 이룬다. 따라서 삼위일체적 통일성은 철저하게 아버지에 의한 사랑과 자유의 하나 됨에 근거한다는 것이다.

지지울라스의 인격 존재론에 있어서 인격은 탈자아적(ecstatic) 개방성과 개별적인 위격적(hypostatic) 실재의 양면성으로 구성된다. 즉 인격은 개별적 존재인 위격과 친교적 연합을 요구한다.[50] 먼저 그는 인격을 (자기 충족적인) 개별자(individuality)와 구별한다. 개별자란 "의식을 중심축으로 하여 지적, 심리적, 도덕적 특성을 부여받은 한 단위로서… 의도하고, 사고하고, 결정하고, 행동하고 결과를 산출하는 자율적 자아이다."[51] 반면에 인격은 정적인 정체성이 아니라 동적인 관계성 안에 존재한다. "인격성은 존재의 개방성, 그리고 존재의 탈자아(ek-stasis), 즉 자아의 경계를 넘어 친교적 연합을 향해 나아가는 자유의 운동을 함축한다."[52] 인격이 자존적 실체 즉 실체

---

47) Ibid., p. 42.
48) Ibid., p. 41.
49) Ibid.
50) Ibid., p. 105.
51) John D. Zizioulas, "Human Capacity and Human Incapacity: A Theological Exploration of Personhood," *Scottish Journal of Theology* (1975), pp. 405-6
52) Ibid., p. 408.

의 경계에 의해 결정된 존재로 정의되고 비인격적 사물이 된 것은 타락으로 인해 참된 친교적 연합을 향한 개방성의 움직임을 상실했기 때문이다.53) 또한 인격은 개방적인 탈자아일 뿐만 아니라 또한 반복될 수 없는 독특한 정체성을 지닌 실체적 위격이기도 하다. 개방적 탈자아와 개별적 위격은 인격성의 양면적 특성이다. 친교적 연합을 향한 개방성은 인격이 연합 안에 있는 존재라는 사실을 드러내는 반면, 친교적 연합 안에 있는 개별적 위격은 연합을 통해 인격이 자신의 정체성과 개별성을 확증한다는 사실을 의미한다.

지지울라스는 인격의 친교적 연합과 타자성을 대립적으로 이해하지 않는다. 그는 인격의 신비가 타자성과 친교적 연합이 서로 모순되지 않고 일치된다는 사실에 있다고 주장한다. 즉 인격에 있어서 상이성 또는 타자성은 분리의 술어가 아니라 오히려 참된 친교적 연합의 술어라는 것이다. 삼위일체 하나님은 친교적 연합과 타자성의 본래적 관계의 모델을 인간과 교회에 제시해준다.54) 삼위일체 하나님에 있어서, "타자성은 통일성에 뒤따르는 것이 아니라 통일성을 구성하는 것이다. 하나님은 먼저 하나이고 그 다음에 셋이 아니라, 하나이면서 동시에 셋이다."55) 아버지와 아들과 성령은 절대적으로 다르다. 즉 이 셋은 혼동될 수 없다. 서로 다른 세 위격은 궁극적 존재로서 지속적으로 친교적 연합 안에서 통일을 이루고 있다. 이 친교적 연합의 관계가 영원하기 때문에 일자와 다자 사이의 모순은 존재하지 않는다. "타자성은 관계성 없이는 생각할 수 없다. 아버지, 아들, 성령은 관계성을 지시하는 이름들이다. 관계됨이 없이는 어떤 인격도 서로 다를 수 없다. 친교적 연합은 타자성을 위협하지 않고 오히려 그것을 산출한다."56) 그러므로 관계성은 인격성이 기초이며, 친교적 연합의 사건으로서의 삼위일체는 모든 관계성과 관

---

53) Ibid., p. 407.
54) John Zizioulas, "Communion and Otherness," *St. Vladimir's Theological Quarterly* 38, no. 4 (1994), p. 352. Fox, *God as Communion*, p. 48에서 재인용.
55) Zizioulas, "Communion and Otherness," p. 353.
56) Ibid.

계성 안의 타자에 대한 이해를 위한 원천이다.

지지울라스에게 있어서, 친교적 연합을 향한 개방성은 하나님이 사랑임을 나타낸다. 사랑은 단지 윤리적 개념이 아니라 존재론적 개념이다. 그는 본질(ousia) 또는 실체(substance) 존재론을 사랑 존재론으로 대치한다. 하나님은 존재론적으로 사랑이다(요일 4:6). 사랑은 "절대적이고 독특한 정체성을 창조하는 관계성"이다.[57] 우리 자신에게 인격으로서의 존재론적 자기 정체성을 부여하는 것은 타자와의 관계성이다.[58] 사랑은 관계성으로서, 자유롭게 자신으로부터 나오는 것이다. 즉 존재론적으로 자유는 사랑이다. '하나님은 사랑이다'라는 것은 하나님이 실체가 아닌 인격으로서 친교적 연합의 일치를 이루는 사랑의 관계성 안에 존재한다는 것을 의미한다.

친교적 연합 안에 있는 삼위일체 하나님의 인격적 삶은 영원하다. 인간의 구원은 인격성의 실현을 의미하는 것으로서, 그것은 곧 영원한 하나님의 (본성이나 실체가 아니라) 인격적 실존에 참여하는 것이다. 이 구원은 신화(theosis)라고 불린다.[59] 지지울라스는 하나님과 인간 사이의 관계적 연결고리가 인격에 있다고 믿는다. 창조자와 피조자 사이의 인격적 관계는 양쪽에 인격의 특성이 없으면 일어날 수 없다. 삼위일체 하나님의 인격은 인간 인격의 모델이 된다. 즉 인간 인격은 하나님의 형상을 따라 친교적 연합 안의 인격으로 살도록 부름을 받는다. 인격적 정체성은 사랑으로서의 자유 또는 자유로서의 사랑으로부터 생겨난다.[60] 탈자아적으로 그리고 위격적으로 완전한 인격이 되는 것은 고립된 개별자의 경계선을 넘어서 다른 인격과의 친교적 연합 안으로 들어가는 것이다. 이와 같은 완전한 인격의 실현은 궁극적으로 하나님 안에 참여함으로써 이루어진다. 이것이 바로 신화로서의 구원이다.

---

57) Zizioulas, "On Being a Person," p. 42.
58) John D. Zizioulas, "Contribution of Cappadocia to Christian Thought," *Sinasos in Cappadocia*, eds. Frosso Pimenides, Stelios Roādes (National Trust for Greece: Agra Publications, 1986), p. 34.
59) Zizioulas, *Being as Communion*, pp. 49-50.
60) Zizioulas, "Contribution of Cappadocia to Christian Thought," p. 35.

요약하면, 지지울라스의 삼위일체론의 핵심은 그의 인격 존재론에 있다. 그는 존재론적 원리 또는 존재의 원인이 신적 본질(ousia)이나 본성에 있지 않고 개별적 위격(hypostasis) 즉 인격에 있음을 강조한다. 하나님의 존재는 위격(인격)들의 친교적 연합으로 이루어진다. 삼위일체란 "친교적 연합 안에 있는 세 위격"을 의미한다. 이와 같이 인격들의 친교적 연합으로서의 삼위일체는 인간과 온 우주를 위한 인격 존재론과 교회의 공동체적 삶을 위한 기초를 제공해준다. 지지울라스의 삼위일체론이 삼신론이라는 비판을 피할 수 있는 이유는 그가 삼위일체 하나님 안에서 세 인격(위격)이 오직 사랑과 자유의 관계성 즉 친교적 연합 안에서만 개별적 정체성을 갖는다고 말하기 때문이다.

그러나 지지울라스의 삼위일체론이 과연 그가 주장하는 대로 세 위격의 평등성을 확증할 수 있는지는 확실치 않다. 즉 동방교회의 전통을 따라 한편으로 그는 신적 본질이나 본성이 아니라 아들을 낳으며 성령을 출원시키는 아버지 위격(인격)이 신적 존재의 근원이라고 주장한다. 즉 하나님의 존재는 바로 아버지 위격(인격)이다. 또한 성령이 신적 통일성의 원리 또는 사랑의 끈이라고 주장하는 서방교회와 달리 그는 아버지가 세 위격의 친교적 연합 안에서의 통일성의 원리라고 주장한다. 다른 한편, 그는 또한 세 위격이 평등성에 기초한 친교적 연합을 이룬다고 주장한다. 아버지의 주권과 수위성이 강조되는 그의 삼위일체론에 있어서 어떻게 세 위격의 평등성과 그 평등성에 기초한 친교적 연합이 가능한지는 이해되기 어려운 문제로 남아 있다.

6. 조셉 브라켄: 만유 포괄적 활동의 장으로서의 사회 (위격)들의 사회

화이트헤드의 양극적 신관을 기독교의 전통적인 삼위일체적 신관과 조화시키는 것은 쉬운 일이 아니다. 존 캅(John B. Cobb)과 데이비드 그리핀(David Ray Griffin) 같은 과정신학자들은 전통적인 삼위일체 개념에 맞추기 위해서 과정적 신관을 재구성하는 일에 별 관심이 없다. 그러나 노만 피텐저(Norman Pittenger), 루이스 포드(Lewis S. Ford), 메조리 수하키(Marjorie Suchocki), 조셉 브라켄(Joseph A. Bracken)과 같은 과정신학자들은 화이트헤드의 형이상학적 범주를 사용하여 삼위일체론적 사고를 전개하고자 시도한다. 이들 가운데 특히 브라켄의 사회적 삼위일체론은 주목해 볼 가치가 있다. 브라켄은 화이트헤드의 비실체론적 과정 형이상학 범주 안에서의 "사회"[61] 개념을 장이론의 관점에서 수용한다. 그에게 있어서 사회란 현실적 계기들의 집합체이자 동시에 사회 안에서 일어나는 정신적인 사건들로서의 현실적 계기들을 위한 구조화 된 활동의 장(a structured field of activity) 또는 환경이다.[62] 오직 장으로서의 사회만이 현실적 계기들의 생성과 소멸을 넘어 영속하며, 이 영속적 사회 안에서 현실적 존재들이 계속적으로 출현한다.

브라켄은 인격을 현실적 계기들이 의식의 차원에서 인격적으로 질서화 된 사회로서 이해하는 화이트헤드의 사회적 인격 개념을 하나님의 삶에 적용하여, 삼위일체 하나님을 무한한 사회(인격)들의 사회로 이해한다. 그의 삼위일체론은 서로 분리되지 않는 두 차원인 내재적 차원과 경세적 차원에서 설명될 수 있다. 먼저 내재적 차원에 있어서, 세 신적 위격은 각기 인격적으로 질서화 되고 구조화 된 현실적 계기들로 이루어진 사회들이면서, 또한 각기 "당신"(Thou)으로서의 다른 두 위격과의 관계 안에 있는 "나(I)"이다. 각 위격은 스스로 다른 두 위격 사이의 연합의 끈으로서 기능한다. 세 위격을

---

[61] 화이트헤드는 사회를 다음과 같이 정의한다. "사회 각 성원의 견지에서 본다면 사회란 그 자신 속에 어떤 질서의 요소를 갖고 있는 일종의 환경이며, 또한 그 성원들 간의 발생적 관계에 힘입어 지속되고 있는 것이다." Whitehead, *Process and Reality*, p. 90.
[62] Joseph A. Bracken, S. J., "Panentheism from s Process Perspective," *Trinity in Process: A Relational Theology of God*, Joseph A. Bracken, S. J. and Marjorie Hewitt Suchocki, eds. (New York/London: Continuum, 2005), pp. 99-100.

하나의 신성으로 만드는 것은 그들 사이의 공통된 본성인 자기수여적인 지속적 사랑의 과정이다.

브라켄에 따르면 무한한 사회(위격)들의 사회인 신적 공동체는 개별적 실존으로서의 각 위격들보다 높은 차원의 존재와 활동을 나타낸다. 공동체는 개별적 구성원이 없이는 존재할 수 없다. 그러나 구성원은 공동체 안에 참여하지 않고는 온전히 그 자신이 될 수 없다. 공동체는 구별된 인격들의 개별성과 상호성을 부정하지 않으면서 그것을 넘어서는 하나의 초개별적 인격이 된다.63) 한 분 하나님은 민주적으로 질서화 된 세 하부 사회 즉 세 위격으로 구성되는 사회이다. 즉 한 분 하나님은 세 위격의 공동체적 실재이다. 한 분 하나님의 통일성은 세 사회적 위격들이 민주적으로 조직되고 구조화된 사회 즉 공동체의 통일성이다. 하나님은 무한한 사회들의 사회이다.64) 다시 말하면, 하나님은 상호 연관된 세 활동 중심 또는 초점을 가진 하나의 통일된 활동의 무한한 장이다. 하나님의 내적 삶에 있어서, 세 위격은 지식과 사랑을 통해 각기 자신을 초월한다. 각 위격은 자기 인식과 더불어 다른 두 위격에 대한 무제약적 이해를 갖는다. 위격들 사이의 사랑은 상호적이며 공유된 사랑이다. 공유된 사랑은 사랑하는 자인 아버지, 사랑받는 자인 아들, 상호적인 것을 공유하는 세 번째 위격인 성령을 요구한다.65) 민주적으로 질서화 된 세 구별된 사회인 세 위격의 공동체적 통일로 구성되는 하나님은 세 위격 각

---

63) Joseph A. Bracken, S. J., *What Are They Saying About the Trinity?* (New York: Paulist Press, 1979), p. 67.
64) Joseph A. Bracken, S. J., "Process Philosophy and Trinitarian Theology," *Process Studies* 8, no. 4 (Winter 1978), p. 224. "Process Philosophy and Trinitarian Theology II," *Process Studies* 11, no. 2 (Summer 1981), p. 83.
65) 브라켄은 성령을 아버지와 아들의 사랑의 관계와 동일시하는 몰트만이나 융엘의 견해에 반대한다. 그에 의하면 그러한 견해는 인격과 본성을 혼동하는 것이다. 세 분리된 인격은 자기를 내어주는 사랑의 과정으로서의 신적 본성을 구성한다. 그러나 이 세 위격을 묶는 것은 그들 중의 한 위격이 아니라 통일적 본성이다. Bracken, "Process Philosophy and Trinitarian Theology," p. 219. 브라켄은 몰트만과 융엘의 견해가 삼신론적이라고 비판한다. 왜냐하면 그들은 세 분리된 인격과 더불어 시작해서 숭재자인 성령으로 그들을 묶기 때문이다. "Process Philosophy and Trinitarian Theology II," p. 83.

각의 합보다 크다. 삼위일체론이 표현하는 바는, 신적 공동체인 구조화된 사회 안에서의 상호적 관계성에 의해서만 세 위격이 한 분 하나님이 된다는 것이다. 신적 공동체로서의 하나님은 더 큰 존재를 생각할 수 없는 지고의 존재이다.66)

브라켄에게 있어서 삼위일체의 내재적 차원은 경세적 차원에 열려있다. 그는 경세적 삼위일체에서의 하나님과 세계의 관계를 계층적으로 질서화 된 활동의 장들의 관점에서 설명한다. 세 신적 위격 즉 세 무한한 사회의 공동의 활동의 장은 모든 유한한 현실적 존재들의 상호 관계적 활동에 의해 매순간 존재하게 되는 활동의 장을 포괄하고 지지한다.67) 세 신적 위격은 각기 인격적으로 질서화 된 무한한 사회로서, 모든 현실태와 가능태의 영역과 동연적(同延的)인 지향적 활동의 장을 주관한다. 비제한적인 무한한 활동의 장이란 하나밖에 없기 때문에 세 위격은 동일한 활동의 장을 공유한다. 세 위격이 파악하는 대상은 동일한 객관적 장이다. 세 위격은 모두 하나의 동일한 전체 포괄적인 신적 활동의 장을 주관하기 때문에 하나님은 한 분이다.68)

그러나 창조세계의 장을 파악함에 있어서 세 신적 위격은 상이한 주관적 초점을 갖는다. 각 위격은 서로 다른 주관적 활동의 초점 또는 중심으로서, 세계와의 관계에서 상호 연관적이지만 서로 구별된 기능을 수행한다. 브라켄은 이 세 신적 위격을 화이트헤드의 신개념인 원초적 본성, 결과적 본성, 자기초월적 본성과 연결시킨다. 첫째, 세 위격 모두 어느 주어진 순간에 자신들의 공동의 활동의 장 안에 존재하는 광대한 가능성의 영역을 조망하는 원초적 본성을 공유하지만, 아버지 홀로 어느 가능성이 그 순간에 세 위격의 공동의 역사에 적절한지를 "결정"한다. 둘째, 세 위격 모두 하나님의 결과적 본

---

66) Bracken, "Process Philosophy and Trinitarian Theology," p. 226.
67) Joseph A. Bracken, S. J., "The World: Body of God or Field of Cosmic Activity?" *Charles Hartshorne's Concept of God*, ed. Santiago Sia (Dordrecht: Klower Academic Publishers, 1990), p. 96.
68) Bracken, "Panentheism from s Process Perspective," pp. 100-1.

성을 공유하지만, 아들 홀로 아버지가 선택한 가능성을 현실화할 것을 세 위격의 삶을 위해 결정한다. 셋째, 세 위격 모두 하나님의 자기초월적 본성을 공유하지만, 성령 홀로 가능태로부터 현실태로의 지속적인 전환을 유지하기 위해서 그리고 위격의 공동체로서의 하나님의 삶을 영속화하기 위해서 이 활동의 원리를 사용할 것을 결정한다.[69]

브라켄에게 있어서 아버지는 초월적 신성으로서, 세계과정의 창조자이다. 아버지는 원초적 원인 또는 원초적 본성으로서, 우주의 모든 창조성의 근원적 조건이다. 아버지는 유일한 원인은 아니지만 모든 사건의 원초적 원인이다. 아버지는 지속적으로 자신의 창조성을 먼저는 다른 두 신적 위격들과 나누며 그 다음에 모든 유한한 현실적 계기들과 나눈다. 아버지는 모든 다른 존재들의 존재에 대한 근원적 조건이라는 의미에서 창조자이다. 아버지는 스스로를 파악하며, 다른 두 위격과 세계를 위해 공유된 새로운 존재 가능성을 매순간 지속적으로 제시하는 분으로서 아들과 성령에 의해 파악된다. 즉 아버지는 창조세계를 위한 가능성의 위격적 원리로서 아들과 매순간 새롭게 합생하는 모든 유한한 계기들에게 원초적 목적 즉 존재 가능성을 제공하며, 이에 대하여 아들과 세계의 모든 유한한 계기들은 어떤 방식으로든 응답해야 한다.

브라켄은 아들과 예수를 동일시하며, 모든 공동체의 모델인 교회의 창시자로 이해한다. 그는 아들을 아버지의 창조성의 원초적 결과인 결과적 본성과 연관시킨다. 하나님의 내적 삶과 창조의 사역에 있어서 아들은 아버지의 목적에 순응적으로 응답한다. 즉 아들은 아버지가 제시하는 순수한 가능성을 모든 신적 위격들을 위한 현실태로 현실화시킨다. 아들은 스스로를 파악하며, 아버지의 제안에 언제나 '예'라고 대답하는 분으로서 아버지와 성령에 의해 파악된다. 아들은 창조세계를 위한 잠정적 또는 현재적 현실태의 위격적 원리이다. 세계의 유한한 계기들과 더불어 아들은 아버지가 제공하는

---

69) Ibid., p. 101.

원초적 목적에 매순간 순응적으로 응답함으로써 가능태를 현실화시킨다. 그리고 아들은 세계의 수많은 현실적 계기들의 특수한 결단을 하나님의 결과적 본성의 지속적인 합생 안으로 통합시킴으로써 신적 삶에 매순간 구체적인 통일성을 제공한다.

브라켄은 성령을 하나님의 자기초월적(superject) 본성70)과 연결시킨다. 하나님의 내적 삶에 있어서, 성령은 아버지로 하여금 신적 실존의 새로운 가능성을 제공하도록 촉진함과 아울러, 아들로 하여금 아버지의 제공에 순응적으로 응답하도록 촉진한다. 성령은 아버지와 아들 사이의 이러한 교환을 위한 위격적 조건이다. 즉 성령은 위격화 된 공동의 본성 자체이다. 다시 말하면, 브라켄은 성령을 신성 자체 안에서의 원초적 원인과 원초적 결과의 상호작용을 위한 원초적 조건, 즉 아버지와 아들 사이의 사랑의 끈(bond)으로 이해한다.71)

세계 안에서의 하나님의 경세적 삶에 있어서, 성령은 창조 안의 궁극적 현실태의 위격적 원리이다. 성령은 신적 삶의 충만함과 창조세계의 완성을 바라보면서, 아버지로 하여금 원초적 목적을 제공하도록 촉진함과 아울러 매순간 아들과 모든 유한한 계기들로 하여금 그 목적에 순응적으로 응답하도록 촉진함으로써, 신적 삶과 모든 창조세계의 공동 과정을 유지시킨다. 하나님의 자기 초월적 본성으로서 성령은 창조세계에 대한 하나님의 인과적 영향을 지시하며, 하나님과 세상의 매순간의 관계성의 통합을 위한 책임을 수행한다.72)

브라켄의 삼위일체론은 만유재신론적이다. 즉 세 신적 위격과 모든 피조물은 공동의 삶을 공유한다. 이 세계 안의 모든 현실적 계기들로 구성되는 수

---

70) 화이트헤드에 따르면, "신의 자기 초월적 본성은 다양한 시간적 순간들 안에서의 초월적 창조성을 규정하는 신적인 특수한 만족의 실용적 가치의 성격이다." Alfred North Whitehead, *Process and Reality*, ed., David Ray Griffin and Donald W. Sherburne (New York: Macmillan Co., 1978), p. 88.
71) Bracken, "Process Philosophy and Trinitarian Theology II," p. 84. 피터스는 이것은 사실상 몰트만과 윤엘의 견해와 다르지 않다고 지적한다. Peters, *God as Trinity*, p. 220.
72) Bracken, "Panentheism from s Process Perspective," pp. 101-2.

많은 하부사회들은 함께 우주 전체에 적절한 활동의 장을 구조화하는 것을 돕는다. 그러나 이 광대하지만 여전히 유한한 활동의 장인 세계는 역동적 상호 관계 안에 있는 세 신적 위격에 적절한 더욱 포괄적인 활동의 장 안으로 통합됨으로써 세 신적 위격의 삼위일체적 삶의 패턴을 따라 구조화된다.[73] 브라켄은 세 신적 위격의 존재와 활동을 위한 존재론적 근거 또는 조건이 되는 하나님의 본성을 창조적 변혁의 원리로 이해한다. 이 창조적 변혁의 원리는 만유를 포괄하는 모태 또는 활동의 장 안에서 작용한다. 만유 포괄적 활동의 장은 상호적인 역동적 관계 안에 있는 신적 위격들에 의해 구성되며 또한 모든 유한한 현실적 계기들의 현존과 활동에 의해 구조화된다.[74] 이와 같은 만유 포괄적 활동의 장 또는 모태로서 창조적 변혁의 원리로 작용하는 하나님의 본성은 만유재신론적 성격을 잘 드러낸다.

브라켄의 창조적 변혁의 원리 개념은 화이트헤드의 창조성[75] 개념을 하나님에게 적용시킨 것이다. 그에 따르면 하나님은 창조성의 원초적 예증사례이기 때문에 창조성은 제일 먼저 하나님 안에 존재해야 하며, 유한한 현실적 계기들 안에서의 창조성의 작용에 영향을 주기 위해서 하나님 안에서의 창조성의 작용에 의해 구조화되어야 한다. 그러므로 창조성은 일차적으로 하나님의 존재와 활동의 존재론적 근거이며, 이차적으로 모든 유한한 계기들의 존재와 활동의 원리이다.[76] 브라켄의 만유재신론적 삼위일체론에 있어서, 하나님의 본성인 창조성과 연장적 연속체는 또한 창조세계와 그 안의 모든 유한한 실재들의 근거가 된다. 따라서 인간은 자신의 존재와 활동의 존

---

73) Ibid., p. 102.
74) 하나님의 만유 포괄적 활동의 장은 화이트헤드가 말하는 연장적 연속체(extensive continuum), 즉 "과거, 현재, 미래의 세계 전체의 저변에 있는" 만유 포괄적인 "관계적 복합체"와 동일한 것이다. Whitehead, *Process and Reality*, p. 103.
75) 화이트헤드에 따르면, "이것(창조성)은 이접적 방식의 우주인 다자를 연접적 방식의 우주인 하니의 현실적 계기로 만드는 궁극적 원리이다. Whitehead, *Process and Reality*, p. 31. 오영환 역, 『과정과 실재: 유기체적 세계관의 구상』(서울: 민음사, 1991), p. 78.
76) Bracken, "Panentheism from s Process Perspective," p. 105.

재론적 근거를 경험함으로써 동시에 하나님의 본성을 경험한다. 브라켄은 창조적 변혁의 원리로서의 하나님의 본성에 대한 경험이 우선적이며, 서로 구별되는 활동의 주체인 하나님의 세 위격에 대한 이해는 성서에 대한 신학적 반성과 기도에 의해 이루어진다고 말한다.

브라켄의 삼위일체론을 요약하면, 하나님은 구조화된 세 활동의 장의 초점으로서의 세 사회적 인격인 아버지(원초적 본성, 가능태의 원리), 아들(결과적 본성, 잠정적 또는 현재적 현실태의 원리), 성령(자기초월적 본성, 궁극적 현실태의 원리)으로 구성된다. 즉, 삼위일체 하나님 안에는 원인, 결과, 조건으로서의 세 사회적 위격이 있으며, 원인은 아버지로서의 원초적 본성, 결과는 아들로서의 결과적 본성, 조건은 성령으로서의 자기 초월적 본성에 상응한다. 이와 같은 브라켄의 하나님 이해는 유한한 현실적 계기들의 사회로서의 세계를 자신의 활동의 장 안에 포괄하는 사회들(세 위격)의 사회로서의 만유재신론적 삼위일체론을 보여준다.

삼위일체 하나님의 세 위격을 원초적 본성, 결과적 본성, 자기초월적 본성, 또는 가능태의 원리, 현재적 현실태의 원리, 궁극적 현실태의 원리, 또는 원인, 결과, 조건으로 설명하는 브라켄의 시도는 독창적이고 참신하다. 하지만 이에 대한 보다 충분한 논의가 필요한 것처럼 보인다. 화이트헤드에게 있어서 신의 결과적 본성은 신의 원초적 본성에 의해 제공되는 가능성을 세계 안에 현실화시키는 원리라기보다는 세계 안에 현실화된 가능성으로서의 현실태를 파악하고 변혁시키고 구원하는 원리이다. 그러므로 아버지의 뜻에 순종적으로 응답함으로써 가능태를 현실태로 만드는 아들을 결과적 본성으로 이해하는 브라켄의 사고는 화이트헤드적인 사고가 아니다. 또한 화이트헤드에게 있어서 자기초월적 본성은 합생이 완결된 현실적 존재가 후속하는 다른 현실적 존재들에 미치는 인과적 효력을 가리킨다. 따라서 만일 성령이 자기초월적 본성이라면, 성령은 가능태의 원리인 아버지로부터 현실태의 원리인 아들로의 전환을 가능케 하는 조건 또는 끈이라기보다는, 세계의 현실태와 그 세계를 파악하는 결과적 본성으로부터 세계를 위한 가능성을 제공하는 원초적 본성과 원초적 본성 안에서의 세계의 가능태로의 전환을 위한 조건 또는 끈이어야 하지 않을까? 이것이 화이트헤드가 말하는 자기초월적 본성의 본래적 의미가 아닌가?

7. 결론: 관계론적 위격(인격)과 관계성 안의 본질

서론에서 언급한 바와 같이, 세 위격을 전제하고 한 본질을 말하고자 하는 사회적 삼위일체론이 삼신론적이란 비판을 받지 않기 위해서는 삼위일체를 구성하는 인격 또는 위격의 개념을 잘 설명하는 것이 중요하다. 실체론적 범주 안에서의 개별적인 인격으로 구성된 공동체는 다신론적 신관으로 귀결될 수밖에 없다. 이 글에서 고찰한 신학자들의 공통점은 신적 위격(인격)을 실체론적 범주가 아니라 관계론적 범주에서 이해한다는 사실이다. 관계없는 인격을 존재하지 않는다. 개별적 인격이 아니라 관계가 우선적이다. 물론 (과정사상들을 제외하고) 대부분의 신학자들은 실체론적 범주를 완전히 폐기하지는 않고, 관계성과 실체성을 변증법적 관계 안에서 이해한다. 그러나 이들은 관계성 안에서 개별적 인격의 정체성이 결정된다는 사실을 강조한다.

관계론적 위격(인격) 개념은 존재의 본질적 통일성을 관계성 안에서 이해할 수 있게 해준다. 즉 삼위일체 하나님의 존재(본질)의 통일성은 영원한 페리코레시스 즉 세 위격의 영원한 상호 순환적, 상호 내주적 사랑의 사귐 안에서의 친교적 연합(communion)에 있다. 몰트만은 세 위격이 페리코레시스적 친교적 연합 안에서 통일을 이룬다고 말한다. 지지울라스는 자기 충족적이고 완결적인 한 실체나 주체가 아니라 신적 위격(인격)들의 탈자아적 개방성과 사랑의 친교적 연합 안에서 하나님의 통일성을 인시해야 한다고 말한다. 세 위격의 페리코레시스 즉 상호 내주와 사랑의 친교적 연합 안에서의 통일성은 삼신론이란 비판을 허용하지 않는다.

특히 브라켄은 실체론적 실재관과 자기 완결적인 인격개념에 대한 근본적인 대안으로서 과정사상의 관계론적 실재관 안에서의 사회적 인격 개념에 기초한 삼위일체론을 제시한다. 삼위일체 하나님은 무한한 사회(인격)들의 사회로서, 상호 연관된 세 활동 중심 또는 초점을 가진 만유 포괄적인 통일된 활동의 장이다. 이와 같은 통일된 활동의 장은 공동체적 통일성으로서 초개별적 인격인 한 분 하나님의 존재를 구성한다. 이 한 분 하나님의 본질은 모나드적인 주체 안의 실체론적 본질이 아니라 친교적 연합 안에 있는 관계론적 본질, 즉 사랑이다.

이 글에서 고찰한 신학자들은 공통적으로 위격들의 평등성과 상호적 관계성을 중요시한다. 특히 판넨베르그는 삼위일체적 삶 안의 인과성이 아버지만이 아들과 성령의 원인이 되는 일방적인 인과성이 아니라 세 위격이 상호적 관계 안에서 서로의 정체성을 결정하는 상호적 인과성임을 강조한다. 첫 번째 위격인 군주적 아버지가 모든 신성의 원천이라기보다는 구원의 역사적 과정을 통한 종말론적 하나님 나라의 완성에 의해 하나님의 신성이 완성된다. 아들과 성령은 아버지로부터 출생하거나 출원함에 의해서 아버지의 신적 본질을 공유할 뿐만 아니라, 아들에게 위임되고 성령을 통해 다시 아버지께 되돌려지는 아버지의 나라에 기여함으로써 신적 본질을 공유한다.[77] 이러한 판넨베르그의 견해는 위격들의 평등성과 상호적 관계성을 인정하면서도 아버지 위격의 존재론적 수월성과 인과적 원천성을 고수하는 동방교회 전통의 지지울라스의 견해와 긴장관계에 있다. 라쿠냐의 포물선형, 교차대칭형 삼위일체 모델(아버지 → 아들 → 성령 → 세상 → 성령 → 아들 → 아버지)은 아버지와 다른 위격의 관계에 관한 동·서방교회의 대립된 이해를 화해시키기 위한 하나의 시도이다. 이 모델에서는 세 위격의 관계가 일방

---

[77] Wolfhart Pannenberg, "The Christian Vision of God: The New Discussion on the Trinitarian Doctrine," *Asbury Theological Journal* 46, no. 2 (Fall 1991), pp. 31-35.

적이거나 직선적이지 않고 상호적이며 순환적이면서 동시에 알파와 오메가로서의 아버지의 수위성이 고수된다. 다른 두 위격을 포함한 모든 만물은 아버지로부터 나와 아버지에게로 돌아간다(a Patre ad Patrem).

이 글에서 고찰한 신학자들의 삼위일체론은 대체로 라너의 규정을 존중한다. 특히 라쿠냐는 오이코노미아와 테올로기아를 동일시함으로써 경세적 삼위일체와 내재적 삼위일체의 구별 자체를 폐기하고자 한다. 이들은 공통적으로 삼위일체 하나님이 내적으로 세 위격의 페리코레시스와 친교적 연합 안에 있을 뿐 아니라, 외적으로 세계와의 상호적 관계성에 열려있다고 본다. 즉 삼위일체의 내재적 차원은 경세적 차원에 열려있다. 아니, 본래적으로 삼위일체론은 세계와 인간과의 상호적인 관계성 안에 계신 하나님, 즉 예수 그리스도와 성령 안에서 계시된 구원의 하나님을 표상한다. 따라서 경세적 삼위일체의 배후에 숨어있으면서 세계의 역사적 과정에 참여하지 않거나 그것에 의해 영향을 받지 않는 내재적 삼위일체란 존재하지 않는다. 그러한 내재적 삼위일체 개념은 적어도 예수 그리스도의 계시에 근거한 하나님 이해가 아니다. 삼위일체 하나님에 대한 이해는 본유적으로 세계 안에서의 하나님의 구원의 경륜에 대한 이해 위에 정초되어야 한다.

삼위일체론은 본래적으로 창조, 구원, 종말론적 완성의 변증법적 과정 안에서 나타나는 하나님의 변증법적 운동을 표현한다. 따라서 삼위일체론은 창조론과 구원론과 종말론과 직접적으로 관계된다. 이 변증법적 운동 안에서 하나님은 초월적이며 동시에 내재적이며, 무한하면서 동시에 유한하며, 영원하며 동시에 시간적이다. 세계와의 상호적 관계성 안에서 하나님의 존재는 세계의 역사를 포함하는 신적 운동을 통해서 변증법적으로 실현된다. 판넨베르그가 지적한 바와 같이, 삼위일체 하나님의 존재는 세계의 구원과 하나님의 통치가 온전히 완성되는 종말론적 미래의 하나님 나라에서 완성될 것이다. 이 종말론적 미래에 내재와 초월, 유한과 무한, 시간과 영원이 통합되며, 경세적 삼위일체와 내재적 삼위일체가 하나가 될 것이다.

제6장
삼위일체론의 주요 논점들에 대한 고찰

1. 서론

우리 기독교인들은 삼위일체 하나님을 믿는다. 기독교에 있어서 삼위일체론은 신학적 교리의 핵심일 뿐 아니라 교회의 예전적 의식과 삶의 중심이다. 우리가 하나님께 드리는 예배의식에 있어서 삼위일체 하나님에 대한 신앙은 사도신경과 영광송과 축도 등에 잘 나타나 있다. 기독교인들이 믿는 하나님은 구약성서에 나타난 여호와 하나님과 동일한 유일신 하나님이다. 그러나 기독교인들은 유대인들과는 달리 신약성서의 증언에 기초하여 하나님을 삼위일체적으로 이해한다. 물론 삼위일체론은 다신론이 아니다. 우리는 오직 한 분 하나님을 믿는다. 다른 신은 없다. 그러므로 기독교의 신관은 삼위일체적 유일신론이라고 할 수 있다. 기독교 전통은 이 삼위일체론을 가장 근본적인 기독교 신앙의 내용으로 계승해 왔다.

그러나 18세기 이후 근대 시기에 들어서서 서구의 전통적인 관념론적 형이상학이 거부되고 인간 주체의 인식과 역사적 경험의 문제가 사상가들의 주된 관심사가 되었다. 이러한 분위기에서 기독교의 전통적인 삼위일체론은 인간 주체의 인식과 역사적 경험과 관계없는 사변적 교리로 간주되었으며, 결국 신학자들의 관심 밖으로 밀려나게 되었다. 특히 근대 시기에 삼위일체론의 쇠퇴를 초래한 중요한 신학적 요인은 이른바 역사적 예수의 연구에 의해 저기독론 또는 인간학적 기독론이 득세하게 되었다는 사실에 있다. 삼위일체론에 대한 무관심의 배후에는 삼위일체 교리를 수립한 고대의 니케아와 콘스탄티노플 공의회의 형이상학적 도그마에 대한 비판적 의식과 인간 예수의 얼굴을 찾아보려는 역사적 관심이 자리 잡고 있었다.

잘 알려진 바와 같이 20세기에 들어 삼위일체론을 다시 신학의 중심 주제로 복원시킨 신학자는 바르트이다. 그는 고전적인 니케아-콘스탄티노플 신조의 고기독론을 복원시켰으며, 이 기독론을 자신의 전 신학체계의 구성을 위한 중심적 원리로 삼았다. 그는 위로부터, 즉 예수 그리스도 안에 나타난 하나님의 자기 계시로부터 출발하는 말씀신학 또는 계시신학의 관점에서 삼위일체론을 전개하였다.[1] 이와 같은 바르트의 그리스도 중심적 계시신학에 기초한 삼위일체론의 영향으로 20세기 중반 이후에는 삼위일체론의 르네상스 시대가 도래하였다. 오늘날 많은 신학자들이 삼위일체의 문제를 자신들의 중심적인 신학적 주제로 다루고 있으며, 개신교회와 가톨릭교회뿐만 아니라 동방 정교회의 신학자들도 삼위일체론에 관한 논의와 대화에 참여하고 있다.

이 글에서는 현금(現今)의 삼위일체적 논의와 관련하여 몇 가지의 핵심적인 주제들 또는 논의의 초점들에 관한 기본적인 고찰을 수행하고자 한다. 첫째, 삼위일체론의 본래적 의미가 근본적으로 세계와의 관계성 안에 계신 하나님의 변증법적 존재양식과 삶을 이해하고 표현하는데 있다는 사실을 강조하고자 한다. 물론 한 본질과 세 위격으로 구성된 삼위일체 하나님 안에서의 하나와 셋의 관계를 논리적으로 이해 가능한 방식으로 설명하는 것도 중요한 삼위일체론의 주제이며, 하나님의 삼위일체적 존재방식이 하나님의

---

1) 바르트에게 있어서 계시론은 삼위일체론의 뿌리이다. 즉 하나님은 예수 그리스도 안에서 계시자로서의 성부 하나님, 계시 자체 또는 계시의 객관적 현실로서의 성자 하나님, 그리고 계시됨 또는 주관적 계시현실로서의 성령으로 나타나신다. 하나님은 계시하는 하나님, 계시사건, 그리고 인간 안의 계시효과이다. "'하나님'은 자신을 계시한다. 하나님은 '자신을 통해서' 자신을 계시한다. 하나님은 '자신을' 계시한다." Karl Barth, *Church Dogmatics* I/1, ed. G. W. Bromiley and T. F. Torrance, trans. G. W. Bromiley, 2nd ed. (Edinburgh: T. & T. Clark, 1975), pp. 296-99.

형상으로서의 인간에 대한 이해와 인간의 공동체적 삶을 위해 갖는 실천적 함의를 발견해내는 것도 중요한 삼위일체론의 주제이다. 그러나 이 주제들은 "세계와의 관계성 안에 계신 하나님의 변증법적 존재양식과 삶"이라는 근본적인 주제를 선행하는 것이 아니라 그것을 뒤따르는 것이다. 둘째, 경세적 삼위일체론은 내재적 삼위일체론이며 내재적 삼위일체론은 경세적 삼위일체론이라는 라너의 규정을 비판적으로 전유하여 경세적 삼위일체론과 내재적 삼위일체론의 불가분리적인 관계를 새롭게 규정하고자 한다. 셋째, 서방 라틴교회 전통의 심리적 삼위일체론과 동방 정교회 전통의 사회적 삼위일체론을 오늘날의 삼위일체론의 논의의 맥락에서 새롭게 조명하고, 이 두 견해 사이의 상호 비판적 대화를 통해 통전적인 삼위일체론의 전망을 모색해보고자 한다. 넷째, 삼위일체 안에서의 성령의 위치와 역할에 대한 동·서방 교회와 현대 신학자들의 다양한 견해와 논쟁을 고찰하고, 아버지와 아들과 세계와의 관계에 있어서 바람직한 성령의 위치와 역할에 대한 이해를 제시하고자 한다.

2. 삼위일체론의 본래적 의미: 세계와의 관계성 안에 계신 하나님의 변증법적 존재양식과 삶의 표현

삼위일체론의 본래적 의미는 무엇인가? 삼위일체론은 본래적으로 천상의 영원한 하나님의 내적 존재방식과 삶의 신비를 규명하기 위한 추상적 사고의 산물이 아니다. 영원한 하나님의 내재적 존재 안에서 어떻게 한 본질이 세 위격이 되는지 또는 어떻게 세 위격이 한 본질이 되는지에 관한 논의가 삼위일체론의 핵심적 주제가 된 것은 사실이지만, 삼위일체론이 이와 같은 사변적 논의의 산물은 아니다. 또한 하나님의 내적 구조와 존재방식에서 인간의 개인적, 교회적, 사회적 구조와 삶의 방식을 위한 이상적 원형을 발견해내는 것도 삼위일체론의 중요한 실천적 과제이지만 이것이 삼위일체론의 우선적인 과제는 아니다.

삼위일체론의 본래적 의미는 세계와의 관계성 안에 계신 하나님의 변증법적 존재양식과 삶에 대한 구원론적 경험을 신학적으로 표현하는데 있다. 기독교의 역사 속에서 삼위일체론이 종종 사변적이고 추상적인 논쟁의 주제가 되어왔던 것이 사실이지만, 삼위일체론은 결코 단지 사변적이고 추상적인 교리가 아니다. 삼위일체론은 성서에 증언된 하나님의 계시사건, 즉 예수 그리스도의 인격과 사역, 십자가와 부활에 대한 구원론적 경험과 신학적 반성으로부터 시작된다. 하나님의 삼위일체적 존재양식과 삶은 예수 그리스도로부터 말미암은 구원론적 경험에 기초한 그분에 대한 기독론적 고백, 즉 그리스도를 하나님과 동일한 신적 존재로 고백하는 신앙과 경배, 그리고 이에 대한 신학적 정식화에 의해 수립된다. 특히 예수의 부활 이후 예수 그리스도를 신적 존재(주, 하나님 아들, 말씀)로 고백하는 믿음과 그분에 대한 예배, 즉 고기독론에 근거하여 우리는 하나님이 나사렛 예수 안에서 인간으로 성육신하였다고 말할 수 있게 된다.

초기 기독교 이래 성령은 하나님의 영과 동시에 그리스도의 영으로 이해되어 왔다. 예수 그리스도가 인간으로서 역사 안에 들어오신 하나님이라면 성령은 인간과 역사 안에 현존하는 하나님이다. 즉 성령은 예수 그리스도 안에서 인간과 역사 안으로 들어오신 하나님의 지속적인 현존과 능력에 대한 구원론적 경험을 표현한다. 그리스도가 하나님으로부터 분리된 세계를 십자가를 통해 하나님과 결정적으로 화해시키고 구원하신 분이라면, 성령은 종말론적인 하나님 나라를 향하여 세계를 지속적으로 변혁시키고 궁극적으로 완성시켜 하나님과 재연합시키는 분이다. 반면, 아버지 하나님은 영원한 영광 가운데 계시는 초월적 하나님으로서, 세계의 창조자이자 창조적 섭리자이다. 아버지는 아들과 성령을 세계에 파송하여 세계를 화해, 구원, 변혁, 완성, 재연합하는 분이다. 삼위일체론의 본래적 목적은 어떻게 한 분 하나님이 세 위격인지 또는 어떻게 세 위격 하나님이 한 분 하나님인지를 논리적으로 설명하는 것이라기보다 예수 그리스도의 성육신, 죽음, 부활, 성령의 현존과 변혁적 능력을 통해 계시되는 하나님의 초월과 내재, 자기분리와 재연합의 변증법적인 존재양식과 역동적 삶을 개념적이고 상징적으로 표현하는 데 있다.

폴 틸리히는 삼위일체의 문제가 3이란 숫자에 관한 문제가 아니라 "살아 계신 하나님 안에서의 궁극성과 구체성의 통일의 문제"라고 강조하였다.[2] 삼위일체론에서 하나는 궁극성을 셋은 구체성을 각각 상징적으로 지시한다. 랭던 길키에 따르면, "하나님에 대한 교리의 중심문제는 어떻게 우리의 전체 존재의 무제약적인 원천으로서의 하나님의 절대성을 우리의 자유의 근거, 인도자, 대화의 상대, 그리고 구속자로서의 하나님의 역동적인 관계성과 상호적인 활동과 이해할 수 있도록 결합하는가 하는 것이다."[3] 그는 기독교의 초기부터 "삼위일체 상징이 자기 충족적인 만유의 창조자요 모든 유한성을 초월하는 존재(아버지)로서, 그리고 동시에 활동적이고, 계시적이고, 사랑하는 구원자(아들)로서, 그리고 은총과 능력으로 하나님의 백성 가운데 현존하는 존재(성령)로서의 기독교 하나님의 변증법적 양극성을 표현하기 위한 개념을 제공해 주는 역할을 수행했다"고 말한다.[4]

테드 피터스도 삼위일체적 사고 안에 포함된 많은 개념적 문제들의 뒤에는 근본적으로 하나님의 초월(beyond)과 내재(intimate)의 역설과 상호보완성에 대한 의식이 있다고 말한다. 이 의식이 "하나님의 절대성과 관계성을 함께 묶는 논리적 문제의 뿌리"이다.[5] 피터스는 특히 삼위일체론을 통해 히

---

2) Paul Tillich, *Systematic Theology* vol. 1 (Chicago: University of Chicago Press, 1951), p. 228.
3) Langdon Gilkey, "God," *Christian Theology: An Introduction to Its Tradition and Tasks*, ed. Peter C. Hodgson and Robert H. King (Philadelphia: Fortress Press, 1985), p. 108. 『현대기독교조직신학』, 윤철호 옮김, (서울: 한국장로교출판사, 1999), p. 171.
4) Gilkey, "God," p. 94. 『현대기독교조직신학』, p. 151.
5) Ted Peters, *God as Trinity: Relationality and Temporality in Divine Life* (Louisville: Westminster/John Knox Press, 1993). p. 19.

나님의 영원성과 세계의 시간성을 함께 묶고자 한다. 하나님의 영원성이 인간의 시간성의 영향을 경험하였으며, 이 영향이 하나님의 삼위일체적 삶에 내면화되었다. 영원성은 시간적 우연성에 의해 영향을 받는다. 이것은 십자가 사건에서의 아버지와 아들의 관계 안에서 가장 극적으로 현시된다. 그는 몰트만의 표현을 인용한다. 즉 아들은 아버지의 뜻에 자신을 전적으로 복종시키며, 그 결과 고통과 죽음을 당한다. 아버지는 죽어가는 아들을 향한 사랑으로 인해 무한한 고통을 경험한다. 몰트만은 말한다. "골고다에서 발생하는 사건은 하나님의 심층에 이르며, 따라서 영원하신 하나님의 삼위일체적 삶에 깊은 각인을 남긴다.6) 이것은 올바른 통찰이다. 그러나 또한 십자가 사건은 단지 시간에 의해 영원이, 인간과 세계의 역사에 의해 하나님의 역사가 영향 받음만을 계시하는 사건이 아니라, 궁극적으로 시간을 변화시킨 영원의 사건이며 인간과 세계의 역사를 변혁시킨 하나님의 사건이다. 후자는 전자를 배제하지 않고 그것을 포괄하며 통합한다.

    삼위일체론은 세계와 초월과 내재, 소외와 재연합의 변증법적 관계 안에 계시는 하나님의 역동적인 존재양식과 삶을 표현한다. 삼위일체 하나님의 역사는 하나님의 즉자적 존재로부터, 창조와 자기분리, 죄와 소외, 화해와 변혁을 거쳐서 종말론적 완성과 재연합에 이르는 변증법적 과정으로 구성된다. 이 종말론적 완성과 재연합은 단지 인간만이 아닌 전 창조세계의 완성과 재연합을 포함한다. 하나님의 영원한 내적 삶은 세계의 시간적 역사를 향해 열려 있으며 그것을 포괄한다. 영원하신 하나님은 시간적인 세계와의 상호적이고 변증법인 관계성을 통하여 종말론적으로 세계를 완성한다. 다시 말하면, 종말론적 미래에 도래하는 영원한 하나님 나라는 시간의 세계를 완성하여 하나님의 영원한 삶 안으로 내면화하고 통합하게 된다. 세계의 완성과 하나님과의 재연합이 실현되는 미래의 파루시아에 삼위일체 하나님의 영원

---

6) Jürgen Moltmann, *The Way of Jesus Christ: Christology in Messianic Dimensions* (San Francisco: Harper & Row, 1990), p. 173.

한 존재와 삶의 완전성이 역사적, 종말론적으로 실현될 것이다.

3. 경세적 삼위일체론과 내재적 삼위일체론

　삼위일체론의 본래적 목적이 세계와의 관계성 안에 계신 하나님의 변증법적 존재양식과 삶을 표현하기 위한 것이라면, 그것은 삼위일체론이 근본적으로 구원론적 교리임을 함축한다. 하이트는 삼위일체론이 근본적으로 구원론적 교리라고 주장한다. 그에 의하면, "이 교리는 하나님의 내적 삶에 대한 정보를 제공하고자 하지 않으며, 하나님이 어떻게 인간과 관계하는가를 설명하고자 한다. 이 교리는 예수와 성령 안에서 경험된 구원이 참으로 하나님의 구원임을 보증한다."[7] 라쿠냐도 삼위일체론을 철저하게 구원론적 관점에서 이해한다. 그녀에 따르면, "오늘날 삼위일체 신학은 '성령의 능력 안에서 그리스도를 통해 하나님에 의해 구원받는다.'는 말의 의미를 효과적이고 이해 가능한 방식으로 설명하는 방법이 된다."[8]

　삼위일체론의 본래적 의미가 세계와의 관계성 안에서 세계를 구원하는 하나님의 변증법적 존재방식과 삶의 표현에 있다면, 내재적 삼위일체와 경세적 삼위일체를 나누어온 전통적인 방식은 수정되어야 한다. 전통적으로 내재적 삼위일체는 영원한 하나님의 본유적 존재방식이고 경세적 삼위일체는 시간 속의 하나님의 일시적, 비본유적 존재방식처럼 인식되어 왔다. 영원과 시간의 이원론적 구도 안에서, 가변적인 시간의 영역은 불변적인 영원의 영역보다 열등하거나 무가치한 것으로 인식되었다. 이와 같은 구도 안에서

---

7) Roger Haight, "The Point of Trinitarian Theology," *Toronto Journal of Theology* 4, no. 2 (Fall 1988), p. 199.
8) Catherine Mowry LaCugna, "The Trinitarian Mystery of God," *Systematic Theology: Roman Catholic Perspectives*, ed. Francis Schüssler Fiorenza and John P. Galvin (Minneapolis: Fortress Press, 1911), vol. 1, p. 153.

는 가변적인 시간의 영역에 불변적인 하나님이 진정으로 참여하는 것이 불가능하다.

라너는 이러한 이분법을 거부한 대표적인 신학자이다. 이른바 라너의 규정이라고 불리는 그의 삼위일체론적 명제에 따르면 경세적 삼위일체는 내재적 삼위일체이고 내재적 삼위일체는 경세적 삼위일체이다.[9] 그는 복음서의 임마누엘 사상에 기초한 경세적 삼위일체론으로부터 출발한다. 구원의 경륜 안에서 하나님은 자신을 전달한다. 하나님은 우리와의 관계 속에서 아버지, 아들, 성령으로 경험되는 바로 그러한 방식으로 내적으로 존재하신다. 영원한 내재적 삼위일체의 정체성은 시간적 구원사건의 경륜 안에서 발견된다. 삼위일체 안에서 아버지와 아들 사이의 사랑의 관계는 아버지와 예수 사이의 사랑의 관계이다. 관계성은 타자를 요구하며, 사랑은 타자를 세우며 증진시킨다. 그리고 영은 타자를 사랑 안에서 묶는다. 에버하르트 융엘도 삼위일체 하나님의 내재적 차원과 경세적 차원의 분리를 극복하고자 한다. 그는 상응의 원리에 기초하여, 경세적 삼위일체에 참인 것이 내재적 삼위일체에도 참이라고 주장한다. 즉 우리가 하나님을 성부, 성자, 성령으로 인식하는 방식은 하나님이 실제로 존재하는 방식과 상응한다는 것이다.[10]

삼위일체론이 예수 그리스도(그리고 성령) 안에 나타난 하나님의 자기계시에 기초하여 세계와의 관계성 안에 계신 하나님의 변증법적 존재방식과 삶을 표현하는 교리라는 점에서, 삼위일체론은 구원론적이며 경세적인 교리이다. 경세적 삼위일체와 내재적 삼위일체의 동일성을 강조하는 라너의 명제는 바로 이러한 사실에 대한 인식에 기초한다. 그렇다면 라너는 내재적 삼위일체라는 개념이 폐기되어야 한다고 생각하는가? 그렇지는 않다. 라너는 외적으로 세계를 창조하고 성육신할 수 있었던 하나님의 존재론적 가능

---

9) Karl Rahner, *The Trinity* (New York: Herder & Herder, 1970), pp. 21–22.
10) Eberhard Jüngel, *The Doctrine of the Trinity: God's Being Is in Becoming* (Grand Rapids: Wm. B. Eerdmans, 1976), pp. 42–44.

성이 삼위일체 안에서의 로고스 또는 아들의 선행적 출생에 기초한다고 주장한다. 따라서 경세적 삼위일체는 하나님의 내적 존재 안의 분화 즉 내재적 삼위일체를 전제 또는 반영한다. 라너는 바르트처럼 세 위격 즉 "구별된 존재방식"으로 구성되는 한 신적 주체를 말한다. 그에 따르면 각 위격은 그 자체로서 각기 구별된 자의식을 소유하지만, 한 신적 주체 안에서는 오직 하나의 의식만이 존재한다. "하나님 안에는 아버지, 아들, 성령에 의해 각기 고유한 방식으로 공유되는 오직 하나의 실제적 의식만이 존재한다."11) 라너는 하나님의 본질적 불가변성 개념을 포기하지 않는다. "하나님은 변하지 않기 때문에, 우리는 그 자신 안에서는(in himself) 변하지 않는 하나님이 타자 안에서는(in another) 변할 수 있다고 말해야 한다. 그러나 이 '타자 안에서의 변화'는 하나님 자신의 불가변성을 부인하는 것으로 간주되어도 안 되고 또한 단순히 타자의 변화로 환원되어도 안 된다... 성육신의 신비는 하나님 자신 안에 놓여있다. 즉 하나님은 '그 자신 안에서는' 불가변적임에도 불구하고 '타자 안에서는' 그 무엇이 될 수 있다."12) 라너는 전통적인 내재적 삼위일체와 경세적 삼위일체의 이분법을 극복하는 하나의 삼위일체로의 길을 열어놓았지만, 삼위일체 하나님의 내재적 불변성과 경세적 가변성 사이의 역설은 그대로 남겨 놓았다.

내재적 삼위일체와 경세적 삼위일체의 구별은 부정적 의미와 긍정적 의미를 함께 내포한다. 한편, 부정적 의미는 이 구별이 결국 경세적 삼위일체를 내재적 삼위일체에 종속시키며, 하나님의 초월적 절대성과 자유를 지키려는 나머지 하나님과 세계의 진정한 관계성을 평가절하하거나 희생시킨다는 것이다. 그리고 이것은 전통적인 서구의 삼위일체론의 실제적 현실이었다. 다른 한편, 삼위일체의 내재적 차원과 경세적 차원의 구별의 긍정적 의미는

---

11) Ibid., pp. 43, 107.
12) Rahner, "On the Theology of the Incarnation," *Theological Investigations*, 4:113-114 n. 3. Peters, *God as Trinity*, p. 101.

하나님의 자유를 보호하는데 있다. 내재적 삼위일체가 경세적 삼위일체로 환원되면 하나님은 자신의 정체성을 세계에 의존하는 유한한 존재가 되며, 따라서 하나님의 자유와 독립성이 상실될 위험이 있다. 하나님은 세계 없이는 존재할 수 없는가? 하나님에게 창조와 창조세계의 존재는 필연적인 운명인가? 만일 그렇다면 하나님은 자유와 독립성을 상실하게 된다. 이러한 이유로, 특히 하나님의 자유를 수호하고자 하였던 바르트는 예수 그리스도로부터 출발하는 경세적 삼위일체의 중요성을 강조하였음에도 불구하고 경세적 삼위일체와 내재적 삼위일체를 분명하게 구별하였다. 그러나 그에게 있어서는 경세적 삼위일체와 내재적 삼위일체 사이의 역설적 이분법이 여전히 해소되지 않는다.

오늘날 로버트 젠슨, 볼프하르트 판넨베르그, 위르겐 몰트만 등의 신학자들은 경세적 삼위일체와 내재적 삼위일체 사이의 역설적 이분법을 종말론의 범주에서 극복하고자 한다. 젠슨은 시간적 운동의 역동성을 하나님의 삶 안으로 통합시켜야 할 것을 제안한다. 즉 그는 그리스도의 신성을 멀리 동떨어져 있는 영원성 안에 있는 분리된 실재가 아니라 창조세계와의 신적 관계의 최종적 결과로 볼 것을 제안한다. 이 경우에 영원성은 시간의 대단원(大單元)을 종말 안으로 통합하게 될 것이다. 이 종말은 하나님의 실재이다. 현재와 종말의 사이에 있어서 미래는 진정으로 열려있으며, 하나님의 행동의 자유는 확보된다. 예수의 십자가는 그러한 자유로운 신적 행위의 하나를 구성하며, 이 신적 행위는 종말론적으로 하나님의 자기구성 행위가 된다. 그러므로 경세적 삼위일체에 의해 성취되는 현실적인 구원의 사건들은 궁극적으로 시간의 종말론적 초월성 안으로 받아들여지고 따라서 내재적 삼위일체를 구성하게 될 것이다. "이 경세적 삼위일체는 종말론적으로 하나님 자신, 내재적 삼위일체이다... 하나님은 오직 종말론적으로만 자기 자신이다..."[13]

---

13) Robert W. Jenson, "The Triune God," *Christian Dogmatics*, ed. Carl E. Braaten and Robert W. Jenson (Philadelphia: Fortress Press, 1984), vol. 1, p. 155.

판넨베르그는 세계에 대한 하나님의 관계가 하나님의 정체성의 결정에 필수적이라고 주장한다. 그에 따르면 삼위일체적인 하나님의 구원의 역사는 삼위일체적인 하나님의 신성에 구성적 의미를 갖는다. 창조자 아버지, 화해자 아들, 완성자 성령으로서의 하나님의 실존은 세상과의 관계성의 성격에 의해 결정된다. 이 세계의 역사 속에 하나님 나라를 구현하기 위한 아들의 성육신, 십자가, 부활과 성령의 사역은 하나님의 본유적 삶을 구성한다. 하나님 나라가 없다면 하나님은 하나님이 될 수 없다.[14] 하나님의 존재는 곧 하나님의 통치이다. 삼위일체 하나님의 존재는 도래하는 하나님 나라의 미래에 달려있다. 종말론적으로 완성되는 하나님 나라는 하나님에 대한 삼위일체적 이해를 완성한다. 따라서 판넨베르그는 세계의 종말론적 완성의 때에 하나님의 존재론적 정체성이 최종적으로 결정된다고 주장한다. 물론 그는 이것이 하나님의 존재가 세계의 관계 속에서 생성되는 것을 의미한다고 보지는 않는다. 그는 하나님은 존재론적 우위를 가진 영원한 미래의 힘으로서 현재를 규정하고 세계의 역사를 종말론적으로 완성한다고 주장한다. 따라서 하나님의 경세적 차원과 내재적 차원, 시간과 영원은 상호적인 관계 안에서 서로 영향을 주고받는다.

몰트만도 종말론적 관점에서 경세적 삼위일체와 내재적 삼위일체를 통합하고자 한다. 그는 찬양(doxology)의 관점에서 두 삼위일체의 관계를 이해한다. 즉 경륜적 삼위일체는 구원의 역사 속에서 표현된 삼위일체이며 내재적 삼위일체는 찬양 속에서 높여진 삼위일체이다.[15] 우리의 찬양이 구원의 경험에 근거하듯이 내재적 삼위일체는 경륜적 삼위일체와 연결되어 있으며 그것에 의시한다. 더 나아가 내재적 삼위일체는 종말론적 영역에 속해 있다. 왜냐하면 하나님에 대한 가장 완전한 최상의 찬양은 오직 하나님이 모든 것

---

14) Wolfhart Pannenberg, *Theology and the Kingdom of God* (Louisville: Westminster/John Knox Press, 1969), p. 55.
15) Jürgen Moltmann, *The Trinity and the Kingdom of God*, trans. Margaret Kohl (London: SCM Press, 1981), pp. 152-53.

안에 충만하게 거할 역사의 마지막에 가능하기 때문이다. 따라서 내재적 삼위일체는 경륜적 삼위일체의 종말론적 완성과 종국적 목표와 영광으로 존재한다. "경세적 삼위일체는 구원의 역사와 경험이 완결되고 완성될 때 자신을 완결하고 완성하여 내재적 삼위일체가 된다. 만유가 '하나님 안에' 있고 '하나님이 만유 안에' 있게 될 때, 경세적 삼위일체는 내재적 삼위일체 안으로 고양되고 초월된다."16) 이것이 몰트만의 종말론적 만유재신론적 비전이다.

판넨베르그와 마찬가지로 몰트만에게 있어서, 경륜적 삼위일체의 종말론적 완성으로서의 내재적 삼위일체는 단지 경륜적 삼위일체에 의해 영향을 받을 뿐만 아니라, 또한 그것에 영향을 미치고 그 방향을 결정한다. 왜냐하면 존재의 질서에 있어서 종말론적 실재로서의 내재적 삼위일체는 경륜적 삼위일체를 앞서기 때문이다. 따라서 이 두 삼위일체의 관계는 일방적이 아니라 상호적이다. 하나님이 구원행위를 통해 세계와 맺은 관계는 하나님의 자기 자신과의 관계에 영향을 미치며, 이와 동시에 하나님은 그 존재 자체로부터 이미 자신과 세계와의 관계를 규정하고 세계에 영향을 미친다.17)

몰트만은 이 경세적 삼위일체와 내재적 삼위일체가 서로 다른 두 삼위일체가 아니라 하나의 삼위일체임을 강조한다. 오직 하나의 신적 삼위일체가 있으며 오직 하나의 신적 구원의 역사가 있다. "삼위일체 하나님은 오직 그 자신으로서 역사 안에 나타난다. 다른 길은 없다. 하나님은 바로 구원의 역사 안에 나타나는 바대로의 그 자신이다. 왜냐하면 현시되는 분은 바로 그 자신이기 때문이다. 하나님은 존재로서 현시되는 바로서의 바로 그 존재이다."18)

고전적 삼위일체론이 내재적 삼위일체와 경세적 삼위일체로 구분되고

---

16) Ibid., p. 161.
17) Ibid, pp. 158-61.
18) Ibid., p. 153.

이 둘이 상호 모순적인 이분법적 관계 안에서 이해되어온 까닭은 이 교리가 헬레니즘의 이원론적 세계관과 실체론적 형이상학의 범주 안에서 형성되었기 때문이다. 그리스 로마 세계에서 하나님은 본질 또는 실체((헬라어 ousia, 라틴어 substantia)로, 그리고 실체 자체, 실체의 원천, 완전한 실체로 이해되었다. 영원성의 영역의 완전한 실체로서의 하나님은 시간적 영역의 상대적, 가변적 세계와 대조되는 절대적, 불변적 존재로 이해되었다. 어거스틴은 실체로서의 하나님은 비가시적이며 불가변적이며 영원하다고 하였다. 아퀴나스는 실체론적 존재론의 틀 안에서 절대적 실체(본성)와 관계적 속성을 구별했다. 실체의 본성은 동일성을 유지하며 불변적이고 절대적인 반면, 속성은 관계성 안에서 가변적이고 상대적이다. 그는 하나님은 순수 현실태로서 완전한 존재이기 때문에 변할 수 없다고 강조했다. 이러한 이유로 고대 교회에서 예수의 십자가에서 하나님이 함께 고통당했다고 주장하는 성부수난설은 이단으로 정죄되었다.

그러나 이와 같은 실체론적 세계관에 기초한 절대적, 불변적, 무고통적 하나님 개념은 성서의 하나님 상과 조화되지 않는다. 성서에 증언된 하나님은 세상과의 상호적인 관계성 안에서 이 세상의 역사에 참여하며, 세상에 영향을 줄 뿐 아니라 세상에 의해 영향을 받으며, 시간적 과정 속에서 우리와 함께 동행하며, 우리의 기도에 응답하며, 우리의 고통을 함께 느끼는 하나님이다. 예수의 십자가는 바로 우리의 죄와 악의 결과로 고통당하는 하나님의 사랑의 본성을 계시한다. 사랑하기 위해서는 사랑하는 자와 사랑받는 자가 서로 영향을 주고받아야 하며, 따라서 사랑의 대상과 함께 고통과 변화를 경험할 수 있어야 한다. 하나님이 세상으로부터 영향을 받지 않는 불변적 실체라는 주장은 "하나님은 사랑이시다(요일 4:8, 16)"라는 성서의 구절과 양립되기 어렵다.

20세기에 들어서서 서구의 고전적인 실체론적 형이상학에 대한 근본적인 비판이 제기되기 시작했는데, 그 선두에 그리스적인 것과의 전쟁을 선포한 과정사상가들이 있다. 비이원론적, 비실체론적인 화이트헤드의 유기체적, 관계론적, 과정 형이상학에 기초하여 과정사상가들은 실재의 본성과 세계와의 관계성 안에 계신 하나님의 본성에 대한 새로운 이해를 발전시켰다. 플라톤과 아리스토텔레스의 사상에 의해 영향을 받은 고전적 기독교 전통에 있어서 상호적 활동은 본질 또는 실체가 아니라 우연에 의한 것이며, 복합적인 사물들의 정체성은 그것들의 근저(根底)에 있는 실체의 단순성 안에서 발견된다. 이와 대조적으로, 과정사상에 있어서 상호적 관계성이 개별적 정체성보다 우선한다. 다자와의 관계성 안에서 일자가 생성되며, 일자는 다자를 증대시킨다. 이것이 창조성의 원리이다. 실재의 본성은 고정된 실체가 아니라 역동적 과정이다. 고정적이고 지속적인 실재로서의 실체 개념은 화이트헤드의 표현을 빌면 "잘못 놓인 구체성의 오류"이다. 이와 같은 과정사상의 역동적이고 관계론적인 실재관은 관계론적 관점에서 삼위일체를 새롭게 이해할 수 있는 형이상학적 사고의 틀을 제공해준다.

그러나 불행하게도 하트숀이나 캅 등의 대부분의 제1세대 과정사상가들은 화이트헤드적인 양극적 신관에 충실한 나머지 전통적인 삼위일체론에 대하여 별 관심을 기울이지 않았다. 사실 화이트헤드의 양극적 신관을 전통적인 삼위일체론과 조화시키는 일은 쉬운 일이 아니다. 하지만 그럼에도 불구하고 오늘날 노만 피텐저, 루이스 포드, 메조리 수하키, 조셉 브라켄, 필립 클레이턴과 같은 과정신학자 또는 수정주의 과정신학자들은 성서에 기초한 기독교의 삼위일체적 상징을 관계론적이고 역동적인 과정 형이상학적 관점에서 새롭게 이해하고자 시도한다. 예를 들면, 수정주의 과정신학자인 브라켄에게 있어서 "하나님의 본성은 고정된 존재의 상태가 아니라 상호 관계하는 활동이다."[19] 브라켄의 (사회적) 삼위일체론에 있어서 내재적 삼위일체는 본유적으로 경세적 삼위일체에 열려있다. 수정주의 과정신학자들은 과정사

---

19) Joseph A. Bracken, S. J., "Process Philosophy and Trinitarian Theology II," *Process Studies* 11, no. 2 (Summer 1981), p. 84.

상이 하나님의 존재를 세상에 의존하는 과정(생성)적 존재로 만듦으로써 하나님의 초월성을 약화시켰다는 비판을 완화시키기 위해서 나름대로 노력하고 있다. 이에 대하여는 다음 절에서 다시 다룰 것이다.

4. 심리적 삼위일체론과 사회적 삼위일체론

고대의 서구세계에서 4세기까지 '우시아'(ousia)와 '휘포스타시스'(hypostasis)란 단어는 본질 또는 실체로 존재하는 것을 의미했다. 서방교회의 아타나시우스는 우시아와 휘포스타시스를 호환적으로 사용했다. 그는 하나님의 통일성을 강조했으며, 셋 됨에 신비가 있다고 보았다. 서방의 라틴교회의 전통은 하나님의 본질에 우선성을 부여하는 경향이 있었다. 반면 동방교회의 카파도키아 신학자들은 우시아(본질)와 휘포스타시스(위격)를 분명히 구별했다. 이들은 삼위일체를 "한 본질 세 위격"(mia ousia, treis hypostases)으로 표현하면서, 우시아는 세 위격이 공유하는 것으로 휘포스타시스는 세 위격을 구별하는 것으로 이해했다. 이들은 세 위격을 강조했으며, 이 셋의 통일성에 신비가 있다고 보았다. 동방교회 전통의 신학자들은 대체로 본질이나 존재보다 위격에 우선성을 부여했으며, 신적 위격이 신적 본질을 결정한다고 보았다. 제1차 콘스탄티노플 회의(381년)는 카파도키아 신학자들을 따라 휘포스타시스를 아버지, 아들, 성령 세 위격(인격)을 가리키는 용어로 채택하였다. 휘포스타시스는 터툴리안에 의해 라틴어 '프로소폰'(prosopon, 가면)에서 파생된 '페르소나'(persona, 인격)로 번역되었다.

고대 교회 이후 기독교 역사 속에서 발전되어온 삼위일체론의 유형들은 대체로 하나님의 한 본질의 통일성을 강조하는 서방교회의 전통을 따르는 심리적 또는 양태론적 삼위일체론과, 세 위격이 구별을 강조하는 동방교회의 전통을 따르는 사회적 또는 친교적 연합(communal)의 삼위일체론으로 구별될 수 있다. 서방교회 신학자들은 한 본질(실체, 본성)을 삼위일체의 원천과 원인으로 간주하고, 한 본질을 공유하며 또한 한 본질로부터 파생되는 관계적 차원에서 서로 구별되는 세 위격의 실존을 이해했다. 여기서 아들은 아버지의 위격이 아니라 아버지의 신적 존재(본질)로부터 출생한다. 서방교회 신학이 본질의 통일성으로부터 시작하는 것과는 달리, 동방교회 신학은 하나의 신적 본질을 공유하는 세 위격과 더불어 시작한다. 서방교회 신학자들이 위격(인격)들을 보다 근본적인 본질의 양태들로 생각하는 것과는 달리, 동방교회 신학자들은 본질을 첫 번째 위격(인격)인 아버지가 자신의 전체 본성을 전달한 결과로 생각한다. 이들은 아버지의 존재(본질)가 아닌 인격으로부터 아들이 출생하며, 따라서 아버지가 신적 본질과 두 위격(아들과 성령) 모두의, 그리고 창조세계의 유일한 원천과 원인이라고 주장한다. 로스키는 첫 번째 위격이 신성과 다른 두 위격의 근원임을 강조한다. "그리스 교부들은 언제나 삼위일체 안의 통일성의 원리가 아버지 위격이라고 주장했다. 다른 두 위격의 원리로서, 아버지는 그 위격들(휘포스타시스)에게 독특한 성격을 부여해주는 관계의 원천이다."[20]

한편, 근대시기 이래 사용되고 있는 서구의 인격 개념은 자기 결정적이고 개별적인 주체 개념이다. 즉 각 인격은 다른 인격이나 사물들로부터 독립적으로 존재하는 자율적인 주체성의 자리로 이해된다. 이러한 근대적 인격 개념을 삼위일체의 세 위격에 적용하게 되면 삼신론적이 될 위험이 있다. 바르트는 인격의 개별성을 강조하는 근대의 인격 개념의 문제점 때문에, 아버지, 아들, 성령을 인격으로 표현하지 않는 것이 적절하다고 주장한다.[21] 그는 신적 주체성의 자리를 인격들이 아니라 인격들의 통일성 안에 위치시키고, 인격이란 개념 대신에 "존재양태" 또는 "존재방식"(Seinsweise)이란 개

---
20) Vladimir Lossky, *The Mystical Theology of the Eastern Church* (London: James Clarke, 1957), p. 58.
21) Karl Barth, *Church Dogmatics*, vol. I/1, trans. by G. W. Bromiley (New York: Charles Scribner's Sons, 1975), pp. 411-13.

념을 사용하였다.22) 이와 같은 개념이 각 인격의 독특성과 독자성을 약화시키는 양태론적 경향을 보여준다는 비판에 대하여, 그는 자신의 삼위일체론이 유대교와 이슬람교의 유일신론을 확장한 것이 아니라 그리스도인의 원초적인 하나님 경험, 즉 아버지, 아들, 성령으로서의 하나님 경험에 근거한 것이라고 주장한다.23) 그는 내재적 삼위일체 하나님이 단지 한 단자론적 실체로서의 하나님이 아니라 구원의 경륜 속에서 세 양태 또는 방식으로 경험되는 하나님과 동일한 하나님이라고 말한다. 하지만 그가 신적 통일성과 단일성을 강조하는 서방교회의 심리적 삼위일체론의 전통에 서 있는 것은 분명하다. 바르트에 의하면, 삼위일체 교리에 의해서 삼중적으로 되지 않는 하나의 단일한 신적 본질이 있다. 하나님은 세 존재양태 안의 단일한 인격적 자아이다.24)

바르트의 염려와 달리, 오늘날에는 독립적 개별성을 전제하는 근대적 인격 개념이 아닌 상호적 관계성을 전제한 탈근대적 인격개념과 이러한 인격 개념에 기초한 삼위일체론이 큰 호응을 얻고 있다. 인격이란 상호적 관계성 안에서만 존재 가능하다. 상호 인격적(interpersonal) 인격성 개념은 오늘날의 삼위일체론 논의의 핵심 개념이다.25) 몰트만은 이와 같은 상호 관계적 인격성 개념에 기초한 사회적 삼위일체론을 주장한다. 그는 삼위일체론을 유일신론과 대립시킨다. 단일한 통일성으로서의 유일신론적 하나님은 관계성 안에 참여할 수 없는 절대적 개별자이다. 몰트만은 유일신론을 군주신론과 동일시한다. 군주신론적 유일신론은 이 땅에서의 계층질서적 지배를 정당화하는 정치적 함의와 실천적 힘을 지닌다.26) 군주적 유일신론의 하나님은

---

22) 칼 라너도 바르트와 유사하게 인격(위격)을 "독특한 존재 방식"(distinct manner of subsisting)으로 정의한다. Rahner, *The Trinity*, p. 110.
23) Barth, *Church Dogmatics* I/1, p. 406.
24) Ibid., p. 403.
25) 융엘, 몰트만, 보프, 라쿠냐, 판넨베르그, 지지울라스 등이 상호 인격성의 개념을 사용하여 삼위일체론을 선개한다.
26) Moltmann, *The Trinity and the Kingdom*, pp. 130, 191.

인간의 고통에 냉담하고 무감각하다. 이와 반대로, 상호적 관계 안에 있는 위격들의 친교적 연합으로서의 삼위일체 하나님은 십자가의 예수 그리스도의 고통에 온전히 현존하며, 따라서 모든 억압당하는 사람들의 고통에 온전히 현존한다.

몰트만은 바르트가 하나님을 단일한 주체로 생각함으로써 유일신론에 빠졌다고 비판한다.[27] 그는 카파도키아 신학자들처럼 세 위격으로부터 출발하여 통일성으로 나아간다. 그는 세 주체, 세 활동의 자리로서의 세 위격을 강조한다. 그는 하나님의 통일성이 세 위격 사이의 페리코레시스(상호내재, 상호순환, 상호침투)적 사랑의 사귐을 통해 실현된다고 주장한다. "우리는 한 실체 개념과 동일한 주체 개념을 버려야 한다... 통일성은 신적 위격들의 페리코레시스 안에서 인식되어야 한다."[28] 해방신학자 보프는 몰트만처럼 상호 인격적 모델에 기초한 사회적 삼위일체론을 전개하면서, 특히 신적 사회와 인간 사회의 상관관계와 삼위일체론의 실천적 의미를 강조한다. 그는 인간 사회 특히 교회 공동체가 상호적 인격의 친교적 연합인 하나님의 삼위일체적 삶에 상응하는 삶을 이 세계의 사회 정치적인 역사 속에서 구현해야 한다고 주장한다.[29] 세 위격의 페리코레시스적 관계성 안에서의 통일성을 주장하는 몰트만과 보프의 사회적 삼위일체론은 삼신론적인 경향을 보여준다고 반대자들에 의해 비판 받는다.

하나의 신적 본질을 전제하고 세 위격의 개별성을 설명하려는 서방 전통과 세 개별적 위격을 전제하고 신적 본질의 통일성을 설명하려는 동방 전통 모두, 서구의 고전적인 실체론적 형이상학을 극복하지 못하는 한 전자는 양태론적이라는 비판을 면할 수 없고 후자는 삼신론적이라는 비판을 피하기 어렵다. 본질(우시아)이나 위격(휘포스타시스)이라는 개념이 고정되고 자기

---

27) Ibid., p. 139.
28) Ibid., pp. 149-50.
29) Leonardo Boff, *Trinity and Society* (Maryknoll, N.Y.: Orbis Books, 1988).

완결적인 모나드 같은 실체로 이해되는 한 이 딜레마는 극복되지 않는다. 특히 오늘날 유행하는 사회적 삼위일체론이 삼신론적 위험에서 벗어나기 위해서는 실체론적 인격 개념이 극복되어야 한다. 만일 인격이 개별적이고 자기 충족적인 실체로 간주된다면 개별적 실체가 모인 사회로서의 삼위일체는 개별자들의 집합에 불과할 것이며, 이것은 삼신론과 다를 바가 없다. 물론 몰트만이나 보프와 같은 사회적 삼위일체론자들은 이런 의미에서의 삼신론자들은 아니다.

오늘날의 대표적인 동방정교회 신학자인 존 지지울라스는 매우 탁월한 관계론적 인격 개념에 기초하여 삼위일체론을 전개한다. 그는 인격을 고립된 개별자적 실체로서가 아니라 관계성 안에서 이해한다. 그에게 있어서 인격은 상호 인격적이며, 인격의 존재는 관계성 안에 있는 존재이다. 그는 인격성을 탈자아(ekstasis)와 친교적 연합(communion)을 향한 개방성의 관점에서 정의한다. 인격성은 존재의 탈자아 또는 존재의 개방성을 함축한다. 한 인격이 되기 위해서는 친교적 연합에 열려 있어야 한다. 그는 인격(위격)을 휘포스타시스와 동일시하고 실체와 대조시킨다. 자존적(自存的) 실체는 자신의 경계(境界)에 의해 결정되는 반면, 인격은 자신의 경계를 넘어선다. "휘포스타시스는 실체가 아니라 인격성과 동일한 것이기 때문에, 이 존재가 그 자신이 되는 것은 자존에 의해서가 아니라 친교적 연합에 의해서이다. 따라서 친교적 연합은 인격적 특수성을 위협하는 것이 아니라 그것을 구성하는 것이다."[30] 인격은 자아의 경계를 초월하는 과정 안에 있는 자아이며, 이 자기 초월이 자유의 뿌리이다. 한편으로 인격은 통합된 통일성이며, 다른 한편으로 인격성을 완성하는 인격은 탈자아적으로 친교적 연합을 향해 열려 있다.[31]

---

30) John D. Zizioulas, "Human Capacity and Human Incapacity: A Theological Exploration of Personhood," *Scottish Journal of Theology* 28, no. 5 (October 1975), p. 409.
31) Ibid., p. 408.

지지울라스는 이와 같은 관계론적 인격 개념을 유비적으로 삼위일체 하나님의 내적 삶에 적용한다. 그에 따르면, 삼위일체 하나님은 인격적이며, 하나님의 본질은 하나님의 인격성에 있다. 신적 본질(ousia, esse)은 그것에 선행적인 신적 위격(인격)으로부터 구성된다. 하나님께서 인격적이라는 말은 하나님께서 친교적 연합 안에 존재하신다는 것을 의미한다. 신적 위격들의 존재는 상호적인 관계성에 의해 구성된다. 아들은 아버지와의 상호 관계 안에서만 아들이며 그 역도 마찬가지이다. 성령은 독립적 실체가 아니라 다른 두 위격과의 상호 관계 안에서만 성령이다. 각 위격의 정체성은 관계성에 의해 구성된다. 하나님의 존재는 상호적 관계성 안에 있는 세 위격들의 "친교적 연합의 사건"[32]이다.

상호 인격적 공동체를 부분의 총합보다 더 큰 하나의 전체성으로 이해하는 과정사상의 형이상학은 비실체론적인 관계론적 실재이해에 기초한 삼위일체론의 한 모델을 제공해 줄 수 있다. 특히 브라켄은 화이트헤드의 사회 개념을 수용 발전시켜 과정사상적 삼위일체론을 전개한다. 그에 따르면 과정의 단계들이나 부분들의 연합은 부분들로서의 그 자신들보다 더 큰 단일한 상호 활동적 실재, 즉 행위주체로서의 하나의 전체성을 창조한다.[33] 브라켄은 이와 같은 사회적 주체로서의 인격 개념을 유비적으로 하나님에게 적용하여 삼위일체론을 전개한다. 하나님은 민주적으로 질서화된 세 사회적 인격으로 구성되는 사회이다. 하나님은 사회들의 사회이다.[34] 세 위격은 공동체적 실재로서 한 분 하나님을 구성한다. 공동체(한 본성)와 인격(세 위격)은 상관적이다. 어느 하나가 다른 하나에 우선하지 않는다. 서로 타자를 요구한다. 따라서 세 신적 위격 모두가 개별적 실존으로 구성됨과 동시에 삼위일체

---

[32] John D. Zizioulas, *Being as Communion* (New York: St. Vladimir's Seminary Press, 1993), p. 15.
[33] Joseph A. Bracken, S. J., "Process Philosophy and Trinitarian Theology," *Process Studies* 8, no. 4 (Winter 1978), p. 223. 물론 하나님은 단지 사회들의 사회로서의 전체성일 뿐만 아니라 사회들 즉 세계의 창조자이다.
[34] Ibid., p. 224. "Process Philosophy and Trinitarian Theology II," *Process Studies* 11, no. 2 (Summer 1981), p. 83.

하나님이 하나의 신적 공동체로 구성된다.35) 삼위일체가 의미하는 바는 신적 공동체인 구조화된 사회 안에서 서로 서로의 관계를 통해서만 세 사회적 위격이 진정한 한 하나님이 된다는 것이다. 즉 하나님의 통일성은 실체적 통일성이 아니라 공동체적 통일성이다. 다시 말하면, 한 분 하나님의 통일성은 세 사회적 위격들이 민주적으로 조직되고 구조화된 사회로서의 공동체적 통일성이다.

브라켄의 사회적 삼위일체론은 삼신론과 거리가 멀 뿐만 아니라 다른 사회적 삼위일체론과도 구별된다. 왜냐하면 그는 세 위격이 각각 분리되어 하나님으로 불릴 수 없다고 주장하기 때문이다. 즉 성부 하나님, 성자 하나님, 성령 하나님이 존재하는 것이 아니라, "성부 · 성자 · 성령 하나님"이 존재한다. 세 위격은 분리되어 생각할 수 없으며 오직 관계성, 공동체 안에서 한 하나님이다. 세 위격은 모두 하나의 동일한 무한한 전체 포괄적인 신적 활동의 장을 주관하기 때문에 하나님은 한 분이다.36) 이런 의미에서 브라켄의 사회적 삼위일체론은 역설적으로 양태론적이라고까지 할 수 있다. 물론 세 위격은 동일한 무한한 활동의 장을 서로 다른 주관적인 초점을 가지고 이해, 파악한다.

브라켄의 삼위일체론에 있어서 내재적 삼위일체는 경세적 삼위일체에 열려있다. 즉 세 신적 위격(사회)의 공동의 활동의 장은 세계의 모든 유한한 현실적 존재들의 상호 관계적 활동에 의해 매순간 존재하게 되는 활동의 장을 포괄하고 지탱한다.37) 매순간의 세계의 모든 가능태와 현실태는 세 신적

---

35) Joseph Bracken, S. J., "The Holy Trinity as a Community of Divine Persons," *Heythrop Journal* 15 (1974), p. 180.
36) Joseph A. Bracken, S. J., "Panentheism from a Process Perspective," Joseph A. Bracken & Marjorie Hewitt Suchocki, eds., *Trinity in Process* (New York: The Continuum International Publishing Group Inc., 2005), p. 100.
37) Joseph A. Bracken, S, J., "The World: Body of God or Field of Cosmic Activity?," *Charles Hartshorne's Concept of God*, ed. Santiago Sia (Dordrecht: Klower Academic Publishers, 1990), p. 96.

위격의 공동의 활동의 장 안에서 세 위격의 구별된 활동의 대상이 된다. 즉 세계 안에서 아버지는 가능태의 원리(원초적 본성), 아들은 현재적 현실태의 원리(결과적 본성), 성령은 궁극적 현실태의 원리(자기초월적 본성)로서 작용한다. 이와 같은 브라켄의 삼위일체론은 만유재신론적 신관의 특징을 잘 보여준다.

5. 삼위일체 안에서 성령의 위상과 역할

니케아 콘스탄티노플 신조(381)는 "성령은 아버지로부터 출원한다."라고 진술하였다. 그러나 후에 서방교회는 필리오케(filioque, 또한 아들로부터)라는 문구를 이 구절에 추가하였다. 이러한 서방교회의 신학은 어거스틴(354-430)에 의해 영향 받은 바가 크다. 어거스틴은 이중 출원을 주장했다. 그는 성서가 성령을 아버지와 아들의 영이라고 말씀하기 때문에, 성령이 아버지와 아들로부터 출원한다고 이해했다.[38] 그는 요한복음 20장 22절, "예수께서 이 말씀을 하시고 저희를 향해서 숨을 내쉬며 이르시되 성령을 받으라."는 구절이 성령이 예수 자신으로부터 출원하는 것임을 보여준다고 해석했다.[39] 아버지는 아들을 낳음으로써 성령의 출원의 근원이 된다. 아들의 출생과 그 결과로 생겨나는 관계성이 성령의 출원을 보증한다.

필리오케의 문제는 삼위일체 안에서의 성령의 위상과 역할의 문제와 연결된다. 어거스틴은 성령을 선물, 친교적 연합(communion), 사랑으로 기술했다. 성령은 아버지로부터 아들에게 오고 아들로부터 아버지에게 온다는 의미에서 선물이다. 성령은 또한 구원의 선물로서 아버지와 아들로부터 우리에게 온다. 선물 교환의 상호성은 친교적 연합을 지시한다.[40] 이 친교적

---

38) Augustine, *On the Trinity*, 6.10.11 ; 5.4.15 ; Peters, *God as Trinity*, p. 63.
39) Ibid., pp. 15.26.45.
40) Ibid., pp. 5.11.

연합은 또한 사랑으로 알려진다. "그러므로, 성령은 아버지와 아들 모두에 공통된 그 무엇이다. 그러나 이 친교적 연합은 그 자체가 (아버지와 아들과) 동일본질적이며 동일하게 영원한 것이다. 그것은 우정(friendship)이라고 불릴 수도 있다. 그러나 사랑이라고 불리는 것이 더욱 적절하다."[41]

어거스틴의 논지는 성령은 그 자체가 아버지와 아들 사이의 관계성이라는 것이다. 성령은 관계성으로부터 독립되어 있으면서 관계성을 지지하는 제3의 실체가 아니다. 어거스틴에 따르면, 성령을 제3의 실체로 생각하는 것은 삼위일체가 아니라 사위일체, 즉 아버지, 아들, 성령, 그리고 이들을 묶는 관계성을 고백하는 것이다. 사랑의 친교적 연합 그 자체로서, 그리고 관계성 안에서의 상호적 수여와 결속의 힘 그 자체로서, 성령은 하나님의 현존이다. 어거스틴은 성령을 아버지와 아들의 상호적 사랑, 이 두 위격을 하나로 통일시키는 공동의 끈(bond)으로 이해했다. 따라서 성령은 아버지의 영일뿐만 아니라 아들의 영이기도 하다.

이와 같은 어거스틴의 성령 이해는 서방교회의 전통이 되었으며, 20세기의 신학자들 가운데 바르트에게서 이러한 성령 이해가 잘 나타난다. 바르트에게 있어서 성령은 하나님의 (내재적 또는 경세적) 삼위일체적 삶 안에서의 관계성과 통일성의 원리이다. 아버지로서의 아버지 됨과 아들로서의 아들 됨의 분리가 성령에 의해 극복된다. 성령은 차이 가운데 일치를 가져온다. 성령은 신적 삶 안의 이중성 즉 아버지와 아들에 구조적으로 의존한다. 즉 성령은 관계성의 원리로서, 서로 관계되는 두 위격인 아버지와 아들에 의존한다.

판넨베르그는 사랑의 끈으로서의 성령이해는 받아들이지만 기원의 관계성에 기초한 필리오케보다는 세 위격 사이의 자기 구별적인 상호적 관계성을 강조한다. 사랑의 관계성으로서 성령은 관계의 당사자인 아버지와 아들보다 우선성을 갖는다. 아버지와 아들의 신적 본성을 가능하게 만드는 것

---

41) Ibid., pp. 6,5.

은 바로 사랑의 친교적 연합 즉 성령이다. 아들을 향한 아버지의 사랑이 하나님이 아버지가 되기 위한 필수조건이며, 아버지에 대한 순종을 통해 표현되는 아들의 사랑이 하나님을 주님으로 만든다. 이와 같은 아버지와 아들 사이의 상호적인 규정적 힘은 사랑의 친교적 연합으로서의 성령이 없으면 삼위일체적 신성을 구성하지 못한다.[42] 즉 삼위일체 안의 관계성의 원리인 성령의 사역으로 말미암아 아버지는 아들과의 관계 안에서 아버지가 되며 아들은 아버지와의 관계 안에서 아들이 된다.

동방교회 전통은 서방교회의 필리오케 교리와 사랑의 관계성으로서의 성령 개념을 받아들이지 않는다. 포티오스는 필리오케가 성령을 다른 두 위격보다 열등한 것으로 만든다고 본다. 왜냐하면 여기서 성령은 다른 두 위격으로부터 산출되지만 다른 두 위격은 성령으로부터 산출되지 않기 때문이다. 이것은 사실상 이위일체의 하나님과 다름없다. 더욱이 만일 성령이 아버지와 아들로부터 출원하기 이전에 아들이 아버지로부터 출생한다면 아버지는 군주가 되고 아들은 단지 중개자로서의 왕자가 된다. 포티오스는 서방교회의 필리오케가 아버지로부터 아들을 거쳐 성령으로 가는 계층질서적 순서를 말함으로써 사벨리우스적 양태론에 빠졌으며 성령의 신성의 약화를 초래했다고 비판한다.[43]

현대 동방정교회 신학자인 티모티 웨어는 성령이 아버지와 아들로부터 출원한다고 말하는 것은 삼위일체 안에 독립적인 두 근원, 두 분리된 기원의 원리가 있다는 것을 함축한다고 비판한다. 그는 삼위일체의 첫 번째 위격인 아버지가 신성의 원인 또는 원천이라고 강조한다. 아버지가 삼위의 통일성의 원리 또는 아르케이다. 이런 의미에서 정교회는 첫 번째 위격의 군주론을

---

42) 판넨베르그는 성령을 역동적인 힘의 장(field)의 관점에서 기술한다. 즉 장으로서의 성령 안에서 아버지와 아들은 사랑의 친교적 연합의 구체적 표현이 된다. Wolfhart Pannenberg, *Systematic Theology*, vol. 1 (Grand Rapids: Wm. B. Eerdmans, 1991), pp. 383, 430.
43) St. Photios the Great, *On the Mystagogy of the Holy Spirit* (Astoria, N.Y.: Studien Publications, 1983), pp. 71-72, 51-52.

말한다. 다른 두 인격은 아버지에게서 기원하며 아버지와의 관계 안에서 정의된다. 동방정교회는 아버지의 군주제를 훼손하는 필리오케 고백을 반대할 뿐만 아니라, 아버지와 아들 사이의 사랑이나 친교적 연합으로서의 성령 이해도 거부한다. 왜냐하면 이 성령 이해는 신성의 통일이 아버지가 아니라 아버지와 아들 사이의 상호적 끈인 성령에 의해 이루어진다고 주장하기 때문이다. 성령 안에서 신성의 통일을 찾는 서방교회 전통과는 달리, 동방교회 전통은 아버지 안에서 신성의 통일을 발견한다.

동방교회 신학자들이 성령을 사랑의 관계성 또는 끈으로 이해하는 것에 반대하는 중요한 이유 가운데 하나는 그들이 이 이해가 성령의 위격을 약화시키고 또한 비인격화시킨다고 생각하기 때문이다. 로스키는 성령을 아버지와 아들의 상호적 끈으로 이해하는 것은 성령의 위격을 약화시킨다고 비판한다.[44] 웨어는 어거스틴 자신은 성령을 인격으로 생각하지만 그가 채택한 유비는 인격으로서의 성령이 아니라고 비판한다. 그에 따르면, "사랑하는 자와 사랑받는 자는 둘 다 인격이지만, 이 둘 사이의 상호적 사랑은 다른 두 인격과 함께 있는 제3의 인격이 아니다. 어거스틴의 모델은 삼위적이라기보다 이위적이다."[45]

서방교회 전통의 필리오케 교리와 사랑의 관계성 또는 끈으로서의 성령 개념은 성서적 근거를 갖는가? 성서의 증언에 기초한 경세적 삼위일체의 관점에서 볼 때, 필리오케 개념은 부활절 이전의 성령과 예수의 관계에 있어서는 타당하지 않다고 할 수 있다. 예수는 하나님의 영인 성령으로 잉태하였으

---

44) Lossky, *The Mystical Theology of the Eastern Church*, p. 62.
45) Kallistos (Timothy Ware) of Diokleia, "The Human Person as an Icon of the Trinity," *Sobernost* 8, no. 2(1986), p. 9. 피터스는 이러한 비판에 대하여 삼위일체론의 과제를 다시 상기시킨다. 그에 따르면 삼위일체론의 과제는 성서의 상징들을 해석하여 하나님의 창조적이고 구속적인 사역을 개념화하는 것이다. 그는 세 위격이 본성상 동일하거나 동등해야 한다고 전제해야 할 이유는 없다고 주장한다. 왜냐하면 세 위격 안의 한 존재라는 개념은 단지 예수 그리스도 인에서 일어나는 구원의 드라마를 이해하기 위한 개념적 도구일 뿐이기 때문이다. 따라서 세 위격이 모든 방식에 있어서 동일해야 할 필연적 이유는 없다는 것이다. Peters, *God as Trinity*, p. 70.

며, 요단강에서 성령으로 세례를 받았으며, 성령의 능력을 힘입어 귀신을 내어 쫓았다. 예수의 탄생과 사역과 십자가와 부활에 이르는 전 생애는 하나님이 보내신 성령의 충만한 현존과 능력에 의한 것이었다. 따라서 부활절 이전의 예수의 생애에서는 성령이 아들로부터 나왔다기보다는, 예수가 하나님에 의해 성령 안에서 보냄을 받았으며(스피리투케, Spirituque) 성령에 의해 하나님과 연합되었다고 할 수 있다. 그러나 바로 여기서 성령은 아버지와 아들 사이의 일치를 실현하는 사랑의 관계성 또는 끈으로서 기능한다고 할 수 있다.

필리오케 교리는 부활절 이후의 그리스도와 성령의 관계에 관한 신약성서의 기술에 근거하여 정당화될 수 있다(요 20:22). 아버지가 아들을 세상에 보낸 것처럼 부활한 아들은 보혜사 성령을 우리 가운데 보낸다. 부활의 그리스도는 성령을 보내며, 성령을 통하여 우리 가운데 현존한다. 즉 성령은 부활한 그리스도의 현존이다. 물론 성령의 궁극적 원천은 아들이 아니라 아버지 하나님이다. 하지만 부활한 주님으로서의 그리스도의 실재가 그 자신이 보내기로 약속한 성령 안에서 그리스도인의 인격과 삶 안에 현존한다는 의미에서 성령은 아버지의 영일뿐만 아니라 아들의 영으로서 아들로부터도 (filioque) 나온다고 할 수 있다. 이와 같은 성령 이해는 정교회의 성령 이해와 반드시 대립될 필요가 없다. 왜냐하면 성령의 궁극적인 원천은 아버지임이 인정되기 때문이다. 성령은 아들을 향한 아버지의 사랑 안에서 아버지에 의해 아들에게 주어지는 아버지의 영이자, 아버지를 향한 아들의 사랑 안에서 아들에 의해 그리스도인과 세상에 주어지는 아들의 영이다.

동방정교회 신학자 지지울라스는 사도적 기원에 대한 교회의 연속성을 이해하는 두 가지 접근방식 즉 역사적 접근과 종말론적 접근을 설명하는 과정에서, 그리스도와 성령의 관계가 이 두 가지 접근방식에 상응하여 이중적으로 나타난다고 주장한다.[46] 먼저, 사도적 연속성에 대한 역사적 접근에서는 기독론이 중심이다.[47] 여기서 그리스도는 자기 규정적 사건을 가리킨다.

연속성에 대한 이 역사적 접근에 있어서, 성령은 이미 존재하는 자기 규정적 사건들에 생명력을 불어넣으며, 그것들을 다른 시간과 환경에 관계시킨다. 여기서 성령은 그리스도에 의해 보내진다. 성령은 사도들이 자신의 사명을 수행할 수 있게 해주는 신적 능력이다. 성령은 이미 주어진 구조에 생명을 불어넣는 존재이다. 성령은 그리스도의 작인(作因, agency)이며 그리스도에 의존한다. 역사적 접근에 있어서 이와 같이 성령이 그리스도에 의존한다는 의미에서 필리오케가 가능하다.[48] 그러나 종말론적 접근에 있어서, 성령은 역사 안으로 종말을 가져오는 분이다(행 2:17). 성령은 역사의 과정의 완성과 변혁과 변형을 가지고 역사를 마주 대한다. 종말을 역사 안으로 가져옴으로써, 성령은 이미 존재하는 구조에 생명력을 불어넣는 것이 아니라 새로운 구조를 창조한다. 성령은 직선적 역사성을 현존(presence)으로 변화시킨다. "성령은 직선적 역사를 초월하며 역사적 연속성을 현존으로 바꾸는 '주님'이다."[49] 이 종말론적 차원에서는 그리스도가 아니라 성령이 중심적이다.

지지울라스는 성령론적 기독론의 관점에서 이 두 접근의 통합을 시도한다. 그에 따르면, 그리스도 사건은 성령론적으로 구성되어야 한다. 그리스도는 성령의 현존, 즉 종말론적 현존이 없으면 그리스도가 아니다. 그리스도는 자신을 다른 개별자들로부터 분리시킴으로써 자신을 확증하는 개별자가 아니라, 친교적 연합을 통해 특수성을 구성하는 인격이다. 즉 성령론적 그리스도는 관계론적 실재이며 공동체적 인격이다.[50] 그리스도 사건과 우리의 연속성도 전후관계나 거리에 기초한 응답에 의해서 결정되는 것이 아니라, 포괄성의 관점에서 이루어지는 것이다. "우리는 그리스도 '안에' 있다."[51] 성

---

46) 이 접근은 초역사적(meta-historical), 신현적(神顯的, theophanic) 접근이라고도 불린다.
47) John D. Zizioulas, *Being as Communion: Studies in Personhood and the Church* (Crestwood, N.Y.: St. Vladimir's Seminary Press, 1985), pp. 179-80.
48) 지지울라스 자신이 이 점을 언급한다. Ibid., p. 179 각주 30.
49) Ibid., p. 180.
50) Ibid., p. 182.
51) Ibid.

령 즉 친교적 연합으로서의 하나님은 만유 포괄적 실재이다. 성령 안에서 그리스도는 우리를 자신 안에 포함한다. 성령은 종말론적으로 이 만유 포괄적 하나님의 현존을 완성한다. 지지울라스가 말하는 종말론적 관점에서의 성령 이해는 역사적 관점에서의 성령 이해의 연속선상에서 그리고 그것의 완성으로 이해될 필요가 있다. 역사적 관점에서도 성령의 역사 안의 종말론적 현존은 가능하다. 왜냐하면 역사의 어느 시점에서도 성령은 종말론적 영으로 현존하며 역사를 변혁시키기 때문이다. 성령의 종말론적인 하나님 나라의 완성은 그리스도의 역사적 파송의 연속선상에서의 완성이지 그것과 대립되는 것이 아니다. 물론 성령의 궁극적 원천은 아들이 아니라 아버지이다.

성서의 증언에 기초한 경세적 삼위일체에 있어서, 아들을 향한 아버지의 사랑과 아버지를 향한 아들의 사랑은 한 성령으로서, 인간과 세상의 구원을 완성함으로써 하나님께 영광을 돌려드리는 것을 목적으로 한다. 예수의 십자가는 인간과 세상을 결정적으로 하나님과 화해시킨 사건으로서, 이 역사적 사건 안에서 아들로서의 예수와 아버지로서의 하나님은 성령 안에서 온전히 하나를 이룬다. 부활절 이전의 성령이 아버지로부터 아들로 보내지는 아버지의 영이라면, 부활절 이후에 성령은 아들로부터 세상으로 보내지는 아들의 영이기도 하다. 공관복음에서 아버지로부터 아들에게 주어진 성령이 아버지로부터 세상에 보냄을 받은 아들로 하여금 아버지의 뜻에 순종하여 인간과 세상의 구원을 위한 구속사역을 성취하도록 도움으로써 아들과 아버지가 하나가 되도록 한다면, 요한복음에서 성령은 아들로부터 세상으로 보냄을 받아 세상을 종말론적으로 구원하고 완성함으로써 세상의 구원을 위해 파송된 아들과 하나님이 하나가 되도록 한다.

이와 같은 이유로, 성령을 아버지와 아들 사이의 일치를 가져오는 상호적 사랑 또는 끈으로 이해하는 서방교회의 전통은 경세적 차원에서 정당화될 수 있다.[52] 물론 여기서 성령은 비인격적(위격적)이거나 덜 인격적인 존재여야 할 이유가 없다. 성령은 아버지와 아들과 동일한 위격적 존재이다. 경세적 삼위일체의 차원에 있어서, 성령은 한편으로 아버지로부터 아들로 주어져서 세상의 구원을 위해 아버지로부터 세상으로 보냄을 받은 아들 예수를 아버지와 연합시키며, 다른 한편으로 아들에 의해 세상으로 보냄을 받아 세상을 종말론적으로 완성하여 아버지께 돌려드림으로써 세상의 구원을 위해 보냄을 받은 아들을 아버지와 연합시킨다. 아들로부터 세상으로 보냄을 받은 성령은 교회와 신자들 가운데 현존하면서 그리스도와의 연합을 가져오며, 그리스도 안에서 구원할 수 있는 모든 인간을 구원하고 종말론적으로 창조세계의 구원을 완성함으로써 만유 안에 충만한 하나님의 현존을 가져온다. 즉 성령은 종말론적 미래에 하나님 나라를 완성함으로써 하나님이 만유 안에 충만하게 거하시는 만유재신론적 삼위일체를 완성한다(고전 15:28).

이 종말론적 미래에 시간 속의 경세적 삼위일체는 영원한 내재적 삼위일체 안으로 통합된다. 시간이 영원 속으로, 경세적 삼위일체가 내재적 삼위일체 안으로 통합되는 종말의 때에 영원한 내재적 삼위일체의 신비가 탈은폐된다. 경세적 삼위일체를 포괄하는 내재적 삼위일체 안에서 성령은 아버지와 아들 사이의 영원한 페리코레시스적 사랑의 관계성 안에서 일치를 구현하는 사랑의 끈 또는 통일의 원리로 이해될 수 있다. 성령은 영원히 아버지로부터 나와 아들에게 주어지며 다시 아들로부터 (세상으로 보내짐으로써) 아버지에게 주어진다. 이 사랑의 끈 또는 통일의 원리로서의 성령은 인격적(위격적) 실재인 아버지와 아들에 종속적인 위격이거나 비인격적(비위격적) 실재로 간주되어야할 이유가 없으며, 성서의 증언대로 아버지와 아들과 동등

---

52) 브라켄의 삼위일체론에 있어서 성령은 아버지와 아들, 하나님과 세계를 연결시키는 역할을 한다. 그는 성령을 화이트헤드의 자기초월적 본성과 동일시한다. 하나님의 내적 삶에 있어서, 성령은 아버지로 하여금 하나님 존재의 새로운 가능성을 제공하게 하며, 아들로 하여금 아버지의 제공에 순응적으로 응답하게 한다. 즉 성령은 아버지와 아들의 교류를 위한 위격화된 조건이다. 창조세계와의 관계에 있어서, 성령은 (궁극적 현실태의 원리로서) 아버지로 하여금 모든 현실적 계기들에게 원초적 목적을 제공하도록 하고, 각각이 계기들로 히여금 (아들과 너불어) 아버지의 목적에 순응적으로 응답하게 한다. 즉 성령은 하나님과 세계의 관계의 통합을 가져온다. Joseph A. Bracken, "Panentheism from a Process Perspective," pp. 101-3.

한 한 분의 인격적(위격적) 실재로 간주되어야 한다(엡 4:4). 한 분 하나님의 통일적 본성은 세 위격의 페리코레시스적 사랑의 사귐 안에서의 친교적 연합에 있으며, 성령은 첫 번째 위격인 아버지와 두 번째 위격인 아들 사이의 상호적인 사랑의 영으로서 이 친교적 연합에 참여하면서 동시에 그 연합을 가능케 하는 세 번째 위격이다.

6. 결론

삼위일체론의 본래적 의미는 예수 그리스도와 성령에 대한 신약성서의 증언에 기초하여, 세계와의 관계성 안에서의 하나님의 초월과 내재의 변증법적 존재양식과 삶을 개념적으로 표현하는데 있다. 세계와의 관계성 안에서 아버지, 아들, 성령으로서의 삼위일체 하나님은 창조자와 창조적 섭리자, 구원자 또는 화해자, 종말론적 완성자로 나타난다. 성서가 증언하는 하나님은 사랑 안에서 세계와 인간을 창조하고 구원하고 완성하는 하나님이다.

삼위일체론의 본래적 의미가 세계와의 관계성 안에서 세계를 창조하고 구원하고 종말론적으로 완성하는 하나님의 변증법적 존재방식과 삶의 표현에 있다면, 경세적 삼위일체와 분리되거나 역설적인 이분법적 관계에 있는 내재적 삼위일체란 존재하지 않는다. 이 둘 사이의 이분법을 해결하기 위한 근본적인 대안은 헬레니즘의 이원론적 세계관과 실체론적 형이상학을 극복할 수 있는 세계관과 형이상학의 수립에 있다. 과정사상의 비이원론적 세계관과 관계론적 형이상학을 위시한 오늘날의 여러 비이원론적, 관계론적 사고의 모델들은 경세와 내재의 역설적 이분법을 넘어서는 삼위일체론의 전망을 가능케 해준다. 아울러 이 두 차원의 삼위일체를 종말론적 관점에서 통합하려는 시도도 그 둘 사이의 이분법을 극복하고 동일성을 확립하기 위한 길을 제시해 준다.

하나님의 한 본질의 통일성을 강조하는 서방교회의 심리적 삼위일체론과 세 위격의 구별을 강조하는 동방교회의 사회적 삼위일체론은 서로의 상이성을 인정하되 상이성 안의 유사성 또는 공명을 향해 대화할 필요가 있다. 실체론적, 개별자적 인격 개념이 아닌 오늘날의 상호적 관계성 안의 인격 개념은 이러한 대화를 통한 공명의 가능성을 더욱 높여주고 있다. 특히 오늘날의 지배적인 견해인 사회적 삼위일체론이 삼신론이란 비난을 받지 않으려면, 관계론적 형이상학에 기초한 인격개념이 정립되어야 한다. 탈존(脫存, ekstasis) 즉 친교적 연합(communion)을 향한 개방성으로서의 관계론적 인격 개념에 기초한 지지울라스의 사회적 삼위일체론이나, 과정사상적인 사회 개념에 기초하여 사회적 주체로서의 인격 개념을 하나님에게 적용하여 사회들(인격)의 사회(삼위)로서의 삼위일체를 말하는 브라켄의 사회적 삼위일체론은 매우 설득력이 있다.

경세적 삼위일체에 대한 성서의 증언에 비추어 볼 때, 필리오케는 적어도 부분적으로 타당하다. 부활 이전의 예수의 역사적 과정에 있어서, 예수 즉 아들은 아버지로부터 보냄을 받은 성령에 의해 아버지와 연합되며 이 연합 안에서 구속사역을 수행한다. 이 역사적 단계에서는 성령이 아버지(원초적 목적의 제공)와 아들(순종적 응답)을 연결시켜 주는 관계성의 원리라고는 할 수 있지만, 성령이 아들로부터 나온다고는 할 수 없다. 그러나 그리스도의 부활 이후 성령은 아버지와 그리스도 즉 아들로부터 세상에 보내진다. 그러나 성령의 궁극적인 원천은 아버지이다. 성령은 아들로부터 보냄을 받아 교회 안에 현존하며 세상을 종말론적으로 변혁, 완성하여 아버지께 돌려드림으로써, 삼위일체적 통일성으로서의 하나님의 존재를 종말론적으로 완성한다.

성령을 아버지와 아들의 상호적 사랑, 친교적 연합, 이 두 위격을 하나로 통일시키는 통일성의 원리 또는 관계성의 띠로 이해하는 것은 성서의 증언에 기초하여 볼 때 적절하다. 하나님의 경세적 삶에 있어서 아들로부터 보냄을 받은 성령은 종말론적으로 이 세계를 하나님과 연합시킴으로써 아들과 하나님을 연합시킨다. 그러나 이와 같은 성령 이해는 성령을 다른 두 위격에 종속적인 실재나 또는 비인격적인 실재로 이해한다는 것을 의미하지 않는다. 성령을 다른 위격들과 동등한 인격적 실재로 이해할 수 있는 성서적, 경세적 근거가 있다. 성서의 증언에 기초한 이와 같은 경세적 차원에서의 성령의 존재론적 위상과 역할은 내재적 삼위일체론의 차원에 유비적으로 적용 가능하다. 즉 이러한 경세적 삼위일체에 기초하여 우리는 하나님의 영원한 내적 삶에 있어서도 성령이 아버지와 아들을 사랑 가운데에서 연합시킨다고 말할 수 있다. 왜냐하면 하나님이 "만유의 주로서 만유 안에 계시는"(고전 15:28) 만유재신론적 비전이 완성되는 종말론적 미래에 경세적 삼위일체는 내재적 삼위일체 안으로 통합됨으로써 영원한 하나님의 본질을 구성할 것이기 때문이다.

제7장

동·서방교회의 삼위일체론과 오늘날의 관점에서의 통전적 삼위일체론

1. 서론

삼위일체론은 예수 그리스도와 성령을 통한 구원의 경험에 기초한 기독교 신앙의 형이상학이다. 예수에 대한 경배는 그를 통해 구원을 경험한 유대 기독교인들에 의해 신약성서시기에 이미 시작되었다. 초기 기독교인들의 문제는 하나님(여호와)에 대한 전통적인 신앙과 예수 그리스도에 대한 새로운 신앙을 유대교의 유일신론의 맥락 안에서 어떻게 설명하느냐 하는 것이었다. 신약성서시기의 또 다른 주목할 만한 현상은 하나님의 영이 예수의 부활 이후 그리스도의 영으로도 불리기 시작했다는 것이다. 요한복음의 선재적 로고스(말씀) 기독론은 비록 충분히 발전된 신론은 아니라고 할지라도 유일신론의 맥락 안에서 또는 그것을 넘어서 이위일체적 또는 삼위일체적 신학을 수립할 수 있는 길을 열었다. 요한복음에서 그리스도의 영으로서의 성령이 매우 두드러지게 나타나지만 아버지와 아들과의 관계에서의 성령의 위치는 신약성서의 다른 곳에서와 마찬가지로 아직 모호하다.

신약성서시기 이후의 고대교회는 신약성서의 증언에 근거하여 신학을 발전시키되 신약성서에 아직 모호하게 남아있는 문제들과 씨름해야 했다. 3세기까지 고대교회의 삼위일체론적 논의는 양태론과 종속주의 사이를 진자의 추처럼 왕복했다. 양태론자들은 아들과 성령이 한 하나님의 서로 다른 시기의 서로 다른 현현이라고 주장하면서 하나님의 통일성을 보호하고자 했다. 종속주의자들은 로고스/아들(그리고 성령)을 하나님과 세상의 중간에서 이 둘을 매개하는 중간적 존재로 이해했다. 양태론과 종속주의는 고대교회에서 3세기까지 널리 유행했는데, 이는 유대교의 군주신론적 유일신론의 영향이 아직 강력하게 남아있었기 때문이다.

니케아 공의회(325)는 아들이 아버지와 동일본질(homoousia)임을 천명함으로써 아리우스적인 종속주의를 극복하는데 성공하였다. 그러나 이 신조는 아버지와 아들이 동일한 본질(ousia) 또는 위격(hypostasis)이라고 진술함으로써(이 당시에는 이 두 단어가 동의어처럼 사용되었다), 아버지와 아들 사이의 구별을 모호하게 만들었으며, 따라서 양태론적인 관점에서 이해될 수 있는 여지를 남겼다. 이 문제는 콘스탄티노플 공의회(381)에서 해결되었다. 이 공의회에서는 본질(ousia)은 공동의 실체를 의미하는 것으로, 위격(hypostasis)은 개별적 인격을 의미하는 것으로 구별하였다. 그리하여 "한 본질(실체) 세 위격(인격)"이란 삼위일체론 명제가 수립되었다. 그러나 고대교회 이래 오늘날에 이르기까지 삼위일체론은 지속적으로 동방교회와 서방교회 사이의 신학적 논쟁의 핵심 주제가 되어왔다.

이 논문에서는 먼저 니케아 이후의 고대교회의 삼위일체론을 동방교회의 카파도키아 교부들과 서방교회의 어거스틴을 중심으로 고찰해 볼 것이다. 그 후에 바르트, 몰트만, 판넨베르그와 같은 서방교회의 개신교 신학자들과 로스키, 지지울라스와 같은 동방교회 신학자들을 중심으로 한 오늘날의 삼위일체론을 살펴볼 것이다. 마지막으로, 오늘날의 삼위일체론의 통찰들을 비판적으로 전유하여 동방교회와 서방교회 사이의 몇 가지 주요 쟁점들에 대한 대안적 관점을 제시하고자 한다.

2. 동방교회와 서방교회의 삼위일체론

(1) 동방교회의 카파도키아 교부들

가이사랴의 주교인 바실은 위격(hypostasis)을 본질(ousia)로부터 구별했던 첫 번째 사람으로 기억된다. 본질과 위격의 관계는 공통적인 것과 특수한 것의 관계와 같다. 신성의 통일성 안에서 동일본질이 보존되는 반면, 완전하고 진정한 위격들이 있다.[1] 바실은 위격의 구별과 신성의 하나 됨 또는 단일통치(monarchy)를 강조하였다. 어떤 위격도 다른 위격에게 종속되지 않는다. 그러나 여전히 아버지는 궁극적인 원리 또는 원천이다.

닛사의 그레고리도 아버지의 군주적 단일통치를 보존했다. 오직 한 원인 즉 아버지가 있다. 세 위격은 인과적 의존의 사슬의 관계에 있다. 위격들 사이에는 인과적 질서가 있다. 그러나 이 질서는 삼위일체의 하나 됨과 양립 가능하다. 왜냐하면 세 위격은 동일하게 영원하며, 상호 내주적이기 때문이다.[2] 아버지가 원인이라는 말은 하나님의 본질을 지시하는 말이 아니라 "상이한 실존방식"을 지시하는 말이다. 따라서 신적 본성(본질)의 단일성은 변하지 않고 나누어지지 않는 반면, "원인이란 관념은 삼위일체 안에 인격들의 분화를 가져온다."[3]

나지안주스의 그레고리는 단일통치가 삼위일체 전체에 속한다는 점을 강조했다. 아버지는 아들과 성령의 신성이 파생되는 첫 번째 원리가 아니다. 인과적 의존의 사슬은 없다. 단일통치, 첫 번째 원인은 하나의 신성이다. 각 위격은 그 자신이 하나님이다. 아들과 성령의 신성은 아버지로부터 파생되

---

1) Basil of Caesarea, *Letters* 214.4 (Patrologia graeca, ed. J.-P. Migne et. al. (Paris, 1857-86) 32:789, 이후 PG).
2) Gregory of Nyssa, *Against Eunomius* 1.42; 2.2; 3.4.
3) Gregory of Nyssa, *Dogmatic Treatises*, in *A Select Library of the Nicene and Post-Nicene Fathers of the Christian Church*, second series, ed. P. Schaff and H. Wace (Grand Rapids: Eerdmans, 1979), 5:336.

지 않는다. 세 위격은 서로 안에 내주한다. 아버지는 출산자와 출원자이며, 아들은 출생자이며, 성령은 출원자이다. 그러나 이것은 존재의 동일성과 본성의 동등성의 맥락 안에서의 위격들의 관계에 관한 것이다.[4]

나지안주스의 그레고리는 위격들의 구별은 하나님의 본질 밖에 자리매김하였다. 출산(아버지), 출생(아들), 출원(성령)은 한 본질의 속성이 아니라 위격들의 속성이다.[5] 위격들의 속성은 하나님의 존재를 규정하지 않는다. 아버지, 아들, 성령이란 이름은 그들 사이의 관계에 있어서의 속성들 즉 비출생, 출생, 출원을 가리킨다. 이 속성들은 한 본질에 영향을 주는 것이 아니라 그들의 관계에 영향을 준다.[6] 카파도키아 교부들 가운데, 나지안주스의 그레고리는 성령의 신성(동일본질)을 가장 분명하게 고백하였다. 그는 신화(deification)로부터 성령의 신성을 논증하였다. 구원을 받음에 있어서 우리는 하나님처럼 된다. 그러나 만일 성령이 영원으로부터 오지 않는다면, 그가 어떻게 나를 하나님처럼 되게 하고 어떻게 나를 신성과 연합시킬 수 있겠는가?[7]

카파도키아 교부들의 영향에 의해 콘스탄티노플 신조(381)는 공통된 본성으로서의 본질과 구별된 인격으로서의 위격을 구별함으로써, 아들이 아버지와 동일한 위격이라는 양태론적 견해를 거부하였다. 또한 니케아 신조와 달리 여기서는 성령이 보다 폭넓게 언급되었다. 이 신조는 성령이 아버지로부터 출원하고 아버지와 아들과 더불어 경배와 영광을 받는다고 고백함으로써 성령의 신성을 확증하였다. 카파도키아 교부들의 삼위일체론이 삼신론적 경향을 보인다는 비판은 적절치 않다고 할 수 있다. 왜냐하면 이들은 세 위격이 동일한 본질을 가지며, 혼합됨 없이 서로 안에 내주하면서 서로 안에 자신의 존재를 갖는다(페리코레시스)고 주장하기 때문이다.

---

4) Gregory of Nazianzus, *Orations* 29.2; 31.13-14; 39.12 (PG 36:76, 148-49, 348).
5) Ibid., 29.12 (PG 36:89).
6) Ibid., 31.9; 39.11-13 (PG 36:141-44, 345-49).
7) Ibid., 31.4 (PG 36:137).

(2) 서방교회의 어거스틴

어거스틴은 하나님의 본질의 통일성을 강조했으며, 이것은 서방교회의 전통적 특징이 되었다. 하나님은 세 위격으로 존재하는 한 본질이다. 동일한 본질을 가진 존재로서 세 위격은 동등하다.[8] 존재(본질)에 있어서 하나이기 때문에, 세 위격은 사역에 있어서 나누어지지 않는다. 창조는 아버지에 의해 아들을 통해 성령 안에서 이루어지는데, 이것은 분리된 세 행동이 아니다.[9]

어거스틴은 성령을 아버지와 아들을 묶는 사랑의 끈 또는 이 둘의 친교적 연합으로 이해했다.[10] 또한 그는 아버지와 아들로부터 성령의 이중적 출원을 가르쳤다. 성령은 본래적으로(principaliter) 아버지로부터 출원하며, 아들로부터도 출원한다. 아들은 아버지가 출산의 행동을 통해 그에게 준 것을 준다. 따라서 공동의 선물은 그로부터도 나오며, 성령은 아버지와 아들 모두의 영이다.[11] 어거스틴은 성령이 부모와 같이 두 원천이 아닌 한 원천으로부터 출원한다고 주장했다. 아버지는 본래적으로 성령의 유일한 기원 또는 원천이다. 그러나 아버지는 자신의 생명을 아들에게 주며, 이것은 성령의 부음을 포함한다. 따라서 성령은 영원히 아버지로부터 그리고 동시에 아들로부터 출원한다(filioque).

본질에 있어서 한 신성을 전제하고, 어거스틴은 세 위격을 관계의 관점에서 설명했다. 그는 하나님의 본질(실체)과 우유성 대신에 본질(실체)과 관계를 구별했다.[12] 하나님의 본질에 대해 말해지는 모든 것은 각 위격에 대하여

---

8) Augustine, *On the Trinity* 1.6.13; 7.3.6 (Patrologia latina, ed. J.-P. Migne et. al. (Paris, 1878-90), 42:827-28, 938-39, 이후 PL).
9) Augustine, *Tractates on John* 20, *A Select Library of the Nicene and Post-Nicene Fathers of the Christian Church*, first series, ed. P. Schaff and H. Wace (Grand Rapids: Eerdmans, 1978-79), 7:131-37 (PL 35:1556-64).
10) Augustine, *On the Trinity*, 15.17.27 (PL 42:1079-80); 15.27.50 (PL 42:1096-97).
11) Ibid., 15.26.47 (PL 42:1092-96).
12) 동방교회가 사용했던 그리스어 'hypostasis'가 라틴어로 'substantia'(substance)로 번역될 수 있었기 때문에, 어거스틴과 서방교회는 'hypostasis'보다 터툴리안이 사용했던 'persona'(persons)를 선호했다.

말해지며 삼위일체에 대하여 말하여진다, 다른 모든 것들은 상대적으로, 즉 위격들과 그들의 상호 관계들에 대하여 말해진다.13) 아버지는 아들과의 관계에서 아버지이며, 아들은 아버지와의 관계에서 아들이며, 성령은 아버지와 아들의 관계에서 성령이다. 어거스틴은 세 위격이 본질에 있어서 모두 동일하며, 아버지와 아들과 성령이 각기 홀로 세 위격 모두보다 작지 않다고 주장했다.14) 각자가 모두 안에 있고, 모두가 각자 안에 있고, 모두가 하나이다. 본질의 관점에서, 각 위격은 삼위일체 전체와 같이 크다. 그러나 관계의 관점에서, 각 위격은 각자의 독특한 속성에 따라 다르다. 즉 아버지는 출산하고 보내며, 아들은 출생하며 보냄을 받고, 성령은 아버지와 아들로부터 출원한다.

여기서 제기되는 질문은 구별된 관계의 표현으로 이해되는 위격이 자신의 고유한 위격적(hypostatic) 정체성을 지닌 진정한 위격인가 하는 것이다. 그가 인간 안에서 발견하는 삼위일체의 흔적들(기억, 이해, 의지)도 동일한 물음을 불러일으킨다. 이 흔적들은 구별된 인격적 실재가 아니라 한 정신 안의 속성 또는 활동들이기 때문에, 그의 심리적 삼위일체 유비는 양태론적이다.15) 어거스틴에게 있어서 신적 본질의 하나 됨은 두드러져 나타나는 반면, 신적 위격들의 셋 됨은 두드러져 나타나지 않는다. 라쿠냐는 어거스틴이 위격적, 사회적 관계로부터 분리된 본질에 초점을 맞춘 것은 위격이 아닌 실체로부터 출발하는 존재론으로부터 연유하며, 따라서 그의 삼위일체론적 접근은 구원의 경륜으로부터 괴리되어 있다고 지적하였다.16)

---

13) Ibid., 5.8.9-9.10 (PL 42:916-18); 5.11.12 (PL 42:918-19).
14) Ibid., 6.7.8-8.9 (PL 42:928-30).
15) 어거스틴은 이 흔적들은 불완전한 이미지임을 인정했으며, 따라서 그는 세 속성들 또는 활동들을 삼위일체 안의 세 위격들과 각기 동일시하지는 않았다.
16) Catherine Mowry LaCugna, *God for Us: The Trinity and Christian Life* (San Francisco: Harper, 1991), p. 102.

(3) 동방교회와 서방교회의 삼위일체론의 주요 차이점

라쿠냐는 어거스틴과 카파도키아 교부들의 삼위일체론의 대조적인 점을 다음과 같이 요약하였다.

> 어거스틴의 강조는 인격들의 다수성을 선행하는 신적 실체의 통일성에 있다. 만일 아버지 위격(인격)이 아니라 신적 실체가 최고의 존재론적 원리 즉 신성의 기층(基層)이자 존재하는 모든 것의 궁극적 원천이 된다면, 하나님과 모든 만물은 비인격적이 된다. 카파도키아인들의 삼위일체론의 형이상학적 혁명은 최고의 원리를 본질이 아닌 위격, 실체가 아닌 인격으로 본 것이다. 즉 비기원적인 아버지 위격이 모든 것의 기원이 되며, 심지어 아들과 영의 기원이 된다.17)

하나님의 본질의 하나 됨에서 출발하는 어거스틴의 삼위일체론은 실체적 존재론에 기초하고 있다. 여기서는 세 위격에 대한 탐구 이전에 한 본질(실체)이 전제된다. 이 실체적 존재론에 있어서, 비인격적인 실체가 인격적 관계를 선행하며, 인격적 범주는 실체적 범주에 종속된다. 인격에 선행하는 하나님의 본질로부터 출발함으로써, 어거스틴은 신성을 비인격적으로 만드는 경향이 있다. 그리고 세 위격을 선행하는 한 본질에 대한 강조와 한 본질 안에서의 상호적 관계의 관점에서의 위격에 대한 이해는 위격들 고유의 독특한 정체성에 문제를 야기하고 결국 양태론적 삼위일체론을 초래한다. 이미 언급한 바와 같이 이러한 양태론적 경향은 그의 심리적 유비에 의해 강화된다. 어거스틴 이래, 시빙교회는 성령을 아버지와 아들 사이의 사랑의 끈으로 이해했다. 동방교회는 이러한 성령 이해가 성령을 독자적 위격으로 간주하지 않고 다른 위격들에 종속시킨다고 비판한다. 또한 동방교회는 어거스틴과 서방교회의 필리오케 교리가 성령을 다른 위격들에 종속시키며 아버지

---
17) Ibid., p. 101.

와 아들을 성령의 한 원천으로 간주함으로써 그 둘의 구별을 흐린다고 비판한다.

서방교회는 가면 또는 역할을 의미하는 라틴어 'persona'를 신적 인격을 지칭하는데 사용하였다. 이것은 존재(본질)에 대한 위격의 종속을 초래했으며, 따라서 양태론적 경향은 불가피했다. 이와 달리, 카파도키아 교부들은 신적 인격을 그리스어 'hypostasis'와 동일시했는데, 그들은 이 단어를 본유적으로 관계적인 독특한 개별적 실재라는 의미로 사용하였다. 어거스틴과 달리, 그들에게는 위격이 존재(본질)에 선행한다. 따라서 카파도키아 교부들 이래로 동방교회는 존재(본질)가 아닌 위격과 더불어 시작한다. 신적 본질이 아니라 아버지 위격이 아들과 성령의 신적 존재의 기원 또는 원천이다. 또한 성령이 아니라 아버지가 삼위일체의 통일의 원리 또는 결속의 힘이다. 이것은 군주신론적 종속주의를 초래할 수 있다. 그러나 나지안주스의 그레고리는 단일통치가 삼위일체 전체에 속하며 따라서 삼위일체의 단일통치는 아버지에 의해 독점되지 않고 다른 위격들에 의해 공유된다는 점을 강조했다.

라쿠냐는 카파도키아 교부들의 신적 관계의 신학이 인격성을 존재를 구성하는 것으로 만든다고 말한다.[18] 인격이 궁극적 실재이다. 지지울라스가 지적하는 바와 같이, 카파도키아의 삼위일체론에 있어서 "어떤 사물을 존재하도록 만드는 것은 실체나 본성이 아니라 인격 또는 위격이다. 따라서 존재는 실체가 아니라 인격(위격)으로 소급된다."[19] 그러므로 비록 나지안주스의 그레고리가 삼위일체 전체의 단일통치를 강조함으로써 군주신론적 종속주의를 극복하고자 했지만, 그에게 있어서 아버지 위격은 여전히 다른 두 위격의 원천과 원인일 뿐만 아니라 하나님의 존재(본질) 또는 신성의 기원적 원리로 이해된다.

---

18) Ibid., pp. 244-45.
19) John D. Zizioulas, *Being as Communion: Studies in Personhood and the Church* (Crestwood, N.Y.: St. Vladimir's Seminary Press, 1985), p. 42.

카파도키아 교부들은 인격을 공동체적 존재로 이해했다. 그들은 인격을 '자신을 위한 존재'(being-for-itself)가 아니라 '타자를 위한, 타자로부터의 존재'(being-for and from-another)로 이해함으로써 삼위일체론의 발전에 기여하였다. 바실은 하나님의 통일성을 위격들의 친교적 연합(communion)의 관점에서 이해했다. 하나님의 존재 자체가 인격들의 친교적 연합에 의해 구성된다. 이것은 하나님의 한 본질 이전에 세 위격이 존재한다는 의미가 아니라, 상호적 관계(페리코레시스) 안에 있는 세 위격이 한 본질과 동일하다는 의미이다.

페리코레시스(perichoresis) 개념은 동방교회의 군주신론적 종속주의의 경향을 어느 정도 완화시켜준다. 다마스커스의 요한은 이 용어를 위격들의 상호적 내주, 상호성, 상호침투를 표현하기 위하여 사용했다. 이 용어는 세 위격의 친교적 연합을 의미하는데, 이 친교적 연합 안에서 각 위격은 자신의 개별적인 위격적 정체성을 유지하면서 다른 위격의 삶을 공유하며 그것에 참여한다. 삼위일체 하나님이 세 위격의 페리코레시스에 의해 구성된다는 사실은 하나님이 단자적인 실체적 주체가 아니라 친교적 연합 안에 있는 인격이라는 사실을 함축한다. 그러나 하나님의 접근 불가능한 본질과 접근 가능한 에너지에 대한 동방교회의 구분은 그 자체로서의 하나님과 계시된 하나님을 분리시킨다는 비판을 받는다.

3. 오늘날의 서방교회와 동방교회의 신학자들의 삼위일체론

고대의 동서방교회의 삼위일체론 논쟁은 오늘날의 동서방교회의 신학자들 가운데 발전된 형태로 전개되고 있다. 오늘날의 신학적 논의들에서는 이전보다 더 에큐메니칼적이고 통전적인 통찰력들이 발견된다. 여기서는 서방교회의 바르트, 볼트만, 판넨베르그, 동방교회의 로스키, 지지울라스를 중심으로 오늘날의 동서방교회의 삼위일체론을 고찰하고자 한다.

(1) 서방교회: 칼 바르트, 위르겐 몰트만, 볼프하르트 판넨베르그

칼 바르트에게 있어서 하나님의 계시는 삼위일체론의 뿌리이다. 하나님은 계시를 통해 주님으로서의 자신을 세 가지 형태로 계시하였다. 즉 주체-술어-대상, 또는 계시자-계시-계시됨이다. 계시된 하나님은 한 신적 주체의 삼중적 반복 안에 계신 하나님이다.[20] 이것은 단일 인격적(unipersonal) 양태론을 함축하는 것처럼 보인다. 바르트의 삼위일체론의 양태론적 특징은 그가 '인격(위격)'이란 단어보다 '존재방식'(Seinsweise)이란 단어를 선호하는 것에 분명히 나타난다. '존재방식'은 실존하는 존재의 양태를 지시한다.[21] 하나님은 아버지, 아들, 성령의 양태 안에서 하나이다.[22] 하나님은 세 번에 걸쳐 다른 방식으로 나타난다. 하나님이 하나님인 것은 오직 이 삼중적 상이성 안에서이다. 존재의 삼중적 양태는 속성에 의해서가 아니라 "그들이 서로 다른 기원의 관계에 있다"는 사실에 의해서 구별된다.[23]

『교회교의학』 제2권에서 바르트는 '인격'을 하나님의 셋 됨이 아니라 하나 됨에 적용한다. 여기서 그는 하나님의 주 되심을 사랑과 연결시킨다. 하나님은 자유 안에서 사랑하는 인격이다.[24] 하나님의 한 본질은 하나님이 사랑하는 주체로서의 인격적 나라는 사실에 있다.[25] 바르트는 인격성을 개별적 측면들이 아니라 삼위일체 전체에 귀속시킨다. 삼위일체는 삼중적 주체라는 의미에서의 세 인격들이 아니다. 삼위일체 안에는 오직 한 주체, 즉 한 인격성만이 존재한다.[26] 여기서 바르트의 단일 인격주의가 분명히 드러난다.

---

20) Karl Barth, *Church Dogmatics*, ed. by G. Bromiley (Edinburgh: T&T Clark, 1956–75), I/1: 350.
21) Ibid., I/1: 360.
22) Ibid., I/1: 359.
23) Ibid., I/1: 363.
24) Ibid., II/1: 275, 322.
25) Ibid., II/1: 284–85.

그러나 그는 자신이 양태론자라고 생각하지 않는다. 그는 셋의 구별을 분명히 말한다. 하나님의 한 존재는 결코 그 자체로서 생각될 수 없다. 왜냐하면 하나님은 영원히 아버지, 아들, 성령이기 때문이다. 하나님은 영원히 출산하는 아버지, 출생하는 아들, 그리고 이 둘로부터 출원하는 성령이다.[27] 바르트는 페리코레시스 개념을 받아들인다. 그에 따르면, 페리코레시스는 "삼위성 안의 통일성, 통일성 안의 삼위성"(unitas in trinitate and trinitas in unitate) 교리의 총합이다.[28] 페리코레시스 안에서 아버지, 아들, 성령은 서로 구별을 유지하면서 서로를 남김없이 포함하며 하나님의 한 존재 안에서 포함된다.

그러나 바르트는 시종일관 하나님의 한 주체성을 강조한다. 한 인격적 하나님이 자기 반복 안에서 세 가지 다른 존재양태로 계신다.[29] 그는 인격이란 단어를 하나님의 한 존재를 지시하기 위하여 사용함으로써, 하나의 절대적이고 자기 동일적인 신적 주체성을 확립하고자 한다. 그의 삼위일체적 도식(주체-술어-대상, 계시자-계시-계시 됨)에서 아버지는 자신을 계시하는 한 신적 주체로 나타난다. 몰트만은 바르트가 초기교회의 삼위일체 공식인 "한 본질(실체) 세 위격"(una substantia-tres personae)을 "세 다른 존재양태 안에 있는 한 신적 주체"로 대체하였다고 비판한다. 그는 바르트가 세 위격을 세 존재양태 또는 한 주체의 삼중적 반복으로 격하시켰다고 지적하며, 이것은 바로 사벨리우스적 양태론이라고 규정한다.[30]

바르트는 어거스틴을 따라 성령을 아버지와 아들 사이의 사랑의 끈 또는 친교적 연합으로 이해한다. 몰트만은 이러한 이해는 삼위성이 아닌 이위성

---

26) Ibid., II/1: 296-97.
27) Ibid., II/1: 615.
28) Ibid., I/1: 370-71.
29) Ibid., IV/1: 205.
30) Jürgen Moltmann, *The Trinity and the kingdom: The Doctrine of God* (London: SCM, 1991), p. 139.

을 함축한다고 본다. 만일 성령이 단지 아버지와 아들을 연결하는 사랑의 끈이라면, 삼위일체 안에 세 번째 위격은 필요가 없다. 만일 성령이 단지 분리된 것의 연합이라면 절대적 주체는 삼위라기보다는 이위이다.[31] 바르트는 또한 성서에 증언된 계시에 근거하여 어거스틴의 필리오케 교리를 지지한다. 그는 계시 안에서 성령은 아버지와 아들 모두의 영으로 나타난다고 주장한다. 영원 속의 하나님의 존재양태가 계시 안에 나타난 것과 다를 수 없기 때문에, 성령은 단지 우리를 위한 외적 사역에서 뿐만 아니라 영원히 아버지와 아들 모두의 영이다.[32]

위르겐 몰트만은 자신의 삼위일체적 사고를 십자가 신학으로부터 시작한다. 그에게 있어서, 삼위일체론은 예수의 역사 특히 십자가에 대한 신학적 해석이다.[33] 십자가는 하나님의 변증법적인 삼위일체적 삶을 계시한다. 즉 십자가는 하나님의 변증법적 과정의 반명제의 계기를 표상한다. 하나님의 변증법적 삶의 과정에서, 아버지는 반대되는 것들을 극복하기 위해서 고통당하는 사랑으로 아들 안에서 자신을 그 반대되는 것들과 동일시한다. 십자가는 고통당하는 사랑으로서의 하나님 자신의 본성을 실증한다. 하나님은 고통당하는 사랑 안에서 세상의 고통에 참여하며 그렇게 함으로써 그것을 극복한다.

몰트만은 삼위일체 하나님을 한 주체로서의 주님으로 보는 바르트의 견해를 거부한다. 그는 사회적 삼위일체론을 전개한다. 그는 삼위일체 하나님은 세 신적 주체(위격)들 간의 영원한 페리코레시스적 관계에 의해 구성된다고 주장한다. 따라서 하나님의 통일성은 삼위일체적인 상호성의 친교 안에

---

31) Ibid., p. 142.
32) Barth, *Church Dogmatics* I/1: 479.
33) 그는 십자가를 예수와 아버지 사이의 사건으로 이해하며 따라서 삼위일체적 관점에서 해석한다. 십자가에서 아들은 죽음의 고통을 당하고 아버지는 아들의 죽음의 고통을 경험한다. 아들의 아버지 없음은 아버지의 아들 없음과 일치한다. 하나님은 아들의 죽음에서 아버지 됨의 죽음을 경험한다. Jürgen Moltmann, *The Crucified God: The Cross of Christ as the Foundation and Criticism of Christian Theology* (Minneapolis: Fortress Press, 1993), p. 243.

존재하는 위격들의 통일성이다. 이 삼위일체적 친교에 있어서, 성령은 아버지와 아들과 나란히 독립적인 주체이다.34) 몰트만은 필리오케 문제와 관련하여 동방교회와 서방교회를 중재하고자 한다. 그는 예수가 성령에 의해 잉태되고 세례를 받았다는 사실을 주목한다. 이것은 성령이 아들을 선행함을 보여준다. 그는 성령이 아버지로부터 출원한다는 입장을 견지하지만, 이것이 아들의 참여 없이는 일어나지 않는다고 주장한다. 아버지는 오직 아들과의 관계에서만 즉 아들의 영원한 출생에 있어서만 아버지이다. 따라서 그는 "아들의 아버지로부터 성령의 출원"이라는 표현을 제안한다.35)

몰트만은 페리코레시스 개념을 세상으로 확장한다. 하나님의 삼위일체적 친교는 세계를 향하여 열려있다. 즉 삼위일체적 친교는 세상을 자신 안에 포함하며, 하나님의 역사와 세상의 역사는 상호 연결되어 있다. 하나님은 세상에 영향을 줄 뿐만 아니라 세상에 의해 영향을 받는다. 하나님은 사랑이기 때문에 그리고 고통당하지 않는 사랑은 없기 때문에 하나님은 고통을 당한다. 경세적 삼위일체는 단순히 내재적 삼위일체를 계시할 뿐만 아니라 소급하여 그것을 결정한다.36) 이와 같은 몰트만의 삼위일체 신학은 만유재신론적이다. 만유재신론에 있어서, 하나님은 세상 안에 계시며 세상은 하나님 안에 있다. 모든 것이 하나님은 아니다. 그러나 하나님은 모든 것이다.37) 삼위일체적 삶의 궁극적 목표는 만유를 하나님과 연합시키는 것이다. 이것이 만유재신론적 비전의 종말론적 완성이다.

삼위일체를 한 신적 주체가 아니라 세 독립된 주체들의 친교적 연합으로 이해하는 몰트만의 삼위일체론은 종종 삼신론적이라는 비난을 불러일으킨다. 그러나 셋 됨을 한 군주적 신적 주체가 자신을 반복하거나 자신과 관계하

---

34) Jürgen Moltmann, *God in Creation: A New Theology of Creation and the Spirit of God* (San Francisco: HarperSanFrancisco, 1991), p. 97.
35) Moltmann, *The Trinity and the Kingdom,* pp. 182-85.
36) Ibid., pp. 160-61.
37) Moltmann, *God in Creation,* pp. 13, 102-3.

는 세 양태로 환원되는 것을 막고자 했던 몰트만의 의도는 기본적으로 정당하다.

볼프하르트 판넨베르그는 세 위격을 한 신적 본질부터 파생된 것으로 간주하는 어거스틴적 삼위일체론을 양태론적 또는 종속주의적인 것으로 규정한다.38) 한 신적 본질로부터 출발하는 대신, 그는 예수 그리스도와 성령 안에서의 하나님의 역사적 계시 안에 드러난 하나님의 다수성으로부터 출발한다. 삼위일체 안의 관계는 단지 한 신적 주체의 상이한 존재양태가 아니라 분리된 행동 중심들의 생동적 구현이다. 다른 한편, 그는 아버지를 유일한 신성의 주체 또는 원천으로 그리고 아들과 성령의 신성을 파생적인 것으로 만드는 동방교회의 견해는 종속주의에 빠진다고 비판한다. 아버지의 군주적 통치 대신 그는 위격들 사이의 상호적이고 자기 구별적인 관계를 강조한다.

판넨베르그는 삼위일체의 관계가 기원의 관계 즉 출생과 출원의 관계로 환원될 수 없다고 주장한다. 하나님의 계시는 위격들의 상호적인 자기 구별을 드러낸다.39) 아버지는 자신의 주권을 아들에게 넘겨주며 아들은 하나님 나라가 완성되는 마지막 날에 그것을 다시 아버지께 돌려드린다(고전 15:28). 아버지의 독특한 신성은 아들의 사명 수행의 성공에 달려있다.40) 예수는 자신을 아버지의 의지에 복종시키고 아버지를 영화롭게 함으로써 자신이 하나님의 아들임을 입증한다.41) 아들의 독특한 신성은 아버지께 자신을 복종시키고 주권을 다시 아버지께 돌려드리는 데 있다. 이 넘겨줌과 돌려드림에 출산과 출생에서는 찾아볼 수 없는 상호적 관계가 있다.42) 성령은 단지 내쉬어지는 것이 아니라 아들을 충만하게 하고 그가 아버지께 순종함에 있

---

38) Wolfhart Pannenberg, *Systematic Theology*, trans. G. W. Bromiley (Grand Rapids: Eerdmans, 1991), 1:298.
39) Ibid., 1:308-10.
40) Ibid., 2:391.
41) Ibid., 1:310.
42) Ibid., 1:312-13.

어서 그를 영화롭게 하며, 그렇게 함으로써 아버지를 영화롭게 한다.[43] 성령은 우리로 하여금 아들을 주로 인식하고 고백하도록 가르침으로써 자신의 독특한 신성을 보여준다. 판넨베르그는 필리오케 교리를 거부한다. 왜냐하면 이 교리는 기원의 관계에 의존하며, 위격들의 상호적 관계를 제대로 드러내지 못하기 때문이다.[44]

판넨베르그는 어거스틴이 위격의 상호적 관계를 신적 본질의 분화되지 않은 통일성 안에 각 위격이 동일하게 참여하는 것으로 환원시킨다고 비판하며, 카파도키아 교부들은 아버지를 신성의 원천으로 간주하고 아들과 성령에게 존재론적 열등성을 귀속시킨다고 비판한다. 그는 아버지는 카파도키아 교부들이 오직 아들의 관점에서만 신성의 원천이라고 말했어야 한다고 주장한다.[45] 그러나 아버지의 군주성을 전적으로 거부하는 몰트만과는 달리, 그는 세 위격의 자기 구별을 구성하는 상호적 관계가 아버지의 군주성과 양립 가능하다고 주장한다. 아버지의 군주성은 아들과 성령의 사역을 통해 수립된다. 존재론적으로 열등하거나 종속되지 않고 아버지에게 자신을 복종시키는 아들은 아버지의 군주성의 영원한 자리이다. "아버지의 군주성은 세 위격의 공동의 활동의 전제가 아니라 그 결과이다."[46]

판넨베르그에 있어서, 위격들은 어거스틴의 주장처럼 신적 본질로부터 파생되는 것도 아니고 카파도키아 교부들의 주장처럼 아버지로부터 파생되는 것도 아니다. 어거스틴에게는 신적 본질이 우선적이고 카파도키아 교부들에게는 아버지가 우선적인 것과 달리, 판넨베르그에게는 세 위격이 우선적이다. 신적 본질은 관계에 선행하는 것이 아니라 관계와 함께 묶여있다. 신적 본질의 통일성은 상호적 관계 속에서 서로 자기 구별적인 아버지, 아들, 성령의 통일성 안에서 표현된다.[47] "세 위격은 그 자신들과 다른 그 무엇으

---

43) Ibid., 1:320.
44) Ibid., 1:318.
45) Ibid., 1:322-23.
46) Ibid., 1:325. 신약성서에서 하나님은 거의 예외 없이 아버지를 가리킨다.

로부터 발생하지 않는다. 본질의 통일성은 오직 그들의 구체적인 삶의 관계 안에서만 발견될 수 있다."[48]

판넨베르그는 신적 본질을 사랑으로 이해한다. 사랑으로서의 신적 실재는 위격적 구별과 위격들의 통일성 둘 다의 근거이다.[49] 위격들은 상호적 관계에 의해서 구성되며 위격들의 정체성은 그들 간의 사랑의 관계에 의해 정의된다. 사랑으로서의 신적 본질은 오직 세 주체들의 상호적 관계 안에서만 구현된다. 이 셋 뒤에 놓여있는 신적 존재(본질)는 없다. 왜냐하면 존재는 오직 위격 안에서만 존재하기 때문이다. 하나님은 세 위격과 동떨어져서 존재하지 않는다. 세 위격은 세 주체로서 페리코레시스적 사랑의 친교적 연합 안에 있다. 신적 본질은 통일성이며 동시에 관계성, 통일성의 한 가운데 있는 관계성으로서의 삼중적 주체이다.[50] 세 주체로서, 인격들은 완전한 친교적 연합 안에서 상호 침투적이며 완전히 상호 내재적이다. 따라서 우리는 한 하나님과 세 주체(I)를 말할 수 있다. 각각의 주체는 결코 타자 너머에서 자신을 주장하지 않고, 오직 타자 안에서 자신을 발견한다. "타자를 위한 이러한 각 위격의 자기망각 안에서 완전한 사랑이 현시되며, 오직 이것만이 개인주의와 대립되는 통일성을 가능하게 한다."[51]

몰트만처럼 판넨베르그도 하나님과 세상의 상호적 관계성을 강조한다. 세상을 창조하고 아들과 성령을 세상에 보냄에 있어서, 하나님은 자신을 역사의 과정에 의존하도록 만들었다.[52] 그러나 이것은 신적 존재가 역사에 의해 생성된다는 것을 의미하지는 않는다. 그는 영원 속의 내재적 삼위일체로부터 말미암는 미래의 존재론적 우위를 주장한다. 종말론적 완성의 때는 삼

---

47) Ibid., 1:334.
48) Ibid., 1:335.
49) Ibid., 1:428, 432.
50) Ibid., 1:258-60.
51) Ibid., 1:264.
52) Ibid., 1:296, 329.

위일체 하나님이 언제나 영원 속의 참된 하나님임을 결정하는 지점이다.[53] 하나님 나라의 종말론적 완성의 때에 경세적 삼위일체로서의 하나님은 온전히 성취되고 내재적 삼위일체와 동일시되며 그 안으로 통합된다.

(2) 동방교회: 블라디미르 로스키, 존 지지울라스

블라디미르 로스키에게 있어서 하나님의 본질은 알 수 없으며 하나님의 계시를 초월하기 때문에, 그는 하나님과의 관계에서 부정적(apophatic) 접근방식을 취한다. 하나님은 모든 긍정과 부정을 초월한다. 그의 부정적 접근방식에 따르면, 하나님에 대한 지식은 지적인 것이 아니라 신비적인 것이다.[54] 로스키의 삼위일체론에 있어서 세 위격도 통일성도 서로 다른 것보다 먼저 오지 않는다. 왜냐하면 하나님은 "본성에 있어서 절대적으로 하나이며, 위격에 있어서 절대적으로 셋"이기 때문이다.[55] 셋의 본질적 동일성과 그들의 위격적 다양성은 똑같이 궁극적이다.

로스키는 하나님 안에서 한 본성(본질)과 세 위격과 에너지를 구별하였다. 하나님은 본질과 위격에 있어서 접근 불가능하고, 인식 불가능하며, 전달 불가능하며, 에너지에 있어서 접근 가능하고, 인식 가능하며, 전달 가능하다. 에너지는 삼위일체의 외적 현현이다.[56] 하나님의 본성은 에너지를 통해 자신을 우리에게 전달한다.[57] 아들과 성령은 위격적 행렬인 반면, 에너지는 본성적 행렬이다. 에너지 안에서 하나님은 자신으로부터 나오며, 자신을 현시하고 전달하고 준다. 하나님은 세 위격에게 공통된 자신의 에너지(은혜)를 따라 우리 안에 거하신다. 우리와 하나님의 연합 즉 신화(벧후 1:4)는 하나

---

53) Ibid., 1:331.
54) Vladimir Lossky, *The Mystical Theology of the Eastern Church* (London: James Clarke & Co, 1957), 7ff.
55) Ibid., p. 88.
56) Ibid., p. 80.
57) Ibid., p. 70.

님의 본질이나 위격이 아니라 에너지 안에서 가능하다.[58]

로스키는 성령이 아버지와 아들 사이 또는 그리스도와 교회 사이의 사랑의 끈이라는 사고를 거부한다. 왜냐하면 이러한 사고는 성령을 다른 두 위격에 대하여 이차적인 것으로 만들기 때문이다.[59] 사랑은 성령의 위격에만 있는 독특한 속성이 아니라 세 위격 모두의 공통된 속성이며, 신적 본질의 속성이다. 성령은 단지 연합의 힘이 아니라 독립적인 신적 위격이다. 로스키는 세 위격적 실존 자체(내재적 차원)와 본질의 외부(경세적 차원)를 구별한다. 위격적 실존에 있어서 성령은 아버지로부터만 출원하는 반면, 현현의 질서에 있어서는 아버지로부터 아들을 통하여 출원한다.[60] 내적 삼위일체의 차원에서 위격들은 아버지로부터만 나온다. 경륜적 현현의 차원에서는 질서(taxis)가 있다. 즉 모든 에너지는 아버지로부터 나오며 아들 안에서(아들을 통하여) 표현되며, 성령 안에서 나아간다.[61] 이러한 견해에서는 경세적 차원에서의 하나님의 계시가 영원 속의 하나님과 반드시 일치하지 않는다.

로스키는 아버지의 군주성을 고수한다. 아버지는 신성의 원리와 원천이다. 위격들은 신적 본질로부터가 아니라 아버지의 위격으로부터 기원한다.[62] 그는 서방교회가 비인격적 신적 본질을 옹호하고 아버지의 군주성을 훼손한다고 비판한다. "서방교회는 삼위일체의 통일성을 공동의 본질에 정초함으로써 위격을 약화시키고 위격을 본질의 통일성 안의 관계로 변형하였다."[63] 그러나 알 수 없는 신적 본질 및 위격과 알 수 있는 에너지에 대한 로스키의 구별은 문제가 있다. 왜냐하면 이러한 구별은 하나님의 통일성을 파

---

58) 로스키는 우리의 신화를 위한 성령의 사역을 강조한다. 그는 서방교회가 우리의 구원을 위한 그리스도의 구속사역에 일방적으로 초점을 맞춘 나머지 성령의 사역을 약화시켰다고 비판한다. Vladimir Lossky, *In the Image and Likeness of God*, ed. John H. Erickson and Thomas E. Bird (Crestwood, N.Y.: St. Vladimir's Seminary Press, 1974), pp. 98-100.
59) Lossky, *The Mystical Theology of the Eastern Church*, 244.
60) Lossky, *In the Image and Likeness of God*, 93ff.
61) Ibid., pp. 91-94.
62) Ibid., 81ff.; Lossky, *Mystical Theology*, 58ff.
63) Lossky, *Mystical Theology*, p. 58.

괴할 뿐만 아니라 위격으로서의 아들과 성령의 경세적 차원에서의 구원론적 기능을 약화시키기 때문이다.

존 지지울라스의 삼위일체론은 친교적 연합으로서의 존재를 말하는 존재론에 기초한다. 존재는 단일체(unit)가 아니라 통일체(unity)이며, 연합(union)이 아니라 친교적 연합(communion)이다. 존재 안에는 참된 통일성과 더불어 진정한 다양성이 있다. 지지울라스는 친교적 연합으로서의 존재를 인격성의 관점에서 이해한다. 인격은 친교적 연합으로서의 존재를 구성한다. 그것은 "궁극적 의미에서의 존재론적 개념"이다.[64] 인격은 고정된 실체처럼 그 자체로 인식될 수 없으며, 오직 타자와의 관계에서만 인식될 수 있다. 인격은 다른 인격들과의 관계 안으로 들어감으로써만, 그리고 그것들을 통해 그것들 안에서 살아감으로써만 진정한 인격이 된다. "인격성은 존재의 개방성을 함축한다. 한 걸음 더 나아가서, 인격성은 존재의 탈자아(ek-stasis), 즉 자아의 경계의 초월과 자유로 인도하는 친교적 연합을 향한 운동을 함축한다."[65]

지지울라스의 삼위일체론에서 존재론적 우선성은 실체가 아닌 위격(인격)에 주어진다. 그는 위격들에 공통된 실체가 아니라 위격으로부터 출발한다. 하나님의 존재는 위격에 의해 구성되며, 위격과 동일시된다. 하나님은 위격 위에 정립되어 있는 추상적 구조가 아니다. 하나님은 무엇보다도 위격적(인격적)이다. 지지울라스는 위격(인격)으로서의 아버지가 신적 존재의 유일한 원천이라고 주장한다. "위격(hypostasis)과 동일시되는 인격이 이차적이 아닌 궁극적인 관념이기 때문에, 신적 실존의 원천은 실체가 아닌 인격이어야 한다. 따리시… 하나님의 존재의 원인은 아버지이다."[66] 신적 존재

---

[64] John Zizioulas, "The Doctrine of the Holy Trinity: The Significance of the Cappadocian Contribution," in *Trinitarian Theology Today Essays on Divine Being and Act*, edited by Christoph Schwobel (Edinburgh: T&T Clark, 1995), p. 56.

[65] John D. Zizioulas, "Human Capacity and Human Incapacity: A Theological Exploration of Personhood," *Scottish Journal of Theology* 28 (1975): 408.

[66] John Zizioulas, "The Teaching of the 2nd Ecumenical Council on the Holy Spirit in Historical and

의 원천으로서, 아버지는 또한 신성의 통일성의 원리이다. 하나님의 하나 됨 또는 통일성은 세 위격 모두에게 공통된 실체에 의한 것이 아니라 아버지의 군주성에 의한 것이다. 아버지는 실체적, 구조적, 또는 그 어떤 다른 필연성에도 속박되지 아니하고 자유롭게 아들을 출산하며 성령을 보낸다. 따라서 다른 두 위격은 자신들의 기원을 아버지에게서 발견하며, 아버지와의 관계의 관점에서 정의된다.

지지울라스는 아버지의 군주성을 전제하고 페리코레시스적 관계 안에서의 위격들의 친교적 연합을 말한다. 페리코레시스적 관계 안에서 각 위격은 다른 위격과 구별되면서 동시에 연합한다. 지지울라스의 관계적 존재론에 있어서, 타자성은 위격의 정체성의 기초로 이해된다. 타자성은 도덕적 또는 심리적 개념이 아니라 위격의 존엄성을 정초하는 존재론적 개념이다.[67] 삼위일체의 각 위격은 속성의 차이에 의해 구별되지 않고 그의 존재됨에 대한 단순한 확인에 의해 구별된다. 친교적 연합은 타자성을 위태롭게 하지 않고 오히려 발생시킨다. 타자성은 통일성에 뒤따르는 결과가 아니라 통일성을 구성하는 요인이다.[68]

지지울라스에 의하면, 위격에 존재론적 우선성을 부여하는 것은 위격들의 공통된 본질을 부인하는 것을 의미하지는 않는다. 그러나 그것은 오직 독특성을 지닌 진정한 위격으로서의 아버지, 아들, 성령을 인정함으로써만 그들의 공동의 본질로 옮겨갈 수 있다는 것을 의미한다. 그리고 하나님 안에는 사랑 이외의 다른 본질은 존재하지 않는다. 사랑은 참다운 존재론을 구현하는 이상적 관계이다. 삼위일체 안에서, 인격은 오직 페리코레시스적인 사랑

Ecumenical Perspective," in *Credo in Spiritum Sanctum*, edited by J. S. Martins (Rome: Libreria Editrice Vaticana, 1983), 1:37.

67) John D. Zizioulas, "On Being A Person: Towards on Ontology of Personhood," in *Persons, Divine and Human: King's Theological Essays in Theological Anthropology*, Christoph Schwobel and Colin E. Gunton, eds. (Edinburgh: T&T Clark, 1992), p. 35.

68) John D. Zizioulas, "Communion and Otherness," *St. Vladimir's Theological Quarterly* 28 (1994): 353.

의 관계 안에서만 이해될 수 있다. 사랑은 친교적 연합으로서의 하나님의 존재양태를 만드는 것이다.

지지울라스의 삼위일체론의 문제점은 아버지 위격이 다른 위격들의 원천일 뿐만 아니라 신적 존재 자체의 원천이라고 주장하는데 있다. 이와 같은 가부장적 군주신론이 어떻게 페리코레시스적 관계 안에 있는 위격들의 동등성과 조화될 수 있는지 분명치 않다.

4. 결론: 오늘날의 관점에서의 통전적 삼위일체론

신적 본질의 통일성과 함께 출발하는 서방교회의 삼위일체론에 있어서, 비인격적 본질이 위격보다 앞서며, 위격은 한 본질로부터 파생되는 상대적 속성이나 관계로 격하된다. 또한 서방교회의 사랑의 끈으로서의 성령 이해는 성령을 종속적 위격으로 만들거나 위격(인격) 이하의 존재로 만든다고 비판을 받아왔다. 이와 대조적으로, 동방교회는 본질이 아닌 위격으로부터 출발하며 생동적인 인격적 관계를 강조한다. 그리고 티모시 웨어가 지적한 바와 같이, 여기서는 아버지가 삼위일체 안의 존재의 유일한 원천이 되며, 신성 전체를 위한 통일성의 원리 또는 근거를 구성한다.69) 본질과 에너지 사이의 동방교회의 이분법적 구별은 역사 속의 계시로부터 독립된 내적 삼위일체적 차원을 전제하며 따라서 하나님의 신실성에 관한 의문을 불러일으킨다. 왜냐하면 여기서 하나님의 존재는 하나님의 행동과 분리되기 때문이다.

결론으로, 나는 오늘날의 신학자들의 통찰력을 전유하여 서방교회와 동방교회의 갈등을 극복할 수 있는 통전적 견해를 몇 가지 주제들을 중심으로 제시하고자 한다.70)

---

69) Timothy Ware, *The Orthodox Church* (London: Penguin Books, 1993), pp. 214-15.
70) 1991년에 정교회와 개혁교회(세계개혁교회연맹)가 삼위일체론에 관한 합의문을 채택하였다. 합의문은 다음의 내용을 포함한다. 세 위격 모두의 동일본질, 그들의 완전한 상호내주(페리코레시스), 하

(1) 동일본질

하나님은 하나님 자신의 계시를 통해 알려진다. 하나님의 영원한 존재는 하나님의 역사적 행동을 통해 계시된다. 하나님은 자신을 예수 그리스도와 성령 안에서 계시한다. 예수 그리스도와 성령 안에서 하나님의 내적 존재가 탈은폐된다. 신약성서시기에 시작된 주 예수 그리스도에 대한 경배는 예수 그리스도가 그 자신을 통해 계시된 하나님과 동일하다는 기독교인들의 신앙을 반영한다. 니케아 신조의 '동일본질'은 이러한 동일시의 최종적 귀결이었다. 토마스 토렌스가 말한 바와 같이, 동일본질은 "자신의 초월적 존재의 내적 관계 안에 계신 하나님은 인간을 향한 시간과 공간 안에서의 계시적 구원의 행동 안에서의 바로 그 아버지, 아들, 성령이다"[71]라는 것을 표현한다. 따라서 하나님은 본유적으로 삼위일체적이다. 그러나 이것은 후에 생겨난 내재적 삼위일체와 경세적 삼위일체의 구별과는 별 관계가 없다. 본래적으로 이것은 예수 그리스도 안에서의 하나님의 구원의 행동이 하나님의 본유적 존재를 계시하고 또한 그와 동일하다는 신앙고백을 표현하기 위한 것이었다.

삼위일체 안에서 세 위격은 본질적으로 동일하다. 한 동일한 신적 존재가 세 위격에 의해 공유된다는 서방교회의 표현과 세 위격이 한 동일한 존재를 구성한다는 동방교회의 표현은 서로 모순될 이유가 전혀 없다. 왜냐하면 두 표현은 같은 사실을 서로 반대방향에서 표현하는 것이기 때문이다. 동일본

나님의 한 존재와 세 위격의 동등한 궁극성, 비인격적 신적 본질의 거부와 생동적이고 역동적이고 인격적인 하나님의 존재의 인식, 위격들의 질서와 관계성, 그리고 삼위일체 전체의 단일통치. 성령의 출원은 한 신적 본질 안의 세 위격의 완전한 동일본질적, 페리코레시스적 관계의 빛 안에서 이해된다. 따라서 성령은 아버지와 아들로부터 불가분리적으로 하나님의 존재로부터 출원된다. "Agreed Statement on the Holy Trinity Between the Orthodox Church and the World Alliance of Reformed Churches," *Touchstone* 5, no. 1 (winter 1992); 22-23. For commentary, see Thomas F. Torrance, *Trininitarian Perspectives: Toward Doctrinal Agreement* (Edinburgh: T&T Clark, 1994), pp. 110-43.

[71] Thomas F. Torrance, *The Trinitarian Faith: The Evangelical Theology of the Ancient Catholic Church* (Edinburgh: T&T Clark, 1988), p. 130.

질은 아들과 성령의 신적 존재(본질)가 아버지로부터 파생되는 것이 아님을 함축한다. 나지안주스의 그레고리는 이 점을 분명히 했는데, 그는 기원의 관계(출생과 출원)가 세 위격의 관계를 지시하는 것이지 하나님의 존재(본질)를 지시하는 것이 아니라고 말했다. 따라서 종속주의는 용납되지 않는다.

(2) 페리코레시스적 관계 안에서 하나님의 한 존재와 세 위격

하나님이 한 존재라는 명제로부터 시작하여 어떻게 하나님이 세 위격으로 존재하는지를 설명하고자 하는 서방교회의 접근과 하나님이 세 위격이라는 명제로부터 시작하여 어떻게 하나님이 한 존재인지를 설명하고자 하는 동방교회의 접근은 성서 해석학적 관점에서 똑같이 타당하다. 우리가 구약성서(출 20:3)로부터 출발할 때 하나님의 하나 됨이 전제되며, 신약성서로부터 출발할 때, 하나님의 구원행동 안에 나타난 셋 됨이 전제된다. 이 두 해석적 접근은 순환적이다. 신약성서의 증언에 기초한 기독교 신앙은 예수 그리스도와 성령에 의해 주어진 구원의 경험으로 출발하지 않을 수 없다. 그러나 기독교인은 이미 구약성서로부터 전승된 유일신관을 전제하고 있다. 따라서 신학의 과제는 기독교적 구원의 경험을 구약성서로부터 전승된 유일신론의 맥락에서 설명하는데 있다.

삼위일체 하나님 안에서, 세 위격은 하나님의 한 존재와 동일하다. 하나님의 한 존재는 어떤 추상적인 본질이 아니라, "친교적 연합으로 구성되는 인격적 '나 됨'(I am)이다."[72] 하나님은 위격들의 친교적 연합으로서 완전한 인격적 존재이다. 인격(위격)은 타자와의 관계 안에서의 존재이다. 신적 존재(본질)는 관계에 선행하지 않고 관계와 밀접하게 연결되어 있다. 판넨베르그가 말한 바와 같이, 신적 본질의 통일성은 상호적 관계 안에서 서로 자기

---

72) Thomas F. Torrance, *The Christian Doctrine of God: One Being, Three Persons* (Edinburgh: T & T Clark, 1996), pp. 102-4.

구별적인 아버지, 아들, 성령의 통일성 안에서 표현된다.[73] 하나님은 세 위격의 친교적 연합 안에 존재하는 한 인격적 존재이다. 따라서 "세 위격이 공유하는 한 신적 존재가 존재하는가, 아니면 관계 안에 있는 세 위격이 한 신적 존재를 구성하는가?"하는 질문은 잘못된 양자택일을 요구하는 것이다. 세 위격의 관계에 선행하는 하나님의 본질이 전제되지 않고, 또한 관계에 선행하는 각 위격의 특수한 정체성이 전제되지 않는다면, 이 두 가지는 동일한 것이다.

존재-관계론적(onto-relational) 위격(인격) 개념을 처음 수립한 사람은 나지안주스의 그레고리이다.[74] 그리고 다마스커스의 요한은 페리코레시스 개념으로 세 위격의 상호 내주와 상호침투 안에 있는 하나님의 한 존재를 확증하였다. 페리코레시스는 파생적이지 않은 자존적 하나님(autotheos)으로서의 세 위격의 완전한 동등성을 함축한다. 페리코레시스는 삼위일체 안에서의 그 어떤 종속주의도 배제한다. 아들과 성령은 아버지로부터 자신들의 신성을 부여받지 않는다. 아버지가 위격적 차원에서 아들을 출산하고 성령을 출원시키며 따라서 이들의 원천 또는 원인이 됨에도 불구하고, 아버지의 군주성은 신성에 있어서의 우선성이나 우월성을 의미하지 않는다. 군주성(단일통치)은 단지 아버지만이 아니라 삼위일체 전체에 속한다. 삼위일체 하나님의 내적 삶에 있어서, 각 위격은 사랑의 페리코레시스 안에서 자신을 인식하고 현실화시킨다. 각 위격은 자신을 위해서는 아무것도 고수하지 않으며, 타자를 위하여 모든 것을 내어준다. 이것은 완전하고 무한한 사랑의 페리코레시스이다.

세 위격에 선행하는 한 신적 본질이 존재하지 않는다는 말은 세 신적 주체가 있다는 것을 의미하는가? 세 위격의 자기 구별적 관계의 관점에서 말하자면, 연합 안에 있는 세 주체가 있다고 말할 수 있다. 그러나 위격의 통일

---

73) Pannenberg, *Systematic Theology*, 1:334.
74) Torrance, *The Christian Doctrine of God*, p. 157.

의 관점에서 말하자면, 신적 주체는 하나이다. 그러나 페리코레시스적 관계 안에서 궁극적으로 하나님은 우리의 경험 안에서의 하나와 셋의 숫자 개념을 초월한다. 페리코레시스 안의 삼위일체 하나님은 양태론적 하나도 아니고 삼신론적 셋도 아니다. 페리코레시스적 관계 안에서 각 위격은 단지 삼위일체의 부분이 아니라 삼위일체 전체를 대표한다. 삼위일체의 각 위격이 완전한 하나님이다. 각 위격이 전체 하나님이고 전체 하나님이 각 위격 안에 있다.[75]

(3) 세 위격의 정체성과 질서, 필리오케(Filioque)와 스피리투케(Spirituque)

위격들 사이의 페리코레시스적 관계는 각 위격의 독특한 정체성을 약화시키지 않는다. 오히려 세 위격 사이의 특수한 관계양태는 각각의 독특한 정체성을 구성한다. 위격들은 서로간의 자기 구별적 관계 안에서 아버지, 아들, 성령으로서의 자신의 고유한 정체성을 구성한다. 아버지는 아들을 출산하고, 아들은 아버지로부터 출생한다. 아버지는 성령을 출원시키고, 성령은 아들의 아버지로부터 출원한다. 이 기원의 관계는 페리코레시스와 양립불가능하지 않다. 반대로 페리코레시스는 기원의 관계를 전제한다. 그러나 기원의 관계는 보다 상호적인 관계에 의해 보완되어야 한다. 판넨베르그가 말한 바와 같이, 아버지는 자신의 주권을 아들에게 넘겨주었기 때문에 그의 위격적 정체성은 아들에게 의존한다. 아들 자신의 고유한 위격적 정체성은 아버

---

75) 조셉 브라켄은 어떻게 이것이 가능한지 이해할 수 있는 길을 제공해준다. 그는 신적 위격을 "구조화된 활동의 장으로서의 무한한 사회"이란 과정사상적 개념으로 설명한다. 구조화된 활동의 장인 무한한 사회로서의 각 위격은 자체의 무한성으로 인하여 동일한 장을 공유하기 때문에, 각 위격은 자신의 고유한 정체성과 독특한 활동을 유지하면서 전체 하나님을 대표한다. Joseph A. Bracken, S. J. "Panentheism from a Process Perspective," *Trinity in Process: A Relational Theology of God*, Joseph A. Bracken, S. J. and Marjorie Hewitt Suchocki, eds. (New York: Continnum, 2005), pp. 95-109.

지에게 자신을 복종시키고 주권을 다시 아버지에게 돌려드리는데 있다. 성령 자신의 정체성은 아들의 사명을 완성함으로써 아버지를 영화롭게 하는데 있다.

세 위격의 자기 구별적 상호 관계 안에서 세 위격 간에 질서가 존재한다. 이 질서는 '아버지로부터, 아들을 통해, 성령에 의해서'라는 도식으로 표현된다. 아버지가 첫 번째이다. 한편, 구약성서뿐만 아니라 신약성서에서도 아버지란 이름은 종종 신성 전체를 지시한다. 다른 한편, 삼위일체 안에서 아버지 위격은 아들과 성령의 원천 또는 원인이다. 단일통치(monarchy)는 아버지에게만 속하지 않고 삼위일체 전체에 속한다. 그러나 이것은 아버지의 군주성을 폐기하지는 않는다. 판넨베르그가 말한 바와 같이, 아버지의 군주성은 자신들을 아버지에게 복종시키고 아버지를 영화롭게 하는 (그러나 존재론적으로 열등하거나 종속적이지 않은) 아들과 성령의 사역을 통해 수립된다.

그러나 세 위격 간의 질서는 고정되어 있지 않고 다양한 패턴으로 표현된다. 우리의 구원의 경험에 기초한 구원론적, 종말론적 관점에서 볼 때, 삼위의 질서는 '성령으로부터 아들을 통해 아버지에게'로 나타난다. 엘리자벳 존슨은 우리가 먼저 사랑(세 번째 위격, 성령)에 의해 접촉되고, 사랑의 결정적 현현으로 인도되며(두 번째 위격, 아들), 최종적으로 최초의 신비의 원천(첫 번째 위격, 아버지)으로 나아간다고 말한다.[76] 따라서 구원의 역사 속에서의 경세적 삼위일체의 질서는 '성령으로부터 아들을 통해 아버지에게'로 나타난다.

신약성서에서 아들과 성령의 관계는 일방적, 직선적이 아닌 쌍방적, 상호적인 관계로 나타난다. 예수는 성령에 의해 잉태되었으며, 예수의 세례 시에 성령이 아버지로부터 임하였다. 이것은 성령이 예수를 선행함을 보여준

---

76) Elizabeth Johnson, *She Who is: the Mystery of God in a Feminist Theological Perspective* (New York: Crossroad, 1992), pp. 122-23.

다. 십자가를 앞두고 예수는 제자들에게 이렇게 말씀했다. "내가 아버지께로부터 너희에게 보낼 보혜사 곧 아버지께로부터 나오시는 진리의 성령이 오실 때에 그가 나를 증언하실 것이요"(요 15:26). 이 구절이 필리오케를 정당화하는지는 분명치 않다. 부활 이후에, 예수는 제자들에게 숨을 내쉬면서 "성령을 받으라"(요 20:22)라고 하였다. 필리오케는 이 구절에 의해 정당화될 수 있지만 논란의 여지가 없는 것은 아니다. 부활 이후에 예수는 아버지로부터 성령을 보내어 성령으로 하여금 자신이 아들로부터 받은 것을 교회에 알리도록 하였다. 성령은 부활 이전에는 하나님(아버지)의 영으로 불리는 반면, 부활 이후에는 아들의 영으로도 불린다.

서방교회의 필리오케 교리는 특히 아들과의 관계에서 성령의 위격과 역할을 약화시킨다는 비판을 받아왔다. 신약성서에 나타나는 아들과 성령의 상호적 관계를 표현하기 위해서는, 필리오케는 스피리투케(spirituque)에 의해 보완될 필요가 있다. 스피리투케가 의미하는 바는 아버지로부터 성령의 출원이 아버지로부터 아들의 출생을 전제하는 것처럼, 아버지에 의한 아들의 출생도 아버지로부터 성령의 출원을 전제한다는 것이다. 이것은 예수의 잉태와 세례에서 예증되었다. 필리오케와 스피리투케의 공존은 위격들의 페리코레시스적 관계 안에서 이루어진다. 즉, 필리오케와 스피리투케는 위격들의 상호내주와 상호침투에 수반된다.

(4) 사랑의 삼위일체

모든 참된 실존은 관계적이다. 인격(위격)은 존재-관계적(onto-relational) 개념이다. 인격은 그 자체로서의 정적 실체가 아니라 오직 타자와의 관계 안에서만 인식될 수 있다. 참된 인격적 자아는 친교적 연합으로서 탈자아적(ek-static) 존재 구조를 갖는다. 인격은 오직 다른 인격들과의 관계 안으로 들어가고 그들 안에서 그리고 그들을 통하여 삶으로써만 진정한 인격이 된다. 참된 존재론을 구현하는 이상적 관계성은 사랑이다. 참된 인격은 그 자체로 홀로 존재하는 것이 아니라 타자를 위한 사랑 안에서 존재한다. 사랑 안에서 인격은 그 자신으로부터 나아가서 타자에게 자신을 내어준다.

기독교의 하나님 경험은 무한한 사랑의 경험이다. 우리는 우리 안에서 역사하는 사랑의 능력인 성령에 의해 사로잡히며, 이것을 역사 안에서의 하나님 사랑의 결정적 현현인 예수 그리스도 안에서 확증하며, 궁극적인 사랑의 원천인 아버지에게 이른다. 아버지는 아들과 성령을 세상에 보내어 역사 속에서 사랑이 현현되고 그 사랑이 우리 안에서 효력을 나타내도록 하신다. 삼위일체 하나님의 본질은 사랑이다. "하나님은 사랑이다"(요일 4:8)는 성서의 구절은 하나님이 비인격적 실체가 아니라 인격적 존재이심을 표현한다. 하나님은 인격적 사랑이다. 삼위일체 하나님 안에 사랑보다 더 핵심적인 본질은 없다. 친교적 연합의 존재양태로서의 하나님의 하나님 되심은 오직 사랑 안에서 가능하다. 삼위일체는 페리코레스적 사랑의 관계 안에 있는 세 위격의 본유적 통일성에 의해 구성된다. 삼위일체 안에서 사랑은 세 위격 간의 페리코레시스적 사랑의 관계에 의해 구성되는 신적 본질이다. 신적 본질의 통일성과 세 위격의 자기 구별적 관계는 일치한다. 왜냐하면 세 위격 간의 페리코레시스적 사랑의 관계가 사랑으로서의 한 신적 본질을 구성함과 동시에 사랑으로서의 한 신적 본질이 페리코레시스적 사랑의 관계 안에 있는 세 위격에 의해 공유되기 때문이다.

마이클 미어슨이 말한 바와 같이, 삼위일체는 "세 신적 위격들의 신적 사랑 안에서의 영원한 자기비움(케노시스)과 자기포기의 행위이다."[77] 상호적인 자기 부정으로서의 사랑이 삼위일체적 주체의 관계의 본질이다. 사랑의 삼위일체 안에서, 각 위격은 자신을 비우고 타자에게 내어준다. 창조 자체

---

77) Michael Aksionov Meerson, *Trinity of Love in Modern Russian Theology: The Love Paradigm and the Retrieval of Western Medieval Love Mysticism in Modern Russian Trinitarian Thought (from Solovyov to Bulgakov)* (Quincy, Ill.: Franciscan Press, 1998), pp. 174, 177-78.

가 하나님의 자기비움의 사랑의 행동이다. 이 하나님의 사랑 또는 사랑의 하나님이 십자가에서 결정적으로 계시되었다. 십자가에서, 아들은 아버지의 뜻을 따라 세상을 구원하기 위하여 자신을 아버지에게 전적으로 바치고 죽음의 고통을 당했으며, 아버지는 아들로부터 자신을 비움으로써 아들의 죽음의 고통을 당했으며, 성령은 아버지가 아들로부터 자신을 비우고 부재한 동안 아들과 함께 계심으로써 삼위일체적 구원사역을 완성하였다.

삼위일체의 본질은 사랑이며 세 위격은 사랑을 본질로 공유하는 인격이다. 사랑이 단지 성령만의 특수한 속성이 아니라 삼위일체의 모든 위격들의 공통된 본질이라면, 성령은 연합을 위한 사랑의 끈일 뿐만 아니라 또한 아버지와 아들처럼 사랑하는 신적 위격으로 이해되어야 한다. 즉 아버지가 주도적 사랑(initiating lover)이라면 아들은 응답적 사랑(responding lover)이며 성령은 아버지와 아들을 하나로 묶는 연합적 사랑(uniting lover)이다. 세 위격은 동등하게 페리코레시스적 사랑의 관계 안에서 완전한 사랑의 주체들이다. 삼위일체는 영원히 사랑의 친교적 연합으로서의 페리코레스로서 존재한다. 삼위일체의 페리코레시스적 사랑의 관계 안에서, '아버지로부터 아들을 통해 성령에게로(필리오케)'의 관계적 유형과 아울러, '아버지로부터 성령을 통해 아들로(스피리투케)'와 '성령으로부터 아들을 통해 아버지에게로'의 관계적 유형들도 존재한다.

(5) 하나의 삼위일체

삼위일체론은 단순히 사변적인 이론이 아니라 역사 안에서 경험된 구원의 신비에 대한 반성의 산물이다. 우리는 오직 예수 그리스도와 성령이 신적 실재와 능력으로 경험되는 구원의 역사와 더불어 삼위일체에 접근할 수 있다. 삼위일체론은 역사 안에서의 하나님의 경륜적 구원행위가 하늘에서의 하나님의 영원한 존재를 계시해준다는 믿음에 기초한다. "경세적 삼위일체는 내재적 삼위일체이며, 내재적 삼위일체는 경세적 삼위일체다"[78]라는 칼 라너의 명제는 하나님 자신은 오직 우리를 위한 하나님에 의해서만 접근될 수 있으며, 우리를 위한 하나님은 하나님 자신으로부터 나온다는 사실을 표현한다. 이 명제는 우리를 위한 하나님의 역사 안에서의 경륜적 행동이 영원 속에서의 하나님 자신에 접근하기 위한 필수불가결하고 믿을만한 지표라는 사실을 의미한다. 라쿠냐는 "삼위일체론은 궁극적으로 '하나님'에 관한 가르침이 아니라 우리와 함께 하는 하나님의 삶과 우리 서로 간의 삶에 관한 가르침이다"[79]라고 말함으로써 라너의 명제를 경세적 차원의 방향으로 더욱 밀고 나아갔다. 그러나 만일 성서적 진술의 지시대상이 오직 이 세상적이며 또한 인간의 역사에만 국한된다면, 그것은 영원한 하나님의 존재 자체로부터 분리될 수 있다. 따라서 라쿠냐의 견해는 내재적 삼위일체를 경세적 삼위일체 안으로 흡수시킴으로서 하나님의 초월적 차원을 상실했다는 비판을 받는다.

그러나 몰트만이 지적한 바와 같이, 우리는 오직 하나의 삼위일체와 그 구원의 경륜에 대하여 말할 수 있을 뿐이다. 구원의 경륜에 나타나는 삼위일체는 그 자체의 삼위일체와 다른 어떤 것일 수 없다. 우리는 영원한 삼위일체의 관계에 근거하지 않는 구원의 경륜 안의 시간적 삼위일체의 관계를 상정할 수 없다. 그분의 계시 안에서 참된 것은 그분의 존재 안에서 참된 것이다.[80] 정확하게 말하자면, 라너처럼 아무리 그 둘을 동일시하려고 해도 이미 두 개의 구별된 두 삼위일체가 전제되고 있는 한, 경세적 삼위일체와 내재적 삼위일체의 구별 자체가 부적절하다.

두 삼위일체가 아니라 오직 하나의 삼위일체, 즉 세상에서의 예수 그리스

---

[78] Karl Rahner, *The Trinity*, trans. Joseph Donceel (New York: Crossroad, 1997), p. 22.
[79] LaCugna, *God for Us*, 228.
[80] Jürgen Moltmann, "Theological Proposals Towards the Resolution of the Filioque Controversy," in *Spirit of God, Spirit of Christ: Ecumenical Reflections on the Filioque Controversy*, ed. Lukas Vischer (London: SPCK, 1981), pp. 165-66.

도와 성령 안에서의 현현과 행동을 통해 생각될 수 있는 삼위일체만이 존재한다. 삼위일체론은 신약성서시기의 기독교 공동체에서 시작된 예수 그리스도(그리고 성령)에 대한 경배의 최종적 결과이다. 니케아 공의회에서 채택된 동일본질은 역사 속의 예수 그리스도가 바로 하나님의 존재(본질)를 구성한다는 기독교 신앙의 표현이었다. 그것은 역사 속의 하나님의 현현과 영원 속의 하나님 존재 자체 사이에 아무런 간격이 없다는 것을 의미한다. 자신의 삼중적 행위 안의 우리를 위한 하나님은 다름이 아닌 자신의 영원한 존재 안의 하나님이다. 이것이 삼위일체론의 본래적 의미이다.

만일 이것이 참이라면, 기독교인은 예수 그리스도와 성령을 통하여 역사 속에 자신을 나타내신 하나님과 동떨어진 삼위일체로서의 하나님의 존재에 대하여 알지 못한다. 영원 속의 하나님의 내적-삼위일체적 존재는 역사 속에서의 하나님의 외적-삼위일체적 행동을 통해서만 추론될 수 있다. 우리는 역사 속에서의 외적-삼위일체적 행동으로부터 추론되지 않는 영원 속의 내적-삼위일체적 하나님의 존재에 대하여 말할 수 없다. 역사 속에서의 외적-삼위일체적 하나님의 행동으로부터 추론된 하나의 영원 속의 내적-삼위일체적 하나님만이 존재하기 때문에, 오직 하나의 삼위일체만이 존재한다. 전자를 경세적 삼위일체로 후자를 내재적 삼위일체로 부르는 것은 두 종류의 삼위일체를 전제하고 있는 한 부적절하다. 이 하나의 삼위일체는 단지 경세적 삼위일체가 아니다. 왜냐하면 그것은 영원 속의 하나님의 내적-삼위일체적 존재를 대변하기 때문이다. 그것은 또한 전통적 의미의 내재적 삼위일체가 아니다. 왜냐하면 그것은 역사 속에서의 하나님의 외적-삼위일체적 행동으로부터 추론된 삼위일체이기 때문이다.

오직 하나의 삼위일체만이 존재한다는 것은 영원한 하나님의 내적-삼위일체적 존재가 역사 속의 하나님의 외적-삼위일체적 행동에 의해 다 소진된다는 것을 의미하는 것이 아니라, 후자로부터 추론되지 않는 전자는 생각할 수 없다(단지 표현할 수 없다는 것이 아니라)는 것을 의미한다. 그러나 또한 영원 속의 하나님의 내적-삼위일체적 존재가 역사 속의 하나님의 외적-삼위일체적 행동에 의해 다 소진되지 않는다는 사실은 동방교회가 주장하는 바와 같이 접근 불가능하고 인식 불가능한 신적 본질과 접근 가능하고 인식 가능한 신적 에너지의 구별이 있다는 것을 함축하지는 않는다. 예수 그리스도와 성령을 통한 신적 행동 안에서 현시된 것은 사랑으로서의 하나님의 본질적 존재이다. 기독교 신앙에 있어서, 예수 그리스도의 십자가에서 결정적으로 계시되고 성령 안에서 경험된 것과 동떨어져 있거나 그것을 넘어선 다른 하나님의 본질적 존재란 생각될 수 없다.

제8장
랭던 길키의 역사적 삼위일체론: 존재, 로고스, 사랑

1. 서론

어거스틴과 칼빈이 말한 바와 같이, 하나님에 대한 지식과 인간 자신에 대한 지식은 서로 연관되어 있다. 우리는 하나님에 대한 우리의 관계의 관점에서만, 따라서 우리와 세계 안에서의 하나님의 행위의 관점에서만 하나님에 대하여 인식론적인 타당성을 가지고 말할 수 있다. 물론 원칙적으로 하나님에 대한 지식이 우리 자신에 대한 지식을 선행한다. 그러나 실제적으로 하나님 지식과 우리 자신의 지식 사이에는 해석학적 순환관계가 있다. 우리의 하나님 지식은 애초부터 우리 자신에 대한 지식과 불가분리적인 관계 안에서 생겨난다. 우리는 우리 자신의 경험과 이해에 기초하여 하나님을 이해하며, 하나님에 대한 지식의 빛 안에서 우리 자신을 이해한다. 이 순환관계 안에서 우리의 인식론적, 해석학적 출발점은 하나님 자체(per se)라기보다는 역사 속에서의 하나님의 구원과 계시 행위에 대한 우리의 역사적 경험이라고 할 수 있다. 우리는 위(하늘)에 있지 않고 아래(땅)에 있으며, 따라서 우리의 역사적 경험 안에서 인식되고 해석된 하나님만을 말할 수 있다.

틸리히는 하나님에 대한 물음이 역사에 대한 해석 안에서 제기된다고 말했다. 다시 말하면, 하나님은 역사적 과정 안에서의 궁극적 관심의 경험 안에서 요구된다. 판넨베르그는 하나님은 역사로서의 계시 안에서 오직 간접적으로 접근된다고 말했다. 랭던 길키에 따르면, "하나님은 역사적 과정에 대한 우연성, 연속성, 변화, 자유의 관계가 실존적으로 경험되거나 깊이 숙고되거나 또는 실천 안에서 활동적으로 체현될 때 나타난다."[1] 길키가 말한 바와 같이, 특히 역사의 파국적 상황에, 그리고 오늘날의 격변의 시기에 우리는 역사를 조명하고 인도해줄 궁극적 존재의 상징을 필요로 한다.

이 글에서는 하나님의 섭리, 예수 그리스도, 종말에 대한 길키의 이해를 중심으로 하나님과 역사의 관계, 다시 말하면 인간과 세계역사와의 관계성 안에 나타난 하나님과 하나님과의 관계성 안에 나타난 인간과 세계역사를 고찰하고자 한다. 이 고찰을 통하여 우리는 인간의 역사적 실존과의 관계 안에 나타난 하나님의 삼위일체적 상징을 새롭게 이해할 수 있게 될 것이다. 길키의 삼위일체론은 한 마디로 역사적 삼위일체론이라고 할 수 있다. 즉 그는 하나님에 대한 우리의 관계의 관점에서, 즉 우리와 우리 역사 안에서의 하나님의 활동의 관점에서 이해된 하나님을 삼위일체적 양태로 파악하는데, 이 삼위일체 하나님은 존재와 로고스와 사랑으로서의 하나님이다. 전통적인 삼위일체론의 용어와는 다소 거리가 있는 이러한 삼위일체적 상징은 우리의 존재의 근거로서, 우리의 새로운 가능성의 원천으로서, 그리고 화해와 재연합을 위한 희망의 원리로서 기독교 역사신학을 위한 틀을 제공해준다.

논의의 과정에서 길키는 틸리히에게서 운명과 자유로서의 역사의 존재론적 구조, 존재(또는 존재자체)로서의 하나님, 소외로서의 죄, 재연합으로서의 구원의 개념 등을 배우며, 화이트헤드로부터 철저한 시간성과 과정 안에 있는 역동적 역사 개념과 창조적 가능성을 향해 유인하는 로고스 하나님의 섭리 개념을 수용하며, 라인홀드 니버로부터 역사의 존재론적 구조의 범주를 벗어나는 실존적 소외로서의 죄와 예수 그리스도 안에서 인간을 구원

---

1) Langdon Gilkey, *Reaping the Whirlwind: A Christian Interpretation of History* (New York: Seabury Press, 1976), pp. 310-11.

하는 사랑의 하나님에 대한 이해를 전유하며, 정치(해방)신학으로부터 종말론적 사고와 해방적 실천에 대한 강조를 받아들인다. 그는 섭리, 기독론, 종말론의 세 범주가 적절하게 균형을 이룰 때, 오늘날의 역사의식에 적절한 의미를 부여해주고 또한 창조적인 정치적 실천의 전제를 분명히 밝혀주는 "상징적 틀"을 제공할 수 있다고 믿는다.

이 글은 이 삼중적 구조를 따라 섭리, 기독론, 종말론의 순서로 전개될 것이다. 섭리에서는 존재와 로고스로서의 하나님이, 기독론에서는 사랑의 하나님이, 그리고 종말론에서는 하나님의 궁극적 미래와 해방적 실천이 각기 고찰될 것이다. 그 후에 이와 같은 하나님과 세계의 역사의 관계에 대한 길키의 사고를 화이트헤드, 틸리히, 라인홀드 니버, 그리고 정치(해방)신학의 입장과 비교 분석할 것이다. 그리고 마지막으로 세계의 역사와 종말의 관계 속에서의 길키의 삼위일체론의 약점을 보완하기 위한 대안이 제시될 것이다.

2. 하나님의 섭리

길키는 운명과 자유로 구성되는 역사의 존재론적 구조와의 관계에서 하나님의 섭리 개념을 이해한다. 즉 그는 성취된 현실태과 미래의 가능태의 근본적 양극성의 관점에서 섭리를 해석한다. 역사의 존재론적 구조와의 관계에 있어서, 하나님은 지탱과 보존 안에서 존재의 모든 국면의 근원이신 존재(Being)로서, 그리고 미래의 조망(眺望) 안에서 가능성과 창조적 자율성의 근거이신 로고스(Logos)로서 나타난다.

(1) 존재로서의 하나님

길키에 따르면, 하나님은 그 자체로서 존재이다. 하나님은 우리의 실존 전체의 근원이다.2) 길키는 하나님을 창조성의 유동(流動)으로부터 분리시키고 하나님을 다른 동일하게 영원하고 실재적인 요소들과 균형을 이루는 하나의 형이상학적 요소로 간주함으로써 결과적으로 하나님을 유한성에 종속시키는 화이트헤드와 견해를 같이 하지 않는다. 그에게 있어서 창조성, 유동, 또는 새로운 계기를 출현케 하는 실존의 창조력(élan)은 우리의 지속적인 실존을 일으키고 유지하는 하나님의 존재의 근거(힘)와 섭리적 창조성에 있다.3)

존재의 근거로서 하나님은 유한한 시간성으로부터의 초월성 안에서 운명 또는 사실성(facticity)을 효과적이고 실재적인 것으로 만드신다. 다시 말하면, 하나님은 일과성(一過性, passingness)을 정복하심으로써 존재의 과정을 가능하게 하신다. 길키는 말한다.

> (그러나) 성취된 현실태의 효력과 존재의 지속, 자신을 현실화한 이후에 후속적 사건 안에서 효력을 발휘하는 운명("소여적 자료")으로 제시되기 위하여 존재를 지속하는 힘, 따라서 이 현존하는 현실태의 살아있는 특성, 이것은 우연성과 일과성을 초월하는 힘의 작용이다.4)

이행(履行)은 존재이신 하나님의 창조적 섭리에 의해 이루어질 수 있다. 하나님은 완결된 과거가 현재 안에 보존되게 하심으로써 과거의 운명을 현재로 가져와 자유와 연합되도록 하신다. 이것이 인간의 자기 현실화를 위한 끊임없는 창조적 근거이다. 따라서 섭리의 첫 번째 원리는 존재로서의 하나님의 창조적 힘 안에서의 시간의 일과성의 정복과 각 피조물의 지속적인 창조이다. 전통적인 신학적 용어로 말하자면, 섭리의 첫 번째 요소는 시간 속에서의 피조물의 보존이다.

---

2) Ibid., p. 249.
3) Ibid.
4) Ibid.

길키에 의하면, 하나님은 시간을 초월할 뿐만 아니라 또한 시간 안에 계신다. 하나님은 자신의 창조적인 삶 안에서 가능태과 현실태의 구별을 예시(例示)하면서, 이행과정의 지속적 실재의 지속적인 창조적 근거로서 그 과정 안에 참여하신다. 하나님은 시간성 안의 인간과 마찬가지로 가능태로부터의 현실태의 생성을 경험하신다. 그러나 하나님은 자신의 존재와 창조 안에서 시간성을 예시함에도 불구하고, 결코 피조물처럼 시간의 경과 안에서 우연적이지도 않으며 운명에 종속되지도 않으신다.

(2) 로고스로서의 하나님

하나님의 섭리의 두 번째 국면은 가능성의 근거로서의 하나님과 이에 상응하는 역사 안에서의 인간의 자율적 창조성에 대한 지식 안에서 이해된다. 섭리는 역사적 창조성을 결정하지 않으며, 오히려 창조성을 가능하게 만든다. 섭리는 인간의 창조성의 근거이다. 길키에 따르면, "로고스로서의 섭리는 인간의 창조성과 자율성, 인간의 지성과 실천의 근거이며, 새로움과 역사적 발전을 가능케 하는 아직 현실화되지 않은 형상(form)의 원천이다."[5]

한편으로, 하나님이 우리의 의도와 사고를 초래하고 역사가 산출하는 형상을 미리 결정한다는 정통주의에 반대하여, 길키는 역사의 가능성은 진정한 가능성이어야 한다고 주장한다. 역사의 미래는 열려있어야 하며, 하나님에 의해서도 미리 결정되지 않아야 한다. 다른 한편, 세속주의적 자연주의에 반대하여, 그는 그러나 가능성은 그 어느 곳인가에 있어야 한다고 주장한다. 즉 가능태가 효력 있고 적절하고 또한 실제로 가능하기 위해서는 현실태와의 창조적인 관계 안에 있어야 하다. 이 현실적 존재가 바로 하나님이다.

따라서 가장 창조적이고 자율적인 행동조차도, 과거, 현재, 미래를 포괄하

---

5) Ibid., p. 252.

며 가능성을 진정한 가능성으로서 과거와 현재에 창조적으로 연관시킬 수 있는 보편적이고 체계적인 가능태의 질서를 요청한다. 가능성은 영원하고 항존적이고 포괄적인 현실태, 전체 과정을 위해 가능태를 배열하는 어떤 존재 즉 하나님의 섭리에 연결되어야 한다.6)

이와 같은 방식으로, 개방성과 미래의 새로움의 가능성은 하나님의 현존과 배치되는 것이 아니라 오히려 그것을 요구한다. 길키는 로고스로서의 하나님의 사역을 실현되지 않은 가능성의 "조망"(envisionment)으로 이해한다. 그에 따르면, 섭리(providence)란 어거스틴이 생각한 것처럼 높은 신적 영원성의 자리에서 "이미 현실화된" 사건을 "미리 보고"(pro-videre) 하나님의 의지대로 존재가 결정되도록 하는 것이 아니다. 섭리란 하나님께서 자신의 궁극적인 목적에 의해 형성되고 지시되는 새로운 가능성을 창조적으로 조망하고 불러일으키는 것이다. 따라서 신적 로고스는 아직 실현되지 않은 미래의 가능성과 형상에 대한 창조적 비전이다. 이 창조적 조망 안에서, 미래의 가능성이 현재의 자기 현실화 안으로 진입한다. 길키에 의하면, 하나님에게서 기원하는 미래의 가능성에 대한 조망으로서, 섭리는 하나님의 창조적 자존성(自存性, aseity)을 표현한다.7)

하나님의 창조적 조망에 있어서, 로고스 하나님의 서로 모순되는 것처럼 보이는 두 성격이 나타난다. 한편, 모든 과거와 미래를 위한 가능성 전체에 대한 조망으로서, 그리고 새로운 가능성을 모든 시간에 관련시킴에 있어서, 섭리는 하나님의 영원성을 표현한다. 다른 한편, 아직 현실화되지 않았으며 유한한 자유에 의해 현실화되어야 할 가능성에 대한 조망으로서, 섭리는 하나님의 시간성, 변화가능성, 자기제한을 표현한다. 시간적 추이(推移)에 있어서의 새로운 가능성은 인간에게서와 마찬가지로 하나님에게도 새로운 가

---

6) Ibid., p. 251. 이것은 모든 가능성(영원적 객체, eternal object)이 현실적 존재인 하나님의 원초적 본성(Primordial Nature) 안에서 파악되어 있어야 한다는 화이트헤드의 사고와 일치한다.
7) Ibid., p. 314.

능성이다. 왜냐하면 그것은 인간의 자율적 결단에 좌우되기 때문이다. 따라서, "현실태와 가능태의 구별은 우리들의 삶뿐만 아니라 하나님의 삶도 규정한다."8) 다시 말하면, 하나님과 하나님의 삶 안에 잠재적 가능성이 존재한다. 이것이 하나님의 자기제한이다.

그러나 하나님의 섭리적 비전은 고유한 목표를 가지고 있다. 신적 비전은 역사를 종말론적 목표, 즉 하나님 나라를 향하여 유인한다. 그러므로 섭리는 종말론적으로 해석되어야 한다. 역사는 세계를 위한 하나님의 궁극적인 목적 안에서 섭리되고 인도된다. 섭리의 이 종말론적 목표는 그리스도로서의 예수 안에서 현시되었다.9)

3. 소외(죄)와 기독론

(1) 소외(죄)

길키에 따르면, 역사는 자유와 운명의 연합 안에서의 존재론적 구조를 나타낼 뿐만 아니라 또한 그 구조의 파괴와 소외를 드러낸다. 그러므로 역사의 존재론적 구조를 이해하는 것은 아직 구체적 현실태로서의 역사를 이해하는 것이 아니다. 자유는 역사적 실존 안에서 불가피하게 죄가 되며, 따라서 하나님에 의해 주어진 가능성은 왜곡되며 운명은 숙명이 된다.10) 우리는 단지 과거로부터 생겨나고 운명에 종속되는 것이 아니다. 운명자체가 또한 인간의 창조성과 자유의 결과이다. 우리를 형성하고 또한 역사 안에서 우리의 자유가 마주 대면해야 할 운명은 과거로부터 주어지는 공동의 창조성의 복합체이다. 죄는 자유의 오용에 의해 초래되는, 우리의 본질적 구조의 소외이다.

---

8) Ibid., p. 312.
9) Ibid., p. 314.
10) Ibid., p. 253.

죄와 더불어 운명은 숙명이 되며, 자유는 숙명의 구속(拘束)아래 놓이게 된다. 결과적으로 역사 안에서 자유는 언제나 소외되며 불가피하게 죄가 된다. 전통적인 신학의 관점에서 말하자면, 이것은 아담 이후의 인간의 원죄적 상황을 의미한다.

길키는 숙명으로서의 역사적 상황이 근본적으로 죄, 즉 자유의 오용에 의해 초래되기 때문에, 정치적이고 사회적인 행동 또는 해방의 실천에 의한 즉각적인 치료는, 비록 복음의 중요한 부분임에도 불구하고, 복음의 전체적 실체를 포괄할 수는 없다고 본다. 왜냐하면, 그러한 행동과 실천은 우리 자신의 현재와 미래의 죄를 다루는 것이라기보다는 죄의 외적인 사회 역사적 결과를 다루는 것이기 때문이다. "자신과 다른 사람들을 숙명으로부터 해방시키기 위하여 정당하게 실천하는 정치적 행동은 스스로 자신의 지속적인 모호성에 대한 보다 최종적인 심판 아래에 서야 하며, 그 자신이 깨끗하게 되기 위하여 은혜를 희망하여야 한다."[11]

길키에 따르면, 죄는 자신에게 주어진 운명과 그 운명과 연관된 가능성 둘 다에 대한 자유의 오용이다. 죄란 단순히 과거의 구조의 결과가 아니라, 새로운 것을 창조하는 현재에 영향을 주어 미래 역시 죄에 열려있게 만든다. 우리의 가장 창조적인 행위조차도 우리가 의도하는 것보다 훨씬 더 변질된 결과를 낳는다. 우리가 오늘날 생태학적 위기를 초래하는 과학기술에서 보는 것처럼, 죄는 가장 희망적인 운명조차도 숙명으로 만든다.[12]

그러므로 죄를 존재론적 관점에서 기술하는 것은 가능하지 않다. 왜냐하면 존재론은 단지 구조만을 알 뿐이지 죄로 인한 구조의 왜곡과 실존적 소외는 알지 못하기 때문이다. 죄의 범주와 더불어 우리는 존재론적 구조를 넘어서 왜곡된 현실성으로 나아가며, 따라서 연속성과 새로운 가능성의 선물을

---

11) Ibid., p. 258. 이 점에 있어서 길키는 해방신학적 실천을 강조함에도 불구하고 신정통주의적인 기독교 현실주의의 입장을 고수한다.
12) Ibid., p. 261.

가져오는 섭리의 범주를 넘어서 구속(救贖)에 대한 더욱 심대한 요구로 나아간다.[13] 섭리는 역사 안에서의 하나님의 행동의 전체나 절정을 이루지 않는다. 섭리는 성육신과 구속(救贖), 그리고 궁극적으로 종말론에 의해 완성되어야 한다. 다시 말하면, 존재와 로고스로서의 하나님은 사랑의 하나님 안에서 종말론적 완성을 향해 나아간다.

(2) 사랑으로서의 하나님: 기독론

이미 살펴본 바와 같이, 인간의 자유의 타락으로 인하여 창조성과 아울러 죄와 숙명이 인간의 역사를 지배한다. 따라서 길키에 따르면 역사 안에서 가능성이 진정으로 가능하게 되기 위해서는 창조와 섭리 이상의 것이 필요하다. 이 '이상의 것'이 바로 복음의 본질이다. 하나님은 창조, 보존하고 영감을 주실 뿐만 아니라 구속하신다. 하나님은 존재와 로고스일 뿐만 아니라 사랑이다.[14] 하나님은 자신의 창조적 섭리로부터 소외된 세계를 화해, 재연합, 치유하기 위해서 새로운 방식으로 나타나고 행동하신다. 재창조하고 재연합하는 하나님의 사랑의 힘은 모든 곳에 나타나지만, 그리스도 안에서 중심적 자리와 최종적 기준을 갖는다. 그리스도로서의 예수는 하나님의 사랑의 현현으로서 하나님과의 재연합의 원리이다. 이 재연합하는 사랑은 예수의 성육신과 대속과 부활을 통해서 우리에게 알려진다.[15]

성육신에서, 새로운 실재가 역사적 삶 안으로 들어온다. 인간과 인간의 자유와 신적 근거의 재연합은 우리에게 새로운 존재를 가져다주며, 또한 신적 로고스에 의해 제시되는 가능성과의 새로운 관계를 기저다준다. 예수의 대속적 죽음에서, 하나님으로부터의 우리의 소외의 깊이와 하나님의 자비로운 응답이 나타난다.[16] 예수의 힘없음, 고통, 죽음 안에서, 하나님은 인간

---

13) Ibid., p. 258.
14) Ibid., p. 316.
15) Ibid., p. 317.

의 운명을 자기 목적대로 지배하며 인간의 자유를 억압하는 숙명을 창조하는 역사의 힘으로부터의 소외와 그 힘에 대한 심판을 현시하신다. 하나님의 힘없음과 고통에서 죄로부터의 하나님의 전적인 소외에 의해 죄의 실체가 계시되며, 이와 동시에 예수의 생명의 새로운 실재 안에서 죄의 극복과 하나님에의 새로운 참여가 계시된다. 이것이 구속의 방식이다. 구속은 죄인이 심판당하고 형벌 받고 제거됨에 의해서가 아니라 용납되고 용서되고 치유됨에 의해서 성취된다.[17]

따라서 길키에게 있어서, 은혜의 중심적 사역은 우리의 죄에도 불구하고 우리를 용서하시는 하나님의 용납이며, 이러한 하나님의 자비에 대한 우리의 믿음의 수용이다. 하나님에의 참여는 언제나 우리 자신의 완전성과 가치에 의존하지 않고 하나님의 자비에 의존한다.[18] 길키는 하나님의 용서하시는 용납을 "칭의의 우선성의 원리"[19]라고 부른다. 그에 따르면, 은혜 안에서의 재창조는 결코 역사 안에서 완성되지 않는다. 가능성은 오직 부분적으로만 성취될 것이다. 이것이 왜 예수 안에서의 하나님의 용서하시는 사랑이 역사 안에서의 우리의 희망의 중심인가 하는 이유이다. 그러나 기독교 신앙은 용서 이상의 것을 희망한다. 그리고 예수 그리스도는 용서 이상의 것을 우리에게 제공한다. 예수 안에서, 역사의 궁극적 미래를 위한 하나님의 약속이 조명되며, 역사에 관한 가장 심원한 질문이 답변된다. "그(예수)는 역사를 비추는 조명등으로서, 역사의 구속의 원리로서, 그리고 역사의 궁극적 완성의 선취적 봉인 또는 표징으로서, 역사의 중심이다."[20]

하나님의 역사의 궁극적 미래는 예수의 부활에서 계시된다. 다시 말하면, 예수의 부활에서 재연합과 완성에 대한 최종적 희망이 현시된다. 여기서,

---

16) Ibid.
17) Ibid., p. 282.
18) Ibid., p. 283. John Calvin, *Institutes*, bk. III, chap. XI, secs. II, VI, X 그리고 특별히 XI.
19) Ibid.
20) Ibid., p. 268.

하나님의 사랑은 우리의 죄를 용서하고 우리의 실존을 재창조할 뿐만 아니라, 우리의 죄와 유한성의 조건 자체를 극복한다. 예수의 부활은 궁극적으로 존재의 신적 능력과 우리의 연합을 약속한다. 그러므로 예수의 부활에서 역사적 과정의 궁극적 완성과 가능성의 최종적 성취가 계시된다.[21]

4. 하나님의 궁극적 미래: 종말론

길키는 하나님을 궁극적 미래의 관점에서, 즉 종말론적 관점에서 이해한다. 그에게 있어서 하나님에 대한 종말론적 이해는 세 가지 의미를 지닌다.[22] 첫째, 종말론적 하나님은 현재의 하나님이 아니다. 하나님이 미래의 존재이며 미래로부터 행동하신다는 사실은 이 비극적인 역사적 현재에 책임을 져야 하는 전능한 주님으로서의 하나님에 대한 신정론의 문제를 해소한다. 즉 하나님의 온전한 존재와 통치는 현재의 현실이 아니라 현재의 비극적인 현실에도 불구하고 희망되어야할 미래의 약속이다.

둘째, 하나님에 대한 종말론적 해석은 하나님이 "미래의 힘"[23]이라는 것을 의미한다. 미래의 힘으로서, 하나님은 현재의 궁극적 미래를 표상함으로써 현재를 지배하신다. 이 지배를 통해 하나님의 미래가 역사 안에 실현된다.[24] 그러나 길키에 의하면 이 현재의 지배는 우리의 자유나 미래의 개방성을 위협하지 않고 오히려 보증하고 정초한다.

셋째, 하나님에 대한 종말론적 해석은 "하나님의 존재가 미래이다" 또는

---

21) Ibid., p. 318.
22) Ibid., p. 231-32.
23) Wolfhart Pannenberg, *Basic Questions in Theology*, vol. 2 (Philadelphia: Westminster, 1971), p. 242; Jürgen Moltmann, et al. *The Future of Hope*, ed. by Frederick Herzog (New York: Seabury, 1970), p. 14; Jürgen Moltmann, *Theology of Hope* (New York: Harper & Row, 1967), p. 16.
24) Moltmann, *The Future of Hope*, pp. 2-6, 10; *Theology of Hope*, pp. 16, 28, 30, 143; *Religion, Revolution, and the Future* (New York: Scribner's, 1969), pp. 208-9; Pannenberg, *Basic Questions*, vol. 2, chaps 7, 8.

"미래가 하나님의 존재의 양식이다"라는 것을 의미한다. 이것은 하나님의 존재가 본유적으로 역사와 관계되어 있으며, 따라서 하나님의 존재와 통치와 역사 안에서 현실화된 주권이 하나이며, 또한 오직 하나님의 힘과 영광이 "땅과 하늘에" 현시되는 미래의 종말에서 하나님의 존재가 가장 완전한 의미에서 "존재"하거나 "실현된다"는 것을 의미한다.[25] 따라서 하나님의 존재와 세계의 종말론적 미래, 즉 하나님 나라가 동일하다. "하나님은 바로 그 존재 자체에 있어서 세계의 미래이다."[26] 하나님의 통치, 하나님의 온전한 자아실현, 사회적 역사의 미래 즉 해방된 사회는 종말론적 미래에서 합체한다. 종말론은 사회적 해방에 관한 정치신학을 포함한다. 왜냐하면 사회 정치적 해방, 역사 안에서의 하나님 나라의 건설, 그리고 종말론적 해방, 하나님의 통치, 그리고 하나님의 존재의 완전성은 동일하기 때문이다.

그러면 섭리와 종말론은 어떤 관계에 있는가? 만일 현재에서처럼 미래에서 죄와 숙명이 계속된다면 어떻게 섭리와 종말론이 서로 긍정적인 방식으로 관계될 수 있을까? 즉 어떻게 역사의 개인과 아울러 역사의 과정과 사회적 미래가 하나님의 최종적인 종말론적 의미에 참여할 수 있을까? 이미 언급한 바와 같이, 시간적 존재와 역사의 근본적인 존재론적 구조는 운명과 자유의 양극성이다. 성취된 현실태와 미래의 가능태 사이의 상호관계는 과정으로서의 현재를 창조하며 미래를 향해 나아간다. 섭리의 근본적 역할은 현실태와 가능태 관계 속에서 과거, 현재, 미래를 종합하여 자기 창조적 사건을 발생시키는 것이다. 섭리의 창조적 힘은 성취된 현실태의 소여성을 자기 현실화의 자유를 위한 운명의 역할을 하게 만들며, 운명의 빛 안에서 현재에 미래를 위한 새롭고 적절한 가능성을 제시한다. 따라서 길키는 역사적 상황이 아무리 소외되고 그 미래가 숙명에 의해 사로잡혀 있다고 해도, 그 상황을 위한

---

25) Wolfhart Pannenberg, *Theology and the Kingdom of God* (Philadelphia: Westminster, 1969), pp. 55-56, 111; *Basic Questions*, vol. 2, pp. 242-43.
26) Pannenberg, *Theology and the Kingdom of God*, pp. 61-63, 134.

새로운 창조적 가능성이 존재한다고 주장한다.27) 틸리히가 말한 바와 같이, 섭리를 믿는 것은 모든 상황 속에서 창조적 가능성이 실제로 존재한다는 것을 확신하는 것이다.28)

그러므로 길키는 섭리와 종말론 사이의 연속성을 강조한다. 섭리에 대한 의식은 숙명처럼 보이는 상황을 변화시켜 잠재적 가능성으로 가득 차게 만들 수 있다. 역사 안에서 새로운 경제 사회적 구조의 발전과 이에 따른 새로운 사회적 상호작용의 개념과 규범의 발전이 이루어질 수 있다. 새로운 역사의 형태 안에 언제나 죄의 요소가 있음에도 불구하고, 역사 안에 진정으로 새로운 가능성이 실현될 수 있다. 삶은 더 나아질 수 있으며, 역사적 삶의 형태는 진보할 수 있다. 사회적 개혁을 통해 힘을 동등화함으로써, 비록 숙명을 끊임없이 다시 출현하게 만드는 죄는 감소되지 않는다고 하더라도 숙명은 크게 감소될 수 있다. 비록 어떤 사회도 완전한 사회, 즉 하나님 나라가 될 수는 없지만, 그럼에도 불구하고 숙명과 그 직접적인 결과인 고통은 역사 안에서 감소될 수 있다. 새로운 정치적, 경제적, 사회적, 또는 법적 가능성은 삶의 실제적인 변화를 가져온다. 죄는 계속되고 약속된 땅은 아직 주어지지 않았다. 그러나 삶은 이전보다 더욱 인간적이 될 수 있다. 섭리는 이러한 새로운 역사적 가능성의 출현에 의해 종말론을 준비한다. 길키에 따르면,

> 새로운 가능성의 유인은 역사적 활동에 영감을 주어 하나님 나라를 향해 역사를 형성해 나아가도록 촉진한다. 창조적 정치에 본질적인, 역사 안에서의 이 새로운 가능성의 유인은 종말론적으로 정의된다. 섭리가 종말론의 역사적 전제인 것처럼, 종말론은 섭리를 규정하고 통제하는 상징이다.29)

중심적인 종말론적 목표는 예수가 선포한 하나님 나라이다. 하나님 나라

---

27) Gilkey, *Reaping the Whirlwind*, p. 285.
28) Paul Tillich, *Systematic Theology*, vol. 1 (Chicago: University of Chicago, 1951), pp. 266-70.
29) Gilkey, *Reaping the Whirlwind*, p. 287.

는 역사를 위한 그리고 역사를 넘어서는 하나님의 궁극적인 목표로서, 예수 안에서 부분적으로 나타났으며 마지막 날에 완성될 것이다. 따라서 섭리의 목표는 종말론적이고 기독론적으로 정의된다. 섭리의 목표는 종말론적으로 정의된다. 왜냐하면 하나님의 섭리적 사역의 목적은 인간 공동체로서의 약속된 하나님 나라이기 때문이다. 또한 이 종말론적 하나님 나라는 기독론적으로 정의된다. 왜냐하면 예수가 그리스도로서 하나님의 궁극적인 힘, 의미, 사랑에 투명함으로써, 존재, 의미, 사랑이 충만한 공동체로서의 하나님 나라를 약속해주기 때문이다. 따라서 역사를 유인하는 로고스와 역사의 규범, 즉 하나님의 창조적, 섭리적 사역을 인도하는 목적(화이트헤드의 용어로 하나님의 주체적 목적)이 종말론적이고 기독론적으로 우리에게 밝히 드러난다.

또한 여기서 길키는 종말론 안에서 정치적 활동을 위한 규범을 발견한다. 역사 안에서의 종말론의 주된 역할은 하나님의 섭리적 사역의 모호성을 밝혀주고 우리의 창조적 실천을 위한 규범을 제공하는 것이다. 그에 의하면, 섭리의 궁극적 목표인 하나님 나라란 종말론적 상징은 이중적 지시체를 갖는다.[30] 첫째, 종말론 하나님 나라 상징은 직접적이고 내재적인 미래 안에서의 사회적 향상의 새로운 가능성을 지시한다. 즉 이 상징은 하나님의 숨겨진 섭리적 사역의 궁극적 목표를 지시함으로써 이 가능성을 정의하며 미래를 위한 정치적 행동을 인도한다. 종말론은 현실과 대조되는 절대적 이상을 제시함으로써, 현 상황 속에 잠재해 있는 창조적 가능성을 드러냄으로써, 그리고 창조적인 정치적 행동의 방향을 제시해줌으로써, 유토피아적 이상의 유인으로서 기능한다.

둘째, 종말론적 상징은 또한 역사적 가능성을 넘어서는 초월적 지시체를 갖는다. 하나님으로부터 소외된 것에 대한 하나님의 심판은 모든 사회적 성취와 모든 역사적 시기에 대한 하나님의 통치적 관계의 본질적 부분이다. 역

---

30) Ibid., pp. 292-93.

사 안에서 하나님 나라는 모든 역사의 형태를 초월한다. 하나님 나라는 단지 역사 안(in)의 미래로서만이 아니라, 또한 역사에 대하여(to) 초월적인 것으로서 종말론적이다. 따라서 종말론은 역사 안에서 긍정적, 유인적 역할과 아울러 부정적, 심판적 역할을 한다.

5. 틸리히, 화이트헤드, 니버, 정치(해방)신학과의 비교 분석

길키는 섭리, 구속, 종말론을 재해석함에 있어서 상당부분 자신의 스승인 라인홀드 니버와 틸리히에 의존하며, 그것들을 과정사상과 정치신학과 창조적으로 결합시킨다. 서론에서 언급한 바와 같이, 그는 틸리히에게서 운명과 자유로서의 역사의 존재론적 구조, 존재로서의 하나님, 소외로서의 죄, 재연합으로서의 구원의 개념 등을 배우며, 화이트헤드로부터 철저한 시간성과 과정 안에 있는 역동적 역사 개념과 창조적 가능성을 향해 유인하는 로고스 하나님의 섭리 개념을 수용하며, 라인홀드 니버로부터 역사의 존재론적 구조의 범주를 벗어나는 실존적 소외로서의 죄와 예수 그리스도 안에서 인간을 구원하는 사랑의 하나님에 대한 이해를 전유하며, 정치(해방)신학으로부터 종말론적 사고와 해방적 실천에 대한 강조를 받아들인다.

(1) 길키는 전통적인 섭리 이해를 오늘날의 역사의식, 특히 과정신학적 시간성의 관점에서 재해석한다. 그는 "우리는 시간과 역사 안에 있는 존재"[31]라는 기본적인 확신을 가지고 역사적 흐름의 유한한 과정 안에서의 하나님의 존재와 역할을 논한다. 틸리히처럼, 길키는 역사를 존재론적 관점에서 이해한다. 즉 그는 존재론적 구조가 역사적 범주를 포함하는 것으로 간주한다. 그러나 그의 존재론은 틸리히의 존재론보다 더 역동적인 과정사상적

---

31) Ibid., p. 34.

특징을 보여준다. 틸리히에게 있어서 근본적인 존재론적 구조는 자아와 세계이다.[32] 그리고 존재론적 구조를 이루는 세 양극적 요소들의 하나가 운명과 자유이다.[33] 그러나 그는 화이트헤드처럼 유한한 시간성의 기본적인 존재론적 구조를 운명과 자유로 이해하고, 이 기본적인 구조 안에서 자아와 세계를 구별할 것을 제안한다.[34]

따라서 길키는 운명과 자유로서의 역사의 존재론적 구조의 분석으로 시작한다. 운명은 이미 완결된 행동이며 현실태이다. 자유는 아직 현실화되지 않은 가능성, 책임성, 지향성이다. 운명은 소여성이다. 그것은 현실태로 고착된 이전의 자유이다. 따라서 운명은 역사 안의 모든 새로운 가능성과 행동을 위한 조건과 출발점이다. 하지만 길키는 운명과 대립되는 자유의 중요성을 틸리히보다 더욱 강조하는 경향이 있다. 그는 말한다. "따라서 역사는 중심화된 결정(centered decision)의 과정이다. 이 안에는 제거할 수 없는 소여성, 즉 운명이 있다. 그러나 이 안에서는 또한 자유와 자발성이 작용한다."[35]

이와 같이 길키는 끊임없는 생성과정 속에 있는 존재에 대한 과정사상적인 역사의식을 보여준다. 인간의 역사적 실존은 철저히 시간성(temporality)에 의해 규정된다. 전수된 운명은 새로운 가능성들과 대면하게 되며, 새로운 계기가 자신을 현실화한다. 그는 화이트헤드처럼 성취된 현실태와 미결정된 가능태 사이의 근본적인 양태적 구별을 인식하며,[36] 역사적 과정의 미래가 아직 결정되지 않은 진정한 가능성에 대하여 열려있음을 강조한다. 역사적 과정 속에서 운명과 가능성은 자기 현실화를 통해 연합된다.

---

32) Tillich, *Systematic Theology*, vol. 1, pp. 168-71.
33) Ibid., pp. 182-86. 존재론적 구조를 구성하는 세 양극적 요소는 운명(destiny)과 자유(freedom), 개별화(individualization)와 참여(participation), 역동성(dynamics)과 형식(form)이다.
34) Gilkey, *Reaping the Whirlwind*, p. 344 주 42. 길키는 틸리히의 정적인 존재론적 구조 이해를 극복하고, 우리 자신의 존재의 과정적 성격을 확장하고 명료화하고, 나아가서 역사해석을 위한 확고한 존재론적 근거를 제공하기 위해서는 운명과 자유를 기본적인 존재론적 구조로 보아야 한다고 주장한다.
35) Ibid., p. 244.
36) Ibid., pp. 112, 200-1, 301, 309.

운명과 자유의 관계는 존재와 로고스로서의 하나님의 섭리 안에서만 올바로 이해될 수 있다. 즉 하나님은 우리의 지속적인 존재의 근거이며, 시간적 과정의 유지자이며, 우리의 창조성의 지속적인 원천이며, 미래를 향한 가능성의 근거이자 조망자이다. 섭리 안에서 하나님은 시간과 역사의 과정 가운데에서 창조, 유지, 인도하신다. 길키는 오늘날의 역사의식이 더 이상 전적으로 결정적이며 전능한 하나님의 주권에 관한 전통적인 교리를 받아들일 수 없다는 사실을 강조한다. 오늘날의 역사의식의 특징은 우연성, 일시성, 자율성(자기결정), 그리고 역사 안의 악에 대한 인간의 책임성에 대한 인식에 있다. 하나님이 이미 태초부터 마지막 날까지의 역사 전체를 미리 아시고 계획하고 완전히 결정하셨다는 견해는 오늘날의 역사의식과 양립될 수 없다. 그러므로 길키는 역사와 인간실존에 대한 자연적 견해를 위한 자리를 확보하고자 노력한다.

미래는 인간에게와 마찬가지로 하나님에게도 열려있다. 왜냐하면 미래는 하나님에게 현실성으로서가 아니라 가능성으로서 경험되며, 이 가능태는 인간의 자유의 진정한 가능성에 의해 좌우되기 때문이다. 길키는 말한다.

> 하나님은 미래를 "미리 아시고" 현실태의 생성을 인도하신다. 그러나 이 "미리 아심"은 "이미 실현된 현실태"로서의 미래에 대한 지식을 통해서가 아니라, 무한한 가능성에 대한 조망을 통해서이다...[37]

하나님은 이러한 방식으로 역사적 과정의 시간성에 참여하심에 있어서, 변화를 경험하신다 현실태와 가능태 사이의 상대적 구별은 신적 삶에 있어서도 근본적이다. 하나님은 현실태로서의 현실태와 관계하시며, 가능태로서의 가능태와 관계하신다. 가능태가 현실태가 되고 변화의 과정이 발생함에 따라, 과정 자체와 하나님의 창조적, 섭리적 관계가 변하며, 세계에 대한

---

37) Ibid., pp. 308-9.

하나님의 경험과 지식도 변한다.38) 미래를 향한 하나님의 가능성은 인간의 미결정된 자기 현실화에 달려있다. 역사는 하나님에 의해 결정되지 않고, 하나님의 섭리 아래 자기 창조적이다. 따라서 역사가 변함에 따라 불가피하게 하나님의 경험과 지식도 변한다. 하나님은 처음과 마지막이다. 그러나 하나님의 처음과 마지막이 모든 면에 있어서 동일할 수는 없다. 이와 같은 하나님의 과정적, 변화적 특성에 대한 길키의 이해는 화이트헤드의 과정철학의 영향을 잘 보여준다.

그러나 길키는 결정적으로 중요한 점에 있어서 과정사상을 수정한다. 화이트헤드가 창조성, 즉 과정 자체를 근본적인 존재론적 요소로 간주하고, 하나님을 다른 모든 합생(concrescence)을 인도하는, 창조성의 원초적 속성으로 이해하는데 반해, 그는 하나님을 다른 모든 존재와 원리가 의존하는 근본적인 존재와 원리로 간주한다. 따라서 화이트헤드가 창조성을 구별되고 보다 근본적인 요소로 간주하고 하나님의 역할을 단지 가능성의 조망과 질서화에서만 발견하는데 반해, 길키는 창조성을 "존재의 힘", 즉 하나님에게 귀속시킨다.39) 그는 화이트헤드의 창조성의 범주가 신적인 존재의 힘으로서, 즉 창조자와 보존자로서의 하나님의 행위로서 재해석되어야 한다고 주장한다.40) 하나님의 역할은 인간의 창조성의 근거를 제공하는데 있다. 하나님은

---

38) Ibid., p. 309.
39) Ibid., pp. 248-53, 303-6.
40) 그는 이 논증을 화이트헤드의 과정철학의 개념을 비판적으로 전유하여 네 가지 단계로 전개한다. p. 414, 주 34. ① 현실적 존재는 "세계를 구성하는 최종적이고 실제적인 것이다." Alfred North Whitehead, *Process and Reality*, ed. by David Ray Griffin and Donald W. Sherburne (New York: Macmillan, 1929), p. 27. ② 현실적 존재는 주체적 직접성을 상실하고(Ibid., p. 130), "소멸"하며 새로운 존재에 영향을 주는 "자료"(자기초월체, superject)가 된다. ③ 따라서, 현실적 존재가(심지어 자기초월체도) 아닌 창조성이 "연접(連接)의 원리" 또는 "이행의 원리"(Ibid., p. 322), 즉 "다자가...하나의 현실적 계기가 되도록 만들고," "이접(離接) 가운데 주어진 존재가 아닌 새로운 존재를 창조하는" 원리(Ibid., pp. 31-32)이다. ④ 그러나 ①에 따르면, 창조성은 "추상"이며, 현실적 존재의 "가장 보편적인(universal of universals)" 속성이다. 따라서 존재론적 원리에 따르면(설명의 범주, xviii, Ibid., p. 36), 창조성은 "이유(reason)"가 될 수 없으며, 심지어 "이행"의 이유도 될 수 없다. 왜냐하면 현실적 존재만이 유일한 이유"이기 때문이다. 그러므로 오직 "현실적 존재인 하나님"만이 이유가 될 수 있다. 다시 말하면 하나님만이 창조성의 "근거"가 될 수 있다.

"우리의 실존 전체의 근원이며, 우리가 실재로서 생겨나는 모태인 창조성과 유동(流動)의 원천이다."[41] 길키에게 있어서 창조성의 근거는 화이트헤드에게서처럼 독립된 힘이 아니라, 바로 하나님 자신의 존재의 힘이다.

인간의 자기 창조적 자율성을 위한 자리는 하나님의 자기제한에 의해 만들어진다. 길키에 따르면, 하나님의 제한은 "본유적 제한"이 아니라 인간에게 창조성을 제공하는 "자기제한"이다. 그는 이 하나님의 자기제한 안에서, 하나님의 섭리와 인간의 진정한 가능성이 조화롭게 병존할 수 있다고 본다. 따라서 그는 하나님을 창조적 과정의 제한적 또는 유인적 원리로 환원시킴 없이, 창조적 과정에 대한 화이트헤드의 과정철학적 사고를 비판적으로 수용한다. 다시 말하면, 인간의 창조적 힘은 바로 하나님 자신의 자기제한의 힘으로부터 나온다.

요약하면, 하나님의 섭리의 역할은 과거(성취된 현실태, 운명), 현재(자유와 자율성 안에서의 자기 현실화), 그리고 미래(새롭고 개방되고 창조적인 가능성)의 통합에 있다. 존재로서의 하나님은 자신의 창조적 능력 안에서, 각각의 성취된 현실태 즉 소여성을 자유의 자기 현실화를 위한 운명으로 만든다. 그리고 로고스로서의 하나님은 인간의 창조적 가능성의 근거로서, 각각의 현재에 미래를 향한 새롭고도 운명에 적절한 가능성을 제시한다.

(2) 그러나 길키는 이 가능성의 한계와 모호성에 대한 신정통주의적 인식을 공유한다. 창조적 자유는 오용되고 죄가 되며 따라서 운명은 숙명으로 변한다. 인간의 자율적 자유는 죄에 의해 소외의 조건을 산출함으로써 인과응보를 초래한다. 소외에 의해 존재론적 구조가 왜곡된다. 여기서 길키는 틸리히와 달리 그리고 라인홀드 니버처럼 존재론적 범주의 한계를 인지한다. 그에 의하면 "존재론은 오직 구조만을 알지 그 오용을 알지 못한다."[42] 운명에

---
41) Gilkey, *Reaping the Whirlwind*, p. 249.
42) Ibid., p. 256. Reinhold Niebuhr, *The Nature and Destiny of Man*, vol. 1 (New York: Scribner's,

서 숙명으로의 변화는 죄로 인한 왜곡과 소외의 범주 없이는 이해될 수 없다. 물론, 길키는 인간의 고상한 가능성에 의해 역사가 진보하고 숙명이 감소될 수 있다는 것을 인정한다. 새로운 정치적, 경제적, 사회적, 법적 가능성이 삶에 실질적인 변화를 가져올 것이다.[43] 따라서 그는 정치(해방)신학자들처럼 사회 정치적 실천의 중요성을 강조한다.

그러나 다른 한편, 길키는 개선의 전망에 대하여 낙관적이지는 않다. 왜냐하면 인간의 자유는 스스로 통제되지 않으며 언제나 타락의 가능성을 지니고 있기 때문이다. 그는 자유주의 신학이 인간의 자유의 심각한 모호성을 충분히 인식하는데 실패했다고 비판한다. 자유주의 신학은 (길키가 자유를 위한 "운명"이라고 부르는) 기술적, 산업적 발전 구조와 사회적, 지적 규범을 이러한 구조와 규범이 맥락을 제공하는 자유 자체와 혼동하였다. 길키에 따르면, "역사로부터 주어진 이 소여성에 응답하는 자유는 시간과 더불어 진보하거나 축적되어 발전하지 않는다."[44]

그러므로 길키는 진보와 혁명에 대하여 의문을 제기하는 신정통주의적인 관점, 특히 라인홀드 니버의 입장을 옹호하면서, 역사의 의미는 역사적 과정 자체 안이 아니라 그 너머로부터 현재에로 주어진다고 주장한다.[45] 그는 어거스틴의 전통에 서서, "역사의 가능성이 실현되기 위해서는 가능성이 현실화 될 때에 섭리와 연합하는 자율성 자체가 은혜에 의해 변화를 입어야 한다."고 강조한다.[46] 그러나 변혁적 은혜가 작용하더라도 역사의 가능성은 역사 안에서는 온전히 실현되지 않는다. 이것이 왜 은혜의 중심적 사역이 구

1941), chap 8; Paul Tillich, *Systematic Theology*, vol. 2 (Chicago: University of Chicago, 1957), pp. 29-44. 니버는 틸리히의 사변적인 존재론적 언어가 역사의 드라마를 표현하는 성서의 언어와 부합하지 않는다고 비판하였는데, 이에 대하여는 Reinhold Niebuhr, "Biblical Thought and Ontological Speculation in Tillich's Theology," Charles W. Kegley (ed), *The Theology of Paul Tillich* (New York: The Pilgrim Press, 1952, 1982)를 참고하라.

43) Gilkey, *Reaping the Whirlwind*, p. 287.
44) Ibid., p. 276.
45) Ibid., pp. 216-26.
46) Ibid., p. 266. Augustine, *On the Grace of Christ and On Original Sin*, bk. Ⅱ, Chaps. XXVIII-XXXI.

원(deliverance)이라기보다는 칭의(justification)인가 하는 이유이다.[47] 니버의 표현을 빌면, 역사 안에서의 인간의 삶의 최종적 변화는 "불가능한 가능성"(impossible possibility)이다. 이런 의미에서 길키는 종교개혁자(특히 루터)의 칭의 전통과 니버의 현실주의의 노선에 서 있다.

(3) 그렇다면 역사와 하나님 나라, 섭리와 종말론은 어떤 관계에 있는가? 한편으로 길키는 역사 안에서의 사회 정치적 차원의 변혁을 위한 실천의 중요성을 강조하며 또는 그러한 실천이 실제로 향상된 미래를 가져옴으로써 하나님 나라를 위한 전제와 준비의 역할을 할 수 있다고 말한다. 그러나 다른 한편, 그는 인간의 죄의 심각성과 자유의 모호성으로 인하여 결코 하나님 나라가 역사 안에 실현되지는 않는다고 말한다. 따라서 역사 안에서의 하나님의 은혜의 중심 사역은 칭의다. 하나님 나라는 언제나 "아직 아니"의 실재로서, 역사를 넘어서는 궁극적인 완성을 지시한다. 그러므로 역사의 존재론적 구조와 그 구조의 왜곡과 관련된 섭리는 종말론을 필요로 한다.

길키는 역사와 이와 같은 하나님 나라, 또는 섭리와 종말론 사이의 이중적인 관계를 압축적으로 다음과 같이 표현한다. "역사 안에서의 새로운 가능성의 불충분성으로 말미암아 섭리는 종말론을 준비하고 또한 종말론의 전제가 된다."[48] 또한 역사 안에서의 새로운 가능성의 유인은 종말론적 목표에 의해 규정된다. 그리고 섭리의 목표를 정의하고 명료화하는 종말론은 기독론적으로 접근된다. 즉 "중심적인 종말론적 목표는 예수가 역사를 위한 그리고 역사를 넘어서는 하나님의 궁극적 목적으로 선포한 하나님 나라로서, 이 하나님 나라는 예수와 더불어 부분적으로 나타났으며 마지막 날에 완성될 것이다."[49] 그러므로 역사를 유인하는 로고스와 역사의 규범, 즉 하나님의 창조적이

---

[47] Ibid., pp. 282-83.
[48] Ibid., p. 287.
[49] Ibid., p. 288.

고 섭리적인 사역을 인도하는 목표는 종말론과 기독론에서 밝히 드러난다.

요약하면, 길키에게 있어서 역사와 종말 사이의 관계는 이중적인 성격을 보여준다. 한편, 종말론은 역사화될 수 없으며, 하나님 나라는 모든 역사의 형태를 초월한다. "하나님 나라는 역사 안(in)에서의 미래로서 뿐만 아니라 또한 역사에 대하여(to) 초월적인 것으로서 종말론적이어야 한다."[50] 그러나 다른 한편, 하나님 나라라는 종말론적 상징은 하나님의 섭리의 궁극적 목표로서 사회적 실천의 새로운 가능성을 직접적이고 내재적으로 지시한다. 종말론은 하나님의 섭리적 사역의 모호성을 분명하게 밝혀줄 뿐만 아니라 우리의 창조적 실천을 위한 규범을 제공해 준다. 종말론적으로 정의된 섭리의 목표를 이해함으로써, 우리는 오늘의 역사적 상황 속에서 우리가 무엇을 위하여 부름을 받았는지를 깨달을 수 있다.[51] 그러므로 길키는 종말론에서 정치(해방)신학적 실천의 필요성과 정당성을 위한 근거를 발견한다. 바로 이 점에서 그는 몰트만과 같은 정치신학자와 구티에레스와 같은 해방신학자들과 생각을 같이 한다.

하나님의 섭리적 비전이 지향하는 종말론적 목표는 무엇인가? 길키에 따르면 하나님의 궁극적 목표는 하나님 나라 안에서의 새로운 인간성이다.[52] 하나님의 궁극적 미래에 대한 희망 속에서, 그는 이중적 운명의 개념을 거부한다. 양으로서의 인간과 염소로서의 인간 사이의 궁극적 분리는 허용될 수 없다. 그에 따르면 하나님은 창조적 궁극자로서 모든 사람들과 관계하기 때문에, 이 관계에 대한 우리의 응답의 차이는 상대적인 것이다. 그러므로 어느 누구든지 구원을 받기 위해서는 모두 마찬가지로 하나님의 자비를 필요로 한다. 그리고 하나님의 사랑은 구원을 받을 만한 가치가 있는 사람 뿐 아니라 없는 사람에게도 미치며, 따라서 원리적으로 모든 사람에게 미친다.[53]

---

50) Ibid., p. 292.
51) Ibid., pp. 288, 290.
52) Ibid., p. 314.
53) Ibid., p. 298. 이와 같은 길키의 견해는 바르트의 만인화해설과 유사하다. 그러나 이 견해가 곧 만인

6. 결론

길키는 자유주의, 신정통주의, 정치(해방)신학을 아우르는 통전적인 신학의 패러다임을 수립하고자 시도하였다. 즉 그는 삼위일체론적으로는 존재로서의 하나님, 로고스로서의 하나님, 사랑의 하나님, 종말론을, 역사신학적으로는 섭리와 자유, 죄와 소외, 용납과 화해, 종말론적 완성을 통전적인 신학의 패러다임 안에서 종합하고자 하였다.

이제 우리는 두 가지의 상호 연관된 문제를 다룸으로써 결론을 맺고자 한다. 하나는 섭리의 하나님과 인간의 자유와 종말론의 관계의 문제이며, 다른 하나는 삼위일체론적 개념의 문제이다. 첫 번째 문제는 섭리의 하나님은 어떻게 인간의 자유와의 관계 속에서 종말론적 목표를 성취하시는가 하는 것이다. 한편, 섭리의 하나님은 자기제한 안에서 인간의 창조성의 근거를 제공한다. 섭리의 하나님은 역사적 흐름에 참여함에 있어서 시간적이며 변화 가능하다. 다른 한편, 하나님은 종말에 그리스도 안에서 인간과 하나님을 재연합함으로써 역사를 넘어 궁극적 미래를 가져오신다. 여기서 제기되는 물음은 이 궁극적인 완성이 어떻게 역사적 자유와 양립할 수 있는가 하는 것이다. 즉, 인간의 자유를 허용하시는 섭리의 하나님과 궁극적 완성을 가져오시는 종말의 하나님은 어떻게 일치될 수 있는가? 하나님의 상대성과 변화 가능성에 대한 인정은 역사의 궁극적 목표를 보증하기보다는 오히려 모호하게 만드는 것은 아닌가? 역사의 과정이 인간의 창조성에 의해 좌우된다면, 하나님의 조망과 유인에도 불구하고 정해진 역사의 목적지란 없는 셈이다. 길키가 이처럼 철저하게 개방된 역사의식을 가지고 있다면, 그가 하나님이 시간적(temporal)이기는 하지만 우연적(contingent)이지는 않다고 말함으로써 하나님의 상대화를 거부하는 것이 무슨 의미가 있는가?

구원설을 의미한다고 손쉽게 단정할 수는 없다. 이 문제에 관해서는 별도의 심도 있는 논의가 필요하다.

하나님의 섭리와 인간의 자유는 어떻게 양립 가능하며 어떻게 종말론적 목표를 성취할 수 있는가? 길키가 말한 바와 같이 하나님은 전수된 운명의 근거일 뿐 아니라 또한 우리의 자유의 근거이시다. 하나님은 존재론적으로 우리의 운명과 자유의 근거이기 때문에 역사 안에서 역사를 넘어서는 의미와 희망의 보증자가 되신다. 섭리의 하나님은 주어진 과거의 현실태를 현재 안에 보존하시며, 성취된 현실태와의 관계 속에서 새로운 가능성에 대한 비전을 제시하시고 유인하심으로서 역사를 궁극적인 목표를 향하여 인도하신다. 그러므로 인간의 자유와 하나님의 섭리는 상호 모순적이지 않다. 하나님의 자기제한은 인간에게 자유를 허용한다. 그러나 이것은 하나님이 인간의 자유에 의해 현실화되는 역사적 과정에 종속되거나 그것에 의해 지배된다는 것을 의미하지는 않는다. 오히려, 하나님의 자기제한은 하나님의 주권의 표현이다. 왜냐하면 하나님은 영원 안에서의 "비제한적 존재"(Unlimited Being)일 때에만 자신을 제한할 수 있기 때문이다. 따라서 자기제한 안에 있는 하나님은 역사적 과정에 종속되지 않고 오히려 그 과정을 인도하며 변화시키면서 역사 안에 참여하신다. 역사 안에서의 새로움의 출현으로 인한 하나님의 경험과 지식과 각각의 구체적인 역사적 상황 속에서 하나님의 섭리가 응답적으로 작용하는 방식은 변하지만, 하나님 자신의 본질적 속성이나 궁극적 목적은 변하지 않는다. 그러므로 섭리와 종말론은 다른 범주에 속하지 않는다. 창조가 섭리의 시작이라면 종말은 섭리의 완성이다. 바로 이와 같은 의미에서 "하나님은 어제나 오늘이나 영원토록 동일하시다."(히 13:8) 창조와 섭리와 종말의 하나님은 동일하시다.

그러나 인간의 자유의 오용, 즉 죄로 인하여 역사의 존재론적 구조가 파괴되고 소외됨으로써, 섭리는 종말론과의 직접적(direct)인 연속성을 상실한다. 왜냐하면 운명과 자유가 섭리 안에서 통합되는 본래적인 존재론적 구조 자체가 죄로 인하여 파괴되기 때문이다. 따라서 인간의 자유를 포괄하는 섭리와 종말론의 관계는 사랑의 하나님 안에서 회복되어야 한다. 즉, 예수 그리스도의 대속사역에 의한 용서와 용납, 화해와 재연합을 통해 섭리의 종말론적 완성은 새롭게 보증된다. 따라서 사랑의 하나님 안에서 섭리와 종말론은 변증법적(directical)으로 연결된다. 이 변증법은 "섭리-사랑-종말" 또는 "자유, 운명-죄, 소외, 숙명- 화해, 재연합"의 변증법이다.

길키에게 있어서 기독교의 삼위일체적 상징은 이와 같은 변증법적 과정 안에서 전개되는 세계의 역사와의 관계성 안에서의 하나님의 변증법적 존재와 삶의 양태를 표현하는 개념이다. 그러면 그의 역사적 삼위일체론은 이러한 변증법을 충분히 잘 표현하는가? 유감스럽게도 그의 존재, 로고스, 사랑으로서의 삼위일체적 개념은 이러한 변증법을 충분히 포괄한다고 보기 어렵다. 사실상 그가 말하는 존재의 하나님과 로고스 하나님의 역할은 전통적인 아버지 하나님의 창조, 보존, 섭리의 역할과 다르지 않으며, 사랑의 하나님은 예수 그리스도 안에서의 아들 하나님의 구속의 역할과 동일하다. 그렇다면 종말론적 완성을 가져오는 하나님을 표현하는 삼위일체적 개념은 무엇인가? 길키는 이 종말의 하나님을 표현하는 삼위일체적 개념을 제시하고 있지 못하다. 즉 그에게는 성령론이 결여되어 있다.

성서와 기독교 전통에서 우리는 종말론적 범주를 위한 삼위일체적 상징을 역사변혁의 능력이며 종말론적 완성인 영인 성령에서 발견한다. 성령은 역사변혁의 능력으로서 교회와 그리스도인들과 함께 일하시며, 동시에 종말론적 영으로서 예수 그리스도 안에서 이루어진 구속과 화해를 종말론적으로 완성한다. 성령론 안에서 역사적 실천과 종말론은 결합된다. 그러므로 세계의 역사의 변증법적 과정과의 관계성 안에 계신 하나님의 변증법적 존재와 삶을 표현하는 삼위일체론은 존재와 섭리의 하나님(아버지), 사랑의 하나님(아들), 그리고 역사변혁의 능력과 종말론적 완성의 영으로서의 하나님(성령)으로 구성된다.

제9장
토착화 신학과 이정용의 역(易) 삼위일체론

1. 서론: 신학의 역사성과 토착화 신학

    종교와 문화는 분리할 수 없는 밀접한 관계에 있다. 틸리히는 종교와 문화의 밀접한 관계를 "종교는 문화의 실체요 문화는 종교의 형식이다"[1]라는 말로 표현한 바 있다. 즉 문화와 종교의 관계는 형식과 실체, 틀과 본질의 관계에 있다. 이 둘은 불가분리의 관계에 있을 뿐만 아니라 상호 연관적 또는 의존적이다. 다시 말하면, 형식인 문화의 변화는 실체의 종교에 영향을 미치며 그 역도 마찬가지이다. 이와 같은 종교의 역사적 성격은 기독교의 경우에도 다르지 않다. 성서가 증언하는 복음의 본질 자체가 문화적 형식과 불가분의 관계에 있다. 구약성서는 히브리 문화 속에 체화되었으며, 신약성서는 유대문화와 그리스-로마 문화 안에 체현되었다. 신약성서 시기 이후의 기독교 신학의 패러다임은 헬레니즘의 문화사상적 맥락, 특히 플라톤, 아리스토텔레스의 사상적 배경 안에서 형성되었다. 모든 신학의 본성은 역사적이다. 역사적 맥락을 벗어난 비역사적 신학이란 존재하지 않는다. 기독교의 고전적 신학 전통은 서구의 역사적 현실과의 상관성 안에서 형성되었다. 어거스틴의 『신국론』은 로마제국의 역사와 운명에 대한 신학적 고찰이었다. 즉 그것

---

[1] Paul Tillich, *The Protestant Era*, trans. by James Luther Adams (Chicago: University of Chicago Press, 1948), p. 57.

은 "로마제국의 신학"이자 로마제국에서의 교회의 존재의미를 변증하기 위한 역사신학적 변증학이었다. 토마스 아퀴나스의 『신학대전』은 당시 중세의 사회체계를 위한 신학적 기반을 제시함으로써 기독교 세계(corpus christianum)를 지탱해주기 위한 사회적 신학이었다.[2] 사실상 모든 신학은 특수한 역사적 상황 안에서 수행되는 상황적 신학(contextual theology)이라고 할 수 있다. 모든 신학자는 자신이 속해있는 문화적, 역사적 전통의 영향사(影響史) 안에서, 그리고 세계-내-존재로서의 자신이 속해있는 삶의 세계 안에서 신학을 수행한다. 모든 신학은 예외 없이 신학자와 신학 공동체가 속해있는 특수한 역사적 상황 안에서 그리고 그 역사적 상황과의 상관관계 안에서 수행되는 상황적 신학이다. 따라서 유럽신학, 미국신학, 아시아신학, 남미신학, 아프리카신학 등이 존재하며, 그 어디에도 속하지 않는 초역사적, 보편적 신학이란 존재하지 않는다.

이른바 정통주의를 표방하는 보수적인 신학자들 가운데는 서구신학을 절대적 권위를 지닌 초역사적, 보편적 신학으로 신봉하고 그것을 아시아 또는 한국의 상황에 단지 이식(移植)하는 것이 아시아와 한국 신학의 과제라고 생각하는 사람들이 있다. 이러한 생각은 종교와 신학을 포함하는 인간 실존의 역사성 즉, 지역성과 상황성에 대한 인식이 결여된 전근대적인 비역사적, 도그마적 사고방식에 기인한다. 또한 오늘날의 탈식민주의적 관점에서 볼 때, 그러한 생각은 오리엔탈리즘에 대한 의식적 또는 무의식적 예속화에 기인한다. 오리엔탈리즘이란 이데올로기적인 서양의 동양론을 의미한다. 오리엔탈리즘은 서양을 우월한 자아로 그리고 동양을 서양과 다른 열등한 타자로 규정한다. 그것은 서양과 동양을 선과 악, 문명과 야만, 중심과 주변, 주체와 객체의 이분법적 논리로 구분하는 유럽 중심적 인식과 재현의 틀이다. 오리엔탈리즘은 이러한 존재론적, 인식론적 구별에 근거하여 동양에 대한

---

[2] 후카이 도모아키(Tomoaki Fukai), "아시아 신학자에게 있어서 구미신학의 의의," 제1회 한일신학자 학술회의, 「구미신학과 아시아신학」 장로회신학대학교, 3, 10, 2009, p. 13.

서양의 식민지적 지배를 정당화한다.[3] 오리엔탈리즘이 서양을 우월한 자아로 동양을 열등한 타자로 규정했다면, 서양의 선교사들은 자신들의 자아적 기독교를 진리의 신앙체계로, 아시아의 타자적 종교들을 비진리의 우상 또는 미신체계로 간주하였다. 오리엔탈리즘의 영향은 아시아와 한국의 기독교 신학 내부에서도 발견된다. 전통적인 서구신학을 절대화하고 맹목적으로 답습하려는 태도는 서구교회와 신학자에 대한 비서구교회와 신학자의 오리엔탈리즘에 의한 정신적 예속을 반영한다.

토착화 신학은 바로 이러한 예속의 극복을 위해 요청된다. 토착화 신학이란 신학자가 자신의 역사성, 즉 지역성과 상황성에 대한 명시적인 자의식을 가지고 수행하는 신학을 의미한다. 다시 말하면, 토착화 신학자는 자신이 속해있는 문화사상적 전통의 영향사와 삶의 세계로부터 주어지는 지평, 이해의 선구조, 전제, 선입견에 대한 분명한 자의식을 가지고 신학을 한다. 신학의 역사성에 대한 인식과 자신의 역사적 삶의 자리에 대한 분명한 자의식을 가지고 신학을 하는 신학자는 서양의 역사 속에서 형성된 신학을 그대로 반복하거나 답습하는 것을 거부한다. 동아시아와 한국에는 서구의 신학을 발전시킨 그리스-로마의 문화사상적 맥락, 즉 이원론적, 정태적, 실체론적 세계관이 존재하지 않는다. 만일 동아시아와 한국의 신학자가 서구의 문화사상적 맥락 안에서 형성된 신학전통을 단지 반복하고 답습하는데 그친다면, 동아시아와 한국의 전통적 문화사상이 서구의 기독교와 문화사상에 의해 말살되지 않는 한 기독교는 동아시아와 한국의 전통적 문화사상적 토양에 뿌리내리지 못하고 언제나 서양에서 전래된 외래종교로 남아있을 것이다. 물론 동아시아와 한국의 선통석 분화사상이 서구의 기독교와 문화사상에 의해

---

[3] Edward W. Said, *Orientalism*, 박홍규 역, 『오리엔탈리즘』 (서울: 교보문고, 1996), p. 14-16. 고부응, "에드워드 사이드와 탈식민주의 이론," 『역사비평』 2004년 겨울호, pp. 363-64. 사이드에 의하면, 오리엔탈리즘은 식민지 지배를 합리화하고 추인하는 수단이라기보다는 그에 앞서서 지배를 정당화하고 식민지를 창조해내는 요인이었다. 나병철, 『탈식민주의와 근대문학』 (서울: 문예출판사, 2004), p. 57. 참고.

말살될 가능성은 거의 없어 보인다.

신학을 동아시아와 한국의 문화사상적 틀 안에서 재구성하는 토착화 과업을 수행한다는 것은 결코 서구신학 자체를 거부하는 것을 의미하지는 않는다. 기독교의 정체성을 결정하는 고전적 기독교 신학의 패러다임은 성서에 기초하여 고대의 그리스-로마의 세계관 안에서 형성되었으며, 서양의 이천 여년의 역사적 과정 속에서 발전되어 왔다. 서구신학 자체를 전적으로 무시하거나 거부하고 동아시아적, 한국적 신학을 수립한다는 것은 불가능하다. 왜냐하면 그것은 이천 여년의 교회의 역사 자체를 부정하는 것이며 그 역사 속에서 형성된 기독교의 정체성을 거부한다는 것을 의미하기 때문이다. 이것은 기독교의 역사적 본성 자체를 부인하는 것일 뿐만 아니라 기독교 자체를 거부하는 것과 다름이 없다. 왜냐하면 종교와 인간을 포함한 모든 역사적 실재는 자신의 과거의 역사적 과정의 총체적 결과 외에 다른 것이 아니기 때문이다.

또한 서양의 오리엔탈리즘에 대한 반동적 역작용으로 동아시아와 한국의 독특성이 배타적으로 강조되거나 서양과의 차이점이 지나치게 과장되어서도 안 된다. 그리고 서양은 잘못되고 동양은 옳다는 식의 이분법적 흑백논리에 기초하여 동아시아와 한국의 독특성과 주체성을 주장해서는 더욱 안 된다. 신학자는 자신의 문화사상적 전통을 소중히 여기고 자신이 속해있는 민족 공동체에 대한 책임성을 가져야 하지만 동시에 문화사상적 우월주의나 배타적인 민족주의는 경계하여야 한다. 동아시아와 한국의 신학을 하고자 하는 신학자는 기독교의 정체성이 서양의 문화사상적 맥락과 역사적 과정 속에서 형성·발전되어왔다는 사실을 기억하고, 무엇보다 먼저 이천 여년의 오랜 역사 속에서 발전되어온 서구신학으로부터 배우고자 하는 겸손한 태도를 가질 필요가 있다.

신학의 역사성을 인식하고 자신이 속해있는 문화사상적 전통의 영향사와 삶의 세계로부터 주어지는 지평, 이해의 선구조, 전제, 선입견에 대한 분명한 자의식을 가지고 신학을 한다는 것은 신학의 보편성을 포기하고 역사적 상대주의, 혼란스러운 다원주의, 폐쇄적 지역주의에 빠지는 것을 의미하지 않는다. 궁극적 실재로서의 하나님이 모든 진리의 원천이요 최종적 완성자라면, 하나님을 대상으로 하는 신학은 보편적 진리를 탐구하는 보편적 학문을 지향하여야 한다. 그러나 보편성으로의 길은 지역성에서 시작된다. 지역적 특수성으로부터 세계적 보편성으로 나아가는 길 외에 다른 보편성의 길은 존재하지 않는다. 그러므로 진정한 토착화 신학은 폐쇄적 지역주의와 추상화된 보편주의를 모두 거부한다. 그것은 보편성을 향해 열린 지역성과, 지역성에 기초한 보편성을 지향한다. 이런 의미에서 역설적으로, 가장 토착적인 것이 가장 세계적일 수 있다. 따라서 동아시아와 한국인에게 있어서 진정한 보편적, 세계적 신학은 동아시아와 한국의 문화사상적 토양에 뿌리내린 진정한 토착적 신학으로부터 출발하여야 한다. 이것이 최근에 사용되는 신조어인 '글로컬리즘'(glocalization)의 본래적 의미이다.

지역성에서 보편성으로의 길은 상호비판적인 대화를 통한 변증법적 지평융합의 과정에 의해 열린다. 동아시아와 한국의 상황에서 토착화 신학의 과제는 전통적인 서구신학을 동아시아와 한국의 신학으로 대체하는 데 있는 것이 아니라 상호비판적인 대화를 통해 보다 통전적이고 보편적인 신학의 패러다임에 대한 전망을 모색하는 데 있다. 따라서 전통적 서구신학과 동아시아와 한국의 토착화 신학은 상호배타적인 관계가 아니라 상호비판적인 대화의 과정을 통한 상호보완적인 파트너십의 관계를 지향하여야 한다.[4]

---

[4] 한국 신학계에서는 1960년대 초부터 토착화에 관한 논의가 본격적으로 시작되었다. 이 당시의 토착화 신학자들은 종교문화적 관점에서 서구에서 전래된 기독교의 복음과 한국의 전통문화와 종교를 연결시키는 작업을 시도하였다. 윤성범은 유교사상에 입각하여 성(誠)의 신학을 주창하였다. 유동식은 한국의 무교 연구에 기초하여 풍류신학을 제시하였다. 변선환은 불교를 연구하여 불교적 기독교신학을 수립하고자 하였다. 1970년대에는 사회정치적 관점에서의 토착화 신학으로서 민중신학이 등장하여 크게 유행하였다. 서남동은 민중의 한을 표현하는 한민족의 민담들에 대한 연구에 기초하여 두 이야기, 즉 성서의 해방 이야기와 한국민족의 민중의 해방적 투쟁 이야기의 합류를 시도하였다. 안병무는 민중으로서의 예수에 대한 사회학적 성서해석에 기초하여 민중 메시아론을 주창하였다.

2. 이정용의 토착화 신학

이정용은 아시아적 관점, 특히 동아시아(중국)의 주역(周易)과 음양(陰陽)사상의 관점에서 새로운 신학의 패러다임을 수립하고자 했던 대표적인 한국의 토착화 신학자들 가운데 한 사람이라고 할 수 있다. 그는 신학의 상대성을 강조한다. 즉 역사 속의 신학은 언제나 상대적이다. 신학의 상대성은 두 가지 차원으로부터 비롯된다. 첫째, 신학의 상대성은 신학의 역사성으로부터 비롯된다. 신학은 각기 역사적으로 특수한 상황, 특수한 시간과 공간 속에서 전개되기 때문에 상대적이다. 서구신학, 동아시아 신학, 제3세계의 신학 등 모든 신학은 각기 자신의 독특한 역사적 상황 속에서 전개되기 때문에 어느 한 신학이 다른 모든 신학을 배척하고 자신만을 절대화할 수 없으며 또한 어느 한 신학으로 다른 신학을 대체할 수도 없다. 이정용은 역사적 상대성 안에 있는 다양한 신학들을 상호보완적인 관계 안에서 이해한다. 따라서 동아시아의 관점에서 전개되는 그의 신학은 서구신학에 대하여 보완적이다. 그는 서구의 문화사상적 상황과 다른 동아시아의 문화사상적 상황 속에서 전개되는 자신의 신학이 전통적인 서구신학을 보완하고 창조적으로 재구성할 수 있다고 믿는다.

두 번째로 신학의 상대성은 초월적 하나님을 대상으로 하는 신학의 유한성으로부터 비롯된다. 이정용은 인간의 인식의 틀과 언어를 초월한 하나님의 신비를 강조한다. "하나님은 미지의 신비이며 인간에게 직접 알려질 수 없다."[5] 창조자 하나님과 피조물 인간 사이에는 질적 차이가 있다. 그러나 이것은 하나님이 인간에게 경험될 수 없는 존재라는 것을 의미하지는 않는다. 하나님은 인간의 삶 속에 현존하며 활동하시는 분으로 경험된다. 그럼에도 불구하고 인간은 신적 실재 자체를 알지 못하고 그 실재에 대한 자신의 경험만을 표현한다. 인간의 사유와 언어로 표현된 하나님은 하나님 자신과 동

---

5) Jung Young Lee, *The Trinity in Asian Perspective* (Nashville: Abingdon Press, 1996). p. 12.

일하지 않다. 이정용은 도덕경 1장의 말을 빌어서, "말해진 하나님은 진정한 하나님이 아니며, 이름붙일 수 있는 이름은 진정한 이름이 아니다."라고 말한다.[6] 따라서 그는 초월적 하나님에 대한 인간의 언어가 상징적 언어일 수밖에 없다고 강조한다. 인간의 신학적 진술은 인간이 경험한 신성에 대한 유의미한 상상을 표현하는 상징적 진술이다. 그는 신학의 과제가 신적 실재 그 자체에 대한 추구보다는 신적 실재에 대한 의미를 추구하는 상징적 추구에 있다고 생각한다.

기독교 신학은 헬라의 형이상학의 틀 안에서 형성되었다. 예를 들면, 어거스틴은 신플라톤주의, 토마스 아퀴나스는 아리스토텔레스의 철학의 구조를 빌려 신학을 전개하였다. 플라톤과 아리스토텔레스 철학의 대표적인 특징은 정태적이고 실체론적인 존재론에 있다.[7] 이정용은 헬라철학의 형이상학이 기독교의 신앙을 담는 그릇으로 사용된 것과 마찬가지로, 동양(중국)철학인 주역(周易)의 형이상학도 기독교의 신앙을 담는 그릇이 될 수 있다고 믿는다. 전자에 있어서 궁극적인 실재는 정태적인 실체라면 후자에 있어서 궁극적인 실재는 역동적인 변화 즉 역(易)이다. 그는 주역에 나타나는 역(易, 변화)의 세계관에 기초한 신학이 현대의 과학적 세계관과 양립하는 보편타당

---

[6] Ibid., p. 13.
[7] 이정용은 근대에 들어 신학과 철학을 분리시키려고 시도하거나(바르트) 신학과 철학의 새로운 종합을 시도하면서 역동적인 존재론을 강조하는(불트만, 틸리히) 다양한 신학들이 있지만, "그것들 가운데 어느 것도 헬라철학의 정태적인 존재론과 철저히 단절하지는 못했다"고 평가한다. 단 과정신학은 예외이다. 과정신학은 헬라의 정태적인 존재론과 과감하게 결별한다. 과정신학은 양자물리학과 상대성 원리와 같은 과학적 세계관에 기초하여 상대적이고 유기체적인 세계관의 빛에서 기독교 신앙을 제시하고자 한다. 그러나 이정용의 역(易)의 신학과 과정신학은 몇 가지 점에서 중요한 차이점이 있다. 첫째, 과정신학에서의 시간 개념은 직선적인 데 반하여 주역에서의 시간 개념은 순환적이다. 둘째, 과정신학에서 과정은 궁극적 실재로서의 창조성을 전제하는 데 반하여, 주역에서 창조성은 궁극적 실재로서의 역(易)을 전제한다. 궁극적 실재로서의 역(易)은 창조성뿐만 아니라 수용성도 포함한다. 따라서 주역에서 역(易) 또는 변화는 창조적 과정을 낳는 더 근원적인 실재이다. 과정신학에서는 생성이 궁극적 실재인 반면, 주역에서 역(易)은 존재(음)와 생성(양), 하늘(양)과 땅(음), 창조성(양)과 수용성(음)을 모두 포함하는 보다 포괄적인 궁극적 실재이다. 이에 대하여는 Jung Young Lee, *The Theology of Change: A Christian Concept of God in an Eastern Perspective* (Maryknoll, Orbis Books, 1979), pp. 11-20. 참고.

한 신학이 될 수 있다고 주장한다.

또한 서구신학의 고전적 패러다임은 "양자택일"의 논리의 틀 안에서 형성되었다. "양자택일"의 논리는 서구의 이원론적, 정태적, 실체론적 형이상학의 귀결이다. 그러나 현대과학의 플랑크의 양자이론(그리고 아인슈타인의 상대성 이론)은 아리스토텔레스의 "양자택일"의 논리에 도전한다. 오늘날 우리는 물질이 단지 공간적 요소가 아니라 시간적 요소이기도 하다는 것을 알게 되었다. 물질은 입자로 보이기도 하고 파장처럼 보이기도 한다. 이 둘은 동일한 사물의 서로 다른 두 측면이다. 이 "양자 모두"의 사유방식은 아리스토텔레스적인 "양자택일"의 사유방식에 근본적인 도전을 제기한다.[8]

이정용은 세계의 사물에 대한 인식뿐만 아니라 신학적 사유를 위해서도 정태적 이원론에 근거한 "양자택일"의 논리가 아니라 "양자택일"의 범주까지 포괄하는 "양자 모두"의 포괄적 사유방식이 더 적합하다고 주장한다.[9] 이 포괄적 사유방식이 바로 음양 상징적 사유이다. 그는 하나님의 실재를 표현하기 위해 주역(周易)의 세계관에 기초한 "음양 상징적 사유"를 사용한다.[10] 음양 상징은 동아시아의 종교, 철학, 문화를 형성해온 핵심적 사유방식이다. 음양 사유의 특징은 관계적, 역동적, 상호보완적, "양자 모두"의 양극적 구조에 있다. 미시적인 아원자의 세계로부터 거시적인 우주적 세계에 이르기까지 모든 세계와 만물은 이러한 음양의 양극적 구조로 이루어져 있다. 인간의 음양 상징적 사유는 바로 이와 같은 모든 세계와 만물의 양극적인 존재론적 구조에 상응하는 인식론적 사유방식이다. 이정용은 음양의 전체성으로서의 역(易) 개념을 통해 하나님을 이해하고자 하며, 음양의 관계적,

---

8) Jean Gebser in P. J. Saher, *Eastern Wisdom and Western Thought: A Comparative Study in the Modern Philosophy of Religion* (New York: Barnes and Noble, 1970), p. 10. Lee, *The Theology of Change*, p. 16. 에서 재인용.
9) Lee, *The Trinity in Asian Perspective*, p. 34.
10) 이정용은 주역(周易) 이외에 도덕경(道德經), 하도(河圖), 태극도설(太極圖說), 황제내경(黃帝內徑), 장재(張載), 주희(朱熹) 등의 신유학자들의 저술에 대한 연구를 통해 음양철학의 발전과정을 분석하였다.

역동적, 상호보완적 양극성의 구조에 기초하여 새로운 삼위일체적 표상을 수립하고자 한다.

3. 역(易)으로서의 하나님

헬라 형이상학의 정태적인 존재론에 의하면 완전한 신은 고통을 당하거나 감정의 영향을 받지 않는다. 따라서 고대 교회에서 아버지 하나님이 아들의 십자가에서 함께 고통을 당했다는 성부수난설은 이단으로 정죄되었다. 아리스토텔레스는 하나님을 절대 불변하는 존재로서 "부동의 동자," "순수한 현실태"로 표현하였다.[11] 이와 달리 히브리인은 실재를 변화하고 움직이며 정서적이고 역동적인 전체로서 인식하였다. "야훼"(YHWH)란 이름은 헬라의 신개념처럼 구조적 실존보다 힘 또는 에너지와 밀접하게 연관된다. "야훼"는 능동적이며 역동적인 의미에서 "있다"(to be)라는 의미의 동사 "하야"(hayah)와 직접 연결되어 있으며, 이 동사는 하나님의 백성과 창조세계를 향한 하나님의 인격적이고 역동적인 존재(있음)를 표현한다. 또한 "엘"(El)이란 이름도 원시적인 힘, 또는 힘 안에 있는 생명과 연관된다. 그러므로 하나님을 본질적인 존재의 구조로 인식하는 헬라적 사고는 있음(is-ness) 자체로서의 히브리적 하나님 개념과 대조된다.

이정용에 의하면, "있음 자체로서의 하나님은 무엇보다 역(易, 변화) 자체의 힘이다."[12] 불변하는 존재 자체로서의 헬라의 신개념과 반대로, 역(易)으로서의 궁극적 실재는 변화 자체이다. 역(易) 자체로서의 하나님은 존재의 생성을 모두 포괄하는 궁극적 실재로서, 이로부터 두 원초적 형상인 하늘과 땅이 나온다. 하늘의 본성은 창조성이며, 땅의 본성은 수용성이다. 창조성은

---

11) Thomas Aquinas, *Summa Theologica*, Ia. 9, 1-2; 25, 1. Lee, *The Theology of Change*, p. 29, 에서 재인용.
12) Lee, *The Theology of Change*, pp. 37-38.

첫 번째 괘인 건(乾)으로 상징되고, 수용성은 두 번째 괘인 곤(坤)으로 상징된다. 건(乾)은 양기의 무한한 응집을 의미하고, 곤(坤)은 음기의 무한한 응집을 의미한다. 건(乾)과 곤(坤)은 상호보완적 관계 안에서 세계의 만물을 창조하고 재창조한다. 주역의 계사전(繫辭傳, the Great Commentary)에 의하면, "태극(太極)은 역(易) 안에 있다. 역(易)은 두 원초적 형상(形象, 兩義)을 낳는다. 두 원초적 형상(形象)은 사상(四象)을 낳는다. 사상(四象)은 8괘(卦)를 낳는다." 그리고 8괘는 64괘를 낳고 64괘는 우주에 존재하는 모든 만물을 낳는다.13) 여기서 두 원초적 형상은 창조성을 상징하는 첫 번째 괘인 태양(太陽) 또는 하늘과, 수용성을 상징하는 두 번째 괘인 태음(太陰) 또는 땅을 가리킨다.

역(易)으로서의 하나님은 "부동의 동자"가 아니라 "동의 동자"(Moving mover), "변화하며 변화를 일으키는 자"(Changing Changer)로서 생성에 종속됨 없이 모든 창조적 생성과 변화의 원천이다. 역(易)으로서의 하나님은 창조적 생성과정의 원천일 뿐만 아니라 변화하는 세계의 중심이요 핵심이다. 하나님은 변화하는 세계 안의 역(易) 즉 변화로서 끊임없이 변화하고 생성하는 세계 안에 존재한다. 그러나 이정용은 역(易)과 생성을 구별한다. 왜냐하면 역(易) 즉 변화는 존재와 생성을 모두 포괄하기 때문이다. 다시 말하면, 하나님은 변화하면서 동시에 불변한다. 하나님의 불변성은 역(易) 즉 변화의 일관적이고 규칙적인 형식을 의미한다. "역(易)의 일관성과 규칙성은 바로 역(易)의 영원하고 불변하는 원리의 본질이다."14) 다시 말하면, 하나님의 끊임없이 변화하는 본성은 변화의 불변하는 패턴을 통합한다. 이런 의미에서 역(易)으로서의 하나님은 변화하면서 동시에 불변한다.

---

13) 繫辭傳, sec. I, ch. 5. Lee, *The Theology of Change*, p. 39. Jung Young Lee, *The Principle of Changes: Understanding the I Ching* (New Hyde Park, New York: University Books, 1971), p. 89. 에서 재인용. 노자의 도덕경에도 이와 유사한 창조적 과정에 대한 기술이 나타난다. "도가 일을 낳고, 일은 이를 낳고, 이가 삼을 낳고, 삼은 만물을 낳았다." 道德經, 42장.
14) Lee, *The Theology of Change*, p. 44. Lee, *The Principle of Changes*, p. 64.

역(易)은 음과 양의 양극적 구조 속에 현현하기 때문에 역(易)으로서의 하나님은 오직 "양자 모두"의 사유에 의해 인식될 수 있다. "양자 모두"의 사유 방식에 의하면 하나님은 인격적이며 동시에 비인격적이다. 야훼나 엘로힘은 본래 번개, 천둥, 산, 강과 같은 비인격적인 자연의 힘을 지칭했던 이름이었는데 후대에 와서 인격적인 이름이 되었다. 또한 이정용에 따르면, "양자 모두"의 사유에 있어서 절대적 이원론에 의한 선과 악의 구별을 불가능하다.[15] 악이란 본질적 존재의 왜곡에 의해 초래된 실존적인 문제이기 때문에, 궁극적으로 하나님과 모순될 수 없다. 악이 실존적인 문제라면, 선도 역시 그렇다. 선과 악은 절대적이 아니라 상대적인 개념이다. 절대자인 하나님은 선과 악의 "양자택일적" 범주에 종속되지 않는다. 선과 악은 이원론적인 갈등 관계에 있는 궁극적 실재가 아니다. 궁극적 실재인 하나님은 선과 악의 범주를 초월하며 동시에 그것들의 원천이다. 선과 악은 과정의 일부로서 갈등적인 관계에 있지 않고 보완적인 관계 안에서 전체를 가능하게 한다. "포괄적인 음양 사고방식에 있어서 선과 악은 상호갈등적인 것이 아니라 역(易)의 창조적 과정에 있어서의 상호보완적인 양극이다."[16]

이정용은 『역(易)의 신학』과 『아시아적 관점에서의 삼위일체』에서 역(易)과 음양철학에 기초하여 삼위일체론을 재해석하였다. 이 글에서는 이 두 책에 나타난 그의 삼위일체론을 차례로 고찰하고 비교할 것이다.

4. 『역(易)의 신학』에 나타난 삼위일체론

(1) 창조성의 원천으로서의 역(易): 창조자 하나님

이정용의 역(易)의 신학은 구원자 중심적 또는 그리스도 중심적이 아닌

---

15) Lee, *The Theology of Change*, pp. 57-65.
16) Ibid., p. 63.

창조자 중심적 신학을 지향한다. 창조자 중심적 신학은 세계가 이미 완성된 것이 아니라 과정 중에 있다는 오늘날의 세계관과 조화된다. 우주의 끊임없는 진화는 세계 안에서의 창조자 하나님의 계속적인 창조의 과정이다. 그리스도는 신적 창조성의 완전한 상징이며, 그리스도의 구속적 행위는 하나님의 창조적 활동의 부분이다.

이정용은 "무로부터(ex nihilo) 창조"를 역(易)의 신학의 관점에서 해석한다. 하나님이 무로부터 창조했다는 것은 만물의 원천이 되는 비존재 또는 무로서의 하나님 자신으로부터 창조했다는 것을 의미한다. 이것을 역(易)의 관점에서 말하자면, 창조자 하나님은 만물을 자신 즉 무극(無極)으로부터 창조한다.17) 역(易)으로서의 무극은 음과 양을 낳고 또한 만물을 낳는다. 따라서 만물의 창조적 실존의 원천은 무극 또는 비존재이다.

이정용의 역(易)의 신학에 있어서 만물의 원천으로서의 하나님과 피조물 특히 인간 사이에 무한한 질적 차이란 존재하지 않는다. "무로부터 창조" 교리는 창조과정에서의 하나님의 자기수여를 긍정하며 따라서 이원론적 세계관을 거부한다. 만일 하나님이 창조과정에서 자신 외의 다른 것에 의존하지 않고 자신을 내어준다면, 피조물은 창조자의 현시이다. 따라서 창조자와 피조물 사이에는 본질적 연속성이 존재한다.18) 역(易) 안에 태극(太極)이 있고, 역(易)으로부터 양의(兩儀), 즉 양과 음, 하늘(乾)과 땅(坤)이 나온다.19) 건(乾)과 곤(坤)은 만물에 내재하는 양과 음의 원형으로서, 이 둘의 상호작용에 의해 주역의 64괘의 배아적(胚芽的) 상황에 의해 상징되는 모든 가능한 소우주적 상황이 생겨난다. 비존재 또는 무로서의 역(易)으로부터 창조된 세계는 창조자 자신으로부터 창조된 것이며, 따라서 창조자와 피조물 사이에는 존

---

17) "태극(太極)은 근본적으로 무극(無極)이다." Chou Tun-i, *T'ai-chi-t'u* (An Explanation of the Diagram of the Great Ultimate); cf. Wade Baskin, ed., *Classics in Chinese Philosophy* (New York: Philosophical Library, 1972), p. 454. Ibid., p. 71. 에서 재인용.
18) Ibid.
19) "태초에 하나님이 천지를 창조하셨다"는 성서의 선언은 "태초에 역(易)이 건(乾)과 곤(坤)을 낳았다"는 말로 환언할 수 있다. Ibid., p. 78.

재적이고 본질적인 연속성이 존재한다. 역(易)으로서의 창조자 하나님은 모든 창조적 과정의 주체이자 음양을 연합하고 분화시키는 힘으로서, 세계와 만물 안에 내재하며 끊임없는 변화를 일으킨다.

그러나 이것은 하나님의 초월성을 부인하는 것을 의미하지 않는다. 이정용에 의하면, 창조성의 원천으로서의 하나님은 창조성을 초월한다. 다시 말하면, 창조자 하나님은 창조의 과정에 참여하면서 동시에 그 원천으로서 창조성의 범주를 초월한다. 창조자와 피조물의 본질적 연속성과 일치하는 동일성을 의미하지 않는다. 왜냐하면 하나님은 세계의 영원한 주체이며 세계는 하나님의 객관화이기 때문이다.[20] 창조자의 초월성은 피조물에 대한 하나님의 영원한 주체성에 있다. 하나님의 주체성 때문에 하나님은 모든 변화하는 세계의 원초적 역(易)이다. 따라서 이정용은 창조자와 인간, 인간과 다른 피조물의 본질적 연속성과 일치와 영원한 주체로서의 창조자의 초월성을 함께 강조하고자 한다.

(2) 역(易)으로서의 신적 창조성의 완전한 실현: 예수 그리스도

하나님의 창조성은 세계 안에서의 구원의 과정보다 우선한다. 이정용은 구원자로서의 그리스도의 사역을 창조자의 사역 즉 세계 안에서의 하나님의 지속적인 창조사역의 연장으로 이해한다.[21] 그리스도는 모든 존재와 창조성의 원천인 창조자 하나님의 계시이다. 이정용은 그리스도가 창조자에게 종속된다고 주장한다. 창조자 하나님은 그리스도 안에 계시된 분보다 더 크다. 그러므로 창조자와 계시자 그리스도를 동일시하는 것은 신적 창조성의

---

20) 이정용은 피텐저의 말을 인용한다. "세계는 하나님 안에 있고 하나님은 세계 안에 있다. 하나님은 세계 안에 침투하고 세계를 통해 일하고 자신의 목적을 위해 세계를 사용한다. 그러나 하나님은 그 자신이 세계가 아니며 세계 안에 있는 그 무엇도 아니며, 인간의 죄상의 본성도 아니다." Norman Pittenger, *God in Process* (London: SCM Press, 1967), p. 27. Ibid., p. 76. 에서 재인용.
21) Ibid., p. 87.

무한한 본성을 부인하는 것이다. 구속자로서의 그의 사역은 창조자로서의 하나님의 사역의 한 부분이며, 구원은 창조의 완성을 향한 한 요소이다.22) 하나님의 말씀 또는 지혜로서의 그리스도는 새로운 삶과 가능성을 산출하고 변화를 일으키는 창조적 능력이다.

이정용에게 있어서 죄란 변화하는 과정과 생성의 중단을 의미한다. 죄란 생성(become)하기보다 존재(be)하고자 하는 인간의 욕망 외에 다른 것이 아니다. 죄란 변하지 않으려고 하는 것이다. 반면에 구원이란 정상적인 창조성의 회복을 의미한다. "구원이란 세계가 하나님의 창조적인 변화의 과정의 길과 조화를 이루는 것이다. 구원이란 창조자와 피조물, 역(易)과 변화하는 세계 사이의 화해의 과정이다."23) 그런데 역(易)의 신학에 있어서, 역(易) 즉 변화는 참으로 새로운 어떤 것의 창조가 아니라 옛것의 갱신을 가져온다. 진보는 필연적으로 쇠퇴를 가져온다. 음이 성장하면 양이 쇠퇴하고, 양이 성장하면 음이 쇠퇴한다. 역사의 무한한 진보에 대한 신념은 주역에서 말하는 시간의 순환적 운동과 대립된다. 새 하늘과 새 땅과 새 예루살렘은 갱신의 상징들이다.

창조적 과정의 원초적 기원과 중심으로서 예수 그리스도는 유한한 세계 안에 나타난 무한의 완전한 성육신, 즉 하나님-인간이다. 그리스도 안에서 인성과 신성은 분리되지 않고 상호보완적이다. 그리스도는 완전한 인간이기 때문에 완전한 하나님이며, 완전한 하나님이기 때문에 완전한 인간이다. 그리스도의 인성과 신성의 관계는 음양의 관계와 같다. 양이 음 없이 존재할 수 없고 음이 양 없이 존재할 수 없는 것처럼, 예수의 인성은 그리스도의 신성 없이 존재할 수 없고 그리스도의 신성은 예수의 인성 없이 존재할 수 없다. 예수 그리스도 안에서 인성과 신성, 역(易, 변화)과 변화하는 것은 완전한 조화를 이룬다.24) 그리스도의 십자가와 부활은 세계 안에서 일어나는 모든

---

22) Ibid., p. 88.
23) Ibid., p. 95.
24) Ibid., pp. 98-99.

변화와 변혁의 모태로서의 원초적 상징이다. 예수의 부활 안에서 우리는 역(易)의 갱신과정에 참여할 수 있으며 변화하는 세계 한 가운데에서 영원한 역(易)을 이해할 수 있다.

(3) 역(易)으로서의 신적 창조성의 수용적 측면: 영

영을 의미하는 히브리어 루아흐(ruach)와 헬라어 프뉴마(pneuma)는 바람과 숨과 동의어이다. 루아흐는 자연에서의 바람과 생명체의 숨, 이 두 가지 형태로 나타나는 공기를 의미한다.[25] 따라서 영으로서의 하나님(요 4;24)은 자연의 바람과 생명체의 숨이라고 할 수 있다.

자연에서의 바람은 자연 가운데 있는 역(易, 변화)으로서 자연에 변화를 일으키는 하나님의 능력을 나타낸다. 이정용의 역(易)의 신학에서는 영과 물질에 대한 이원론적 이해가 불가능하다. 영과 물질은 모두 하나님으로부터 왔으며, 그 둘의 차이는 본질적인 것이 아니라 실존적 또는 현상적인 것이다. 영과 물질은 본질에 있어서 하나이며 실존에 있어서 분리, 구별된다. 에너지가 물질이 되고 물질이 에너지가 되듯이, 영은 물질이 될 수 있고 물질은 영이 될 수 있다. 영은 현시되지 않은 물질이고 물질은 현시된 영이다. 영은 현시된 사물의 본질이며 사물은 영의 객관화이다.[26] 물질의 기원은 본질상 영인 하나님 자신이다. 따라서 물질적 우주 전체는 하나님의 영적 본성의 현현이다. 주역의 우주론에서 양은 영이고 음은 물질이다. 양과 음이 상호 의존적이고 상호 보완적인 관계에 있듯이 영과 물질도 그러하다. "궁극적 실재에 있이시 영과 물질의 분리는 불가능하다. 왜냐하면 그 둘은 궁극적으로 하나이기 때문이나."[27]

---

25) Edmund Jacob, *Theology of the Old Testament* (New York: Harper and Brothers, 1958), p. 121. Ibid., p. 103. 에서 재인용.
26) Ibid., pp. 104-5.
27) Ibid., p. 106.

또한 루아흐는 생명을 주는 하나님의 숨이다(창 2:7). 생명의 숨은 생명의 힘을 주는 영을 나타낸다. 이정용은 하나님의 영과 인간의 영을 구별하는 것은 세계 안의 하나님의 영적 임재를 제한하는 것이기 때문에 타당하지 않다고 주장한다. 세계 안의 하나님의 임재는 제한되지 않는다. 바람 또는 숨으로서의 영은 모든 만물 안에 현존한다. 따라서 인간 안에 있는 영은 동물, 나무, 돌에도 있다. 역(易) 즉 변화의 영이 만물 안에 있고 모든 시공간의 조건 안에 있기 때문에. 세계는 살아있고 끊임없이 변화한다. 바람으로서의 영은 만물의 내적 본질이며, 숨으로서의 영은 인간의 내적 본질이다. 영은 가장 깊은 내면의 자아로서 우리의 영혼 또는 실존의 중심에 현존한다. "우리의 내적 본질은 우리 안에 있는 하나님의 영이기 때문에, 하나님께 응답하는 것은 곧 인간성의 주체인 우리의 내적 본질에 응답하는 것을 의미한다."28)

이정용은 영을 역(易)으로서의 신적 창조성의 수용적 측면으로 이해한다. 인간성의 주체로서의 영은 우리의 능동적 마음으로부터 감추어져 있다. 왜냐하면 그것은 신적 창조성의 음 또는 수용적 측면이기 때문이다. 영의 수용성은 인간의 결정과 행동의 자유를 허용한다. 영은 본질적으로 신적 창조성의 음의 측면이지만, 인간 실존의 주체가 됨으로써 실존적으로 양이 된다. 그럼에도 불구하고 실존의 주체로서의 영은 수용성, 무위(無爲), 여성성 등의 음의 성질을 소유한다. 우리의 주체로서 영은 우리를 지배하지 않고 우리의 응답을 기다린다. "영으로서의 하나님은 우리에게 의식적 응답의 자유를 허용하기 위해서 고통당하기까지 인내하신다."29)

(4) 역(易)으로서의 삼위일체 하나님

이정용의 역(易)의 신학에서는 음양 사유방식과 삼위일체 상징 사이에는

---

28) Ibid., p. 109.
29) Ibid., p. 110.

상관관계가 성립한다. 즉 "창조자(또는 아버지)는 역(易)과, 말씀(또는 아들)은 양과, 그리고 영(또는 성령)은 음과 상관적이다."[30] 역(易)은 창조자 아버지로서 만물을 낳는 자이다. 말씀 또는 아들은 창조적 능력과 창조적 과정의 중심으로서 양이다. 아들이 하나님의 창조적 능력으로서 양이라면 영은 음이다. 아들은 "하나님의 외향적인 계시적, 구속적 행위"와 관계되며, 영은 하나님의 외향적인 계시적, 구속적 행위에 대한 응답과 관계된다.[31]

만물을 낳는 자로서의 역(易), 즉 아버지는 모든 창조성의 원천이다. 역(易)의 기본적 구성요소는 음과 양이다. 음과 양의 상호작용이 역(易)을 가능케 한다. 이런 의미에서 음과 양의 상호작용은 역(易)과 동일하다. 그럼에도 불구하고 역(易)은 만물을 낳는 자이기 때문에 이 두 원초적 힘보다 수위성(首位性)을 갖는다. 즉 역(易)은 음과 양의 기초이다. 그러나 역(易)의 수위성은 기능적인 것이다. 존재론적으로 역(易)은 음-양이다. 음과 양은 상호 의존적이기 때문에 그 둘 사이에는 우선성의 관계가 존재하지 않는다. 또한 음과 양 사이에는 신적 현현의 필연적 순서가 존재하지 않는다. 그 둘의 현현은 순서적이지 않고 임의적이며 동시적이다.

그러면 어떻게 하나 안에 셋이 있고 셋 안에 하나가 있다는 논리가 가능한가? 이정용에 따르면 서구의 "양자택일"의 사유방식에 기초한 삼위일체론에서는 하나님이 하나이거나 셋이어야 한다. 하나님이 하나이면서 동시에 셋이 될 수 있기 위해서는 포괄적인 "양자 모두"의 사유방식이 요구되는데, 음양의 사유방식이 바로 그러하다. 따라서 그는 이를 음양의 "양자 모두"의 사유방식 안에서 설명한다.[32]

---

30) Ibid., p. 113.
31) Norman Pittenger, *God in Process* (London: SCM Press, 1967), p. 40. Ibid., p. 113. 에서 재인용. 이 구절은 이정용의 신론과 과정사상의 신론의 유사성을 보여준다. "하나님의 외향적인 계시적, 구속적 행위"로서의 말씀 또는 아들은 화이트헤드의 형이상학에서의 신의 원초적 본성과 유사하며, "하나님의 외향적인 계시적, 구속적 행위에 대한 응답"으로서의 영은 신의 결과적 본성과 유사하다.
32) Ibid., p. 115.

이 사유방식은 만물의 본질적 연속성을 전제한다. 다시 말하면, 음과 양은 실존적으로는 다르지만 본질적으로는 하나다. 더욱이, 역(易)과 양 그리고 역(易)과 음 사이에 본질적 연속성이 있다. 신적 본성의 미분화적 연속체에 있어서 역(易)(또는 창조자)은 양(또는 말씀)과의 관계에서 음(또는 영)이며, 음(또는 영)과의 관계에서 양(말씀)이다. 음(또는 영)은 양(또는 말씀)이다. 왜냐하면 둘 다 역(易)에 참여하기 때문이다. 동일한 이유로 양(또는 말씀)은 음(또는 영)이다. 이와 같은 방식으로 우리는 전체의 각 측면을 전체와의 관계성 안에서 인식할 수 있다…. 역(易)(또는 창조자), 양(또는 말씀), 음(또는 영), 이 셋은 하나님의 실존적 분화로부터 생겨난다. 그러나 이 셋은 본질적으로 하나의 미분화된 연속체이기 때문에 하나로 남아있다. 신성의 본질적 통일성인 이 하나는 서로 다른 세 상징들로서 자신을 현시한다. 따라서 그것은 셋 안의 하나이다. 삼위일체 공식은 하나 안의 셋이거나 또는 셋 안의 하나 이 둘 중의 하나가 아니다. 그것은 하나 안의 셋과 셋 안의 하나 둘 다이다.33)

하나는 신성의 절대적 통일성을 나타내고, 셋은 세계 안에서의 신성의 현현을 나타낸다. 역(易)으로서의 하나님의 창조적 과정은 통일성에서 다양성으로, 일자에서 다자로 나아가는 운동이다. 창조는 하나님의 삼위일체적 삶 안에서 하나에서 셋으로 분화되는 내적 운동의 외적 현현이다. 신적 운동은 하나에서 셋으로, 일자에서 다자로 움직이는 분화의 과정과 아울러, 다자로부터 일자로, 셋으로부터 하나로 움직이는 연합의 과정으로 이루어진다. 역(易)의 원초적 양태는 연합된 것의 분화와 분화된 것의 연합의 과정이다. 전자는 양에서 음으로의 변화이며, 후자는 음에서 양으로의 변화이다. 따라서 역(易)의 원초적 과정은 음과 양의 항구적인 상호 변혁의 과정이다. 연합에서 분화로 분화에서 연합으로 움직이는 하나님의 삼위일체적 운동은 모든 변화 과정의 토대이다.

---

33) Ibid.

5. 『아시아적 관점에서의 삼위일체』에 나타난 삼위일체론

(1) 음양 상징적 사유와 삼위일체론

이정용은 『아시아적 관점에서의 삼위일체론』에서 보다 더욱 정교하게 발전된 삼위일체적 논리를 음양 상징적 사유의 관점에서 전개한다. 음과 양은 그 자체가 존재(entity)가 아니라 현실적 존재를 가리키는 상징이다. 나의 존재를 음 또는 양 상징으로 성격 짓는 것은 현실적 존재로서의 "나"가 아니라 "타자"와의 관계에서의 나의 위치이다.[34] 음과 양은 관계적 상징이다. 음은 양 없이 홀로 존재할 수 없고, 그 역도 마찬가지이다. 음과 양은 상호의존적, 상대적, 상호보완적 관계에 있다. 개별적 부분들은 언제나 전체에 대하여 상대적이기 때문에, 음과 양 상징은 경쟁적이 아닌 상호보완적 관계 속에서 전체를 창조한다.

이정용은 음양 상징적 사유의 기본 특징을 세 가지로 요약한다.[35] 첫째, 음양 사유는 상징적 접근으로서 갈등을 만들기보다는 대립되는 것을 조화시키는 포괄적이고 통전적인 접근이다. 따라서 음양 사유는 "양자택일"이 아니라 "양자 모두"의 사유이다. 둘째, 음양 상징적 사유는 관계성을 실존의 기본적 범주로 사용한다. 실체 개념은 관계성의 부산물이다. 셋째, 음양 상징적 사유에 있어서 변화 즉 역(易)이 궁극적 실재이다. 즉 음과 양은 변화의 과정을 상징한다. 따라서 음양의 세계는 정태적인 세계가 아니라 역동적 세계이다.

이정용에 따르면 음과 양은 갈등적 관계가 아닌 보완적 관계에 있는 포괄적인 상징적 사유방식이기 때문에 삼위일체적 사고이다.[36] 다시 말하면, 둘

---

34) 이 점에서 음양 상징적 접근은 세계를 기술하기 위해 존재를 사용하는 과정신학적 접근과 구별된다. Lee, *The Trinity in Asian Perspective*, p. 52.
35) Ibid., p. 54.
36) Ibid., pp. 57-59.

(음과 양)이 서로 포함하고 포함될 때 그것들은 삼위일체적 관계를 창조한다. 그는 이것을 태극 도형에 대한 설명을 통해 논증한다. 태극 도형에서 음은 양을 포함하고 양은 음을 포함한다. 즉 음은 그 안에 양 점을 가지고 있으며 양은 그 안에 음 점을 가지고 있다. 이 점들은 내적 연결원리인 "안"을 상징한다. 이 점들 또는 "안"으로 말미암아 태극 도형은 삼위일체를 상징한다. 음과 양은 서로 없이는 존재할 수 없으며 또한 서로를 포함한다. 이 포괄성은 음과 양의 내적 연결원리인 전치사 "안"에 의해 상징된다. 음과 양의 포괄성은 "안"으로 인해 언제나 하나이면서 동시에 셋이다. "안"은 실체적 관점이 아닌 관계적 관점에서 세 번째 차원을 점유하며 삼위일체적 원리를 창조한다. 이정용은 태극 도형을 통해 삼위일체의 하나와 셋의 관계를 다음과 같이 설명한다.

> 하나는 큰 원으로 상징되며, 셋은 음과 양 그리고 그들 안에 있는 내적 연결원리를 상징하는 '음-양' 점들에 의해 상징된다. 둘(음과 양)을 연결하는 점들 때문에, 둘은 연결된다. 그리고 둘은 하나(큰 원) 안에 있고 하나는 셋 안에 있다. 요약하면, '하나'는 둘 안에 있고, '둘'은 셋 안에 있다. 따라서 '하나'는 셋 안에 있다. 각각은 분리할 수 없이 서로 연결되어 있다. 음과 양이 외적 상징들 안에 현시될 때, 내적 연결원리인 '안'은 '그리고'로 알려진 외적 연결원리로서 자신을 현시한다.[37]

이정용이 삼위일체를 설명하기 위해 사용하는 'both/and'는 "양자 모두"보다 "양자 그리고"로 번역하는 것이 더 정확하다. 왜냐하면 세 위격은 음, 양, "그리고" 이 둘에 대한 연결원리로 구성되기 때문이다. 음양 상징적 사고가 삼위일체적 사고인 까닭은 "그리고"가 상호보완적인 두 상징인 음과 양을 연결하기 때문이다. "양자 모두(그리고) 사유는 삼위일체적 철학이다.

---

37) Ibid., p. 59.

왜냐하면 그것은 '양자'(둘) '그리고'(또 다른 요소 또는 그 둘을 연결하는 원리)이기 때문이다. 동시에, 양자 모두(그리고)는 또한 하나이다. 왜냐하면 양자가 '그리고'에 의해 연합되기 때문이다. 따라서 하나와 셋이 양자/모두(그리고) 철학 안에서 공존한다."[38]

여기서 이정용은 연결원리 'and'(그리고)를 양면적 의미로 사용한다. 한편, 그는 이 접속사를 음과 양을 연결하면서 동시에 그 둘과 구별되는 세 번째 위격의 분화원리로 사용하며, 다른 한편 음과 양을 연결하여 그 둘을 하나로 연합시키는 통일의 원리로 사용한다. 하지만 이 두 가지의 용례는 서로 상반되는 것이다. 이정용이 사용하는 '그리고'의 양면적 용례는 다음과 같은 그의 말에 잘 나타난다.

> 이 '그리고'는 하나로서의 아버지와(그리고, and) 아들을 말할 때에는 비존재(nonentity)로 이해될 수 있다. 그러나 그것은 성령 또는 삼위일체의 숨어 있는 세 번째를 상징한다... 음양 상징적 사유는 삼위일체적 사유이다. 왜냐하면 이것은 양자 모두(그리고) 사유방식이기 때문이다. 양자 모두(그리고) 사유방식에 있어서 '그리고'는 연결원리일 뿐만 아니라 둘 사이에(between) 있는 원리이기도 하다.[39]

"양자 모두(그리고)"의 양태로서의 음양 상징적 사유가 삼위일체적인 까닭은 세 번째를 포함하기 때문이다. 이 세 번째는 두 요소를 연결할 뿐만 아니라 그들 사이에 존재한다. 둘은 세 번째 또는 사이에 있음 때문에 셋이다. 그러나 둘은 또한 상호 포괄성으로 인해 하나이다. 양이 음을 포함하기 때문에 음인 것과 마찬가지로 음은 양을 포함하기 때문에 양이다. 따라서 음과 양(둘)은 하나이며, 하나는 둘이다. 그것들은 또한 셋이다. 왜냐하면 그것들은 그 둘을 연결하는 하나를 포함하기 때문이다. 따라서 음양 상징적 사유에 있

---

38) Ibid.
39) Ibid., p. 60.

어서, 하나는 셋 안에 있고 셋은 둘로 인하여 하나 안에 있다."[40]

이정용은 『역(易)의 신학』과 달리 『아시아적 관점에서의 삼위일체론』에서 하늘, 땅, 인간으로 구성되는 동아시아적 삼위일체론을 집중적으로 논한다. 우주 전체의 과정은 이 우주적 삼위일체의 활동에 의해 요약될 수 있다. 장재(張載)는 서명(西銘)에서 우주적 삼위일체에 관해서 이렇게 말했다. "하늘(乾)은 아버지라고 불리고, 땅(坤)은 어머니라고 불린다. 미미한 존재인 우리는 그 둘 가운데 뒤섞여 있다. 따라서 나는 하늘과 땅의 한계 안에 놓여있는 실체이며, 나의 본성은 (두) 지휘관(Commanders). 즉 하늘과 땅의 본성이다. 그리고 나의 백성은 나의 친형제(그리고 자매)이며, (모든) 피조물은 나의 동료이다."[41] 동아시아적 삼위일체론에 있어서, 하늘은 아버지, 땅은 어머니, 그리고 우주라는 집의 구성원들인 모든 피조물과 더불어 인간은 자녀, 형제자매와 동일시된다.

이정용은 동아시아적 관점에서의 우주적 삼위일체론을 전통적인 기독교의 삼위일체론과 연관시키고자 한다. 즉 아버지는 하늘의 영역과 밀접하게 연관되기 때문에 하늘의 아버지라고 불린다. 성령은 지탱자로서의 땅 또는 여성성과 연관되기 때문에 어머니로 상징된다. 아들은 아버지와 어머니로부터 태어난 자녀 또는 백성과 동일시된다.[42] 『아시아적 관점에서의 삼위일체론』에서 이정용의 삼위일체에 대한 접근은 아버지가 아니라 아들로부터 시작된다.

(2) 아들 하나님

이정용에 의하면 그리스도는 신적 실재의 상징이고 예수는 인간성의 상

---

40) Ibid., pp. 61-62.
41) Fung Yu-lan, *A History of Chinese Philosophy*, vol. 2, trans. Derk Bodde (Princeton: Princeton University Press, 1953), p. 493. Lee, *The Trinity in Asian Perspective*, p. 63. 에서 재인용.
42) Ibid., p. 64.

징이다. 음과 양의 관계처럼 예수와 그리스도는 동등하거나 동일하지 않지만 함께 연합한다. 예수-그리스도는 예수가 그리스도 "안"에 있고 그리스도가 예수 "안"에 있음을 의미한다. 성육신은 창조세계 안에서의 삼위일체적 과정의 완성, 즉 세계 안에서의 역(易)의 완전한 현현을 의미한다. 예수의 잉태에 지고자(至高者, 아버지)와 성령(어머니)이 참여한다. 따라서 예수의 성육신 안에서 지고자(아버지)와 성령(어머니)과 예수(아들)가 연합하여 삼위일체를 형성한다.

아들 그리스도의 죽음과 부활은 삼위일체적 행동이다. 죽음과 부활은 삼위일체 하나님의 불가분리적 행위이다. 죽음 없는 부활은 없고 부활 없는 죽음은 의미가 없다. 하나님의 영원 속에서 죽음과 부활은 동시에 일어난다. 이 둘은 음과 양의 관계에 있다. 죽음으로부터의 부활은 "타자"의 잠재성으로서의 "세 번째 눈"을 허용하는 삼위일체적 사고 안에서 가능하다. 태극(太極) 도형에 나타나는 양 안의 "음의 눈"과 음 안의 "양의 눈"이 음과 양을 삼위일체적으로 만든다. 음 안의 양의 눈은 죽음 안의 새로운 삶을 표상하며, 양 안의 음의 눈은 삶 안의 종국적 죽음을 표상한다. 이 숨겨진 세 번째로 인하여 음과 양 상징은 삼위일체적이다. 죽음으로부터의 부활은 이 삼위일체적 원리로 말미암는다.43)

이정용은 예수의 십자가 죽음의 독특성이 무죄성과 의미의 보편성에 있다고 말한다. 예수의 죽음은 그의 사랑의 사역의 절정이다. 그의 무죄한 죽음에 나타난 사랑은 가장 위대한 힘으로서 우주적 차원에서의 구속적 능력을 갖는다. 예수를 일으키고 우주적 그리스도로 변화시킨 것은 십자가이다. 예수의 부활은 그의 우주적 주성(lordship)을 확증한다.44)

이정용은 구원사역을 아들에게 창조사역을 아버지에게 각각 돌리는 것을 거부한다. 음과 양이 불가분리적 관계에 있는 것처럼 창조자와 구원자도

---

43) Ibid., p. 85.
44) Ibid., pp. 85-86.

그러하다. 창조자 아버지와 구원자 아들은 연결원리인 영에 의해 하나가 된다. 창조는 구속을 선행하며 구속은 창조를 회복한다. 창조가 무질서로부터 질서를 창조하는 과정이라면, 구원은 인간의 죄로 인해 생긴 부조화로부터 질서를 회복하는 창조의 일부이다. 구속에 대한 창조의 우선성은 구원자의 사역을 창조자의 사역에 의존하게 만든다. 이것은 아버지에 대한 아들의 종속을 의미한다. 아들이 아버지에게 종속되는 것처럼, 구원자는 창조자에게 종속된다. 이정용은 초기 교회에서 그리스도를 아버지와 동등하게 만든 것은 잘못이라고 주장한다. 아버지와 아들은 하나이지만(요 10:30, 14:9) 동등하지는 않다. "전통적인 삼위일체 상징들은 계층질서적으로 배열되어야 한다. 왜냐하면 그것들은 아버지가 아들에 대한 우선성을 갖는 가부장적 가족 체계에 속하기 때문이다."[45]

이정용은 예수 그리스도가 아버지에게 순종하고 자신을 내어준 것처럼 우리가 하나님의 창조성을 따를 때 구원이 가능하다고 주장한다. 그리스도는 우리의 구원의 길을 위한 "선구자"(pioneer)이며 우리가 될 수 있는 바에 대한 "원형"(archetype)이다. "그리스도가 십자가에서 죽기까지 자신을 완전히 내어줌으로써 우리에게 구원의 길을 보여주었기 때문에, 그는 우리의 구원을 위한 선구자이다."[46] 우리는 완전한 변화의 상징인 그와 함께 변해야 한다.

(3) 영 하나님

이정용은 인격성과 비인격성을 모두 포괄하는 영을 기(氣)의 관점에서 이해한다. 기(氣)는 음과 양의 활동으로서 모든 실존의 본질이며 생명의 에너지이다. 영(루아흐)은 자연의 생명의 힘(바람)이자 살아있는 모든 생명체의 생명의 힘(숨)이다. "기(氣)는 생물과 무생물을 모두 포함하는 모든 실존

---

45) Ibid., pp. 88-89.
46) Ibid., p. 91.

과 생명의 본질이다."47) 기(氣)는 하늘과 땅에서의 영의 우주적 내재성을 잘 드러낸다. "영은 창조세계 안의 하나님 자신이다."48) 기(氣)로서의 영은 물질과 분리되지 않는다. 영과 물질은 본질적으로는 하나지만 실존적으로는 두 양태이다. 이 둘은 분리되지도 않고 어느 하나가 다른 하나로 환원되지도 않는다. 즉 이 둘의 관계는 이원론적이거나 일원론적이지 않고, 삼위일체적이다.49) 음이 양 '안'에 있고 양이 음 '안'에 있는 것처럼, 물질은 영 '안'에 있고 영은 물질 '안'에 있다. 영과 물질, 하나님과 세계, 생물과 무생물을 함께 묶는 것은 이 '안'이다. 아버지와 아들 사이에서는 영이 연결원리 "안"이지만, 아버지와 영 사이에서는 아들이 연결원리 "안"이다. 아들에 의해 하늘의 아버지와 땅의 영(어머니)은 하나로 연합된다. 즉 하나님 자신으로서의 영과 기(氣)로서의 영은 예수-그리스도 안에서 연합된다.

가장 포괄적인 생명의 본질인 기(氣)가 구체적인 형태들 속에 자신을 나타내는 것처럼, 기(氣)와 분리될 수 없는 영도 역시 모든 형태들 속에 자신을 나타낸다. 영은 모든 사물과 모든 생명 활동들 안에서 활동한다. 이와 같은 사상은 물활론적(animistic) 또는 만유재신론적인 것처럼 보인다. 그러나 이정용은 기독교의 신관이 물활론과 만유재신론 이상이라고 주장한다. 왜냐하면 기독교에서 영은 기(氣)일 뿐 아니라 기(氣) 이상의 존재, 즉 하나님이기 때문이다. 삼위일체 하나님은 영일 뿐 아니라 영 이상이다. 따라서 이정용은 자신의 신관이 물활론과 만유재신론을 넘어선다고 주장한다.50)

아버지 하나님이 하늘에 속한다면, 영 하나님은 땅에 속한다. 땅은 영의 몸이다. 영은 삼위일체적 공동체 안에서 통합적인 어머니의 역할을 한다. 통합의 힘으로서의 영은 다원성을 포함하는 큰 수레에 비유된다. 큰 수레처럼 땅 어머니로서의 영은 모든 것을 통합한다. 영은 그 자체가 다원적 본성으로

---

47) Ibid., p. 97.
48) Jacob, *Theology of the Old Testament*, p. 124. Ibid., p. 90. 에서 재인용.
49) Ibid., p. 99.
50) Ibid., p. 100.

서 만물을 낳으며 포괄한다. 영은 또한 삼위일체적 삶의 변혁적 힘이다. 아버지 하나님이 원리적으로 영원히 변하지 않는다면, 영 하나님은 세계 안에서 영원히 변화한다. 신유교적 관점에서 말하자면, 아버지 하나님이 우주적 원리(理)와 유사하다면 어머니로서의 영은 물질적 원리(氣)와 유사하다. 아버지와 어머니 사이의 연결원리로 기능하는 아들 안에서 이(理)와 기(氣)가 연합된다.

영과 육은 양과 음처럼 대극적이면서 동시에 상호보완적이다. 이 둘은 모두 전인적 인간에게 본질적 요소이다. 영과 육의 연속체인 인간에게 있어서 "영으로 난 것"은 "육으로 난 것"의 변화 또는 변혁을 의미한다. 영은 "육으로 난 것"을 "영으로 난 것"으로 변화시키는 힘이다. 전자로부터 후자로의 변화를 칭의, 성화, 완성이라고 부른다. "육으로 난 것과 영으로 난 것은 영 안에서 연결된다. 영은 변혁의 원인이자 또한 과정이다."[51]

이정용은 오늘을 성령의 시대로 이해한다. 그것은 성령의 본성인 여성성, 포괄성, 다원성이 이 시대의 특징이기 때문이다, 성령의 관점에서, 신학은 다원론적(multi-ological)이어야 한다. 왜냐하면 다원성이 다원주의적 사회에 있어서 성령의 본유적 성격이기 때문이다. "영이 참으로 내재적이며 우주의 만물을 포괄하기 때문에 영에 기초한 신학은 모든 것을 포괄하여야 한다. 이 신학은 우주적, 통전적, 포괄적 신학이어야 한다."[52]

(4) 아버지 하나님

이정용의 삼위일체론에 있어서 아버지 하나님은 수위성(首位性)을 갖는

---

51) Ibid., p. 116.
52) 이정용의 주장에 의하면 영의 관점에서 모든 종교가 동일한 영의 현현이다. 기독교를 독특하게 만드는 것은 영성의 정도가 아니라 삼위일체의 삼위일체적 차원이다. 기독교에 있어서 영 자체가 또한 삼위일체 하나님이기 때문에, 영은 아들과 아버지로 인하여 영이다. 즉 영이 기독교적인 것은 다른 영보다 우월하기 때문이 아니라 아들과 아버지와의 관계 때문이다. Ibid., p. 123.

다. 아버지의 수위성은 가족 단위 안에서의 아들과의 관계, 즉 아들의 아버지 됨에서 분명하게 드러난다. 원칙적으로 아버지와 어머니 영은 본래적인 양과 음의 관계처럼 우열이 없다. 그러나 오늘날의 동아시아의 사회적 상황에서는 유교의 가부장적 가치관으로 말미암아 여성보다 남성, 어머니보다 아버지가 더 수위성을 갖는다. 동아시아에서는 실제로 하늘이 땅보다 우월하고 양이 음보다 우월한 것으로 간주된다. 어머니(영)에 대한 아버지의 우월성은 이와 연관된다.[53] 영은 만물 안에 내재하는 물질적 에너지인 기(氣)와 연관되는 반면, 아버지 하나님은 형이상학적 원리인 이(理)와 연관된다. 기(氣)가 땅의 원리, 물질적 원리라면, 이(理)는 하늘의 원리, 영적, 도덕적 원리이다. 주역은 하늘의 상징인 건(乾)과 더불어 시작하며 건(乾)은 땅의 상징인 곤(坤)에 의해 보완된다. 건(乾)이 곤(坤)보다 앞서는 까닭은 건(乾)이 "위의 형상"인 이(理)의 도에 속하는 반면 다른 모든 것은 "안의 형상"인 기(理)에 속하기 때문이다. "위의 형상"과 "안의 형상"은 불가분리적임에도 불구하고 전자가 더 우선적이며, 따라서 하늘 아버지가 땅 어머니보다 우선적이다.[54]

아버지는 창조자 하나님이다. 창조자 아버지는 모든 창조성의 원천일 뿐만 아니라 또한 삼위일체의 통일원리이다. 삼위일체에서 아버지는 영의 연결원리에 의해 아들과 연합한다. 그러나 통일원리 없는 연결원리는 삼위일체 안에 질서와 조화를 만들 수 없다. 아버지의 통일원리는 아들과 영에게 연결원리의 힘을 제공한다. 통일원리는 만물을 삼위일체적 관계성의 원초적 질서 안으로 이끈다. 세계의 모든 관계성은 이 삼위일체적 관계성에 기초한다.

창조자 아버지는 창조성의 원천과 모든 존재의 기원으로서 삼위일체 안

---

53) Ibid., pp. 128-29.
54) Ibid., p. 131. 주역에는 이미지의 이미지로서의 하늘(乾)의 성격이 네 가지로 나타나는데, 이 네 가지는 元(yuen, originating), 亨(heng, penetrating), 利(i, justice), 貞(cheng, correctness)이다. Ibid., pp. 132-35.

에서 중심적 위치를 갖는다. 삼위일체의 중심으로서 아버지는 만물을 통일시킨다. "그의 중심성은 조화 안에서 행동들을 통일시키는 도덕적 원리와 실재들을 질서 안에서 통일시키는 창조적 원리에 기인한다."[55] 그러나 아버지는 아들 안에 있고 아들은 영 안에 있기 때문에, 중심성은 아버지에게만 속한 것이 아니다. 중심성은 아들과 영에게도 속한다. 아들은 아버지와 아들(어머니), 하늘과 땅 사이에서 그 둘을 매개한다는 점에서 중심적이며, 영은 아버지의 내재성, 즉 만물을 출산하는 자궁으로서 땅의 중심성을 표상한다는 점에서 중심적이다.

6. 결론

이정용은 전통적 삼위일체론을 역(易)의 세계관과 음양의 사유방식 안에서 재해석함으로써 동아시아적, 한국적 관점에서 삼위일체론을 새롭게 수립하고자 하였다. 그의 역의 신학과 삼위일체론은 매우 창조적이고 또한 도전적인 토착화 신학의 모델을 제공한다. 그러나 또한 그의 토착화 작업은 몇 가지의 문제점과 과제를 남겼다. 이 몇 가지의 문제점과 과제를 살펴보는 것으로 결론에 대신하고자 한다.

첫째는 삼위일체의 내적 구조에 관한 것이다. 이정용의 『역(易)의 신학』과 『아시아적 관점에서의 삼위일체론』에 나타나는 삼위일체론은 서로 다른 내적 구조를 보여준다. 『역(易)의 신학』에서 그는 역(易)을 하늘(양)과 땅(음), 창조성과 수용성 모두의 원천으로, 그리고 아버지를 창조자 하나님 또는 창조성의 원천으로서 이해한다. 아버지는 무 즉 자신의 비존재로부터 세계를 창조하는 창조자 하나님이다. 그런데 이정용은 창조자 아버지를 양과 연관시키지 않고 역(易)과 연관시키고, 말씀 또는 아들을 양과, 그리고 영을

---

55) Ibid., p. 149.

음과 각각 연관시킨다. 역을 하늘(양)과 땅(음), 창조성과 수용성 모두의 원천으로, 그리고 아버지를 창조자 하나님 또는 창조성의 원천으로 이해한다면, 논리적으로 아버지는 양과 연관이 되는 것이 적절하다. 『역(易)의 신학』에서 창조자 아버지는 세계와 연속성을 가지면서 동시에 초월적인 존재로 이해된다.

『역(易)의 신학』에서와 달리 『아시아적 관점에서의 삼위일체론』에서 아버지는 하늘(양), 영은 땅(음), 그리고 아들은 인간 또는 다른 피조물(음과 양의 연합)과 각각 동일시된다. 다시 말하면, 『역(易)의 신학』에서와 달리 여기서 아버지는 양, 영은 음, 아들은 소양이다. 또한 『역(易)의 신학』에서는 무로부터 세계를 창조하는 창조자 아버지의 초월성이 유지되었다면, 『아시아적 관점에서의 삼위일체론』에서는 아버지가 양인 하늘과 연관됨으로써 음인 땅과의 상호적 관계와 연속성이 보다 분명히 나타난다. 이 두 가지 삼위일체 구조를 도형으로 나타내면 다음과 같다.

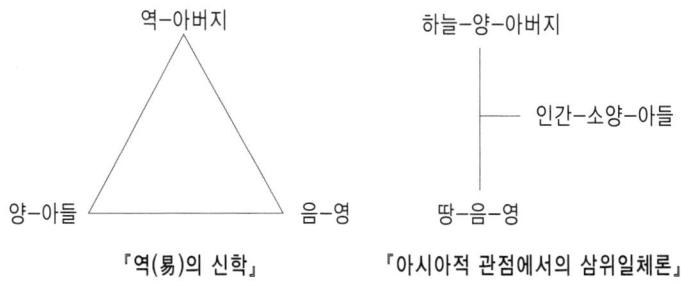

『역(易)의 신학』　　　　『아시아적 관점에서의 삼위일체론』

하늘(양 또는 이), 땅(음 또는 기), 인간 또는 다른 피조물(음양 또는 이기의 연합)에게서 삼위일체에 대한 유비적 흔적을 찾아보려는 노력 자체는 의미가 있다. 창조세계 안에서 삼위일체의 흔적을 찾아보려는 노력은 전통적인 서구신학에서도 다양한 방식으로 시도되어 왔다. 그러나 삼위일체에 대한 모든 세계내적 유비의 표상들이 그렇듯이 이 유비적 표상에도 한계가 있다. 무엇보다 이 유비적 표상은 무한한 창조자 하나님을 유한한 창조세계의 구성요소들로 환원시킬 위험이 있다. 여기서 창조자 하나님은 창조세계의 한 부분인 하늘의 이미지와 혼동될 수도 있다. 기독교의 아버지 하나님은 하늘에 계신 아버지라고 불림에도 불구하고 하늘의 창조자이지 땅과 상호적인 관계에 있는 하늘 자체는 아니다. 이것은 땅과 동일시되는 어머니 영이나 인간 또는 다른 피조물과 동일시되는 아들의 경우에는 더욱 그러하다. 또한 근대 이전의 지구 중심적인 세계관 안에서 형성된 하늘, 땅, 인간의 유비가 오늘날의 광대한 천문학적 우주관을 갖고 있는 현대인에게 여전히 공감적인 삼위일체 유비가 될 수 있는지 의문이다.

둘째는 삼위일체의 연결원리 또는 중심성에 관한 것이다. 이정용은 "사이," "안," 그리고"를 연결원리로 삼는 음양 사유가 삼위일체적 구조를 보여준다고 주장한다. 삼위일체의 내적 상호관계에 있어서 두 위격을 연결하는 중심의 역할이 중요하다. 왜냐하면 중심에 있는 한 위격은 두 위격 "사이"에서 그 두 위격을 연결해서 하나로 만들기 때문이다. 따라서 삼위일체는 음, 양, 그리고 이 둘의 내적 연결원리로 구성된다. 이정용에 따르면, 양자 모두(그리고)의 양태로서의 음양 상징적 사유는 세 번째를 포함하기 때문에 삼위일체가 된다. 이 세 번째는 두 요소를 연결할 뿐만 아니라 그들 사이에 존재한다.

그런데 이정용은 『아시아적 관점에서의 삼위일체론』에서 세 위격이 순환적으로 연결원리의 역할을 한다고 말한다. 즉 아버지와 아들의 관계에서는 성령이 연결원리로 행동하고, 아버지와 성령의 관계에서는 아들이 연결원리로 행동하며, 아들과 성령의 관계에서는 아버지가 연결원리로 행동한다. 아버지가 아들과 영의 중심인 것과 마찬가지로 아들과 영도 각각 다른 두 위격의 중심이 된다.

이러한 이정용의 설명에는 두 가지 물음이 제기될 수 있다. 하나는 음과 양을 연결하는 연결원리가 어떻게 순환할 수 있는가 하는 것이다. 만일 『역

(易)의 신학』에서처럼 음은 영, 양은 아들이라면, 이 둘을 연합하는 연결원리인 세 번째 위격은 아버지가 되지 않겠는가? 그리고 『아시아적 관점에서의 삼위일체론』에서처럼 음은 땅 어머니, 양은 하늘 아버지라면 이 둘을 연결하는 세 번째 위격은 인간 아들이 되지 않겠는가? 어떻게 세 위격이 순환적으로 음과 양의 연결원리 또는 중심의 역할을 할 수 있는가?

다른 하나는 "음과 양이 실체론적 실재가 아니라 그 자체가 관계성의 실재라면 과연 그 둘 사이에 연결원리가 필요한가?" 하는 것이다. 그 자체가 관계적이고 상호포괄적인 상징인 음과 양을 삼위일체적으로 해석하기 위해, 그 둘을 연결하여 하나로 만들면서 동시에 세 번째 위격을 구성하는 "안," "그리고," "사이"와 같은 연결원리를 도입하는 것은 본래적인 주역의 음양 사상에 낯선 것처럼 보인다. 연결원리라는 개념 자체가 정태적이고 이원론적인 실체 개념을 전제하지 않는가? 이정용은 관계적, 역동적, 상호포괄적인 양극적 음양 사유방식을 자신이 비판하는 실체적, 정태적, 이원론적인 서구의 삼위일체적 사유방식에 인위적으로 맞추려고 시도하는 것은 아닌가?

셋째는 삼위일체 안의 계층질서에 관한 것이다. 이정용은 동양의 종교와 문화 전통에서 발견될 수 있는 삼위일체의 세 위격의 서열에 관한 여러 가지 유형들 가운데 아버지-성령(어머니)-아들의 서열 유형을 동양적 가족관계를 반영하는 가장 자연스러운 유형으로 간주한다. 이 유형은 전통적인 서구 기독교의 아버지-아들-성령의 서열 유형과 구별된다. 여기서 아버지는 나이든 완전한 양으로서 사상(四象) 가운데 태양(太陽)이며, 어머니는 나이든 완전한 음으로서 태음(太陰)이며, 아들은 여전히 젊고 성장하는 양으로서 소양(小陽)으로 상징된다.[56]

---

56) 아버지-성령-아들 순서로 사상을 배열하면 64괘 가운데 42번째 괘인 익(益)이 형성된다. 한편, 아버지-아들-성령의 배열은 53번째 괘인 점(漸)을, 성령-아버지-아들은 55번째 괘인 풍(豊)을, 아들-성령-아버지는 60번째 괘인 절(節)을, 아들-아버지-성령은 31번째 괘인 함(咸)을, 성령-아들-아버지는 11번째 괘인 태(泰)를 각각 형성한다. 삼위일체의 순서에 대한 자세한 설명은 Ibid., pp. 151-79. 참고.

아버지의 수위성을 강조하는 이정용의 삼위일체론은 아버지의 주성(lordship)을 강조하는 서구의 동방교회 전통의 삼위일체론과 유사한 점이 있다. 그러나 이정용의 삼위일체론은 보다 더 분명한 가부장주의와 종속주의의 성격을 보여준다. 그는 삼위일체 상징은 아버지가 우월성을 갖는 가부장적 가족체계에 속하기 때문에 계층질서적으로 배열되어야 한다고 주장한다. 성(性)의 구별에 기초한 그의 삼위일체론의 가부장적 계층질서는 오늘날 비판을 받을 수 있다. 또한 그는 구원자의 사역은 그것에 우선하는 창조자의 사역에 의존하며, 이것은 아버지에 대한 아들의 종속을 의미한다고 주장한다. 아버지와 아들의 동등성과 아들의 온전한 신성을 부인하는 아리우스적 종속주의는 니케아에서 이단으로 규정된 바 있다. 종속주의는 세 위격의 동등한 상호성에 기초한 삼위일체론을 불가능하게 만든다.

네 번째는 구속의 개념에 관한 것이다. 이정용에 따르면, 예수는 인간의 원형이자 인간의 구원의 길을 위한 선구자로서, 구속은 예수가 아버지에게 순종하고 자신을 내어준 것처럼 하나님의 창조성을 따를 때 가능하다. 그는 그리스도가 십자가에서 죽기까지 자신을 완전히 내어줌으로써 우리에게 구원의 길을 보여주었기 때문에 우리의 구원을 위한 선구자라고 주장한다. 그러나 이와 같은 구원론에는 예수 그리스도의 십자가의 대속적 죽음 안에서 주어지는 하나님의 사죄와 구원의 은혜에 대한 믿음에 의한 칭의로서의 구속교리가 보이지 않는. 여기서 구원은 단지 인간이 스스로의 힘으로 그리스도의 뒤를 따름을 의미하는 것처럼 보인다.

다섯 번째는 선과 악의 개념에 관한 것이다. 이정용에 따르면, 선과 악은 절대적이 아니라 상대적인 개념으로서, 절대자인 하나님은 선과 악의 "양자택일적" 범주에 종속되지 않는다. 선과 악은 이원론적인 갈등관계에 있는 궁극적 실재가 아니며, 궁극적 실재인 하나님은 선과 악의 범주를 초월하며 동시에 그것들의 원천이다. 이와 같은 그의 사고는 악의 현실로 인한 신정론의 문제를 해결할 수 있는 하나의 대안적 설명이라고 할 수 있다. 그러나 선과 악은 상호갈등적인 것이 아니라 역(易)의 창조적 과정에 있어서의 음양의 상호보완적인 양극이라는 그의 주장은 악의 비극적 실재를 약화시키는 지나치게 낙관적인 견해라는 비판을 받을 수 있다. 어떻게 히틀러의 악이 슈바이쳐의 선과 상호보완적인 관계에 있을 수 있는가?

마지막은 이정용의 신관의 근본적인 성격에 관한 것이다. 우주라는 집에서의 가족(아버지 하늘, 어머니 땅, 아들 인간) 상징에 의해 전개되는 이정용의 우주적 삼위일체론은 본유적으로 경세적 삼위일체론이다. 그의 삼위일체론은 세계 안의 유비에 기초한다. 즉 우리의 삶에서의 모든 행동과 사건이 삼위일체적 도식 안에 나타나기 때문에 우리의 존재의 근거인 궁극적 실재를 삼위일체적으로 생각하는 것이 가능하다. 경세적 삼위일체가 우주현상의 모든 삼위일체적 활동들의 원형이다.[57] 더욱이 영은 어머니 땅 또는 기(氣)로서 만물 안에 내재하며 모든 사물과 모든 생명의 활동들 안에서 활동한다.

그러나 이정용은 이와 같은 자신의 신관을 물활론이나 만유재신론과 구별하고자 한다. 그는 영은 기(氣)일 뿐 아니라 기(氣) 이상의 존재 즉 하나님이며, 하나님은 영일 뿐 아니라 영 이상의 삼위일체 하나님이기 때문에, 이러한 삼위일체 신관은 만유재신론을 넘어선다고 주장한다.[58] 하지만 이와 같은 그의 논증은 그 자신의 삼위일체론을 만유재신론과 구별할 수 있는 충분한 논거가 되지 못한다. 역(易)에 기초한 그의 음양 사유적 삼위일체론은 영과 물질의 이원론과 하나님과 세계의 무한한 질적 차이를 거부하고, 창조성의 원천인 창조자 하나님과 세계의 연속성, 창조성의 완전한 실현(구원)으로서의 아들, 그리고 영 하나님의 세계내적 현존과 활동을 강조하면서, 이와 동시에 무한자로서의 하나님의 초월성과 신비를 강조한다는 점에서 전형적인 만유재신론의 한 유형이라고 할 수 있다. 특히『아시아적 관점에서의 삼위일

---

57) Ibid., p. 67.
58) Ibid., p. 100.

체론』에서의 하늘, 땅, 인간의 삼위일체적 유비에 기초한 그의 삼위일체론은 만유재신론의 유형 가운데에서도 하나님의 세계 내재성이 보다 강화된 유형이라고 할 수 있다.

결론적으로, 역과 음양철학의 사유 틀 안에서 재구성된 이정용의 삼위일체론은 매우 창조적인 작업임에도 불구하고(또한 매우 창조적인 작업이기 때문에) 서구의 전통적 삼위일체론 못지않은 많은 문제점과 과제를 남겼다. 한 사람의 한국 신학자가 서구교회의 이천년 역사와 전통 속에서 형성된 삼위일체론을 비판하고 동아시아적 사유의 틀 안에서 새로운 삼위일체론의 패러다임을 제시한다는 것은 매우 어려운 작업임이 분명하다. 그럼에도 불구하고 그의 시도는 삼위일체론이 형성되었던 본래적인 서구의 세계관과 사유의 틀과 다른 동아시아적 세계관과 사유의 틀 안에서 삼위일체론을 새롭게 이해할 수 있는 가능한 모델을 제시했다는 점에서 동아시아와 한국의 토착화 신학의 가능성을 열었다는 평가를 받을 만하다. 그가 남겨놓은 문제점과 과제에 대한 해법을 발견하고 지역적이면서도 보편적인 동아시아적, 한국적 신학을 구축하는 것은 동아시아와 한국에서 신학을 하는 후학들의 몫일 것이다.

제3부

삼위일체론과 만유재신론

제10장
고전적 유신론과 만유재신론

1. 서론

이 글에서는 고전적 유신론과 만유재신론의 주요 내용들을 비교함으로써 바람직한 하나님과 세계의 관계에 대한 전망을 모색해보고자 한다. 고전적 유신론이란 서구의 헬레니즘 시대의 고대 교회에서 형성되고 그 이후의 서구 교회의 역사 속에서 계승된 신학전통 속에 나타나는 전통적인 신관을 지칭한다. 고대교회의 신학자들은 성서가 증언하는 하나님의 초자연적 계시를 보다 합리적으로 이해하고 설명하기 위해서 의도적 또는 비의도적으로 플라톤, 플로티누스, 아리스토텔레스와 같은 그리스 철학자들의 사상적 틀과 개념을 전유하여 고전적 유신론을 발전시켰다.[1]

고전적 유신론은 하나님의 초월성, 자기 충족성, 영원성, 독립성, 불변성, 무감정적인 고통 불가능성을 강조한다. 여기서는 이원론적 관점에서 창조자 하나님과 창조세계, 영원과 시간, 무한자와 유한자를 철저하게 분리시킨다. 하나님은 세계를 창조하기 이전과 아울러 이후에도 영원 속에서 자존적(自存的)이고 자기 충족적인 분으로 영원히 홀로 존재하신다. 또한 하나님은

---

[1] 쿠퍼에 따르면 고전적 유신론은 서방교회에서는 어거스틴, 안셀름, 아퀴나스, 스코투스에 의해 형성되어 종교개혁 이후의 로마 가톨릭과 개신교 신학자들에 의해 계승되었으며, 동방교회에서는 그리소스톰, 바실, 닛사의 그레고리, 나지안저스의 그레고리 등에 의해 형성, 계승되었다. John W. Cooper, *Panentheism: The Other God of the Philosophers: From Plato to the Present* (Grand Rapids: Baker Academic, 2006), p. 14.

영원 전에 이미 세계와 인간의 미래를 단지 가능태로서가 아니라 현실태로서 미리 아시고 예정한다. 영원 속에 계신 하나님은 시간 속에 참여하지 않으며, 세계의 인과율과 같은 자연질서에 종속되지 않으며, 피조물과의 관계 속에서 영향을 받거나 변화를 경험하지 않는다.

근대에 들어 이와 같은 고전적 유신론은 심각한 도전에 직면하였다. 양자역학, 생물학, 천체물리학 등의 자연과학의 발전으로 인하여 독립적, 자기완결적, 정적, 실체론적 실재관과 이에 기초한 영(정신)-물질(육체) 이원론이 붕괴되고, 모든 실재의 관계적, 시간적(temporal), 역동적 본성에 대한 인식이 확산됨에 따라, 전통적인 실체론적, 정적 유신론은 쇠퇴하고 이에 대한 대안으로 관계론적, 역동적 유신론이 발전되었다. 기독교 신학에 있어서 관계론적, 역동적 유신론의 발전은 철학적으로 19세기의 헤겔과 쉘링, 그리고 20세기의 샤르뎅, 화이트헤드와 같은 사상가들에 의해 많은 영향을 받았다. 실체론적, 정적 고전적 유신론에 대한 대안으로 발전된 관계론적, 역동적 유신론의 모델이 바로 만유재신론이다. '만유재신론(panentheism)'이란 용어는 19세기에 독일의 칼 크라우제(Karl Krause, 1781-1832)가 자신의 신관을 고전적 유신론(theism)과 범신론(pantheism)과 구별하기 위해서 처음 사용한 것으로 알려져 있다.[2]

이 글에서는 하나님과 세계의 관계성에 대한 바람직한 이해를 제공하는 신관의 모델로서 만유재신론의 전망을 모색하기 위하여 다음과 같은 주제들을 순서대로 다룰 것이다. 먼저 다음 항에서는 만유재신론의 정의와 여러 유형들을 소개하고, 세 번째 항에서는 만유재신론의 성서적 근거를 제시하고,

---

[2] Karl Krause, *Vorlesungen über die Grundwahrheiten der Wissenschaft* (Göttingen, 1829), p. 484. Karl Krause, *The Ideal of Humanity and Universal Federation(Das Urbild der Menschheit)*, trans. W. Hastie (Edinburgh: T&T Clark, 1900). 이 용어를 널리 퍼뜨린 신학자는 20세기 중반의 미국의 찰스 하트숀(Charles Hartshorne)이다. Charles Hartshorne, *The Divine Relativity: A Social Conception of God* (New Haven: Yale University Press, 1948). Charles Hartshorne and William Reese, "Introduction: The Standpoint of Panentheism,," *Philosophers Speak of God* (Chicago: University of Chicago Press, 1953).

네 번째 항에서는 하나님의 본질(본성)과 실존, 창조, 하나님의 불변성과 가변성, 일방적 관계와 상호적 관계, 하나님의 초월성과 내재성, 하나님의 섭리와 인간의 자유, 신정론, 무한자 하나님과 유한자 세계: 인간(정신)/몸 유비와 같은 주제들을 중심으로 고전적 유신론과 만유재신론의 주요 논점들에 관해서 고찰하고, 다섯 번째 항에서는 수정된 고전적 유신론의 두 유형을 소개한 후에, 여섯 번째 항에서는 전체적인 결론으로 글을 마무리할 것이다. 이 글에서 다루어지는 고전적 유신론은 주로 오늘날의 고전적 유신론의 대변자 가운데 한 사람인 존 쿠퍼의 견해가 소개될 것이다.

2. 만유재신론의 정의와 유형들

만유재신론은 문자 그대로 "하나님이 모든 것 안에 계심"을 믿는 신론이다. 하나님과 세계는 존재론적으로 구별되며 하나님은 세계를 초월한다. 그러나 이와 동시에 존재론적으로 세계는 하나님 안에 있으며 하나님은 세계 안에 현존한다. 이 개념에 대한 사전적 정의를 따르면, "하나님의 존재는 전 우주를 포괄하며 전 우주 안에 스며들어 있다. 따라서 모든 부분은 하나님 안에 존재한다. 그러나 하나님의 존재는 우주 이상이며 우주에 의해 다 소진되지 않는다."[3] 만유재신론은 하나님의 영원성과 시간성, 독립성과 의존성, 초월성과 내재성 사이의 조화와 균형을 추구하되, 하나님과 세계의 사이의 상호적 관계성과 이 관계성 안에서의 하나님의 가변성, 수용성, 고통 가능성을 중요시한다.

만유재신론이란 개념은 모두가 동의하는 하나의 통일된 정의 안에 포괄될 수 있는 획일적 개념은 아니다. 만유재신론을 이해하는 방식에는 다양한

---

[3] F. L. Cross and E. A. Livingstone, eds. *The Oxford Dictionary of the Christian Church*, 3rd ed. (New York: Oxford University Press, 1997), p. 1213.

견해들이 존재한다. 쿠퍼는 만유재신론의 종류를 각기 두 대구적(對句的) 개념으로 구성된 다섯 가지 범주로 분류한다.[4] 이 다섯 가지 범주는 ① 명시적이냐 암시적이냐, ② 인격적이냐 비인격적이냐, ③ 부분-전체 도식이냐 관계적이냐, ④ 자발적이냐, 자연적이냐, ⑤ 고전적(신적 결정론)이냐, 현대적(상호적)이냐 하는 것이다.

무엇보다 먼저 쿠퍼는 명시적 만유재신론자와 암시적 만유재신론자를 구별한다. 전자는 자신이 스스로 만유재신론자임을 인정하는 경우이며, 후자는 이 용어가 생기기 이전의 사상가들이나 또는 자신은 스스로 만유재신론자라고 생각하지 않지만 실제로 만유재신론자의 범주에 포함되는 사상가들이다. 쿠퍼에 따르면, 하트숀이나 몰트만은 명시적 만유재신론자에 속하는 반면, 플로티누스, 니콜라스 쿠사, 헤겔, 슐라이에르마허, 쉘링, 화이트헤드, 틸리히, 판넨베르그, 폴킹혼 등은 암시적 만유재신론자에 속한다. 이 가운데 특히 판넨베르그와 폴킹혼은 만유재신론을 비판하지만 실제로는 만유재신론적 신관을 보여주는 학자들이다.

두 번째는 인격적 만유재신론과 비인격적 존재의 근거(Ground-of-being) 만유재신론의 구별이다. 쉘링, 샤르뎅, 부버, 하트숀, 몰트만 등에 있어서 하나님은 인격이며 인격적 관계를 위해 창조한다. 특히 몰트만에게 있어서 인격적 만유재신론은 삼위일체를 위한 기초이다. 반면, 플로티누스, 피히테, 틸리히, 류터 등에 있어서 하나님은 인격 또는 인격들의 공동체의 근거, 궁극적 원인, 원천, 힘이지만 그 자체는 인격이 아니다.

세 번째는 "하나님 안에 있다"는 말과 "하나님에 참여한다"는 말의 의미에 관한 것이다. 어떤 만유재신론자들은 하나님과 세계의 관계를 전체와 부분의 관계로 이해하는 반면, 다른 만유재신론자들은 "하나님 안에 있다"는 말을 관계적 또는 실존적으로 이해한다. 하지만 이 두 모델은 공통점을 가지

---

4) Cooper, *Panentheism: The Other God of the Philosophers*, pp. 27-30.

고 있다. 즉 이 두 모델에 있어서 하나님은 피조물을 자신의 몸으로 갖는 인간(또는 정신)으로 이해될 수 있다. 하나님과 세계의 만유재신론적 관계는 전체(인간)와 부분(몸)의 관계이자 동시에 매우 밀접한 상호관계 안에 있는 유기체적 공생의 관계이다.

네 번째는 자발적 만유재신론과 자연적 만유재신론의 구별이다. 어떤 만유재신론자들은 세계가 하나님에게 필수적이라고 주장한다. 신플라톤주의에 따르면 하나님은 자연적으로 "넘쳐흘러서" 낮은 차원의 존재를 유출한다. 하트숀은 하나님이 모종의 세계를 가져야 한다고 주장한다. 반면에 다른 만유재신론자들은 창조자 하나님의 자유를 긍정하며 세계의 필연성을 부정한다. 하지만 이들 대부분(클레이톤은 예외)은 하나님의 자유로운 창조를 긍정하면서 동시에 세계가 하나님에게 불가피하다고 주장한다. 즉 이들은 하나님의 창조에 있어서 자유와 불가피성이 양립 가능하다고 논증한다. 즉 창조는 본성이 사랑이신 하나님의 사랑의 자유로운 표현이지만, 이와 동시에 사랑할 대상이 없이는 사랑할 수 없기 때문에 본성이 사랑이신 하나님이 하나님 되기 위해서는 창조가 불가피하다는 것이다.

다섯 번째로 피조물의 자유가 하나님께 영향을 줄 수 있느냐 없느냐에 따라 고전적 만유재신론과 현대적 만유재신론이 구별된다. 플로티누스 이래 고전적 만유재신론자들은 이를 부정하고 신적 결정론을 주장하는 반면, 현대의 대부분의 만유재신론자들은 이를 긍정하고 하나님과 인간 사이의 상호적인 관계성을 주장한다.

이 글에서 전제하거나 추구하는 만유재신론은 명시적인 것과 암시적인 것을 포괄하며, 인격적 모델을 중요시 하되 비인격적 모델도 포함하며, 관계적 모델을 중심으로 하되 부분-전체 모델도 비판적으로 전유하며, 자발적 모델을 받아들이고 자연적 모델을 거부하되 양립주의 입장을 수용할 것이며, 고전적인 신적 결정론의 모델을 비판하고 현대적인 상호저 관계성의 모델을 지지하되 전자를 후자의 관점에서 재해석할 것이다.

3. 만유재신론의 성서적 근거

성서가 증언하는 하나님은 세계를 창조하시고, 영으로 세계 안에 현존하시며, 세계와 인간의 역사에 동참하시고, 섭리 가운데 그 역사를 인도하시며, 마침내 종말론적 하나님 나라 안에서 역사를 완성하시는 분이다. 성서의 하나님은 고전적 유신론에서와 같이 순수 현실태나 부동의 동자(unmoved mover)처럼 자기 완결적이고 정적인 실체가 아니라, 인간의 역사 속에 참여하고 함께 동행하는 관계적이고 역동적이며 인격적인 존재이다. 성서의 하나님은 물질적 세계와 동떨어져 있는 영적 존재가 아니라, 이 물질적 세계 안으로 들어오셔서 세계를 변화시킴으로써 이 땅에 하나님 나라를 이루어가시는 분이다. 성서의 하나님은 고통을 경험할 수 없는 무감동한 존재가 아니라 우리가 당하는 고통을 함께 경험하며 아파하는 공감적 사랑(compassionate love)을 통해서 우리를 구원하는 하나님이다.

구약성서는 하나님을 인간과의 관계 속에서 인간과 유사한 방식으로 느끼고 응답하고 행동하는 분으로 묘사한다. 하나님은 때로는 후회하고 슬퍼하기도 하며 때로는 질투하고 분노하기도 한다. 그러나 무엇보다도 하나님은 공감적 사랑으로 인간을 구원하시는 긍휼과 자비의 하나님이며, 변함이 없는 신실한 사랑 즉 헤세드의 하나님이다. 구약성서에서 하나님은 이스라엘 민족과 계약을 맺음으로서 그들과의 상호적인 관계성 안으로 들어오신다. 하나님과 인간의 관계는 일방적인 것이 아니라 상호적인 것이다. 하나님은 말씀하실 뿐만 아니라 우리의 기도를 들으시고 그 기도에 응답하시고 자신의 계획을 수정하시기도 한다.[5] 하지만 하나님의 신실한 사랑의 본성은 변함이 없다. 인간은 하나님과의 계약에 충실하지 못함에도 불구하고 하나

---

5) 예를 들면, 하나님은 히스기야의 눈물의 기도를 들으시고 병들어 죽게 된 그의 생명을 십 오년 연장하였다. 여기서 중요한 사실은 히스기야가 죽게 될 것도 하나님의 말씀에 의한 것이었고("네가 죽고 살지 못하리라"(왕하 20:1)), 그가 살게 될 것도 하나님의 말씀에 의한 것이었다는 점이다 ("내가 네 날에 십오 년을 더할 것이며"(왕하 20:6)).

님은 언제나 약속하신 바를 신실하게 지키신다.

성서는 여러 곳에서 하나님의 세계 또는 인간의 창조를 여인의 출산에 비유하여 표현한다.[6] 이 구절들은 만유재신론의 짐줌 이론을 위한 성서적 근거를 제공해 준다고 할 수 있다. 왜냐하면 자신의 몸 안에 있는 빈 공간인 자궁으로부터 새 생명을 잉태하고 출산하는 여인의 모습은 자기 수축 또는 자기 제한을 통하여 자신 안에 생겨난 빈 공간 즉 무(nihil)로부터 세계를 창조하는 하나님의 모습과 유사하기 때문이다. 이와 같은 창조의 모델에서는 하나님과 세계가 절대적 이원론의 관계가 아닌 존재론적 유비의 관계에 있다. 모든 창조세계는 보이지 않는 하나님의 형상을 반영하며, 특히 피조물의 정점인 인간은 하나님의 형상으로 지음을 받았다. 다음과 같은 시편의 구절은 하나님의 만유 안에 임재하시는 하나님의 모습을 잘 드러낸다. "내가 주의 영을 떠나 어디로 가며 주의 앞에서 어디로 피하리이까. 내가 하늘에 올라갈지라도 거기 계시며 스올에 내 자리를 펼지라도 거기 계시니이다. 내가 새벽 날개를 치며 바다 끝에 가서 거주할지라도 거기서도 주의 손이 나를 인도하시며 주의 오른 손이 나를 붙드시리이다"(시 139:7-10).

신약성서에서 하나님은 인간의 역사 안으로 들어오실 뿐만 아니라 예수 그리스도의 성육신을 통하여 역사가 되셨다. 하나님은 예수 그리스도 안에서 육체적 인간이 되셨다. 즉 하나님은 세계와 인간의 역사 안에 체화된(embody) 모습으로 현존하는 임마누엘 하나님이 되셨다. 신약성서 안에는 그리스도 안의 하나님의 성육신과 현존 뿐만 아니라 그리스도를 통한 인간과 온 세계 안의 임재를 증언하는 구절들이 많이 있다. "아버지여, 아버지께서 내 안에, 내가 아버지 안에 있는 것 같이 그들도 다 하나가 되어 우리 안에 있게 하사"(요 17:21). "우리는 하나님 안에서 살고, 움직이고, 존재하고 있

---

[6] "오직 주께서 나를 모태에서 나오게 하시고 내 어머니의 젖을 믹을 때에 의지하게 하셨나이다"(시 22:9). "내가 너를 모태에 짓기 전에 너를 알았고 네가 배에서 나오기 전에 너를 성별하였고"(렘 1:4). 이 외에 사 46:3-4, 렘 20:14-18, 욥 10:18-19, 31:13-15 등.

습니다"(행 17:28 표준새번역 개정판).

바울은 하나님께서 만유 안에 충만하게 거하시는 만유재신론의 신관을 잘 보여준다. "주도 한 분이시요 믿음도 하나요 세례도 하나요 하나님도 한 분이시니 곧 만유의 아버지시라. 만유 위에 계시고 만유를 통일하시고 만유 가운데 계시도다"(엡 4:6). 아버지 하나님과 마찬가지로 그리스도도 만유 안에 계시며(골 3:11), 만유를 통일시키신다(엡 1:10).

사도 바울은 예수 그리스도와 교회, 그리고 교회를 통한 예수 그리스도와 만물의 종말론적인 관계를 머리와 몸의 비유를 통하여 표현한다. "또 만물을 그의 발 아래에 복종하게 하시고 그를 만물 위에 교회의 머리로 삼으셨느니라. 교회는 그의 몸이니 만물 안에서 만물을 충만하게 하시는 이의 충만이니라"(엡 1:22-23). 이 구절에 따르면 그리스도는 자신의 몸인 교회를 통하여 만물 안에 충만하게 임재한다. 바울은 또한 만유 안에 충만한 하나님의 현존이 예수 그리스도의 재림과 더불어 도래하는 종말론적 하나님 나라에서 궁극적으로 완성될 것을 예언한다. "만물을 그에게 복종하게 하실 때에는 아들 자신도 그 때에 만물을 자기에게 복종하게 하신 이에게 복종하게 되리니 이는 하나님이 만유의 주로서 만유 안에 계시려 하심이라"(고전 15:28). 이 구절은 종말론적 만유재신론의 비전을 단적으로 보여준다. 그리스도가 만물 안에 충만하게 임재하는 온 우주의 화해자와 머리로 고백된다면, 그리고 그리스도의 재림과 더불어 온 우주에 종말론적인 하나님 나라가 도래한다면, 그리스도의 영인 성령은 개인과 교회뿐만 아니라 온 우주에 내주하면서 만물의 변화와 종말론적 완성을 실현하는 새 창조의 영이다.

4. 고전적 유신론과 만유재신론의 주요 논점들7)

(1) 하나님의 본질(본성)과 실존, 창조

고전적 유신론은 하나님의 자존성(自存性, aseity)과 자기 충족성을 강조한다. 하나님은 자신 이외의 그 무엇도 필요로 하거나 의지하지 않는다. 하나님은 세계를 창조하든지 하지 않든지 절대적으로, 영원히, 그리고 필연적으로 존재한다. 따라서 하나님의 세계 창조는 많은 가능성들 가운데에서의 자유로운 선택이다. 창조세계는 하나님의 일부가 아니며, 하나님의 본성에 의해 수반되는 것도 아니다. 쿠퍼에 따르면, 하나님의 존재론적 독립성의 중요한 함의는 그것이 하나님의 창조행위를 진정으로 아가페적인 것으로 만든다는 데 있다.8)

하나님은 창조세계와 관계없이 완전한 삶을 갖는다. 고전적 유신론에 있어서 하나님의 본질과 현실적 실존은 매우 밀접하게 연결된다. 자신의 본질적 속성과 자유로운 선택을 드러내는 하나님의 전 삶은 영원히 그리고 완전히 현실적이다. 쿠퍼에 따르면, "하나님은 우리의 세계뿐 아니라 모든 가능한 세계를 무한히 초월하기 때문에, 창조에 관한 하나님의 영원한 선택이 하나님의 실존에 초래하는 차이는 신적 삶의 무한한 현실성과 비교할 때 존재론적으로 대수롭지 않다(inconsequential)".9) 그처럼 위대한 하나님이 세계를 창조하고 사랑하고 구원하기로 선택하였다는 사실은 놀라운 은혜이다. 왜냐하면 존재론적으로 세계는 사실상 하나님에게 아무런 영향을 줄 수 없기 때문이다. 하나님의 현실적 초자연적 실존은 세계 안의 하나님의 내재를 무한히 초월하기 때문에 초월성과 내재성 사이의 존재론적 균형에 관해 말

---

7) 이 글에서 소개되는 고전적 유신론은 오늘날의 고전적 유신론자인 존 쿠퍼의 책 *Panentheism: The Other God of the Philosophers*의 결론부분인 14장에 나타난 내용에 기초한 것이다.
8) Cooper, *Panentheism: The Other God of the Philosophers*, p. 325.
9) Ibid., p. 328.

하는 것은 무의미하다.

고전적 유신론에 있어서, 삼위일체 하나님은 세계 창조와 관계없이 완전히 현실적이다. 존재론적 삼위일체는 경세적 삼위일체의 존재유무와는 관계없이 존재한다. 그러나 삼위일체는 하나님이 우리의 세계를 창조하지 않았다고 하더라도, "극미하게"(infinitesimally slightly) 다른 삶이 될지는 모르지만, 완전한 삶을 갖는다.[10] 그러나 하나님이 창조하기로 선택하였기 때문에, 존재론적 삼위일체는 경세적 삼위일체이다.

이글에서 제시하고자 하는 만유재신론의 모델에 있어서도 하나님의 자존성이 부인되지 않으며 하나님의 창조적 행위가 자유로운 사랑의 행위로 이해된다.[11] 특히 클레이턴은 성서에 기초하여 창조가 하나님의 자유로운 선택이었음을 강조한다.[12] 그러나 또한 많은 만유재신론자들은 하나님의 창조행위가 단지 임의적인 선택이 아니라 사랑의 본성에 의한 것임을 강조함으로써 창조 안에서 하나님의 의지적 자유와 본성적 필연성을 조화시키고자 한다.

고전적 유신론과 달리 만유재신론은 하나님의 초월성과 내재성 사이의 균형을 유지하면서 내재성을 중요시하고자 한다. 여기서는 하나님의 현실적 실존을 세계 안의 내재성과 연결시킨다. 하나님의 초월적 본성은 세계와의 관계성 안에서의 내재적 실존과 동일한 것도 아니지만 분리된 것도 아니다. 만유재신론은 본질적 존재인 내재적 삼위일체의 현실적 실존에 대한 사변보다는 세계와 더불어 존재하는 현실적 실존인 경세적 삼위일체에 관심을 집중한다. 하나님의 창조의 선택이 "신적 삶의 무한한 현실성"과 비교할 때 "대수롭지 않은" 것이거나 "극미한 것"이라는 쿠퍼의 주장은 하나님의 초월적 자존성을 강조하기 위한 의도에서 나온 말이라고 이해할 수는 있지만 마

---

10) Ibid., p. 329.
11) 이 점에 있어서 이 글에서 제시하는 만유재신론은 과정사상의 만유재신론과 구별된다.
12) Philip Clayton, *God and Contemporary Science* (Edinburgh: Edinburgh University Press, 1997), pp. 17-21.

니교적 이원론이나 영지주의적 가현론처럼 느껴질 수도 있다.

만유재신론적 삼위일체에 있어서 하나님의 실존은 존재론적으로 세계와 관계되기 때문에, 창조세계와 관계없는 삼위일체의 완전한 현실성이란 상상하기 어렵다. 라너의 표현을 빌려 말하자면, 내재적 삼위일체는 경세적 삼위일체이며, 경세적 삼위일체는 내재적 삼위일체이다. 이 말은 세계와의 관계성 안에서의 경세적 삼위일체와 관계없는 내재적 삼위일체에 대한 진술은 공허한 것이라는 의미를 함축한다. 내재적 삼위일체의 완전한 존재론적 현실성은 하나님의 존재 안으로 세계를 통합시키는 경세적 삼위일체의 근거이자 동시에 적어도 부분적으로 그것에 의존한다. 다시 말하면, 영원 속에서의 하나님의 본질적 본성은 시간 속에서의 내재적 실존을 신적 존재의 본유적인 구성요소로 포함한다.

(2) 하나님의 불변성과 가변성, 일방적 관계와 상호적 관계

고전적 유신론에 있어서 하나님의 불변성에 관한 견해는 두 가지가 있다. 스피노자에 따르면, 하나님에게 있어서 본질과 실존은 완전히 동일하다. 따라서 하나님의 존재와 행위는 절대적으로 필연적이며 불변적이다. 하나님 안에는 자유나 우연성이 존재하지 않는다. 그러나 대부분의 고전적 유신론자에게 있어서 하나님의 본성은 불변적이지만 주권적 자유가 하나님의 본성의 일부이다. 하나님은 창조하거나 창조하지 않을 수 있는 영원한 자유를 가지고 있으며 자신의 무한한 지혜와 선에 따라 자신이 선택한 것을 창조할 자유를 가시고 있다. 하나님은 아무런 선택권이 없기 때문이 아니라 자신의 영원한 선택에 대하여 신실하기 때문에, 하나님의 의지는 불변적이다. 하나님의 창조의 자유는 또한 하나님의 본질/본성과 실존 사이의 구별을 수반한다. 고전적 유신론은 하나님의 삶 안에 우연성의 요소가 있다는 것을 인정하지만, 그 우연성은 시간적 변화에 대한 참여로부터 말미암은 것이 아니며, 따라

서 하나님의 불변적 본성과 의지와 모순되지 않는다고 주장한다.[13]

반면에 만유재신론은 고전적 유신론처럼 하나님의 불변성을 고수하지 않고 하나님의 실존을 세계와의 상호적인 관계성 안에서 이해한다. 물론 하나님의 실존의 목적과 유형을 포함하는 하나님의 본질과 본성[14]은 변하지 않는다. 그러나 세계의 시간 속에 참여하는 하나님의 현실적 실존은 세계와의 상호관계 속에서 끊임없이 새롭게 생성되는 새로운 현실태에 상응하는 새로운 인식과 변화를 경험한다. 진정한 의미에서의 하나님의 절대적 자유는, 결코 자신의 영원한 본질과 목적이 변화됨 없이, 타자와의 관계성 안에 있는 현실적 실존 속에서 타자에 의해서 영향을 받고 변화되는 것을 허용하는 자유이다.

고전적 유신론은 하나님이 피조물로부터 영향을 받을 수 없다고 주장한다. 하나님은 인과적 과정에 의해 피조물로부터 주어진 영향에 의해 감정을 느끼지도 않으며 또한 자신의 계획을 변경하지도 않는다. 쿠퍼에 따르면, 영원한 하나님은 내가 내일 밤 나의 아내에게 할 말로 인해 기뻐하거나 화를 낼 수 있는데, 그것은 하나님이 영원 전부터 알고 허용하는 것이다. 하나님의 기쁨과 화는 인간의 감정처럼 나의 말을 들음으로써 야기되는 감정이 아니다.[15] 그는 하나님이 자신의 영원한 의지 즉 예정에 따라 세계의 상황 안에 있는 피조물들에 응답하고 그것들과 상호작용하는 사건들을 가져오심으로써 응답하고 상호작용한다고 주장한다. 그러나 쿠퍼의 고전적 유신론은 피조물에 의해 초래되는 인과율로 인하여 하나님이 감정을 갖게 된다는 사실을 받아들이지 않는다.

만유재신론의 관점에서 볼 때 이와 같은 하나님과 세계의 관계는 일방적,

---

13) Cooper, *Panentheism: The Other God of the Philosophers*, p. 327.
14) 하나님의 본질은 하나님의 자존성, 필연성, 무한성, 완전성, 영원성을 의미하며, 하나님의 본성은 사랑, 자유, 지혜, 거룩성, 신실성을 의미한다. 이와 같은 하나님의 본질과 본성은 불변적이다.
15) Ibid., p. 332. 쿠퍼의 또 다른 예에 따르면, 하나님은 내 기도에 응답하고 나의 병을 고치신다. 하나님은 모든 영원부터 이 결과를 알며 의도하신다. 그러나 나의 치유는 참으로 하나님의 직접적 현존, 행동, 내 기도에 대한 들으심과 응답의 결과이다. p. 331.

비인격적 관계이다. 여기서는 하나님과 인간 사이의 상호적인 대화적, 인격적 관계가 불가능하다. 왜냐하면 세계의 미래의 현실성이 영원 전부터 하나님에 의해 일방적으로 미리 결정되어 있기 때문에 진정한 의미에서의 상호적이고 대화적인 관계가 일어날 수 없기 때문이다. 영원한 예정 안에서의 비인과적인 상호적 관계란 모순적 개념이다. 진정한 상호적, 인격적 관계란 영향을 줄 뿐만 아니라 영향을 받는 관계이다. 일방적으로 타자에게 영향을 주기만 하고 받지는 않는 하나님은 사랑의 하나님이 아니다. 사랑은 영향을 주는 것일 뿐 아니라 영향을 수용하는 것이다. 자녀의 고통에 의해 영향을 받지 않는 부모의 사랑이란 것이 가능한가? 예수 그리스도의 십자가에 나타난 하나님의 사랑은 인간의 죄와 고통에 공감적(sympathetic)으로 동참하고 그것을 대신 걸머지고 고난당함으로써 인간을 구원하는 자기희생적인 사랑이다. 본회퍼는 "오직 고통당하는 하나님만이 인간을 도우실 수 있다."[16]고 주장하였다. 하나님의 고통당하는 사랑은 인간과 세계를 구원하기 위한 하나님의 구원의 능력이다.

(3) 하나님의 초월성과 내재성

고전적 유신론에 있어서 하나님은 영원성 즉 초월의 영역에 존재한다. 전통적으로 영원은 시작, 연속성, 끝이 없이 지속되는 신적 삶의 완전성으로 이해되어왔다. 영원은 계열적 연속성(succession)이 없는 무한한 신적 삶의 지속적, 동시적 현존이다. 계열적 연속성은 유한한 세계의 존재들이 질서화되는 방식이다. 하나님 자신의 영원한 지식과 의지에 따라 창조된 현실적 세계에 있어서 사건들은 시간적 연속성 안에서 발생한다. 쿠퍼에 따르면 시간이란 가능한 세계에 대한 하나님의 영원한 지식의 계열화(serialization)이지 영

---

16) Dietrich Bonhoeffer, *Letters and Papers from Prison* (New York: The MacMillan Company, 1971), p. 361.

원과 모순되는 것이 아니다. 이것은 모든 시간이 직접적으로 하나님 안에 내재함을 의미한다. 따라서 그는 하나님은 사물의 발생을 관찰함으로써 인식하지도 않으며, 모험을 감수하지도 않으며, 예기치 못한 사건으로 인하여 자신의 계획을 수정하지도 않는다고 주장한다.[17]

쿠퍼의 고전적 유신론에 따르면 자신이 창조할 수 있는 모든 것을 하나님이 영원히 아신다는 의미에서 모든 존재는 가능한 존재로서 영원히 하나님 안에 내재한다. 세계창조는 가능적 실존의 내재를 현실적 실존의 내재로 변화시킨다. 그러나 세계는 철저하게 하나님과 구별된다. 공간, 시간, 우주적 에너지, 우주적 질서는 신적 존재 또는 힘의 부분이나 측면이나 차원이 아니라 하나님이 창조하신 우주의 조건, 차원, 현실적 실존의 양태이다. 그러나 쿠퍼는 창조세계의 모든 공간, 시간, 실재, 사건이 직접적으로 하나님 안에 현존하며, 하나님은 그것들을 유지하고 인도하는 섭리자로서 그것들 안에 현존한다고 말할 수 있다고 주장한다. "고전적 유신론에 있어서 바로 하나님이 절대적으로 초월적이기 때문에 하나님은 창조 세계 안에 절대적으로 내재, 즉 비제약적으로 편재(omnipresent)할 수 있다"[18]

따라서 만유재신론적 사고는 고전적 유신론 안에서도 발견된다. 그러나 고전적 유신론에서는 세계의 시간성이 하나님의 영원성 안에 있기 때문에 세계가 하나님 안에 내재하고 하나님이 세계 안에 내재한다고 할 수 있다면, 만유재신론에서는 하나님의 영원성이 세계의 시간성에 참여함으로써 하나님이 세계 속에 내재하고 세계가 하나님 안에 내재한다고 말한다. 고전적 유신론에서는 하나님과 세계의 상호적 내재가 하나님과 영원에 대한 세계와 시간의 영향을 인정하지 않는 반면, 만유재신론에서는 이 상호적 내재가 둘 사이의 상호적 영향을 전제한다.

만유재신론에 있어서 창조세계의 시간, 공간, 원초적인 우주적 에너지는

---

17) Cooper, *Panentheism: The Other God of the Philosophers*, p. 331.
18) Ibid., p. 330.

하나님과 구별되는 피조물 또는 작품이자 동시에 하나님의 실존적 현실성이 표현되고 실현되는 존재론적 구성적 의미를 갖는다. 하나님은 피조물과 비교할 수 없이 광대한 존재임에도 불구하고, 시공간과 인과율과 같은 세계의 존재론적 구조 안에 참여하여 그것을 통해 자신의 실존을 현실화시킨다. 물론 이것은 하나님이 본질적으로 시공간과 인과율과 같은 세계의 존재론적 구조에 종속된다는 것을 의미하는 것이 아니라, 세계와의 상호적인 관계를 위하여 무한하신 하나님이 자신을 유한한 세계의 존재론적 구조에 적합하도록 스스로를 제한시켰다는 것을 의미한다. 그리고 이 제한이 풀리는 종말에 세계는 하나님에 의해 시간은 영원에 의해 궁극적으로 변화되어 영원하신 하나님 나라 안에서 통일될 것이다.

만유재신론에 있어서 하나님의 편재는 절대적인 비제약적 내재를 의미하지 않는다. 왜냐하면 여기에는 인격적 상호적 관계성이 부재하기 때문이다. 물론 하나님은 온 우주에 힘의 장(field)이나 기(氣)처럼 보편적으로 편재한다고 할 수 있다. 그러나 인간과의 관계에 있어서 하나님의 편재는 단지 우주에 충만한 기처럼 비인격적인 공간적 채움을 의미하는 것이 아니라 인간의 응답과의 상호적인 관계 속에서의 상대적 또는 비례적(proportional) 내재를 의미한다. 인간과의 관계성 안에서 하나님의 가까움과 멈의 거리가 존재한다. 그러나 이 거리는 인간을 향한 하나님의 관계에 의해서가 아니라 하나님을 향한 인간의 관계에 의해서 생겨난다. 만유재신론적 비전은 세계와 하나님의 온전한 관계가 회복되고 하나님이 온 우주에 충만하게 임재하시는 마지막 날, 즉 하나님이 모든 것의 모든 것이 되심으로써 세계 안의 하나님의 절대적 내재가 실현되는 종말론적 하나님 나라에서 완성될 것이다.

(4) 하나님의 섭리와 인간의 자유

쿠퍼에 따르면 고전적 유신론은 여러 가능성 가운데 선택할 수 있는 인간의 자유를 인정한다. 그러나 동시에 그는 고전적 유신론의 하나님이 모든 영원으로부터 모든 가능한 세계들 안에서의 모든 가능한 피조물들을 안다고 주장한다. 왜냐하면 하나님은 그것들을 창조하고 유지하기 위한 완전한 지식을 소유하기 때문이다.[19] 내가 자유롭게 선택하는 것은 하나님이 미리 예정한 것의 일부이기 때문에 영원부터 하나님에게 알려져 있다. 따라서 내가 그것을 하는 것은 불가피하다. 그러나 쿠퍼는 그것은 하나님의 지식과 의지가 내가 다르게 선택할 수 있는 능력을 무시한다는 의미에서 "인과적으로 필연적이거나 결정된 것은 아니다"라고 주장한다.[20] 그에 따르면, 하나님은 내 행동의 궁극적 원인이다. 왜냐하면 하나님은 내가 그 속에서 선택하고 행동하는 세계를 창조하였기 때문이다. 그러나 나는 (하나님의 예정과 일치되게) 자유롭게 선택하고 행동하는 주체이다.

그러나 하나님의 영원한 예정과 인간의 자유를 동시에 긍정하는 이와 같은 쿠퍼의 논증은 이율배반적이다. 그것은 어떻게 인간의 행동이 신적 예정에 의한 필연성 안에 있으면서 동시에 자유의지에 따른 자유로운 선택에 의한 것인지에 대한 이해 가능한 설명이 될 수 없다. 만일 하나님이 영원 전부터 세계 안의 모든 것을 미리 아시고 의도하시며, "내가 자유롭게 선택하는 것이 하나님이 미리 예정한 것의 일부"라면, 피조물은 결코 진정한 자유를 가졌다고 할 수 없다. 이러한 예정론에 의하면 결국 세계의 죄와 악도 하나님의 예정과 계획 안에 있는 것이며, 따라서 그것들에 대한 궁극적 원인과 책임은 하나님에게 있다.

만유재신론은 하나님의 섭리가 세계와 인간의 선택을 영원 전부터 미리 결정하는 일방적인 예정에 의한 것이 아니라 세계와 인간과의 상호적이고 인격적인 관계 속에서 세계를 설득하고 감화함으로써 세계와 인간을 인도하는 무한한 사랑과 지혜에 의한 것이라고 주장한다. 하나님은 인간에게 자신

---

19) Ibid., p. 325.
20) Ibid., p. 333.

의 행동을 선택할 수 있는 진정한 자유를 주셨으며, 따라서 인간은 자신이 자유의지에 의해 잘못 선택한 행동에 대하여 스스로 책임져야 한다. 인간이 행한 죄악은 하나님의 예정에 의한 것이 아니라, 악마적 유혹이 거스르기 어려운 인과적 힘으로 작용했다고 하더라고 결국 인간의 자유로운 선택에 의한 것이며, 따라서 그 선택에 대한 책임은 인간 자신이 져야 한다.

하나님의 섭리는 영원한 예정 안에서 이미 결정된 세계의 미래에 대한 지식 안에서 전개되는 것이 아니다. 인간과 세계에 진정한 자유를 허용하시는 하나님이 인간과 세계의 미래를 예정하시는 하나님보다 더 크고 무한하신 지혜와 사랑의 하나님이다. 헤아릴 수 없는 무한한 지혜 안에서, 하나님은 현재의 주체적 결정에 작용하는 과거에 모든 현실태의 인과적 힘의 영향 안에서 미래에 현실화될 모든 가능성의 범주와 그 범주 안에서 최선의 가능성을 실현시킬 수 있는 길을 예지하시며, 예수 그리스도 안에 나타난 자기희생적인 사랑 안에서 설득하고 감화하며 기다리는 무한한 사랑으로 세계와 인간의 역사를 자신이 목적하시는 미래를 향하여 인도하신다. 하나님이 최종적으로 목적하는 종말론적인 하나님 나라의 완성은 영원 전에 예정된 필연적 숙명에 의해서가 아니라 하나님의 무한한 지혜와 사랑에 의해서 보증된다. 왜냐하면 하나님의 섭리를 믿는다는 것은 바로 하나님의 무한한 지혜와 사랑의 능력을 믿는 것이며, 무한한 지혜와 사랑이 바로 하나님이시기 때문이다.

(5) 신정론

하나님은 왜 악을 허용하며 세계의 고통을 감소시키기 위해서 초자연적 행동을 하시지 않는가? 어거스틴의 고전적 유신론에 있어서 죄와 악의 기원은 존재론적 불가피성에 의한 것이 아니다. 즉 그것들은 세계의 근본적인 구조 안에서 자연스럽거나 불가피한 것이 아니라 존재론적으로 우연한 것이다. 그러나 죄와 악은 하나님의 경륜 안에서 허용되었기 때문에 불가피하다. 어거스틴 전통에 따르면 하나님은 선한 세계를 창조하셨는데, 천사와 인간의 불순종에 의해 악이 생겨났다. 이 불순종은 영원부터 하나님이 알고 허용한 것임에도 불구하고 본성의 필연성에 의해 인과적으로 결정된 것이 아니라 자유롭게 선택된 것이다. 따라서 쿠퍼는 "하나님의 예정 안에서 불가피하게 현실화된 것임에도 불구하고 인간은 자신이 현실화한 죄와 악에 대하여 책임을 져야 한다"고 주장한다.[21]

고전적 유신론에 따르면 타락의 기원이 존재론적으로 창조와 구별되는 것처럼, 하나님의 구원도 자연적 과정의 결과가 아니라 하나님의 초자연적 은혜의 결과이다. 하나님은 세계의 모든 악에도 불구하고 마침내 세계를 구원하고 영원한 하나님 나라의 더 큰 선을 이루실 것이다. 우리는 알지 못하지만 하나님은 자신이 허용하는 수많은 무서운 재난과 불의한 악이 어떻게 하나님 나라의 더 큰 선과 부합하며 또한 그 큰 선을 이루어내는지 아신다.

창조와 죄 또는 타락의 기원을 구별하는 고전적 유신론의 구별은 기본적으로 정당하다. 그러나 그 구별에 대한 쿠퍼의 설명 즉 "하나님의 예정 안에서 불가피하게 현실화된 것임에도 불구하고 인간은 자신이 현실화한 죄와 악에 대하여 책임을 져야 한다"는 주장은 비논리적이다. 타락은 하나님의 예정이라는 필연성에 의한 것이 아니라 인간의 자유의지의 선택이라는 우연성에 의해 초래된 것으로 이해되어야 한다.

고전적 유신론은 죄와 악의 문제를 즉각적으로 해결할 수 있는 하나님의 초자연적 능력을 전제한다. 하나님에게 초자연적인 전능이 있다면, 왜 하나님은 더 자주 개입하거나 종말을 앞당기지 않는가? 쿠퍼의 대답은 이것이다. 우리는 오직 성서로부터 하나님이 그리스도의 재림 때까지 타락한 세계를 유지하기로 하셨으며, 그리스도의 재림은 하나님이 구원받는 사람의 수에

---

21) Ibid., p. 335.

만족하실 때라는 것을 알 수 있다. 그러나 고전적 유신론은 하나님이 이 세계를 영원한 하나님 나라로 변화시킬 수 있는 초자연적 능력을 가지고 계심을 의심치 않는다.

이와 같은 고전적 유신론의 설명은 신정론의 물음에 대한 이해 가능한 설명이 되기 어렵다. 넘쳐나는 이 세계의 엄청난 악과 고통과 슬픔과 비극을 조금이나마 체험적으로 경험하고 고뇌하는 사람이라면 하나님이 초자연적인 능력으로 얼마든지 막을 수 있음에도 불구하고 더 큰 선을 위해 악을 예정하고 허용한다는 고전적 유신론의 주장에 동의하기 어렵다. 신정론의 문제는 단지 성서의 특정한 구절을 인용함으로써 해결할 수 있는 문제가 아니다. 만일 하나님이 구원받는 사람의 수에 만족하실 때까지 재림을 미루신다면, 지금까지의 세계의 역사적 현실을 바라볼 때 그 때까지 악으로 인해 고통당하고 멸망당할 사람은 얼마나 더욱 많이 넘쳐나겠는가?

만유재신론도 하나님이 선한 세계를 창조하였다고 믿는다. 만유재신론에 있어서 죄는 존재론적 필연성에 의한 것도 아니며 하나님의 예정에 의한 것도 아니다. 죄는 인간의 자유로운 선택에 의한 것이다. 이것이 인간이 자신의 죄에 대하여 책임을 져야 하는 이유이다. 한편, 죄와 악은 구별될 필요가 있다. 악은 무고한 인간을 고통에 몰아넣는 자연적 재앙을 포함하는 모든 파괴적 힘을 의미한다. 과연 지진이나 해일과 같은 자연적 악도 인간의 죄의 결과인가? 오늘날 45억년으로 추정되는 지구의 역사를 고려할 때, 모든 악 특히 지진과 해일과 같은 자연적 재앙을 인간의 죄의 결과라고 보는 것은 지나친 인간중심적인 사고이다. 쿠퍼는 "많은 어거스틴주의자들이 자연의 과정에서의 폭력과 동물의 죽음(왜 인간이 아니고 동물의 죽음인가?)이 타락의 결과가 아니고 선한 창조의 일부임을 인정한다"고 했는데[22], 그렇다면 이것은 창조세계 안에 존재론적인 불완전성 또는 모호성이 있음을 인정하는 것이 아닌가?

---

22) Ibid., p. 341.

오늘날의 우주론과 진화론적 세계관에 따르면 자연적 악은 창조세계의 본래적 불안정성에 기인하는 것으로서 인간의 출현보다 선행한다.[23] 그리고 인간의 자유의지에 의한 죄는 인간의 본래적인 존재론적 불완전성과도 무관치 않다. 인간이 처음부터 완전한 존재였다면 결코 죄를 짓지 않았을 것이다. 우리는 이레네우스를 따라 최초의 인간은 도덕적 완전성을 지닌 이상적 인간이라기보다는 미래적 완전성을 향하여 나아가도록 지음을 받은 인간이라고 이해할 필요가 있다. 인간 안의 하나님의 형상은 이 미래적 완전성[24]을 향한 잠재적 가능성으로서 주어진 것이다.

만유재신론에 있어서 하나님은 세계와 인간의 미래의 운명을 영원 전부터 미리 예정한 것이 아니라, 인간에게 유한하지만 진정한 주체성과 자유를 주심으로써 미래의 가능성의 현실화에 대하여 책임을 지도록 하셨다. 하나님의 '예정'과 '허용'은 구별될 필요가 있다. '예정'은 영원 전부터 세계와 인간의 미래의 운명을 미리 결정하는 것인 반면, '허용'은 인간이 자유의지를 가지고 스스로 자신의 행동과 운명을 선택하도록 용인하는 것이다. 전자는 고전적 유신론의 개념이고 후자는 만유재신론의 개념이다. 하나님의 허용은 하나님의 자기 비움과 자기 제한을 의미한다. 인간의 죄악은 하나님의 예정이 아니라 허용에 의한 것이다. 이 허용은 하나님의 사랑에서 나오는 것이다. 왜냐하면 사랑은 타자에게 자유를 주는 것이기 때문이다. 사랑은 자신의 힘을 타자에게 나누어준다. 힘의 독점이나 일방적인 힘과 사랑은 함께 갈 수 없다.

인간의 타락이 죄를 지을 가능성을 포함하는 자유의지의 허용에 의해 현실화된 것과 마찬가지로 죄로부터 인간을 구원하는 하나님의 구원도 일방적인 예정이 아니라 자율적 의지를 지닌 인간과의 인격적인 상호작용에 의한 것이다. 인간을 구원하는 하나님의 능력은 일방적이거나 강제적인 힘이 아

---

23) 오늘날의 우주론과 진화론에 따르면, 우주는 130-150억 년 전에 빅뱅과 더불어 시작되었으며, 지금도 팽창의 과정 즉 지속적인 창조의 과정에 있다. 지구는 45억 년 전에 생겨났으며, 현생인류인 호모사피엔스가 이 땅에 출현한 것은 지금으로부터 4-5만 년 전이다.
24) 이것을 동방교회 전통에서는 신화(deification)라고 부른다.

니라 설득하고 감화하고 기다리는 사랑의 능력이다. 사랑은 타자와의 관계에 있어서 힘을 독점하지 않고 타자에게 힘을 부여해 주며 그 힘을 존중한다. 사랑은 결코 독점적인 힘으로 타자의 운명을 일방적으로 결정하지 않는다. 무엇보다도, 인간을 구원하는 하나님의 능력은 인간의 죄에 대한 심판의 형벌을 인간 자신에게 요구하기보다는 오히려 그 죄를 대신 지고 심판을 당하는 자기희생적인 사랑이다. 하나님의 이 자기희생적인 사랑의 힘이 인간을 구원하는 하나님의 "불가항력적인" 은혜의 능력이다. 이 은혜의 능력이 바로 예수 그리스도의 십자가에 나타났다. 예수 그리스도의 십자가에 나타난 하나님의 자기희생적인 사랑이 인간과 세계를 구원하는 하나님의 전능하신 능력이다.(고전 1:18)

만유재신론은 사랑의 하나님이 그리스도 안에서의 성육신과 구속사역 그리고 성령 안에서의 창조적 변혁과 화해를 통하여 세계의 모든 죄와 악을 극복하고 하나님 나라를 완성할 것을 믿는다. 하나님 나라는 종국적으로 삼위일체 하나님이 만유의 주로서 온 세계에 충만하게 임재하시고 세계의 시간과 공간과 우주적 에너지와 질서를 변혁시켜 영원한 하나님 나라 안으로 통합시키는 종말론적 미래에 완성될 것이다.

(6) 무한자 하나님과 유한자 세계: 인간(정신)/몸 유비

하나님은 절대적으로 무한하기 때문에 그 무엇도 하나님의 외부에 존재할 수 없다. 왜냐하면 만일 그 무엇이 하나님의 외부에 존재한다면 하나님은 그것에 의해 제한을 받게 될 것이고 더 이상 무한자가 아니게 될 것이기 때문이다. 따라서 모든 유한한 실재와 상대적인 무한자(수(數), 시간, 공간 등)는 절대적인 무한자인 하나님 안에 있어야 한다. 무한자와 유한자의 관계는 전체와 부분의 관계로 설명될 수 있다. 전체와 부분은 상호 내재적이다. 즉 부분은 전체 안에 있고 전체는 부분 안에 있다. 부분은 전체를 떠나 존재할 수 없다. 그리고 전체는 부분을 전체의 구성요소로 필요로 한다. 그러나 전체는 부분의 합보다 크다. 이와 같은 전체와 부분의 관계는 만유재신론을 위한 논리적 근거를 제공한다.

쿠퍼는 고전적 유신론의 관점에서 모든 존재가 하나님 안에 있다는 명제를 이와 다른 방식으로 설명하고자 한다. 그에 따르면 만유재신론은 무한자를 존재론적 내재성(in-ness)의 관점에서 이해하지만, 고전적 유신론은 무한자를 하나님의 자발적 내재성의 관점에서 이해한다. "모든 상대적 무한자와 유한자의 실존은 하나님이 현실화시킬 수 있는 가능성으로서 하나님의 지식과 능력 안에 내재한다. 만일 하나님이 그것들을 현실화시킨다면 그것들은 (하나님 안에 존재론적으로 내재하는 것이 아니라) 현실적으로 하나님의 전능, 전지, 동시적 현존(concurrent presence)에 내재하는 것이다."[25] 하나님이 현실화시키는 모든 상대적 무한자와 유한자의 실존은 하나님의 전능, 전지, 동시적 현존에 내재하는 것이라는 의미에서의 하나님의 자발적 내재라는 쿠퍼의 개념은 하나님의 초월성을 확보하기 위한 시도로 보인다.

그러나 하나님에게 있어서 존재론적 내재와 자발적 내재는 양자택일적인 것일 필요가 없다. 유한자인 세계의 존재 자체가 무한자인 하나님의 자유로운 자기제한 또는 자기수축(짐줌)에 의해 하나님 자신 안에 만들어진 무로부터 창조된 것이며, 창조세계 안에의 하나님의 내재는 하나님의 자유로운 존재방식의 변증법적 과정을 구성하는 한 존재론적 계기가 되기 때문에 그것은 자발적인 것이며 동시에 존재론적인 것이라고 할 수 있다.

하나님과 세계의 관계를 설명하기 위해서 어떤 만유재신론자들은 인간(정신)과 몸의 유비를 사용한다.[26] 이 유비는 몇 가지 한계점을 지니고 있다. 그 중에 하나는 이 유비가 무로부터 세계를 창조하신 하나님의 초월적 주권을

---

25) Ibid., p. 339.
26) 인간(정신)과 몸의 유비에 있어서, 하나님이 인간전체로 이해된다면 하나님과 세계의 관계는 유기체적 일원론에 기초한 전체(하나님)와 부분(세계)의 관계가 되며, 하나님이 정신으로 이해된다면 하나님(정신)과 세계(몸)의 관계는 유기체적인 상대적 이원론에 기초한 상호적인 관계가 된다.

표현하기 어렵다는 점이고, 다른 하나는 하나님은 세계의 모든 곳에서 일어나는 일을 모두 직접적이고 즉각적으로 아시는데 반해서 인간의 정신은 자신의 몸의 극히 일부만을 그나마 대부분 간접적인 방식으로 의식한다는 점이다.

쿠퍼는 이 유비에 나타나는 비유비(非類比)의 문제점을 지적하면서, 나의 정신/몸 자아는 다른 정신/몸 자아와 나의 외부의 사물들과 관계하는 반면, 만유재신론의 하나님은 인간처럼 자신의 정신과 몸의 외부에 있는 세계와 관계하지 못하고 오직 내적으로 자신의 몸과 이상적 가능성과 관계한다고 비판한다.[27] 그러나 하나님과 세계의 관계를 한 인간과 다른 인간의 관계의 유비로 이해한다면, 그것은 무한자인 하나님의 외부에 유한자인 세계가 존재한다는 것을 전제하는 이원론적 유비가 된다. 무한자인 하나님을 유한화시키는 이원론적 세계관은 일원론적 또는 상대적 이원론적 세계관을 보여주는 인간(정신)/몸 유비 못지않게 심각한 문제점을 드러낸다.

유비란 본래 그 안에 일의적(univocal) 의미와 다의적(multivocal) 의미, 유비적 요소와 비유비적 요소, 긍정과 부정을 함께 내포하는 은유의 일종이다. 그러므로 상대적으로 적절한 유비가 존재할 뿐 절대적으로 적절한 유비란 존재하지 않는다. 이것이 하나님과 세계의 관계를 이해하기 위해서 다양한 유형의 유비 또는 은유의 모델들이 필요한 이유이다. 인간(정신)/몸 유비는 고전적 유신론의 이원론적 세계관의 문제점을 극복하고, 하나님과 세계를 유기체적이고 상호적인 관계성 안에서 이해할 수 있게 해주는 대안적 모델이다. 그러나 이 모델은 상대적 적절성을 지닌 하나의 모델일 뿐이지 그 자체가 절대적으로 적절한 모델은 아니다.[28]

---

[27] Ibid., pp. 338-39. 쿠퍼는 정신과 몸의 유비에 대한 잘못된 이해를 보여준다. 정신과 몸의 유비는 본래 그가 생각하는 것처럼 한 인간과 다른 인간의 관계가 아니라, 한 인간 안에서의 정신과 몸의 유기체적 관계를 표현하는 유비이다.

[28] 하나님의 몸으로서의 세계에 관해서는 Sallie McFague, *The Body of God: An Ecological Theology* (Minneapolis: Fortress Press, 1993), 그리고 은유이론에 관해서는 그녀의 *Metaphorical Theology: Models of God in Religious Language* (Philadelphia: Fortress Press, 1982), 특히 pp. 14-29를 참고하라.

5. 수정된 고전적 유신론

고전적 유신론의 근본적인 문제는 이 유신론의 하나님은 불변적인 영원의 영역 안에 계신 초월적 존재이기 때문에 가변적인 세계의 시간과 공간의 범주 안에 실제로 참여할 수 없으며, 또한 가능태가 없는 순수 현실태(actus purus)이기 때문에 세계와 서로 영향을 주고받는 상호적인 관계를 가질 수 없다는 점이다. 타자로부터 결코 영향을 받을 수도 없고 변화를 수용할 수도 없는 하나님이 변화무쌍한 세계의 역사 안으로 들어와 그 변화의 과정에 참여하고 역사적 존재들과 상호작용한다는 것은 논리적 모순이 아닐 수 없다. 그러므로 성서적 신앙과 철학적 합리성 둘 다의 관점에 있어서, 고전적 유신론의 수정은 불가피하다. 문제는 어느 정도까지 수정 가능한가 하는 것이다. 오늘날 고전적 유신론에 대한 수정은 두 가지 유형으로 나타난다. 하나는 소극적 유형이며 다른 하나는 적극적 유형이다.

소극적 수정주의 유형의 고전적 유신론은 고전적 신학을 수정하여 하나님이 시간에 참여함을 말하고자 한다. 리차드 스윈번(Richard Swinburne)은 하나님이 시간성 안에 참여함을 긍정한다.[29] 윌리엄 크레이그(William Lane Craig)는 하나님 자신은 본래적으로 영원하지만 세계를 창조한 이래 시간적으로 변화한다고 주장하며, 니콜라스 월터스톨프(Nicholas Wolterstorff)는 한 걸음 더 나아가 하나님은 본래적으로 영원(eternal)하지 않고 영구(everlasting)하며, 따라서 시작과 끝, 또는 피조물적 시간의 제한이 없는 시간성을 소유한다고 주장한다.[30]

그러나 이들은 하나님이 시간에 참여함에도 불구하고 그로 인하여 시간

---

29) Richard Swinburne, *The Coherence of Theism* (Oxford: Oxford University Press, 1993) 그리고 *The Christian God* (Oxford: Oxford University Press, 1994).
30) Gregory Ganssle, ed., *God and Time: Four Views* (Downers Grove, IL: InterVarsity, 2001). 쿠퍼는 기본적으로 고전적 유신론자이나 이 소극적 수정주의 유형에는 동조한다. Cooper, *Panentheism: The Other God of the Philosophers*, p. 343.

적 세계에 의존하거나, 그것에 의해 영향을 받거나, 제한을 받지 않는다는 고전적 유신론의 입장을 고수한다. 하나님은 시간적 세계에 대한 관찰을 통해 인식하지도 않고, 인간과 함께 하는 모험처럼 역사를 운행하지도 않으며, 놀라움을 감수하지도 않는다. 하나님은 시간적으로 예지, 예정하며, 세계를 향한 자신의 계획 안에서 만물과 동행한다. 그러므로 이 유형의 유신론은 고전적 유신론처럼 하나님의 절대주권과 섭리를 확고하게 유지하고자 한다. 한 단계 더 나아가, 하나님은 시간 속에서 피조물에 응답할 수도 있다고 인정된다. 그러나 그것은 어디까지나 영원한(또는 영구한) 예지와 예정 안에서이다. 여기서 하나님의 시간적 응답은 하나님이 피조물에 의해 인과적으로 영향 받는 것을 의미하지는 않는다. 따라서 이 유형의 고전적 유신론에 있어서 하나님과 세계 사이의 진정한 상호작용은 인정되지 않는다.

적극적 수정주의 유형의 고전적 유신론은 하나님과 세계의 철저한 구별은 유지하지만, 하나님이 어떤 면에서 시간적일 뿐만 아니라 시간적 질서 안에 참여함으로써 인과적인 영향과 제한을 받는다는 것을 인정한다. 하나님은 관계적일 뿐 아니라 상호 관계적이다. 하나님은 시간, 공간, 에너지, 그리고 자연 질서를 통해 관계를 맺으며, 피조물의 행동을 경험함으로써 인식한다. 하나님은 피조물의 고통을 보고 공감적인(sympathetic) 감정을 갖는다. 이른바 '열린' 또는 '자유의지' 유신론도 이 유형의 유신론에 속한다고 할 수 있다. 피조물은 자유의지를 갖고 있기 때문에 미래는 열려 있다. 하나님도 피조물이 미래에 무엇을 하게 될 지 미리 예정하거나 알지 못한다. 다시 말하면, 하나님은 자신의 목적의 성취를 위해서 인간이 무엇을 해야 할 지를 미리 구체적으로 계획할 수 없다. 하나님은 시간, 공간, 인과성에 참여하기 때문에 그것들에 의해 제한을 받는다.[31]

---

31) 하나님의 예지와 인간의 자유의지에 관한 열린 또는 자유의지 유신론의 논의에 관해서는 Richard Rice, *The Openness of God: The Relationship between Divine Foreknowledge and Human Free Will* (Washington, DC: Review and Herald, 1980, 개정판 Minneapolis: Bethany House, 1985), William Hasker, *God, Time, and Knowledge* (Ithaca, NY: Cornell University Press, 1989), Clark

적극적 수정주의 고전적 유신론 또는 열린 유신론은 하나님과 세계의 관계를 우주의 시간적, 공간적, 인과적 질서 안에서 전개되는 상호적인 관계로 이해한다는 점에서 만유재신론과 매우 유사하다. 그러나 이 두 신관 사이에는 기본적인 차이가 존재하는데, 그것은 전자는 전통적인 실체론적 존재론을 고수하는 반면, 후자는 기본적으로 관계론적 존재론에 근거하고 있다는 점이다. 하나님과 세계의 관계가 본유적으로 자기 충족적, 독립적 실체로서의 하나님 자신의 외부에서 일어나는 이차적, 우연적인 관계로 간주되고, 또한 비록 하나님이 세계와의 관계를 자신의 이야기의 일부로 선택하였음에도 불구하고 그 관계가 하나님의 실체적인 존재의 정체성에 본유적이고 구성적인 영향을 주지 못하는 것으로 생각된다면, 이 신관은 여전히 고전적 유신론의 범주에 속한다고 할 수 있다. 반면에 하나님의 존재가 단지 자기 충족적이고 독립적인 실체가 아니라 세계와의 상호적인 관계성 안에서 새로운 요소를 경험하고 포용하는 것으로 생각된다면,[32] 이와 같은 관계론적 신관은 만유재신론적 범주에 속한다고 할 수 있다.

그러나 이 두 신관의 경계는 때로 분명치 않을 수 있다. 즉 자유의지 유신론 안에도 하나님이 세계와의 관계 속에서 영향을 받는 내재적 측면이 있다는 사실을 적극적으로 인정하는 견해가 있고, 만유재신론 안에서도 하나님이 세계와의 관계 속에서 영향을 받지 않는 초월적 측면이 있다는 사실을 인정하는 견해가 있기 때문에 이 두 신관의 경계는 언제나 분명하지는 않다.

Pinnock 외 *The Openness of God: A Biblical Challenge to the Traditional Understanding of God* (Downers Grove, IL: InterVarsity, 1994), David Basinger, *The Case for Freewill Theism* (Downers Grove, IL: InterVarsity, 1996) 등을 참고하라.

[32] 물론 이것은 하나님의 존재가 자기 충족적이고 독립적이 아니라 어떤 결핍과 외적 필요성을 지닌 비충족적이고 의존적인 존재라는 것을 의미하지는 않는다.

6. 결론

　세계와의 관계에 있어서 전적으로 초월적, 독립적, 자기 충족적, 정적, 불가변적, 무고통적, 결정론적, 실체론적 신개념을 고수하는 전통적인 형태의 고전적 유신론은 오늘날 더 이상 유지되기 어렵다. 하나님이 시간에 참여함에도 불구하고 그로 인하여 시간적 세계에 의존하거나 그것에 의해 전혀 영향을 받지 않는다는 소극적 수정주의 고전적 유신론도 하나님과 세계의 인격적, 상호적 관계성을 적절히 표현하기에 충분치 않다. 반면에, 하나님은 영원 전에 일방적으로 예정하지 않고, 세계의 시간, 공간, 인과성에 참여하고 세계와의 상호적인 관계 속에서 영향을 수용한다는 적극적 수정주의 유신론은 만유재신론과의 일부 차이점에도 불구하고 좋은 신학적 동반자가 될 수 있다.

　만유재신론은 근본적으로 관계론적 신관이다. 만유재신론은 하나님의 실존을 세계와의 상호적인 관계성 안에서 이해한다. 물론 하나님은 자존적이며 스스로 충만한 영광 중에 계신다. 하나님에게는 내적인 결핍이 존재하지 않는다. 하나님은 충만한 영광 그 자체이다. 하나님은 충만한 영광 가운데 자유로우시다. 하나님은 외부로부터 부과되는 어떤 필연성에 종속되지 않는다. 하나님은 그 어떤 외적 필연성이 아닌 순수한 내적 필연성 즉 자유로운 사랑 안에서 세계를 창조하셨다. 하나님의 사랑의 본성에 있어서 내적 필연성과 자유는 조화되며 일치한다. 무한자이신 하나님의 "밖"이란 존재하지 않는다. 하나님의 세계창조는 하나님의 "밖"에 세계를 만드는 행위가 아니다. "무로부터의 창조"(creatio ex nihilo)란 하나님 자신의 자기제한 또는 자기수축(짐줌)에 의해 하나님 자신 안에 생겨난 무로부터의 창조를 의미한다.

　만유재신론에 있어서 라너의 명제는 기본적으로 정당하다. 즉 내재적 삼위일체는 경세적 삼위일체이며, 경세적 삼위일체는 내재적 삼위일체이다. 하지만 이것은 내재적 삼위일체가 경세적 삼위일체로 환원된다는 것을 의미하는 것이 아니라, 내재적 삼위일체의 완전한 존재론적 현실성이 세계를 자신 안으로 통합시키는 경세적 삼위일체에 적어도 부분적으로 의존한다는 것을 의미한다. 세계를 초월하는 하나님의 영원한 본질(내재적 삼위일체)은 세계 속에 내재하는 하나님의 시간적 실존(경세적 삼위일체)을 신적 존재의 본유적인 한 요소로서 포함한다. 따라서 창조세계는 하나님과 구별되는 피조물이지만 동시에 내재적 삼위일체의 경세적 현실성이 실현되는 장이기도 하다. 영원하신 하나님은 세계의 가변적인 시간성 안에 참여하여 자신의 경세적 실존을 현실화시켜나가신다. 시간은 영원에, 세계는 영원하신 하나님의 존재에 유의미하다.

사랑, 지혜, 거룩성으로서의 하나님의 본질과 본성은 영원히 불변한다. 하지만 시간적 세계와의 관계 속에서 하나님의 경세적 실존은 새로운 경험과 변화를 수반한다. 왜냐하면 진정한 상호적, 인격적 관계란 영향을 줄 뿐만 아니라 영향을 수용하는 것이며, 인격으로서의 하나님의 본질이 영향을 줄 뿐 아니라 영향을 수용하는 것을 본성으로 하는 사랑이기 때문이다. 하나님의 섭리는 영원 전부터 세계와 인간의 미래의 운명을 미리 결정하는 '예정'이 아니라, 인간이 자유의지를 가지고 스스로 자신의 행동과 운명을 선택하도록 하는 '허용'을 전제한다. 이 '허용'은 하나님의 자기 비움과 자기 제한에 의한 것이다. 인간은 하나님으로부터 자신의 미래를 선택할 수 있는 유한하지만 진정한 자유를 '허용' 받았으며, 따라서 자신의 선택에 대하여 책임을 져야 한다. 하나님 앞에서의 인간의 책임성은 하나님께서 인간에게 허용하신 자유를 전제로 한다.

자신에게 허용된 자유의 잘못된 사용 즉 죄로부터 인간을 구원하는 하나님의 구속의 경륜도 일방적인 예정이 아니라 인격적인 상호작용에 의한 것이다. 다시 말하면, 하나님 구원의 역사는 세계의 미래를 영원 전부터 예정하는 일방적 지배력이 아니라 무한한 지혜 안에서 설득하고 감화하는 사랑의 힘에 의한 것이다. 인간과 세계를 구원하는 하나님의 능력은 일방적이거나 강제적인 힘이 아니라 설득하고 감화하고 기다리는 사랑의 능력이다. 예수 그리스도의 십자가 안에 나타난 이 사랑의 능력이 인간과 세계를 구원하는 하나님의 전능이다(고전 1:18). 하나님의 예정이 있다면 그것은 하나님의 무한한 지혜와 사랑의 힘에 의한 예정을 의미한다. "불가항력적 은혜"(irresistable grace)란 이 무한한 지혜와 사랑의 힘의 불가항력성을 의미한다. "오직 은혜"(sola gratia)란 인간이 전적으로 오직 예수 그리스도의 십자가에 나타난 하나님의 자기희생적인 사랑에 의해 구원을 받는다는 복음의 진리를 표현한다. 종말론적인 하나님 나라의 완성은 영원 전에 예정된 필연적 숙명에 의해서가 아니라 하나님의 무한한 지혜와 사랑의 힘에 의해서 보증된다. 이 무한한 지혜와 사랑은 바로 하나님 자신이다. 하나님을 믿는다는 것은 하나님의 무한한 지혜와 사랑의 궁극적 승리를 믿는 것을 의미한다.

만유재신론에 있어서 무한자 하나님과 유한자 세계의 관계는 인간(정신)/몸 유비 또는 전체와 부분의 관계를 통해 설명될 수 있다. 인간(정신)/몸 유비는 창조주 하나님의 초월성을 약화시키는 결정적인 약점이 있음에도 불구하고, 고전적 유신론의 이원론적 세계관을 극복하고 유기체적이고 상호적인 관계성 안에서 하나님과 세계를 이해할 수 있게 해주는 하나의 대안적 모델을 제공해 준다. 전체와 부분은 상호 내재적이다. 그러나 전체와 부분으로서의 하나님과 세계에 대한 이해는 단순히 공시적 차원이 아니라 통시적 차원에서의 해석학적 과업을 요구한다. 하나님과 세계의 시간적 역사 속에서 관계에 있어서 부분과 전체는 해석학적 순환관계에 있다. 역사의 도상에서 모든 부분들의 의미는 아직 감추어져 있다. 역사의 전체성의 완전한 의미는 종말론적 미래에 온전히 드러날 것이다. 한편, 역사의 전체성은 역사의 모든 부분들로 구성된다. 종말론적 완성은 역사의 과정을 폐기하지 않는다. 다른 한편, 종말에 완성되는 역사의 전체성의 의미는 부분의 총합을 초월한다. 종말론적 미래는 과거와 현재를 인두하며 변혁시키며 완성한다. 그리하여 마지막 때에 시간은 영원의 침투에 의해 질적으로 변화되며 동시에 영원 속

으로 고양, 통합된다.33)

역사의 전체성의 종국적 의미로서의 영원한 하나님 나라는 하나님께서 만유의 주로서 온 세계에 충만하게 임재하시고 세계의 시간과 공간과 우주적 에너지와 질서를 변화시켜 그 나라 안으로 통합시키는 종말론적 미래에 완성될 것이다. 그 때에 하나님의 영원한 현실성 속에서의 존재론적 본질과 세계의 역사 속의 현실적 실존이 온전히 하나가 될 것이다. 하나님께서 모든 것의 모든 것이 되시고 온 우주에 충만하게 임재하시는 종말론적 하나님 나라가 완성되는 그때에 만유재신론적 비전도 완성될 것이다. "만물이 그에게 복종하게 하실 때에는 아들 자신도 그 때에 만물을 자기에게 복종하게 하신 이에게 복종하게 되리니 이는 하나님이 만유의 주로서 만유 안에 계시려 하심이라"(고전 15:28).

---

33) 판넨베르그가 말한 바와 같이, 역사와 종말, 부분과 전체의 해석학적 순환관계를 위한 해석학적 원리는 종말론적 미래의 역사적 선취로서의 예수 그리스도(특히 십자가와 부활)에 있다.

제11장
현대 신학자들의 삼위일체론의 유형들과 만유재신론적 삼위일체론

1. 서론

20세기 초 바르트에 의해 삼위일체론에 대한 관심이 새롭게 일어나고 20세기 중반 이후 삼위일체론의 르네상스가 시작된 이래, 오늘에 이르기까지 동·서방 교회의 많은 신학자들에 의해 삼위일체에 관한 다양한 새로운 이론들이 발전되고 있다. 이들 가운데에는 서방교회의 심리적 삼위일체론의 전통을 계승하는 신학자들도 있고, 동방교회의 사회적 삼위일체론의 전통을 계승하는 신학자들도 있고, 이 양쪽의 전통을 조화시키거나 종합하려고 시도하는 신학자들도 있다. 이 가운데 이 세 번째 입장의 신학자들이 다수를 차지하고 있다고 할 수 있다. 또한 이러한 세 가지 주된 유형 안에도 다양한 스펙트럼의 많은 견해들이 존재하며, 반면에 이러한 세 가지 유형 안에 분류 파악될 수 없는 소수의 입장들도 존재한다. 오늘날의 삼위일체론에 주목할 만한 현상 가운데 하나는 아직 비록 소수이긴 하지만 과거와는 달리 여성신학자들이 페미니즘적 관점을 가지고 삼위일체론의 논의에 적극적으로 참여하고 있다는 점이다.

이 글에서는 오늘날의 삼위일체론의 동향을 잘 보여주는 동·서방의 교회의 신학자들의 7가지 유형의 삼위일체론들에 관해 고찰함으로써, 성서적이며 동시에 오늘날의 세계관에 상응하는 통전적인 삼위일체론에 대한 전망을 모색해보고자 한다. 이 7가지의 삼위일체론의 유형들은, 칼 바르트의 "위로부터"의 계시적 삼위일체론, 칼 라너의 경세적-내재적 삼위일체론, 위르겐 몰트만의 열린 사회적 삼위일체론, 볼프하르트 판넨베르그의 역사적-종말론적 삼위일체론, 존 지지울라스의 관계적 인격의 삼위일체론, 캐더린 라쿠냐의 "아래로부터"의 오이코노미아 삼위일체론, 엘리자벳 존슨의 소피아 삼위일체론이다. 물론 이 7가지의 유형의 선택은 어느 정도 임의적이다. 이 삼위일체론의 유형들은 각기 다른 방식과 내용의 삼위일체론을 전개하고 있음에도 불구하고, 대체로 삼위일체론은 기본적으로 성서에 증언된 예수 그리스도 사건 안에 나타난 하나님의 계시로부터 출발하여야 한다는 것, 따라서 철저하게 경세적 삼위일체론에 근거해야 한다는 것, 그리고 고전적인 방식의 경세적 삼위일체와 내재적 삼위일체의 구별 또는 분리는 더 이상 불가능하다는 사실에 대한 공통된 인식을 공유하고 있다.

이 글에서는 7명의 신학자들의 삼위일체론의 주요 내용을 살펴본 후에, 그것들에 대한 반성적 고찰을 통하여 각각의 장단점을 지적함과 아울러 대안적 전망을 수립하고자 한다. 대안적 전망의 제시를 위해서, 삼위일체 하나님 안의 세 위격의 관계에 대한 고찰과 만유재신론적 삼위일체론의 관점에서의 경세적 삼위일체와 내재적 삼위일체의 관계에 대한 고찰을 수행할 것이다. 이와 같은 고찰을 통하여 종말론적 관점에서의 만유재신론적 삼위일체론의 전망이 드러나게 될 것이다.

2. 칼 바르트: "위로부터"의 계시적 삼위일체론

바르트에게 있어서 신학의 기초는 하나님의 자기계시이다. 신학은 인간이 주도할 수 없고 오직 받기만 할 수 있는 하나님의 선행적 계시행위로부터 생겨난다. 바르트의 "위로부터"의 신학 방법론은 계시행위에서의 초월적 하나님의 주체성과 주도성을 강조한다. 기독교 인식론은 하나님을 알 수 있는 일반적 가능성에서 출발하지 않고 우리에게 주어진 하나님의 자기계시 즉 하나님의 말씀으로부터 출발한다. "하나님에 대한 지식의 가능성은 다른 곳에 있지 않고 바로 하나님의 말씀에 있다"[1] 이 말씀은 바로 예수 그리스도이다.[2]

바르트에게 있어서 계시론은 삼위일체론의 뿌리이다. 계시는 주님으로서의 하나님을 계시하는데, 계시의 삼중적 구조 안에서 하나님의 삼위일체적 존재방식이 드러난다. 즉 계시 안에서 하나님은 계시 주체, 계시 행위, 계시 결과로서, 계시하는 하나님, 계시사건, 인간 안의 계시 효과로서, 계시자, 계시, 계시됨으로 나타난다. "'하나님'은 자신을 계시한다. 하나님은 '자신을 통해서' 자신을 계시한다. 하나님은 '자신을' 계시한다."[3] 성서는 주님으로서 계시의 원천인 아버지, 계시를 객관적으로(우리를 위해서) 성취하는 아들, 계시를 주관적으로(우리 안에서) 성취하는 성령에 대하여 증언한다.[4] 바르트의 삼위일체론의 독특성은 "삼중적 반복"이란 표현에서 발견된다. 그에 따르면 계시가 발생하기 위해서는 계시의 주체(아버지)가 술어(아들)와 목적어(성령) 안에서 반복되어야 한다. 하나님은 삼중적 반복 안의 한 주님이다.[5]

바르트는 삼위일체적 구조를 지닌 그리스도 안의 하나님의 자기계시로

---

1) Karl Barth, *Church Dogmatics* I/1, ed. G. W. Bromiley and T. F. Torrance, trans. G. W. Bromiley, 2nd ed. (Edinburgh: T. & T. Clark, 1975), p. 222.
2) 바르트에 따르면 하나님의 말씀은 선포된 말씀(설교), 기록된 말씀(성서), 계시된 말씀(계시 즉 예수 그리스도)의 삼중적 형태로 구성된다. 교의학의 과제는 교회의 선포를 계시에 대한 증언인 성서에 의해 검증하는 것이다. Ibid., pp. 120, 264.
3) Ibid., pp. 296-99.
4) Karl Barth, *Church Dogmatics* I/2, *The Doctrine of the Word of God*, 2nd half-volume, ed. G. W. Bromiley and T. F. Torrance, trans. G. T. Thomson and Harold Knight (Edinburgh: T. & T. Clark, 1956), p. 1.
5) Ibid., p. 353.

부터 하나님의 영원한 삼위일체 하나님의 내적 존재로 나아간다. 그에 따르면 계시의 관점에서 우리가 하나님에 관해 말할 수 있는 것은 영원한 하나님의 내적 존재와 상응한다. 하나님의 계시행위 안에서 우리는 하나님의 존재를 볼 수 있다. "하나님은 자신의 계시행위 안에 나타난 바로 그분이다."[6] 계시의 하나님(God-in-revelation)과 영원한 하나님(God-in-eternity)은 동일한 하나님이다. "계시 안의 하나님의 실재는 그 계시 뒤의 어딘가에 다른 하나님의 실재가 있는 것처럼 '단지'(only)라는 말과 함께 괄호로 묶여져서는 안 된다. 계시 안에서 우리를 만나는 하나님의 실재는 영원의 모든 심층적 차원 안에 계신 하나님의 실재이다."[7]

그러나 이와 동시에 바르트는 하나님을 하나님의 자기계시로 환원시키는 것을 반대한다. 하나님을 하나님의 역사적 자기계시 사건으로 환원하는 것은 하나님의 영원성과 독립적 실존과 자유를 박탈하는 것이다. 바르트는 계시사건이 언제나 하나님의 자유의 결과로 일어남을 강조한다. 계시는 계시행위를 초월하며 계시의 영원한 원형으로서 삼위일체의 영원한 삶 안에 있는 것을 드러낸다.[8] 계시 안에서도 여전히 하나님의 은폐성이 유지된다. 하나님은 본성상 드러날 수 없으며 따라서 드러냄의 행위(아들)와 이에 대한 인간의 참여(성령)에도 불구하고 여전히 은폐성이 유지된다(아버지).[9] 이와 같이 바르트는 한편으로 영원 속의 하나님과 시간적 계시행위 속의 하나님, 즉 내재적 삼위일체와 경세적 삼위일체 사이의 동일성을 강조하면서, 다른 한편으로 이 둘을 구별함으로써 하나님의 영원한 내재적 삼위일체의 독립성과 자유를 확보하고자 한다.

---

[6] Karl Barth, *Church Dogmatics* II/1, *The Doctrine of God*, ed. G. W. Bromiley and T. F. Torrance, trans. T. H. L. Parker, W. B. Johnson, Harlod Knight, and J. L. M. Haire (Edinburgh: T. & T. Clark, 1957), p. 262.
[7] Barth, *Church Dogmatics* I/1, p. 548.
[8] Ibid., p. 158.
[9] Ibid., p. 315.

바르트는 삼위일체 하나님 안에 세 인격이 아니라 오직 한 인격이 있다고 주장한다. 그는 만일 예수 그리스도가 아버지와 다른 또 하나의 인격이라면 아버지의 자기계시가 될 수 없을 것이며, 또한 인격성은 주체성을 의미하기 때문에 만일 하나님이 세 인격 즉 세 주체로 구성된다면 삼신론에 빠지게 된다고 생각한다. 이와 같은 이유로 그는 하나님의 인격성 또는 주체성을 세 위격(hypostases)이 아닌 신적 본체 또는 본질(ousia)과 동일시하고,[10] 하나님의 세 구성원을 지시하기 위하여 전통적인 인격 개념 대신 "존재양태"(Seinsweise)란 개념을 사용한다.[11] 아버지, 아들, 성령은 하나님이 절대적 통일성 안에서 영원히 존재하는 세 가지 존재방식이다. 이 구별된 존재방식이 예수 그리스도 안의 하나님의 계시와 교회의 삶 안의 성령의 현존을 위한 선행조건이다.

한 인격으로서의 하나님의 본질적 통일성을 전제하고, 바르트는 아버지에 대한 논의로부터 삼위일체론을 전개한다. 아버지는 예수가 자신을 아버지의 아들로 구별함으로써 계시된다. 예수의 죽음과 부활을 통해 계시된 아버지 하나님은 죽음과 생명의 주님이다. 아버지는 창조자로서 우리의 아버지이며, 또한 창조세계와 관계없이 영원한 존재에 있어서 아들 예수 그리스도의 아버지이다. 아버지는 다른 존재양태의 근원(Author)이 되는 존재양태이다.[12]

예수는 자신이 아버지와 하나라고 말함으로써 아들과 주님으로서의 자신의 신성을 계시한다. 아버지와 구별되는 신적 아들로서 예수는 아버지를 계시하고 죄악된 인간을 아버지와 화해시키는 화해자이다. 즉 하나님의 두 번째 존재양태로서 예수의 주되심은 계시와 화해 사역에 있다. 예수는 계시 사건에서 처음 하나님의 아들 또는 말씀이 된 것이 아니라, 자신이 영원한 하

---

10) Barth, *Church Dogmatics* II/1, p. 297.
11) Barth, *Church Dogmatics* I/1, p. 355.
12) Ibid., p. 393.

나님의 아들과 말씀임을 이 사건에서 계시한 것이다. 즉 예수의 아들과 말씀 됨은 영원한 하나님의 존재에 속한다. "하나님에 관한 궁극적 사실로서, 하나님의 심층에 있어서 하나님은 아버지 하나님인 것처럼 아들 하나님이다."13) 하나님으로부터 하나님의 출생(begetting)은 하나님의 세계 창조보다 우월성을 갖는다.14)

성령은 피조물에 현존하는 하나님으로서, 계시의 주관적 현실을 가능케 한다. 즉 성령은 인간이 계시 즉 하나님의 말씀을 받아들이고 예수를 주님으로 고백하도록 해준다. 성령을 통하여 하나님은 인간의 내면에 주관적으로 현존한다. 성령의 사역은 인간을 자유롭게 하고 하나님의 아들로 만드는 구속자로서의 주님의 사역이다.15) 바르트는 서방교회의 전통을 따라 성령을 아버지와 아들이 공유하는 것의 구체화로 이해한다. 성령은 아버지와 아들의 친교적 연합의 행위이다. 성령은 아버지 하나님의 존재방식과 아들 하나님의 존재방식의 공통요소로서 무엇보다도 아버지와 아들의 상호적 사랑이다. 성령 안에서 아버지는 아들의 아버지가 되며 아들은 아버지의 아들이 된다.16)

바르트는 또한 서방교회의 필리오케(filioque) 교리를 고수한다. 성령은 계시에 있어서 아버지와 아들의 영이기 때문에, 영원에 있어서도 아버지와 아들의 영이다. "하나님은 영원히 그 자신이 아버지이기 때문에 영원히 아들로서의 그 자신을 출생한다. 하나님은 영원히 아들이기 때문에 영원히 아버지로서의 그 자신으로부터 출생된다. 이 영원한 출생함과 출생됨 안에서, 하나님은 세 번째로 자신을 성령으로 즉 그 자신 안에서 자신을 연합시키는 사랑으로 정위(定位)시킨다."17) 아버지와 아들의 영원한 친교적 연합으로서

---

13) Ibid., p. 414.
14) Ibid., p. 433.
15) Ibid., pp. 451-56.
16) Ibid., pp. 466-67.
17) Ibid., p. 483.

의 성령의 정체성이 하나님과 인간의 친교적 연합을 위한 기초를 제공한다.

3. 칼 라너: 경세적-내재적 삼위일체론

"'경세적' 삼위일체는 '내재적' 삼위일체이며, '내재적' 삼위일체는 '경세적' 삼위일체이다."[18] 라너의 이 삼위일체론은 이른바 '라너의 규정'이라고 불린다. 그에게 있어서 영원한 삼위일체 하나님은 시간 속에서 자기를 전달하는 하나님과 동일한 하나님이며, 따라서 그의 삼위일체론은 시간 속에서의 하나님의 자기전달, 즉 "우리와 함께 계시는 하나님"의 신비로부터 출발한다.

예수는 절대적 구원 사건으로서, 인간 안에 현존하는 하나님이며 임마누엘 즉 "우리와 함께 계시는 하나님"이다. 어떻게 무한한 신성과 유한한 인성이 예수의 인격 안에서 연합할 수 있는가? 그것은 인간이 자신 안에 닫혀져 있지 않고 하나님을 향해 열려있기 때문이다. 성육신 교리는 하나님을 향한 인간의 개방성이 하나님의 자기표현을 위한 잠재적 가능성을 제공함을 가르친다.[19] 따라서 성육신은 참 인간성과 참 신성의 충돌을 초래하지 않고 양자를 궁극적으로 성취한다. 성육신의 행위에 있어서, 하나님이 아닌 것을 통해 자신을 외적으로 표현하고자 하는 하나님의 의도가 결실을 맺으며, 절대적 구원자를 향한 인간의 추구와 하나님을 향한 인간의 철저한 개방성이 목적을 성취한다.

라너에 따르면, 인간 피조물을 향해 자신을 전달하는 하나님, 즉 "우리와 함께 계시는 하나님"은 로고스로서 성육신을 통해 인간의 역사 속에 현존하며, 또한 성령으로서 개인적 실존의 심층적 중심 안에 임재하여 인간의 인격

---
18) Karl Rahner, *The Trinity*, trans. Joseph Donceel (New York: Crossroad, 1997), p. 22.
19) 라너에 따르면, 하나님은 인간이 "하나님의 암호," 하나님의 자기 표현적 현존 즉 "타자가 되는 하나님의 자기표현"의 상징과 매개가 되도록 하기 위해서 인간을 창조하였다. Ibid., p. 224.

을 신성화한다.[20] 이 두 신비는 영원한 신비인 하나님(아버지)과 더불어 삼위일체의 신비를 구성한다. 이 세 신비는 하나의 신적 자기전달 행위의 계기들로서 일치를 이룬다. "세계를 향한 하나님의 절대적 자기전달(우리에게 오신 신비로서)은 절대적으로 원초적이고 비파생적인 존재로서 아버지이다. 그리고 그것은(자유로운 자기전달의 관점에서) 그 자신이 행동하며 또한 역사 속에서 필연적으로 행동해야 하는 원리로서 아들이다. 또한 그것은 주어지고 우리에 의해 받아들여진 것으로서 성령이다."[21] 라너는 또한 우리를 향한 하나님의 삼위일체적 자기전달을 다음과 같이 기술한다.

> 이 자기전달에서, 분여되는 그것은 주권적이고 불가해한 존재로 남아있으며, 받아들여지는 경우에서 조차도 비파생적이며 그 누구에 의해 좌우되거나 붙잡혀지지 않는 존재로 남아있다. 이 자기전달에서, 자신을 계시하는 하나님은 자기표현적 진리로서, 그리고 역사 속에서 행동하는 자유로운 지시적 힘으로서, "거기에 있다." 그리고 이 자기전달에서, 자신을 분여하는 하나님은 자신의 선물에 대한 수용을 가져온다. 이 수용은 그 전달을 단지 피조물의 차원으로 감소시키지 않는다.[22]

바르트처럼 라너도 현대의 인격 개념이 세 위격을 "정신적 행동을 위한 상호 연관된 세 중심들"로 이해하도록 만들기 때문에 세 위격을 인격으로 표현하는 것은 삼신론의 오해를 불러일으킬 위험이 있다고 본다. 따라서 그는 하나님 안의 세 위격(hypostases)을 "한 본성 안에 계신 한 하나님의 세 존재 양태"(modes of subsistence) 또는 "구별된 존재방식들"(distinct manners of subsisting)로 표현하는 것이 적절하다고 주장한다.[23]

---

20) Ibid., p. 136.
21) Rahner, "The Concept of Mystery in Catholic Theology," *Theological Investigations* 4, trans. Kevin Smith (New York: Crossroad, 1982), p. 70.
22) Karl Rahner, "Remarks on the Dogmatic Treatise 'De Trinitate,'" *Theological Investigations* 4, p. 97.

라너의 삼위일체론은 시간 속에서의 하나님의 자기전달, 즉 "우리와 함께 계시는 하나님"의 신비로서의 경세적 삼위일체로부터 출발하지만 거기에 멈추지 않고 내재적 삼위일체로 나아간다. 하나님의 삼중적인 자기전달은 하나님 자신으로서의 자기전달이기 때문에, 이 삼위일체는 하나님 자신에 속해있다. 즉 그것은 하나님 자신 안의 구별을 가리킨다. 구속사 속에 경험되는 예수와 성령 이 두 인격 안에 내재적 삼위일체 자체가 이미 주어져 있다.[24] 경세적 삼위일체의 신비는 내재적 삼위일체의 신비이다. 우리를 위한 하나님과 영원 속의 하나님은 연결되어있다. "하나님은 피조물을 향한 절대적 자기전달을 통해 자신을 온전히 내어주었기 때문에, '내재적' 삼위일체는 '구원의 경륜'의 삼위일체가 되며, 따라서 역으로 우리가 경험하는 구원의 삼위일체는 내재적 삼위일체이다. 이것은 우리와의 관계성 안에 계신 하나님의 삼위일체가 그 자신에 있어서의 하나님의 실재 즉 인격들의 삼위일체라는 것을 의미한다."[25]

라너에 의하면 내재적 삼위일체와 경세적 삼위일체의 일치가 가장 분명하게 드러나는 구속사의 지점은 성육신이다. 예수 그리스도 안에서 삼위일체의 두 번째 인격인 로고스가 인간 인격이 되었으며, 그 결과 구속사 속의 로고스와 영원한 로고스가 동일하게 되었다. 하나님은 그 자신으로서는 변화에 종속되지 않지만 타자(인간) 안에서는 변화에 종속될 수 있다. 왜냐하면 하나님은 인간 피조물을 하나님의 자기표현의 전달수단으로 창조하였기 때문이다.[26] 따라서 하나님은 성육신 안에서 가변적인 인간의 본성을 취함에도 불구하고 여전히 불가변적 존재로 남아있다.

---

23) Karl Rahner, "Oneness and Threefoldness of God in Discussion with Islam," *Theological Investigations* 18, trans. Edward Quinn (New York: Crossroad, 1983), p. 113; *The Trinity*, p. 113.
24) Rahner, "The Concept of Mystery in Catholic Theology," p. 70; *The Trinity*, p. 39.
25) Rahner, "The Concept of Mystery in Catholic Theology," p. 09.
26) Karl Rahner, *Foundations of Christian Faith: An Introduction to the Idea of Christianity*, trans. William V. Dych (New York: Seabury, 1978), pp. 220, 223.

라너는 내재적 삼위일체와 경세적 삼위일체를 밀접하게 연결시킴에도 불구하고 그 둘을 조심스럽게 구별한다. 즉 전자는 후자를 위한 초월적 기초를 구성한다는 의미에서 우선성을 갖는다. "그 자신에 있어서 하나님 안에 실제적인 구별, 즉 자신을 자신에게 중재하는 비파생적 존재인 하나의 동일한 하나님(아버지), 그 자신을 위해 진리 안에서 말해지는 하나님(아들), 그리고 그 자신을 위해 사랑 안에서 받아들여지는 하나님(성령)이 있다. 이 결과로 하나님은 자유롭게 자신을 전달할 수 있다."27) 이와 같은 내재적 삼위일체의 존재론적 우선성의 전제 하에, 라너는 내재적 삼위일체와 경세적 삼위일체 사이의 밀접한 연관성을 강조한다. 즉 영원한 하나님이 구원의 과정을 통해 인간에게 참된 신적 자아를 계시하기 때문에, 신적 자기전달을 통해 하나님을 경험하는 것은 영원한 하나님을 경험하는 것이다. 따라서 내적으로, 하나님은 우리와의 관계 속에서 경험되는 바로 그러한 방식 즉 아버지, 아들, 성령으로 존재하신다. 다시 말하면, 하나님이 구원의 역사 속에서 아버지, 아들, 성령으로서 자신을 우리에게 주시는 방식으로부터, 우리는 영원한 하나님이 실제로 세 위격의 자기 수여(self-giving) 가운데 존재한다는 사실을 알게 된다.

4. 위르겐 몰트만: 열린 사회적 삼위일체론

몰트만은 삼위일체론을 세계와 분리된 하나님의 영원한 본성에 관한 진술이 아니라, 세 신적 인격의 공동체적 관계성 안에서의 하나님의 역사에 대한 진술로 이해한다. 이 역사는 모든 창조세계를 위한 하나님의 사랑, 해방, 화해의 역사를 포함하며, 따라서 세계를 삼위일체 하나님의 삶 안에 포함한다. 무엇보다도 몰트만은 삼위일체론을 하나님의 아들 예수의 역사에 정초

---

27) Rahner, The Trinity, pp. 101-2.

시킨다.[28]

몰트만은 바르트의 수직적인 말씀(예수 그리스도) 중심적 계시 이해를 수평적인 역사의 지평으로 확장한다. 계시란 하늘로부터 역사 속으로의 초자연적 개입이 아니라, 미래의 전적으로 새로운 실재에 대한 약속의 말씀이다. 따라서 계시는 약속의 역사 안에서 실현된다. 즉 하나님은 역사 속에서 미래의 구원을 약속하시고 신실하게 그 약속을 성취하신다.

예수의 제자들은 예수를 하나님의 약속의 사건으로 보았다. 따라서 그들은 예수의 죽음과 부활을 죽은 자의 일반적 부활과 미래의 의의 나라에 대한 하나님의 약속으로 선포하였다.[29] 기독교의 궁극적 희망은 약속의 사건인 예수의 부활에 의해 예기되는 종말론적인 하나님 나라의 도래에 있다. 이 종말론적인 미래에 하나님이 약속하신 인간의 자유와 공동체, 그리고 죽음의 속박으로부터 창조세계의 해방이 궁극적으로 완성될 것이다. 하나님은 우리 위나 안이 아닌 우리 앞에, 즉 하나님의 약속 안에서 우리에게 열려진 미래의 지평에 계신 분이다. 즉 미래가 하나님의 존재양식이다.[30] 하나님의 존재는 하나님이 세계 안에 충만하게 드러나게 되는 미래의 영광의 하나님 나라에서 종말론적으로 완성된다.

영광의 하나님 나라는 미래의 나라이지만 그리스도와 성령 안에서 지금 여기에 선취적으로 현존하면서 저항과 희망을 불러일으킨다. 다시 말하면, 미래는 현재 안으로 뚫고 들어와 현재를 미래로 추동(推動)하는 선취적 사건들을 산출한다. 이 선취적, 예기적 사건들은 고난과 능력 안에 현존하는 하나님의 행동이다. 이 하나님의 행동의 핵심에 예수 그리스도의 십자가, 부활, 성령의 보내심이 있다. 따라서 하나님은 이 세계 안에 삼위일체적 방식으로

---

[28] Jürgen Moltmann, *The Trinity and the Kingdom: The Doctrine of God*, trans. Margaret Kohn (Minneapolis: Fortress Press, 1993), p. 19.
[29] Jürgen Moltmann, *Theology of Hope: On the Ground and the Implications of a Christian Eschatology*, trans. James W. Leith (Minneapolis: Fortress Press, 1993), pp. 139-40, 203.
[30] Jürgen Moltmann, "Theology as Eschatology," *The Future of Hope: Theology as Eschatology*, ed. Frederick Herzog (New York: Herder and Herder, 1970), p. 10.

현존한다. 세계 안에 현존하는 삼위일체의 세 인격의 역사는 하나님의 역사를 구성한다.

몰트만은 무엇보다도 세계 안에서의 하나님의 삼위일체적 역사를 예수 그리스도의 십자가 사건에서 발견한다.[31] 삼위일체의 기초는 십자가 사건에서 삼위일체 하나님이 경험하는 "일치 속의 분리"에 있다. 십자가에서의 그리스도의 죽음은 세상의 구원을 위한 의미를 갖기 이전에 내적 삼위일체적 사건이다.[32] 예수가 십자가에서 아버지로부터 버림받음에 의한 죽음의 고통에 자신을 내어맡기는 것처럼, 아버지는 아들을 고통과 죽음에 내어줌으로써 초래되는 아들과의 분리의 고통을 경험한다. 그러나 이 분리 가운데 아버지와 아들은 버림받고 고통당하는 세계를 위한 사랑을 공유하는 깊은 "의지의 연합" 안에서 하나가 된다. 이 일치는 성령 안에서 일어난다. "십자가에서, 아버지와 아들은 버림받음 안에서 가장 깊이 분리되고 동시에 자기를 내어줌 안에서 가장 깊이 내적으로 하나가 된다. 성령은 이 아버지와 아들 사이의 사건으로부터 출원한다."[33]

십자가는 그리스도 안에서 세상의 고난에 참여하는 삼위일체 하나님을 계시한다. 역사적 십자가 사건이 하나님의 영원한 존재를 구성하는 한, 하나님은 세상에 영향을 줄 뿐만 아니라 세상으로부터 영향을 받는다. 고통과 악으로 가득 찬 인간의 역사가 십자가를 통해서 하나님 자신의 내적 삶 안으로 받아들여진다. "골고다 십자가의 예수의 죽음 안에서의 구체적인 '하나님의 역사'는... 인간 역사의 모든 깊이와 심연을 그 안에 포함한다." "모든 인간의 역사가... 이 '하나님의 역사' 즉 삼위일체 안으로 받아들여지며, '하나님의 역사'의 미래 안으로 통합된다."[34] 하나님은 인간 역사의 모순을 삼위일체

---

31) Jürgen Moltmann, *The Crucified God: The Cross of Christ as the Foundation and Criticism of Christian Theology*, trans. R. A. Wilson and John Bowden (Mineapolis: Fortress Press, 1993).
32) Jürgen Moltmann, *Experiences in Theology: Ways and Forms of Christian Theology*, trans. Margaret Kohl (Minneapolis: Fortress Press, 2000), p. 305.
33) Moltmann, *The Crucified God*, p. 244.

적 관계성의 역사 안으로 받아들일 뿐만 아니라 그 모순을 극복한다. 하나님의 사랑은 세상의 모든 부정성과 모순을 끌어안고 그것들로 인하여 고통당하며 그것들을 극복한다.

세 존재양태 안의 한 인격적 주체로서의 하나님의 주권을 강조하는 바르트와 달리, 몰트만은 성서에 기록된 예수의 역사에 나타나는 삼위적 성격에 주목한다. 철저하게 세계 속에서의 하나님의 역사에 기초하여 삼위일체론을 전개하는 몰트만은 하나님의 하나 됨을 전제하고 세 인격의 문제를 다루지 않고, 세 인격의 소여성으로부터 출발하여 궁극적으로 종말론적 미래에 완성될 하나님의 통일성으로 나아간다. 삼위일체 신학의 내용은 세 의식적 행위의 중심으로서의 인격들의 친교를 통한 일치를 설명하는 것이다. 이와 같은 그의 삼위일체론은 사회적 삼위일체론이라고 불린다.[35] 여기서 아버지는 하나님 나라를 가져오는 유일한 주체가 아니라 아들을 보냄, 아들의 자기 내어줌, 영화롭게 됨, 그리고 성령의 사역에 의존한다. 활동의 초점이 한 인격에서 다른 인격으로 바뀜에 따라, 하나님의 역사 속에서의 세 인격의 관계성의 패턴도 변화한다.

몰트만에 따르면 삼위일체 하나님의 통일성은 종말론적 미래에 완성된다. 다시 말하면, 아들과 성령의 사역을 통해 구원의 역사가 종말론적 목표에 도달할 때 내재적 삼위일체가 완성된다. "만유가 '하나님 안에' 그리고 '하나님이 만유 안에' 있게 될 때, 경세적 삼위일체가 내재적 삼위일체 안으로 고양되고 초월된다."[36] 종말론적 미래에 있어서 삼위의 관계는 아버지가 아들과 성령을 세상에 보냄을 반영하는 전통적인 아버지-아들-성령의 순서가 아니라 성령-아들-아버지이다. 종말론적 차원에서 성령은 아버지와 아들을 영화롭게 하는 활동의 주체로서, 아버지와 아들과 동등한 신적 인격이다.

---

34) Ibid., p. 246.
35) Moltmann, *The Trinity and the Kingdom*, p. 19.
36) Ibid., p. 161.

"성령은 아버지 또는 아들로부터 나오는 에너지가 아니다. 성령은 주체로서, 성령의 주체적 활동에 의해 아들과 아버지가 영광을 받고 통일을 이룬다..."37)

몰트만은 삼위일체 하나님의 통일성이 단일한 실체로서의 신적 주체에 있지 않고 세 인격의 페리코레시스38) 즉 상호 내재적이며 상호 침투적인 관계성에 있음을 강조한다. "영원한 사랑에 의해서 신적 인격들은 서로 안에서 서로를 위하여 서로 함께 매우 친밀하게 존재하기 때문에 유일무이하고 비교 불가능한 완전한 통일성을 구성한다."39) 다시 말하면, 몰트만은 하나님의 통일성이 어거스틴의 서방교회 전통에서처럼 사랑의 끈인 성령에 의해서 또는 동방교회 전통에서처럼 군주적 아버지에 의해서 이루어지는 것이 아니라, 동등한 주체로서의 세 인격들의 상호 주체적인 친교적 연합 즉 페리코레시스 안에서 이루어진다고 주장한다.

군주적 유일신론에 대한 대안으로 몰트만이 제시하는 관계론적 삼위일체론에 있어서 삼위일체 하나님은 세상을 향하여 열려있다. 즉 삼위일체의 세 인격 사이의 관계성은 신적 삶 안에 제한되지 않고 창조세계를 포괄한다. 몰트만의 십자가 신학은 세상을 향해 열려있는 삼위일체를 잘 보여준다. 십자가가 예수의 고통과 죽음 안에서의 삼위일체적 사랑의 사건이라면, 삼위일체적 역사는 하늘의 내재적 삼위일체의 차원에 국한되지 않고 이 땅에서의 인간의 역사의 과정을 향하여 열려있다.40) 하나님의 삼위일체적 역사는 그 안에 세계를 포함한다. 이 역사에서 아버지는 모든 창조세계를 자신 안으로 모으고 통일시키기 위하여 아들과 성령을 세상에 보낸다. "신적 위격들의 상호 관계성은 세계 전체를 위한 공간을 가질 수 있을 만큼 넓다."41)

---

37) Ibid., p. 126.
38) 페리코레시스(perichoresis)의 본래적 의미는 함께 손을 맞잡고 추는 원무(圓舞)이다.
39) Jürgen Moltmann, *History and the Triune God: Contributions to Trinitarian Theology*, trans. John Bowden (New York: Crossread, 1992), p. 86.
40) Moltmann, *The Crucified God*, p. 249.

몰트만은 이와 같이 세상을 향하여 열린 자신의 삼위일체론을 "삼위일체적 만유재신론"으로 명명한다.[42] 그에 따르면, 무한한 하나님은 자신의 '밖에' 세계를 창조하기 위해서 먼저 자신 안에 유한한 공간을 만들어야 했다.[43] 하나님은 자신을 제한함으로써 무한한 신적 실재 안에 세계를 위한 유한한 공간(그리고 시간)을 창조하였다. 페리코레시스는 신적 인격들 간의 상호적인 자기 내어줌과 상호 내주뿐만 아니라, 창조세계를 위한 하나님의 자기제한과 하나님과 세계의 상호 내주를 표현한다.[44] 하나님은 죄와 죽음의 세상을 구원하기 위해서 신적 부재의 공간으로 들어와 십자가의 삼위일체적 역사를 통하여 세상의 화해를 성취할 뿐만 아니라 세상을 자신의 존재 안으로 이끌어 그것을 자신의 영원한 삶을 구성하는 부분으로 만든다.[45]

몰트만은 삼위일체론을 인간의 사회 정치적 차원과 연결시킨다. 그에 따르면 인간의 사회 구조는 신학적 전망 즉 하나님 이해를 반영한다. 즉 실체론적 절대주체로서의 유일신은 전체주의를 조장하고 인간사회의 계층질서와 지배를 정당화하는 반면, 평등한 세 위격의 관계성으로 구성되는 사회적 삼위일체는 전체주의적 계층질서와 지배를 타파하고 민주적, 평등적 사회질서를 고취한다. 종말론적인 미래의 영광의 하나님 나라에서 하나님은 창조세계를 지배하기보다는 세계를 느끼며 세계와의 친교적 연합을 누리며 안식한다. 삼위일체 하나님의 세 인격들의 페리코레시스는 영광의 하나님 나라의 "우주적 페리코레시스" 즉 "하나님 안의 세계와 세계 안의 하나님의 상호

---

41) Jürgen Moltmann, *The Church in the Power of the Spirit: A Contribution to Messianic Ecclesiology*, trans. Margaret Kohn (Minneapolis: Fortress Press, 1993), p. 60.
42) Jürgen Moltmann, *God in Creation: A New Theology of Creation and the Spirit of God*, trans. Margaret Kohn (Minneapolis: Fortress Press, 1993), pp. 98-103.
43) Ibid., p. 86.
44) 물론 전자는 동일한 존재들의 관계이며 후자는 다른 차원의 존재들 사이의 관계이다. 몰트만에 따르면 신약성서에서 전자의 예는 아버지와 아들의 상호 내주에 관한 요한복음의 구절에 나타나고, 후자의 예는 제자들이 "우리 안에" 있게 해달라는 예수의 기도에 나타난다. Moltmann, *Experiences in Theology*, p. 316-23.
45) Moltmann, *God in Creation*, p. 91.

내주"46)를 향해 열려 있으며 그것을 가능케 한다.

　몰트만은 전통적 방식과는 다른 방식으로 경세적 삼위일체와 내재적 삼위일체를 구별한다. 즉 그는 경세적 삼위일체를 케리그마적, 실천적 신학의 대상으로, 내재적 삼위일체를 찬송(doxology) 신학의 대상으로 구별한다.47) 찬송은 우리에게 구원을 베푸시는 하나님에 대한 경배를 넘어서 하나님 "자신"으로 우리를 인도한다. 찬송은 구원의 경험에서 우러나지만 그 경험을 가능케 하는 초월적 근거를 향한다.48) 찬송에 의해 도달되는 하나님은 구원의 역사 속의 하나님과 동일한 하나님이지만, 동시에 구원의 초월적 근거가 되는 하나님이다. 종말론적으로 경세적 삼위일체는 그 초월적 근거인 영원한 내재적 삼위일체 안으로 통합된다. "만유가 '하나님 안에', 그리고 '하나님이 만유 안에' 있게 될 때, 경세적 삼위일체는 내재적 삼위일체 안으로 고양되고 초월된다. 이제 영광 중에 계신 삼위일체 하나님에 대한 영원한 찬송만이 남는다."49)

5. 볼프하르트 판넨베르그: 역사적-종말론적 삼위일체론

　판넨베르그의 삼위일체론은 역사적 삼위일체론이다. 그에 따르면, 역사는 가장 포괄적인 기독교 신학의 지평이다. 모든 신학적 질문과 답변은 오직 하나님이 인간과 창조세계와 갖는 역사의 틀 안에서만 유의미하다. 이 역사는 아직 세계로부터 숨겨져 있지만 이미 예수 그리스도 안에서 계시된 미래를 향하여 나아간다.50) 그는 계시를 역사 즉 하나님의 역사와 연결시킨다.

---

46) Jürgen Moltmann, *The Coming of God: Christian Eschatology*, trans. Margaret Kohl (Minneapolis: Fortress Press, 1996), pp. 295, 307.
47) Moltmann, *The Trinity and the Kingdom*, p. 152.
48) Ibid., p. 153.
49) Ibid., p. 161.
50) Wolfhart Pannenberg, *Basic Questions in Theology*, trans. George H. Kehm, vol. 1 (Philadelphia:

그에게 있어서 역사로서의 계시 개념은 삼위일체 신학을 위한 방법론적 기초이다.[51]

역사적 현현을 통해 매개되는 하나님 지식은 오직 하나님의 신성을 계시하는 모든 경험들의 종국에서만 온전히 발견된다. 다시 말하면, 오직 세계의 역사를 완성하는 미래의 하나님 나라의 도래 안에서 하나님의 영광이 완전하게 계시된다. 그럼에도 불구하고, 아직 숨겨져 있는 종말에 대한 잠정적, 예기적 계시가 역사 안에서, 무엇보다도 특히 예수의 인격과 역사에서 발견된다. 도래하는 하나님 나라에 대한 유대교의 기대가 예수에게서 효력을 발생하였으며, 예수의 인격과 역사 안에서 하나님의 신성이 선취적으로 계시되었다. 기독교의 하나님 이해는 바로 종말론적인 하나님의 신성에 대한 선취적 계시로서의 예수의 삶에 기초한다.

판넨베르그의 삼위일체론은 그리스도 안의 하나님의 자기계시 즉 구원의 경륜에 근거한다. 그는 예수의 하나님 나라 선포에 나타난 예수와 아버지의 관계에 집중한다. 예수는 창조주 아버지의 섭리를 도래하는 하나님의 종말론적 통치와 연관시킨다. 또한 예수의 선포는(삶, 죽음, 부활과 더불어) 아들로서의 예수와 세 번째 인격으로서의 성령에 대한 신학적 이해를 위한 기초를 제공한다.[52] 따라서 예수 그리스도의 선포, 삶, 죽음, 부활에 나타난 하나님의 자기계시로부터 아버지, 아들, 성령으로서의 하나님의 셋 됨이 드러난다. 삼위일체론은 아버지, 아들, 성령이 역사 안에서 서로 연관되어 나타나는 구원의 경륜에 근거하여, (통일성을 미리 전제하지 않고) 어떻게 이 셋이 한 하나님이 되는지를 물어야 한다.[53]

Fortress Press, 1971), p. 15.
51) 판넨베르그는 "하나님의 말씀"이 하나님에 의해 씌어졌다고 보지만 그 내용이 하나님과 직접적으로 동일하다고 보지는 않는다. 하나님의 자기계시는 하나님의 행동에 의해 매개되며, 따라서 계시는 본성상 간접적이다.
52) Pannenberg, *Basic Questions in Theology*, p. 304.
53) 판넨베르그는 바르트가 예수 안의 계시로부터가 아니라 계시 관념 또는 형식적 개념으로서의 계시로부터 삼위일체론을 이끌어 내었으며, 세 인격이 아닌 단일한 주체를 전제하는 그의 삼위일체론은

판넨베르그는 전통적인 아버지로부터 아들과 성령의 출생 교리에 의해 아버지가 수위성(秀偉性)을 갖게 되는 것을 경계하고, 세 인격의 상호적 성격을 강조한다. 세 인격은 각기 자신을 상대방에게 내어주는 행동을 통하여 타자와의 관계성 안에서 자신의 정체성을 획득한다. 자신을 타자로부터 구별하는 존재는 자신의 인격적 정체성을 위하여 타자에게 의존하기 때문에 의존성은 자기 구별의 본유적 요소이다. 아버지, 아들, 성령의 상호적 자기 구별이 삼위일체적 관계의 구체적 형태를 구성한다.[54]

판넨베르그에 따르면, 예수는 자신을 아버지로부터 구별하고 자신을 아버지의 의지에 종속시키고 아버지의 신성을 확증함으로써 아들이 된다. 이 아들 됨은 부활사건에 의해 소급적으로 확증되고 수립되었다. 또한 아버지는 아들 없이는 아버지가 될 수 없다. 아버지의 신성은 아들과의 관계에 의존한다. 아들을 세상에 보냄에 있어서 아버지는 아들에게 모든 것을 위탁하였다(마 28:18; 눅 10:22; 요 5:23). 하나님 나라와 함께 아버지의 신성이 아들에게 위탁되었으며, 따라서 아버지의 신성은 아들이 세상에서 이 과제를 완수함에 의존한다.[55] 아들로부터 아버지의 자기 구별은 단지 아들을 낳았다는 것만이 아니라, 아들에게 모든 것을 넘겨주어 아버지의 나라와 아버지 자신의 신성이 이제 아들에게 의존된다는 것을 의미한다.[56]

아버지의 신성은 하나님의 미래의 통치와 연결되어 있으며, 하나님의 통치는 세상으로의 예수의 보냄과 세상 안에서의 성령의 사역에 의해 완성되기 때문에, 아버지의 아버지 됨은 다른 두 인격에 의존한다. 초기교회에서 성령은 예수와 아버지 사이의 친교적 연합을 가져오고 또한 신자들로 하여금

양태론에 빠질 수밖에 없다고 비판한다. Wolfhart Pannenberg, *Systematic Theology*, trans. Geoffrey W. Bromiley, 3 vols. (Grand Rapids: Eerdmans, 1991-1998), 1, pp. 296-99.
54) Ibid., p. 308-19.
55) Pannenberg, *Systematic Theology* 1, pp. 311-13.
56) Ibid., p. 313. 판넨베르그는 하나님의 존재를 하나님의 통치와 동일시한다. "하나님의 존재는 하나님의 통치이다." Wolfhart Pannenberg, *Theology and the Kingdom of God*, ed. Richard John Neuhaus (Philadelphia: Westminster, 1969), pp. 55-56.

그리스도 안에 참여하게 하는 매개자로서 이해되었다. 이러한 성령의 역할이 아버지와 아들과 구별되는 동등한 인격으로서의 성령을 구성한다. "예수가 자신이 아니라 아버지를 영화롭게 하고 바로 그렇게 함으로써 자신이 아버지의 아들임을 보여주는 것처럼, 성령은 자신이 아니라 아들을 영화롭게 하고 아들 안에서 아버지를 영화롭게 한다."[57) 아버지와 아들과 구별됨으로써, 성령은 양자 모두에게 속한다.

판넨베르그는 상호 자기 구별적인 세 신적 인격이 단지 한 신적 주체가 존재하는 세 가지 다른 방식이 아니라 독립적인 행동의 중심들이라고 주장한다. 또한 신적 통일성은 출생(generation)과 출원(procession)의 기원인 아버지에 호소함으로써 확보되지도 않는다. 삼위일체 하나님의 통일성은 세상 안에서의 구원의 경륜에 나타난 세 인격의 상호 관계로부터 분리된 하나님의 본질의 관점에서 파악될 수 없다. 신적 삶의 통일성은 구원의 경륜에 있어서의 세 인격의 서로를 위한 상호 활동에 있다. 하나님의 본질은 하나님의 실존과 결부되어 있으며, 이 실존은 오직 삼위일체적 인격들 안에서 발견된다. 하나님의 속성은 세상에서의 하나님의 행위로부터 생겨난다. 즉 세계 안에서의 하나님의 행위가 내재적 삼위일체에 관해(유비가 아닌 찬송으로) 말할 수 있는 기초를 제공한다. 이와 같은 기초 위에서 판넨베르그는 경세적 삼위일체로부터 내재적 삼위일체로 나아간다. 즉 아버지와 아들(그리고 성령)의 상호 의존성은 구원의 경륜에 한정되지 않고 영원한 신적 존재와 삶 안의 실재이다. 내재적 삼위일체 안에서 각 인격은 다른 인격과의 "관계성 안의 인격"으로서, 다른 인격에 의존하며 다른 인격으로부터 신성을 부여받는다.

판넨베르그는 이성과 의지 즉 정신으로서의 전통적인 하나님 개념을 장(field)의 은유로 해석된 성서적 영 개념으로 대체한다. 그는 신적 통일성이 장, 즉 이해 불가능하지만 세 삼위일체적 인격들로서 인격적으로 나타나는

---

57) Pannenberg, *Systematic Theology*, 1, p. 315.

힘의 성격을 가진다고 주장한다. 그는 또한 세상 안에서의 구원의 경륜에 있어서 세 인격이 상호적인 관계성 안에서 행동함을 강조한다. 따라서 신적 통일성은 세상 안에서의 세 인격의 상호적 사역과 결부되어 있다. 이 사역이 완성되는 종말에 신적 통일성도 완성되며, 이때에 경세적 삼위일체 안의 인격들의 통일성은 내재적 삼위일체의 인격들의 영원한 삶 속에서의 통일성과 연합된다. 종말론적 미래에 계시되는 하나님의 본질 즉 신적 삶의 내적 통일성은 무한한 영적 본질로서, 정신과 같이 고정적인 것이 아니라 역동적인 장과 같이 관계적인 것, 다시 말하면 무한과 유한 사이의 구별을 철폐하지 않고 모든 유한한 것들을 포괄하는 무한한 존재이다.

판넨베르그는 신적 통일성을 사랑의 관점에서 설명한다. 사랑으로서의 하나님은 다양한 다른 속성들을 통일시킨다. 왜냐하면 속성들은 사랑의 현현 형태이거나 사랑의 운동 안으로 이끌려가기 때문이다. 사랑은 영원한 삼위일체적 삶의 본질을 구성한다. 아버지와 아들의 사랑의 관계(이 관계에서 아들은 아버지로부터 나온다)를 통하여 창조적 능력으로서의 신적 영이 구체화된다. 따라서 영은 신성의 공동의 본질을 구성할 뿐만 아니라 독립된 위격으로서의 성령이 된다. 또한 신적 사랑은 무한자와 유한자 사이의 긴장을 스스로 걸머진다. 사랑 안에서 하나님은 창조세계의 유한성을 긍정하고 그렇게 함으로써 (신적 존재와의 차이를 폐기하지 않으면서) 세상의 분리를 극복한다. 그러므로 판넨베르그에게 있어서, 신적 사랑은 신적 본질과 신적 실존(속성)의 통일성, 그리고 내재적 삼위일체와 경세적 삼위일체의 통일성의 문제에 대한 답변이다.

6. 존 지지울라스: 관계적 인격의 삼위일체론

지지울라스의 주저 『친교적 연합으로서의 존재』[58]의 중심 주제는 삼위일체론이라기보다는 성만찬적 교회론이다. 그러나 이 둘은 매우 밀접한 관계에 있다. 즉 교회의 신비는 하나님의 존재와 깊이 연관되어 있다. 왜냐하면 삼위일체 하나님이 친교적 연합의 유일한 모델이기 때문이다. 지지울라스에 따르면 교회는 제도가 아니라 실존의 양태로서 인간과 하나님 사이의 관계성 또는 친교적 연합의 현현이다. 그가 교회론적 맥락에서 제시하는 "관계적 인격성으로서의 기독교 존재론"은 삼위일체적 존재론의 핵심 개념이다. 즉 그는 삼위일체 하나님의 신비를 이해하기 위한 인격성의 존재론(ontology of personhood)으로서 친교적 연합(communion) 개념을 제시한다.

지지울라스는 카파도키아 교부들의 인격성의 존재론이 그리스의 철학과 기독교 삼위일체 신학에 혁명적 변화를 가져왔다고 주장한다. 즉 그들의 인격성의 존재론은 자유의 원리를 고양시켰으며 일자(본성)와 다자(인격)의 관계에 대한 균형 잡힌 철학적 이해를 가능케 하였다는 것이다.[59] 그리스인들과 로마인들은 개별자로서의 인격적 삶이 존재론적 필연성에 의해 결정된다고 보았다. 이들에게 어떤 특정한 속성에 의해 정의되고 타자와의 관계 안에 존재하는 인격이 되는 것은 본질적 본성(ousis, hypostasis)에 부가적인 어떤 것이다. 이와 반대로 카파도키아 교부들은 하나님의 존재를 서구 전통처럼 하나님의 본질(본체)과 동일시하지 않고 하나님의 인격(아버지의 인격)과 동일시하였으며 인격성의 존재론적 우선성과 자유를 강조하였다.

카파도키아 교부들의 인격성의 존재론은 양태론, 삼신론, 종속론과의 논쟁 속에서 형성되었다. 실체론적 통일성으로서의 하나님의 하나 됨을 강조하는 양태론자(사벨리우스)에 대항하여, 그들은 삼위일체의 세 인격이 각기 존재론적으로 온전한 존재라고 주장하였다. 그들은 그리스인들이 'ousia'

---

58) John D. Zizioulas, *Being as Communion: Studies in Personhood and the Church*, Contemporary Greek Theologians 4 (Crestwood, N.Y.: St. Vladimir's Seminary Press, 1985).
59) John D. Zizioulas, "Doctrine of the Holy Trinity: The Significance of the Cappadocian Contribution," *Trinitarian Theology Today: Essays on Divine Being and Act*, ed. Christoph Schwöbel (Edinburgh: T. & T. Clark, 1995), pp. 52-55.

(본질)과 동일시해 오던 'hypostasis'를 개별적 인격인 'prosopon'(연극배우가 쓰는 가면)과 동일시함으로써, "인격"을 존재의 구성적 요소로, 그리고 존재 개념 자체를 관계적 개념으로 만들었다.[60] 그리하여 이제 "존재하는 것과 관계 안에 존재하는 것은 동일하게 된다."[61]

또한 카파도키아 교부들은 아버지는 본질상(ousia) 비출생적인 반면, 아들과 성령은 본질상 출생적 또는 출원적이기 때문에 아버지에게 종속된다고 주장하는 종속주의자(아리우스, 유노미우스)의 견해도 거부하였다. 이들은 하나님 안에서 본질(본체)과 인격을 구별하였다. 비출생적 속성은 신적 본질(ousia)에 속한 것이 아니라 아버지의 인격(hypostasis)에 속한 것이다. 이들은 세 인격이 공통된 본성이나 본질(본체)이 아닌 각자의 독특한 속성(비출생, 출생, 출원)에 의해 정의되며, 따라서 동등하다고 주장하였다.

카파도키아 교부들은 삼신론도 역시 거부하였다. 이들은 한 신적 본질(ousia)과 세 인격(hypostases)을 구별하였다. 본질이란 한 인격 이상에 적용할 수 있는 일반적인 형이상학적 범주로서의 본성(physis)으로서, 하나님에게 있어서 이 본성은 (인간의 본성과 달리) 세 인격을 선행하지 않는다. 세 인격은 선재하는 본성을 공유하는 것이 아니라 본성과 동시적이다. 하나님 안에서 일자와 다자는 일치한다. 세 인격(다자)은 친교적 연합 안에서 하나(일자)가 되기 때문에 어느 인격도 다른 인격들 없이는 생각할 수 없다. 삼위일체의 세 인격은 근본적으로 관계성 안에 존재하기 때문에 어느 인격도 자율적 개별자로 생각될 수 없다.

지지울라스에 따르면 카파도키아 교부들에게 있어서 일자는 다자를 배제하지 않을 뿐만 아니라 존재하기 위하여 처음부터 다자를 요구한다. 따라서 피조물과는 달리 신적 실존에 있어서는 인격성(다자)이 본질(일자)에 종속되지 않는다. 신적 영원성에 있어서 세 인격은 주어진 본체와 만나는 것이

---

60) Zizioulas, "Doctrine of the Holy Trinity," pp. 45-47; *Being as Communion*, pp. 27-39.
61) Zizioulas, *Being as Communion*, p. 88.

아니라 자유롭게 존재하기 때문에, 존재는 "관계적이며 동시에 위격적"이다.[62] 카파도키아 교부들은 존재론적 개념(hypostasis)을 실체적 개념(ousia)이 아니라 사회학적 개념(prosopon)과 연결시킴으로써 인격성의 특징이 실체적 본질의 소유에 있는 것이 아니라 관계성에 있음을 강조하였다. 그들은 공동체로서의 교회적 존재론의 관점에서 존재를 친교적 연합으로 이해했으며, 하나님의 통일성 또는 하나 됨이 세 인격의 친교적 연합 또는 코이노니아에 있다고 주장했다. 이와 같은 그들의 "친교적 연합의 존재론"(ontology of communion)은 인간론과 삼위일체론에 있어서의 관계론적 인격 이해의 발전에 큰 공헌을 하였다.

카파도키아 교부들을 따라, 지지울라스는 "인격의 친교적 연합의 존재론"(communal ontology of personhood)을 주장한다. 인격은 고정된 실재가 아니다. 인격은 고유의 경계선에 의해 결정되는 자존적(自存的) 실체가 아니다. 또한 인격은 모두가 공유하는 어떤 성질을 지닌 본성에 의해 정의될 수도 없다. 노나 베르나 해리슨에 의하면, "인격은 그러한 측정 가능한 성질을 초월하는 신비로서, 그 독특한 성격은 오직 사랑의 눈을 통해서만 식별된다."[63] 위격이 본질(본체)이 아니라 인격과 동일시되기 때문에, 인격으로서의 존재는 자기 실존이 아니라 친교적 연합으로 존재한다. 이 친교적 연합은 관계적 실존의 필수불가결한 부분인 인격의 독특성을 구성한다. 지지울라스는 인격이 위격(hypostasis)과 탈존(ekstasis)의 상호작용으로 구성된다고 말한다. 즉 인격은 자아의 경계에 대한 초월과 자유로 이끄는 친교적 연합을 향한 탈존적 운동과 아울러 자신의 본성의 통일적 전체성의 담지자로서의 위격으로 구성된다.[64] 이와 같은 친교적 연합으로서의 인격 존재론에 있어서

---

62) Zizioulas, "Doctrine of the Holy Trinity," pp. 49-50.
63) Nonna Verna Harrison, "Zizioulas on Communion and Otherness," *St. Vladimir's Theological Quartorly* 42/3-4(1998), pp. 274-75; Stanley J. Grenz, *Rediscovering The Triune God: The Trinity in Contemporary Theology* (Minneapolis: Fortress Press, 2004), p. 139.
64) Zizioulas, *Being as Communion*, pp. 46-47.

타자성 또는 상이성은 참된 친교적 연합 안에서의 통일을 위한 필수적 요소로 이해된다. 하나님은 먼저 하나이고 그리고 셋이 아니라, 동시적으로 하나이고 셋이다. 삼위일체의 세 인격들의 코이노니아에 있어서 타자성은 통일성의 결과가 아니라 통일성을 구성하는 필수조건이다. 아버지, 아들, 성령이란 용어가 모두 관계성을 지시한다. 그러므로 타자성은 관계성을 떠나서 생각될 수 없다.[65]

카파도키아 교부들을 따라, 지지울라스는 신적 본체가 아닌 아버지의 인격이 삼위일체의 원천과 원인이라고 주장한다. 그에 따르면, 카파도키아 교부들은 한 기원(arche) 또는 원천이란 존재론적 개념을 아버지의 인격과 결부시켰으며, 따라서 한 하나님을 아버지로 간주하였다.[66] 아버지는 아들의 출생과 성령의 출원의 원인이며, 따라서 하나님의 존재와 삶의 원인이다. 삼위일체 하나님은 세 인격들의 친교적 연합이다. 이 친교적 연합은 신적 본질의 필연적 결과가 아니라 아버지의 인격적 자유의 결과이다. 아버지는 아들을 출생하고 성령을 출원함으로써 자유롭게 친교적 연합을 의도하신다. 따라서 하나님의 존재(친교적 연합과 본질)는 아버지 하나님의 인격적 자유로부터 생겨난다.[67] 즉 신적 인격은 신적 본질을 선행하며 그 기초를 제공한다. 그리고 신적 인격들의 존재는 친교적 연합의 관계에 의해 구성된다.

지지울라스의 삼위일체 인격 존재론에 있어서, 인격(아버지)이 존재의 원인이며, 존재의 본성은 친교적 연합이다. 아버지는 신적 존재의 기원(arche)으로서 자유와 사랑(자유의 존재론적 실행)의 인격이다. 인격은 (탈존으로서) 친교적 연합의 운동 안에서 경계를 관통하여 타자를 향해 나아간다. 사랑은 친교적 연합의 표현이다. 사랑 안에서 인격은 탈존적 관계성 안에 존재한다. 사랑은 신적 본질로부터 나오는 것이 아니라 신적 본질을 구성한다.

---

65) John D. Zizioulas, "Communion and Otherness," *St. Vladimir's Theological Quarterly* 38/4 (1994), p. p. 353.
66) Zizioulas, "Doctrine of the Holy Trinity," p. 52.
67) Zizioulas, *Being as Communion*, pp. 40-41.

사랑은 하나님을 하나님으로 만드는 것이다.[68]

7. 캐더린 모우리 라쿠냐: "아래로부터"의 오이코노미아 삼위일체론

라쿠냐는 바르트와 대조적으로 철저하게 "아래로부터"의 계시적 삼위일체론을 전개한다. 그녀에 따르면 니케아 이전의 기독교에서는 삼위일체적인 하나님에 대한 관심이 오이코노미아(oikonomia) 즉 시간과 역사 안에서의 하나님의 영원한 구원의 경륜에 집중되었다. 이 시기에 교회는 테올로기아(theologia) 즉 하나님의 영원한 존재의 신비에 대한 사변에 관심이 없었다. 구원의 경륜은 인간의 구원을 위하여 역사 안에 현시된 하나님의 신비를 의미했기 때문에, 테올로기아와 오이코노미아는 동일한 것으로 간주되었다. 그러나, 라쿠냐에 의하면, 하나님의 고통 불가능성 개념이 로고스에 적용된 니케아 공의회 시기에 신학의 "콘스탄틴적 타락"이 일어났다. 이 시기 이래, 삼위일체론에 있어서 하나님의 내면(ad intra)과 외면(ad extra), 신학과 구원론, 테올로기아와 오이코노미아가 분리되고 전자에 관심이 집중되어왔다.[69] 아리우스와 아타나시우스는 모두 하나님의 고통 불가능성을 전제함으로써 하나님의 존재와 경륜, 테올로기아와 오이코노미아를 분리하였다.[70] 니케아 공의회에서는 아들이 신성 즉 테올로기아에 있어서 아버지와

---

68) Ibid., p. 46.
69) Catherine Mowry LaCugna, *God for Us: The Trinity and Christian Life* (San Francisco: HarperSanFrancisco, 1991), pp. 21-44.
70) 아리우스는 신적 경륜 즉 오이코노미아에 나타난 아버지에 대한 아들의 종속은 하나님의 존재 자체 즉 테올로기아에서의 아버지에 대한 아들의 종속을 함축하며, 하나님은 고통당할 수 없기 때문에 고통당하는 이들 로고스는 아버지보다 열등하다고 주장했다. 반면에 아타나시우스는 하나님과 그리스도가 동일한 본성을 가졌으며 참된 하나님으로서 로고스는 고통 받을 수 없다고 주장하였다. Ibid., p. 35.

동일본질(homoousios)임을 천명하였다. 그러나 이것은 특히 그리스도의 (고통 받는) 인성과 연관된 오이코노미아와 양립되기 어려웠다. 니케아 이후의 정통주의 신학자들은 구원의 경륜에 나타나는 아들의 아버지에 대한 종속과 고통은 하나님의 존재 자체의 내적 삶에는 적용되지 않는다고 주장하였다. 기독교 신학자들은 구원의 경륜이 삼위일체의 내적 관계를 이해하는데 결정적으로 중요하다는 사실을 망각하고 테올로기아 자체의 본성, 즉 하나님의 인격들 사이의 내적 관계성과 삶에 대한 사변에 집중하였다. 그 결과, 오코노미아와 테올로기아의 분리가 심화되었으며, 신학은 그리스도와 성령의 경륜, 성육신과 은혜, 그리고 그리스도인의 삶과 동떨어지게 되었다.[71]

라쿠냐는 오늘날의 삼위일체론이 니케아 이전의 성서와 초기교회에서의 테올로기아와 오이코노미아의 연합을 회복해야 한다고 주장한다. 그녀는 신학과 구원론이 불가분의 관계에 있음을 강조한다. "삼위일체론은 하나님에 관한 교리이다. 그러나 삼위일체론은 구원의 경륜 안에서 우리와 삶을 함께 하는 하나님에 관한 교리이기 때문에, 그것은 또한 구원의 교리이다."[72] 다시 말하면, 하나님의 신비에 관한 신학적 반성인 테올로기아는 우리를 위한 구원의 하나님의 자기계시에 대한 경험인 오이코노미아와 분리될 수 없다. 이점에 있어서 라쿠냐는 내재적 삼위일체는 경세적 삼위일체이며 경세적 삼위일체는 내재적 삼위일체라는 라너의 견해를 받아들인다.

그러나 라쿠냐는 라너의 사고가 더욱 철저화 될 필요가 있다고 주장한다. 왜냐하면, 라너는 여전히 니케아 이후의 전통을 따라 하나님의 경륜 안에 나타난 인격들의 구별을 하나님의 존재 안의 영원한 자기전달에 접근하기 위한 수단으로 간주하기 때문이다. 그녀는 경세적 삼위일체와 내재적 삼위일체, 외적(ad extra) 하나님과 내적(ad intra) 하나님에 관한 전통적인 구별(그

---

[71] Ibid., pp. 209-10.
[72] Catherine Mowry LaCugna, "The Practical Trinity," *Christian Century* 109/22 (July 15-22, 1992), p. 681.

리고 용어 자체)을 버리고, 오직 "시간, 공간, 역사, 인격성 안에서의 테올로기아의 신비의 구체적 실현"으로서의 오이코노미아에만 집중해야 한다고 주장한다.[73] 오이코노미아는 단지 경세적 또는 외적 삼위일체 하나님이 아니라 창조부터 종말의 완성에 이르는 하나님의 전체 포괄적인 계획으로서, 이 계획 안에서 하나님은 사랑의 친교적 연합의 신비 안에서 모든 피조물과 함께 존재한다. 또한 테올로기아는 단지 내재적 또는 내적 삼위일체 하나님이 아니라, 예수 그리스도를 통한 하나님의 구원을 경험함으로써 우리가 알게 된 우리와 함께 계시는 하나님의 신비를 의미한다. 테올로기아는 오이코노미아 안에서 주어진 것이며 오이코노미아는 테올로기아를 표현한다. 테올로기아에 접근하기 위한 우리의 유일한 길이 오이코노미아이기 때문에, 내재적 삼위일체 신학은 구원의 경륜의 신학 이외에 다른 것이 아니다. "영원과 시간의 차원 모두에서 오직 하나의 하나님의 자기전달, 하나의 아들의 출생, 하나의 성령의 출원만이 있다. 따라서 내재적 삼위일체 신학은 구원의 경륜의 내적 구조에 관한 신학이 될 수밖에 없다."[74] 달리 말하면, 내재적 삼위일체란 경세적 삼위일체를 그 자체의 내적 논리 또는 영원한 근거의 관점에서 이해한 것을 의미한다.[75]

라쿠냐는 기독교 신학이 세상과 동떨어진 영원한 하나님의 삶에 대한 학문이 아니라 구원의 역사 속의 하나님, 우리와 함께 하는 하나님의 삶에 대한 학문임을 강조한다. "이 하나님의 삶은 친교적 연합과 내주의 삶, 즉 하나님이 우리 안에 계시고 우리가 하나님 안에 거하며 우리 모두가 서로 안에 있는 삶이다."[76] 삼위일체 신학은 창조에서 종말의 완성에 이르는 하나님의 전체

---

73) LaCugna, *God for Us*, pp. 222-23.
74) Ibid., p. 224.
75) Catherine Mowry LaCugna, "The Trinitarian Mystery of God," *Systematic Theology: Roman Catholic Perspectives*, ed. Francis Schüssler Fiorenza and John P. Galvin, 2 vols. (Minneapolis: Fortress Press, 1991), 1, p. 178.
76) LaCugna, *God for Us*., p. 228.

포괄적인 삶 안에 있는 하나님의 역동적 운동에 대한 탐구이다. 이 운동은 만물의 근원인 아버지로부터 시작되어 만물의 종국적 목적지인 아버지를 향해 움직인다.[77] 라쿠냐는 이와 같은 오이코노미아 삼위일체 하나님의 탈존적 운동을 포물선 운동으로 형상화한다. 즉 하나님은 아버지로부터 아들과 성령을 통하여 아래로 하강하여 창조세계로 나아간다. 그리고 다시 역으로 창조세계로부터 성령과 아들을 통해 상승하여 아버지를 향해 나아간다. "이 포물선 모델은 만물이 하나님으로부터 기원하여 하나님께로 돌아가는 하나의 신적인 탈존적 운동을 표현한다… 삼위일체 신학의 주제는 성육신과 신격화의 경륜에 있어서 아버지로부터 아버지에게로(a Patre ad Patrem) 움직이는 하나님의 하나의 역동적 운동이다."[78]

라쿠냐의 오이코노미아 중심적 삼위일체론은 철저하게 관계적 인격의 존재론에 기초한다. 구원의 경험은 친교적 연합 안에 있는 인격들로서의 하나님의 신비를 드러내며, 또한 하나님 그리고 모든 피조물과의 온전한 친교적 연합을 가져온다. 지지울라스처럼 라쿠냐도 실체가 아닌 인격을 주된 존재론적 범주로 간주한다. 신성은 실체(그 자체의 존재)가 아니라 인격(타자를 향한 존재)과 더불어 시작된다. "타자를 위한 사랑과 타자와의 관계성이 자율보다 우선적이며, 자존(stasis)보다 탈존(ecstasis)이, 자기 충족성보다 생산력이 우선적이다. 따라서 타자와의 관계성 안의 존재인 인격이 모든 실재의 궁극적인 기원적 원리이다."[79] 인격이 된다는 것은 자신을 넘어 자신을 개방하는 것과 자신의 본성의 전체성을 구현하는 것 둘 다를 의미한다.

이와 같은 라쿠냐의 관계적 인격의 존재론은 지지울라스의 그것과 유사하다. 그리스와 라틴 교회는 공통적으로 친교적 연합을 실재의 본성으로 이

---

77) 종국적으로 피조물은 창조자와의 친교적 연합을 통해 신격화(theosis)된다.
78) LaCugna, "The Trinitarian Mystery of God," p. 177.
79) Catherine Mowry LaCugna, "God in Communion with Us: The Trinity," *Freeing Theology: The Essentials of Theology in Feminist Perspective*, ed. Catherine Mowry LaCugna (San Francisco: HarperSanFrancisco, 1993), pp. 86-87.

해하지만 그 이해 방식은 다르다. 서방교회는 영원한 하나님의 존재 안에서 일어나는 세 인격들의 친교적 연합에 초점을 맞추는 반면, 동방교회는 하나님의 경륜 안에서의 세 인격들의 친교적 연합의 신비에 초점을 맞춘다. 전자는 하나님의 한 본질의 속성을 기술하고자 하는 반면, 후자는 세 인격들의 속성을 기술하고자 한다. 라쿠냐는 지지울라스처럼 후자의 입장을 취한다. 그녀는 하나님의 본질의 존재론이 아닌 인격 중심적 존재론을 선호한다. 하나님의 신비는 인간 정신의 한계 너머에 있는 신적 본질을 지시하는 것이 아니라, 인격이신 하나님의 정의 불가능성, 독특성, 표현 불가능성을 의미한다. 그녀는 삼위일체의 인격성에 대한 이해의 시금석이 오이코노미아, 즉 그리스도와 성령의 활동 안에 나타난 하나님의 인격성에 있음을 강조한다. 하나님의 신비는 인간에게 계시되지 않은 어떤 초월적 실재를 지시하는 것이 아니라, 그리스도를 통해 성령 안에서 우리에게 오시는 하나님의 무한한 깊이의 신비를 지시한다.[80]

관계적 인격 존재론의 관점에서 삼위일체론은 "하나님의 삶 자체"(in se)가 아닌 "우리를 위한 하나님"(God-for-us)에 관한 교리이다. 실체(본질)가 아닌 인격이 하나님과 모든 존재의 원인이며 종국이라면, 모든 실재의 궁극적 원천은 "그 자체"(by-itself, in-itself)의 존재가 아니라 "타자를 향한"(toward-another) 존재이다. 타자를 향한 신적 삶은 창조세계를 자신 안에 포함하기 때문에, "삼위일체적 삶은 또한 우리의 삶이다."[81] 따라서 관계적 존재론 안에서 삼위일체론은 모든 기독교인의 삶과 본유적으로 연관된다.

라쿠냐는 관계적 인격의 존재론의 관점에서 하나님의 군주적 통치를 재해석한다. 삼위일체의 인격들은 페리코레시스적 친교의 연합 안에서 계층적인 한 인격의 통치(mone arche)가 아니라 상호 평등적인 세 인격의 통치(triadike arche)를 구현한다.[82] 이와 같은 삼위일체 인격들의 비계층적, 평등

---

80) LaCugna, *God for Us*, pp. 302-3.
81) Ibid., p. 228.

적 관계성은 남녀 관계를 포함한 인간 사회의 비계층적, 평등적 관계성을 위한 모델을 제공한다.

8. 엘리자벳 존슨: 소피아 삼위일체론

엘리자벳 존슨은 삼위일체 하나님의 신비에 대한 교리가 여성의 가부장적 종속을 위한 도구가 되어왔음을 비판하고, 여성의 온전한 인간성 회복을 위한 페미니즘적 삼위일체론을 수립하고자 한다. 이를 위하여 그녀는 남성 이미지가 지배하는 전통적 삼위일체론 대신 여성의 이미지를 포함하는 삼위일체론을 제시한다. 그녀에 따르면, 하나님에 관한 담론을 어느 한 이미지에 국한시키는 것은 그 이미지를 참된 하나님과 혼동함으로써 그 이미지를 우상화 하는 것이다.[83] 그녀는 여성의 이미지를 사용하여 하나님을 새롭게 명명함으로써 가부장적 우상화에 대한 비판적 교정제를 제공하고, 더 나아가 남녀 관계를 포함한 창조세계의 모든 관계 안에 구원의 질서를 회복하고자 한다.

엘리자벳 존슨의 삼위일체 신학의 출발점은 여성의 종교적 경험이다. 이 종교적 경험은 인간으로서의 여성 자신의 가치에 대한 깨달음 또는 회심경험으로서, 새로운 하나님 경험과 나아가 인간의 종교 역사에 새로운 사건을 불러일으킨다. 여성은 하나님의 형상(imago dei)을 공유하기 때문에, 하나님은 여성적 상징을 통해 새롭게 명명될 수 있다. "진정으로 여성이 하나님의 형상으로 창조되었다면, 여성의 인간적 실재는 신적 신비에 관해 말하기 위한 적절하며 심지어 탁월한 은유를 제공한다. 물론 하나님은 언제나 더 큰 신비로 남아있지만 말이다."[84]

---

82) Ibid., pp. 390-91.
83) Elizabeth A. Johnson, *She Who Is: The Mystery of God in Feminist Theological Discourse* (New York: Crossroad, 1992), p. 39.

유대 기독교 공동체를 정초하는 종교경험의 문학적 침전물인 성서 안에서, 엘리자벳 존슨은 여성의 경험으로부터 하나님을 명명할 수 있는 세 가지 상징을 발견한다. 즉 영, 지혜, 어머니가 그것이다. 이 가운데 특히 지혜 개념은 페미니즘적 삼위일체론의 구성을 위한 중요한 상징이다. 구약성서에서 지혜(호크마, 소피아)는 여성명사로서, 하나님의 현존과 활동에 대한 가장 발전된 인격화이다. 유대교의 유일신관에 있어서 "소피아와 야웨의 기능적 동등성은 소피아를 이 한 분 하나님에 대한 강력한 여성적 상징으로 이해할 것을 요구한다."[85] 따라서 구약성서의 인격화된 하나님 개념인 소피아는 지배적인 남성적 이미지인 아버지, 아들 개념에 대응하는 여성적 이미지를 제공한다.

지혜를 인격화된 하나님의 여성적 상징으로 다룸에 있어서, 엘리자벳 존슨은 하나님의 이해 불가능성과 신비를 강조한다. 하나님은 세계의 유한한 존재들과 전적으로 다르기 때문에 우리는 하나님을 이해할 수 없다. 어떠한 인간의 개념, 언어, 이미지도 형언할 수 없는 하나님의 신비를 규정하거나 표현할 수 없다. 하나님의 불가해성은 유비적 언어를 필요로 한다. 유비적 언어는 하나님이 세계의 원인이기 때문에 피조물은 어떤 형태로든 창조자를 반영한다는 전제 아래 사용 가능하다.[86] 또한 하나님의 불가해성은 하나님의 신비를 표현하기 위한 많은 이름의 사용을 가능케 하며 또 요구한다. 왜냐하면 많은 이미지와 이름들은 어느 한 이미지나 이름이 구상화(具象化)되거나 문자적이 되는 것을 방지할 수 있기 때문이다.[87] 엘리자벳 존슨의 삼위일체

---

84) Ibid., p. 71.
85) Elizabeth A. Johnson, "Wisdom Was Made Flesh and Pitched Her Tent among Us," *Reconstructing the Christ Symbol: Essays in Feminist Christology*, ed. Maryanne Stevens (Mahwah, N.J.: Paulist, 1993), p. 99.
86) 유비적 언어의 사용은 변증법적인 삼중적인 인식론적 과정을 요구한다. 즉 먼저 하나님에 대한 언어적 기술이 긍정되고, 그 다음에 그 언어의 피조물적 의미가 부정되며, 마지막으로 우리의 모든 인지적 능력을 초월하는 탁월한 방식으로 하나님에 관하여 긍정된다. Elizabeth A. Johnson, "The Incomprehensibility of God and the Image of God Male and Female," *Theological Studies* 45/3 (September 1984), p. 452; Johnson, *She Who Is*, pp. 113-17.

론의 출발점은 기독론이 아니라 성령론이다. 즉 그녀는 예수 그리스도 안에서의 하나님의 자기계시로부터 출발하지 않고, 파괴적 힘에 대한 저항, 아름다움, 기쁨 등에 의해 매개되는 그 어떤 것으로서 세계 안에서 경험되는 성령의 경험으로부터 출발한다. 무엇보다 성령의 경험은 사랑의 경험이다. 사랑에 의해 사로잡히는(제3위격) 경험은 이 사랑의 결정적인 역사적 현현(제2위격)으로 나아가며 거기서 다시 만물의 원초적 근원의 신비(제1위격)를 지시한다.[88] 이와 같이 엘리자벳 존슨은 전통적인 아버지-아들-성령의 도식을 역전시켜 성령-예수-제1위격의 도식을 제시한다.

엘리자벳 존슨의 삼위일체론은 소피아 삼위일체론이다. 그녀는 삼위일체의 제3위격을 영-소피아(Spirit-Sophia)로 부른다. 영-소피아는 모든 창조세계에 생명력을 불어넣고, 새롭게 하며, 해방시키며, 은혜를 베푸는 하나님이다. 성령은 특히 여성적 이미지로서 가부장적 하나님 이미지를 역전시킨다. 엘리자벳 존슨은 예수도 여성적 이미지로, 즉 예수-소피아로 새롭게 명명한다. 지혜 기독론 전통에 있어서 예수는 인격화된 지혜 즉 소피아가 지상의 인격으로 성육신한 존재이다. 예수-소피아는 세계의 치유, 구원, 해방을 위하여 성육신한 소피아의 세계내적 현존이다.[89] 엘리자벳 존슨에 따르면 예수의 남성성은 인종이나 종교 문화적 특수성처럼 예수의 정체성을 구성하는 중요한 요소인 것은 사실이지만, 그리스도로서의 예수의 정체성을 결정하는 신학적 요소는 아니다. 그리스도는 인종, 사회적 지위, 성에 의한 한계성을 초월하는 "성령론적 실재"이다.[90] 기독론의 진정한 특수성의 스캔들은 예수의 역사적 성(性)에 있지 않고, 여성, 가난한 자, 소외된 자를 위한 소피아-하나님 즉 지혜의 성육신으로서의 그리스도의 공감적이고 해방적인 선택에 있다. 엘리자벳 존슨은 생명을 낳고 양육하는 어머니로서의 여성의

---

87) Johnson, "The Incomprehensibility of God and the Image of God Male and Female," p. 444.
88) Johnson, *She Who Is*, pp. 122-23.
89) Johnson, "Wisdom Was Made Flesh and Pitched Her Tent among Us," p. 103.
90) Johnson, *She Who Is*, pp. 156-62.

경험에 기초하여 삼위일체의 기원적 인격인 제1위격을 어머니-소피아(Mother-Sophia)로 명명한다. 어머니 하나님은 우주를 창조하고 모성적인 공감적 힘으로 돌보고 자비의 정의를 세운다.[91]

이와 같은 엘리자벳 존슨의 소피아 삼위일체론의 본유적 특징은 관계성에 있다. 삼위일체의 세 인격은 상호적인 관계성 즉 페리코레시스와 코이노니아에 의해 구성된다. 그녀는 고립되고 정적이며 지배적인 군주 또는 자기 폐쇄적인 절대자로서의 하나님 개념을 거부하고, 자기전달적인 관계의 신비, 관계적이고 역동적이며 세 인격의 사랑의 신비로서의 하나님 비전을 제시한다.[92] 엘리자벳 존슨은 특히 인간의 우정의 경험의 유비에 의해 하나님과 세계의 관계를 설명한다. 소피아 하나님은 사귐의 힘을 가지고 세계의 친구가 되신다. 우정의 삼위일체 하나님은 도달할 수 없는 깊은 심연으로서, 역사 속에 성육신한 자기 표현적 말씀으로서, 그리고 죽음이 지배하는 곳에 새로운 생명을 가져오는 성령으로서 세계와 관계를 맺는다.

엘리자벳 존슨은 삼위일체 하나님을 삼중적 나선형 모델을 통해 설명한다. 이 모델에 따르면 세 위격은 삼위일체의 무한한 신비 안에서 내적으로 서로 구별되면서 동시에 통일을 이룰 뿐만 아니라, 세 나선형의 회전 운동 안에서 인간을 파트너로 포함한다. 하나님은 열려있는 친교적 연합, 자기전달적 관계의 신비로서, 자신의 신적 춤 안에 자신이 아닌 것을 파트너로서 자유롭게 포함한다.[93] 따라서 하나님과 세계는 자유롭고 상호적인 관계를 갖는다. 엘리자벳 존슨은 이와 같은 하나님을 만유재신론으로 표현한다.[94] 즉 하나님과 세계는 각기 근본적인 구별을 유지하면서, 하나님은 세계 안에 계시고 세계는 하나님 안에 있다. "하나님은... 결코 세계와 무관한 분이 아니다."[95]

---

91) Ibid., pp. 175-83.
92) Ibid., pp. 192, 222.
93) Ibid., pp. 221-22.
94) Ibid., p. 231.
95) Ibid., p. 236.

그녀는 이와 같은 만유재신론이 여성의 경험에 기초한 어머니와 친구의 은유와 잘 조화된다고 믿는다.

9. 현대 신학자들의 삼위일체론의 유형들에 대한 비판적 고찰

바르트는 계시를 삼위일체론의 기초를 삼는 계시적 삼위일체론을 구성하였다. 그의 계시적 삼위일체론은 계시행위의 주체로서의 하나님의 초월적 주체성을 강조한다는 점에서 슐라이에르마허나 라쿠냐의 "아래로부터"의 삼위일체론과 대조되는 "위로부터"의 삼위일체론이다. 즉 그는 계시관념의 삼중적 구조로부터 영원한 하나님의 삼위일체적 구조를 찾아내고, 영원한 하나님의 내적 존재에 계시를 위한 존재론적 근거를 부여한다. 따라서 계시와 계시 안에 나타난 구원의 경륜의 하나님이 인식론적 출발점이지만, 시간 속의 경세적 하나님이 아니라 영원 속의 내재적 삼위일체가 존재론적 우선성을 갖는다. 즉 세계 안에서의 하나님의 삼위일체적 행위는 하나님이 내재적으로 삼위일체적 존재이기 때문에 가능하다. 하나님이 우리를 만나고 우리와 연합할 수 있는 것은 "그분이 아버지, 아들, 성령, 이 세 가지 존재양태 안에 계신 하나님이기 때문이며, 창조, 화해, 구속이… 그분 자신의 본질, 하나님으로서의 그분 자신의 존재 안에 기초와 원형을 가지고 있기 때문이다."[96]

이러한 위로부터의 관점에서 바르트는 인간의 하나님 지식이 궁극적으로 그것이 삼위일체 하나님의 영원한 자기지식의 외적 실현이기 때문에 가능하다고 주장한다. "하나님은 오직 하나님에 의해 그리고 오직 하나님에 의해서만 알려진다."[97] 하나님의 자기지식은 삼위일체적 사건이다. "하나님

---

96) Barth, *Church Dogmatics* I/1, p. 383.
97) Barth, *Church Dogmatics* II/1, p. 179.

은 자신을 인식한다. 성령의 연합 안에서 아버지는 아들을 알고 아들은 아버지를 안다."[98] 우리의 하나님 지식은 하나님의 삶 안의 역동성의 외적 표현으로서, 이 지식을 통하여 우리는 삼위일체의 내적 자기지식의 참여자가 된다. 따라서 인간의 하나님 지식은 영원 속에 있는 것의 시간적 반영이다.[99] 바르트는 하나님 지식뿐만 아니라 하나님에 대한 기술과 말의 가능성도 철저히 하나님의 은혜에 의존함을 강조한다. 인간의 사고와 언어는 하나님을 기술하거나 증언할 수 있는 본유적 능력을 갖고 있지 못함에도 불구하고, 하나님의 은혜의 기적에 의해 하나님의 참된 실재와의 유비적 상응과 부분적 일치를 이룰 수 있다.[100] 이와 같은 바르트의 철저한 위로부터의 방법론은 헤겔의 절대 관념론과 유사하다. 헤겔에서처럼 바르트에게 있어서도, 사실상 존재론적 우선성뿐만 아니라 인식론적 우선성도 영원한 내재적 삼위일체에 있는 것처럼 보인다. 다시 말하면 이들에게 있어서 공통적으로 인간의 하나님 인식이란 절대적 주체로서의 하나님의 인간을 통한 변증법적(헤겔) 또는 삼위일체론적(바르트) 자기 인식 외에 다름이 아닌 것처럼 보인다.

한 인격으로서의 하나님의 본질(실체)을 전제하고 세 위격을 "인격"이 아닌 "존재양태"로 표현하는 바르트의 삼위일체론은 양태론적 경향을 보여준다는 비판을 받는다. 그는 하나님의 본질적 하나 됨에 우선성을 부여하며, 인격성을 세 신적 위격들의 술어가 아니라 한 신적 본질의 술어로 간주한다. 즉 그는 위격(hypostases)과 본질(ousia)의 불가분리적 관계를 강조함에도 불구하고, 후자에 존재론적, 논리적 우선성을 부여한다. 바르트의 이러한 견해는 그가 세 위격들 위에 네 번째의 존재로서의 신적 본질을 설정하고 있는 것은 아닌가 하는 의문을 불러일으킨다.

---

98) Ibid., p. 49.
99) "하나님에 대한 우리의 지식은 파생적이고 이차적이다. 그것(하나님 지식)은 무엇보다도 그것이 그 자체로 그리고 우리 없이 신적 영역에서 현실적이라는 사실이 결과로서 은혜에 의해 초래된다." Ibid.
100) Ibid., p. 229.

라너의 규정의 앞부분인 경세적 삼위일체는 내재적 삼위일체라는 명제는, 하나님의 존재에 대한 이해는 철저하게 세계 안에서 경험된 하나님의 계시 또는 자기전달에 의존한다는 점에서 타당성을 갖는다. 그러나 이 명제는 그의 규정의 뒷부분인 내재적 삼위일체가 경세적 삼위일체라는 명제와 구별될 필요가 있다. 구원의 역사 속의 하나님의 삼위일체적 경륜이 하나님의 영원한 존재방식을 계시한다는 말은 참이다. 즉 하나님의 영원한 존재방식과 본성이 역사 속에서 예수 그리스도와 성령을 통하여 즉 삼위일체적으로 계시되었다. 그러나 이것이 곧 시간 속에서의 하나님의 구속사적 경륜이 영원한 하나님의 신비를 남김없이 다 드러낸다는 것을 의미하지는 않는다.

라너는 신학적 인식의 순서가 그리스도와 성령 안에서의 하나님의 자기전달의 역사적 형태에 충실해야 한다고 주장한다. 이런 의미에서 경세적 삼위일체는 내재적 삼위일체라는 그의 명제는 참이다. 그러나 그는 바르트처럼 하나님의 영원한 존재는 궁극적으로 역사적 사건으로부터 독립되어 있다는 고전적 믿음을 유지하는 것처럼 보인다. 더욱이 그는 창조와 성육신 이전의 영원한 하나님의 내재적 삼위일체는 고정되고 불변적이라는 고전적 전제를 포기하지 않는다. 이런 의미에서 내재적 삼위일체는 경세적 삼위일체라는 그의 명제는 참이 아니다. 그러므로 그는 자신의 규정을 스스로 부정하는 자기모순을 보여준다.

라너의 규정은 두 가지 과제를 남겨 놓았다. 한편으로, 이 규정은 보다 철저화될 필요가 있다. 영원한 하나님의 정체성은 구원을 위한 경륜의 시간적 사건들 안에서 삼위일체적인 세 실재들 사이의 상호작용에 의해 구성되어야 한다. 우리는 시간과 영원의 관계를 재정립함으로써, 영원 속에서의 불변적이고 독립적인 실체로서의 신적 주체 또는 내재적 삼위일체라는 개념을 재고할 필요가 있다. 테드 피터스가 주장하는 바와 같이, 시간적인 구원역사 속의 사건들은 영원한 하나님의 삶을 구성하는 요소로 간주되어야 하지 않을까?[101] 다른 한편, 경세적 삼위일체가 내재적 삼위일체의 정체성을 구성하는 본질적 요소가 된다는 의미에서 경세적 삼위일체가 내재적 삼위일체라고 할 수 있음에도 불구하고, 이것이 곧 내재적 삼위일체가 경세적 삼위일체임을 의미하지는 않는다. 왜냐하면 영원 속에서의 하나님의 내적 존재와 삶은 시간 속에서의 하나님의 구원의 경륜에 의해 결정적으로 계시됨에도 불구하고 그것에 의해 다 소진되거나 남김없이 다 드러나는 것은 아니기 때문이다. 시간 속에서의 하나님의 삼위일체적 계시는 영원한 삼위일체 하나님의 신비를 참으로(totus) 드러내지만 전부(totum) 드러내는 것은 아니다. 따라서 경세적 삼위일체와 내재적 삼위일체의 동일성과 아울러 내재적 삼위일체 하나님의 은폐성이 동시에 언급될 필요가 있다.

몰트만의 사회적 삼위일체론에 있어서, 삼위일체 하나님의 통일성은 단일한 군주적 주체에 의한 실체론적 통일성이 아니라, 동등한 세 주체적 인격의 페리코레시스적 연합에 의한 관계론적 통일성이다. 그는 자신의 사회적 삼위일체론이 세 실체적 인격을 전제하고 그들 사이의 관계적 통일성이 이루어지는 것이 아니라 페리코레시스적 관계성 안에서 세 인격의 정체성이 구성되기 때문에 삼신론과 구별된다고 주장한다. 이 주장은 충분히 설득력이 있다. 그럼에도 불구하고 그가 유일신론 개념 자체를 거부하고 세 분리된 신적 주체들 또는 세 분리된 의식과 활동의 중심들을 강조하는 것은 한 분 하나님의 존재론적 또는 인격적 통일성을 위태롭게 하는 것으로 여겨질 수도 있다. 테드 피터스는 이 점에 있어서 몰트만이 "신적 유명론(nominalism)"의 경향을 보여준다고 지적한다.[102] 사회적 삼위일체론도 유일신론적 삼위일체론의 틀 안에서 설명 가능하며 또한 그래야 한다. 왜냐하면 기독교인들은 결국 유일하신 한 분 하나님을 믿는 것이기 때문이다.

몰트만은 십자가를 아버지와 아들 사이의 경험으로 이해함으로써, 세상

---

101) Ted Peters, *God as Trinity: Relationality and Temporality in Divine Life* (Louisville: Westminster, 1993), p. 102.
102) Peters, *God as Trinity*, p. 109.

으로 인해 당하는 하나님의 고통을 세상과 하나님의 관계를 넘어서 내적인 삼위일체적 관계 안에 자리매김하였다. 그에게 있어서 이 두 관계는 분리되지 않는다. 즉 삼위일체의 내적 역사는 외적인 세상의 역사를 향해 열려있으며, 외적인 세상의 역사는 삼위일체의 내적 역사 안으로 받아들여진다. 그의 열린 삼위일체론에 있어서, 삼위일체 인격들의 페리코레시스적 원무(圓舞)는 창조세계를 향해 열려 있으며, 세상의 구원과 변혁을 위한 삼위일체적 역사를 통해서 창조세계를 자신 안으로 받아들인다. 종국적으로 창조세계와 하나님의 상호내재는 세상의 구원과 변혁이 완성되는 미래의 영광의 하나님 나라에서 온전히 실현되며, 이 때 역사 속의 경세적 삼위일체는 영원한 내재적 삼위일체 안으로 통합된다. 몰트만의 열린 삼위일체론은 종말론적 만유재신론으로 완성된다. 몰트만의 열린 사회적 삼위일체론 또는 삼위일체론적 만유재신론은 내재적 삼위일체와 경세적 삼위일체의 이분법을 극복하고 그 둘 사이의 동일성을 확보하고자 하는 라너의 규정을 더욱 철저화시킨 것이다. "구원의 계시 안의 삼위일체 하나님과 그 자신으로서의 삼위일체 하나님은 동일한 하나님이다."[103] 이와 같은 몰트만의 삼위일체론에 경세적 차원과 구별되는 내재적 차원의 하나님의 은폐성에 대한 인식이 있는지는 분명치 않다.

판넨베르그에 대한 비판은 좌우 양쪽으로부터 제기될 수 있다. 한편, 그는 서방교회의 심리학적 삼위일체 모델을 거부하고 삼위일체의 세 인격을 "분리된 행동의 중심들의 살아있는 현실화" "의식의 중심들"[104]로 표현하는 사회적 삼위일체론을 제시함으로써 몰트만처럼 삼신론의 위험에 빠졌다는 비판을 받을 수 있다. 다른 한편, 그는 서방교회의 필리오케를 거부면서도

---

103) 몰트만은 내재적 삼위일체와 경세적 삼위일체를 신적 사랑으로 연결한다. 세상에 대한 공감적 참여는 하나님의 넘치는 사랑의 표현이다. 하나님에게 있어서 "필연성"과 "자유"의 대립은 하나님 자신의 본성인 사랑에 의해 극복된다. 하나님의 역사성은 사랑을 추구하기 위해서 자신의 밖으로 나아가고자 하는 하나님의 영원 속에서의 자유롭고 은혜로운 선택으로 말미암는다. Moltmann, *The Trinity and the Kingdom*, pp. 151-52; Moltmann, *The Coming of God*, pp. 325-32.
104) Pannenberg, *Systematic Theology*, 1, p. 319.

아버지와 아들 사이의 사랑의 끈으로서의 어거스틴적 성령 이해와 신적 본질의 구체화로서의 성령 이해를 유지함으로써 성령의 타자성을 약화시키는 서방교회의 삼위일체 모델을 벗어나지 못하고 있다고 비판받을 수도 있다.

판넨베르그는 아버지가 세상에 보낸 아들과 성령의 구원 역사가 세 인격의 영원한 성격과 아울러 삼위일체 하나님의 신성 자체를 구성한다고 주장한다. 다시 말하면 그는 예수와 성령을 통한 세상의 역사 안에서의 하나님의 통치와 그 종말론적 완성 즉 경세적 삼위일체를 영원한 하나님의 존재 즉 내재적 삼위일체의 구성적 요소로 만든다.[105] 미래의 존재론적 우위성에 기초하여, 그는 역사의 종말론적 완성이 하나님의 존재가 결정되는 자리라고 주장한다. 그에 따르면, 역사의 종말에서만 역사의 모든 의미가 완성되고 온전하게 드러난다. 역사의 종말은 역사의 모든 순간들의 완성으로서 그것들을 초월한다. 하나님은 언제나 유한한 세계의 '앞'에 계신 무한자로서 역사를 초월한다. 하나님은 모든 연관관계 안의 역사의 유한한 사건들의 의미를 구성하는 전체성으로서 기능한다.

판넨베르그에 따르면 영원이란 동시성 안에서의 시간의 충만함이며 또한 역사의 의미이다. 그는 특수한 순간들이나 시간의 조각들을 위한 배경이나 맥락을 형성하는 전체성으로서의 시간을 전제하지 않고 시간의 부분들을 상상하는 것은 불가능하다고 생각한다. 이 전체성으로서의 시간은 무한자로서의 하나님의 영원성으로서, 이 무한자로서의 하나님의 영원성과의 관계 안에서 유한한 시간적 부분들은 자신의 실재를 발견한다.[106] 유한한 역사를 초월하는 역사의 전체성으로서 역사를 완성하시는 하나님 즉 경세적 삼

---

105) 그러나 그는 하나님이 과거에 시작되어 미래에 완성되는 역사의 궤도를 따라 움직이며 따라서 하나님의 신성이 역사의 과정에서 생성되어 그 결과 종말론적인 미래에 완성된다고 말하지는 않는다. 그에 따르면 종말론적 완성의 때란 삼위일체 하나님이 영원부터 영원까지 언제나 참된 하나님임이 결정되는 자리이다. Ibid., p. 331.
106) 이런 의미에서 하나님은 창조세계와 역사가 그 안에 존재하는 "장"이라고 불린다. Wolfhart Pannenberg, *An Introduction to Systematic Theology* (Grand Rapids: Eerdmans, 1991), pp. 48-49.

위일체는 종말론적 미래에 영원한 하나님 즉 내재적 삼위일체와 일치된다. 이와 같은 판넨베르그의 역사적, 종말론적 삼위일체론에 있어서 하나님(경세적 삼위일체)이 세계를 초월하는 것은 분명하다. 그러나 내재적 삼위일체가 경세적 삼위일체를 초월하는지는 분명치 하다.

카파도키아 교부들을 따라, 지지울라스는 자존적 실체에 초점을 맞추는 본질(실체)의 존재론을 인격의 관계성에 초점을 맞추는 관계적 인격의 존재론으로 대체하였다. 그는 하나님을 실체가 아닌 인격의 관점에서, 그리고 인격을 고립된 개인이 아닌 친교적 연합의 관계성 안에서 이해함으로써, 삼위일체를 "관계성 안의 인격"으로 정의하였다. 삼위일체 하나님의(그리고 또한 인간의 온전한) 인격적 정체성은 본질이나 본성이 아니라 관계성에 있다. 관계성은 인격의 존재론적 구성요소로서, 존재에 부가되는 것이 아니라 그 자체가 존재이다.[107] 삼위일체 하나님의 존재는 친교적 연합의 관계성이며, 이 친교적 연합의 관계성은 곧 사랑이다. 지지울라스의 "하나님의 한 본질(실체)은 세 인격의 친교적 연합과 일치한다."[108]는 명제는 오늘날의 관계론적 삼위일체론의 표준적 공리가 되었다.

그러나 지지울라스의 아버지 군주론과 그에 따른 아들과 성령의 종속은 비판의 대상이 된다. 즉 그는 하나님의 자유로운 온전한 인격성을 강조하기 위하여 본질(실체)이 아닌 아버지 인격을 신성 자체와 동일시하고 삼위일체 안의 기원 즉 유일한 원초적 실재와 통일성의 원리로 만듦으로써 결과적으로 삼위일체 안에 인과적 질서와 아버지에 대한 아들과 성령의 종속을 초래했다고 비판받는다. 해리슨은 신적 본질 또는 본성 개념을 회복함으로써 삼위일체 인격들의 동등성을 유지하고자 한다. 그는 아버지뿐만 아니라 아들과 성령도 동등하게 인격적이고 자유로우며, 또한 아버지가 자신의 인격 안

---

107) John D. Zizioulas, "On Being a Person: Towards an Ontology of Personhood," *Persons, Divine and Human*, ed. Christoph Schwöbel and Golin E. Gunton (Edinburgh: T. & T. Clark, 1991), p. 46.
108) Zizioulas, *Being as Communion*, p. 134.

에 신적 본질 전체를 담지하는 것처럼 아들과 성령도 그러하다고 주장한다. 세 위격은 인격으로서 서로 관계하듯이 또한 신적 본질을 통해 서로 관계한다, 본질은 존재론적으로 인격에 의존함에도 불구하고, 인격들이 서로 관계를 맺고 타자에게 자유롭게 자신을 내어줄 수 있게 해주는 매개가 된다. 즉 본질은 세 인격이 친교적 연합 안에서 서로 관계를 맺을 수 있도록 해주는 공동의 환경이 된다는 것이다.[109] 폴 피데스는 아르케로서의 아버지로부터 아들과 성령이 나오기 때문에 아버지가 수위성을 갖는다는 사실을 인정하지만, 삼위일체의 페리코레시스적 원무에서 아버지가 아들과 성령을 구성할 뿐만 아니라 세 인격이 동등한 관계에서 자기를 내어주는 사랑을 통해서 서로를 구성한다고 주장한다.[110] 앨런 토렌스는 만일 친교적 연합이 선재하는 인격을 전제하는 외적 관계를 의미하는 것이 아니라 탈자아 안에서 자신의 존재를 갖는 인격들의 내적 관계를 의미한다면, (아버지 인격이 아니라) 친교적 연합 그 자체가 존재론적으로 원초적이고 기원적인 것이어야 한다고 주장한다. 다시 말하면, 친교적 연합의 구조가 바로 하나님이라면 삼위일체의 내적 친교적 연합 자체가 존재하는 모든 것의 토대로서 자기 충족적으로 존재해야 한다는 것이다.[111]

라쿠냐는 철저하게 "아래로부터"의 경험적 신학방법론을 고수한다. 그녀에 따르면, 하나님 자신(in se)이라는 언어 자체가 문제가 있다. 왜냐하면 이 언어는 우리가 경험하는 하나님의 자기계시 또는 자기전달 외에 하나님의 내적 삶에 직접 접근할 수 있는 다른 길이 있음을 전제할 뿐만 아니라, 또한 계시적 경험의 내용과는 다른 내용을 선험적으로 하나님의 내적 삶에 부과할 수 있음을 함축하기 때문이다. 우리는 세계와 동떨어진 하나님의 내적

---

109) Harrison, "Zizioulas on Communion and Otherness," pp. 279–80.
110) Paul Fiddes, *Participating in God: A Pastoral Doctrine of the Trinity* (Louisville: Westminster John Knox, 2000), pp. 79–80. 몰트만과 판넨베르그의 입장도 이와 유사하다.
111) 토렌스에 따르면 하나님이 군주 됨은 신성이 내적 관계 안에서가 아니라 창조세계와의 외적 관계에서 이해되어야 한다. Alan J. Torrance, *Persons in Communion: An Essay on Trinitarian Description and Human Participation* (Edinburgh: T. & T. Clark, 1996), pp. 293–94.

존재로부터 출발해서 세계 안에서의 하나님의 외적 행동을 말하지 말고, 세계 안에서의 하나님의 외적 행동으로부터 출발해서 세계와 관계성 안에 계신 하나님의 내적 존재를 말해야 한다는 것이다.

라쿠냐가 하나님 자신으로서의 내재적 삼위일체 즉 테올로기아 자체를 부인한 것은 아니다. 우리는 그리스도와 성령 안의 하나님의 자기계시 또는 자기전달을 통해 하나님 자신과 하나님의 본질을 아는 것이다. 그러나 하나님 자신의 본질 즉 내재적 삼위일체는 초역사적, 초경험적, 초경세적인 것이 아니며 또한 더 참된 하나님의 존재를 지시하지도 않는다. 라쿠냐에 따르면 하나님의 내재적 삼위일체에 관해 말하는 것은 그리스도와 성령의 경륜 안에서 우리와 함께 하시는 하나님의 삶을 말하는 것 외에 다른 것이 아니다.[112] 결과적으로, 라쿠냐의 오이코노미아 중심적 삼위일체론은 우리와 관계없이 본유적으로 삼위일체적인 하나님에 대한 사변을 위한 여지를 남겨놓지 않았다. 즉 우리와 하나님의 친교적 연합과 별개이면서 그 연합을 요구하고 또한 가능케 하는 원천으로서의 하나님의 친교적 연합 개념을 위한 여지가 없다.

라쿠냐의 삼위일체론에 대한 반응은 대략 세 가지 유형으로 분류될 수 있다. 첫째는 경세적 삼위일체와 구별된 영원한 신적본질로서의 내재적 삼위일체 개념을 거부하는 그녀의 견해에 공감하는 입장이다. 클레이턴은 라쿠냐처럼 내재적 삼위일체 개념을 거부한다. 그에 따르면 초월적인 하나님의 본성은 경세적 삼위일체를 반사하거나 또는 경세적 삼위일체로부터 추정된 그러나 세계와의 상호작용과 동떨어진 하나님의 본질로서의 내재적 삼위일체에 의해 가장 잘 보증되는 것이 아니다. 그는 내재적 삼위일체는 없으며, 우리를 위한 하나님(deus pro nobis)으로부터 본질로서의 하나님(deus in esse), 하나님 자신에 대한 추정은 언제나 자의적(恣意的)이라고 주장한다.

---

112) LaCugna, *God for Us*, p. 229.

그에 의하면 역사 안에서의 하나님의 행동 너머에는 오직 순수이성에 의해 접근될 수 있는 잠재적 구조만 있다.[113]

둘째는 라쿠냐와 달리 내재적 삼위일체와 경세적 삼위일체의 구별의 필요성을 인정하는 입장이다. 라쿠냐의 삼위일체론을 평가하면서, 브라켄은 내재적 삼위일체와 경세적 삼위일체가 불가분리의 관계에 있음에도 불구하고 그 둘이 구별되어야 한다고 주장한다. 왜냐하면 이 구별이 "인간 역사의 실재가 삼위일체 하나님의 점진적인 자기계시로서 제시됨에도 불구하고 하나님의 실재가 인간 역사의 실재 안으로 흡수되지 않음을 보증하기 때문이다."[114] 이러한 관점에서, 라쿠냐가 하나님의 실재를 오이코노미아 즉 구원의 경륜의 차원으로 환원시킴으로써 세계의 창조자로서의 하나님의 자유와 독립성과 초월성을 약화시켰다는 비판이 가능하다.

셋째는 종말론적으로 경세적 삼위일체가 내재적 삼위일체 안으로 통합된다고 보는 입장이다. 여기서는 그 둘의 구별이 폐기되지 않으면서 전자가 후자를 위한 필수적 구성요소로 간주된다. 테드 피터스는 다음과 같이 말한다. "만일 하나님의 삶의 내적 관계성이 라쿠냐가 믿는 것처럼 세계 역사의 과정과 연결되어 있다면, 우리는 하나님의 삶의 시간적 차원에 대하여 탐구할 수 있을 것이다."[115] 이러한 입장은 몰트만과 판넨베르그에게서도 발견된다.

엘리자벳 존슨의 만유재신론적 삼위일체론은 내재적 삼위일체를 단순히 경세적 삼위일체로 환원시키지는 않는다. 그녀에 따르면, 삼위일체 하나님에 대한 우리의 경험은 하나님의 내재적 차원으로 우리를 인도한다. "하나님이 역사 안에서 우리에게 주어지는 구체적인 방식들은 하나님 자신의 존

---

113) Philip Clayton, "Pluralism, Idealism, Romanticism: Untapped Resources for a Trinity in Process," *Trinity in Process: A Relational Theology of God*, ed. Joseph A. Bracken and Marjorie Hewitt Suchocki (New York: Continuum, 1997), p. 139.
114) Joseph A. Bracken, review of *God for Us*, *Theological Studies* 53/3 (September 1992), p. 559.
115) Peters, *God as Trinity*, p. 128.

재 안에 존재하는 세 가지 상호 연관된 방식을 지시한다. 하나님은 참으로 우리가 시간 안에서 하나님의 신비를 만난 방식에 상응한다."116) 그러나 엘리자벳 존슨에게 있어서, 세 인격의 세 나선형 회전 운동의 모델이 보여주듯이 하나님의 내재적 차원과 경세적 차원은 서로 열려있고 통한다. 그녀에 의하면, 삼위일체 언어는 하나님이 참으로 예수와 성령을 통해 만나지는 공감적, 해방적 하나님이라는 거룩한 신비를 지시한다. 기독교 신앙의 경험은 바로 구원의 신적 신비인 하나님에 대한 경험이다. 역사의 고통 가운데 우리와 함께 계시는 분은 바로 살아계신 하나님이다. 그리고 세계에 대한 하나님의 관계는 그러한 관계를 가질 수 있는 하나님 자신의 존재에 근거한다.117)

엘리자벳 존슨은 삼위일체론을 하나님으로부터의 구원의 구체적인 경험에 대한 신학적 반성을 통해 종합적으로 구성된 이차적 개념으로 간주한다. 삼위일체의 언어는 하나님의 관계성을 간접적으로 지시하는 상징적, 유비적 언어이지, 하나님의 존재 자체에 대한 문자적 기술이 아니다. "세 인격들로서의 하나님에 대한 우리의 담론은 인간적 구성물로서, 하나님이 삼위일체와 유사함을 말하는 것이다."118) 이와 같은 엘리자벳 존슨의 진술은 인간의 언어와 이해의 한계를 넘어서는 하나님의 본유적 신비와 불가해성에 대한 그녀의 기본적 인식에 기초한다. 물론 이것은 그녀가 세계와의 관계성 안의 경세적 삼위일체로부터 분리되거나 동떨어진 초월적 차원의 내재적 삼위일체를 강조한다는 것을 의미하지는 않는다.

10. 만유재신론적 삼위일체론

이상 살펴본 신학자들 가운데, 바르트와 라너를 제외한 다른 신학자들은

---

116) Johnson, *She Who Is*, p. 200.
117) Ibid., p. 201.
118) Ibid., p. 205.

다소의 차이가 있지만 대체로 만유재신론적 신관을 공유하고 있다고 할 수 있다. 그러나 이것은 결코 이 두 신학자와 다른 다섯 신학자들의 입장이 조화되기 어려울 만큼 다르다는 것을 의미하지는 않는다. 결론적으로 우리는 삼위일체론의 두 가지 핵심적 주제에 관해 간략히 고찰하고자 한다. 하나는 삼위일체 하나님 안에서의 세 인격의 관계에 관한 것이며, 다른 하나는 내재적 삼위일체와 경세적 삼위일체의 관계에 관한 것이다. 이 고찰을 통하여 종말론적 만유재신론적 삼위일체론의 전망이 구체화되기를 희망한다.

(1) 삼위일체의 세 위격의 관계와 통일성: 페리코레시스 안에서의 친교적 연합

삼위일체론에 관한 논의의 핵심적 주제의 하나는 삼위일체 하나님의 세 위격의 평등성 문제에 관한 것이다. 이 문제에 대한 논의는 주로 서방교회의 필리오케 개념과 동방교회의 아버지의 수위성의 개념을 중심으로 전개되어 왔다. 전자에 있어서는 아들에 대한 성령의 종속이 문제가 되며, 후자에 있어서는 아버지에 대한 다른 두 위격의 종속이 문제가 된다.

라쿠냐가 지적한 바와 같이 성서에 표현된 아버지, 아들, 성령의 신적 실재는 철저하게 오이코노미아적이다. 즉 그것은 세계의 구원의 역사 안에 나타난 우리를 위한 경세적 삼위일체 하나님이다. 성서에 기록된 하나님의 구원의 역사에 나타난 삼위일체의 세 위격의 관계에 있어서 아버지가 수위적 위상을 보여주는 것이 사실이다. 아들은 아버지로부터 세상에 보냄을 받아 태어나며, 성령은 아들을 통하여 아버지로부터 보냄을 받는다. 이러한 성서의 내용에 근거하여 고대교회는 아버지로부터 아들의 출생(begotten)과 아버지로부터 성령의 출원(procession)을 말하였다. 아버지가 아들이나 성령으로부터 출생하거나 출원하지 않는다. 이와 같은 관계 안에 인과적 순서가 존재하는 것은 사실이다. 아버지가 삼위일체적 삶과 만물의 근원(arche)이다.

세상에 보냄을 받은 아들은 자신의 목숨을 버리기까지 아버지에게 절대적으로 순종하며, 성령은 아들을 영화롭게 하며 그렇게 함으로서 아버지께 영광을 돌린다.

신약성서 안에서 예수 그리스도와 성령의 관계는 일방적이지 않고 상호적 또는 순환적으로 나타난다. 아들이 성령을 통하여 세상으로 와서 구속의 사역을 완수하는 것처럼, 성령은 아들에 의해 보냄을 받아 세상에 온다(요 15:26). 한편으로 예수 그리스도는 잉태(눅, 마), 세례(막), 부활(롬 1:4; 8:11)에 있어서 성령에 의존하며 성령의 능력을 부여 받는다. 성령은 "한량없이"(요 3:34) 예수 그리스도에게 주어진다. 그러나 다른 한편, 부활 이후에 그리스도는 성령이 충만한 주님으로서 자신을 주님으로 믿고 따르는 자들에게 성령을 보낸다(요 7:39, 14:26, 20:22).

기독교 역사에 있어서 하나님의 삼위일체적 삶 안에서의 아버지와 아들 (그리고 성령)의 동등성을 위한 신학적 토대는 니케아 공의회에서 아버지와 아들의 관계를 동일본질(homoousia) 개념으로 정의함으로써 마련되었다. 오늘날 대다수의 신학자들은 이 동일본질 개념을 아들에게 뿐만 아니라 성령에게도 적용함으로써 세 위격의 동등성을 확보하고자 한다. 오늘날의 삼위일체론의 특징은 하나님의 본질을 전통적인 실체론적 범주가 아닌 관계론적 범주 안에서 이해한다는 점이다. 즉 삼위일체의 위격은 관계적 존재로서 친교적 연합 안에서 한 분 하나님의 본질을 구성한다. 상호 동등한 세 관계적 위격은 페리코레시스적인 친교적 연합을 통하여 관계적 본질로서의 한 분 하나님의 통일성을 구현한다. 이러한 페리코레시스적인 친교적 연합 안에서 세 위격 사이의 우월-종속의 관계는 더 이상 유지되기 어렵다. 몰트만, 판넨베르그, 지지울라스, 레오나르도 보프, 토마스 토렌스 등은 관계론적 인격과 페리코레시스 안에서의 친교적 연합의 관점에서 삼위일체의 세 위격들 사이의 상호 평등적 관계성에 대한 유용한 설명을 제공한다.

판넨베르그는 아버지의 수위성과 필리오케 개념에 의해 초래되는 세 위격 사이의 종속관계를 극복하고 평등성을 확립할 수 있는 길을 위격의 "자기 구별" 개념에 기초하여 제시한다. 위격은 자신을 타자와 구별함으로써 자신의 정체성을 위하여 타자에 의존한다. 즉 타자와 구별된 한 위격의 본질은 자신을 타자에게 주는 행위에 있고 이를 통해 타자로부터 자신의 정체성을 부여받는다. 판넨베르그에 따르면 아버지로부터 아들의 자기 구별은 아버지로부터 세계의 구별의 기초이다. 성령은 창조세계 안의 하나님의 내재의 원리이며 하나님의 삶 안으로의 창조세계의 참여의 원리이다. 아버지의 아버지 됨은 아들과 성령의 행위에 의존하며, 그 역도 마찬가지이다. 예수는 자신을 하나님과 구별하고 하나님과 그의 나라를 위하여 자발적으로 아버지께 순종하였다. 아버지와 그의 나라는 아들과 아들의 순종에 의존한다. 아들은 자신이 아버지로부터 부여받았던 주권(lordship)을 종말에 아버지에게 되돌려 줄 것이다(고전 15:24-25; 빌 2:9-11). 또한 아들은 성령에 의해 영화롭게 됨으로써 아들이 된다(요 14:26; 15:26; 16:13-15). 성령은 아들을 영화롭게 하며 그렇게 함으로써 아버지를 영화롭게 한다.[119]

보프에 의하면, 삼위일체에 있어서 세 위격은 페리코레시스를 통한 친교적 연합 안에서 각기 다른 위격들로부터 모든 것을 받고 동시에 모든 것을 내어준다. 이것은 세 위격들이 각각 다른 두 위격들로부터 출현한다는 것을 의미한다. 보프에 따르면, 성령이 아버지와 아들로부터 나오는 것처럼(filioque) 아들에 관해서도 이에 상응하는 이중적 기원이 가정되어야 한다. 아들은 아버지에게서만 태어나는 것이 아니라 아버지와 성령으로부터 태어난다(spirituque). 왜냐하면 "아버지는 아들을 성령 곧 동정녀 어머니의 모태에서 낳기"[120] 때문이다. 이와 같이 보프는 삼위일체 신학의 세 위격의 관계는 아버지-아들 또는 아버지/아들-성령과 같은 양자적 관계가 아니라 삼위일체의 세 위격들을 모두 포함하는 삼자적 관계가 되어야 한다고 주장한다.

---

119) Pannenberg, *Systematic Theology*, pp. 314-16, 그리고 304-5 참조.
120) Leonardo Boff, *Trinity and Society*, trans. Paul Burns (Maryknoll, N.Y.: Orbis, 1988), p. 147.

이와 같은 세 위격의 순환적 관계는 기본적으로 경세적 삼위일체의 차원에 나타나는 것이지만 상응의 논리에 따라 내재적 삼위일체에도 유비적으로 적용 가능하다.

토렌스는 삼위일체 하나님의 각 위격이 한 분 하나님의 속성을 결정하는 존재-관계적 원천으로 기능한다고 주장한다. 지지울라스와 대조적으로 그는 아들이 아버지의 위격이 아닌 아버지의 존재로부터 나온다고 주장한다. 왜냐하면 아버지는 삼위일체의 첫 번째 위격일 뿐만 아니라 또한 삼위일체 하나님의 한 존재 또는 본질이기 때문이다.[121] 세 위격에 의해 하나님의 존재에 주어진 속성은 창조세계를 향한 한 분 하나님의 행동에 분명히 드러난다. 예를 들면, 성령은 하나님의 영되심의 존재-관계적 원천으로서, 이에 의해서 전체로서의 하나님이 창조세계에 생명 또는 영적 힘을 불어 넣는다. 전체로서의 하나님이 아버지로서 창조세계를 향하여 행동하는 것과 마찬가지로 전체로서의 하나님이 영으로서 창조세계를 향하여 행동한다.

요약하면, 오늘날의 삼위일체론에 있어서 동방교회의 아버지의 수위성과 서방교회의 필리오케 개념으로 인한 세 위격들 사이의 우월-종속의 관계는 상호 동등하고 상호 의존적인 관계론적 위격들의 페리코레시스 안에서의 친교적 연합을 통해서 극복된다. 삼위일체 하나님은 세 위격의 페리코레시스 안에서 친교적 연합으로서의 관계적 통일성을 이룬다. 또한 세 위격은 관계론적 인격으로서 다른 위격들과의 관계성 안에서 각기 아버지와 아들과 성령으로서의 자신의 고유한 위격적 정체성을 구현한다. 이 친교적 연합 안의 하나님의 본질은 사랑이다. 하나님의 본질은 세 위격을 선행하면서 세 위격에 공통된 속성을 부여해주는 실체론적 본질이 아니라 상호 동등한 세 위격의 페리코레시스적인 사랑의 친교적 연합을 통해 구현되는 관계론적 본질, 즉 사랑이다.

---

[121] Thomas F. Torrance, *The Christian Doctrine of God: One Being, Three Persons* (Edinburgh: T. & T. Clark, 1996), pp. 140–41.

삼위일체 하나님의 내적 페리코레시스는 세상을 향한 외적 페리코레시스를 위한 근거로서 그것을 향해 열려 있다. 세 위격의 페리코레시스 안에서의 친교적 연합을 통해 구현되는 하나님의 사랑은 내적으로 닫혀있지 않고 세상을 향해 열려있다. "하나님은 사랑이시라"(요일 4:8, 16)는 성서의 구절은 무엇보다 세상을 향한 경세적 사랑을 표현한다. 그러나 하나님과 세상의 페리코레시스 안에서의 친교적 연합은 창조자로서의 하나님 피조물로서의 세계의 질적 차이를 폐기하지는 않는다. 그러나 하나님은 창조, 구원, 종말론적 완성의 경세적 과정을 통하여 세계의 역사를 삼위일체적 페리코레시스 안에서의 친교적 연합 안으로 통합시킴으로써 하늘과 땅의 나누어진 것을 통일시키고자 하신다. 이것이 종말론적인 만유재신론적 삼위일체론의 비전이다.

(2) 경세적, 내재적 삼위일체의 관계와 만유재신론적 삼위일체론

인간의 하나님 인식은 하나님의 자기계시 또는 자기전달에 의존한다. 하나님만이 인간을 하나님에 대한 올바른 지식으로 인도하신다. 하나님은 계시의 주체이자 내용이며, 가능성이자 현실성이다. 하나님의 계시는 인간을 구원하는 구속사 안에 가장 분명히 나타난다. 신약성서에 기록된 초기 기독교인들의 구원경험에 있어서, 하나님은 세 위격적 실재, 즉 아버지, 아들, 성령으로 계시된다. 하나님의 구원론적 계시 안에 나타난 세 구별된 신적 실재에 대한 초기 기독교인들의 경험이 삼위일체론의 뿌리이다. 기독교 신학의 과제는 전통적인 구약성서의 유일신 신앙과 신약성서에 나타나는 세 구별된 신적 실재에 대한 경험을 통일성과 다양성의 관점에서 조화시키는 것이다.

예수 그리스도와 성령 안에서의 하나님의 계시와 구원의 경륜에 대한 신학적 성찰은 우리를 경세적 삼위일체론으로 인도한다. 성서가 증언하는 초기 기독교인들의 계시경험으로부터 경세적 삼위일체로 나아가기 위해서는 계시경험에 기초한 귀납적인 신학적 추론이 요구된다. 이 신학적 추론은 경험론적 사고의 범주 안에서 수행된다. 이 추론은 말하자면 "아래로부터"의 논증 형태를 취한다. 계시경험에 기초한 아래로부터의 논증을 통해서, 우리는 세상 안에서의 하나님의 구원 행위로부터 우리를 위한 하나님의 존재, 즉 경세적 삼위일체로 나아간다. 하나님의 계시경험에 기초한 경험론적 추론의 범주에 있어서, 우리는 이와 같은 경세적 하나님과 다른 그 어떤 내재적 삼위일체에 대해서도 말할 수 없다.

만일 우리가 우리를 위한 하나님의 존재 즉 경세적 삼위일체에 선행하는 그 자신으로서의 하나님의 존재 즉 내재적 삼위일체에 관해 말하고자 한다면, 우리는 라너와 같이 "경세적 하나님이 내재적 하나님이다"라고 말할 수밖에 없다. 왜냐하면 경험론적, 귀납적 추론을 통해서 우리는 세상 안에서의 하나님의 구원의 경륜 안에 계시된 아버지, 아들, 성령 외에 다른 내재적 삼위일체를 논증해낼 수 없기 때문이다. 이런 의미에서 라쿠냐의 철저한 아래로부터의 오이코노미아 삼위일체론은 정당하다. 즉, 계시적 경험에 기초한 추론과 논증의 범주 안에서, 우리는 우리를 위한 하나님으로서의 경세적 삼위일체 또는 오이코노미아와 다르거나 그것과 동떨어진 하나님 그 자신으로서의 내재적 삼위일체 또는 테올로기아에 대하여 알 수도 없고 말할 수도 없다.

그러나 "경세적 삼위일체는 내재적 삼위일체이다"라는 명제와 "내재적 삼위일체는 경세적 삼위일체이다"라는 명제는 동일하지 않다. 다시 말하면, 우리가 하나님의 구원의 역사 안에서 계시된 경세적 삼위일체와 분리된 다른 내재적 삼위일체를 알지 못한다는 말은 내재적 삼위일체가 경세적 삼위일체로 환원됨을 의미하지는 않는다. 따라서 라너의 규정의 뒷부분 즉 "내재적 삼위일체는 경세적 삼위일체이다"라는 명제는 이와 같은 환원적 의미로 이해되어서는 안 된다. 계시적 경험에 기초하여 경세적 삼위일체로 나아가는 귀납적 추론방식은 영원 속의 하나님 자신의 존재로서의 내재적 삼위인

체의 신비를 결코 다 드러낼 수 없다. 물론 내재적 삼위일체로의 접근은 계시적 경험으로부터 추론되는 경세적 삼위일체에 근거해야 한다. 하지만 시간 속의 경세적 삼위일체를 선행하는 영원한 내재적 삼위일체에 관해 말하기 위해서는 경험론적 추론 이상의 접근방식 즉 형이상학적 상상력이 요구된다. 즉 경험론적 추론에 기초하되 동시에 경험론적 추론의 범주를 넘어서는 형이상학적 범주 안에서의 상상적 사고로의 전환이 요청된다. 물론 이 상상적 사고는 불가해한 하나님의 신비 앞에서의 겸손한 기독교적 영성과 신앙을 전제한다.

형이상학적 상상적 사고의 범주 안에서, 내재적 삼위일체와 경세적 삼위일체는 다음 세 가지 유형의 관계 안에서 파악될 수 있다. 그것은 '일치 또는 상응', '은폐성', '포월'의 관계이다. 첫째, 내재적 삼위일체와 경세적 삼위일체는 이원적 분리의 관계가 아닌 일치 또는 상응의 관계에 있다. 이것은 인간에 있어서의 행위와 존재의 관계와 유사하다. 즉 한 인간의 행동과 그 안에 나타난 인격성이 바로 그 자신의 본래적 존재로서의 인격에 근거하고 또한 그것을 반영하듯이, 시간 속에서의 우리를 위한 하나님의 구원행동 안에 나타난 세 위격 으로서의 하나님의 존재 즉 경세적 삼위일체는 영원 속에서의 하나님 자신의 존재 즉 내재적 삼위일체에 근거하며 그것을 반영한다. 본래부터 경세적 삼위일체와 내재적 삼위일체가 있는 것이 아니라, 한 삼위일체 하나님 안에 경세적 차원과 내재적 차원의 두 차원이 있는 것이다. 이 둘의 관계는 행동적 존재 또는 자아와 즉자적 존재 또는 자아의 관계와 유사하다. 이 둘은 하나의 존재 또는 자아이다. 따라서 행동이 존재와 일치하고 그에 상응하듯이 경세적 삼위일체는 내재적 삼위일체와 일치하고 그에 상응한다.

둘째, 그러나 이 일치는 환원적 일치는 아니다. 내재적 삼위일체는 경세적 삼위일체와 일치하지만 경세적 삼위일체로 환원되거나 그것에 의해 다 소진되지는 않는다. 영원 속의 하나님의 존재의 신비와 불가해성은 시간 속에서의 하나님의 행동과 존재로 환원될 수 없다. 무한하신 하나님의 영원성 안의 신비는 유한한 세계의 역사 안에서 결정적으로 또는 선취적으로 계시될 수 있음에도 불구하고 그 안에 남김없이 다 드러나지 않는다. 계시된 하나님은 언제나 동시에 숨어계신 하나님이다. 바르트는 이 점을 정당하게 강조하였다. 시간 속에서의 하나님의 경세적 행위는 영원 속의 하나님의 존재의 신비와 은폐성을 남김없이 완전히 다 드러내지는 않는다. 이 말은 계시된 하나님 즉 경세적 삼위일체와 다른 은폐된 하나님 즉 내재적 삼위일체가 있다는 말이 결코 아니다. 예수 그리스도 안에 결정적이고 선취적으로 계시된 하나님 외에 다른 하나님은 없다. 예수 그리스도 안에서 계시된 사랑으로서의 하나님의 본질은 바로 영원 속의 하나님 자신의 본질이다. 그럼에도 불구하고 무한하신 하나님의 영원 속의 신비가 유한한 세계 역사 속에서의 경륜적 행위 안에 모두 탈은폐되는 것은 아니다.

셋째, 내재적 삼위일체가 세계와 상호적 관계에서의 경륜적 행동의 주체인 경세적 삼위일체와 일치하며 동시에 은폐성을 유지한다면, 이 관계는 포월(包越)의 관계라고 명명할 수 있다. 이 개념은 특히 만유재신론적 삼위일체론에 있어서 중요하다. 내재적 삼위일체는 경세적 삼위일체적 경륜을 위한 출발점이자 종착점이다. 내재적 삼위일체는 경세적 삼위일체를 앞뒤로 포월한다. 내재적 삼위일체는 세상을 향해 열려있으며 세상을 위한 구원행동 가운데 세상의 고난과 절망의 역사 속에 공감적으로 참여하는 경세적 삼위일체의 포월적 근거이며 목표이다. 예수 그리스도의 성육신 안에서 영원이 시간 속으로 들어온 것처럼, 영원 속의 내재적 삼위일체는 경세적 삼위일체로서 세상의 역사 속에 참여한다. 영원은 시간에 참여할 뿐만 아니라 시간을 변혁시키며 종말론적으로 완성하고 포월한다. 영원의 포월 안에서 시간은 질적으로 변혁되고 완성됨으로써 영원 속으로 통합된다. 이와 마찬가지로, 역사의 궁극적 완성으로서의 종말론적 하나님 나라에서, 세계를 향해 열려있고 세계의 역사에 공감적으로 참여하는 경세적 삼위일체의 역사는 내재적 삼위일체의 영원한 존재와 삶을 구성하는 본유적 요소로 통합된다. 영원 속의 내재적 삼위일체는 단지 정적이고 불가변적인 실재가 아니라, 경세적 삼위일체가 참여하는 시간 속의 세계의 역동적 변화의 과정을 자신의 존재의 구성요소로 포함하며 완성한다.

엘리자벳 존슨의 삼중적 나선형 삼위일체 모델은 이와 같은 내재적 삼위일체의 신비와 경세적 삼위일체의 관계를 표현하는 하나의 모델이 될 수 있다. 이 모델에 따르면 삼위일체 하나님의 세 위격은 내재적 삼위일체의 무한한 초월적 신비 안에서 내적으로 서로 구별되면서 통일을 이루며, 동시에 경세적 삼위일체의 세 나선형의 회전 운동 안에서 세계를 향해 열려 있다. 하나님은 열려있는 친교적 연합, 자기전달적 관계의 신비로서, 자신의 신적 춤 안에 자신이 아닌 것을 파트너로서 자유롭게 포함한다. 엘리자벳 존슨의 경세적 삼위일체와 내재적 삼위일체의 관계에 대한 이해는 만유재신론적 삼위일체론의 비전과 상응한다.

만유재신론적 삼위일체 하나님의 역사는 세계의 역사와 함께 가며 그것을 포괄한다. 세계 안에서의 하나님의 역사는 아버지-성령-아들로 그리고 다시 아들-성령-아버지(엘리자벳 존슨의 표현을 빌면 예수 소피아-성령 소피아-어머니 소피아)로 가는 포물선 운동의 역사이다. 전자의 패턴에 있어서 아들은 아버지로 보냄을 받아 성령에 의해 성육신하며, 성령의 능력 안에서 하나님 나라를 위한 사역에 헌신하고 십자가에 죽음을 당함으로써 인간과 세계를 위한 구속사역을 완성한다. 후자의 패턴에 있어서 아들은 하나님의 오른편으로 고양된 부활의 주님으로서 성령을 보내며 성령은 교회와 세계 안에 현존하는 아버지와 아들의 영으로서 인간의 구원과 하나님 나라를 종말론적으로 완성하여 하나님께 돌려드린다. 세계의 역사는 이 삼위일체 하나님의 포물선 운동 안에 포괄된다. 이 포물선 운동은 만물이 아버지로부터 나아와 아버지에게로 돌아가는(a Patre ad Patrem) 포괄적 운동이다. 경세적 삼위일체 안에서 세 위격의 관계의 패턴은 순환적이다. 즉 아버지, 아들, 성령은 창조와 구원과 종말론적 완성의 단계에 있어서 각기 교대로 주도적인 역할을 하되 언제나 친교적 연합 안에서 한 하나님으로 역사한다.

만유재신론적 삼위일체론에 있어서 세계의 역사와 삼위일체 하나님의 역사는 상호적 관계에 있다. 즉 세계의 역사는 하나님의 삼위일체적 역사를 구성하며, 하나님의 삼위일체적 역사는 세계의 역사를 종말론적 하나님 나라로 인도한다. 이 역사 속에서 세계의 모든 죄와 고통과 슬픔이 예수 그리스도의 십자가 안에서 삼위일체 하나님의 내적 존재 안으로 받아들여지고, 성령 안에서 삼위일체 하나님의 종말론적 부활과 완성의 역사 안으로 통합되고 변혁되고 완성된다. 종말론적 미래에 하나님은 세계 안에 충만히 임하고 세계는 하나님 안에 온전히 거하게 된다. "하나님도 한 분이시니 곧 만유의 아버지시라. 만유 위에 계시고 만유를 통일하시고 만유 가운데 계시도다" (엡 4:6). "만물을 그에게 복종하게 하실 때에는 아들 자신도 그 때에 만물을 자기에게 복종하게 하신 이에게 복종하게 되리니 이는 하나님이 만유의 주로서 만유 안에 계시려 함이라"(고전 15:28).

이 종말론적 미래에 경세적 삼위일체는 내재적 삼위일체와 일치되며 내재적 삼위일체와 하나가 된다. 그때에 영원 속의 내재적 삼위일체는 시간 속의 세계의 완성된 역사를 자신의 구성요소로 받아들임으로써 경세적 삼위일체를 포월한다. 또한 그때에 삼위일체의 세 위격의 내적 페리코레시스안의 친교적 연합과 하나님과 세계의 페리코레시스 안의 친교적 연합 사이의 유비적 일치가 온전히 실현된다. 이것이 종말론적인 만유재신론적 삼위일체론의 비전의 완성이다.

제12장
틸리히의 변증법적 만유재신론

1. 서론

이 글의 목적은 틸리히의 신론에 나타난 만유재신론의 성격을 고찰하는 데 있다. 틸리히는 자신의 신론을 고전적 유신론, 이신론, 범신론 등과 구별한다. 그가 자신의 신론을 만유재신론이라고 명시적으로 명명하고 있지는 않지만 그의 신론은 명백히 만유재신론의 특징들을 보여준다. 그는 자신의 『조직신학』 제2권 서론에서 "하나님" 개념을 이해하기 위한 세 가지 접근방식의 유형을 제시한다.[1] 첫 번째는 초자연주의 유형이다. 이 유형에 따르면 하나님은 다른 모든 존재자들로부터 구별되는 최고의 존재자로서 다른 존재자들과 더불어, 또는 그 위에 존재한다. 이 유형은 고전적 유신론 또는 이신론에 의해 대표된다. 틸리히는 이 유형에서는 하나님의 무한성이 유한한 범주들의 확장에 불과하게 된다고 비판한다.

두 번째 유형은 자연주의 유형이다. 이 유형에 있어서 하나님은 우주 또는 우주의 본질이나 우주 안에 있는 특수한 힘들과 동일시된다. 이 유형은 범신론에 의해 대표된다. 여기서 하나님은 실재의 힘과 의미에 대한 이름으로서 실재의 역동적, 창조적 중심이다. 틸리히는 이 자연주의 유형에서는 유한

---

1) Paul Tillich, Paul Tillich, *Systematic Theology* (Chicago: University of Chicago Press, 1951–1963), vol 2, pp. 5–10.

한 사물들의 총체와 그것의 무한한 근거 사이의 무한한 거리가 부인되며, 따라서 하나님이 우주로 환원된다고 비판한다.

틸리히는 위의 두 유형에 대한 제3의 대안으로서 자기초월적, 탈자아적(ecstatic) 유형을 제시한다. 하나님은 존재의 근거로서 유한한 세계를 무한히 초월하신다. 그러나 이것은 하나님이 세계와 분리된 "초월적 세계"(superworld)에 존재하시는 것을 의미하지 않는다. "이것은 유한한 세계가 자신 안에서 자신 너머를 지시하는 것을 의미한다... 유한자의 유한성은 무한자의 무한성을 지시한다."[2] 이것이 "자기초월성"이 의미하는 바이다. 직접적 경험의 관점에서, 자기초월성은 거룩한 것과의 만남인데, 이 만남은 탈자아적 성격을 갖는다. 하나님에 대한 탈자아적 관념이란 "일상적인 경험을 제거하지 않으면서 그 경험을 초월하는 거룩한 것에 대한 경험"[3]을 가리킨다. 틸리히는 이와 같은 자기초월적, 탈자아적 유형의 신론을 수립함으로써 초자연주의와 자연주의 유형을 극복하는 것이 자신의 신학적 과제라고 말한다. 그의 자기초월적, 탈자아적 유형은 고전적 유신론의 초자연주의와 범신론의 자연주의를 비판적으로 극복하고 세계와의 관계에 있어서 하나님의 초월성과 내재성의 균형을 적절히 유지하고자 한다는 점에서 만유재신론의 유형과 동일하다고 할 수 있다.

틸리히의 신론에 있어서 초월과 내재의 변증법은 하나님에 대한 그의 상징적 접근에 잘 드러난다. 하나님이 존재의 근거로서 존재하는 모든 것을 무한히 초월한다는 사실은 두 가지를 함축한다. 첫째, 유한한 사물에 대하여 우리가 아는 것은 하나님에 관해 아는 것이다. 왜냐하면 그것은 존재의 근거인 하나님에 뿌리를 내리고 있기 때문이다. 둘째, 우리가 유한한 사물에 대하여 아는 것은 하나님께 적용될 수 없다. 왜냐하면 하나님은 "전혀 다른 타자"(quite other) 또는 "탈자아적 초월자"(ecstatically transcendent)이기 때

---

2) Ibid., pp. 7-8.
3) Ibid., p. 8.

문이다. 하나님에 대한 지식의 이 두 가지 성격은 문자적이 아닌 상징적 접근을 요구한다. "모든 종교적 상징은 문자적 의미에서 자신을 부정한다. 그러나 그것은 자기초월적 의미에서 자신을 긍정한다... 상징은 상징되는 것의 힘과 의미를 참여를 통해 표상한다. 상징은 상징되는 실재에 참여한다."[4] 초자연주의와 자연주의, 고전적 유신론과 범신론 양자를 비판적으로 극복하고 제3의 대안으로 틸리히가 제시하는 상징적 언어에 기초한 자기초월적, 탈자아적 유형의 신관은 세계와 인간과의 관계에서의 하나님의 초월성과 내재성을 변증법적으로 통합하는 만유재신론의 특징을 잘 보여준다.

틸리히의 신론은 그의 『조직신학』 제1권 제2부 "존재와 하나님"의 II "하나님의 실재"에서 다루어진다. 이 부분은 A "'하나님'의 의미"와 B "하나님의 현실성"으로 구성되는데, 주된 신학적 주제들은 B "하나님의 현실성"에서 다루어진다. "하나님의 현실성" 부분은 다시 "존재로서의 하나님," "살아계신 하나님," "창조의 하나님," "관계의 하나님," 네 주제로 구성되어 있다. 세계와 인간과의 관계에 있어서의 틸리히의 신론의 변증법적 만유재신론의 성격은 그의 종말론에 가장 잘 나타난다. 따라서 이 글에서는 결론 부분에서 틸리히의 『조직신학』 제3권 제5부 "역사와 하나님 나라"의 III "역사의 종말로서의 하나님 나라"의 마지막 부분인 C "하나님 나라: 시간과 영원"을 중심으로 시간과 영원의 관계의 관점에서 틸리히의 변증법적 만유재신론의 특징에 대하여 고찰할 것이다.

2. 하나님의 의미와 삼위일체적 유일신론

틸리히는 하나님의 '현실성'을 다루기 전에 먼저 하나님의 '의미'를 다룬다. 그에게 있어서 '하나님'이란 "인간에게 궁극적 관심을 불러일으키는

---
[4] Ibid., p. 9.

것에 대한 이름"5)이다. 하나님의 의미에 대한 현상학적 기술에 따르면, "하나님은 힘과 의미에 있어서 일상적 경험의 영역을 초월하는 존재로서, 인간은 이 초월적 존재와 강도와 의미에 있어서 일상적인 관계를 넘어서는 관계를 갖는다."6) 궁극적 관심으로서의 하나님은 초월과 내재의 변증법적 관계 안에서 이해된다. 한편으로, 궁극자(또는 비제약자)는 구체적으로 경험된다. 무한자는 유한자 안에서 그리고 유한자를 통해 나타난다. 다른 한편, 이와 동시에 궁극적 관심은 모든 유한하고 조건적인 관심을 초월한다. 즉 하나님은 모든 구체적이고 유한한 것들을 초월한다.7)

종교사에 있어서 궁극자는 매우 다양하게 이해되어왔는데, 이것은 궁극자에 대한 인간의 경험에 있어서의 구체성의 요소와 궁극성의 요소 사이의 긴장의 결과이다. 틸리히에 따르면 궁극자가 경험되고 이해되는 방식에 따라 다신론, 유일신론, 신비주의, 범신론, 삼위일체적 유일신론 등의 다양한 신관의 유형이 형성된다. "인간의 궁극적 관심의 구체성은 그를 다신론적 구조로 이끈다. 이에 대한 절대적 요소의 반동은 그를 유일신론적 구조로 이끈다. 그리고 구체성과 절대성 사이의 균형의 필요성은 그를 삼위일체적 구조로 이끈다."8)

틸리히는 다신론을 양적인 의미가 아닌 질적인 의미로 이해한다. 그에게 있어서, 다신론이란 다수의 신들을 믿는 신관이라기보다는 통일적이고 초월적인 궁극성을 결여한 신관을 의미한다. 다신론의 결과는 특정한 영역에

---

5) Tillich, *Systematic Theology*, vol 1, p. 211. 틸리히가 하나님을 궁극적 관심과 동일시한다고 생각하는 사람들이 종종 있는데, 이는 오해이다. 분명히 이 두 개념은 밀접하게 연관되어 있다. '궁극적 관심'에는 주관적 측면이 있다. 즉 그것은 우리가 궁극적으로 관심을 갖는 것, 우리가 무조건적으로 진지하게 그 무엇에 사로잡히는 것이다. 그러나 그것에는 또한 객관적 측면이 있다. 즉 그것은 그 자체가 궁극적인 것으로서 우리의 궁극적 관심의 대상이다. Paul Tillich, *Ultimate Concern: Tillich in Dialogue*, ed. by D. Mackenzie Brown (New York: Harper & Row, 1965), p. 11.
6) Tillich, *Systematic Theology*, vol 1, p. 212.
7) 궁극자가 유한하고 구체적인 것과 동일시되고 초월성을 상실할 때, 우상숭배와 세속화가 일어난다. Ibid., p. 218.
8) Ibid., p. 221.

나타나는 신적 능력들이 각기 궁극성을 주장한다는 것이다. 유일신론은 궁극성의 요소가 구체성의 요소에 대하여 승리하는, 거룩성 또는 비제약자에 대한 경험이다. 모든 신적 능력은 최고의 능력에 종속된다. 틸리히는 다양한 유일신론의 유형을 구별한다. 군주적 유일신론은 낮은 신들과 반(半)신들을 지배하는 가장 높은 존재로서의 최고의 신을 갖는다. 이것은 아직 부분적으로 다신론에 포함된다. 신비적 유일신론도 있는데, 여기서는 신성 안의 모든 차별이 삼켜지는 궁극적인 근거와 심연이 있다. 마지막으로 배타적 유일신론이 있다. 여기서 특정한 신은 자신의 구체성을 상실하지 않고 궁극적 차원으로 승화된다. 이것이 이스라엘의 종교이며, 또한 유대주의로부터 생겨난 종교들이다. 이스라엘의 하나님은 자기의 백성을 애굽으로부터 인도해낸 구체적인 '하나님, 아브라함, 이삭, 야곱의 하나님'이다. 이 하나님은 다른 신들을 심판한다. "구체적이고 절대적인 이 하나님은 동시에 '질투하는 하나님'이다. 그는 그 자신 이외의 그 어떤 신적 주장도 용납할 수 없다."[9]

배타적 유일신론은 기독교에서 삼위일체적 유일신론으로 발전한다. 배타적 유일신론에서는 궁극성의 요소가 강하기 때문에 구체성의 요소가 상실될 위험이 있다. 삼위일체적 유일신론은 "그 안에서 궁극성과 구체성이 연합되는 살아계신 하나님을 말하고자 한다."[10] 다시 말하면 기독교에 있어서 초월적, 보편적 하나님은 구체적이 되며 시간과 공간 안에 현존한다.[11] 기독교 신앙에 있어서 성육신 교리는 이에 대한 최상의 표현이다. 구체적 인물인 나사렛 예수가 하나님의 로고스와 동일시된다. 여기서 궁극성과 구체성의 통일이 표현된다.

틸리히는 헤겔처럼 삼위일체론을 변증법적 실재론의 관점에서 이해한다. 즉 삼위일체적 유일신론은 "절대성 안에서의 만물의 구조적 일치를 실재

---

9) Ibid., p. 227.
10) Ibid., pp. 228-29.
11) Ibid., p. 229.

의 비결정적이고 미완결적인 다원성과 연합시키고자 한다."[12] 틸리히에게 있어서 삼위일체적 유일신론은 궁극성과 구체성, 초월성과 내재성, 절대성과 다원성, 유일신론과 다신론을 변증법적으로 종합한다. 삼위일체적 유일신론에 대한 이와 같은 틸리히의 이해는 그 자신의 변증법적 만유재신론의 토대가 된다.

3. 존재로서의 하나님

틸리히에게 있어서 하나님에 대한 물음은 유한한 존재 특히 인간 실존에 대한 철학적 분석, 즉 실존론적 존재론으로부터 나온다. 그는 하이데거의 실존론적 존재론에 기초하여 인간 실존을 분석하고 이에 기초하여 하나님의 문제에 접근한다.[13] 유한한 존재에 대한 철학적 분석은 신학적 답변을 요청하는데, 이에 대한 신학적 답변은 "존재 자체"(esse ipsum)로서의 하나님이다. 하나님의 존재는 다른 존재들과 더불어 또는 다른 존재들 위에 있는 하나의 존재의 실존이 아니다. 만일 하나님이 하나의 존재라면 하나님은 유한성의 범주 특히 공간과 실체에 종속되게 된다. 하나님은 심지어 최고의 존재도 아니다. 왜냐하면 인간에게 가장 큰 것도 하나님에게 적용되면 매우 작은 것이 되기 때문이다. 틸리히에 의하면 하나님의 존재는 "존재 자체," "존재로서의 존재," "존재의 근거"이다. 존재 자체로서 하나님은 모든 것 안에 그리고 모든 것 위에 있는 무한한 "존재의 힘"이다.

존재 자체로서 하나님은 본질적 존재와 실존적 존재의 대조를 넘어선다.[14] 모든 유한한 존재는 실존이 될 때 자신의 본질과 모순되거나 자신의 본

---

12) Ibid., pp. 231, 234-35.
13) 하이데거는 인간을 통해 존재에 접근한다. 그는 존재의 구조가 현시되는 장소를 '현존재'(Dasein)라고 부른다. Ibid., pp. 166, 168.
14) Ibid., p. 236.

질을 상실한다. 그러나 존재 자체는 비존재에 참여하지 않기 때문에 존재 자체에는 이런 일이 일어나지 않는다. 이와 같은 이유로, 하나님을 보편적 본질로 말하거나 하나님을 존재(실존, exist)한다고 말하는 것 모두 잘못된 것이다. 한편으로, 만일 하나님이 보편적 본질로 이해되면 하나님은 유한한 잠재성들의 통일과 총체성과 동일시됨으로써 범신론에 빠지게 된다. 다른 한편, 하나님을 존재(실존)한다고 말하는 것이 잘못인 까닭은 존재 자체로서 하나님은 본질과 실존 너머에 계시기 때문이다.

틸리히에게 있어서, 존재 자체와 유한한 존재의 관계는 이중적이다.[15] 한편으로, 존재 자체와 존재의 힘으로서 하나님은 모든 유한한 존재와 존재의 총합 즉 세계를 무한히 초월한다. 무한자와 유한자 사이에는 절대적 단절, 무한한 "도약(jump)"이 있다. 다른 한편, 모든 유한자는 존재 자체와 그 무한성에 참여한다. 그렇지 않다면, 유한자는 존재의 힘을 갖지 못하고 비존재에 의해 삼켜질 것이다. 틸리히는 존재 자체의 초월성을 심연으로, 내재성을 창조성으로 표현한다. "그것(존재 자체)을 창조적이라고 부름에 있어서, 우리는 모든 것이 무한한 존재의 힘에 참여한다는 사실을 가리킨다. 그것을 심연이라고 부름에 있어서, 우리는 모든 것이 유한한 방식으로 존재의 힘에 참여한다는 사실, 즉 모든 존재가 자신의 창조적 근거에 의해 무한히 초월된다는 사실을 가리킨다."[16]

모든 존재는 비존재에 참여하는 유한한 존재이며, 그 자체가 존재하도록 떠받쳐주는 존재 자체의 힘을 필요로 한다. 존재 자체로서 하나님은 불안 가운데 있는 인간에게 존재에의 용기를 주신다. 다시 말하면, 존재의 유한성과 비존재의 위협으로 인한 불안 가운데 있는 인간에게 존재 자체 또는 존재의 힘인 하나님은 존재에의 용기를 주신다. 존재의 모든 범주들(시간, 공간, 실체, 인과성, 본질과 실존)은 모든 유한한 존재들 안의 존재와 비존재의 연합

---

15) Ibid., p. 237.
16) Ibid.

을 표현한다. 하나님에 대한 물음은 비존재의 불안을 용납하는 용기의 가능성에 대한 물음이다.[17] 존재 자체인 하나님은 자신 안에 비존재를 포괄하며 동시에 초월한다. 인간은 존재 자체인 하나님에게 참여함으로써 자신의 비존재성으로 인한 불안을 극복하고 존재에의 용기를 부여받는다.

틸리히는 존재와 비존재를 포함하는 존재 자체로서 용기의 근원이 되시는 하나님을 "하나님 너머의 하나님") 또는 "유신론의 하나님 너머의 하나님"이라고 부른다.[18] 그가 특히 극복하고자 신관은 인격적 유신론이다. 그는 인격적 유신론이 하나님을 전능하고 전지한 절대적 주체로 이해함으로써 인간의 주체성을 박탈하고 인간을 단순한 객체로 전락시켰다고 비판한다. "하나님은 폭력과 공포로 모든 것을 단순히 객체, 여러 사물 가운데 한 사물, 자신들이 지배하는 기계의 한 부속품으로 만들고자 하는 최근의 폭군들과 동일하게 된다."[19] 존재 자체 또는 존재의 힘으로서 하나님은 한편으로는 주체와 객체의 이원론적 구조 안에 있는 모든 존재와 모든 존재의 총합인 세계를 무한히 초월하며 다른 한편으로는 모든 존재 안에 내재한다. 모든 유한자는 존재 자체와 존재 자체의 무한성에 참여한다. 그렇지 않으면 그것은 존재의 힘을 가질 수 없다. 틸리히는 존재 자체로서의 하나님 즉 하나님 너머의 하나님에 의해 붙잡혀진 상태를 절대적 신앙이라고 부른다.[20] 이 절대적 신앙 안에서만 비존재로 인한 모든 불안을 극복하는 존재에의 용기가 주어진다. "존재에의 용기는 의심의 불안 속에서 하나님이 사라져버렸을 때 다시 나타나시는 하나님 안에 뿌리를 두고 있다."[21]

이와 같은 전통적인 인격적 유신론을 넘어서는 틸리히의 존재 자체로서

---

17) Ibid., p. 198.
18) Tillich, *Ultimate Concern*, pp. 2, 51. Paul Tillich, *The Courage to be* (New Haven & London: Yale University Press, 1980), pp. 182-90.
19) Ibid., p. 185.
20) Ibid., p. 188.
21) Ibid., p. 190.

의 하나님 개념 안에 나타나는 초월성과 내재성은 만유재신론의 특징을 잘 드러낸다.

4. 살아계신 하나님

틸리히에 따르면, "존재로서의 하나님"이 개념적 언어라면 "살아계신 하나님"은 상징적 언어이다. 생명이란 잠재적 존재가 현실적 존재가 되는 현실화의 과정을 의미한다. 그러나 존재의 근거인 하나님에게는 잠재성과 현실성의 구별이 없다. 그러므로 우리는 하나님에게 '살아있다'는 술어를 문자적으로 적용할 수 없다. 그러나 존재의 근거로서의 하나님은 또한 생명의 근원이시기 때문에 하나님은 "살아계시다"라고 (상징적으로) 말해야 한다. 우리가 하나님을 "살아계신" 하나님이라고 부른다면, 그것은 우리가 하나님이 순수한 존재로서의 정체성을 가지고 있는 실재가 아니라, "분리가 생겨나고 재연합에 의해 극복되는 영원한 과정"[22]임을 주장하는 것이다. 다시 말하면, 살아계신 하나님은 영원한 변증법적 과정 안에 존재한다.

틸리히는 살아계신 하나님의 삶을 세 쌍의 양극적 존재론적 요소들인 개별화와 참여, 역동성과 형식, 자유와 운명의 관점에서 설명한다.[23] 유한한 존재와 달리 존재 자체인 하나님의 생명에 있어서 이 세 쌍의 양극적 요소들은 긴장이나 갈등 없이 완전한 일치를 이룬다. 양극적 요소들의 분열을 초래하는 비존재의 위협이 하나님의 삶에는 존재하지 않기 때문이다.

먼저 하나님의 삶은 개별화와 참여의 양극성을 통합한다. 틸리히는 개별적 실존으로서의 "인격적 하나님" 개념이 개별화와 참여의 존재론적 양극성을 부적절하게 분리시킨다고 본다. 물론 그는 인간이 인격적인 것 이하의 것

---

22) Tillich, *Systematic Theology*, vol 1, p. 242.
23) 틸리히는 이 양극적 개념들을 문자적이 아닌 상징적 의미와 가치가 있는 언어로 이해한다.

에는 궁극적인 관심을 가질 수 없기 때문에 "인격"이 적합한 종교적 상징임을 인정한다. 그러나 그는 전통적 유신론이 하나님을 세계와 인간 너머 하늘에 존재하는 완전한 인격으로 만들었다고 비판한다. 존재 자체로서의 하나님 개념은 이러한 이원론을 극복한다. "하나님은 개별화의 원리임과 아울러 참여의 원리이다. 하나님의 생명은 모든 생명의 근거와 목적으로서 모든 생명에 참여한다. 하나님은 존재하는 모든 것에 참여한다. 하나님은 그것들과 더불어 친교의 공동체를 가지며, 그것들의 운명을 함께 나눈다."24) 궁극적으로 하나님은 한 인격 또는 세 인격이 아니라, 인간 인격에 힘을 부여해주는 생명이다.

틸리히는 오늘날의 신론에 있어서 특히 역동성과 형식의 존재론적 양극성이 중요하다고 본다. 역동성은 잠재성, 생동력, 자기초월을 지시하는 반면, 형식은 현실성, 지향성, 자기보존을 의미한다. 순수 현실태(actus purus)로서의 고전적 유신론은 결코 살아계신 하나님의 역동성을 적절히 표현할 수 없다. 그러나 또한 과정신학과 달리 틸리히는 생성(becoming)으로서의 하나님 개념도 역동성과 형식의 균형을 깨뜨리고 하나님을 과정에 종속시키기 때문에 잘못된 것으로 간주한다. 존재는 생성과 균형을 이루는 것이 아니다. 존재는 생성(역동성)과 휴지((休止, 형식)를 포괄한다. 즉 존재 자체로서의 하나님은 "휴지와 생성, 정적 요소와 역동적 요소를 모두 포함한다."25) 하나님에게 있어서 미래적 잠재성과 현재적 현실성 사이에는 전혀 대립이나 갈등이 없다.

또한 하나님은 자유와 운명의 양극적 구조를 갖는다. 하나님은 자존성(aseity)을 가지고 계시기 때문에 언제나 자유롭다. 즉 하나님은 하나님 이전의 그 어떤 것이나 하나님과 나란히 있는 그 어떤 것으로부터 절대적으로 자유하다. 하나님의 자유는 인간의 궁극적 관심의 대상이 되는 분이 결코 인간

---

24) Ibid., p. 245. 여기서 생명(life)은 삶과 동의어이다.
25) Ibid., p. 247.

이나 어떤 유한한 존재나 어떤 유한한 관심에 의존하지 않는다는 것을 의미한다. 다시 말하면, 하나님의 자유는 비제약적(unconditional)이다. 하나님은 자유 안에서 세계를 창조하고 섭리하고 구원하며 완성한다. 이와 같이 비제약적이고 절대적인 자유를 가진 하나님이 어떻게 운명을 가진다고 할 수 있는가? 틸리히는 이렇게 설명한다. "하나님 위에 운명을 결정하는 힘이 있다는 함의가 제거되고, 하나님이 그 자신의 운명이며 하나님 안에서 자유와 운명이 하나라는 사실이 덧붙여 전제된다면 가능하다."[26] 하나님에게 있어서 자유와 운명은 궁극적으로 하나이다. 하나님은 다른 운명적 힘에 의해 결정되는 존재가 아니라 바로 하나님 스스로가 자신의 운명이다. "만일 하나님이 자신의 운명이라고 말한다면, 그것은 존재의 무한한 신비와 하나님의 생성과 역사 안에의 참여 둘 다를 지시하는 것이다."[27]

"살아계신 하나님"에 대한 틸리히의 설명은 "영으로서의 하나님과 삼위일체적 원리"에서 절정에 이른다. 틸리히에게 있어서 영이란 힘과 의미의 통일이다. 양극적인 존재론적 요소들 가운데 힘을 나타내는 요소들(개별성, 역동성, 자유)과 의미를 나타내는 요소들(참여, 형식, 운명)은 영 안에서 통일된다. 영은 유한한 존재 안에서 소외된 요소들을 재결합하고 삶의 목적을 성취한다.

살아계신 하나님은 영이다. 왜냐하면 생명으로 현실화되는 존재 자체는 영으로서 성취되기 때문이다. 틸리히에 따르면, "영은 하나님의 삶(생명)을 위한 가장 포괄적이고 직접적이고 비제약적인 상징이다."[28] 하나님의 영은 인간의 생명의 모든 존재론적 양극성들을 포함하고 있기 때문에, 인간의 영적, 정신적, 육체적 실존과 가장 가까운 유비를 갖는다. 즉 영으로서의 생명은 정신과 몸을 포함하는 영혼의 생명이다. 그러나 여기서 정신과 몸은

---

26) Ibid., pp. 248-49.
27) Ibid., p. 249.
28) Ibid.

영혼과 나란히 존재하는 실재는 아니다. 영의 생명은 그 안에 존재 구조의 모든 요소들[29]이 참여하는 가장 포괄적인 기능이다. 물론 하나님은 몸이 아니다. 그러나 하나님이 영이라면, 영의 생명에는 존재론적 구조의 요소인 인격성과 생동력이 포함되며, 이와 더불어 육체적 실존이 하나님의 생명에 참여한다.[30]

하나님의 생명은 영으로서의 생명이다. 틸리히는 영으로서의 하나님의 삶을 힘, 의미, 그리고 이 둘의 통일로 이루어지는 삼위일체적 원리를 통해 설명한다.[31] 힘은 하나님의 창조성, 존재의 힘의 심연을 의미하며, 의미는 존재의 구조 즉 로고스를 의미한다. 영으로서의 하나님은 힘과 의미를 통일시켜 하나님의 삶에 있어서 힘의 유의미한 구조를 성취한다.

첫 번째 원리는 신성의 기초로서 하나님을 하나님 되게 만든다. 이것은 창조적 근거이며, 그 안에 의지와 무한한 존재의 힘이 있는 "심연"(Ungrund)이다. 존재의 힘은 비존재에 무한히 저항하며 모든 존재하는 모든 사물에게 존재의 힘을 준다. 두 번째 원리는 첫 번째 원리를 구체화하고 질서화하고 규정하는 로고스(이성)이다. 로고스는 하나님의 근거와 무한성과 어둠을 열며 그 충만성을 구별 가능하고 확정적이며 유한하게 만든다. 첫 번째와 두 번째 원리는 서로를 필요로 한다. 두 번째 원리가 없다면 혼돈과 타오르는 불로서의 첫 번째 원리는 창조적인 근거가 되지 못하고 악마적이 될 것이다. 그리고 첫 번째 원리가 없다면 두 번째 원리는 추상적이고 정적이고 메마르게 될 것이다. 더욱이 두 번째 원리는 하나님으로 하여금 자신을 넘어 세상으로 들어가도록 만든다. "로고스 안에서 하나님은 자신 안에서 그리고 자신을 넘어서 말씀하신다.[32]

---

29) 개별화(인격성)와 참여(공동체적 친교), 역동성(생동력)과 형식(지향성), 자유와 운명의 양극적 요소들.
30) Ibid., pp. 250, 277.
31) Ibid., pp. 250-51.
32) Ibid.

세 번째 원리인 영은 다른 두 원리의 현실화이다. 영으로서의 하나님은 힘과 의미의 궁극적 통일이다. 영은 다른 두 원리들을 연합시키기 때문에 하나님을 가리킴과 동시에 성령을 가리킨다. "세 번째 원리는 한편으로는 전체이며(하나님은 영이다), 다른 한편으로는 특수한 원리이다(하나님은 로고스를 갖는 것처럼 영을 갖는다)."[33] 영을 통해서 하나님의 충만이 확정적인 그 어떤 것으로서 하나님의 생명 속에 놓이며 또한 동시에 하나님의 근거 안에서 재연합된다. 영은 또한 피조물을 하나님 안에 포함한다. "유한자는 하나님의 삶의 과정 속에서 유한한 것으로 놓여진다. 그러나 그것은 동일한 과정 속에서 무한자와 재연합한다."[34]

요약하면, 틸리히에게 있어서 살아계신 하나님의 생명, 즉 영으로서의 하나님의 삶은 삼위일체적 세 원리의 변증법적 과정으로 구성된다. 이와 같은 삼위일체적 원리에 의한 영으로서의 하나님의 변증법적 삶의 과정은 변증법적 만유재신론의 특성을 잘 드러낸다.

5. 창조의 하나님

하나님의 세 번째 현실성은 창조성이다. 하나님에게 있어서 생명과 창조성은 동의어이다. 창조는 하나님의 생명의 숨결이다. 하나님의 삶은 영원히 창조하시는 삶이다. 틸리히는 과거, 현재, 미래의 세 가지 시간의 양태 안에서 하나님의 창조를 표현한다. 이 세 가지 시간의 양태에 상응하는 세 가지 하나님의 창조는 "기원적 창조," "유지적 창조," "인도적 창조"이다.[35]

하나님의 생명은 창조적이다. 틸리히에 의하면 하나님 안의 존재와 비존재의 연합이 하나님을 창조적으로 만든다. 전통적인 '무로부터의 창조'(cre-

---

33) Ibid. p. 251.
34) Ibid.
35) Ibid., p. 253. 전통적 신학의 용어로는 각기 창조, 보존, 섭리이다.

atio ex nihilo) 개념을 이해함에 있어서 고전적 기독교는 상대적 무(me on) 개념을 거부했다.36) 왜냐하면 이 개념은 하나님의 창조를 가능케 하는 하나님 밖의 궁극적 원리가 될 것이기 때문이다. 그러나 틸리히는 이 상대적 무 개념을 하나님 안에 위치시킨다. 무로부터의 창조는 하나님이 자신 안의 무로부터 세계를 창조함을 의미한다. "하나님이 살아계신 하나님이라면, 하나님이 생명의 창조적 과정의 근거라면, 역사가 하나님에게 의미가 있다면, 죄와 악을 설명할 수 있는 부정적 원리가 하나님과 동떨어져 있지 않다면, 어떻게 하나님 자신 안에 변증법적 부정성을 두지 않을 수 있겠는가?"37)

하나님의 기원적 창조를 표현하는 "무로부터의 창조" 교리는 다음 두 가지 기독교 신앙의 진리를 표현한다. 첫째, 이 교리는 존재론적 이원론을 거부한다. 즉 "무로부터의 창조" 교리는 헬라철학과 달리 하나님이 어떤 질료(헬라철학의 혼돈과 무질서)로부터 세계(질서, 코스모스)를 만든 것이 아니라 하나님의 절대적인 창조적 능력에 의해 세계를 창조했음을 고백한다. 둘째, 이 교리는 실존의 비극적 성격이 창조적 기원에서 유래하지 않는다는 사실을 표현한다. 즉 모든 피조물과 존재는 그 유한성 안에서 선하다. 인간의 유한성은 그 자체로 비극적인 것이 아니다. 인간의 유한성이 자기 파괴의 구조로 변하는 것은 인간의 타락에 의한 실존적 비극이다. 그러나 틸리히의 창조 신학에 있어서, 실존의 비극적 성격이 존재의 창조적 기원에 근거하지는 않지만, 피조적 유한성 안에 비존재의 요소가 존재하기 때문에 그 안에 비극적 가능성이 내포되어 있다고 할 수 있다.

하나님 안에는 사물의 이상적 본질과 현실적 실존 사이에 구별보다 심원한 일치가 존재한다. 즉 하나님의 생명의 창조적 과정은 본질과 실존의 구별을 선행한다. 그러나 하나님과 달리 인간은 자유의 현실화로 인해 창조된 본

---

36) 그리스에서는 절대적 무(ouk on)과 상대적 무(me on)을 구별했다. 전자는 존재의 완전한 부재이며, 후자는 존재를 위한 잠재성으로 가득 찬 무이다. Ibid., pp. 188, 253.
37) Ibid., pp. 188-89.

래적 본질로부터 소외된 실존으로 이행된 존재이다. 실존에서 창조와 타락이 만난다. 즉 실존은 한편으로는 창조의 끝이며 다른 한편으로는 타락 또는 소외의 시작이다. "충분히 발전된 피조성은 타락한 피조성이다... 하나님의 생명의 밖에 있다는 것은 현실화된 자유 안에 선다는 것과, 더 이상 본질과 연합되지 않는 실존 안에 선다는 것을 의미한다."[38] 현실화된 실존은 불가피하게 이상으로부터 벗어나기 때문에, 인간의 자기실현은 창조와 타락이 동시적으로 발생하는 지점이다. 물론 이 타락은 인간의 유한한 자유의 결과이기 때문에 타락의 운명은 존재론적 필연성이 아니다. 인간의 자유로운 행동이 인간을 인간으로 창조하며 동시에 인간의 타락을 초래한다. 자유와 운명은 상호 연관적이다. 창조와 타락의 동시적 발생은 자유만큼이나 운명의 문제이다.

하나님은 단지 과거에 세계를 창조하시고 세계가 자연법칙에 따라 자율적으로 움직이도록 방관하시는 하나님(이신론)이 아니라 모든 존재의 근거와 힘으로서 만물을 지속하고 지탱하고 보존하시는 유지적 창조의 하나님이다. 하나님은 시간적 실존의 매 순간에 있어서 창조이다. 즉 하나님은 창조적 근거인 하나님의 생명으로부터 존재하는 모든 것에 매 순간 존재의 힘을 주신다. "하나님의 유지적 창조성에 대한 신앙은 존재와 행동의 기초로서의 실재의 구조의 연속성에 대한 신앙이다."[39]

틸리히는 공간적 상징으로서의 하나님의 세계 내재성과 초월성을 비공간적인 질적 관계성의 관점에서 재해석한다. "하나님은 세계의 영원한 창조적 근거로서 세계 안에 내재하며, 자유를 통해 세계를 초월한다. 무한한 신성과 유한한 인간의 자유는 둘 다 세계에 대한 하나님의 초월성과 하나님에 대한 세계의 초월성을 만든다."[40] 하나님의 초월성은 인간과의 인격적 만남에

---

38) Ibid., p. 255.
39) Ibid., p. 262.
40) Ibid., p. 263.

있어서 무한한 자유와 유한한 자유의 관계를 요구한다. 하나님은 인간의 자유를 통하여 세계를 그 목적인 하나님 나라로 인도하신다. 하나님의 인도적 창조성은 언제나 인간의 자유를 통하여 그리고 모든 피조물의 자발성과 구조적 통전성을 통해 창조한다. 하나님의 사랑의 창조행위는 진정한 자유를 가진 타자를 통해서만 완성에 이를 수 있다. 이 논의는 하나님의 인도적 창조와 연결된다.

하나님의 인도적 창조는 미래와 관계된다.[41] 틸리히는 하나님의 인도적 창조 즉 섭리와 관련하여 악의 문제 즉 신정론을 다룬다. 하나님이 본성적으로 창조적인 하나님이라면, 하나님은 단지 죽어있는 대상을 창조할 수는 없다. 하나님은 주관성과 객관성을 연합하는 생명, 그리고 자유와 더불어 자유의 위험성도 포함하는 생명을 창조해야 한다. 유한한 자유의 창조는 하나님의 창조성이 받아들여야 하는 모험이다.[42] 인간은 본성적으로 자기 현실화의 가능성과 필연성을 부여받았다. 인간이 자기 현실화에 의해서 독립적이 될 때, 소외가 불가피하게 일어난다. 따라서 하나님은 악이 가능하게 만들며, 인간은 불가피하게 악을 현실화한다.

틸리히에게 있어서 개인의 운명은 개인이 참여하는 전체의 운명과 분리될 수 없다. 신정론의 물음에 대한 최종적 답변은 개별화와 참여의 창조적 통일이 일어나는 하나님의 생명의 심층, 즉 창조적 근거의 신비 안에서 발견된다. 틸리히는 순수한 성부수난설 즉 그리스도 안에서 하나님 아버지가 고통 받는다는 교리가 초기 교회에서 정당하게 배척되었다고 본다. 왜냐하면 존

---

41) 틸리히는 창조가 그 자체를 넘어서 다른 목적을 갖고 있지 않기 때문에 "창조의 목적"이란 개념은 모호하다고 생각한다. 피조물의 관점에서 볼 때, 창조의 목적은 피조물 자체이며 그것의 잠재성의 현실화이다. 창조자의 관점에서 볼 때, 창조의 목적은 창조자의 창조성의 실행 이외의 다른 목적을 갖지 않는다. 왜냐하면 하나님의 삶은 본질적으로 창조적이기 때문이다. 따라서 틸리히는 "'창조의 목적'이란 개념이 하나님의 삶 안에서 잠재성과 현실성을 넘어서는 것을 현실적으로 성취하려는 내적 목적을 의미하는 '창조성의 목적'이란 개념으로 대체되어야한다"고 주장한다. "창조성의 목적"에서 "의"는 소유격이 아닌 동격의 의미로 이해되어야 한다. Ibid., p. 264.
42) Ibid., p. 269.

재 자체로서의 하나님은 비존재를 절대적으로 초월하기 때문이다. 하지만 다른 한편, 그에 따르면 "비존재는 영원히 정복되며 유한자는 영원히 신적 생명의 무한성 안에서 재연합 됨에도 불구하고, 창조적 생명으로서 하나님은 유한자를 포함하며 이와 함께 비존재를 포함한다. 따라서 하나님의 생명이 피조물의 생명의 부정성 안에 참여한다고 말할 수 있다."[43]

이것이 신정론의 물음에 대한 틸리히의 만유재신론적 답변이다. 틸리히의 만유재신론에 있어서 하나님의 존재와 삶은 본유적으로 변증법적 부정성을 포함한다. 즉 비존재를 절대적으로 초월하는 존재 자체로서의 하나님의 삶 안에서 유한한 비존재와 생명의 부정성 즉 죄와 악이 포괄되며 영원히 정복된다.

6. 관계의 하나님

존재 자체로서 하나님은 모든 관계의 근거이다. 모든 관계는 하나님의 삶 안의 내적 관계들이다. 이 내적 관계들은 유한한 자유의 현실화에 의해 조건 지어지지 않는다. 하나님의 삶 안에서 모든 관계는 잠재성과 현실성의 구별을 넘어서 현존한다. "이런 의미에서 하나님과 피조물의 외적 관계를 가능케 하는 피조물의 독립성이란 없다."[44] 신적 당신(thou)은 인간 자아(ego)를 포함하며 자아보다 더 자아에 가깝기 때문에 인간이 그분으로부터 피해 숨을 곳이 없다.

틸리히에게 있어서 "거룩성"은 하나님이 초월성, 즉 "하나님께 접근할 수 없음," "하나님과 관계를 가질 수 없음"을 표현한다. 거룩하신 하나님과 관계를 갖는다는 것은 역설적인 것이다. 하나님의 거룩성은 하나님을 자아-

---

43) Ibid., p. 270.
44) Ibid., p. 271.

세계의 맥락과 주체-객체 관계 안으로 끌어들이는 것을 불가능하게 만든다. "하나님의 거룩성은 그분과의 관계에 있어서 우리가 모든 유한한 관계를 뒤로 하고 (관계란 단어의 범주적 의미에서) 전혀 관계가 아닌 관계 안으로 들어올 것을 요구한다."45)

모든 것을 초월하는 하나님의 거룩성을 나타내는 상징은 "엄위"(majesty)와 "영광"이다. 그러나 인간은 단지 하나님의 영광의 수단이 아니다. 인간도 역시 목적이다. "인간이 하나님의 생명에 근거하며 다시 그리로 돌아가기로 되어 있기 때문에 인간은 신적 생명의 영광에 참여한다."46) 인간은 하나님의 영광을 찬양함을 통해 하나님의 영광에 참여한다.

틸리히는 하나님의 힘의 관점에서 전능, 영원, 편재, 전지 등의 속성을 설명하며, 하나님의 사랑과 관련하여 정의, 은혜, 예정 등의 개념을 설명하며, 마지막으로 주님과 아버지로서의 하나님 상징을 설명한다. 하나님의 전능이란 하나님이 원하는 것은 무엇이든지 할 수 있는 힘을 가지고 있음을 의미하지 않는다. 이 개념은 비존재를 극복하는 존재의 힘으로서의 하나님을 상징한다. "'전능하신 아버지 하나님'에 대한 신조의 고백은 비존재의 불안이 하나님의 생명 안에서 영원히 극복된다는 그리스도인의 의식을 표현한다. 전능의 상징은 유한성에 내포된 물음에 대하여 첫 번째 그리고 기본적인 답변을 제공한다."47) 전능하신 하나님에 대한 신앙은 유한성의 불안을 정복하는 용기에 대한 요구에 대답한다. 틸리히에게 있어서, 전능은 시간의 관점에서 영원이며, 공간의 관점에서 편재이며, 존재의 주체-객체의 구조의 관점에서 전지이다.

영원은 무시간도 아니고 시간의 끝없음도 아니다. 한편으로, 영원은 모든 시간을 포괄하는 힘을 의미한다. 시간이 하나님의 생명이란 근거에서 창

---

45) Ibid., p. 272.
46) Ibid.
47) Ibid., p. 273.

조되었기 때문에 하나님은 본질적으로 시간에 관계되어 있다. 하나님의 생명으로서의 영원은 실존적 시간의 분리된 과거, 현재, 미래의 계기들의 초월적 통일성이다. 다른 한편, 영원은 시간의 끝없음이 아니다. 끝없는 시간으로서의 영원은 유한한 존재에게는 저주를, 하나님에게는 분리된 시간성의 구조에의 종속을 의미한다.

틸리히는 영원의 유비를 기억된 과거와 기대된 미래가 경험된 현재 안에서 통일을 이루는 인간의 경험에서 발견한다. 즉 영원은 "영원한 현재"(nunc eternum)로 상징화된다. "영원한 현재는 동시성도 아니며 과거와 미래의 독립적 의미의 부정도 아니다. 영원한 현재는 현재이기를 그치지 않으면서 과거로부터 미래로 움직인다."[48] 한편으로, 미래는 개방되어있다. 그렇지 않으면 역사의 창조성은 불가능할 것이다. 다른 한편, 미래는 예상 가능하다. 개방성을 제한하는 것이 없으면 역사는 방향이 없을 것이다. 하나님은 모든 가능한 미래를 예견하신다. 절대적이 아닌 상대적인 미래 개방성이 영원의 특징이다. 틸리히는 영원의 관점에서 볼 때 미래 뿐 아니라 과거도 개방되어 있다고 주장한다. 미래로 인도하는 창조성은 과거도 변화시킨다. 창조성의 관점에서 영원을 이해할 때, 영원은 과거와 미래의 시간 양태의 특수한 성격을 용해시킴 없이 그 둘을 포함한다. 영원한 하나님에 대한 신앙은 시간적 과정의 부정성을 정복하는 용기의 기초이다. "과거의 불안은 과거와 과거의 잠재성을 향한 하나님의 자유에 의해 정복된다. 미래의 불안은 하나님의 생명의 통일성에 대한 새로움의 의존에 의해 정복된다. 시간의 분리된 순간들은 영원 안에서 통일된다. 여기에 영원한 삶에 대한 인간의 참여의 확실성이 근거한다."[49]

편재는 하나님의 전능에 대한 공간의 범주에서의 상징이다. 편재란 문자적으로 신적 실체가 모든 공간에 확장됨을 의미하거나 하나님이 한 인격으

---

48) Ibid., p. 275.
49) Ibid., p. 276.

로서 하늘과 땅에 동시적으로 현존하는 것을 의미하지 않는다. 다른 개념들처럼 이 개념도 상징적으로 이해되어야 한다. 또한 편재는 무공간성을 의미하지도 않는다. 하나님은 자신의 생명을 근거로 모든 공간적 연장을 창조한다. 그러나 하나님은 공간에 종속되지 않는다. "하나님은 공간을 초월하면서 그것에 참여한다. 하나님의 편재는 자신의 피조물의 공간적 실존 안에의 하나님의 창조적 참여이다."50) 하나님의 편재는 우리 자신을 위한 공간을 갖지 못하는 불안을 극복한다. 즉 그것은 공간적 실존의 불안정성과 불안을 용납할 수 있는 용기를 제공한다.

틸리히는 전지를 하나님의 전능과 편재의 영적 성격으로 이해한다. 이 상징은 실재의 주체-객체 구조에 대한 하나님의 참여와 초월을 지시한다. 전지란 단지 과거, 현재, 미래의 모든 것을 아는 능력을 의미하는 것이 아니라, 하나님이 모든 만물에 영적으로 현존하신다는 것을 의미한다. 숨겨진 것, 어두운 것, 무의식적인 것들이 하나님의 영적 생명 안에 현존한다. 전지에 대한 신앙 안에서, 어두운 것, 숨겨진 것에 대한 인간의 불안이 극복된다. 틸리히는 하나님의 전지를 인간의 지식에 대한 실재의 개방성의 토대로 간주한다. 왜냐하면 인간은 하나님의 지식에 참여하기 때문이다. "우리는 하나님의 지식에 참여하기 때문에 안다. 진리는 우리의 유한한 정신의 사정거리로부터 절대적으로 벗어나 있지 않다. 왜냐하면 우리가 뿌리를 내리고 있는 하나님의 생명이 모든 진리를 체현하기 때문이다."51)

사랑은 존재론적 개념이다. "하나님은 사랑이시다. 그리고 하나님은 존재 자체이기 때문에 존재 자체는 사랑이라고 말해야 한다."52) 사랑은 존재론적 양극적 요소인 개별화와 참여의 통일 또는 재연합이다. 이 통일 또는

---

50) 틸리히는 영으로서의 하나님이 존재론적 요소인 생동력(vitality)과 인격성을 포함하며 육체적 실존이 하나님의 생명에 참여하기 때문에 하나님이 공간 안에 현존한다고 말할 수 있다고 본다. Ibid., p. 277.
51) Ibid., p. 279.
52) Ibid.

재연합은 완전한 사랑이신 하나님의 삶 안에서 일어난다. 하나님의 사랑은 아가페의 사랑이다. 아가페는 자기중심적이 아닌 타자중심적인 사랑이다. 아가페는 높고 낮음, 좋음과 싫음에 관계없이 무조건적으로 타자를 긍정한다. "아가페는 저항에도 불구하고 타자를 용납한다. 그것은 고통당하며 용서한다."[53]

틸리히는 정의를 사랑의 관점에서 이해한다. 정의는 사랑의 관계 안에서 주체와 객체의 독립된 권리를 긍정하는 사랑의 측면이다. 피조물이 정의의 구조를 위배하고 따라서 사랑 자체를 위반할 때, 심판과 저주가 뒤따른다. 심판과 저주는 하나님의 특별한 진노 또는 보복의 행위에 의한 것이 아니라, 사랑을 위반하는 것에 대항하는 하나님의 사랑의 힘의 행위에 의한 것이다. "저주는 사랑의 부정이 아니라 사랑의 부정의 부정이다. 그것은 사랑의 행위로서, 이 행위가 없으면 존재가 비존재에 승리할 수 없다. 그것은 분리된 것을 하나님의 생명 안에서 재연합하는 사랑에 저항하는 것을 분리된 상태 그대로 내버려두는 것이며, 분리에 따른 불가피한 자기파괴에 내버려두는 것이다... 심판은 사랑에 저항하는 것을 자기파괴에 내어주는 사랑의 행위이다."[54] 하나님의 사랑이 끝나는 곳에서 존재도 끝난다. 저주란 피조물이 자신이 선택한 비존재에 내버려둠을 당하는 것을 의미한다. "영원한 죽음"이란 상징은 영원한 생명으로부터의 자기배제, 따라서 존재로부터의 자기배제를 표현한다.[55] 하나님의 생명과의 연합 안에서 시간은 영원과 연합된다. 시간이 영원으로부터 완전히 분리되면 그것은 비존재가 될 뿐이며 고통이나 슬픔도 경험할 수 없다.

틸리히에게 있어서 유한한 존재의 자기파괴와 절망조차도 하나님의 사

---

53) Ibid., p. 280.
54) Ibid., p. 283.
55) 틸리히는 영원성(eternity)과 영속성(everlastingness)을 구별힌디. 영원한 하나님의 생명으로부터 분리되어 저주받은 존재에게 영원성을 귀속시키는 것은 불가능하다. 그리고 영속적 또는 끝없는 저주란 표현은 시간적이지 않은 것의 시간적 지속을 말하기 때문에 모순적 개념이다. Ibid., p. 284.

랑의 사역이다. 지옥은 하나님의 사랑의 한계가 아니다. 사랑과 정의의 최종적 통합을 표현하는 상징은 칭의다. "그것(칭의)은 정의의 구조의 무조건적 정당성을 가리킨다. 그러나 동시에 그것은 정의의 위반의 내재적 결과를 정복하는 하나님의 사랑의 행위를 가리킨다. 최종적 계시에 있어서 사랑과 정의의 존재론적 통합은 죄인의 칭의로 나타난다. 불의한 피조물과의 관계에 있어서 하나님의 사랑은 은혜이다."[56]

틸리히는 하나님의 사랑의 관점에서 은혜와 예정을 설명한다. 그는 세 가지 형태의 은혜를 구별한다. 첫째는 하나님의 삼중적 창조성(기원적, 유지적, 인도적)의 은혜이며, 둘째는 하나님의 구원의 은혜이며, 셋째는 섭리적 은혜 또는 선행적(prevenient)은혜로서 앞의 두 은혜를 중재한다. 그런데 모든 사람이 구원의 은혜를 받아들이지 않는다는 사실은 예정의 문제를 불러 일으킨다. 틸리히는 이중예정론을 거부한다. 왜냐하면 영원한 저주는 존재자체 안에 영원한 분열을 만들기 때문이다. 이 경우 비존재가 존재와 사랑의 심장부에 들어오게 된다. 예정은 결정론적 형이상학의 관점에서의 결정과 아무런 관계가 없다. "이 단어는 다음과 같은 실존적 경험을 가리키는 상징적 의미로 받아들여져야 한다. 즉 하나님과의 관계에서 언제나 하나님의 행위가 선행하며, 그리고 나아가 우리는 우리 자신의 완성을 확신하기 위해서 오직 하나님의 행위만을 바라보아야 한다는 것이다."[57] 이러한 의미에서, 예정은 하나님의 사랑에 대한 최고의 긍정이 된다.[58]

마지막으로, 틸리히는 관계의 하나님에 대한 상징으로서 '주님'과 '아버지'에 관해 설명한다.[59] 주님이 하나님과 피조물 사이의 거리를 상징한다면, 아버지는 하나님과 인간의 일치를 상징한다. '주님'은 첫째, 접근할 수 없

---

56) Ibid., pp. 284-85.
57) Ibid., p. 286.
58) 인간의 실존의 문제에 대한 최종적 답변으로서의 하나님의 사랑은 예수 그리스도 안에서 실존의 조건 아래에 나타났다.
59) Ibid., p. 287.

는 하나님의 엄위, 하나님과 피조물 사이의 무한한 거리를 상징하며, 둘째, 인간의 실존적 소외 안에 하나님의 법과 의지의 표현으로 나타나는 실재의 구조인 존재의 로고스를 상징하며, 셋째, 피조물의 궁극적 완성을 지향하는 목적에 따라 실재 전체를 통치하는 하나님의 통치를 상징한다. 반면, '아버지'는 첫째, 하나님이 인간을 포함하는 모든 존재의 창조적 근거가 됨을 상징하며, 둘째, 하나님이 유지적 창조성에 의해 인간을 보존하고 인도적 창조성에 의해 인간을 완성으로 인도함을 상징하며, 셋째, 하나님이 은혜로 인간을 의롭게 하시며 받아들일 수 없는 인간을 받아들이심을 상징한다.

하나님의 전능, 영원, 편재, 전지, 사랑, 정의, 은혜, 예정, 주님, 아버지 등의 상징적 개념들에 대한 틸리히의 설명은 시종일관 하나님의 초월성과 내재성의 변증법적 긴장관계 안에서 전개된다. 즉 그의 신관은 고전적인 유신론적 초월주의와 범신론적 내재주의를 변증법적으로 극복하는 변증법적 만유재신론의 비전을 보여준다.

7. 결론: 변증법적 만유재신론

지금까지 우리는 틸리히의 『조직신학』 제1권 제2부 "존재와 하나님"의 II "하나님의 실재"에 나타나는 내용을 중심으로 그의 만유재신론적 신관에 대하여 살펴보았다. 틸리히의 신관은 만물을 존재론적으로 자신 안에 포함하면서 동시에 초월하는 만유재신론의 특징을 보여준다. 하나님은 세계 초월적이면서 동시에 내재적이다. 그의 신관은 한편으로는 범신론을, 다른 한편으로는 초월적 유신론 또는 이신론을 변증법적으로 극복한다.

한편으로, 틸리히는 범신론을 거부한다. 하나님은 세계 초월적이다. 하나님이 초월적인 까닭은 존재 자체로서 하나님이 본질과 실존을 넘어서기 때문이다. 존재 자체는 비존재에 참여하지 않기 때문에 존재 자체에서는 존재와 모순되고 존재를 상실할 수 있는 실존으로의 전이가 일어나지 않는다. 이런 의미에서 존재 자체는 모든 존재와 대조적이다. 그러므로 존재 자체가 만물의 보편적 본질이라고 말하는 것은 잘못된 것이다.[60] 존재의 힘으로서 하나님은 모든 존재와 세계를 초월한다. "존재 자체는 모든 유한한 존재를 무한히 초월한다. 유한자와 무한자 사이에는 그 어떤 조화나 단계적 이행과정이 없으며, 절대적 단절, 무한한 '도약'만이 있다."[61]

다른 한편, 틸리히는 전통적인 초월적 유신론 또는 이신론을 거부한다. 하나님과 세계는 상호 내재적이다. 유한한 모든 것은 존재 자체와 존재 자체의 무한성에 참여한다. 그렇지 않을 경우 유한한 존재는 존재의 힘을 갖지 못할 것이다. 역으로, 하나님은 존재하는 모든 것의 근거와 목적으로서 그 모든 것에 절대적이고 무조건적으로 참여한다. 하나님은 역동적이고 살아있는 과정 속에서 유한한 모든 것을 자신 안에 포함한다. 하나님의 삶은 필연적으로 모든 비존재적 요소와 함께 세계를 포함한다.[62]

틸리히는 하나님의 내재와 초월의 양면성을 이렇게 요약한다. "존재 자체를 창조적이라고 부를 때, 우리는 모든 것은 무한한 존재의 힘에 참여한다는 사실을 지시한다. 존재 자체를 심연이라고 부를 때, 우리는 모든 것은 유한한 방식으로 존재의 힘에 참여한다는 사실과 모든 존재는 자신들의 창조적 근거에 의해 무한히 초월된다는 사실을 지시한다."[63]

틸리히의 만유재신론은 시간과 공간과의 관계에서의 하나님의 초월성과 내재성에 대한 그의 설명에서 보다 구체적으로 드러난다. 하나님은 유한

---

60) "만일 하나님이 보편적 본질로 즉 모든 형식들의 형식으로 이해된다면, 하나님은 유한한 잠재성들의 통일성과 전체성과 동일시된다. 그러나 그렇게 될 경우 하나님은 더 이상 그것들 모두 안에 있는 근거의 힘이 아니며 따라서 더 이상 그것들을 초월하지 못한다... 이것은 범신론이 의미하는 바이다." Ibid., p. 236.
61) Ibid., p. 237. 틸리히에 따르면, 하나님은 절대적이고 무한하며 조건에 매이지 않고 자유롭기 때문에 존재 자체라는 개념 이외의 하나님에 대한 언어는 상징적일 수밖에 없다. pp. 238-39.
62) Ibid., pp. 238, 243-45, 252.
63) Ibid., p. 237.

한 세계의 존재론적 범주인 시간과 공간을 포괄한다. 만일 유한자가 하나님의 생명의 과정 안에 놓인다면 유한성의 범주 역시 그 안에 내재한다. 하나님의 생명은 시간성을 포함한다. 그러나 그것에 종속되지 않는다. 하나님의 영원성은 시간을 포함하며 초월한다.[64] 이와 마찬가지로 공간도 하나님 안에 포함된다. 하나님은 자신의 생명의 근거 안에 외연을 창조하며, 이 외연에 공간의 모든 것이 근거한다. 그러나 하나님은 공간에 종속되지 않는다. 하나님은 공간을 초월하며 동시에 공간에 참여한다. 하나님은 세계와 다른 공간에 계시지도 않고 세계와 동일한 공간에 계시지도 않는다. 하나님은 세계의 공간적 구조의 창조적 근거로서, 그 구조에 종속되지 않는다. 공간적 상징은 질적인 관계를 가리킨다. 즉 하나님은 세계의 영속적인 창조적 근거로서 세계 안에 내재하며 자유를 통해 세계를 초월한다.[65] 하나님의 편재는 자신의 피조물의 공간적 실존에 대한 창조적 참여를 의미한다.[66]

하나님의 초월성과 내재성에 대한 틸리히의 설명에는 논리적 긴장이나 역설이 있는 것처럼 보인다. 그는 "존재 자체로서 하나님은 비존재를 절대적으로 초월한다. 다른 한편, 창조적 삶으로서 하나님은 유한자와 비존재를 포함한다. 무한한 신적 삶 안에서 비존재는 영원히 정복되며 유한자는 영원히 재연합된다."[67]라고 말한다. 여기서 "존재 자체로서 하나님은 비존재를 절대적으로 초월한다"는 말과 "창조적 삶으로서 하나님은 유한자와 비존재를 포함한다"는 말 사이에는 쉽게 조화되기 어려운 논리적 긴장 또는 역설이 나타난다고 지적된다. 존재 자체가 존재론적으로 존재와 비존재를 절대적으로 초월한다면 어떻게 존재 자체가 존재와 비존재를 포함할 수 있는가? 어떻게 하나님 너머의 하나님과 우리가 실존적으로 참여할 수 있는 하나님이 동

---

64) Ibid., p. 257.
65) Ibid., p. 263.
66) Ibid., p. 277.
67) Ibid., p. 270. 틸리히는 피조물의 삶의 부정성에 대한 하나님의 참여를 말하는 이 언급을 신정론의 문제에 대한 답변으로 제시한다.

일한 하나님일 수 있는가? 아드리안 대처에 따르면 틸리히의 신론에 나타나는 초월성과 내재성 사이의 긴장은 절대적 일자와 세계영혼을 결합시키고자 했던 쉘링의 신론에 나타나는 긴장과 매우 유사하다.[68]

틸리히는 하나님 너머의 하나님과 우리가 실존적으로 참여하는 하나님 사이의 긴장을 영으로서의 하나님의 삶의 삼위일체적 원리인 힘, 의미, 그리고 영의 변증법적 관계 안에서 해결하고자 한다. 존재의 힘은 신성의 기초로서 하나님을 하나님 되게 만든다. 이것은 창조적 근거이며, 그 안에 의지와 무한한 존재의 힘이 있는 "심연"(Ungrund)이다. 존재의 힘은 비존재에 무한히 저항하며 모든 존재하는 모든 사물에게 존재의 힘을 준다. 존재의 의미는 존재의 힘을 구체화하고 질서화하고 규정하는 로고스이다. 로고스는 하나님의 근거와 무한성과 어둠을 열며 그 충만성을 구별 가능하고 확정적이며 유한하게 만든다. 영은 힘과 의미의 현실화이자 궁극적 통일로서 피조물을 하나님 안에 포함한다.

인간 실존과의 관계에 있어서 하나님의 삼위일체적 원리는 다음과 같이 경험된다. 인간은 존재 자체의 힘에 참여함으로써 비존재의 불안을 극복하며 고통과 무의미성에도 불구하고 절대적 신앙과 용기를 가지고 삶을 긍정할 수 있다. 이와 같은 새로운 생명은 "새 존재"(New Being)라고 불린다. 새 존재는 타락 또는 소외를 극복하는 새로운 인간 실존의 양태이다. 새 존재는 그리스도로서의 예수 안에 참여함으로써 경험된다. 그리스도로서의 예수는 그 안에 새 존재의 신적 능력이 충만하게 나타난 인간이다. 즉 그리스도 안에 하나님이 충만하게 현존한다. 그리스도는 자신 안에 하나님의 새 존재를 온전히 실현함으로써 그것을 다른 사람들에게 전해준다. 구원이란 본질로부터 소외된 실존이 예수 그리스도 안에 나타난 새 존재 안에 참여함으로써 자신의 본질과 화해하고 재연합하는 것이다. 성령은 절대적 신앙과 새 존재에

---

68) Adrian Thatcher, *The Ontology of Paul Tillich* (Oxford: Oxford University Press, 1978), p. 88

의 용기를 일깨우고 유지시키는 힘이다. 성령 안에서 새 존재를 향한 성화의 과정과 종말론적 완성이 일어난다.

틸리히의 변증법적 만유재신론은 그의 종말론에서 완성된다. 하나님의 삼위일체적 삶의 과정 안에서 유한자인 피조물은 무한자인 하나님과 재연합함으로써 종말론적으로 자신의 본질화를 성취한다. 틸리히의 종말론적 만유재신론은 그의 『조직신학』 제3권 제5부 "역사와 하나님 나라," III "역사의 종말로서의 하나님 나라"의 마지막 부분인 C "하나님 나라: 시간과 영원"에서의 세계와 하나님, 시간과 영원의 관계에 대한 기술에 잘 나타난다.

틸리히에게 있어서 영원은 무시간도 아니며 끝없는 시간도 아니다. 영원과 시간의 관계를 설명함에 있어서, 그는 공간적 도식을 통해 영원으로부터 와서 영원으로 돌아가는 시간의 운동을 상징적으로 묘사한다. 이 도식은 삼중적이며 변증법적인 운동을 보여준다. 이 운동은 "-으로부터 옴"(coming from), "앞으로 감"(going ahead), 그리고 "-로 올라감"(rising to)이다. 이 운동은 "위로부터 와서 아래로 그리고 앞으로 움직이고, 가장 깊은 지점인 '실존적 현재'(nunc existentiale)에 이르고, 앞으로 그리고 위로 올라가는 곡선"[69]으로서의 시간의 움직임을 나타낸다. 이 곡선은 시간의 모든 순간에 그려질 수 있으며, 또한 전체로서의 시간을 위한 도식으로 간주될 수도 있다. 그러나 틸리히는 시간의 종말을 과거나 미래의 특정한 순간의 관점에서 이해하지 않는다. "영원 안에서의 시작과 끝은 물리적 시간 안에서 확정할 수 있는 순간의 문제가 아니라 하나님의 창조에 있어서처럼 모든 순간 안에서 지속되는 과정의 문제이다. 창조와 종말론적 완성, 시작과 끝은 언제나 있다."[70]

영원하신 하나님은 시간적 과정이나 유한성의 구조에 종속되지 않는다. 하나님은 무시간적인 절대적 동일성을 가진 분도 아니며 단순히 끝없는 과

---

69) Tillich, *Systematic Theology*, vol 3, p. 420.
70) Ibid.

정 안에 계신 분도 아니다. "살아계신" 하나님은 자신의 삶에 있어서 동일성과 변화의 통일을 이루신다. 그리고 이 하나님의 삶은 "영원한 생명(삶)"(Eternal Life) 안에서 완성된다. 영원하신 하나님은 (살아계신 하나님으로서) 어떻게 모든 피조물의 내적 목표인 영원한 삶과 관계되는가? 영원한 삶이란 영원하신 하나님 안의 삶이다. 시간적인 모든 것은 영원으로부터 와서 영원으로 돌아간다. 바울이 말한 바와 같이 궁극적 완성에 있어서 하나님은 "만유의 주로서 만유 안에 계실 것이다"(고전 15:28). 틸리히는 이 구절에서 종말론적 만유재신론의 비전을 발견한다. "우리는 이 상징을 '종말론적 만유재신론'(pan-en-theism)이라고 부를 수 있다."[71]

틸리히는 영원한 삶이 하나님 "안"(in)에 있는 삶이라는 말의 의미를 세 가지로 설명한다.[72] "안"의 첫 번째 의미는 창조적 기원의 "안"이다. 영원한 삶은 존재의 신적 근거 안에 존재를 갖고 있는 본질과 잠재성으로서의 삶을 의미한다. 두 번째 의미는 존재론적 의존의 "안"이다. 여기서 "안"은 하나님의 창조성의 유지적 힘이 없이는 그 어떤 유한한 존재도(심지어는 소외와 절망의 상태에서도) 존재할 수 없음을 지시한다. 세 번째 "안"의 의미는 궁극적 완성 즉 모든 피조물의 본질화의 상태의 "안"이다.

시간적인 것이 영원한 것 안에 있음을 표현하는 이 삼중적 "안"은 하나님의 삶과 우주의 삶의 변증법적 과정 즉 본질에서 실존적 소외를 거쳐 본질화로 가는 과정을 보여준다. "그것은 단지 잠재적인 것으로부터 현실적 분리를 거쳐 잠재성과 현실성의 분리를 넘어서는 완성으로의 재연합의 길이다"[73] 틸리히는 이와 같은 변증법적 과정의 근거를 삼위일체 상징 안에서 발견한다. 로고스는 하나님의 삶 안에 타자성의 요소를 도입한다. 로고스와 더불어 존재의 신적 근거 안에 "창조적 잠재성의 내재," 본질의 우주가 주어진다. 그

---

71) Ibid., p. 421
72) Ibid.
73) Ibid.

리고 시간으로의 창조는 피조물의 자기실현, 소외, 화해의 가능성을 산출한다. 종말론적 용어로 이것은 "본질로부터 실존을 거쳐 본질화로 가는 길"[74]이다.

    이와 같은 세계의 과정은 하나님에게 중요한 의미가 있다. 하나님은 세계의 과정과 분리된 자기충족적인 실재가 아니다. 하나님의 영원한 창조행위는 하나님의 사랑을 거부하거나 받아들일 수 있는 자유를 가진 타자를 통해서만 완성에 이르는 사랑에 의해 인도된다. "우주에서 발생하는 것의 영원의 차원은 하나님의 삶 그 자체이다. 그것은 신적인 지복(지복)의 내용이다."[75]

---

74) Ibid. p. 422. "본질화"란 현실적 실존이 하나님의 은혜의 임에 참여함으로써 본질과 완전히 일치하는 것이다.
75) Ibid.

제13장
과정사상의 유기체적 만유재신론

1. 서론

　과정사상은 서구의 세계관을 지배해 왔던 파르메니데스적인 실체적인 존재의 관점이 아니라 헤라클리투스적인 관계적인 과정 또는 생성의 관점에서 실재를 이해하는 사상이다. 즉 과정사상은 실재가 궁극적으로 자기 완결적이고 독립적이고 고정적인 모나드(라이프니찌)와 같은 실체로 존재하는 것이 아니라 상호 의존적이고 역동적인 과정으로 존재한다고 이해한다. 이와 같은 관계적, 과정적 세계관은 근대에 들어 뉴턴의 결정론적, 기계론적 물리학에 기초한 실체적, 정적, 이원론적 세계관이 아인슈타인의 천체 물리학의 상대성 이론과 하이젠베르그의 양자 물리학의 불확실성 이론 등으로 대표되는 현대과학의 관계적, 역동적, 유기체적 세계관에 의해 대체됨에 따라 20세기에 영미권을 중심으로 급속하게 확산되었다.
　현대의 과학 이론에 부합하는 실재에 대한 과정적, 관계적 형이상학 체계를 구성하고자 했던 20세기의 대표적인 철학자가 알프레드 노스 화이트헤드(1861-1947)이다. 화이트헤드는 근대 이후의 반형이상학적 경향을 거슬러 최근의 과학의 이론들에 기초하여 우리 경험의 모든 요소들을 해석할 수 있는, 즉 일반 사상을 위하여 통일성과 논리를 갖춘 필수적인 형이상학적 체계를 형성하고자 하였다.[1] 기독교의 과정신학은 이와 같은 화이트헤드의 형이상학에 기초하여 발전되었다. 과정신학은 전통적인 기독교 신학을 화이트헤드의 과정 형이상학의 체계 안에서 재해석함으로써 기독교의 전근대적 전통과 서구의 근대적 합리주의 양자를 비판적으로 극복하는 탈근대적인 신학의 패러다임을 수립하고자 한다.

과정사상에 있어서 하나님과 세계는 매우 밀접한 관계에 있기 때문에 분리해서 생각될 수 없다. 즉 세계 없는 하나님도, 하나님 없는 세계도 생각할 수 없다. 하나님과 세계는 상호 독립적이면서 동시에 상호 의존적인 관계 안에서 서로 영향을 주고받는다. 화이트헤드의 과정철학을 전유하여 과정신학을 하나의 신학적 패러다임으로 수립한 하트숀은 이와 같은 과정사상의 신론을 만유재신론이라고 명명하였다.

이글에서는 과정사상의 만유재신론을 화이트헤드, 하트숀, 그리고 캅과 그리핀의 사상을 중심으로 살펴보고자 한다. 이들 가운데 화이트헤드는 수학자이자 철학자이고, 다른 세 사람은 화이트헤드의 철학에 기초하여 신학을 전개하는 대표적인 과정신학자들이다. 하나님과 세계의 관계에 대한 이들의 이해는 다소간의 상이점이 있음에도 불구하고 과정사상의 유기체 철학의 세계관에 기초한 만유재신론을 공유하고 있는 것으로 한 데 묶여질 수 있다. 이와 같은 과정사상의 만유재신론에 대한 고찰을 수행한 후에, 결론에서 오늘날의 복음주의 신학과의 대화 가능성에 대한 전망을 제시해 보고자 한다.

---

1) Alfred North Whitehead, *Adventures of Ideas*, Mentor Books ed. (New York: Mentor, 1955), p. 223. 그리고 Alfred North Whitehead, *Process and Reality: An Essay in Cosmology* (New York: Macmillan, 1929); David Griffin and Donald Sherburne, ed. (New York: Free Press, 1978), pp. 4-26을 참고하라.

2. 알프레드 노스 화이트헤드의 유기체 철학과 신론

(1) 화이트헤드의 유기체 철학

데카르트 이후 정신과 물질을 별개의 실체로 보는 이원론적 사고가 근대의 서구세계를 지배해왔다. 이 이원론적 세계관에 있어서, 무한한 정신으로 간주된 신은 물질적 우주의 밖에 계신 것으로 여겨졌으며, 인간의 정신은 물질적 세계와는 완전히 다른 것으로 여겨졌다.

화이트헤드는 이와 같은 이원론적 세계관에 대한 대안으로 유기체 철학을 구상하였다.[2] 유기체 철학에 있어서, 신과 온 우주의 실재는 이원론적 실체가 아니라 유기체적인 관계의 그물망 안에 존재한다. 이 유기체적 세계관에서는 "실체"나 "존재"가 아니라 "과정"이 기본적인 형이상학적 범주이다. 신을 포함하는 모든 개별적 실재는 창조적 과정 안에서 지속적으로 자신을 현실화시키는 기본적 사건들로 구성된다. 신과 세계로 이루어진 실재의 전체성은 무한한 순간적 사건들의 수많은 가닥들과 조직들의 광대한 유기체적 그물망 또는 연계(nexus)이다. 화이트헤드의 유기체 철학에 있어서 신은 이러한 형이상학적 원리들의 예외가 아니라 그것들의 최상의 예증사례로 간주된다.

1) 현실적 존재

화이트헤드는 창조적 과정으로서의 실재를 구성하는 최소단위를 "현실적 존재" 또는 "현실적 계기"라고 부른다. 현실적 존재는 경험의 점적(點滴)으로서 순간적으로 자신을 실현 또는 "합생"(concrescence)한 후에 곧 소멸한다. 모든 현실적 존재는 자기 현실화와 자기 창조의 주체이다.[3] 각 현실적

---

[2] 화이트헤드의 유기체 철학 또는 과정철학의 기본 개념에 대한 설명은 Whitehead, Process and Reality, 제1부, 2장, pp. 18-36에 기술되어 있다.
[3] Ibid., p. 85.

존재는 비록 외부의 조건에 의해 제한을 받지만 그것에 의해 결정되지는 않는다. 심지어 신도 각 현실적 존재의 생성을 결정할 수 없다. 이것이 존재론적 원리이다. 화이트헤드의 유기체 철학에 있어서 궁극적 범주는 창조성 즉, 다자가 일자가 되고 일자에 의해 다자의 새로움이 증대되는 끊임없는 전진의 과정이다. 화이트헤드에 따르면, 신은 창조성의 원초적인 비시간적 우유성(偶有性, accident)이다.[4]

화이트헤드는 현실적 존재를 경험의 점적(點滴)으로 이해한다. 경험의 주체로서 현실적 존재는 단지 정신이나 또는 단지 물질이 아니라, 둘 다이다. 이런 의미에서 화이트헤드의 형이상학은 범심론(panpsychism)이라고 할 수 있다. 근대철학에서는 정신과 물질을 분리된 두 실체로 간주하거나(이원론), 정신을 근본적 실체로 간주하고 물질을 정신의 관점에서 설명하거나(관념론), 또는 그 반대로 물질을 근본적 실체로 간주하고 정신을 물질의 관점에서 설명하고자 한다(유물론). 화이트헤드의 범심론에 있어서 현실적 존재는 물질이면서 동시에 정신적이다. 즉 모든 현실적 존재는 물질-정신 양극적 구조를 갖는다. 정신과 물질은 대립적인 실체가 아니라 현실적 존재의 통합적이고 상호 협조적인 과정의 두 측면이다.

그러나 현실적 존재의 경험은 감각이나 의식을 전제하고 있지는 않다. "의식이 경험을 전제하는 것이지, 경험이 의식을 전제하는 것이 아니다."[5] 화이트헤드는 이 경험을 "파악"(prehension)이라고 부른다. 현실적 존재는 자신 너머의 그 무엇을 파악하여 합생함으로써 자신을 현실화한다. 현실적 존재는 자기 창조적인 개별자이지만, 동시에 직접적 환경 안에 있는 다른 실재들인 과거의 현실태와 미래의 가능태와 본질적으로 관계되어 있다.

물리적 극은 과거의 내용에 대한 물리적 파악을 한다.[6] 현실적 존재의 합

---

4) Ibid., p. 7.
5) Ibid., p. 53.
6) Ibid., pp. 23-24.

생은 직접적인 과거의 선행적 자료를 파악함으로 이루어진다. 과거는 현재의 현실적 존재의 생성에 영향을 주지만 그것을 인과적으로 결정하지는 않는다. 현실적 존재의 합생이 완성되고 만족에 이르면, 그것은 곧 소멸하여 "객관적 불멸성"이 된다. 그러나 객관적 불멸성으로서의 과거의 사건은 주체적으로는 소멸하지만 객체적으로는 불멸한다. 즉 그것은 새로운 현재의 현실적 존재의 생성을 위한 과거의 자료로서 인과적 효력을 행사한다. 물리적 파악이 현실적 존재들의 사회의 차원에서 특정하게 조직화된 패턴으로 일어날 때 그것은 지속적인 물체적 사물을 구성한다. 비록 각 현실적 존재는 자신의 직접적 과거의 존재들만을 파악하지만, 모든 현재의 현실적 존재들은 전 우주의 역사를 보존하고 그것을 미래에 전수한다.

현실적 존재는 과거의 선행적 자료를 파악함과 아울러 미래의 가능성을 파악한다. 현실적 존재는 합생의 과정에서 자신이 되고자 하는 가능적 목적, 즉 "주체적 목적"을 형성한다. 정신적 극은 자신의 주체적 목적을 따라 미래의 가능성들 가운데 개념적인 파악을 한다. 현실적 존재는 미래의 가능성을 파악함으로써 새로운 존재양태를 구성해 나아간다. 우주의 창조적 전진의 과정은 과거에 현실화되지 않았던 새로운 가능성이 파악됨으로써 새로움의 요소가 현실화됨으로써 일어난다.[7]

2) 사회

화이트헤드에 따르면, 우리가 일상적으로 경험하는 사물은 현실적 존재가 아니라 현실적 존재 또는 계기의 사회이다.[8] 사회는 일군의 현실적 존재

---

[7] 화이트헤드의 "파악" 개념은 근대철학의 정신–물질 이원론에서 비롯되는 인식론적인 주체–객체 문제에 대한 해결의 길을 제시한다. 만일 정신과 물질이 본질적으로 다른 실체라면, 어떻게 정신적 주체가 물질적 실재인 두뇌와 육체적 감각을 통해서 외부의 물질적 대상을 인식할 수 있는지 설명하기가 어렵다. 그러나 만일 인간의 정신과 자연의 사물이 현실적 존재의 복합적인 조직체라면, 미시적 차원에서의 현실적 존재의 물리적, 정신적 파악은 인간 차원에서의 시각과 인식의 기초적 형태가 된다. 우리가 지각하는 대상은 우리의 대상이기 이전에 그 자체가 주체였다. 따라서 화이트헤드의 유기체 철학에 있어서 주체와 객체는 존재론적으로 분리되지 않고 연속적이며 상호적이다.

들이 조직화된 공동체로서, 안정된 패턴과 구조를 가지고 시간 속에서 지속되며, 고유의 특정한 속성을 지니고 타자와 관계를 갖는다. 원자와 분자, 자연의 사물, 생물체, 인간은 모두 다양한 차원의 사회들이다. 돌이나 나무와 같은 "민주적" 사회에서는 어느 하나가 지배적인 위치에 있지 않고 모든 구성원이 동등한 관계에 있다. 그러나 고등동물과 같은 고차원적인 사회에서는 어느 한 부분이 지배적인 위치에서 그 사회를 결정하고 이끌어 가는 중심적 기능을 수행한다. 동물에게 있어서 이 중심은 의식이다. 즉 정신적 극이 고도로 발전된 사회는 정교하게 발전된 의식과 감각을 소유한다. 인간에 있어서 이 중심은 자아, 정신, 또는 인격성이다.[9] 다시 말하면, 인간에 이르러 정신적 극은 자의식을 지닌 정신의 차원에 도달한다. 정신은 실체가 아니라 각 현실적 존재의 정신적 능력이 사회(인격)의 차원에서 유기체적으로 조직화된 것이다. 전 우주는 다양한 차원의 사회들의 복합적이고 역동적인 그물망이다. 그러므로 화이트헤드의 실재관은 유기체적일 뿐만 아니라 또한 공동체적이다.

3) 영원적 객체

화이트헤드는 현실적 존재 또는 사회가 파악하고 현실화시킬 수 있는 가능한 존재방식으로서의 보편적 형식 또는 관념을 "영원적 객체"(eternal object)라고 부른다.[10] 현실적 존재의 세계가 현실적 세계라면, 영원적 객체의 영역은 가능성의 영역이다. 다시 말하면, 화이트헤드에게 있어서 보편적 형식은 플라톤에게서처럼 현실적으로 존재하는 이상적 실재가 아니라 가능한 존재 방식이다. 보편적 가능성은 생성되지도 소멸되지도 않기 때문에 "영원하다." 영원적 객체는 세계 안의 존재들에 의해 현실화되는 모든 범주

---

8) Ibid., p. 92.
9) Ibid., pp. 106-9.
10) Ibid., pp. 22-23, 44.

와 형식(예를 들면, 양, 형태, 물리적 속성, 감각적, 미적, 도덕적 특성 등)을 구성한다.

(2) 화이트헤드의 신론

화이트헤드는 자신의 저서 『과학과 근대세계』[11], 『형성과정의 종교』[12], 『과정과 실재』에서 신과 세계에 대하여 기술한다. 이 저술들에는 그의 신론의 변화와 발전과정이 드러난다. 『과학과 근대세계』에서 그는 신을 현실적 세계를 가능성의 영역과 관련시키는 "구체화의 원리"로 정의한다. 가능성의 영역은 가능태를 한정하는 합리적으로 일관성 있는 일련의 범주들로서 그 수가 무제한적이다. 신은 가능성의 영역(영원적 객체)을 한정하여 가능성이 현실적 세계 안에서 구체화될 수 있도록 하는 원리이다. 『과학과 근대세계』에서 화이트헤드는 신을 구체적인 현실태가 아니라 그 근거로 제시함으로써 신을 가능성의 영역과 동일시한다. "신은 궁극적 한정이며, 그래서 신의 존재는 궁극적 비합리성이다. 왜냐하면 신의 본성으로부터 부과되는 그와 같은 한정 자체에는 어떠한 근거도 주어질 수 없기 때문이다. 신은 구체적인 존재가 아니라 신은 구체적인 현실태의 근거이다."[13] 여기서 신은 자신을 현실화하지도 않으며 또한 다른 현실적 존재들에게 가능성을 제공하지도 않는 존재로 그려진다.

화이트헤드는 『형성과정의 종교』에서 현실태와 가능태와 신의 관계를 발전시킨다. 가장 포괄적인 형이상학적 실재는 "모든 것을 포괄하는 우주"이다. 우주는 "시간적 세계와 그것의 형성적(formative) 요소들"로 구성된

---

11) Alfred North Whitehead, *Science and the Modern World: The Lowell Lectures*, 1925 (New York: Macmillan, 1950).
12) Alfred North Whitehead, *Religion in the Making* (New York: Macmillan, 1926, reprint, New York: Fordham University Press, 1996).
13) Whitehead, *Science and the Modern World*, p. 178.

다. 이 형성적 요소들은 "창조성," "이상적 존재의 영역 또는 형식," 그리고 신이다. 『형성과정의 종교』에서 화이트헤드는 신을 모든 다른 존재들의 창조성에 가능성을 제공하는 현실적 존재로 묘사한다. "단지 비결정적인 창조성이 변형되어 결정적인 자유가 되도록 만드는, 현실적이지만 비시간적인 (non-temporal) 존재, 이 비시간적인 현실적 존재가 인간이 신, 즉 이성화된 종교의 지고의 신이라고 부르는 존재이다."14) 신은 "현실적이지만 비시간적인 존재"이다. 신은 세계의 가능성의 근거인 영원한 관념의 영역을 포함하고 있기 때문에 "비시간적"이다. 그리고 가능성들을 질서화 하는 것은 오직 현실적 존재만이 할 수 있는 행위이기 때문에 신은 "현실적" 존재이다. "질서화된 균형을 세계에 부여하는 확정적 결정은 자신의 변함없는 일관적인 속성을 모든 국면에 부과하는 현실적 존재를 필요로 한다." 신은 질서화 된 가능성들을 현실적 세계에 제공하는 필수적인 존재이다.

다른 한편, 현실적 세계에 적합한 가능성들을 제공하기 위해서는, 신은 현실적 세계를 이해해야 한다. 그러기 위해서 신은 자신 안에 전체 우주를 포함해야 한다. 따라서 신의 본성 안에는 두 가지 측면, 즉 영원한 이상적 또는 관념적 측면과 현실적 측면이 있다. "그러므로, 신의 본성 안에는 세계에 의해 규정받는 형식의 영역의 측면과, 형식에 의해 규정받는 세계의 측면이 있다."15) 전자는 모든 가능성들의 영원하고 무한한 근거이며, 후자는 세계에 대한 신의 실제적인 이해와 응답이다. 현실적 존재로서의 신 안에서 이 두 측면은 밀접한 관계 안에서 서로 영향을 주고받는다.

신의 역할은 존재를 창조하는 것이 아니라 존재에게 이상적 가능성들을 제공하는 것이다. 즉 현실적 세계에서 신은 가능한 그 무엇을 가지고 현실적 존재를 만난다. 그러나 신은 가능성을 결정하지만 현실적 세계를 결정하지는 않는다. 세계의 존재들은 신과 독립된 자기 현실화의 힘을 갖는다. 신은

---

14) Whitehead, *Religion in the Making*, p. 90.
15) Ibid., p. 98.

제안하며, 피조물은 그것을 처리한다. 그리고 피조물이 선택한 현실화의 결과는 신에게 영향을 미친다. 그러면 신은 피조물이 얼마나 자신의 이상을 잘 현실화시켰는지에 대하여 응답한다. "모든 행위는 강하거나 또는 약한 신의 흔적을 세계에 남긴다. 그러면 신은 확대 또는 축소된 이상적 가치의 제시와 함께 세계와의 다음 관계로 나아간다."16)

화이트헤드는 『과정과 실재』의 마지막 장 "신과 세계"에서 신에 대한 더욱 자세한 설명을 개진한다. 이전과 마찬가지로, 그는 세계를 설명하는 존재론적 범주 안에서 신을 설명한다. 그에 따르면, "신은 모든 형이상학적 원리들에 대한 예외, 즉 형이상학적 원리들의 붕괴를 막기 위해 요청되는 예외로 다루어져서는 안 된다. 신은 그것들의 최상의 예증사례이다."17) 『과정과 실재』에서 화이트헤드는 신의 양극적 측면, 즉 미래의 가능성을 파악하는 측면과 과거의 현실태를 파악하는 측면을 각기 "원초적 본성"과 "결과적 본성"으로 명명한다. 신은 다른 존재들과 달리 만물을 포괄한다. 신의 원초적 본성은 모든 이상적 가능성들을 포괄하며, 따라서 "자유롭고, 완전하며, 원초적이고, 영원하며, 현실적으로 결여되어 있으며, 무의식적이다." 반면에 신의 결과적 본성은 현실적 존재들의 우주 전체와 과거 전체를 파악하며, 따라서 "결정적이고, 비완결적이며, 결과적이고, 영속적이며, 완전히 현실적이고, 의식적이다."18)

신의 원초적 본성은 모든 가능한 존재양태, "절대적으로 무진장한 가능태의 무제한적인 개념적 실현"이다. 그러나 신은 각 존재의 과거와의 연계 속에서 어떤 특수한 가능성이 각 존재에 가장 적합한지를 "개념적으로 느끼며," 최상의 가능성을 각 존재에 제공한다. 이 최상의 가능성이 신의 "원초적 목적"(initial aim)이다. 신은 각 존재가 신의 "원초적 목적"을 자신의 "주체적

---

16) Ibid., p. 159. 이런 의미에서 신은 세계가 아니고 세계에 대한 가치평가이다.
17) Whitehead, *Process and Reality.*, p. 343.
18) Ibid., p. 345.

목적"으로 전유함으로써 최상의 가능성을 현실화하도록 각 존재를 유인한다. "신은 느낌을 위한 유혹이며, 욕구를 위한 영원한 추동(推動)이다."[19]

신이 각 존재를 위한 가능성들의 원천으로 기능하기 위해서는, 각 존재와 세계 안에서의 각 존재의 상황을 파악해야 한다. 이 파악은 "신 안에서의 세계의 객관화로부터 생겨나는" 신의 결과적 본성 안에서 일어난다. 각 개별적 존재가 자기 현실화를 완결하고 소멸되는 존재(객체적 불멸성)를 파악함으로써 자신을 현실화하는 것처럼, 신은 우주를 구성하는 모든 존재들을 파악함으로써 자신을 현실화한다.[20] 따라서 신의 현실성은 피조물의 결정과 현실화에 의해 상당한 정도로 형성되고 제한된다. 그러나 동시에 신은 전체와의 관계 속에서 각 개인을 위한 최대한의 선과 조화를 직관하는 자신의 원초적 본성과의 관계 속에서 각 존재와 전체 우주를 파악한다. "각 피조물에 대한 신 안으로의 이 파악은 주체적 목적으로 인해 방향이 잡혀지고, 다시 신의 전체 포괄적인 원초적 가치평가로부터 전적으로 파생되는 주체적 형식을 부여 받는다."[21]

화이트헤드에 따르면 세계와의 관계에 있어서 신은 결코 강제적 힘을 가지고 일방적으로 결정하지 않으며, 인내심을 가지고 양육하고, 유인하고, 설득한다. "신은 세계를 창조하지 않는다. 신은 세계를 구원한다. 또는 보다 정확하게 말해서, 신은 자신의 진, 선, 미의 비전에 의해 애정 어린 인내심을 가지고 세계를 인도하는 세계의 시인이다."[22] 세계에 대한 신의 섭리가 세계의 자연적, 도덕적 질서를 유지, 인도, 고양시키는 원초적 본성에서 수행된다면, 세계에 대한 신의 심판과 구원은 결과적 본성에서 수행된다. 현실태에 대한 신의 파악은 심판과 동시에 구원을 의미한다. 심판이란 "순전히 자기중

---

19) Ibid., pp. 343-44.
20) 신은 세계의 다른 현실적 존재처럼 자기 현실화를 완결하고 소멸하지 않는다. 왜냐하면 신은 비시간적인 즉 영원한 현실적 존재이기 때문이다.
21) Ibid., p. 345.
22) Ibid., p. 346.

심적인 파괴적 악의 반란들이 단지 개별적 사실의 사소함으로 소거(消去)되는(dismissed) 것"이며, 구원이란 "그것들이 하나하나의 기쁨에서, 하나하나의 슬픔에서, 그리고 필요한 대비의 도입에서 성취한 선이 그것과 완결된 전체와의 관계에 의해서 보존되는(saved) 것"이다.[23]

화이트헤드의 객체적 불멸성 개념은 기독교의 전통적인 영생 개념과 유사한 점이 있다. 새로 생성되는 현실적 존재가 직접적 과거의 선행 계기들을 파악할 때, 그 선행 계기들은 객체적 불멸성으로서 새로운 현실적 존재 안에 보존된다. 신은 우주적 차원에서 이와 동일한 일을 행한다. "신의 결과적 본성은 신 안에서의 그 객관적 불멸성에 의해 영속적인 것이 된 유동적 세계이다."[24] 객체적 불멸성이 된 현실적 존재는 더 이상 주체로서 현실적으로 존재하지 않는다. 그러나 그것은 신 안에 "산다." 신 안에서의 객체적 불멸성의 삶은 후속의 현실적 존재가 세계에 대한 그것의 공헌을 신의 원초적 본성의 이상을 더욱더 체현하는 방식으로 전유함에 따라 점진적으로 완성된다. 그러나 이와 같은 객체적 불멸성으로서의 영생 개념은 몸과 영혼으로서의 전 인간의 부활과 주체적 인격으로서의 영생을 믿는 전통적인 기독교의 구원론적 영성을 만족시키기에는 충분치 못하다.

3. 찰스 하트숀의 신론

(1) 사회적 인격으로서의 하나님

화이트헤드에 따르면, "지속적으로 존재하는 실제적인 현실적 사물은 모두 사회이다."[25] 동물과 같은 유기체적 사회의 경우, 이 사회는 두뇌와 같

---

23) Ibid.
24) Ibid., p. 347.
25) Alfred North Whitehead, *Adventures of Ideas* (New York: Simon and Schuster, 1953), p. 204.

은 중심적인 "군주적 계기"에 의해 지배되는데, 특히 인간의 두뇌는 인지적, 도덕적, 자기 의식적, 인격적 주체성을 형성한다. 그러나 화이트헤드는 신을 사회로서의 인격이 아니라 하나의 현실적 존재로 이해하였다. 하트숀은 이와 같은 화이트헤드의 신 개념은 우주적인 현실적 존재로서의 신이 세계의 다른 존재들과 어떻게 관계를 맺을 수 있는지 설명하기 어렵기 때문에, 하나님을 전 우주를 자신 안에 포괄하는 군주적 사회로서의 인격으로 이해해야 한다고 주장한다. 하트숀에 따르면, 하나님은 세계라는 사회를 지배하고 통치하는 사회적 존재이다. 그런데 하나님은 전제군주처럼 사회의 밖에서 사회를 지배하지 않고, 사회의 구성원으로서 사회를 최상으로 보존하고 조정하고 조화시키는 영향력을 발휘함으로써 사회를 지배한다.26) 하트숀은 세계 또는 우주를 하나님의 몸으로, 그리고 하나님을 그 몸의 영혼으로 이해한다.27)

하나님은 몸을 가진 사회적 인격으로서 원초적 본성과 결과적 본성을 갖는다. 하나님은 한편으로 미래의 가능성들을 조망하고 그것들을 현재의 현실태를 위해 질서화 하며, 다른 한편으로 자신의 몸에 현존하며 몸의 많은 부분들의 상대적인 자율적 기능을 억압하지 않고 몸을 통제하고 인도한다. 역으로, 하나님의 몸은 하나님의 정체성의 일부로서 정신에 영향을 준다. 세계 안에서의 개별자들의 경험과 행동의 전체성은 하나님의 결과적 본성을 구성

---

26) Charles Hartshorne, *Reality as Social Process* (Glencoe, IL: Free Press; Boston: Beacon, 1953), p. 40.
27) Charles Hartshorne, *Omnipotence and Other Theological Mistakes* (Albany: State University of New York Press, 1983), p. 94. 물론 하트숀은 하나님과 세계의 관계와 인간과 몸의 관계 사이에는 중요한 차이가 있음을 인식한다. 하나님은 모든 가능성을 조망하고 모든 현실태를 인식하는 반면, 인간의 조망과 인식은 매우 제한적이다. 인간은 죽지만, 하나님은 그렇지 않다. 인간은 과거의 대부분을 잊지만, 하나님은 과거를 모두 기억한다. 인간은 타자와 외적으로 관계하는 반면, 하나님의 모든 관계는 내적이다. 왜냐하면 하나님은 전 우주 안에 성육신하기 때문이다. 하나님은 즉각적으로 자신의 몸 전체 안의 모든 개별자들을 인식하며 그것들에 응답하는 반면, 인간은 몸의 어떤 부분과 사건에는 의식적으로 관계하지만 다른 것들에는 접근할 수 없다. 인간은 어떤 특정한 것들에 집중하는 반면, 하나님은 모든 것을 본다. Charles Hartshorne, "The Theological Analogies and the Cosmic Organism," chap. 5, *Man's Vision of God and the Logic of Theism* (Chicago: Willett, Clark, 1941).

한다. 그것들은 하나님의 응답적 행동을 위한 자료로서, 전 우주를 위한 하나님의 이상에 의해 인도함을 받는다. 화이트헤드처럼 하트숀에 있어서도 전 우주는 하나님 안에 객관적으로 불멸하며, 또한 하나님은 세계의 고통과 악에 공감적으로 참여하여 함께 고통당한다. 하나님은 이상적 미래의 관점에서 과거를 통합시킴으로써, 악은 제거하고 선은 구원하고 증진시킨다.[28]

(2) 하나님의 양극적 본성과 초상대성

하트숀은 하나님의 양극적 본성을 즉 절대성/상대성, 완전성/가변성, 필연성/우연성 등을 "초상대성"(Surrelativity)의 관점에서 해석한다. 먼저 그는 하나님의 절대성과 상대성의 양극적 본성을 설명한다. 하나님은 모든 다른 현실태를 포괄하는 사회적 인격이기 때문에 최고로 상대적이다. 하나님은 존재하는 모든 만물과 관계를 갖는다. 이것은 하나님이 전적으로 절대적이거나 불변적인 존재가 아니라 최고로 상대적인 존재라는 것을 의미한다. 하나님의 절대성은 바로 하나님의 지고한 상대성에 있다. 즉 지고한 상대성이라는 추상적인 성격 또는 본질의 관점에서 하나님은 절대적이고 불변적이다.[29]

하트숀에게 있어서 하나님의 완전성은 고전적 유신론에서처럼 순수 현실태로서의 하나님의 불가변적인 절대적 완결성을 의미하지 않는다. 하나님의 완전성은 하나님이 "모든 것을 능가하는 자기 능가자"(the self-surpassing surpasser of all)라는 사실에 있다. 즉 하나님은 가장 탁월한 존재이며, 동시에 세계에서 새롭게 현실화되는 모든 긍정적 가치들을 자신 안에 포함할 수 있다.[30] 하나님의 완전성은 원초적 본성 안에서 모든 최상의 탁월성

---

28) Hartshorne, *Reality as Social Process*, pp. 41-43.
29) Charles Hartshorne, *The Divine Relativity. A Social Conception of God* (New Haven: Yale University Press, 1948), ix. "Relative, Absolute, and Superrelative: The Concept of Deity," *Reality as Social Process*, p. 122.

을 추상적으로 예증한다는 사실에 있다. 현실적 세계의 상태가 어떠하든지 하나님의 원초적 본성은 언제나 탁월성에 있어서 모든 것을 능가한다. 그러나 하나님은 결과적 본성 안에서 모든 새로운 현실적 탁월성을 포괄할 수 있다는 의미에서 더 큰 완전성에 열려있다.

하나님은 또한 필연성과 우연성의 양극적 본성을 갖는다. 한편으로, 하나님은 유일하게 무조건적인 '필연적' 존재이다. 다른 한편, 하나님은 우연성을 소유할 수 있을 뿐만 아니라 모든 우연적 현실태를 자신의 것으로 소유할 수 있는 유일한 존재이다.[31] 하나님의 존재와 본성은 필연적이다. 그러나 하나님의 현실적 존재(결과적 본성) 안에는 하나님의 몸인 세계를 구성하는 존재들의 우연성과 예측 불가능성이 있다.

하나님의 지식은 완전하면서도 제한된다. 하나님의 지식은 하나님이 모든 사물을 현실 그대로 정확하게 안다는 의미에서 절대적이고 완전하다. 그러나 그 지식은 현실적으로 존재하는 것들과 관계되어 있기 때문에 상대적이다. 대상에 적합한 지식은 현실태는 현실태로 가능태는 가능태로 아는 지식이다. 따라서 하나님은 과거와 현재는 현실태로 완전하게 파악하지만, 미래는 열려있는 가능성으로 파악한다.[32]

하트숀은 이와 같은 방식으로 하나님의 전능도 재해석한다. 하나님의 전능은 하나님이 영원한 지식과 의지에 따라 만물의 행동을 구체적으로 결정하는 것을 의미하지 않고, 피조물로 하여금 스스로의 힘을 사용할 수 있도록 모든 가능한 일을 하는 것을 의미한다. 하나님의 힘은 피조물의 자율성을 침해하지 않고 피조물이 올바른 선택을 할 수 있는 최상의 조건을 제시하는 힘이다.[33]

이처럼 하트숀은 전통적인 하나님의 속성들인 절대성, 완전성, 필연성,

---

30) Hartshorne, *The Divine Relativity*, p. 20.
31) Ibid., p. 32.
32) Ibid., p. 122.
33) Ibid., pp. 135-38.

전지, 전능 등의 개념을 최고의 인격적, 사회적 존재로서의 하나님의 초상 대성의 관점에서 재해석한다. 즉 하나님은 절대적이며 동시에 상대적이고, 완전하며 동시에 자기 능가적이고, 필연적이며 동시에 우연적이고, 전지하며 동시에 미래를 향해 열려있고, 전능하며 동시에 피조물의 자율성을 허용한다.

4. 존 캅과 데이비드 그리핀의 신론

캅과 그리핀은 하트숀처럼 하나의 현실적 존재가 아닌 사회적 인격으로서의 하나님 모델을 받아들인다. 그러나 그들은 하트숀의 신론이 하나님에 의해 원초적으로 조망된 영원적 객체의 영역에 대한 화이트헤드의 관념을 유지하지 못했다고 비판한다. 그들은 하나님이 원초적 본성 안에서 "모든 가능성을 영원히 조망한다"는 화이트헤드의 사상을 유지하면서, 동시에 하트숀처럼 하나님을 인격으로 이해하고자 한다.[34]

이들은 과정신학이 거부하는 다섯 가지 전통적인 신관의 특징들을 열거한다. 이 다섯 가지는 ① 도덕성에 고착되어 비도덕적 행위를 처벌하는 "우주적 도덕주의자로서의 하나님," ② 느낌을 갖거나 피조물에 응답할 수 없는 "불변적이고 무감동적인 절대자로서의 하나님," ③ 세계에서 일어나는 모든 것을 결정하고 심지어는 악까지도 야기하는 "지배적 힘으로서의 하나님," ④ 동일성을 유지하는데 집중하는 "기존질서의 재가자로서의 하나님," ⑤ 시배적이고, 경식되고, 비공감석이고, 완선히 독립석인 남성의 원형인 "남성으로서의 하나님"이다.[35]

---

34) John B. Cobb, *A Christian Natural Theology* (Philadelphia: Westminster, 1965), p. 187. David Griffin, *Reenchantment without Supernaturalism: A Process Philosophy of Religion* (Ithaca, NY: Cornell University Press, 2001), p. 159.
35) John B. Cobb and David Griffin, *Process Theology: An Introductory Exposition* (Philadelphia: Westminster, 1976), pp. 8-10.

캅과 그리핀이 제시하는 양극적 신론은 "창조적 사랑"과 "응답적 사랑"으로서의 하나님이다. 전자는 화이트헤드의 원초적 본성, 후자는 결과적 본성에 상응한다. 고전적 유신론의 하나님이 세계의 고통을 공감적으로 느끼거나 응답하지 못하는 일방적이고 무감동적인 절대자라면, 이들에게 있어서 하나님은 사랑하는 자에게 공감적으로 참여하는 응답적 사랑의 하나님이다. 즉 하나님은 우리의 즐거움을 함께 즐거워하며 우리의 고통에 참여하여 함께 고통당한다.[36] 이 하나님의 "응답적 사랑"에 기초하여 하나님의 "창조적 사랑"이 세계를 인도한다.

캅과 그리핀은 하나님의 "창조적 사랑"을 세 가지 관점, 즉 설득, 기쁨의 촉진, 모험의 관점에서 설명한다.[37] 첫째, 하나님의 창조적 사랑은 초자연적이거나 강제적인 힘이 아니라 설득적인 힘으로 피조물을 인도한다. 하나님은 피조물의 자기실현을 위해 창조적인 가능성을 제시한다. 그러나 하나님은 피조물이 무엇을 선택할지 미리 예정하거나 예지하지도 않으며 또한 어떤 것을 선택하도록 강요하지도 않는다. "현실태는 부분적으로 자기 창조적이기 때문에, 미래의 사건은 아직 결정되지 않았으며, 따라서 완전한 지식조차도 미래를 알 수 없다. 그리고 하나님은 세계를 완전히 조종하지 않는다. 하나님의 창조적 영향력은 강제적이 아니라 설득적이어야 한다."[38] 참된 사랑은 타자를 조종하려고 하지 않는다. 따라서 미래는 열려있으며, 하나님의 창조적 활동은 모험을 감수한다. 그러나 하나님이 세계에서 일어나는 사건들을 전적으로 조종하지 않기 때문에, 진정한 악의 발생은 모든 피조물을 향한 하나님의 은혜와 양립 불가능한 것이 아니다.[39]

둘째, 하나님의 창조적 사랑은 피조물의 기쁨을 촉진한다. 인간을 도덕

---

36) Ibid., pp. 43-48.
37) Ibid., pp. 52-61.
38) Ibid., pp. 52-53.
39) Ibid., p. 53. 하나님의 설득적 사랑의 힘에 의한 섭리는 세계 안에서의 악의 현실로 인하여 하나님에게 신정론의 물음을 제기할 수 없게 만든다.

적 투쟁으로 몰아넣는 우주적 도덕주의자와 지배적 힘으로서의 하나님과는 달리, 하나님의 창조적 사랑의 목적은 피조물이 자신의 창조적 가능성을 최대한으로 현실화시킴으로써 기쁨을 극대화하도록 하는 것이다.[40] 각 피조물의 기쁨은 우주 공동체 안에서의 모든 하나님의 피조물들의 선과 밀접하게 연결되어 있기 때문에, 도덕은 기쁨을 위해 봉사하며 기쁨 안에 포함된다.

셋째, 창조적 사랑의 하나님은 기존질서를 재가하는 하나님이 아니라 모험가로서의 하나님이다. 하나님의 원초적 본성은 질서의 원천이자 새로움의 원천이다. 질서는 자기 현실화를 통한 새로움의 구현으로부터 형성되는 것이다. 피조물이 현실화하는 새로운 즐거움과 질서가 언제나 사회의 구성원의 즐거움을 극대화시키는 것은 아니다. 하나님 자신의 삶이 모험인 까닭은 이와 같은 모호성 안에 있는 피조물의 즐거움의 경험이 하나님 자신의 경험을 위한 자료가 되기 때문이다.[41]

캅과 그리핀에게 있어서 그리스도는 하나님의 창조적, 응답적 사랑의 성육신이다. 특히 캅의 기독론은 로고스 기독론이다. 그는 하나님의 원초적 본성을 로고스로 이해한다. 그리스도는 성육신한 로고스이다. 그리스도는 모든 만물에 현존한다. 그리스도가 모든 사람에게 성육신하는 반면, 예수 안에서는 완전하게 성육신하였다. 즉 예수에게 있어서 그리스도의 성육신은 바로 예수의 자아를 구성한다. 이런 의미에서 예수는 하나님의 결정적인 계시이다.[42] 예수는 말과 행동을 통해 하나님의 창조적, 응답적 사랑을 계시하였다. 그러나 캅의 기독론은 창조적 사랑 또는 원초적 본성에 집중되어 있기 때문에 응답적 사랑의 측면은 매우 약하다.

캅과 그리핀은 전통적인 기독교의 삼위일체론이 아닌 양극적 신론을 주장한다. 즉 그들은 세 인격 안의 한 하나님이 아닌 두 본성 안의 한 하나님을

---

[40] Ibid., pp. 54-57.
[41] Ibid., pp. 57-61.
[42] Ibid., pp. 98, 101, 105.

긍정한다. 그들의 주장에 의하면, 만일 합리적 주체로서의 현대의 '인격' 개념을 전제한다면 하나님은 한 인격이다. 그러나 관계적 의미에서 '인격' 개념을 받아들인다면, 하나님은 두 인격 즉 창조적 사랑과 응답적 사랑으로 구성된다. 성육신 이전의 말씀은 하나님의 원초적 본성이다. 성육신한 그리스도는 세계 안에 체현된 하나님의 원초적 본성으로서, 세계의 악을 제거한다. 그리고 세계 안의 하나님의 활동적 현존이 성령이다.

과정사상에는 과정이 끝나는 종말이 없다. 미래는 열려 있으며, 우주의 역사는 영구히 계속된다. 따라서 여기서는 전통적인 기독교의 종말론적 하나님 나라의 완성에 대한 기대가 나타나지 않는다.[43] 그 대신 종말은 매순간의 과정 속에서 일어난다. 즉 하나님은 매순간 세계를 파악함에 있어서 선을 객관적으로 불멸하게 만들고 악을 사소화시켜 제거함으로써 세계를 더 나은 미래로 인도한다.[44]

5. 결론

화이트헤드에게 있어서 신은 세계로부터 동떨어져 있지 않고 세계와의 유기체적 관계성 안에서 세계와 더불어 실재의 전체성을 구성한다. 신은 현실적 존재로서 세계의 모든 현실적 존재와 세계와 동일한 형이상학적 원리를 체현한다. 여기서 신은 세계를 무로부터 창조한 창조자라기보다는 부드러운 사랑으로 세계를 인도하는 시인이거나 또는 세계와 함께 고통당함으로써 세계를 구원하는 친구이다. 화이트헤드의 유기체 철학에 나타나는 이와

---

43) Ibid., pp. 117-18.
44) 캅과 그리핀은 영혼의 부활을 부인하지 않는다. 그들은 영혼의 부활을 지상의 유기체적 몸이 없는 새로운 종류의 실존으로 이해한다. John B. Cobb, "The Resurrection of the Soul," *Harvard Theological Review* 80/2 (1987): 213-17. Griffin, "The Plausibility of Life after Death," *Reenchantment without Supernaturalism*, pp. 241-46.

같은 신과 세계에 대한 이해는 과정신학적인 만유재신론의 성격을 잘 보여준다. 즉 그의 유기체 철학에 있어서 신과 세계는 상호 초월적이면서 동시에 상호 내재적이다.

한편으로, 신과 세계는 상호 초월적이다. 신의 초월성은 무엇보다 신이 세계와 달리 합생의 완결 후에 소멸하는 시간적인 존재가 아니라 비시간적인 영원한 존재라는 사실에 있다. 또한 신은 원초적 본성 안에서 절대적으로 무진장한 가능성들에 대한 영원하고 완전한 비전을 가지며, 결과적 본성 안에서 세계의 모든 현실태에 대한 전지한 지식을 갖는다는 점에서 세계와 세계의 다른 개별적 존재들과 근본적으로 구별된다.

신만 세계로부터 초월적일 뿐 아니라 어떤 의미에서 세계도 신으로부터 초월적이다. 세계의 초월성은 세계의 현실적 존재가 자신의 존재를 결정할 수 있는 목적인(final cause)을 자신 안에 갖고 있다는 사실에 있다. 신은 현실적 존재의 생성을 일방적으로 결정할 수 없다. 현실적 존재의 자기 현실화는 신의 원초적 목적에 의해서 심원한 영향을 받음에도 불구하고 최종적으로 자기 자신의 주체적 목적에 의해 결정된다.

다른 한편, 신과 세계는 상호 내재적이다. 신은 원초적 본성 안에서 자신의 원초적 목적이 세계의 현실적 존재에 의해 개념적으로 파악됨에 의해 세계 안에 (주체적 목적의 형태로) 내재한다. 반면, 세계는 신이 결과적 본성 안에서 세계의 모든 현실화된 존재를 물리적으로 파악함에 의해서 신 안에 (객관적 불멸성의 형태로) 내재한다. 세계 안의 신의 내재에 의해 세계의 창조적 전진이 가능하게 된다면, 신 안의 세계의 내재에 의해 세계의 구원(심판과 함께)이 가능하게 된다. 신 안의 세계의 내재 즉 결과적 본성 안에서의 세계에 대한 파악에 의해 신은 세계의 고통(기쁨과 함께)을 함께 경험하며, 그것을 원초적 본성 안의 영원한 비전과 통합시킴으로써 세계를 심판하고 구원한다. 그리고 신은 다시금 적합한 새로운 창조적 가능성을 세계에 제시하고 유인하기 위해 세계와의 다음 관계로 나아간다.

하트숀은 세계를 하나님의 몸으로, 그리고 하나님을 세계의 영혼으로 이해하는 몸-영혼(인간) 유비에 근거한 유기체적 만유재신론의 유형을 보여준다. 하나님은 자신의 몸인 우주의 만물을 자신의 안에 포괄하는 사회적, 인격적 존재이다. 하지만 그는 하나님의 본질과 현실을 구별한다. 현실적 존재로서 하나님은 세계를 자신 안에 포함한다. 그러나 하나님의 본질은 세계와 구별된다. "하나님의 단순한 본질은 우주를 포함하지 않는다. 우리는 하나님 안에 있음에도 불구하고 하나님의 본질의 '외부'에 있다."45) 하나님은 자신의 현실태(본질이 아닌) 안에서 세계를 포함한다. 그러나 하트숀에게 있어서 하나님의 현실 개념은 구체적이고 실질적인데 반해서 본질 개념은 추상적이고 명목적이다.

하트숀은 피조물의 자유를 중요시한다. 자유는 존재론적 구별의 시금석이다. 그는 만유재신론이 피조물의 자유, 자기 결정, 자기 창조를 진지하게 고려하는 점에 있어서 고전적 유신론이나 범신론과 구별된다고 주장한다. 그에 의하면, 하나님이 인격적 존재라고 하는 말의 의미는 하나님이 세계와의 관계 속에서 피조물의 자유로운 결정에 적합한 방식으로 응답하면서 언제나 사랑과 같은 변함없는 인격적 본성 또는 본질을 유지한다는 사실에 있다.

캅과 그리핀은 화이트헤드의 양극적 신론을 하트숀의 사회적 인격적 신론의 관점에서 수용한다. 그들은 전통적인 삼위일체론을 신학을 지적 유희와 왜곡에 빠뜨려 신학의 평판을 나쁘게 만든 장본인으로 간주한다.46) 따라서 그들은 과정신학의 양극적 신론을 삼위일체론과 연관시키는데 관심이 없다. 캅은 로고스의 성육신으로서의 그리스도를 하나님의 원초적 본성과 연결시키고 성령을 하나님의 결과적 본성과 연관시킨다. 그러나 그는 양극적 신론과 삼위일체론이 조화될 수 있다고 생각하지 않는다. 그는 그리스도와

---

45) Charles Hartshorne and William Reese, *Philosophers Speak of God* (Chicago: University of Chicago Press, 1953), p. 22.
46) Cobb and Griffin, *Process Theology*, p. 109.

성령을 양극적 본성과 연결시킴에 있어서 비일관성을 보여주며, 아버지는 언급조차 하지 않는다. 또한 캅의 기독론은 예수 그리스도가 창조적, 응답적 사랑의 성육신이라는 자신의 주장과는 달리 창조적 사랑 즉 하나님의 원초적 본성에 편향되어 있다.[47] 그리고 그에게서 하나님의 인격(위격)으로서의 성령 개념은 발견되지 않는다.

　기독교의 전통적인 신학과 과정사상 사이에는 어느 정도 긴장관계가 있는 것이 사실이다. 철학자인 화이트헤드뿐만 아니라 신학자인 하트숀, 캅, 그리핀도 전통적인 기독교 신학자들과 달리 무로부터의 창조, 삼위일체론, 하나님의 예정과 초자연적 섭리, 예수 그리스도의 대속교리, 마지막 날의 종말론적 심판과 구원 등에 관심이 없거나 그것들을 전통적인 방식으로 이해하지 않는다.

　그러나 오늘날 전통적인 복음주의 신학자들과 과정신학자들 사이의 대화는 이 둘 사이의 거리를 상당히 좁혀 놓고 있다. 복음주의 신학자로서 자유의지 또는 열린 유신론자[48]로 알려져 있는 클락 피노크는 과정신학의 공헌으로서, 세계에 대한 역동적 이해, 하나님과 세계의 상호적 관계성, 하나님 안의 양극성, 인간의 자기 결정, 하나님의 설득 등의 개념 등을 들었다. 또한 그는 고전적인 실체론적 형이상학과 세계에 의해 영향을 받지 않는 절대적 존재로서의 하나님 개념에 대한 과정신학의 비판도 정당하다고 보았다. 그는 하나님이 일방적으로 역사의 과정을 결정한다는 사고를 거부하였다. 그는 피조물의 자유의지에 의해 미래가 열려져 있다고 믿었다. 그는 하나님이 피조물에게 영향을 줄 뿐 아니라 피조물도 하나님에게 영향을 줄 수 있다고 믿었으며, 따라서 모종의 변화가 하나님의 완전성에 속할 수 있다고 믿었다.

---

47) 이에 대해서는 윤철호, 『예수 그리스도』 하 (서울: 한국장로교출판사, 1998), 제11장 존 캅의 기독론을 참고하라.
48) 자유주의 또는 열린 유신론의 입장을 보여주는 신학자들로서는 클락 피노크(Clark Pinnock)외에 리차드 라이스(Richard Rice), 윌리엄 해스커(William Hasker), 데이비드 베싱거(David Basinger) 등이 있다.

그는 하나님이 피조물에게 어려움이 닥칠 때 하나님도 고통을 받는다는 생각에 동의하였다. 그리고 그는 세계의 악은 하나님의 예정이 아닌 인간의 진정한 자유에 의해 초래된다는 사실도 인정하였다.[49]

그러나 피노크는 두 가지 점에서 과정신학과 자신의 신학의 차이점을 지적하였다. 첫째, 그에게는 성서가 근본적인 반면, 과정신학은 철학에 의존한다. 둘째, 그에게 있어서 궁극적인 형이상학적 사실은 하나님과 세계가 아니라 하나님이다. 하나님에 대한 세계의 필연성을 주장하는 것은 하나님의 자유와 주권적 사랑과 충돌한다. 하나님은 피조물의 자유를 무시할 수 없다고 주장하는 과정신학과는 달리 그는 하나님은 여전히 모든 것을 지배할 수 있는 힘을 지니고 있다고 믿는다. 피노크는 과정신학과 달리 하나님의 본질적 독립성과 절대적 주권을 강조한다. "하나님이 본질적으로 세계와 관계되어 있는 것이 아니라면, 하나님은 자신이 세계에 의해 영향을 받도록 허용할 뿐이지 필연적으로 세계에 의해 영향을 받는 것은 아니다."[50]

그리핀도 이러한 차이점을 인정한다. 그는 자유의지 유신론의 다음과 같은 주장들, 즉 하나님이 세계 없이 존재할 수 있다는 것, 만일 하나님이 원하시면 언제라도 피조물의 행동을 결정할 수 있는 완전한 힘을 행사할 수 있다는 것, 하나님이 우주를 섭리함에 있어서 초자연적으로 개입할 수 있다는 것, 하나님이 필연적이 아니라 자발적으로 피조물과 상호작용 한다는 것, 하나님의 사랑은 내적으로는 필연적이지만 외적 즉 세계에 대해서는 우연적이라는 것, 악에 대한 하나님의 승리가 불가피한 것이라는 것 등을 받아들이지 않았다.[51] 이와 같은 차이점들은 쉽사리 절충되거나 타협되기 어려운 것들임에 분명하다.

오늘날의 자유의지 또는 열린 유신론자들은 모든 힘이 본질적으로 하나

---

49) John B. Cobb and Clark Pinnock, eds., *Searching for an Adequate God: A Dialogue between Process and Free Will Theists* (Grand Rapids: Eerdmans, 2000), ix-x.
50) Ibid., x-xi.
51) Cobb and Pinnock, eds., *Searching for an Adequate God*, pp. 10-14.

님에게 속해 있으며, 따라서 하나님이 원하기만 한다면 언제라도 하나님에 의해 결정되는 세계를 창조할 수 있다고 주장하는 점에서 과정신학자들과 분명한 차이가 있다. 그러나 자유의지 유신론은 하나님이 자유로이 세계를 창조하고 세계와의 상호적인 관계성 안에 들어오기로 선택하였다고 주장한다는 점에서 자발적 또는 경세적 만유재신론이라고 명명될 수 있다.52) 자유의지 유신론은 세계가 본질적으로 하나님의 일부라는 견해를 거부하고, '무로부터의 창조'(creatio ex nihilo)를 고수한다. 하지만 쿠퍼가 지적한 바와 같이, 하나님 안에 있다는 것이 피조물의 영향이 하나님에 의해 내면화되고 하나님의 실존(본질이 아닌)과 정체성이 세계와의 관계와 영향에 의해 함께 결정된다는 것을 의미한다면 피조물은 하나님의 삶의 일부라고 말할 수 있으며, 따라서 이와 같은 관계론적 존재론에 기초한 하나님과 세계의 상호적 관계와 상호적 내재에 대한 자유의지 또는 열린 유신론의 이해는 만유재신론적이라고 할 수 있다.53)

한편, 과정신학자들 가운데에도 다양한 견해를 가진 신학자들이 공존한다. 그 가운데에는 전통적인 기독교의 영성에 보다 충실한 신학을 전개하고 있는 일군의 수정된(modified) 과정신학자들이 있다.54) 예를 들면, 필립 클레이턴은 세계를 하나님의 자유로운 선택의 결과로 보며 따라서 전통적인 기독교의 '무로부터의 창조' 개념을 받아들인다. 그는 세계로부터 하나님의 본질적 독립성을 긍정하지만 여전히 수정된 과정신학의 입장에서 만유재신

---

52) 이들의 입장은 기독론에 있어서 예수 그리스도의 성육신을 통한 케노시스 즉 자기 비움을 신적 속성의 "사용의 포기"로 이해하는 기센학파의 견해나, 자기 비움을 신적 속성의 "숨김"으로 이해한 튀빙겐 학파의 견해와 유사하다.
53) John W. Cooper, *Panentheism The Other God of the Philosophers: From Plato to the Present* (Grand Rapids, Baker Academic, 2006), p. 192.
54) 수정된 과정신학자들로서는 그레고리 보이드(Gregory A. Boyd), 조셉 브라켄(Joseph A. Bracken), 필립 클레이턴(Philip Clayton), 롤란드 파버(Roland Faber), 매조리 수하키(Marjorie Hewitt Suchocki), 버나드 리(Bernard J. Lee) 등이 있나. 이들이 선개하는 과정신학적 삼위일체론에 대하여는 Joseph A. Bracken, S.J. & Marjorie Hewitt Suchocki, eds. *Trinity in Process: A Relational Theology of God* (New York/London: Continnum, 2005)을 참고하라.

론을 옹호한다.55) 조셉 브라켄은 전통적인 삼위일체론을 과정사상의 사회 또는 장 개념에 기초한 사회적 삼위일체론의 관점에서 해석한다. 즉 그는 아버지를 가능태의 원리인 원초적 본성으로, 아들을 현실태의 원리인 결과적 본성으로서, 성령을 가능태와 현실태를 연결하는 끈이자 궁극적 현실태의 원리인 자기초월적 본성으로 재해석한다.56) 메조리 수하키는 하나님을 만족을 향한 영원한 합생의 과정 속에 있는 미완결적 존재가 아니라 영원 전에 이미 충만한 만족의 영광 가운데 있는 완결적 존재로서 더욱 충만한 영광을 향한 합생의 과정에 열려있는 존재로 이해한다. 또한 그녀는 화이트헤드의 객체적 불멸성을 주체적 불멸성의 개념으로 재해석하여 전통적인 기독교의 영성에 보다 가까운 영생 개념을 수립하고자 한다.57)

오늘날의 복음주의 계열의 자유의지 또는 열린 신학자들의 유신론과 수정된 과정신학자들의 만유재신론은 상이성 안의 유사성과 유사성 안의 상이성을 통한 신학의 발전을 위한 좋은 대화의 파트너가 될 수 있다. 이들 사이의 상호 비판적이고 건설적인 대화는 21세기의 창조적인 신학의 구성을 위해 매우 중요하다.

---

55) 그가 편집한 만유재신론에 관한 책으로 Philip Clayton and Arthur Peacocke, eds., *In Whom We Live and Move and Have our Being: Panentheistic Reflections on God's Presence in a Scientific World* (Grand Rapids: William B. Eerdmans Publishing Co. 2004)가 있다.
56) 이에 대해서는 Joseph A. Bracken, "Panentheism form a Process Perspective," Bracken, & Suchocki, eds. *Trinity in Process*, pp. 95-113을 참고하라.
57) 이에 대해서는 Marjorie Hewitt Suchocki, *God-Christ-Church: A Practical Guide to Process Theology* (New York: Crossroad, 1986), pp. 39-40. 그리고 Marjorie Hewitt Suchocki, *The End of Evil: Process Eschatology in Historical Context* (Albany: State University of New York Press, 1988), pp. 81-96을 참고하라.

제14장
로스키의 삼위일체론과 에너지적 만유재신론

1. 서론

　동방정교회처럼 삼위일체론의 중요성을 강조하는 기독교 전통도 찾아보기 어렵다. 동방정교회에 있어서 삼위일체는 모든 종교적 사고와 경건과 영적 삶과 경험의 확고한 토대이다. 삼위일체는 원초적 계시로서, 모든 계시와 존재의 원천이자 종교의식(意識)의 확실성과 필연성의 토대이다. 이 글에서는 동방정교회의 삼위일체론을 블라디미르 로스키(1903-1958)의 저서들에 나타난 내용들을 중심으로 고찰하고자 한다. 그리고 결론부분에서 몇 가지의 주요 논점에 대하여 비평, 평가하고, 특히 하나님과 세계의 관계에 대한 동방정교회의 삼위일체론적 이해에 나타나는 만유재신론적 성격을 규명해 보고자 한다.
　동방교회의 삼위일체론은 기본적으로 부정신학적 신비주의 전통에 기초해 있다. 디오니시오스가 구별한 두 가지 신학의 길, 즉 카타파틱(cataphatic) 또는 긍정신학과 아포파틱(apophatic) 또는 부정신학 가운데, 동방교회는 부정신학 전통을 더 우월한 것으로 간주한다. 즉 긍정신학은 우리를 하나님에 대한 모종의 지식으로 인도하지만 불완전한 길로, 부정신학은 우리를 전적인 무지로 인도하지만 완전한 길로 간주된다. 인식 가능한 모든 대상 너머에 계시는 하나님은 오직 무지에 의해서만 알려질 수 있다. "부정에 의해 나아 감으로써, 절대적 무지의 어둠 속에 계시는 미지의 존재(the Unknown)에 다가가기 위해서 알려질 수 있는 모든 것을 점차적으로 제거함으로써, 우리는 존재의 낮은 수준에서 가장 높은 수준으로 상승해 간다."[1] 부정신학은 본질적으로 신비신학이다. 왜냐하면 절대적으로 알려질 수 없는 하나님은 인식의 대상이 아니라 연합의 대상이기 때문이다. 부정신학은 그 본성이 우리에게 알려질 수 없는 하나님과의 신비한 연합을 지향한다.

로스키에 따르면, 우리가 하나님께 적용하는 이름들은 우리에게 내려오는 하나님의 속성(에너지)를 드러내주지만 우리를 접근 불가능한 하나님의 본질에 접근할 수 있게 해주지는 않는다. 신학은 하나님의 존재에 대한 긍정적 개념의 추구라기보다 모든 이해를 넘어서는 경험의 추구여야 한다. 인간을 변화시키고 새롭게 만드는 실존적 경험을 떠나서는 어떤 신학도 존재하지 않는다. 하나님을 알기 위해서는 그분께 가까이 나아가야 한다. 하나님에 대한 인식의 길은 그분과의 연합과 신화($\theta\acute{\epsilon}\omega\sigma\iota\varsigma$, deification)의 길이다. "인식 불가능성은 불가지론이나 하나님 인식의 거부를 의미하지 않는다. 그럼에도 불구하고 이 인식은 지식이 아니라 연합과 신화로 이끄는 길에서만 획득되어진다. 그러므로 신학은 결코 개념을 통한 추상적인 과업이 아니라, 관상적인 것 즉 모든 이해를 넘어서는 실재에로 마음을 고양시키는 것이어야 한다."[2] 물론 하나님과의 연합 안에서도 여전히 하나님은 본질에 있어서 인식 불가능한 분으로 남아계신다.

로스키는 부정신학이 우리를 삼위일체로 인도한다고 주장한다. 부정신학이 이르러야할 목표는 본질(본성)[3]과 인격 양자 개념을 모두 넘어서는 삼

---

1) Vladimir Lossky, *The Mystical Theology of the Eastern Church* (Cambridge & London: James Clarke & Co. LTD, 1973), p. 25.
2) Ibid., p. 43.
3) 일반적으로 'substance'는 실체 또는 본체, 'essence'는 본질, 'nature'는 본성으로 번역된다. 그러나 동방정교회의 삼위일체론적 표현에 있어서 이 용어들은 실제로 구별되지 않고 사용된다. 따라서 이 글에서는 문맥에 따라 본질 또는 본성이란 단어를 사용하고자 한다. 물론 이 단어들을 구별하여

위일체 하나님이다. 삼위일체는 바로 우리에게 알려질 수 없는 하나님을 가리키는 가장 숭고한 이름이자 가장 탁월한 계시이다. 삼위일체에 대한 충만한 관상은 신비적 연합을 통한 신화의 상태에서만 이루어질 수 있다.

2. 삼위일체 하나님

(1) 고대교회의 삼위일체론의 형성

로스키에 따르면 삼위일체는 절대적 안정성이다. 삼위일체 하나님은 우연성과 필연성의 대립을 초월한다. 전적으로 인격적이며 전적으로 본질(본성)적인 하나님 안에서 자유와 필연성은 하나이다. 삼위일체 하나님은 창조된 존재에게 조금도 의존적이지 않다. "'신적 위격의 영원한 발생'은 추호도 세계창조 행위에 의해 결정되지 않는다. 창조된 질서가 없었다고 할지라도 하나님은 여전히 아버지, 아들, 성령 즉 삼위일체일 것이다. 창조는 의지의 행위인 반면, 위격의 발생은 '본질(본성)에 따른' 행위이다."[4]

고대교회는 세 위격의 동일본질성, 한 본질의 동일성과 세 위격의 구별에 대한 교리를 채택함으로써 사벨리우스의 일원론(unitarianism)과 이교도의 삼신론(tritheism) 양자를 극복하는 삼위일체론을 수립하였다. 헬레니즘 철학에서 '우시아'(οὐσία)와 '휘포스타시스'(ὑπόστασις)는 다소 동일한 의미로 사용되었다. 전자는 개별적 실체를 의미하면서 동시에 다수의 개별자들의 공통된 본질을 가리킬 수 있는 반면, 후자는 일반적 실존을 의미하면서 동시에 개별적 실체에 적용될 수 있었다. 동방교회의 교부들은 이 용어들을 전

사용하는 것 자체가 불가능한 경우들도 많다.
4) Ibid., p. 45. 로스키에 따르면, 위격의 발생은 19세기 독일의 낭만주의 철학에서 말하는 신성 안의 내적 과정, 세 위격의 변증법, 생성도 아니며, "절대자 안의 비극"을 극복하기 위해서 요구되는 신적 존재의 삼위일체적 전개도 아니다.

용하여 하나님 안에서 공통된 것은 '우시아' 즉 실체(substance)나 본질(essence)로 표현하고, 특수한 것은 '휘포스타시스' 즉 위격(인격)[5]으로 표현하였다.

반면, 서방교회에서는 하나님 안의 개별자를 라틴어 '페르소나'(persona)와 헬라어 '프로소폰'(πρόσωπον)으로 표현하였다. 이 용어들은 본래 개별자의 외적인 면 즉 얼굴, 외양, 가면, 배우의 배역을 의미하였다. 동방교회는 이 용어들이 사벨리우스처럼 성부 성자 성령을 유일한 실체의 세 표현 양태로 만드는 경향이 있다고 비판한 반면, 서방교회는 '휘포스타시스'가 '실체'로 번역됨으로써 삼신론적 또는 아리우스적 표현이 될 수 있다고 비판하였다. 그러나 서방교회가 '휘포스타시스'를 구체적인 의미의 인격을 표현하는 개념으로 받아들이고, 동방교회가 '페르소나' 또는 '프로소폰'을 적절하게 해석하고 수용함에 따라, 동서방교회의 오해는 극복되었다. 로스키에 따르면, "라틴 세계는 하나의 본질에서 출발하여 세 위격에 도달함으로써 삼위일체의 신비를 표현한 반면, 그리스 세계는 구체적인 것, 즉 세 휘포스타시스에서 출발하여 그것들 안에서 한 본성을 보기를 선호했음에도 불구하고, 언제나 그것은 분열되기 이전에 모든 기독교 세계가 고백했던 동일한 삼위일체 교리였다."[6]

인간의 휘포스타시스, 즉 인격은 서로 고립되어 있으며, 한 인격이 다른 인격 안에 존재할 수 없다. 이와 달리 삼위일체 안에서는 휘포스타시스, 즉 위격이 서로 안에 있다. 인간 인격의 활동은 서로 구별되지만, 세 신적 위격은 오직 한 본성, 한 의지, 한 능력, 한 활동을 갖는다. 다마스커스의 요한에 따르면, "세 신적 위격들은 비출생, 아들됨, 출원으로서의 위격적 또는 인격적 속성에 있어서만, 즉 본질에 의해서가 아니라 고유하고 독특한 위격들의 구별적인 특징에 의해서만 서로 다르며 불가분리적으로 분리된다. 아버지,

---

[5] '휘포스타시스'는 삼위일체 하나님을 가리킬 때는 위격으로, 인간을 가리킬 때는 인격으로 번역한다.
[6] Ibid., p. 52.

아들, 성령은 비출생, 아들됨, 출원이라는 속성을 제외하고 모든 면에 있어서 하나이다."[7]

(2) 동방정교회의 삼위일체론에 있어서 아버지의 군주성

그리스 교부들에 따르면, 한 분 아버지가 계시기 때문에 한 분 하나님이 존재한다. 위격과 본질은 논리적 선후관계에 있지 않고 동시적이다. 삼위일체 안의 모든 신성의 원천인 아버지는 아들과 성령에게 자신의 본질을 제공하면서 그 두 위격을 발생시킨다. 이때 아버지의 본질은 세 위격 안에서 동일하다. "그리스 교부들에게 있어서, 본질의 통일성을 고백하는 것은 아버지를 아버지로부터 동일한 본질을 받아들이는 위격들의 유일한 원천으로 인식하는 것이다."[8] 아버지는 자신의 본질을 아들과 성령에게 동일하게 제공한다. 이 두 위격 안에서 본질은 분리되거나 분배되지 않고 하나로 남아 있으면서 동시에 다르게 제공된다. 왜냐하면 아버지로부터 성령의 출원은 아버지로부터 아들의 출생과 같지 않기 때문이다.

하나님은 세 위격을 떠나 생각될 수 없다. 하나님의 본질은 위격들 밖에 있지 않다. 신성은 세 위격에 공통된 것이며 동시에 각 위격에 고유한 것이다. 신성의 원천은 아버지 위격에 있다. 이것은 아버지의 군주성을 의미한다. 아버지는 신성이다. 그러나 바로 그분이 아버지이기 때문에 그분은 완전한 신성을 다른 두 위격에게 제공한다. 다른 두 위격은 하나의 군주(μόνη ἀρχή), 신성-원천(Godhead-source)인 아버지로부터 기원한다. 아버지는 다른 두 위격의 유일한 원인이다. 그러나 이 원인은 자신의 결과보다 먼저 오지 않는다. 삼위일체 안에는 선후가 없다. 아버지는 다른 두 위격의 원인이자, 세 위격이 공동 소유하는 동일본질의 원천이다.[9]

---
[7] St. John Damascene, 'De Fide Orthodoxa, I, 8', P.G., XCIV, 828 D. Ibid., p. 54에서 재인용.
[8] Ibid., p. 59.
[9] Vladimir Lossky, In the Image and Likeness of God, ed. by John H. Erickson and Thomas E. Bird

로스키에 의하면, 단일한 위격적 원리인 아버지의 군주성은 하나님 안의 상이성과 통일성의 토대이다.[10] 즉, 아들과 성령이 아버지로부터 기원한다는 사실은 세 위격의 다양성과 아울러 본질적 동일성을 지시한다. "아들과 성령이 아버지로부터 구별되기 때문에 우리는 세 위격을 숭배하며, 아들과 성령이 아버지와 하나이기 때문에 우리는 세 위격의 동일본질성(consubstantiality)을 고백한다. 따라서 아버지의 군주성은 본질과 위격들 사이의 완전한 평형을 유지시킨다. 한 본질과 세 위격은 어느 하나가 다른 하나보다 우선하지 않고 동시적이다."[11] 한편으로, 위격들의 기원은 비위격적이지 않다. 왜냐하면 그것은 아버지의 위격에 관련되기 때문이다. 그러나 그 기원은 위격들이 공동으로 소유하는 동일본질과 분리되어 생각될 수 없다. 그렇지 않다면, 우리는 세 신적 개별자들, 즉 신성이라는 추상적인 관념에 의해 결합된 세 신을 가져야 할 것이다. 다른 한편, 동일본질성은 세 위격의 비위격적 정체성이기 때문에, 세 위격의 통일성은 동일한 한 본질의 공동소유의 원리인 아버지의 군주성 없이는 생각될 수 없다. 그렇지 않다면, 우리는 관계성에 의해 분화된 하나의 단순한 본질과 관계를 가져야 할 것이다.

아버지의 군주성은 아들과 성령의 종속을 함축하지 않는가? 그렇지 않다. 왜냐하면 한 원리는 그 자신과 동등한 실재의 원리일 경우에만 완전할 수 있기 때문이다. 우리의 경험에 있어서는 원인이 결과보다 우월하다. 이와 반대로 하나님에 있어서 위격(인격)적 사랑의 완성으로서의 원인은 열등한 결과를 산출할 수 없다. 이 원인은 결과들이 존엄성에 있어서 동등하기를 원하며, 따라서 또한 결과들의 동등성의 원인이다. 따라서 아버지는 자신과 동등한 위격들의 원인이다. 또한 하나님 안에서는 원인과 결과의 외치(外置, ex-

---

(New York: St Vladimir's Seminary Press, 2001), p. 82. 아버지가 다른 위격들의 원인이라는 것은 아버지가 자신과 같은 동일본질을 지닌 다른 위격들의 원인이라는 사실을 의미하는 것이지, 아버지 홀로 본질을 가지고 있다는 것을 의미하지 않는다.
10) Vladimir Lossky, *Orthodox Theology* (New York: St Vladimir's Seminary Press, 2001), p. 46.
11) Lossky, *In the Image and Likeness of God*, pp. 80-81.

traposition)란 없으며, 하나의 동일한 본질 안에서의 인과성이 있을 뿐이다.[12] 그러므로 삼위일체는 과정의 결과가 아니라 원초적 소여(所與)이다. 삼위일체 하나님은 자신 너머가 아닌 오직 자신 안에 원리를 갖는다. 즉 아들의 출생과 성령의 출원은 본질(본성)의 사역이다. 본성의 사역은 바로 하나님의 존재이다. 즉 하나님은 본질적으로 아버지, 아들, 성령이다.

로스키에 의하면, 하나님의 본성의 사역인 두 위격의 발생과 달리, 세계 창조는 하나님의 본성이 아닌 의지의 사역이다. 하나님의 본성의 사역인 두 위격의 발생에 있어서는 위격들 사이에 순서가 없지만, 하나님의 의지의 사역인 계시와 현시에는 위격들 사이에 순서가 있다. 즉 성령은 우리를 아들을 통해 아버지에게로 인도하며, 아버지는 아들을 통해 성령 안에서 자신을 계시하신다. 세 위격의 공동의 삶을 우리에게 전달하는 모든 신적 이름은 아버지로부터 아들을 통해 성령 안에서 우리에게 온다.[13] 신적 이름들은 원천인 아버지로부터 나와서, 아들에 의해 보여지고, 성령에 의해 전달된 신적 삶의 흐름이다. 따라서 신적 현시의 영역에서 위격들의 순서를 정하는 것이 가능하다. 그러나 삼위일체 자체의 실존 안에서는 아버지의 군주성과 인과성에도 불구하고 그 어떤 순서도 존재하지 않는다.

(3) 성령의 출원

아들과 성령은 출생과 출원이라는 서로 다른 기원의 양태에 의해 구별된다. 세 위격을 구별시켜주는 비출생, 출생, 출원으로서의 기원의 관계들은 아들과 성령의 유일한 원천, 즉 신성의 근원인 아버지에게로 우리를 인도할 뿐이며, 아들과 성령 사이의 별도의 관계를 수립하지 않는다. 동방교회는 아버지와 아들로부터 성령이 출원했다는 서방교회의 '필리오케'(filioque) 교

---

12) Lossky, *Orthodox Theology*, p. 47.
13) "아버지는 원천이고, 아들은 현시이며, 성령은 현시하는 힘이다. 따라서 아버지는 사랑의 원천이며, 아들은 자신을 계시하는 사랑이며, 성령은 우리 안에서 실현되는 사랑이다." Ibid., p. 48.

리가 세 위격의 구별을 희생하고 본질의 통일성을 강조하는 경향이 있다고 보았다. 로스키에 따르면, "기원의 관계가 아들과 성령을 직접 유일한 원천인 아버지에게로 인도하지 않을 때, 그 관계는 논리적으로 본질에 후행하는 그 무엇, 즉 본질 안에서의 관계의 체계가 된다."[14]

서방교회에 있어서 아버지와 아들은 하나의 본질로서 함께 성령을 출원시키는 반면, 성령은 아버지와 아들 사이의 끈(연결)으로서 그 두 위격의 본질적 통일성을 나타낸다. 동방교회는 이와 같은 삼위일체론에서는 본질이 삼위일체의 통일성의 원리가 되고, 아버지, 출생, 출원으로서의 위격적 특성이 본질에 흡수된다고 비판한다. 여기서 관계성은 위격의 특성이 아니라 위격 자체와 동일시된다. 이와 달리, 동방교회에서는 아버지는 다른 두 위격의 원리로서, 그 두 위격에게 독특한 성격을 부여해주는 관계의 원천이자 삼위일체의 통일성의 원리이다.

로스키는 서방교회의 필리오케가 아버지와 아들을 성령의 공동 원리로 만듦으로써 공통된 본질을 위격들 위에 놓고, 위격을 공통된 본질 안의 관계로 변형시킴으로써 위격을 약화시킨다고 비판한다. 만일 서방교회처럼 성령을 아버지와 아들로부터 출원하도록 만듦으로써 새로운 관계를 도입한다면, 아버지의 군주성은 하나의 실체라는 개념에 자리를 내어주게 되고, 관계는 하나의 실체 안에서 위격들을 구별하기 위해 개입하게 된다. 그리고 여기서 성령의 위격은 아버지와 아들 사이의 상호적인 끈(연결) 이외에 다른 것이 아니게 된다. 이것은 성령의 위격의 약화를 의미한다. 이와 같은 이유로 로스키는 위격들의 유일한 원천인 아버지로부터 성령의 출원을 주장하는 동방교회의 삼위일체론의 정당성을 강조한다.[15] 그는 서방교회에서는 관계가 원초적 통일성을 다양화시키는 반면, 동방교회에서는 관계가 삼위일체의 총괄이자 원리인 아버지를 지시하기 때문에 관계가 다양성과 통일성을 동시에

---
14) Lossky, *The Mystical Theology of the Eastern Church*, p. 57.
15) Ibid., pp. 58, 62.

나타낸다고 주장한다.16) 그에 따르면, 삼위의 통일성의 구체적 원리인 아버지의 군주성을 강조하는 동방교회의 "오직 아버지로부터의 성령의 출원" 교리는 삼위일체론이 원초적인 통일성 즉 본질의 단순성으로 회귀함 없이 이분성(dyad)를 넘어섬으로써 "삼위-일체"(Tri-Unity)의 신비로 나아갈 수 있게 해준다.17)

로스키는 "오직 아버지로부터의 성령의 출원" 교리의 의미를 다음 세 가지로 요약한다.18) 첫째, 만일 성령이 오직 아버지로부터만 출원한다면, 이 출원은 모든 대립의 관계를 배제하는 세 위격의 절대적 다양성을 가능케 한다. 둘째, 만일 성령이 오직 아버지로부터만 출원한다면, 이 출원은 양적인 수의 법칙을 벗어나는 삼위일체를 우리에게 제시한다. 왜냐하면 그것은 대립된 관계의 이분성을 종합(synthesis)이나 또는 새로운 일련의 수에 의해서가 아니라 우리가 세 번째 위격이라고 부르는 절대적으로 새로운 다양성에 의해서 넘어가기 때문이다. 셋째, 만일 성령이 동일본질을 지닌 위격들의 위격적 원인인 아버지로부터만 출원한다면 우리는 "단순한 삼위일체"를 발견하는데, 이 삼위일체에서 아버지는 세 위격의 위격적 다양성을 조건지우면서 동시에 그들의 본질적 통일성을 표현한다. 따라서 위격과 본질 사이의 균형이 확보된다.

---

16) 로스키에 따르면, 삼위일체론에서 공통된 본질이 첫 번째 자리를 차지하게 되면 삼위일체론은 본질 철학에 자리를 내어주게 된다. "실로 서방교회의 교리적 조건들에 있어서, 모든 신 중심적 사변들은 본질을 위격들에 앞서 고려함으로써 마이스터 에카르트의 '신성'(Gottheit)에서처럼 '신적 심연'의 신비주의가 되거나 삼위일체에 앞서는 무(無)로서의 신성을 말하는 비인격적 부정신학이 될 위험이 있다." Ibid., p. 65.
17) Lossky, *In the Image and Likeness of God*, p. 85.
18) Ibid., pp. 87–88.

3. 삼위일체 하나님의 본질과 에너지

(1) 본질(삼위일체 자체의 위격적 실존)과 에너지(본질의 발현, 현시)의 구별

동방정교회에 있어서, 삼위일체의 신비를 온전히 깨닫는 것은 하나님과의 완전한 연합에 들어가는 것이며, 신화에 이르는 것이다. 그것은 삼위일체 하나님의 생명 안으로 들어가는 것이며, '하나님의 성품(본성)의 참여자'(벧후 1:4)가 되는 것이다. 따라서 삼위일체 신학은 하나님과의 친밀한 교제를 추구하는 연합의 신학, 신비의 신학이다. 그러나 인식 불가능하고 접근 불가능한 본질을 가지신 하나님과 인간의 교제와 연합은 불가능하다. 우리는 하나님의 본질뿐만 아니라 세 위격에도 참여할 수 없다. 위격적 연합은 오직 성육하신 아들 예수 그리스도의 인성에서만 가능하다. 우리는 그리스도와 동일한 인성을 공유하고 그리스도 안에서 하나님의 아들이라는 이름을 얻음에도 불구하고 우리 자신이 아들의 신적 위격이 되는 것은 아니다. 그럼에도 불구하고 우리는 하나님의 본성에 참여하도록 부름을 받는다. 어떻게 이것이 가능한가?

동방교회는 하나님과의 연합과 신화의 교리를 확립하기 위해서 하나님의 본질과 위격의 구별과 다른 또 하나의 구별을 한다. 이 구별은 하나님의 접근 불가능한 본질과 하나님의 본질적 발현(natural procession)으로서의 에너지, 활동, 힘 사이의 구별이다. 에너지 안에서 하나님은 "자신 밖으로 나가시며, 자신을 현시하시며, 교제하시며, 자신을 내어 주신다."[19] 토마스 아퀴나스를 비롯한 서방교회의 신학자들은 본질과 에너지의 구별이 하나님의

---

[19] 팔라마스에 의하면, "하나님의 신화시키는 조명과 은총은 하나님의 본질이 아니라 에너지이며, 세 위격의 본성에 공통된 신적 능력과 에너지이다." St. Gregory Palamas, 'Capita physica, theologica, moralia et practica', 69, P.G., CL, 1169 C. 'Theophanes', ibid., 941 C. Lossky, *The Mystical Theology of the Eastern Church*, p. 70에서 재인용.

단순성을 훼손한다고 보았다. 이들은 하나님은 단순한 본질이며 이 본질 안에서 위격들도 관계적 성격을 부여받게 된다고 이해했다. 그러나 팔라마스는 하나님의 단순성을 단순 본질이라는 개념 위에 세울 수 없다고 주장했다. 그의 신학적 사고의 기초는 삼위일체의 지극한 단순성, 즉 본성과 세 위격의 구별과 또한 세 위격간의 구별에도 불구하고 손상 받지 않는 단순성이다. 이 단순성은 한편으로 구별을 배제하지 않으며, 다른 한편으로 하나님의 존재의 분리도 허용하지 않는다.[20]

로스키에 따르면 교부들이 종종 로고스를 아버지의 능력 또는 활동으로 부른 것은 경세적 영역에서였다. 성서는 에너지에 의거해서 하나님의 이름을 만들어 냄으로써 우리에게 하나님을 계시해준다. 말씀, 지혜, 생명, 능력, 정의, 사랑 등의 하나님의 이름들은 에너지를 의미한다. 성서에 나타나는 "하나님의 영광"도 신적 에너지를 나타낸다. 접근 불가능한 하나님의 존재를 둘러싸고 있는 영광은 그 자신으로서의 하나님을 가리면서 동시에 하나님을 하나님 외부로 알린다. 바울은 세계의 창조 이래 가시화된 하나님의 비가시적인 것들, 그분의 영원한 능력과 신성에 대하여 말했는데, 교부들은 종종 이 말을 아버지를 현시하는 로고스, '능력과 지혜'의 의미로, 그리고 삼위일체의 공동의 활동 즉 에너지의 의미로 해석하였다. 에너지는 "하나님을 알 수 있게 하는 것들"(롬 1:20)을 피조물 안에 현시하는 삼위일체 하나님의 공동의 활동이다.[21]

우리가 아버지, 아들, 성령의 실존양태로서의 삼위일체 자체에 대하여 말할 수 있는 것은 하나님이 알려질 수 없는 자신을 아들의 성육신을 통해 성령을 받은 자들에게 알리셨기 때문이다. 그런데 아버지, 아들, 성령을 제외

---

20) Ibid., p. 78.
21) 바실에 따르면, "우리가 우리 하나님을 안다고 말하는 것은 그분의 에너지에 의해서이다. 우리는 그분의 본질 자체에 가까이 길 수 있다고 주징하지 않는다. 그분의 에너지가 우리에게 내려오지만, 그분의 본질은 접근불가능하다." St. Basil, 'Epistle 234 (ad Amphiloschium)', P.G., XXXII, 869 AB. Cf. 'Adversus Eunoimium, II, 32', P.G., XXIX, 648. Ibid., p. 72에서 재인용.

한 모든 이름은 접근 불가능한 삼위일체 안의 위격들을 지칭하기보다는 하나님의 속성, 하나님의 본질을 둘러싸고 있는 외적 측면, 하나님의 현현과 경세를 가리킨다. "이것은 에너지 안에서 자신들의 전달 불가능한 본성을 계시하는 세 위격의 공통된 내용의 영원한 광휘이다."[22]

그러므로 로스키는 삼위일체적 실존과 에너지적 광휘, 다시 말하면 아들과 성령의 위격을 발생시키는 아버지의 위격적 인과성(personal causality)과 아들과 성령에 의한 아버지의 본질적 계시 또는 현시를 구별한다.[23] 삼위일체 자체의 실존에 있어서, 아들과 성령의 위격은 오직 아버지로부터만 출원한다. 이와 같은 위격적 인과성은 아버지가 세 동일본질적 위격의 절대적 다양성의 원리가 됨을 의미한다. 반면, 하나님의 본질적 영광의 광휘 안에서의 "바깥을 향한"(de extra) 실존에 있어서, 아버지의 계시 또는 현시는 아들에 의해 성령 안에서 이루어진다. 모든 에너지와 모든 현시는 아버지로부터 나오며, 아들 안에서 표현되며, 성령 안에서 나아간다.

삼위일체의 알려질 수 없는 본질과 그 본질의 에너지적 발현의 구별은 그 자체로서의 위격적 실존과 본질 밖에서의 공동의 현시에 있어서의 위격적 실존의 구별을 초래한다. 자신의 위격적 실존에 있어서, 성령은 오직 아버지로부터만 출원한다. 본질적 현시의 질서에 있어서, 성령은 아버지로부터 아들을 통해 출원한다. 그리고 이 출원은 세 위격 공동의 영광, 신적 본질의 영원한 광휘를 계시한다. 여기서 성령은 삼위일체 하나님을 현시하는 경세적 위격으로서, 그 자신의 위격은 숨겨져 있다. 또한 로고스로서의 아들도 하나님의 본질을 현시하는 에너지의 관점에서 이해될 수 있다. "아버지의 형상"으로서의 아들이나 "아들의 형상"으로서의 성령은 세 위격의 공통된 내용에 대한 에너지적 현시를 가리킨다. 하나님의 현시의 질서에 있어서, 위격들은 각기 다양한 위격들에 대한 형상이 아니라 공통된 본질에 대한 형상이다. 아

---

22) Lossky, *In the Image and Likeness of God*, p. 90.
23) Ibid., pp. 90-93.

버지는 아들을 통해 자신의 본질을 계시하고, 아들의 신성은 성령 안에서 현시된다.[24]

(2) 본질과 에너지의 관계

로스키는 삼위일체 하나님의 본질과 에너지를 이중적 관계 안에서 설명한다. 즉 에너지는 하나님의 본질의 외적 발현으로서 하나님 자신이지만, 하나님의 본질에 따른 것은 아니라는 것이다.[25] 한편으로, 신적 에너지는 신적 본질의 영원한 광휘이며, 분출되고 흘러넘쳐 세계에 현현되는 신적 영광이다. 여기에는 은폐가 없다. 하나님은 있는 그대로의 자신을 보여주신다. "우리는 하나님의 가장 깊은 곳의 본질은 알 수 없지만 참된 하나님인 이 영광의 광휘를 알 수 있다. 우리가 하나님의 본성을 무궁무진한 초월성으로서의 '본질'이라고 부르든지 또는 그 자체를 영광스럽게 현시하는 '에너지'라고 부르든지, 그것은 언제나 동일한 본성이다."[26] 우리는 피조물 안에서 에너지의 현시를 발견한다(롬 1:20). 피조물에는 신성의 낙인이 찍혀있다. 이 신적 현존은 창조세계에 의해 조건지어지지 않는 신적 본질의 영원한 영광이요 현시이다. 에너지 안에서의 하나님의 현존은 결과 안에서 작용하는 원인의 현존이 아니라 실재적 현존이다. 에너지는 신적 원인의 결과도 아니고, 무로부터 창조된 것도 아니다. 그것은 삼위일체의 한 본질로부터 영원토록 흘러나온다.

다른 한편으로, 그러나 에너지는 삼위일체 하나님의 외적 현시이지, 신적 존재 안으로 내면화시킬 수 있는 본질규정이 아니다. 에너지는 신성의 원

---

24) Ibid., pp. 92.
25) 고백자 막시무스에 의하면, "하나님은 우리에게 분여하시는 것들 안에서 교제 가능한 분이다. 그러나 하나님은 교제 불가능한 본질에 있어서는 교제할 수 없는 분이다." Maximus the Confessor 'Panoplia dogmatics' of Euthymius Zigabenus, Ⅲ, P.G., CXXX, 132 A. Lossky, The Mystical Theology of the Eastern Church, p. 73에서 재인용.
26) Lossky, Orthodox Theology, p. 49.

리나 본질과 동일시될 수 없다. 에너지는 삼위일체의 공동의 현시이며, 영원한 광휘이다. 우리는 통상적인 표현으로 에너지를 하나님의 속성이라고 할 수 있다. 그러나 하나님은 자신의 속성에 의해 규정되지 않는다. "모든 속성은 하나님보다 열등하며, 본질 안의 하나님의 존재 자체를 논리적으로 후행한다. 우리가 하나님은 지혜, 생명, 진리, 사랑이라고 말할 때, 우리는 에너지를 이해하는 것이다. 에너지는 본질을 뒤따르며 본질을 현시하지만, 삼위일체의 존재에는 외면적인 것이다."27)

이와 같은 이유로 서방교회와 달리 동방교회는 삼위일체의 위격들 간의 관계를 속성의 이름으로 표현하지 않는다. 동방교회는 어거스틴의 삼위일체적 심리주의를 거부한다. 동방교회는 아들이 지성의 양태로, 성령이 의지의 양태로 발생한다고 말하지 않으며, 또한 성령을 아버지와 아들 사이의 상호적 사랑으로 표현하지 않는다. "'하나님은 사랑이시다.', '신적 위격들은 상호적 사랑에 의해 연합된다.'라고 말하는 것은 세 위격이 소유하는 사랑-에너지, 공동의 현시에 대하여 말하는 것이다. 세 위격의 연합은 사랑보다 고차적이다."28)

로스키는 삼위일체를 두 가지 차원으로 구별한다. 삼위일체는 한편으로 그 자체로서 숙고될 수 있으며, 다른 한편으로 피조물과의 관계에서의 경세적 활동의 차원에서 숙고될 수 있다. 좁은 의미의 신학의 대상은 위격들의 영원한 발생이다. 반면 창조와 섭리에서의 위격들의 현시, 아들과 성령의 시간적 파송은 경세의 영역에 속한다. 이것은 오늘날 '경세적 삼위일체'라고 불리는 것이다. 로스키에 따르면 에너지는 이 두 차원의 중간에 위치한다. "한편으로, 에너지는 창조적 행위와 독립적으로 존재하시는 삼위일체의 영원하고 불가분리적인 힘으로서 신학에 속한다. 다른 한편, 에너지는 또한 '경세'의 영역에 속한다. 왜냐하면 에너지 안에서 하나님은 자신을 피조물에게

---

27) Lossky, *The Mystical Theology of the Eastern Church*, pp. 80-81.
28) Ibid., p. 81.

현시하시기 때문이다."29)

하나님의 경세적 현시의 차원에 있어서, 모든 에너지는 아버지로부터 나오며 아들에 의해 성령 안에서 전달된다. 아버지는 아들에 의해 성령 안에서 만물을 창조하신다. 신성의 경세적 현시에 있어서, 아버지는 현시되는 속성의 소유자로, 아들은 아버지의 현시로, 성령은 현시하는 자로 나타난다. 경세적 차원에서, 삼위일체의 공통된 지혜의 속성은 아들을 지칭한다. 아들은 아버지의 위격적 지혜이다. 또한 말씀(로고스)도 아버지의 본성을 현시하는 아들에 대한 경세적 명칭이다. 로스키는 말씀과 성령의 위격에 대한 교부들의 가르침30)이 에너지에 의해 현시된 삼위일체의 '외적' 측면의 빛 안에서만 설명될 수 있다고 주장한다. 즉 아버지의 숨겨진 본성을 보여주는 아들은 현시적 에너지와 동일시되며, 아들에 의한 아버지의 현시는 에너지의 성격(영광, 광휘)을 갖는다는 것이다.

동방교회는 서방교회가 세계 안에서의 하나님의 현시적 활동의 외적 측면을 삼위일체의 내적 측면과 혼동한다고 비판한다. 아버지와 아들에 의해 보냄을 받은 동일본질의 위격으로서의 성령이 아들을 계시하는 것은 세계 안에서의 하나님의 현시적 활동의 외적 측면이며, 성령의 위격이 아들과 기원의 관계를 갖지 않고 아버지로부터만 출원하는 것은 삼위일체의 내적 측면이다. 세계 안에서의 하나님의 현시적 활동은 세 위격의 공동의 의지에 의한 것으로서, 이 의지는 삼위일체의 내적 관계에는 개입하지 않고 오직 창조질서와의 관계에서 위격들의 외적 활동만을 결정한다. 세계에 아들과 성령을 파송하시는 하나님의 현시적 활동에 있어서, 세 위격은 각각 다른 두 위격과의 협력 속에 행동하신다. 즉 아들은 아버지에 의해 보내지며 성령에 의해

---

29) Ibid., p. 82.
30) 이레네우스에 의하면, "아들의 보이지 않는 분이 아버지이며, 아버지의 보이는 분이 아들이다." St. Irenaeus, 'Contra Haereses, IV, vi, 6', *P.G.*, VII, 989 C. 바실에 의하면, "아들은 자신의 모든 영광과 광휘 안에서 빛을 발함으로써 자신 안에서 아버지를 온전하게 보여준다." St. Basil, 'Adversus Eunomium, II, 17', *P.G.*, XXXIX, 605 B. Ibid., p. 84에서 재인용.

제14장 • 401

육체를 취함으로써 성육신하신다. 그리고 성령은 아버지와 아들에 의해 보내짐으로써 강림하신다.31)

로스키에게 있어서 아들과 성령은 위격적 발생이고 에너지는 본질적 발생이다. 에너지는 본질과 분리될 수 없고 본질은 세 위격과 분리될 수 없다. 로스키는 에너지 교리의 중요성을 세 가지로 요약한다.32) 첫째, 본질과 구별되는 에너지에 관한 교리는 모든 신비경험의 기초이다. 본질로는 전적으로 알려질 수 없는 하나님이 자신의 에너지 안에서 전적으로 자신을 계시하신다. 그러나 이 구별은 하나님의 본질을 알려질 수 있는 부분과 알려질 수 없는 부분으로 나누는 것이 아니라, 본질 안과 본질 밖에서의 하나님의 두 가지 실존 양태를 알려준다. 둘째, 이 교리는 어떻게 하나님이 본질에 있어서 교제 불가능하며 동시에 우리 안에 내주하실 수 있는지를 이해할 수 있게 해준다. 하나님은 세 위격의 공통된 에너지에 의해 우리 안에 내주하신다. 우리는 성령이 우리에게 전달하시는 신화시키는 에너지를 은총에 의해 경험한다. 신화시키는 에너지를 받음으로써, 우리는 자신의 본질적 에너지와 분리되지 않고 그 안에 현존하시는 삼위일체의 내주를 받아들인다. 셋째, 본질과 에너지의 구별은 "신의 성품(본질)에 참여하는 자"라는 베드로의 말씀의 의미를 보존할 수 있게 해준다. 우리가 부름 받은 연합은 세 신적 위격처럼 본질적인 것도 아니며, 그리스도의 인성의 경우처럼 위격적인 것도 아니다. 그것은 에너지 안에서의 연합이다.

4. 창조세계와 인간

아무 것도 '하나님의 외부'에 존재하지 않는다. 실로, '하나님의 외부'란

---

31) Ibid., p. 85.
32) Ibid., pp. 86-87.

있을 수 없다. 그러나 '무로부터'(ex nihilo) 창조는 '하나님의 외부'에 어떤 것을 만들어내는 행동을 의미한다. 그것은 하나님의 본질이나, 어떤 물질이나, 또는 하나님의 외부에 잠재해 있는 존재 가능성으로부터 기원하지 않는 전적으로 새로운 주체의 창조를 의미한다. 로스키에 의하면, "우리는 하나님이 무로부터의 창조에 의해 전적으로 하나님 자신의 외부에 있는 그 무엇을 위한 '자리를 만드신다'고 말할 수 있다. 실로 하나님은 자신의 충만함과 나란히 '외부' 또는 무를 만드신다. 그 결과 전적 '타자'인 주체가 존재하게 된다."[33]

피조물은 자신 안에도 하나님의 본질에도 존재론적 기반을 갖지 않는다. 그 까닭은 피조물 자신이 무로부터 창조되었기 때문이며, 창조가 하나님의 본성이 아닌 의지의 소산이기 때문이다. 하나님의 본성 안에 있는 그 무엇도 창조의 필연적 원인이 될 수 없다. 하나님은 창조하지 않으실 수도 있었다. 창조는 신적 에너지와 같이 본질적 발생이 아니라 인격적인 삼위일체 하나님의 세 위격의 공동의지에 의한 자유로운 행위이다. 여기서 공동의지는 하나님의 본질에 속하며 사유의 결정을 행동으로 옮긴다. 로스키는 이 의지를 사유의지(thought-will 또는 volitional thought)라고 부른다.[34] 신적 사유의 자리는 본질이 아니라 본질에 뒤따르는 것, 신적 에너지이다. 왜냐하면 사유는 피조물이 창조적 에너지에 참여하는 다양한 양태를 결정하는 의지와 동일시되기 때문이다. 로스키가 신적 사유의 자리를 하나님의 내적 존재 안에 놓기를 거부하는 까닭은 그러한 견해는 하나님의 본질에 관념적 내용을 부여하고 플라톤적인 지성적 우주를 그 본질 안에 놓기 때문이다. "만일 신적 사유가 하나님 자신의 본질이 아니라면, 따라서 말하자면 신적 사유가 의지에 의해 본질로부터 분리된 것이라면, 창조행위뿐만 아니라 하나님 자신의 사고 자체도 더 이상 하나님의 본성의 필연적 결정이나 신적 존재의 지성적

---

33) Ibid., p. 92.
34) Ibid., p. 94.

내용으로 여겨질 수 없다."35)

　로스키에 의하면, 창조세계는 유비의 계층질서로서 계층적 배열의 각 단계는 자신에게 고유한 유비에 따라 하나님과의 완전한 연합을 성취하도록 부름 받는다. 이 연합은 피조물의 의지와 하나님의 사유의지의 협력 안에서 성취된다. 물론 창조된 우주의 최초의 상태는 아직 충만한 연합이 성취되지 못한 불안정한 완전의 상태이며, 따라서 피조물은 하나님의 사유의지를 온전히 성취하기 위해서 사랑 안에서 성장해가야 한다. 최초의 지복은 최종적 목표인 신화를 향해 운명지어지고 정향된 피조물의 완전성에 있다.

　모든 피조물은 신성과 유비 또는 접촉점을 갖는다. 이 접촉점은 피조물의 사유, 이성, 로고스이다. 개별적 존재의 사유는 더 높고 일반적인 사유 안에 포함된다. 그리고 만물 전체는 모든 피조물의 첫 번째 원리이자 최종적 목적인 로고스 안에 포함된다. 여기서 로고스 즉 하나님의 말씀은 두 번째 위격의 경세적 차원을 표현한다. 로고스는 신적 의지의 현현이다. 왜냐하면 아버지는 로고스에 의해 성령 안에서 만물을 창조하셨기 때문이다. 말씀은 모든 존재의 인과적 원리이자 목적이다. "말하자면 만물은 신적 연결점이신 로고스에 의해 창조되었다. 로고스는 창조적 분출, 피조물의 특수한 로고스들이 흘러나오는 원천이며, 모든 피조물의 최종적 목표가 되는 중심이다."36) 피조물의 목표와 최종적 완성은 하나님과의 연합과 신화이다.37)

---

35) Ibid., p. 95.
36) Ibid., p. 99.
37) 막시무스에 의하면, 최초의 인간은 하나님으로부터 자신 안에 피조물 전체를 연합하도록 명령을 받았으며. 또한 하나님과의 완전한 연합에 도달함으로써 신화의 상태를 전체 창조세계에 부여하도록 명령을 받았다. 자신 안에서 인간은 ① 두 가지 성(性), ② 낙원과 지상의 현실, ③ 하늘과 땅, ④ 지성세계와 감각세계, ⑤ 자신 안에서 연합된 전 우주와 하나님을 연합시켜야 한다. 이 마지막 단계에서 인간은 사랑 안에서 자신을 온전히 포기하고 하나님께 드리며, 그렇게 함으로써 자신의 존재 안에서 연합된 창조세계 전체를 하나님께 돌려드려야 한다. 그러면 하나님은 자신을 인간에게 주실 것이며, 인간은 하나님의 은총으로 말미암아 하나님이 본질적으로 가지신 모든 것을 갖게 될 것이다. 이때 인간과 창조세계 전체의 신화가 성취된다.St. Maximus, 'De ambiguis', P.G., XCI, 1308. Ibid., p. 110에서 재인용.

5. 아들과 성령의 경세적 사역: 구속과 신화

인간의 신화를 위한 하나님의 계획은 아담에 의해 좌절되었다. 아담의 의지는 하나님을 향해 상승해 나아가지 않고 본성을 거슬러 죽음에 이르는 길을 갔다. 오직 하나님만이 죄의 속박과 죽음으로부터 인간을 해방시킴으로써 인간에게 신화의 가능성을 새롭게 부여해 줄 수 있다. 이제 타락한 인간에게 연합의 길은 구원으로 제시된다. "하나님은 인간이 하나님이 되도록 하기 위하여 인간이 되셨다."[38] 그리스도의 신적 위격의 하강은 성령 안에서 인간 인격의 상승을 가능케 한다.[39] 로스키에 따르면, "타락한 인간이 창조되지 않은 은총[40]에 의한 피조물의 신화의 소명을 성취하기 위해서는 하나님 아들의 자발적 겸비, 구속적 자기비움(κένωσις)이 일어나야 했다."[41]

성육신한 아들인 그리스도는 모든 분리를 극복하고 연합을 성취하신다. 즉 그리스도는 동정녀 탄생을 통해 남성-여성으로 분열된 인간본성을 재연합하며, 십자가에서 타락하기 이전의 낙원과 지상의 현실을 재연합하며, 승천함으로써 지상과 감각적 하늘을 재연합하며, 최고 천상계를 통과하여 천사의 계층질서를 넘어감으로써 영적 하늘 즉 지성적 세계와 감각적 세계를 재연합하며, 마지막으로 새로운 우주적 아담으로서 자신 안에서 재연합된 우주 전체를 아버지께 드림으로써 창조자와 피조물을 재연합하신다.[42]

---

38) 이 말은 이레네우스가 처음 한 말이지만 아타나시우스, 나지안저스의 그레고리, 니사의 그레고리 등의 저술에 거듭 나타난다.
39) 막시무스에게 있어서, 성육신과 신화는 서로 상응하며 서로를 내포한다. "하나님은 세계 안으로 내려오셔서 인간이 되신다. 그리고 인간은 신적 충만을 향해 고양되어 신이 된다. 왜냐하면 이 두 본성 즉 신성과 인성의 연합은 하나님의 영원한 협의에서 결정되있기 때문이며, 세계가 무로부터 창조된 최종적 목표이기 때문이다." St. Maximus, 'Quaestiones ad Thalassium (60)', *P.G.*, t. 90, 621 AB. Ibid., p. 136에서 재인용.
40) 서방교회와 달리 동방교회에서 은총은 창조된 초자연적 실재가 아니라 하나님의 본질로부터 영원토록 발생하는 에너지를 의미한다. 즉 은총은 인간에게 전달되는 신적 본성의 모든 풍부함을 가리킨다. 은총은 본질 밖에서 작용하면서 자신을 내어주는 신성이며, 우리가 창조되지 않은 에너지를 통해 참여할 수 있는 신적 본질이다. Ibid., p. 88.
41) Lossky, *In the Image and Likeness of God*, pp. 97-98.
42) St. Maximus, 'De ambiguis', *P.G.*, 91, 1308. Lossky, *The Mystical Theology of the Eastern*

로스키는 죄와 배상 개념에 기초한 안셀름의 법정적 구속교리에서는 하나님과의 연합이라는 우리의 최종적 목표가 시야에서 사라진다고 비판한다. 즉 이 구속교리에서는 그리스도의 구속사역이 타락한 인간을 향한 하나님의 태도의 변화로 축소, 환원되며, 인간의 본성과는 아무런 관련을 갖지 못하게 된다는 것이다. 구속이 성육신에서 중심적인 위치를 갖는 것은 합리적으로 설명 가능한 법정적 관점에서가 아니라 헤아릴 수 없는 하나님의 신비한 섭리의 관점에서 그러하다. 구속은 피조물이 하나님과의 연합 즉 신화에 이르러 "하나님이 만물 안에서 만물이 되시도록" 하기 위한 삼위일체 하나님의 광대한 섭리의 한 측면일 뿐이다.[43] 피조물의 신화를 위한 삼위일체 하나님의 섭리는 아들뿐만 아니라 성령의 사역을 통해 이루어진다. 로스키는 안셀름의 구속교리가 협소화된 까닭이 서방교회가 독립된 위격으로서의 성령의 사역을 간과하고 단지 성령을 아들의 대리자로만 인식한 데 있다고 본다.

말씀은 아담이 실패한 하나님과의 연합의 소명을 성육신을 통하여 자신의 인격 안에서 신성과 인성을 연합함으로써 성취하셨다. 그리스도는 대속의 죽음과 부활을 통해 죽음과 부패를 정복하셨다. 그리스도는 우리의 죄의 책임을 스스로 걸머지심으로써 우리의 자유의 비극을 해결하셨으며, 이를 통하여 우리를 자신의 위격의 중심으로 이끎으로써 하나님과 인간 사이의 거리를 극복하셨다. 우리는 세례를 통하여 그리스도의 죽음과 부활에 동참하며, 그리스도의 몸(교회)의 지체가 된다. 이 새로운 실재 안에서 우리의 인간 본성은 아들의 신적 위격 안에서 재구성되고 총괄된다. 그리스도의 몸인 교회의 지체가 됨으로써, 우리의 본성은 "내가 아닌" 타자에 대한 대립자로서 존재하는 개별자의 한계로부터 해방된다. "그리스도가 자신 안에 하나의 몸을 형성하시며 인간 본성의 머리가 되신다는 점에서, 우리는 본성에 있어

Church, p. 137에서 재인용.
43) Lossky, *In the Image and Likeness of God*, pp. 102-3.

서 그리스도 안에서 하나이다."[44]

로스키에 의하면, 교부들의 기독론은 하나님과의 연합과 신화의 관점에서 수립되었다. "취하여지지 않은 것은 신화될 수 없다"는 나지안저스의 그레고리의 경구는 고전적인 기독론 명제가 되었다.[45] 그리스도 안에서 신화되는 것은 신적 위격에 의해 온전히 취하여진 그분의 인성이다. 우리 안에서 신화되어야 하는 것은 우리의 인격에 속해있는 전체 본성이다. 그리스도의 구원사역은 우리의 본성을 회복시키고 새롭게 창조한다. 그리스도 안에서 우리의 인격은 하나님과의 연합 안으로 들어가며, 신화시키는 본성(신적 에너지)과 신화되는 인간 본성으로 창조된 인격이 된다. 그리스도 안에서의 인간 본성의 통일은 인간 인격의 억압을 초래하지 않는다. 반대로 교회 안에서 인간 인격은 각기 자신의 참된 다양성을 실현할 수 있다. 인격은 개별자의 경우처럼 공통된 본성의 일부도 아니며, 또한 본성의 통일로 인하여 서로 혼동되지도 않는다.

그리스도는 두 번째 아담으로서 전 우주와 인간을 자신 안에 총괄하시고, 우주의 모든 범위로부터 모아들인 몸의 머리 즉 위격이 되신다. 교회의 자녀들은 그리스도 안에서 그분의 지체가 되며 그분의 위격 안에 포함된다. 그러나 그리스도 안에서 인간은 갱신된 본성을 통해 하나가 됨에도 불구하고 인격으로는 다수로 존재한다. 인간의 본성이 그리스도의 위격 안에 재연합되어 '내인격화된'(enhypostasized) 본성이 되어도 인간의 인격은 그리스도의 신적 인격(위격)과 동일시되지 않는다. 본성에 있어서 우리가 그리스도의 지체이며 그분의 인성의 부분이라고 해도, 우리의 인격은 아직 신성과의 연합에 이르지 못했다. 본성의 구속과 정화가 신화에 필요한 모든 조건은 아니다.

---

[44] Ibid., p. 108.
[45] S. Gregory Nazianzen, Epist. 101, *P.G.*, t. 37, 181. Lossky, *The Mystical Theology of the Eastern Church*, p. 155에서 재인용. 네스도리우스처럼 그리스도의 두 본성을 분리시키거나, 단성론자들처럼 신성만을 인정하거나, 아폴리나리우스처럼 인성의 한 부분을 삭감하거나, 단의론자들처럼 하나의 신적 의지와 활동만을 인정하면, 하나님과의 온전한 연합과 신화는 불가능해진다.

"그리스도 안에서의 연합의 성례전인 세례는 성령 안에서의 다양성의 성례전인 노유식(塗油式, christmation)에 의해 완성될 필요가 있다."46) 따라서 성령의 사역이 요구된다.

우리가 그리스도의 죽음과 부활과 연합함으로써 우리의 개별자적 본성이 영광스런 그리스도의 인성과 통합되고 세례에 의해 그분의 몸의 통일성 안으로 들어간다면, 각기 자유롭게 신성과의 연합을 실현할 수 있는 인격의 존엄성은 성령에 의해 확증된다. 그리스도가 자신의 위격 안에 인간 본성을 총괄한다면, 성령은 하나님의 형상으로 창조된 인간의 인격들에게 적절한 독특하고 개별적인 방식으로 신성의 충만함을 공급한다.47) 그리스도가 인간 공동의 본성에 적합한 유일한 형상이라면, 성령은 하나님의 형상으로 창조된 각 인격에게 공동의 본성 안에서 닮음을 실현할 수 있는 가능성을 제공한다. "그리스도는 본성에 위격을 빌려주시고, 성령은 인격에 신성을 주신다. 따라서 그리스도의 사역은 연합하고, 성령의 사역은 다양화한다… 그리스도가 성령을 통해 자신의 신비한 몸의 통일성을 창조한다면, 성령은 그리스도를 통해 인간 인격들에게 자신을 전달한다."48) 그리스도가 자신의 몸된 교회의 머리라면, 성령은 "만물 안에서 만물을 충만케 하시는 분"(엡 1:23)이다.

위격들의 본질적 발생이 일어나는 영원의 차원에서 아들과 성령은 '신성의 유일한 원천'인 아버지로부터 나오지만, 위격들의 공통된 의지에 의한 시간적 사역의 차원에서 아들은 아버지에 의해 보냄을 받고 성령에 의해 성육신하며, 성령은 아버지에 의해 보냄을 받고 아들에 의해 주어지며, 세 위격들에 공통된 의지를 수행한다. 아들이 지상에서 성령을 통해 자신의 사역을 완수한 것처럼, 성령의 위격은 아들에 의해 세상으로 보내졌다(요 15:26). 아들

---

46) Lossky, *In the Image and Likeness of God*, p. 108.
47) Lossky, *The Mystical Theology of the Eastern Church*, p. 166.
48) Ibid., p. 167.

과 성령은 지상에서의 공동의 사역 안에서 밀접하게 연결되어 있음에도 불구하고 서로 독립된 두 위격으로 존재한다. 다시 말하면, 성령의 위격적 도래는 아들과의 관계에서 종속적이거나 기능적인 성격을 갖지 않는다. 성령은 위격적 도래에도 불구하고 자신의 위격을 드러내지 않는다. 성령은 자신의 이름이 아니라 아들의 이름으로, 아들을 증언하기 위해 오신다. 성령은 아버지와 아들에게 공통된 신성, 창조되지 않은 은총을 교회 안의 사람들에게 선사함으로써 그들을 '신의 본성에 참여하는 자'로 만든다. 성령은 창조되지 않은 무한한 은사들의 원천으로서, 진리의 영, 빛의 영, 생명의 영, 지혜의 영 등 은총에 적용되는 많은 이름들을 부여받는다.[49]

성령의 위격적 도래는 오순절에 일어났다(행 2:1-5). 이때 성령은 아들의 이름으로 세상에 보내졌지만 위격적 기원에 있어서 아들과 독립된 삼위일체의 한 위격으로 나타나신다. 여기서 성령의 사역은 일치의 기능과 거리가 멀다. 성령은 교회 안의 각 인격들 안에 현존하시면서 그들 각자를 삼위일체 하나님과의 독특한 인격적 관계로 인도한다. 성령은 (교제불가능한 분으로 남아계시면서) 신비한 방식으로 자신을 인간 인격들과 동일시한다. 성령은 우리를 자신으로 대체하신다. 바울의 말처럼 우리의 마음속에서 아바 아버지라고 부르는 분은 성령이다. 성령 안에서 하나님의 의지는 더 이상 우리 자신의 외부에 있지 않다. 우리의 인간적 의지가 하나님의 의지와 조화되고 그것에 협력하는 한, 그리하여 은총을 얻고 그것을 우리 자신의 것으로 만드는 한, 하나님의 의지는 우리 자신의 인격 안에 발현된다. 이것이 성령에 의해 이미 우리의 현재의 삶 속에 시작된 신화이다.

요약하면, 로스키에게 있어서 그리스도의 구속사역, 즉 자신 안에서의 인간 본성의 총괄은 성령의 신화사역의 전제조건이다. 아들이 성육신에 의해 우리처럼 되었다면, 우리는 성령 안에서 신성에 참여함으로써 신화에 의

---

49) Ibid., pp. 162-63.

해 그분처럼 된다. 성령은 특수한 방식으로 각 인간 인격에 신성을 전달한다. "아들의 구속 사역은 우리의 본성과 관계된다. 성령의 신화 사역은 우리의 인격과 관련된다."50) 말씀과 성령의 이중적 섭리의 목표는 피조물과 하나님의 연합에 있다. 아들을 통한 구속이 타락한 인간을 구원하기 위한 부정적 측면의 하나님의 섭리라면, 성령을 통한 신화는 만물이 그리스도 안에서 재연합하고 하나님이 만물 안에서 만물이 되는 궁극적 목표를 위한 긍정적 측면의 하나님의 섭리라고 할 수 있다.

6. 신화의 길과 종말론적 완성

세계는 하나님의 의지에 창조된 의지를 조화시킴으로써 하나님과의 연합을 실현하도록 부름 받는다. 이것이 창조세계 안에 내포된 교회의 신비이다. 그러나 아직 우주가 곧 교회는 아니다. 그것은 성취되어야 할 최종적 목표와 소명이다. 교회는 하나님과의 연합이 성취되어가는 자리이다. 인류의 타락과 낙원(첫 번째 교회)의 파괴 이래 창조세계는 소명과 교회에 대한 사유를 보전하였다. 이 사유는 세계 안에 보내진 아들과 성령의 경세적 사역에 의해, 골고다와 오순절 이후 그리스도의 교회로서 온전히 실현되었다. 이때부터 창조세계는 새로운 몸 즉 교회를 지니게 되었다. 교회는 충만한 신적 에너지와 은총을 소유한다. 오직 교회 안에서만 신적 에너지가 성령에 의해 인간에게 수여되고 주어진다. 교회 안에서 에너지가 은총으로 나타나며, 이 은총 안에서 피조물은 하나님과의 연합으로 부름 받는다. 우주 전체가 그리스도의 교회가 되도록 부름을 받으며, 마침내 역사의 종말에 영원한 하나님 나라로 변형되도록 부름을 받는다."51)

---

50) Lossky, *In the Image and Likeness of God*, p. 109.
51) Lossky, *The Mystical Theology of the Eastern Church*, p. 113.

피조물의 신화는 죽은 자의 부활 이후 오는 시대에 온전하게 실현될 것이다. 그러나 신화시키는 연합은 우리의 타락하고 부패한 본성을 변화시켜 영원한 생명에 적합하게 만들어 감으로써 현재의 삶 속에서 점차적으로 실현되어가야 한다. 연합은 인간과 하나님의 협력(synergy) 안에서 실현된다. 하나님은 교회 안에서 연합에 필요한 모든 객관적인 조건을 제공해 주셨다. 삶 속에서 연합을 위한 주관적인 조건을 만들어 내는 것은 우리들의 몫이다. 동방교회는 은총과 자유의지를 동일한 실재의 양면으로 이해한다. 은총은 펠라기우스의 주장처럼 인간의지의 공로에 대한 보상도 아니며, 우리의 자유의지의 공로가 될 만한 행동의 원인도 아니다. 하나님의 의지와 인간의 의지의 협력과 조화 속에서 은총은 열매를 맺고 인간 인격에 의해 전유된다. "은총은 우리의 끊임없는 노력을 요구하는 우리 안의 하나님의 현존이다. 그러나 이 노력은 결코 은총을 결정하지 않으며, 은총은 우리의 자유의 외부에 있는 낯선 것처럼 우리의 자유에 대응하여 행동하지 않는다."[52] 하나님의 은총과 인간의 자유의 협력은 동시적이다.[53]

로스키는 창조되지 않은 은총과 은사, 그리고 그 은총과 은사를 주시는 성령의 위격을 구별한다. 따라서 성령은 아버지와 아들 사이의 상호적 사랑 또는 하나님과 아들을 연결하는 사랑의 끈으로 간주되지 않는다. 사랑은 성령의 위격적 특징이나 삼위일체 안에서의 위치를 가리키지 않고, 사랑의 수여자요, 우리 안의 사랑의 원천이요, 우리로 하여금 삼위일체의 공통된 본성에 참여하도록 해주는 분인 성령의 본성을 가리킨다. 성령에 의해 우리의 영

---

52) Ibid., p. 198.
53) 이집트의 마카리우스에 의하면, "인간의 의지는 근본적인 조건이다. 그것 없이는 하나님은 아무것도 하시지 않는다." St. Macarius, 'Spiritual homilies, XXXVII, 10', P.G., XXXIV, 757 A. Ibid., p. 199에서 재인용. 시리아의 이삭(St. Isasc the Syrian)은 연합의 길에서 참회, 정화, 완전의 세 단계, 다시 말하면 의지의 전환, 정념으로부터의 해방, 충만한 은총인 완전한 사랑의 획득의 세 단계를 구별한다. 참회는 연합의 길의 출발점이요 은총의 문이다. 그러나 참회는 단지 지나가는 과정 속의 한 순간이 아니라 언제나 지속되어야할 태도이다. "하나님과 연합하면 할수록 우리는 더욱 더 그분의 인식 불가능성을 깨닫게 되고, 우리가 완전해질수록 우리는 우리 자신의 불완전성을 더욱 깨닫게 된다." Ibid., p. 205.

혼에 주어지는 사랑의 능력은 창조된 결과가 아니라 창조되지 않는 은사이며, 신적이며 신화시키는 에너지이다. 이 신화시키는 에너지인 사랑 안에서 우리는 신적 본질의 참여자가 된다.[54]

하나님을 향한 사랑 안에서 각 인간 인격은 완전하게 된다. 그러나 개별적 인격은 인간 본성의 근본적 통일성을 실현하지 않고는 완전성에 도달할 수 없다. 하나님에 대한 사랑은 다른 인간에 대한 사랑과 연결되어 있다. 완전한 사랑은 우리를 창조된 본성에 있어서 인류 전체와 연합시키며, 인격에 있어서 창조된 인간과 창조되지 않은 신화시키는 은혜를 연합시킴으로써, 우리를 그리스도의 충만한 경지(엡 4:13)에 이르게 한다.[55]

신화의 길은 종말에 완성될 것이다. 그리스도의 재림과 부활이 일어나는 종말의 때에 영혼이 안으로 쌓아놓은 모든 것이 밖으로 몸에 드러날 것이다. 그때에 만물이 창조되지 않은 빛에 의해 관통될 것이고, 성도의 몸은 주님의 영광스런 몸처럼 될 것이다. 삼위일체의 빛이 그 빛을 획득한 수많은 사람들 안에서 빛나게 될 것이다. 그들은 아버지의 나라에서 빛의 수여자인 성령에 의해 아들처럼 변화되어 해처럼 빛나게 될 것이다.[56] 그때에 하나님은 만물 안에서 만물이 되실 것이다. "파루시아와 역사의 종말론적 완성에 있어서, 창조된 우주 전체는 하나님과 완전히 연합될 것이다. 이 연합은 교회 안에서 성령의 은총을 획득한 인간 인격들에게 각기 다르게 실현 또는 발현될 것이다. 그러나 죽음을 넘어서는 교회의 한계와 이 지상의 생에서 빛을 알지 못했던 사람들의 구원의 가능성은 하나님의 자비의 신비로 남아있다. 이에 대하여 우리는 감히 생각할 수도 인간적인 한계를 설정할 수도 없다."[57]

---

54) 막시무스의 표현을 빌면, "신적 은사인 사랑은 인간 본성을 완전하게 만들어 인간 본성이 은총에 의해서 하나님의 본성과 통일되고 동일시되도록 해준다." St. Maximus, 'De ambiguis', P.G, XCL, 1308. Ibid., p. 214에서 재인용.
55) Ibid., pp. 214-15.
56) Ibid., p. 235.
57) Ibid.

7. 결론

　로스키의 삼위일체론의 특징은 다음 다섯 가지로 요약될 수 있다. ① 삼위일체의 영원한 위격적 발생의 원천이며 삼위일체의 통일성과 다양성의 원리로서의 아버지의 군주성, ② 오직 아버지로부터만 출원하는 성령의 위격적 독립성, ③ 삼위일체 자체의 영원한 위격적 실존으로서의 본질과 그 본질의 발현으로서의 외적 현시(에너지)의 구별, ④ 삼위일체의 영원한 위격적 실존(내재적 삼위일체)과 창조세계와 시간 속에서의 경세적 사역(경세적 삼위일체)의 구별, ⑤ 세계와 인간의 신화. 이러한 다섯 가지의 주요 특징들과 관련하여 다음 세 가지 논점들을 중심으로 한 로스키의 삼위일체론에 대한 비판적 평가를 결론으로 대신하고자 한다.

　첫 번째 논점은 내재적-경세적 삼위일체와 에너지의 관계에 관한 것이다. 동방정교회의 전통을 따라 로스키는 하나님의 한 본질과 세 위격, 그리고 본질로부터 발현되는 창조되지 않은 에너지를 구별한다. 에너지에 관한 교리는 서방교회로부터 가장 격렬한 비판을 받아왔다. 이 교리는 삼위일체를 두 가지 차원으로 나눈다. 즉 삼위일체 자체의 영원한 위격적 실존으로서의 본질의 차원과 본질의 발현 또는 현시로서의 에너지의 차원이다.

　로스키는 에너지가 내재적 삼위일체와 경세적 삼위일체의 중간에 있다고 말한다.[58] 에너지는 세계의 창조와 관계없는 삼위일체 하나님의 영원한 본질적 발현 또는 현시라는 점에서, 세계의 창조를 전제로 한 아들과 성령을 통한 경세적 삼위일체의 현시적 활동과 구별되는 것은 사실이다. 그러나 이 점을 제외하면, 로스키의 에너지 이론은 경세적 삼위일체론과 별로 다름이 없다. 왜냐하면 에너지처럼 시간 속의 경세적 삼위일체도 영원 속의 내재적 삼위일체과 불가분리의 관계에 있기 때문이다. 그는 "에너지적 광휘"를 아

---

[58] "한편으로, 에너지는 창조적 행위와 독립적으로 존재하시는 삼위일체의 영원하고 불가분리적인 힘으로서 신학에 속한다. 다른 한편, 에너지는 또한 '경세'의 영역에 속한다. 왜냐하면 에너지 안에서 하나님은 자신을 피조물에게 현시하시기 때문이다." Ibid., p. 82.

들과 성령에 의한 아버지의 본질적 계시 또는 현시와 동일시한다. 그에 따르면, "모든 에너지와 모든 현시는 아버지로부터 나오며, 아들 안에서 표현되며, 성령 안에서 나아간다." 에너지에 의한 하나님의 현시는 실제로 아버지에 대한 아들(말씀)과 성령의 경세적 현시와 동일시된다. 만일 동방정교회와 로스키가 아들(말씀)과 성령의 경세적 현시의 활동을 인정한다면 이것은 에너지의 현시와 불가피하게 중복될 수밖에 없다.

로스키도 에너지와 아들(말씀)과 성령과의 밀접한 연관성을 인식한다. 그는 "아들의 보이지 않는 분이 아버지이며, 아버지의 보이는 분이 아들이다."라는 이레네우스의 말과 "아들은 자신의 모든 영광과 광휘 안에서 빛을 발함으로써 자신 안에서 아버지를 온전하게 보여준다."[59]는 바실의 말을 인용하면서, 여기서 아버지의 숨겨진 본질을 보여주는 아들은 거의 현시적 에너지와 동일시되며, 또한 아들에 의한 아버지의 현시가 에너지의 성격(영광, 광휘)을 가진다고 말한다. 그리고 그는 말씀과 성령의 위격에 대한 이러한 교부들의 가르침이 말씀 안에서 에너지에 의해 현시된 삼위일체의 '외적' 측면의 빛 안에서만 설명될 수 있다고 주장한다. 이것이 사실이라면, 그 자체가 하나님의 현시인 말씀과 성령이 왜 다시 현시의 매개로서 에너지를 필요로 하는 것일까? 왜 그리스도의 구속사역에 기초한 성령의 신화사역이 우리에게 신화에 필요한 은총과 은사를 날마다 직접 제공해 주실 수 없는 것일까?

두 번째 논점은 본질과 속성(에너지)의 분리에 관한 것이다. 로스키는 에너지는 하나님의 본질로부터 나오지만 본질의 외부에 있으며 본질을 구성하는 본질규정이 아니라고 주장한다. 이와 같은 그의 사고에는 본질과 속성을 분리하는 동방정교회의 신학전통이 반영되어 있다. 그에 따르면 에너지는 삼위일체 하나님의 본질과는 구별되는 속성으로서, 하나님의 본질에 대한 외적 현시이지 신적 존재 안으로 내면화될 수 있는 본질규정이 아니다. 하나

---

[59] 위의 각주 30 참고.

님은 자신의 속성에 의해 규정되지 않는다. 모든 속성은 하나님보다 열등하다. 지혜, 생명, 진리, 사랑과 같은 속성은 하나님의 본질이 아니라 에너지를 의미한다. 에너지는 본질을 현시하지만, 삼위일체의 존재에는 외면적인 것이다.[60]

여기서 제기되는 질문은 이것이다. 자신의 속성(에너지)에 의해 현시됨에도 불구하고 속성에 의해 규정되지도 않으며 속성을 자신의 존재 안으로 내면화하지도 않는 삼위일체 하나님의 본질 또는 존재 자체란 도대체 어떤 것인가? 에너지(속성)가 본질로부터 나온 것이라면 그것이 비록 본질의 외부에 발현된 것이라고 해도 그 에너지(속성)를 통해 본질을 알 수 있는 것이 아닌가? 자신으로부터 에너지를 영원히 발현시키면서도 그 에너지를 통해 알려질 수 없는 본질이란 과연 무엇인가? 왜 하나님의 본질이 경세적 영역에 현시됨에도 불구하고 그 현시가 하나님의 자신의 본질에 내적인 것이어서는 안 되는가? 로스키는 삼위일체가 하나님의 본질이 아니라 속성(에너지)인 사랑보다 고차적이라고 주장한다. 예수 그리스도 안에서 우리에게 계시된 사랑의 하나님보다 더 고차적인 삼위일체 하나님, 사랑을 포함한 모든 속성을 넘어서는 본질의 차원에 계신 삼위일체 하나님은 도대체 어떤 하나님인가? 아마도 그것은 부정신학적 진술만이 가능한 철저히 초월적인 하나님일 것이다. 그러나 이러한 하나님이 과연 성서에 증언된 하나님인가? 이러한 하나님이 과연 로스키가 말하는 "아브라함과 이삭과 야곱의 하나님, 예수 그리스도의 하나님, 언제나 아버지 아들 성령이신 삼위일체 하나님"[61]인가? 이와 같은 본질과 속성(에너지)의 구별을 요청하는 디오니소스적인 부정신학의 전통의 배후에는 성서의 증언이 아닌 플라톤의 이원론적 세계관이 있는 것이 아닌가?[62]

---

60) Ibid., pp. 80-81.
61) Ibid., p. 64.
62) 또한 로스키는 아들과 로고스(또는 지혜)를 구분한다. 아들은 삼위일체 하나님의 두 번째 위격으로서 알려질 수 없는 초월적 실재인 반면, 로고스와 지혜는 경세적 차원에서 현시되는 하나님의 에너

속성으로부터 분리된 본질이란 현상과 분리된 칸트의 물자체(Ding an sich)와 같이 공허한 개념이다. 본질적 차원에서 삼위일체가 접근할 수 없고 알려질 수 없는 물자체와 같은 것이라는 주장은 성서에 증언된 하나님의 계시에 기초한 것이라고 하기 어렵다. 삼위일체란 개념 자체가 하나님의 본질적 은폐성을 말하기 위한 부정적 개념이 아니라, 우리에게 알려지고 경험된 구체적인 역사적 계시현실인 예수 그리스도에 대한 초기의 기독교인들의 (하나님의 아들로서의) 기독론적 고백과 증언에 기초하여 발전된 개념이다. 로스키는 본래적 신학은 그 자체로 숙고되는 삼위일체 즉 위격들의 영원한 발생이며, 경세적 차원에서의 하나님의 활동 즉 아들과 성령의 시간적 파송에 대한 숙고는 이차적인 것이라고 말하는 것처럼 보인다. 이와 같은 신학의 정의는 전도된 것이다. 이러한 신학의 정의는 다시 전도될 필요가 있다. 신학의 본래적 과제는 경세적 차원에서의 하나님의 계시의 구체성으로부터 출발하는 것이어야 한다. 우리가 아버지, 아들, 성령의 실존양태로서의 삼위일체 자체에 대하여 말할 수 있다면, 그것은 하나님이 자신을 그리스도를 통해 성령을 받은 자들에게 계시하셨기 때문이다. 물론 이것은 역사적 계시가 하나님의 본질을 다 현시했다는 것을 의미하지는 않는다. 계시 속에서도 하나님의 은폐성은 여전히 남아있다. 그러나 또한 이것은 계시가 단지 하나님의 본질의 외부에 있을 뿐이며 계시를 통하여 하나님의 내적 본질이 현시되지 않는다는 것을 의미하지도 않는다. 하나님의 본질은 그 은폐성에도 불구하고 그리스도와 성령 안에서 우리에게 분명히 계시되었다. 성서가 증언하는 예수 그리스도의 역사적 계시에 기초한 기독교 신학은 그분의 십자가에 나타난 자기희생적인 무한한 사랑보다 더 우월한 본질로서의 삼위일체를 알지 못한다.

지를 의미한다. 그러나 이와 같은 구별도 성서적인 근거가 취약해 보인다. 아들이라는 용어 자체가 예수의 압바 표현에 나타난 그 자신의 아들 됨의 자의식에 기초하여 형성된 기독론적 표현이다. 그리고 이에 기초하여 후대에 삼위일체론이 형성된 것임을 기억할 필요가 있다.

세 번째 논점은 로스키의 삼위일체론의 만유재신론적 성격에 관한 것이다. 로스키는 하나님의 본질과 에너지를 구별하고 세계를 하나님의 외부에 창조된 타자로 간주함에도 불구하고 그의 삼위일체론은 만유재신론적 특징을 보여준다. 그의 삼위일체론의 만유재신론적 성격은 다음과 같은 그의 사상에 잘 나타난다. 하나님은 에너지 안에서 존재하시며, 자신을 영원토록 현시하신다. 하나님의 에너지는 만물 안과 밖에 두루 존재한다. 은총은 피조물의 초자연적 특성이 아니라 우리 안의 신적 에너지의 현존을 의미한다. 종말론적으로 하나님은 만유 안에서 만유가 되실 것이다. 특히 동방교회의 신비주의 전통에 기초한 로스키의 신화 사상은 서방교회의 신학에서 찾아볼 수 없는 만유재신론적 특징을 잘 보여준다. 에너지 이론 자체가 세계와 인간의 하나님과의 연합과 신화를 위한 신학적 근거를 마련하기 위한 것처럼 보인다. 창조세계와 인간의 궁극적 소명은 하나님과의 연합과 신화를 통해 '하나님의 성품(본성)의 참여자'(벧후 1:4)가 되는 것이다. 로스키에 의하면, "동방정교회의 영성의 목표 즉 천국의 지복은 본질을 관조하는 것이 아니라, 삼위일체 하나님의 신적 삶에 참여하고, 하나님의 본성을 상속받는 신화의 상태에 이르고, 삼위일체 하나님이 본성으로 소유하는 모든 것을 은혜로 소유함으로써, 창조되지 않은 하나님을 따라 창조된 신이 되는 것이다."[63]

그러나 로스키의 삼위일체론은 한편으로 본질로부터 발현되고 본질을 현시하는 에너지(속성)를 통한 세계와 인간의 신화와 하나님과의 연합을 허용하면서도 다른 한편으로 여전히 세계와의 관계에 의해 추호도 영향을 받지 않고 또한 에너지(속성)에 의해 구성되는 것을 허용치 않는 삼위일체 하나님의 영원한 내적 본질을 전제한다. 이러한 의미에서 그의 삼위일체론은 내재적 차원에서의 본질적 만유재신론이 아니라 경세적 차원에서의 에너지적 만유재신론이라고 명명될 수 있을 것이다.

---

63) Ibid., p. 65.

제15장
판넨베르그의 만유재신론적 역장(영) 삼위일체론

1. 서론

　판넨베르그에 따르면 하나님은 세계의 모든 유한한 실재가 의존하고 있으며, 또한 모든 것을 결정하는 힘이다. 따라서 기독교 신학은 인간 실존뿐만 아니라 세계 전체에 대한 우리의 경험을 조명하는 힘을 가진 하나님 개념을 수립하여야 한다.[1] 그는 피조물의 최종적 구원과 세계의 완성만이 궁극적으로 하나님의 존재에 대한 주장을 입증할 수 있다고 주장한다. 다시 말하면, 최종적인 구원의 사건 속에서만 하나님의 존재가 결정적으로 확증된다. 따라서 창조로부터 종말의 하나님 나라의 완성에 이르는 역사의 전 과정이 하나님의 존재에 대한 자기증명이라고 할 수 있다.[2]

　판넨베르그의 신학에 있어서 이처럼 하나님의 실재가 세계의 역사와 불가분리하게 연결되어 있음에도 불구하고, 그는 자신이 만유재신론자고 생각하지 않는다. 그는 기독교의 전통적 유신론이 만유재신론보다 우월하다고 주장하면서 자신의 신관을 만유재신론과 구별하고자 한다. 즉 그는 자신의 신학에 있어서 성령은 피조물에 생명을 주고 피조물이 영원한 하나님의

---

[1] Wolfhart Pannenberg, *An Introduction to Systematic Theology* (Grand Rapids: Eerdmans, 1991), pp. 8, 10.
[2] Ibid., p. 12.

삶 안에 참여하도록 피조물을 고양시킴에도 불구하고 언제나 초월적이며 피조물은 오직 자신을 초월함으로써만 영적 역동성 안에 참여하기 때문에 자신의 신관은 범신론 또는 만유재신론과 구별된다고 주장한다.[3]

그러나 그럼에도 불구하고 판넨베르그의 신학은 전체적으로 만유재신론의 특징을 잘 보여준다. 신정통주의자들과 달리, 그는 하나님의 계시를 보편적 역사와 구별된 구속사의 범주가 아니라 보편적 역사의 범주 안에서 이해한다. 그에게 있어서 시간 속에서 전개되는 역사적 실재의 전체성이 바로 하나님의 자기전달 즉 계시이다.[4] 미래의 힘으로서 하나님은 자연과 인간의 역사 안에 역동적으로 참여하며 그 안에 실제적으로 현존한다. 삼위일체 하나님의 역사는 세계의 역사를 포괄하며, 세계의 실존은 삼위일체 하나님의 삶 안에 자리매김 된다. 그의 과학적 자연신학에 의하면 우주는 원초적 역장(力場, force field)인 하나님의 영 안에 존재한다.[5] 따라서 하나님과 세계는 상호 내재적이다. 하나님이 세계 안에 현존하는 것처럼 세계도 하나님 안에 존재한다.

판넨베르그에 있어서, 하나님과 세계의 관계는 하나님 자신의 존재를 위한 구성적 의미를 갖는다. 즉 하나님은 세계의 역사에 참여함으로써 자신의

---

3) Ibid., pp. 45-46. 판넨베르그는 만유재신론을 범신론과 구별하지 않는 것처럼 보인다. 판넨베르그가 만유재신론자인가 아닌가에 대하여는 학자들의 견해가 엇갈린다. Stanley J. Grenz, Cornelius A. Buller, Philip D. Clayton 등은 그가 만유재신론자가 아니라고 생각하며, Roger Olson, John J. O'Donnell, Allan D. Galloway, Timothy Bradshaw 등은 그의 신론을 만유재신론의 일종으로 이해한다.
4) Wolfhart Pannenberg, ed. *Revelation as History*, trans. David Granskou (New York: Macmillan, 1968), p. 16. 물론 판넨베르그는 구속사 즉 이스라엘과 예수 그리스도 안에서의 하나님의 특수한 행위가 세계 역사의 중심적 초점과 의미와 목적이라고 확신한다. 하나님은 예수의 역사적 부활 사건 안에서 자신을 결정적으로 계시하셨다. "(예수의) 부활을 통해서 이스라엘의 하나님은 자신의 신성을 궁극적인 방식으로 실체화하였으며 이제 모든 사람의 하나님으로 계시되었다." Pannenberg, "Dogmatic Theses on the Doctrine of Revelation," Ibid., p. 142. 부활은 예수의 신적 권위를 확증하며 하나님의 종말론적 통치의 시대를 열었다. 판넨베르그는 *Jesus-God and Man*, trans. Lewis Wilkins and Duane Priebe (Philadelphia: Westminster, 1968)에서 예수의 부활에 기초하여 예수의 신성과 인성, 창조의 중재자와 죄를 대속하는 구원자, 그리고 만물의 주님 등에 관한 기독론을 전개한다.
5) Wolfhart Pannenberg, *Toward a Theology of Nature: Essays on Science and Faith*, ed. Ted Peters (Louisville: Westminster/John Knox, 1993), pp. 37-41.

존재 안에 시간적 역사성을 갖는다. 세계의 역사가 완성되는 하나님 나라는 하나님의 존재에 본질적이다. "하나님의 존재와 하나님 나라는 동일하다. 왜냐하면 하나님의 존재는 하나님의 통치권(lordship)이기 때문이다."[6] 종말론적인 미래의 하나님 나라에서 세계의 역사가 완성됨과 함께 하나님의 역사도 완성되며, 모든 피조물의 구원과 더불어 삼위일체 하나님의 존재도 완성된다. 세계에 대한 하나님의 통치가 완성되는 하나님 나라에서 시간 속의 경세적 삼위일체는 영원 속의 내재적 또는 존재론적 삼위일체와 하나가 된다. 이와 같은 하나님과 세계의 상호적 관계에 대한 이해는 바로 만유재신론이 강조하는 바이다.

이 글에서는 판넨베르그의 신학에 나타난 만유재신론적 성격을 "무한자 하나님과 유한한 세계," "하나님의 본질인 역장으로서의 사랑의 영과 삼위일체 하나님," "창조의 본성과 삼위일체적 창조," "창조세계의 공간과 시간, 그리고 '하나의 전체 포괄적인 역장'으로서의 영," "내재적 삼위일체와 경세적 삼위일체의 일치, 그리고 창조세계," "종말론적 완성" 등의 주제들을 중심으로 살펴본 후에, 결론부분에서 그가 남긴 문제들을 비판적으로 고찰해볼 것이다.

2. 무한자 하나님과 유한한 세계

판넨베르그는 하나님의 실재의 가장 기본적인 속성을 무한자로 이해한다.[7] 그는 무한자를 단지 유한자에 대한 부정이나 대립이나 초월로만 이해

---

[6] Wolfhart Pannenberg, "The God of Hope," *Basic Questions in Theology*, trans. George Kehm and R. A. Wilson (Philadelphia: Fortress, 1971), vol 2, p. 240.
[7] 그는 무한자로서의 하나님 이해가 영으로서의 하나님 본질에 대한 성서의 이해(요 4:24)에 근거한다고 주장한다. 영으로서의 하나님은 또한 사랑으로서의 하나님이나(요일 4:8). 영으로서의 하나님은 사랑의 사건 안에서 역동적인 삶을 산다. 사랑으로서의 하나님은 예수 그리스도 안의 하나님의 자기 계시 사건에서 결정적으로 나타났다. Wolfhart Pannenberg, *Systematic Theology*, ed. Geoffrey

하지 않는다. 그에 의하면 헤겔의 사상에 나타나는 무한자 개념, 즉 단지 유한자의 부정일뿐인 무한자는 아직 참된 무한자가 아니다. 왜냐하면 그것은 다른 무엇 즉 유한자로부터의 제한에 의해 정의되기 때문이다. "무한자는 유한자와의 반명제적 관계를 초월할 때에만 참된 무한자이다."[8] 판넨베르그에게 있어서 무한자 하나님은 유한한 세계를 초월하면서 동시에 유한한 세계를 포괄하며 또한 그 안에 현존한다. 그는 이것을 하나님의 속성들, 즉 거룩성, 영원성, 편재, 전능, 사랑의 관점에서 설명한다.

하나님의 거룩성은 무한자와 유한자의 차이를 폐지하지 않는다. 그러나 거룩하신 영으로서의 하나님은 자신과 다른 것으로 들어가 그것에게 자신의 삶을 나누어준다. 하나님의 거룩성이 무한한 까닭은 그 거룩성이 세속성과 대립되면서 동시에 세속적인 세상 안으로 들어가서 세상을 거룩하게 만들기 때문이다. 궁극적으로, 종말론적 희망의 목표인 갱신된 세계에서 거룩성과 세속성의 차이는 완전히 폐지될 것이다(슥 14:20-21).[9]

판넨베르그에 있어서 영원한 하나님의 온전한 초월적 현실성은 세계 역사의 위에 있지 않고 미래에 있다. 영원한 하나님은 유한한 피조물과 달리 자신의 현재와 구별되는 어떤 미래를 자신 앞에 갖지 않는다. "하나님은 자신 밖에 아무런 미래를 갖지 않기 때문에 영원하다... 그러나 자신 밖에 미래를 갖지 않는다는 것, 자신의 미래가 된다는 것은 완전한 자유를 의미한다. 아버지, 아들, 성령의 친교 안에 있는 절대적 미래로서의 영원한 하나님은 자신과 자신의 피조물의 자유로운 원천이다."[10] 그러나 무한자 하나님의 영원성은 단지 미분화적 동일성을 유지하는 것이 아니라 삼위일체적 분화 안에서 시간을 포괄하는 영원성이다. 하나님은 자신의 영원한 존재 안에 현실적 시간과 역사를 포함한다. "삼위일체적 분화로 말미암아 하나님의 영원성은 창조

Bromiley, 3 vols. (Grand Rapids: Eerdmans, 1991-1998), vol. 1, pp. 395-96.
8) Ibid., p. 400.
9) 물론 하나님과 피조물의 차이는 유지된다. Ibid., pp. 400-1.
10) Ibid., p. 410.

의 시작부터 종말론적 완성에 이르는 전체 영역의 피조물의 시간을 포함한다."[11] 이것은 라너의 명제처럼 영원 속의 내재적 삼위일체와 시간 속의 경세적 삼위일체가 본질적으로 동일하다는 것을 의미한다. 내재적 삼위일체로서의 무한자 하나님은 유한한 세계의 역사가 완성되고 하나님의 삼위일체적 통치가 온전히 이루어지는 종말의 하나님 나라에서 경세적 삼위일체와 완전히 일치하게 된다.

참된 무한자로서의 하나님은 영원성의 속성에서처럼 편재의 속성에 있어서도 초월과 내재의 양면성을 함께 유지한다. 즉 하나님은 모든 시공간과 모든 유한한 존재들을 초월하시면서 동시에 그것들 안에 내재한다. 하나님의 편재는 하나님의 전능과 연관된다. 하나님의 힘은 모든 곳에 미치며 모든 피조물을 에워싼다. 그러나 그것은 절대적이거나 군주적인 힘도 아니며 일방적으로 결정하는 힘도 아니다. 그것은 모든 반대를 거스르는 특수한 권위의 힘이 아니라 오직 하나님의 사랑의 힘이다. 하나님의 힘은 피조물에게 유한한 자유를 주고 피조물이 자신의 자유를 통해 하나님께 참여하도록 만드는 사랑의 힘이다.[12]

판넨베르그에 있어서 무한자 하나님의 모든 속성은 사랑으로 귀결된다. 즉 사랑은 무한한 하나님의 본성을 가장 온전히 표현하는 하나님의 본질적 속성이다. 사랑은 모든 유한자를 포함하는 무한자 하나님의 통일성을 설명해준다. 참된 무한자로서 하나님은 타자들과 구별되는 단지 한 개별자가 아니라 모든 구별된 개별자들을 포함하는 절대적 일자이다. 판넨베르그는 모든 유한한 다자를 초월하면서 동시에 포함하는 참된 무한자로서의 절대자

---

[11] Ibid., pp. 405-6. 판넨베르그는 플로티누스와 보에티우스의 영원과 시간 이해를 따른다. 플로티누스에 의하면 영원은 생명(삶)의 전체성의 현존이다. 영원은 시간과 대립되지 않으며 시간의 이해를 위한 전제가 된다. 시간은 생명(삶)의 전체성 또는 통일성이 분리된 순간들의 연쇄(sequence)로 분해된 것이다. 시간은 영원한 전체성의 전제 하에서만 연쇄로 구성된다. 보에티우스는 영원을 비제약적인(unlimited) 삶의 동시적이고 완전한 현존으로 정의한다. 영원은 단지 시간의 부성이 아닌 신정한 지속이다. Ibid., pp. 403-4.
[12] Ibid., pp. 410-22.

하나님에 대하여 말한다. "다자들 가운데 하나가 아닌 일자로서 하나님은 절대적이어야 한다. 일자로서 절대자는 또한 모든 다자이다. 그러나 절대자는 일자 안의 모든 다자(범신론)가 아니라, 일자와 다자의 차이를 초월한다."[13] 하나님의 사랑은 세계가 완성되는 하나님 나라에서 목표에 도달한다. 그때에 우리는 단지 유한한 세계와 대립되지 않는 참된 무한자로서의 하나님을 온전히 알게 될 것이다. 그때에 하나님의 사랑은 하나님 자신을 참된 무한자로서 나타내고 하나님의 완전한 신성을 만유에 분명하게 드러낼 것이다.[14]

무한자 하나님과 유한한 세계의 관계에 대한 판넨베르그의 만유재신론적 이해는 다음과 같이 요약될 수 있다. 하나님은 무한하고 절대적인 삼위일체적 사랑으로서 영원히 세계를 초월하면서 동시에 세계 안에 내재함으로써 세계를 포괄한다. 하나님은 세계 안에서 자신을 현실화하며 세계의 역사를 자신의 삼위일체적 역사 안에 포괄하여 하나님 나라로 이끌어 간다. 이와 같은 판넨베르그의 만유재신론적 신관은 역장으로서의 하나님의 본질에 대한 그의 이해에 더욱 분명하게 나타난다.

3. 하나님의 본질인 역장(力場)으로서의 사랑의 영과 삼위일체 하나님

판넨베르그는 인격이나 정신(nous)으로서의 신적 주체성 개념을 비판한다. 즉 그는 하나님을 이성 또는 지성(mind)으로 이해하는 고전적 신관을 거부한다. 그는 성서와 고대 스토아 철학자들의 영(프뉴마) 이해에 기초하여 하나님의 본질을 무한한 장 곧 역동적인 영으로 이해한다. 그는 막스 잠머(Max Jammer)를 따라 스토아주의의 영(프뉴마) 개념이 오늘의 장 개념의 전

---

13) Ibid., pp. 443-44
14) Ibid., p. 447.

조가 된다고 본다. 스토아주의에 있어서 영(프뉴마)은 만물에 스며들어 있는 미세한 물질(stuff)로서 그 장력(張力, tonos)에 의해서 우주의 만물을 함께 붙들어 유지시킨다. 그는 이 스토아주의 영 이해가 초기 기독교의 하나님의 영 이해에 영향을 주었다고 본다.[15]

판넨베르그는 성서에 나타나는 하나님의 영 개념이 고전적 하나님 개념인 정신 또는 지성보다 마이클 패러데이(Michael Faraday)의 보편적 역장 개념에 더 가깝다고 본다. 페러데이에 따르면 모든 물질적, 미립자적 구성물들은 역장 안에서 이차적으로 출현하는 것들이다. 역장은 지속이며 질서 있는 힘의 영역으로서, 이 영역 안에서 실체들이 생성되고, 유지되며, 자신들의 고유한 본성에 따라 행동하고 상호작용할 수 있는 힘을 부여받는다.[16]

판넨베르그는 영으로서의 하나님의 본질을 역장으로 이해하고, 창조세계 안에서의 하나님의 영의 역동적 활동을 장이론의 관점에서 설명한다.[17] 하나님의 영 즉 프뉴마는 인격이나 정신이 아니라 창조적이며 생명을 주는 역동성을 지시한다. 다시 말하면, 하나님의 영은 하나님의 역동적 현존으로서의 역장, 즉 모든 창조세계 안에서 작용하는 최고의 역장, 즉 "하나의 전체 포괄적인 역장"을 의미한다. 그리고 세계의 물리적 실체들은 "하나의 전체 포괄적인 역장" 안에서 독립적 실재들이 된 힘의 형태들을 지시한다. 세계의 모든 유한한 사건 또는 존재는 이 최고의 역장의 특수한 현현으로서 이 장의 힘들에 응답한다. 하나님의 장은 자신의 현현 또는 개별화로서의 피조물들과 상호작용하며 그것들을 질서화하고 그것들에 힘을 부여한다. 창조세계와 인간 안에 편만한 창조적 성령의 현존은 신자의 새로운 삶과 교회 안에서 절정을 이룬다. 판넨베르그는 하나님의 영이 무한하고 궁극적이며 비물질

---

15) Pannenberg, *Systematic Theology*, vol. 2, p. 81. Pannenberg, "The Doctrine of Creation and Modern Science," *Toward a Theology of Nature*, p. 39.
16) Pannenberg, *Systematic Theology*, vol. 1, p. 383.
17) Pannenberg, *An Introduction to Systematic Theology*, pp. 43-47. 그리고 Pannenberg, *Systematic Theology*, vol. 1, pp. 381-83, 429 참고.

적인 역장이라는 의미에서 다른 물리적 역장과는 구별된다고 말함으로써 하나님의 영의 초월성을 확보하고자 한다. 그럼에도 불구하고 그는 과학의 장 이론에 의해 우주의 모든 곳에 창조적으로 현존하는 하나님의 영적 장에 접근할 수 있다고 믿는다.

판넨베르그는 역장 개념에 기초하여 삼위일체를 설명한다. 즉 하나님의 역동적 장은 삼위일체적으로 구성된다. 하나님의 본질로서의 역장은 세 위격 안에 동등하게 나타나며 동시에 세 위격을 연합한다. 이 역장은 사랑의 영이다. 따라서 삼위일체의 세 위격은 사랑의 영 안에서 연합되어 있다. 즉 세 위격은 하나의 신적 본질인 사랑의 영의 현현과 형식으로서, 사랑의 친교 안에서 살아계신 하나님을 나타낸다.

판넨베르그에 따르면 삼위일체 위격들의 상호적 사랑에 있어서 사랑은 단지 세 위격 간의 상호적인 관계 안에서의 행위를 지시하지 않는다. 하나님은 사랑을 본질이나 속성으로 갖는 주체가 아니라 바로 본질에 있어서 사랑이다.[18] 사랑은 사랑하는 존재들 안에서 자신을 나타내는 힘으로서, 그 존재들을 통해 불처럼 타오르면서 빛을 발한다.[19] 삼위일체 위격들의 상호적 관계 안에서 자신을 현시하는 힘으로서, 사랑은 하나님의 본질이다(요1 4:8). "하나님은 영이다"라는 진술과 "하나님은 사랑이다"라는 진술은 동일하게 한 하나님의 친교 안에서 아버지, 아들, 성령을 연합하는 동일한 본질의 통일성을 지시한다.[20] 하나님의 영은 사랑의 힘과 불로서 신적 위격들을 통해 불타오르며, 그들을 연합시키며, 하나님의 영광의 빛으로 그들로부터 빛을 발한다.

판넨베르그는 역동적인 장으로서의 사랑의 영을 공유하는 삼위일체의

---

18) 판넨베르그에 따르면, 만일 하나님이 사랑을 본질 또는 속성으로 갖는 주체라면 신적 본질의 통일성은 아버지, 아들, 성령과 나란히 있는 제4의 위격(hypostasis)이 된다. Pannenberg, *Systematic Theology*, vol. 2, pp. 425-26.
19) "사랑은 사랑 안에서 하나로 묶여지는 존재들의 상호적 관계를 통해서 자신을 현시한다." Ibid., p. 426.
20) Ibid., p. 427.

세 위격이 각기 다른 위격들과의 관계성 안에 자신의 정체성을 구성한다고 말한다. 즉 삼위일체의 세 위격은 각기 탈자아적(脫自我的, ec-statical)으로 서로 관계를 맺으며 이 관계 속에서 자신의 위격적 독특성 또는 자아를 갖는다.[21] 아버지 위격 안에서 하나님의 영의 본령(本領)은 오직 아들과의 관계를 통해서만 형태를 갖는 창조적인 존재의 힘으로서 나아온다. 즉 아버지는 오직 아들과의 관계 속에서만 아버지이다. 아버지로부터 아들의 나아옴은 신적 사랑의 기본적 성취이다. 아들은 오직 아버지의 보내심에 대한 순종 안에서만 아들이다. 역동적 장으로서의 신적 삶에 있어서 성령은 아버지와 아들과 대립되는 분리된 위격으로서 아버지로부터 출원하며, 아들에 의해 받아들여지고, 아버지와 아들에 의해 공유되며, 아버지와 아들 모두에게 공통되는 신적 본질 즉 사랑의 힘으로서 아버지와 아들을 통일시킨다.

판넨베르그에 있어서 한편으로는 영은 세 위격 모두에 공통되는 비위격적인 하나님의 본질이지만(요 4:24), 다른 한편으로는 삼위일체적 구조에 있어서 영으로서의 하나님의 본질의 위격적 구체화의 하나로서, 아버지와 아들과 구별되는 한 위격이다. 위격으로서의 성령은 하나님의 본질로서의 장 자체가 아니라 그것의 독특한 현현으로서 아버지와 아들과 구별되는 제3의 위격이다.[22] 제3의 위격으로서 성령은 아버지 안에서 아들을 영화롭게 하며 아들 안에서 아버지를 영화롭게 한다. 성령은 오직 아들 안에서 아버지를 영화롭게 하고 아버지에 의해 보냄을 받은 아들을 영화롭게 할 때에만 제3의 위격인 성령으로 존재한다. 영은 아버지와 아들과 같은 한 신성의 한 구체적 형식으로서만 위격 즉 성령으로 생각될 수 있다. 성령은 단지 아버지와 아들에게 공통된 신적 삶이 아니라, 자신의 행위의 중심 즉 위격으로서 아버지와 아들과 대칭적으로 선다. "신성의 공통된 본질이 성령의 형태 안에서 아버지

---

21) Ibid., pp. 428-29.
22) Ibid., pp. 83-84. 몰인은 판넨베르그의 신론을 소개함에 있어서 위격으로 분화되기 이전의 하나님의 본질적 사랑의 역장은 "영" 또는 "하나님의 영"으로, 그리고 삼위일체의 세 위격 가운데 한 위격으로 분화된 영은 "성령"으로 구별하여 번역한다.

와 아들과 -다른 방식으로- 대칭적으로 서기 때문에, 아버지와 아들은 성령의 연합에 의해 서로 관계되어 있다."[23]

판넨베르그의 삼위일체론은 양태론적이 아니라 사회적이다. 그에게 있어서 세 위격은 단지 하나의 궁극적 실재인 신적 역장의 양태들이 아니라, 역장을 구성하는 본질적인 기반구조이다. 세 위격은 관계성 안에서 자신의 정체성과 통일성을 함께 구성한다. 세 위격은 서로서로의 상호적 관계성 안에서 바로 그 자신이 된다. 상호적 관계성 안에서 세 위격은 서로 구별되며 또한 서로 친교적 연합을 이룬다.[24] 이것은 내재적 삼위일체뿐만 아니라 경세적 삼위일체에 있어서도 마찬가지이다. 다시 말하면, 세계의 구원을 위한 한 분 하나님의 자기 현실화, 즉 아버지에 의한 아들의 파송, 아버지에 대한 아들의 순종, 그리고 성령에 의한 아버지와 아들의 영화롭게 됨은 위격들의 관계의 상호성과 세 위격들의 서로에 대한 상호적인 자기 내어줌의 결과이다.[25] 이와 같이 한 분 하나님의 통일성이 서로 구별된 세 위격의 상호적 활동에 의해 구성된다고 보는 판넨베르그의 삼위일체론은 사회적 삼위일체론의 유형에 속한다.

4. 창조의 본성과 삼위일체적 창조

판넨베르그는 창조에 있어서 하나님의 자유와 창조의 필연성의 딜레마를 조화시키고자 한다. 먼저 그는 창조가 하나님의 자유로운 행동에 의한 것임을 분명히 밝힌다. "이 세계가 하나님의 자유로운 행동에 의해 창조되었다

---

23) Pannenberg, *Systematic Theology*, vol. 1, p. 384. 판넨베르그는 성령이 아버지와 아들과 다른 방식으로 그들과 대칭적으로 서는 까닭은 성령이 아버지로부터 출원하고 아들에 의해 받아들여지며 또한 아들에 의해 보냄을 받기 때문이라고 설명한다. 각주 109.
24) Ibid., p. 320.
25) Pannenberg, *Systematic Theology*, vol. 2, p. 394.

는 것은 비록 이 세계가 존재하지 않았더라도 하나님의 신성에 아무런 부족함이 없었을 것임을 말해준다."26) 세계의 존재는 필연성이 아닌 우연성에 의한 것이다. 왜냐하면 세계의 존재는 하나님께서 자신의 자유 안에서 영원부터 세계의 창조자와 보존자가 되기로 결정하심에 의해 생겨난 것이기 때문이다.27)

다른 한편, 판넨베르그는 세계를 자유 가운데 창조하기로 한 하나님의 실제적인 자기결정이 하나님 자신의 본질에 속한다고 말한다. "그러므로 하나님이 세계를 만들지 않을 수도 있었다는 생각은 하나님의 실제적인 자기결정으로부터 유리된 추상적 사고이다. 이 하나님의 실제적인 자기결정은 하나님의 영원한 본질에 근거해야 하며 하나님의 구체적인 실재에 외면적인 것으로 간주되어서는 안 된다."28) 비록 창조가 하나님의 본질에 있어서 어떤 존재론적 필연성을 갖고 있지는 않지만 하나님은 실제로 자신의 영원한 본질 안에서 세계를 창조하기로 결정하셨다. 그러므로 우리는 하나님의 구체적인 실재를 창조와 분리시켜 생각할 수 없다.

이와 같은 창조의 본성에 대한 판넨베르그의 이해는 양립주의 관점을 보여준다. 한편으로 하나님은 자유로운 선택에 의해서 자신의 본성을 세계와의 관계에서 실현하기로 결정하셨다. 하나님은 자신의 본성의 내적 필연성에 의해 세계를 창조하실 필요가 없었다. 다른 한편으로 세계를 창조하기로 결정한 하나님의 실제적인 자기결정은 하나님 자신의 본질에 속한다. 그러므로 하나님의 창조 결정은 하나님의 영원한 본성의 자발적 실현이라는 점에서 자유로우며 동시에 하나님이 세계와의 관계 속에서 하나님 되기 위한 실제적인 자기결정이라는 의미에서 하나님의 본질에 속한다.

판넨베르그는 "무로부터의 창조" 교리를 확증한다. 그는 이 교리가 단지

---

26) Ibid., p. 9.
27) "하나님은 자신의 본성의 어떤 내적 필연성에 의해서 세계를 창조하실 필요가 없으셨다." Ibid., p. 19.
28) Ibid., p. 9.

세계가 이전에 존재하지 않았음을 지시하며 초기 교부시대이래 하나님의 창조적 활동과 영원히 대립되는 이원론적 사고를 배제하기 위해 사용되었다고 지적한다. 따라서 그는 이 "무"(nothing)에 "무성"(nothingness)이란 이름의 실재를 부여하는 바르트의 견해를 비판한다. 바르트에 따르면 무성은 "그것에 대항하여 하나님이 자신을 주장하고 자신의 긍정적 의지를 발휘하는" "반대와 저항"이다. 바르트는 창세기 1장에 나타나는 혼돈을 이 무성과 악과 동일시한다. 판넨베르그는 이러한 해석이 근거가 없다고 비판한다. 또한 그는 "무"를 유대교 신비주의의 짐줌 이론을 따라 하나님이 자신을 수축함으로서 피조물에게 부여하는 공간으로 해석하는 몰트만의 견해도 거부한다. 이 이론에 따르면 창조의 공간은 하나님의 전능과 피조세계 사이의 제3의 실재로서, 창조와 그 안에서 창조되는 공간들을 선행한다. 하나님의 현존의 절대적 공간과 피조물의 실존과 연관된 구체적 공간 사이의 빈 공간에 대한 사고는 상대성 이론에 의해 극복된 빈 용기로서의 추상적 공간 개념이란 가설을 전제한다.

바르트와 몰트만과 달리 판넨베르그는 피조물의 공간 안의 하나님의 현존을 보다 강조한다. 창조세계의 공간은 피조물과 더불어 계신 무한한 하나님의 현존에 의해 구성된다. 그의 창조론은 패러데이의 역장이론을 전제한다.[29] 그는 궁극적으로 우주의 모든 장들이 "하나의 전체 포괄적인 역장"으로 환원될 것을 기대하며, 이 "하나의 전체 포괄적인 역장"을 바로 하나님의 본질인 영으로 이해한다. 그는 유대교 카발라 전통과 몰트만의 짐줌 이론 대신에 삼위일체적 창조론을 전개한다[30] 판넨베르그의 삼위일체적 창조론은 하나님 자신의 다수성 즉 하나님의 삼위일체적 삶에 기초한다. 그는 창조자

---

[29] 패러데이에 따르면, 물체는 어느 지점에서의 힘의 집중에 의존한다. 따라서 물체는 이 지점 저 지점에서 자신을 나타낸다. 물질적 분자는 힘의 선들이 집중된 지점이거나 또는 어느 시기에 걸쳐 형성된 그 선들의 덩어리이다. 패러데이는 물체 자체를 힘의 형식(forms of forces)으로 파악한다. 이 형식화된 힘은 더 이상 물체의 성질이 아니라 물체적 현상을 위해 "주어진" 독립적 실재이다. 그는 이 힘을 공간을 점유하는 장으로 이해한다. Ibid., p. 81.
[30] Ibid., pp. 14-15, 89 각주 229.

가 단지 아버지 하나님이 아니라 전체 삼위일체 하나님이라고 주장한다. 즉 세계의 창조는 삼위일체 하나님의 상호적인 사랑의 표현이다.

판넨베르그에 따르면 창조의 가능성의 기초는 아버지로부터 아들의 자유로운 자기구별이다. "하나님과 구별된 세계의 독립된 실존은 아버지로부터 아들의 자유로운 자기구별 안에 그 기초를 갖는다. 그리고 이런 의미에서 우리는 창조를 아버지의 자유로운 행위로서 뿐만 아니라 삼위일체 하나님의 자유로운 행위로서 본다."[31] "따라서 창조는 아버지로부터의 자기구별 안에서의 아들의 자유의 표현으로서, 그리고 자신과 구별되는 세계의 가능성과 실존을 아들 안에서 용납하는 선하신 아버지의 자유의 표현으로서, 그리고 아버지와 아들을 자유로운 동의 안에서 연결하는 성령의 자유의 표현으로서 하나님의 자유로운 행위이다."[32]

판넨베르그는 상호적 관계성 안에 있는 세 위격들의 영원한 동시대성이 하나님 자신 안의 공간적 구별과 관계의 사고를 제시한다고 말한다.[33] 피조물은 단지 하나님의 자기 구별의 대상으로서만 창조된 것이 아니다. 피조물은 (간접적으로) 아버지로부터 아들의 자기구별로부터 나오며, 아들로부터 아버지의 자기구별에 의해 의도되고 확증된다. 아버지는 아들을 사랑하는 자신의 사랑의 넘쳐흐름의 표현으로서 피조물을 의도하고 받아들인다.[34]

판넨베르그의 삼위일체적 창조론에 있어서, 아들이 창조에 있어서의 중보자 역할과 또한 모든 피조물의 구별과 타자성과 관계된다면, 성령은 피조물의 상호적 연결과 피조물과 하나님의 연결을 위한 움직임과 관계된다.[35] 하나님의 영은 지속적으로 사건들을 방출하여 유한한 존재를 형성하는 창조

---

31) Ibid., p. 30.
32) Ibid.
33) Ibid., p. 87.
34) Ibid.
35) Ibid., p. 84. "창조세계의 사건들 안에서의 창조적 역동성이 성령과 관계된다면, 로고스는 피조물의 실존의 전체성 안에서의 그리고 자연 질서 안의 피조물의 구별과 관계의 총체적 조화 안에서의 피조물의 구별되는 형태들의 기원이다." Ibid., p. 110.

적 현존의 장 또는 포괄적 역장으로 창조세계 안에 현존한다. 피조물의 지속적 실존은 오직 하나님 안에 참여함으로써만 가능하다. 자신의 유한성을 초월하여 하나님 안에 참여하는 피조물의 삶은 창조세계 안에서의 성령의 특수한 사역이다.36)

5. 창조세계의 공간과 시간, 그리고 "하나의 전체 포괄적인 역장"으로서의 영

창조에 있어서 하나님은 자신과 나란히 그리고 자신과 대립하여 피조물에게 공간을 주신다. 하나님 자신의 광대무변함 안에서 유한한 피조물의 실존과 더불어 구별이 생겨난다. 즉 피조물의 창조와 더불어 장소의 다수성이 생겨나며 이에 따라 제한된 공간들이 생겨난다. 아인슈타인 이래 물리학의 장이론에서는 시간, 공간, 에너지가 상호연관 되어 있는 것으로 이해된다. 판넨베르그에 따르면, 피조물의 공간은 피조물이 유한성과 제한 안에서 관계를 맺는다는 사실에 의해 구성된다. 이점에 있어서 공간은 구분된 공간들과 공간의 점들 사이의 관계들의 요약이다. 하나님은 자신의 무한성에 의해 만물에 현존하면서 창조세계의 공간의 편재를 구성하신다. 하나님의 무한성은 사물들이 구별되며 또한 관계를 맺는 공간적 관계에 대한 모든 인간의 이해의 전제이다. "창조세계의 공간은 피조물 안의 무한하신 하나님의 현존에 의해 구성된다. 이것이 그것의 통일성의 보증이다... 창조의 관념이 의미하는 바는 피조물은 자신의 실존을 구성하는 창조자의 현존으로부터 분리되어서는 적절히 이해될 수 없다는 것이다."37) 그러므로 하나님의 공간성은 불가피하다. "만일 하나님의 초월성 개념이 무한자와 모든 유한자와의 논리

---
36) Ibid., p. 33.
37) Ibid., p. 89. 각주 229.

적 구별로 환원되지 않기 위해서는, 그 개념은 또한 공간을 요구한다."[38]

사물의 공간적 함께 있음과 시간적 연쇄의 구별로부터 공간과 시간의 구별이 생겨난다. 판넨베르그에 의하면 시간 개념은 공간 개념에 구성적이다. 즉 다른 것의 동시성이 공간을 구성한다. 하나님이 창조적 활동의 영으로서 역동적으로 (공간에) 현존할 때 장은 시간적 구조를 갖는다. 시간적 과정 안에서의 연속은 하나님과 타자와의 관계에서의 피조물의 독립의 조건이다. 시간의 과정 속에서만 유한한 존재는 행동할 수 있으며 자신을 자신의 행위의 중심으로 드러낼 수 있다. "창조자의 행동은 유한한 존재로서의 피조물의 독립적 실존을 목표로 하기 때문에, 하나님은 자신의 실존의 형식으로서 시간을 원하신다."[39] 피조물은 시간 속에서 독립적 개별성을 성취한 후에야 하나님의 영원성에 참여함으로써 보존 또는 갱신될 수 있다.

판넨베르그에 따르면, 하나님의 영원성은 시간성의 요소를 포함한다. 왜냐하면 영원은 시간에 반대되는 것이 아니라 모든 시간을 포함하기 때문이다. "하나님의 본질은 시간을 포함한다"[40] 매 현재적 순간의 미시적 사건들은 미래의 현현으로서, 특수한 시간적 구조를 가진 역장으로서의 "미래 사건들의 가능성의 장(the possibility field)"으로부터 출현한다. 하나님의 영은 바로 미래의 힘으로서 모든 사건들 안에서 창조적으로 활동한다. 즉 미래의 힘은 하나님의 영의 역동성 안에서 현시된다.[41] "우리는 역동적인 하나님의 영을 시간과 공간과 연결된 활동적 장으로 생각해야 한다. 장으로서의 영은 피조물들에게 그들 자신의 현재와 지속을 주는 미래의 힘에 의해 시간과 연결되며, 지속 안에 있는 피조물들의 동시성에 의해 공간과 연결된다."[42]

판넨베르그는 하나님의 동시성의 지식이 시간을 가교한다고 말한다. 즉

---

38) Ibid., p. 85.
39) Ibid., p. 96.
40) Pannenberg, *Systematic Theology*, vol. 1, p. 408.
41) Pannenberg, *Systematic Theology*, vol. 2, pp. 100-2.
42) Ibid., p. 102.

서로 다른 시간들에 속해있는 피조물의 사건들도 하나님 앞에서는 현재적으로 현존한다. 하나님의 영원성은 회상이나 기대를 필요로 하지 않는다. 왜냐하면 하나님의 영원성은 모든 사건들과 동시적이기 때문이다.[43] 영원은 전체성으로서의 삶의 분리되지 않은 현재이다. 그것은 모든 시간을 포괄하는 현재이다. 현재는 미래로부터 분리되거나 과거로 침잠하지 않을 때에만 영원할 수 있다. 미래, 현재, 과거로서의 사건들의 연쇄를 가진 시간은 영원으로부터 나오며 항시 영원에 의해 포괄된다. 따라서 영원은 시간 경험과 개념에 구성적이다. 시간이 영원으로서 통일체일 때에만 우리는 시간적 과정 속의 분리된 것들의 연계성을 이해할 수 있다.

요약하면, 판넨베르그에 따르면 세계의 공간은 하나님의 광대무변함 즉 편재에 포괄되며, 시간은 하나님의 영원에 포괄된다. 그리고 이 포괄은 "하나의 전체 포괄적인 역장"으로서의 역동적인 하나님의 영 안에서 이루어진다.

6. 내재적 삼위일체와 경세적 삼위일체의 일치, 그리고 창조세계

판넨베르그는 바르트가 삼위일체론이 예수 그리스도 안의 하나님의 계시에 근거해야 한다는 자신의 요구를 스스로 충족시키지 못했다고 비판하면서, 라너가 "경세적 삼위일체는 내재적 삼위일체이며, 내재적 삼위일체는 경세적 삼위일체이다."[44]라는 명제를 통해 하나님의 계시에 보다 더욱 충실한 삼위일체론을 제시했다고 평가한다. 내재적 삼위일체와 경세적 삼위일

---

43) Ibid., pp. 90–91.
44) Karl Rahner, *The Trinity*, trans. Joseph Donceel (New York: Crossroad, 1997), p. 22. 그리고 Karl Rahner, *Theological Investigations* (London: Longman, 1966), vol. 4, pp. 94 이하.

체가 동일하다는 라너의 명제는 단지 삼위일체론이 예수 그리스도 안의 하나님의 계시와 더불어 시작하여 하나님의 영원한 본질 안의 삼위일체로 돌아가야 한다는 것을 의미하는 것이 아니라, 삼위일체론이 하나님의 영원한 본질 안의 삼위일체를 끊임없이 하나님의 역사적 계시와 연결시켜야 한다는 것을 의미한다. 왜냐하면 계시는 하나님의 신성의 외면에 있는 것이 아니기 때문이다.[45] 영원한 본질 안에 계신 하나님은 자신을 역사적으로 계시하는 하나님과 동일하기 때문에 내재적 삼위일체는 구속역사의 삼위일체 즉 경세적 삼위일체 안에서 발견되어야 한다.

판넨베르그에 있어서 경세적 삼위일체는 내재적 삼위일체에 대하여 인식론적 우선성을 가질 뿐 아니라 내재적 삼위일체에 존재론적인 영향을 미친다. "아들과 성령을 통하여 아버지도 경세적 구원의 역사와의 관계 안에 계신다. 자신의 신성에 있어서 심지어 아버지는 세계를 창조하시고 세계 안에서 일하도록 아들과 성령을 파송하심으로써, 역사의 과정에 자신을 의존하도록 만드셨다."[46] 아버지가 세계 역사의 과정에 의존하는 것은 삼위일체 위격들의 상호 의존의 귀결이다. 왜냐하면 아버지는 구원의 경륜에 있어서 세계와 역사 안으로 아들과 성령을 보내시고 하나님의 나라를 아들에게 물려주고 성령을 통하여 그 나라를 다시 돌려받음으로써 하나님 나라를 완성하시며 따라서 자신의 주권적 통치를 완성하시기 때문이다.

따라서 판넨베르그의 삼위일체론에 있어서 경세적 삼위일체는 단지 내재적 삼위일체의 시간적 반영이 아니라 그것의 구체적 현실화이다. "경세적 삼위일체에 대한 내재적 삼위일체의 관계, 구원의 역사 속에서의 하나님의 행동에 대한 하나님의 내적 삼위일체적 삶의 관계는 - 경세적 삼위일체와 구원의 역사 속에서의 하나님의 행동이 하나님의 신성에 외면적인 것이 아니라 세계 안의 하나님의 현존을 표현하는 한 - 자기 현실화의 관계로 기술될

---

45) Pannenberg, *Systematic Theology*, vol 1, pp. 327-28, 405.
46) Ibid., p. 329.

수 있다. 왜냐하면 여기서 그 표현이 요구하는 바와 같이 주체와 결과는 동일하기 때문이다."[47] 다시 말하면, 영으로서의 무한한 역장 안에 필연적으로 존재하며 이 역장을 구성하는 존재론적 삼위일체는 이 역장 안에 우연적으로 존재하는 우주 안에서 경세적 삼위일체로서 자신을 현실화한다.

그러나 판넨베르그는 하나님의 자기 현실화를 하나님의 생성과 구별한다. 즉 그는 삼위일체 하나님의 존재가 역사의 결과로서 생성되며 오직 종말론적 완성과 더불어 존재를 완성하는 것처럼 생각하는 것을 거부한다. 그에게 있어서 하나님은 존재론적 우위성을 지닌 미래의 존재로서 완전하며, 초월적이며, 영원하다. 세계의 역사와 더불어 진행되는 하나님의 역사는 하나님의 존재의 생성 과정이 아니라 미래적 존재인 하나님의 자기 현실화 과정이다.[48] 영원한 미래의 존재로서의 하나님은 현재의 세계 안에서의 자기 현실화를 통해 선취적 또는 소급적으로 영향을 미친다. 따라서 판넨베르그는 영원한 미래적 존재로서의 하나님의 주권을 확증한다. "종말론적 완성은 오직 삼위일체 하나님이 영원부터 영원까지 언제나 참된 하나님이라는 사실이 결정되는 자리이다."[49]

내재적 삼위일체의 자기 현실화는 필연적으로 세계의 역사 안에서의 삼위일체 위격의 활동을 포함한다. 전통적 삼위일체론에 따르면 아버지는 비출생적 근원이며, 아들은 아버지로부터 출생하고, 성령은 아버지로부터 (아들을 통해) 출원한다. 여기서 세 위격의 관계는 아버지 → 아들 → 성령으로 나아가는 일방적인 관계이다. 그러나 판넨베르그는 세 위격의 관계를 보다 상호적이고 순환적인 관계로 이해한다. 세 위격의 상호적 관계는 특히 경세적 삼위일체 안에서의 세 위격의 관계에 대한 그의 설명에 분명히 드러난다.

---

[47] Pannenberg, *Systematic Theology*, vol 2, p. 393.
[48] *Jesus-God and Man*에서 판넨베르그는 하나님의 본질 안에 '생성'(becoming)이 있다는 것을 인정하지만 하나님의 본질에 '발전'(develpment)이 있다는 생각은 거부한다. 하나님 본질 안의 '생성'은 신적 본성의 변화나 발전을 의미하지 않고 신적 본성의 현실화를 의미한다. Pannenberg, *Jesus-God and Man*, p. 157.
[49] Pannenberg, *Systematic Theology*, vol 1, p. 331.

"아버지는 단지 아들을 낳지 않는다. 아버지는 또한 자신의 나라를 아들에게 넘겨주며 그리고 아들로부터 그 나라를 다시 돌려받는다. 아들은 단지 아버지로부터 출생하지 않는다. 아들은 또한 아버지에게 순종하며 그렇게 함으로써 아버지를 한분 하나님으로서 영화롭게 한다. 성령은 단지 출원되지 않는다. 성령은 또한 아버지에 대한 순종 속에 아들을 채우고 영화롭게 하며, 그렇게 함으로써 아버지 자신을 영화롭게 한다."[50] 역사 안에서의 세 위격의 행동은 삼위일체 하나님의 존재를 점진적으로 실증해 나아간다. 즉 역사가 종말을 향해 나아감에 따라 하나님의 삼위일체적 본질은 역사와 더불어 점차 현실화된다.

하나님은 세계와의 관계에 있어서 초월적이며 동시에 내재적이다. 하나님의 영원한 본질로서의 내재적 삼위일체는 세계를 초월하지만 하나님의 본질의 현실화로서의 하나님의 실존인 경세적 삼위일체는 세계 안에 내재한다. 그러나 하나님의 영원한 본질과 하나님의 역사적 실존, 즉 내재적 삼위일체와 구원의 경륜 안에 나타난 경세적 삼위일체는 서로 다른 것이 아니라 동일한 것이다. 영원한 하나님의 삼위일체적 삶은 자신 안에 피조물을 포괄하며, 따라서 모든 창조세계는 영원한 하나님 안에 내재한다. "삼위일체적 분화로 인하여, 하나님의 영원성은 창조로부터 종말론적 완성에 이르는 피조물의 전체 영역의 시간을 포함한다."[51] 그리고 우주가 궁극적으로 완성되는 종말론적 미래의 하나님 나라에서 우주는 경세적 삼위일체와 내재적 삼위일체가 일치되는 삼위일체 하나님의 삶의 통일성 안에 온전히 포괄될 것이다.[52]

판넨베르그는 하나님의 신성이 하나님 나라의 완성 없이는 인식될 수 없으며, 이런 의미에서 "하나님의 신성은 종말론적인 하나님 나라의 도래에 의

---

50) Ibid., p. 320.
51) Ibid., pp. 405-6.
52) Pannenberg, *Systematic Theology*, vol. 3, p. 646.

존한다"고 말한다. 그러나 이미 언급한 바와 같이, 그는 종말론적 완성이 오직 "삼위일체 하나님이 영원부터 영원까지 언제나 참된 하나님이라는 사실이 결정되는 자리"라고 말함으로써 미래적 존재로서의 하나님의 초월성과 주권을 확보하고자 한다.53) 또한 그는 창조와 성육신이 하나님의 본질에 필수적인 것은 아니라고 주장한다. 영원한 하나님은 존재론적으로 창조하지 않을 자유가 있다. 창조와 성육신은 하나님의 사랑의 자발적 행위이다. 사랑은 하나님의 창조의 동기이다. 그러나 이것은 창조를 필연적으로 만들지는 않는다. 세계 창조는 하나님으로 하여금 창조하지 않을 수 없게 만드는 신적 본성의 내적 필연성에 의한 것이 아니다.54) 창조는 아버지와 아울러 아들 쪽에서의 하나님의 자유로운 행위이다. 그러나 세계 창조는 아들의 성육신을 가져온다. 왜냐하면 성육신은 세계 안에서의 아버지의 주권적 통치를 현실화시키는 방편이기 때문이다. "창조세계에 대한 주권적 통치 없이는 하나님은 하나님이 아니다. 창조 행위는 분명히 하나님의 자유의 산물이다. 그러나 일단 창조세계가 존재하게 되면 세계에 대한 주권적 통치는 하나님의 신성의 조건과 증거가 된다."55)

하나님의 창조와 역사 참여는 하나님의 결핍이나 필요성에 의한 것은 아니다. 아버지의 군주적 통치는 삼위일체의 영원한 친교 안에서 이미 현실화되어 왔다. 그것은 반드시 세계의 존재를 필요로 하지 않는다. 영원 속에서 아들은 아버지에게 왕적 통치의 영광을 드린다. 따라서 삼위일체 하나님의 통치는 영원하다. 창조 이후, 이제 이 통치가 창조세계에 적용된다. "아버지의 통치가 아들과 성령을 통해 세계 안에 수립되며 인정을 받게 된다."56)

---

53) Pannenberg, *Systematic Theology*, vol. 1, p. 331.
54) "하나님의 자유로운 행동에 의한 창조로서의 세계의 기원은 만일 세계가 존재하지 않았다고 하더라도 하나님의 신성에 아무 것도 결여된 것이 없었을 것이라는 사실을 우리에게 말해준다... 하나님은 영원 전에 자신의 자유 안에서 피조물의 세계의 창조자와 완성자가 되기로 결정하셨다." Pannenberg, *Systematic Theology*, vol. 2, p. 9. 그리고 pp. 1, 19.
55) Ibid., p. 390.
56) Ibid.

판넨베르그는 창조세계가 전적으로 하나님의 자유로운 결정에 의해 존재하게 되었지만 창조 이후의 세계에 대한 하나님의 통치는 일방적이거나 강제적인 것이 아니라고 주장한다. 하나님은 피조물에게 상대적인 독립과 자유, 따라서 우연성을 허용하신다. 세계의 우연성의 요소는 세계 안에서의 하나님의 사랑의 창조적 활동의 표시이다. "일단 피조물을 창조하신 후에는, 성서의 하나님은 화이트헤드가 기술한 바와 유사한 방식으로 피조물의 독립을 존중하신다. 창조 안에서의 자신의 목적을 성취하시기 위해… 하나님은 강제가 아니라 설득에 의해 일하신다는 주장에는 진리가 있다. 그러나 하나님이 피조물을 대하는 인내와 겸비한 사랑은 그것들이 연약함으로부터 나오는 것이 아니라는 의미에서 신적인 것이다. 그것들은 자신의 피조물이 자유롭고 독립적이기를 원하시는 창조자의 사랑의 표현이다."[57]

판넨베르그는 세계의 역사적 사건들의 우연성은 세계의 우연성 때문에 발생하는 것이 아니라 미래성으로서의 하나님의 속성 때문에 발생한다고 주장한다. "미래의 사건들은 미래의 또 다른 말인 가능성의 영역으로부터 우연적으로 발생한다. 양자역학의 불확정성과 같은 그러한 해석은… 다음 논지를 입증해 준다. 즉 모든 개별적 사건 뿐 아니라 그 사건들의 연쇄는 하나님의 미래로부터 우연적으로 생겨나는 것이다. 더욱이 사건들의 발생을 이런 식으로 보는 것은 시간과 영원의 상호관계성과 만난다. 왜냐하면 영원이 시간으로 들어오는 것은 미래를 통해서이기 때문이다."[58] 즉 판넨베르그는 미래성으로서의 하나님의 속성이 불확정성을 내포하고 있기 때문에 모든 미래의 우연적 사건들이 하나님의 미래로부터 발생한다고 말한다.

---

57) Ibid., p. 16.
58) Pannenberg, "The Doctrine of Creation and Modern Science," *Toward a Theology of Nature*, p. 49.

7. 종말론적 완성

판넨베르그에 따르면, 창조로부터 종말에 이르는 전체 우주의 역사를 통한 하나님의 궁극적인 목표는 피조물이 온전히 하나님의 생명에 참여하는 것이다. "인간뿐만 아니라 모든 창조의 목적은 하나님의 생명에 참여하는 것이다."[59] 모든 기독교인들이 소망하는 종말론적 구원은 "하나님의 영원한 생명에 참여하는 것"[60]이다. 신자의 종말론적 완성은 "성령에 의한 아버지와 아들의 친교 안에 계신 삼위일체 하나님의 영원한 생명에 참여하는 것"이다. 하나님은 자신에게 부여된 독립된 실존과 자유를 파괴적으로 사용한 인간의 죄를 예수 그리스도 안에서 구속함으로써 인간을 다시 자신과 화해시키고 연합시키신다. "신자는 하나님의 영광의 빛에 의해 영화롭게 되고 변화됨으로써 성령에 의한 아버지와 아들의 영원한 친교에 참여하게 된다."[61] 따라서 종말의 때에 "하나님과 세계 사이의 구별이 여전히 유지된다고 해도 그 둘 사이의 분리는 극복될 것이다."[62]

판넨베르그는 역사를 향한 하나님의 계획이 하나님 나라에서 완성될 때 과거, 현재, 미래의 분리가 극복됨으로써 시간이 끝난다고 말한다(계 10:6 이하). 종말론적 완성에 있어서, 우주적 시간 안에서 발생하는 구별들이 사라지지는 않겠지만 시간적 분리는 세계가 하나님의 영원성 안에 참여함으로써 종식될 것이다. 이때에 우리가 시간의 순간들의 연속 안에서 오직 부분적으로만 경험하는 삶의 통일성은 영원한 동시성 안에서 전체적으로 현실화될 것이다. 영원 안에서 각 피조물과 인간은 자신의 정체성과 독립된 실존을 잃지 않는다. 왜냐하면 독립된 실존과 자유는 하나님과 피조물 사이의 상호적인 사랑과 영광을 위해 필수적이기 때문이다. 그러나 개별적 정체성은 시간

---

59) Pannenberg, *Systematic Theology*, vol. 2, p. 136.
60) Pannenberg, *Systematic Theology*, vol. 3, p. 527.
61) Ibid., p. 626.
62) Ibid., p. 540.

안에서 결정되지 않고 오직 영원과의 관계 안에서만 결정된다. "시간 안의 역사의 도상에서 피조물은 오직 기대, 즉 자신의 최종적 미래, 하나님의 도래의 빛 안에서 드러날 자신의 정체성에 대한 기대 안에서 존재한다."[63] 우리는 우리가 장차 될 바로 그 존재이다. 따라서 피조물의 정체성은 "영원한 현재의 동시성 안에서 시간성을 볼 것"을 요구한다. 영원은 시간을 배제하지 않고 시간과 영원의 차이를 포괄한다. 이와 같은 포괄적인 영원은 참된 무한자인 하나님의 영원성 안에서 발견된다.

시간은 영원한 하나님의 사랑으로부터 흘러나온다. "비록 그 자신이 영원함에도 불구하고, 하나님의 사랑은 시간을 낳으며 시간 안에서 일하며 시간 안에 현존한다."[64] 하나님의 영원한 미래는 창조, 화해, 종말론적 구원으로 나아가는 전 과정의 경륜 속에서 피조물의 시간 속으로 들어온다. 이것은 하나님의 사랑의 현현이다. 사랑의 하나님은 영원한 자신의 내재적 삶(내재적 삼위일체)으로부터 세계로 오시며 피조물을 자신의 삼위일체적 삶(경세적 삼위일체)의 통일성 안으로 통합시키신다. "내재적 삼위일체와 경세적 삼위일체의 구별과 통일성은 하나님의 사랑의 삶의 핵심을 구성한다. 이와 같은 하나의 핵심과 함께 하나님의 사랑은 전체 피조물 세계를 포괄한다."[65]

창조세계를 향한 하나님의 사랑은 시간이 영원에 온전히 참여하는 종말론적 미래에 완성될 것이다. "오직 종말론적 미래의 하나님만이 자신의 사랑의 계시를 완성하실 것이다. 즉 하나님은 종말론적 미래에 자신의 영원한 생명 안에 창조세계가 참여하도록 함으로써 창조세계를 완성하실 것이다."[66] 시간이 영원 속에 온전히 참여하는 종말론적 미래의 하나님 나라에서 창조세계는 경세적 삼위일체와 내재적 삼위일체가 일치되는 삼위일체 하나님의 삶의 통일성 안에 온전히 포괄될 것이며, 시간 속의 피조물의 개별성은 하나

---

63) Ibid., p. 531.
64) Ibid., p. 644.
65) Ibid., p. 646.
66) Ibid., p. 645.

님의 영원한 생명에 참여함으로써 보존되고 완성될 것이다.

8. 결론

판넨베르그의 신론의 주요 특징은 두 가지 관점에서 파악 가능하다. 첫째, 그는 하나님의 본질을 무한한 역장으로서의 영으로 이해한다. 영으로서의 하나님은 "하나의 전체 포괄적인 역장"으로서 창조세계를 포괄한다. 그는 세계 안의 하나님의 영의 현존은 "창조적 임재의 장, 즉 유한한 존재의 사건들을 방출하는 포괄적인 역장"으로 묘사한다.[67] 다시 말하면 영으로서의 무한한 하나님은 유한한 세계가 그로부터 창조되고 피조물이 그로부터 출현하고 존재하기 위한 모태 또는 환경적 네트워크로서의 에너지, 시간, 공간의 역장이다. 피조물은 역장으로서의 하나님의 영 안에 살며, 그로부터 생명을 공급받아 존재하며, 그 힘에 의해 환경을 넘어서 미래로 나아간다.[68]

역장으로서의 하나님의 영은 바로 사랑이다. 무한한 하나님은 사랑의 영으로서 유한한 세계의 시간과 공간을 포괄한다. 하나님은 공간과 시간의 전체성 즉 무한자로서, 피조물의 공간과 시간의 배경이자 환경이 된다. 무한자 하나님은 공간적으로 광대하고 편재하며, 시간적으로 영원하다.[69] 하나님의 편재는 동시성 안에서 공간을 포괄하며 하나님의 영원성은 미래의 힘 안에서 시간을 포괄한다. 한 마디로, 판넨베르그의 하나님은 시간과 공간을 포괄하는 전체 포괄적인 역장 즉 영으로서, 세계와 모든 피조물이 그로부터 나오고, 그 안에 존재하며, 다시 그리로 돌아간다. 이와 같은 그의 신론은 '역장

---

67) Pannenberg, *Introduction to Systematic Theology*, p. 49.
68) 그렌츠와 올슨에 따르면 판넨베르그에게 있어서 역장은 하나님이 창조세계와 관계를 맺는 원리로 기능하면서 동시에 창조세계가 하나님의 삶 안에 참여하는 원리로 기능하는 하나님의 본질이다. Stanley J. Grenz and Roger E. Olson, *Twentieth-Century Theology: God and the World in a Transitional Age* (Downers Grove, IL: InterVarsity Press, 1992), pp. 193-94.
69) Pannenberg, *Introduction to Systematic Theology*, p. 48.

(영) 만유재신론'이라고 이름 붙일 수 있다.[70]

둘째, 판넨베르그의 '역장(영) 만유재신론'은 삼위일체적이다. 즉 역장으로서의 하나님의 영은 삼위일체의 세 위격으로 구성된다. 그에게 있어서 삼위일체론은 절대적 일자로서의 하나님과 다양성 속의 세계와의 관계를 철학적으로 설명해 줄 수 있는 개념이다.[71] 그는 영원 속의 내재적 삼위일체와 세계의 구원과 완성을 위한 역사 속의 경세적 삼위일체가 본질적으로 동일하다고 주장한다. 영으로서의 무한한 역장 안에 필연적으로 존재하며 이 역장을 구성하는 존재론적 삼위일체는 이 역장 안에 우연적으로 존재하는 세계 안에서 경세적 삼위일체로서 자신을 현실화한다. 그에게 있어서, 존재론적으로는 내재적 삼위일체가 경세적 삼위일체를 선행하며 그것을 통해 자신을 현실화시키지만, 역사적 또는 인식론적으로는 경세적 삼위일체가 내재적 삼위일체를 선행하며 그것을 현실화시키고 완성하는 것처럼 보인다. 그는 이 두 차원의 삼위일체가 세계의 구원이 완성되고 하나님의 통치가 온전히 실현되는 종말에 완전히 일치될 것이라고 말한다.

판넨베르그의 신론과 관련하여 다음 두 가지 논점에 대하여 더욱 심도 있는 연구와 지속적인 논의가 요청된다. 첫 번째 논점은 그의 미래 존재론에 대한 것이다. 그에 따르면 미래는 존재론적 우위성을 가지고 현재를 지배하며 결정짓는다. 하나님은 영원한 미래적 존재이다. 하나님의 초월성은 이 영원한 미래성에 있다. 초월적인 미래적 존재와 힘으로서 하나님은 영원 속에서

---

70) 판넨베르그의 역장으로서의 하나님의 영 이해는 적지 않은 논란의 대상이 된다. 예를 들면, 폴킹혼은 판넨베르그가 성령을 역장으로 표현할 때 유비 이상의 의미로 사용하고 있다고 비판한다. "물리학사의 눈으로 보기에 이런 수상은 나소 기괴해 보인다. 상이란 무제한적인 자유의 정도(변화하는 방식)를 지닌 동역학계를 의미하는데, 그 자유는 제한되어 있지 않다는 점이 중요하다. … 영의 모델로서 장 개념의 유용성은 현격히 떨어진다. 그 적절성을 주의 깊게 고려하지 않고 전문용어들을 학문적으로 번역할 때에는 의미론적 혼란이 일어날 위험이 항상 있다." John Polkinghorne, *Belief in God in an Age of Science*, 이정배 역, 『과학시대의 신론』 (서울: 동명사, 1998), p. 94.
71) 판넨베르그의 삼위일체 교리는 야곱 뵈메처럼 변증법적 존재론의 틀 안에서 전개되지 않으며, 따라시 몰드만처럼 고통당하는 하나님의 표상 아래 진개되지도 않는다. John W. Cooper, *Panentheism: The Other God of the Philosophers: From Plato to the Present* (Grand Rapids: Baker Academic, 2006), p. 278 참고.

자유로운 결정에 의해 세계를 창조하셨다. 하나님은 미래적 존재와 힘으로서 세계를 무한히 초월하면서 동시에 세계 안에 내재하며 세계를 포괄하신다. 하나님은 모든 것을 결정하는 힘으로서 미래로부터 현재의 세계 안으로 들어와 선취적 또는 소급적으로 역사함으로써 역사를 종말론적 미래의 하나님 나라로 인도하신다.

이와 같은 판넨베르그의 미래 존재론에 대하여 다음과 같은 물음이 제기될 수 있다. 어떻게 현실태가 아닌 가능태의 영역인 미래가 하나님의 존재의 영역이 될 수 있는가? 하나님이 미래적 존재라면 하나님은 미래의 영역에 가능태로서 존재하시는가, 현실태로서 존재하시는가? 판넨베르그는 영원 속의 미래의 하나님이 세계의 역사 속에서 자신을 현실화시킨다고 말한다. 이것은 미래의 하나님이 (적어도 부분적으로) 현실태가 아닌 가능태로 존재함을 함축한다. 만일 미래적 존재로서의 하나님이 가능태로서 존재한다면 어떻게 열려있는 가능태의 영역인 미래가 현재에 소급적으로 인과율을 발휘할 수 있으며, 어떻게 비결정적인 미래가 현재를 결정하는 영향력을 미칠 수 있는가? 하나님의 자기 현실화가 오직 종말에 가서야 완전하게 성취된다면, 어떻게 하나님이 자신의 미래적 본질이 단지 부분적으로만 현실화된 존재로서 이 세계 안에서 종말론적 하나님 나라를 향한 주권적인 섭리를 수행한다고 말할 수 있는가?

판넨베르그는 하나님의 영원성 안에서 현재와 미래와 과거가 하나가 된다고 말한다. 하나님은 자신의 현재와 다른 그 어떤 미래도 자신 앞에 갖고 계시지 않는다. 그리고 과거가 하나님에게는 아직 현재이다. 하나님은 자신 외부에 미래를 갖고 계시지 않기 때문에 영원하다. 영원하신 하나님(그는 이 하나님을 절대적 미래라고 부른다)은 자신과 피조물의 자유로운 기원이다.[72] 만일 하나님의 미래가 현재 즉 현실태로 존재한다면 그의 미래 존재론

---

72) Pannenberg, *Systematic Theology*, vol. 1, p. 410.

은 결정론적인 것이 된다. 하나님이 미래의 현실적 존재로서 현재에 영향력을 발휘하여 역사를 종말론적 미래로 이끈다면 미래는 과연 열려 있는 것인가? 종말론적 미래가 하나님에게 이미 현실태로서의 현재라면, 그리고 세계의 역사가 존재론적 우위에 있는 미래의 힘에 의해 종말론적 완성을 향해 나아간다면, 세계의 역사는 과연 미결정적 가능성에 개방되어 있으며, 피조물과 인간은 과연 진정한 자기 결정적 자유를 가지고 있다고 할 수 있는가?

판넨베르그의 신론에서 발견되는 두 번째 논점은 하나님의 초월성과 내재성에 관한 것이다. 세계와의 관계에서의 하나님의 초월성과 내재성에 대한 그의 설명에는 쉽사리 조화되기 어려운 양면성이 발견된다(어쩌면 이것은 사실 모든 신학자들의 피할 수 없는 운명처럼 보인다). 한편으로, 그는 하나님과 세계의 상호 내재성을 강조한다. 그는 하나님의 영을 유한한 존재들이 존재하기 위한 맥락 또는 환경적 네트워크로서의 "하나의 전체 포괄적인 역장"으로 이해한다. 포괄적인 장으로서 하나님은 세계와의 관계에 있어서 내재적이다. 세계의 모든 피조물은 생명의 근원이며 삶의 환경인 신적 장에 의존한다. 영은 피조물에 생명을 불어넣어 그들로 하여금 하나님의 생명에 참여케 한다. 그에게 있어서 시간, 공간, 에너지는 하나님에 의해 만들어진 전적으로 비신적인 인공물이라기보다는 하나님의 역장 자체의 분화된 측면처럼 기술된다. 그는 물리학과 신학이 동일한 역장을 다른 관점에서 다룬다고 말한다.73) "만일 공간이 현상들의 동시성의 형식으로 기술된다면, 물리학에서의 시간의 공간화는… 하나님의 영원한 현존 안에의 모든 유한한 참여에 대한 추론으로 기술될 수 있다."74) 하나님의 영원과 편재성에 유한한 시공간이 참여하듯이, 피조물은 하나님과 구별되지만 신적 에너지의 개별

---

73) 물론 판넨베르그는 과학의 이론과 신학의 진술이 동일한 것이 아니라 근사치(approximation)의 관계에 있다고 본다. Pannenberg, *Systematic Theology*, vol. 2, p. 83.
74) 공간화는 "지속"(duration)의 경험에 근거한다. 이 지속의 경험은 공간 안의 동시성을 구성할 뿐만 아니라 하늘의 움직임과 관련된 밤낮과 계절의 연속성을 구성한다. 별들의 움직임으로서의 우주적 시계는(특히 별과 달) 인간의 균등한 시간 구획을 위한 기초이다. Pannenberg, "The Doctrine of Creation and Modern Science," *Toward a Theology of Nature*, pp. 43-44.

화로서 하나님 안에 존재한다고 할 수 있다.

그러나 다른 한편 판넨베르그는 하나님의 초월성을 강조한다. 그에 따르면 하나님은 세계가 없이도 완전한 하나님이다. 세계는 필연적 실재가 아니라 삼위일체 하나님의 자유로운 행동에 의해 창조된 우연적 실재이다. 만일 세계가 존재하지 않았다고 하더라도 하나님의 신성에 아무 것도 결여된 것이 없었을 것이다.[75] 포괄적인 장으로서 하나님은 세계와의 관계에 있어서 내재적일 뿐만 아니라 또한 초월적이다. 하나님의 영은 무한하고 궁극적이며 비물질적인 역장이라는 의미에서 다른 물리적 역장과는 구별된다. 하나님은 유한한 시간과 공간의 연속이나 유한한 피조물의 생명의 총합 이상이다. 그에 있어서 하나님의 초월성은 무엇보다 하나님의 존재론적 미래성에 있다. 영원한 미래적 존재로서 하나님은 자기 충족적이고 완전하며 초월적이다. 역사를 초월하는 미래의 힘으로서 하나님은 하나님 나라를 향하여 역사를 이끌며 종말론적 미래에 역사의 전체적 의미를 완성한다. "영원은 바로 미래를 통하여 시간 속으로 들어온다."[76] 미래적 존재로의 하나님의 초월성은 세계에 대한 하나님의 절대 주권적 섭리로 나타난다.

물론 판넨베르그는 피조물의 자유를 긍정한다. 그는 피조물의 자유로 인하여 하나님도 "모험"을 감수한다고 말한다.[77] 그는 하나님과 인간의 상호적인 관계성을 긍정한다. 그는 하나님과 인간이 서로 사랑하고 서로 영화롭게 한다고까지 말한다.[78] 그럼에도 불구하고 그는 하나님이 피조물에 의해

---

75) Pannenberg, *Systematic Theology*, vol. 2, p. 9. 판넨베르그는 이점에 있어서 자신의 신론이 세계가 하나님에게 필수적이라고 주장하는 만유재신론과 구별된다고 주장한다. 그러나 하나님의 창조의 자유로운 창조로 인한 세계의 우연성이 만유재신론을 거부하기 위한 이유가 되지는 못한다. 왜냐하면 만유재신론자들이 다 세계가 하나님에게 필수적이라고 주장하는 것도 아니며, 또한 만유재신론과 하나님의 자유로운 창조가 모순적인 것도 아니기 때문이다. 판넨베르그의 만유재신론 이해는 과정신학의 경우에는 적합하지만 그 외의 만유재신론의 유형들에는 적합하지 않다. 삼위일체론적 만유재신론을 보여주는 신학자들 가운데 몰트만이 있으며, 하나님의 창조의 자유와 세계의 우연성을 확증하는 수정주의 과정신학자들 가운데 필립 클레이튼이 있다.
76) Pannenberg, *Introduction to Systematic Theology*, p. 49.
77) Pannenberg, *Systematic Theology*, vol. 3, p. 643.
78) Ibid., pp. 625-26.

영향을 받거나, 변화되거나, 또는 그것에 응답적이라는 사고를 거부한다. 그는 다른 만유재신론자들과 달리 피조물이 하나님에게 영향을 주거나 역사의 과정을 함께 결정한다는 견해를 거부한다. 그는 창조에서 종말에 이르기까지의 전체 역사 속에서의 하나님의 행동의 "전적으로 결정적인"(all-determining) 성격을 강조한다. 하나님이 피조물의 자유를 허용함에도 불구하고 창조, 구속, 완성에 있어서 하나님의 주권은 영원히 결정되었으며 따라서 시간 속에서 아무 것도 그것을 정지시키거나 변화시킬 수 없다. 이점에 있어서 그의 신관은 하나님과 세계의 상호작용을 중요시하는 과정신학이나 몰트만의 신관보다 더 초월적이고 결정론적이다.

그러나 하나님을 모험하도록 만드는 피조물의 진정한 자유와 하나님과 인간의 상호적 관계성을 인정하면서 동시에 창조된 우연적 세계와의 관계가 하나님의 영원한 존재에 아무런 영향이나 변화를 가져오지 않는다고 주장하는 것은 논리적으로 가능한 일인가? 판넨베르그에 있어서, 만일 하나님이 영원한 자유로운 결정에 의해서 세계를 창조하지 않았다면 하나님은 단지 영원 속에 미현실화된 하나님(내재적 삼위일체)에 머물렀을 것이다. 이 하나님과 창조 이후 세계의 구속과 완성의 과정 속에서 자신을 현실화시키는 하나님(경세적 삼위일체)은 본질적으로 같은 하나님이겠지만 현실화된 역사적 삶의 내용(존재는 이와 분리될 수 없다)에 있어서는 다를 수밖에 없지 않겠는가? 하나님의 본질이 참으로 사랑의 영이라면 어떻게 피조물과의 상호적인 관계 속에서 영향과 변화를 경험하지 않을 수 있는가? 그리고 어떻게 피조물과의 관계 속에서 경험하는 영향과 변화가 하나님의 존재에 구성적인 의미를 갖지 않을 수 있겠는가? 세계의 역사가 경세적 삼위일체의 삶에 구성적인 의미를 가지며, 또한 역사 속의 경세적 삼위일체의 현실적 삶이 영원 속의 내재적 삼위일체를 위한 구성적 의미를 가진다면(이것은 판넨베르그 자신이 거듭 강조하는 바이다), 그것은 세계의 역사가 하나님의 영원한 존재에 구성적인 의미를 갖는다는 것을 의미하지 않는가?

판넨베르그는 하나님이 세계 안에서 자기 현실화를 의도했든지 의도하지 않았든지 관계없이 영원한 본질에 있어서 완전하고 자족적인 삼위일체 하나님이심을 강조함으로써 하나님의 초월성을 확증하고자 한다. 이와 같은 생각이 그로 하여금 자신의 신관이 만유재신론으로 불리는 것을 거부하도록 만든 것으로 여겨진다. 그러나 사랑의 영으로서의 하나님의 완전성이 세계로부터의 영향의 수용과 양립불가능하다고 주장할 수 있는 근거는 전혀 없다. 이와 같은 문제점에도 불구하고, 판넨베르그의 신관은 본질에 있어서 사랑의 영 즉 전체 포괄적 역장으로서 우주의 모든 장을 포괄하며, 경세적 삼위일체로서 세계와의 상호적인 관계 안에서 세계의 역사를 통해 자기 현실화의 삶의 역사를 구체화한다는 점에서 "만유재신론적 역장(영) 삼위일체론"이라고 할 수 있다. 판넨베르그의 신학에 나타나는 미래적 존재로서의 하나님의 현실성의 문제와 세계와의 관계에서의 하나님의 초월성과 내재성의 문제에 대하여 보다 이해가능하고 설득력 있는 해법을 제시하는 것은 오늘과 내일의 신학도들에게 남겨진 과제일 것이다.

제16장

몰트만의 페리코레시스적, 변증법적 만유재신론으로서의 삼위일체론

1. 서론

몰트만은 개혁교회의 신학 전통을 창조적으로 계승·발전시켜 분명하게 명료화된 형태의 만유재신론적 삼위일체론을 수립한 대표적인 현대 신학자들 가운데 한 사람이다. 그는 성서의 증언에 충실하면서 동시에 쉘링, 헤겔 같은 철학자들의 변증법적 삼위일체론의 논리를 비판적으로 전유하여 변증법적인 만유재신론적 삼위일체론을 전개한다. 그의 변증법적인 만유재신론적 삼위일체론에서 가장 핵심적인 개념은 삼위일체의 세 위격의 상호 내주를 의미하는 '페리코레시스'(perichoresis)라고 할 수 있다. 그는 이 개념을 삼위일체 하나님의 내적 관계에만 적용하지 않고 하나님과 창조세계의 관계, 그리고 세계의 피조물 상호간의 관계에까지 확장하여 적용하고자 한다.

몰트만의 저서들 가운데 만유재신론적 삼위일체론의 성격이 처음 나타나는 곳은 『십자가에 달리신 하나님』(1973)이다. 이 책에서 삼위일체 하나님은 세계 역사의 심장부에서, 즉 예수의 십자가에 계시되는 아버지와 아들 사이의 사랑과 버림의 상호관계 안에서 발견된다. 몰트만에게 있어서 십자가는 삼위일체 하나님의 존재와 삶이 본유적으로 세상을 향하여 열려있음을 확증하는 역사의 지점이다. 예수 그리스도의 십자가와 부활을 통하여 모든 인간의 고통과 갱신은 삼위일체 하나님의 삶 안으로 취하여진다. 몰트만의 만유재신론적 삼위일체론이 가장 충분하게 전개되는 책은 『삼위일체와 하나님 나라』(1980)이다. 여기서 몰트만은 세계역사의 전개와 최종적 완성을 삼위일체 하나님의 삶 안에서 설명한다. 즉 삼위일체 하나님의 삶 안에서 모든 창조세계의 구속과 하나님과의 충만한 친교 즉 페리코레시스가 완성된다.

본래 기포드 강연에서 발표되었던 글인 『창조 안에 계신 하나님』(1985)에서, 몰트만은 하나님의 자기제한 안에서의 세계의 창조와 섭리에 관해 설명한다. 특히 그는 삼위일체 하나님의 세계 안의 현존과 세계의 진화적 완성을 위한 성령의 역할을 강조한다. 이 책에서 그는 삼위일체 안의 페리코레시스에 기초한 하나님과 세계 그리고 세계의 모든 피조물들의 페리코레시스적 상호내주의 관계에 관한 만유재신론적 비전을 잘 보여준다. 마지막으로, 『오시는 하나님』(1995)에서 몰트만은 페리코레시스적, 변증법적 만유재신론으로서의 삼위일체가 완성되는 종말에 대하여 말한다. 종말론적인 미래에 모든 개인의 삶과 창조세계 전체가 종국적으로 완성되는 하나님 나라의 완성과 더불어 삼위일체 하나님의 삶이 완성된다.

이와 같은 일련의 저서들을 통해 몰트만은 종말론적 하나님 나라에서 완성에 이르는 세계의 창조, 해방, 화해의 역사를 삼위일체 하나님의 역사의 관점에서 설명한다. 이와 같은 그의 신관은 변증법적 논리를 따라 전개되며 페리코레시스 안에서 종말론적인 완성에 이르는 만유재신론적 삼위일체론이라고 명명할 수 있다. 이제 우리는 몰트만의 주요 저서들을 중심으로 그의 만유재신론적 삼위일체론의 주요 내용과 특징들을 고찰할 것이다.

2. 십자가에 달리신 하나님

『십자가에 달리신 하나님』에서 몰트만은 자신의 삼위일체론을 십자가 신학과 더불어 시작한다. 십자가는 삼위일체와 미래의 하나님 나라를 포함하는 모든 신학적 주제의 출발점이다. 어떻게 삼위일체 하나님이 십자가로부터 이해되는가? 이 물음에 대답하기 위해 몰트만은 쉘링과 헤겔의 변증법적 사고를 전유한다. 즉 하나님은 반대편 안에서, 하나님 없음과 하나님에 의해 버림받음 안에서, 하나님으로 계시된다. "구체적으로 하나님은 하나님에 의해 버림받은 그리스도의 십자가 안에서 하나님으로 계시된다."[1]

몰트만은 전통적 유신론의 군주적 주체성, 초월성, 무고통성을 비판하고 삼위일체 하나님의 공동체성, 내재성, 고통가능성을 강조한다. 특히 그의 십자가 신학은 우리의 고통에 공감적으로 동참하는 하나님의 파토스(pathos)를 강조한다.[2] 몰트만은 십자가를 삼위일체적 사건, 즉 아들 예수와 아버지 사이의 사건으로 이해한다. 다시 말하면, 그는 하나님과 십자가의 예수의 관계를 불변적이고 초월적인 하나님과 인간 예수의 본성 사이의 관계로 이해하지 않고 하나님 안에서의 변증법적 관계로 이해한다. 십자가는 아버지 하나님으로부터 버림받은 아들의 고통으로서, 이 고통은 모든 인류가 당할 하나님의 심판을 대신 당하는 대리적 고난이다.[3] 십자가의 사건은 하나님과 하나님 사이의 삼위일체적 사건이다. "하나님이 하나님을 버리고 그 자신을 부정하는 한 이 사건은 하나님 자신 안에서의 분열의 사건이며, 이와 동시에 하나님이 하나님과 하나가 되고 그 자신에 상응하는 한 이 사건은 하나님 안에서의 일치의 사건이다."[4]

삼위일체의 위격들의 정체성은 바로 이와 같은 하나님 안에서의 변증법

---

1) Jürgen Moltmann, *The Crucified God: The Cross of Christ as the Foundation and Criticism of Christian Theology*, trans. R. A. Wilson and John Bowdon (New York: Harper and Row, 1974), p. 27.
2) Ibid., pp. 270-74.
3) Ibid., pp. 146, 151-53.
4) Ibid., p. 244. 그러나 릴리 댑니는 몰트만이 아버지가 부재하는 십자가 사건에서 성령의 현존을 진술하는데 실패했디고 비핀힌디. D. Lyle Dabney, "Pneumatologia Crucis: Reclaiming Theologia Crucis For A Theology of the Spirit Today," *Scottish Journal of Theology* 53, no., (2000), pp. 521-24.

적 분리와 일치의 과정 속에서 구성된다. 아버지와 아들은 고통당하는 상호적인 사랑 안에서 서로를 구성한다. "아들은 죽음에 있어서 사랑 안에서 아버지에 의한 버림받음의 고통을 당한다. 아버지는 사랑 안에서 아들의 죽음으로 인한 슬픔의 고통을 당한다. 이 경우 아버지와 아들 사이의 사건으로부터 출원하는 것은 아버지와 아들의 자기 내어줌(surrender)의 영으로 이해되어야 한다…"5) 예수의 십자가는 삼위일체 하나님의 내적인 변증법적 존재 방식이 세계의 역사 안에서 구체화되는 지점이다. 십자가는 아버지와 아들 사이의 분리와 일치의 변증법을 통하여 삼위일체로 계시는 하나님의 존재를 구성한다.6)

삼위일체가 역사의 한 지점인 십자가에서 구체화된다는 것은 하나님의 존재가 역사적이며 하나님이 역사 안에 존재하신다는 것을 의미한다. "하나님의 이야기는 인간 역사의 이야기이다."7) 달리 말하면, 삼위일체는 하나님의 내적 차원에 닫혀있지 않고 세계를 향해 열려있다. 삼위일체를 십자가로부터 이해한다는 것은 삼위일체를 세계의 불의, 고통, 죽음의 심층과 그것에 대한 정복으로부터 이해한다는 것을 의미한다. 삼위일체 하나님은 본유적으로 십자가에서 악과 죽음을 포함한 모든 우주적 역사를 끌어안는다. "만일 우리가 삼위일체 하나님의 삶을 '하나님의 역사'(헤겔)로 기술한다면, 이 하나님의 역사는 하나님께 버림받음, 절대적 죽음, 그리고 하나님 없음의 심연 전체를 그 안에 포괄한다."8) 따라서 모든 인간의 역사는 삼위일체 하나님의

---

5) Ibid., p. 245.
6) 이러한 몰트만의 삼위일체론은 하나님의 존재를 역사 속에서 그 자체를 현실화하는 변증법적 통일성으로 이해한다는 점에서 헤겔의 삼위일체론과 유사하다. 그러나 몰트만의 삼위일체론은 헤겔의 삼위일체론과 중요한 차이점을 보여준다. 헤겔에 있어서 아들의 성육신은 아버지에 대한 부정으로, 그리고 영은 아버지와 아들에 대한 변증법적 지양 또는 변혁으로 정위(定位)된다. 여기서 세 위격은 공동체 안에 공존하는 것이 아니라 절대정신의 세 연속적(successive) 양태로 존재한다. 이와 달리 몰트만은 세 구별된 위격들의 공동체로서의 하나님의 본유적 실재를 강조한다.
7) Jürgen Moltmann, "The 'Crucified God': God and the Trinity Today," *New Questions on God*, ed. Johannes Metz(New York: Herder & Herder, 1972), p. 35.
8) Moltmann, *The Crucified God*, p. 246.

역사 안으로 취하여지고 하나님의 역사의 미래 안으로 통합된다.

삼위일체 하나님이 본유적으로 세계를 향해 열려 있다는 것은 내재적 삼위일체와 경세적 삼위일체가 본질적으로 구별되지 않음을 의미한다. 삼위일체 하나님은 본유적으로 십자가의 사랑, 고통, 죽음 안에서 역사 안에 내재한다. 몰트만은 "경세적 삼위일체는 내재적 삼위일체이며, 내재적 삼위일체는 경세적 삼위일체이다"라는 라너의 규정에 동의한다.[9] 경세적 삼위일체로부터 분리된 내재적 삼위일체란 존재하지 않는다. "진정한 삼위일체에 대하여 말하는 사람들은 예수의 십자가에 대하여 말하고 있는 것이지 천상의 수수께끼에 대하여 추측하는 것이 아니다."[10]

『십자가에 달리신 하나님』에서 몰트만은 아직 자신의 신관을 만유재신론으로 명명하지는 않는다. 그러나 본유적으로 세계를 향해 열려있는 그의 삼위일체론은 이미 만유재신론적이다. 몰트만의 열린 삼위일체론은 하나님과 인간의 상호적 관계를 중요시한다. 그는 전통적 유신론이 하나님의 전능, 완전성, 무한성을 강조한 나머지 인간의 자유를 희생시켰다고 비판한다. 몰트만의 열린 삼위일체론에 있어서 인간은 진정한 자유를 가지고 하나님과의 공동의 역사에 참여한다. 삼위일체가 십자가에서 구체화되는 변증법적 사건이며 종말론적으로 열려있는 역사의 사건이라면, 우리는 하나님의 역사의 삼위일체적 과정에 참여하는 것이다.[11]

3. 삼위일체와 하나님 나라

『삼위일체와 하나님 나라』에서 몰트만은 도래하는 하나님 나라와의 관계 속에서 삼위일체론에 대한 광범위하고도 상세한 설명을 개진한다. 이 책

---

9) Ibid., p. 240. Karl Rahner, *The Trinity* (New York: Seabury, 1974), p. 22.
10) Moltmann, *The Crucified God*, p. 207.
11) Ibid., p. 255.

에서 그는 최상의 실체와 절대적 주체로서의 고전적 하나님 개념을 거부하고 사회적 삼위일체론의 입장에서 만유재신론적 신관을 수립하고자 한다. 삼위일체의 세 위격의 공동체는 세계를 향해 열려있고 또한 세계를 포괄하는 공동체이다. 그는 성서가 인간과 세계를 향해 열려있는 삼위일체의 친교 관계의 역사를 증언한다고 믿는다.12) 따라서 그는 아버지, 아들, 성령 세 위격을 단지 내적인 상호적 관계 안에서만 아니라 세계와의 외적인 상호적 관계 안에서 설명하고자 한다. 그는 유대교와 기독교 전통의 만유재신론적 사고를 받아들여 하나님과 인간과 세계가 상호적인 내주의 관계 안에 있음을 보여주고자 한다.13) 만유재신론적 비전에 따르면, 하나님은 세계 안에 계시며, 세계는 하나님 안에 있다.14) 모든 것이 하나님은 아니다. 그러나 하나님은 모든 것이다.15) 삼위일체 하나님의 삶의 궁극적 목적은 만유를 하나님과 연합시키는 것이다. 이것이 만유재신론적 비전의 종말론적 완성이다.

(1) 하나님의 고통과 신정론

『삼위일체와 하나님 나라』에서 몰트만은 『십자가에 달리신 하나님』의 주제인 하나님의 고통의 문제와 더불어 시작한다. 만일 우리가 십자가에 나타난 하나님의 사랑의 무한한 수난을 느낀다면, 우리는 삼위일체 하나님의 신비를 이해하게 된다. "하나님은 우리와 함께 고통당하시며, 우리로부터 고통당하시며, 우리를 위해 고통당하신다. 하나님에 대한 이 경험이 삼위일체 하나님을 계시한다."16) 몰트만의 하나님의 고통의 신학은 하나님의 수난(theopathy)을 말하는 여러 만유재신론자들의 견해를 반영한다.17) 몰트만

---

12) Jürgen Moltmann, *The Trinity and the Kingdom of God: The Doctrine of God*, trans. Margaret Kohl (London: SCM, 1981), p. 19.
13) Ibid.
14) Ibid., p. 13.
15) Ibid., pp. 102-3.
16) Ibid., p. 4.

은 특히 벌다이브(Berdyaev)의 "하나님 안의 비극"에 공감한다. 벌다이브에 따르면 하나님의 영원한 사랑은 자신을 자신의 타자 즉 대자(對自)와 나누고자 갈망한다. 즉 아버지는 성령 안에서 아들과 사랑을 나누고자 하며 나아가서 창조세계와 사랑을 나누고자 한다. "세계 창조는 하나님과 하나님의 다른 자아 사이의 신적 사랑의 역사 외에 다른 것이 아니다."[18] 타자를 사랑한다는 것은 타자의 자유를 허용하는 것을 의미한다. 그런데 자유는 유한한 존재의 타락 가능성과 악을 포함한다. 따라서 벌다이브는 하나님의 실존이 사랑, 선, 궁극적 승리와 아울러 불가피하게 비극적 고통과 악을 포함한다고 주장한다.

몰트만은 하나님의 전능성, 전지성, 고통 불가능성을 고수하는 전통적 유신론이 신정론의 문제, 즉 악으로 인한 무고한 희생과 고통의 문제에 답을 제시할 수 없다고 본다. 그는 악과 고통이 무엇보다 죄의 결과라는 어거스틴적 신정론에 동의하지 않는다. 몰트만의 신정론은 악을 세계의 존재론적 미성숙성 또는 불안정성에 의해 불가피하게 초래되는 것으로 보는 이레네우스적 신정론에 가깝다. 몰트만에 따르면 하나님과 세계의 악은 불가피하게 함께 간다. 유한한 실존은 자연적으로 갈등적 상황에 놓여있다. "만일 태초의 창조가 선과 악의 역사에 열려 있다면, 이 태초의 창조는 고통을 당할 수 있으며 또한 고통을 산출할 수 있는 창조이다."[19] 고통, 악, 죽음에 대한 이 자연적인 가능성은 불가피하게 현실화된다. 물론 그리스도의 십자가 죽음은 인간의 죄와 허물을 대속하기 위한 것이다. 그러나 그것은 근본적으로 하나님의 삶에 본유적인 고통당하는 사랑을 표현한다. 그리스도의 십자가에 나타난 하나님의 고통당하는 사랑이 신정론의 문제에 대한 답변이다. 악의 문

---

17) 유대교 신학자 아브라함 헤셸(Abraham Heschel)은 하나님의 양극적 구조에 기초한 하나님의 파토스를 말한다. 성공회 신학자 롤트(C. E. Rolt)는 삼위일체 하나님의 자기 사랑이 고통에 의해 성취되어야 한다고 주장한다. 스페인 기독교 철학자 미구엘 우나무노(Miguel de Unamuno)는 하나님의 삶에 있어서 슬픔과 비극이 본유적이며 불가피하다고 주장한다. Ibid., pp. 27-42.
18) Ibid., p. 46.
19) Ibid., p. 51.

제는 오직 종말론적 미래의 하나님 나라에서 궁극적으로 해결될 것이다.

(2) 하나님과 창조세계

하나님의 세계창조는 하나님의 자유에 의한 선택인가 아니면 본성에 의한 필연인가? 몰트만은 만유재신론의 관점에서 하나님의 자유와 필연을 조화시키고자 한다. 그는 만유재신론을 전통적 유신론과 범신론에 대한 최상의 대안으로 제시한다. 전통적 유신론은 창조자와 피조물의 차이를 올바로 인식하지만 창조를 단지 하나님의 자유의지의 자의적(恣意的) 행위로 이해하는 반면, 범신론은 창조를 하나님에게 자연스러운 행위로 올바로 인식하지만 피조물의 자유에 대한 이해를 결여한다. 만유재신론은 창조자와 피조물을 구별하며, 피조물의 자유를 인정하며, 하나님에 대한 세계의 필요성을 긍정한다.

몰트만의 만유재신론은 하나님의 삼위일체적 본질에 근거한다. 그에 의하면 창조란 "그의 타자"(아들)의 열매이며 하나님(아버지)의 사랑에 대한 이 타자의 자유로운 응답의 열매이다. 그러므로 세계 관념은 영원한 하나님 자신의 본성에 본유적이다. 창조하지 않는 하나님은 생각될 수 없다.[20] 만유재신론은 고전적 유신론의 자의성과 범신론의 결정주의를 중재하고자 한다. 이 둘을 중재할 수 있는 길은 하나님의 자유를 자의로, 하나님의 본성을 신적인 자연법으로 이해하기를 그칠 때 열린다. 하늘에 있는 초월적 절대군주 상도 부적절하고 영원히 생산적인 자연적 신적 실체(natura naturans) 상도 부적합하다.[21] 하나님의 의지의 자유는 하나님의 본성인 선을 위한 의지에 있다. 세계는 우연성의 자유에 의해서가 아니라 하나님의 사랑에 상응하는 선한 목적에 의해 창조되었다.

---

[20] Ibid., p. 106.
[21] 전자는 전통적인 어거스틴적 개혁교회의 세계창조를 자유롭게 선택할 수 있는 전능한 절대 주권적 신관을 의미하며, 후자는 스피노자의 범신론적 신관을 의미한다.

몰트만은 참으로 자유로운 인격은 더 이상 선택하지 않는다고 주장한다. 하나님에게 있어서 자유와 필연성은 양립가능하며 상관적이다. "만일 우리가 필연성 개념을 강제적 필연성과 외적 존재에 의한 결정이라는 맥락으로부터 분리시킨다면, 하나님 안에서 필연성과 자유는 일치한다."[22] 다시 말하면, 창조가 하나님 자신의 본성의 비강제적 표현이기 때문에 하나님은 창조에 있어서 자유롭다. 창조는 "하나님의 자유로운 자기결정이며, 동시에 하나님의 본질적 본성에 속하는 선의 넘쳐흐름이다."[23]

하나님의 창조가 하나님의 자유에 의한 것이지만 그것이 단지 임의적인 선택적 자유에 의한 것이 아닌 까닭은 창조가 하나님의 본성인 사랑에 의한 것이기 때문이다. 사랑은 선의 넘쳐흐름으로서 결코 선택적 행위가 아니다. 하나님이 사랑해야 한다는 사실은 하나님의 자유에 아무런 제한이 되지 않는다. 몰트만은 하나님의 사랑 또는 사랑의 하나님을 변증법적으로 이해한다. 하나님은 부정성, 비존재, 고통을 포함한다. "우리가 '하나님은 사랑이다'라고 말할 때, 그것은 하나님이 그 자체 안에 부정성의 모든 고통을 포함하는 영원한 자기 분화와 자기 동일화의 과정 안에 있음을 의미한다."[24] 하나님 안의 변증법적 사랑은 불가피하게 넘쳐흐른다. 이 사랑의 넘쳐흐름이 창조의 동기이다. 몰트만은 위디오니시우스와 벌다이브를 인용하면서 다음과 같이 말한다. "이런 의미에서 하나님은 세계와 인간을 필요로 한다. 만일 하나님이 사랑이라면 사랑의 대상 없이 존재하고자 하지도 않을 것이며 그렇게 존재하실 수도 없을 것이다."[25]

완전한 사랑은 타자를 긍정해야 한다. 그러나 이것은 삼위일체 안에서는

---

[22] Ibid., p. 107.
[23] Ibid., p. 54. 따라서 몰트만은 신플라톤주의의 유출설을 그대로 받아들이지도 않지만 그것을 무조건 반대하지도 않는다. p. 113.
[24] Ibid., p. 57. 이 변증법은 삼위일체적이다. 여기서 몰트만은 내재적 삼위일체 차원에서의 내면적 변증법을 말하고 있는 것으로 보인다.
[25] Ibid., p. 58.

가능하지 않다. 왜냐하면 내적 삼위일체의 사랑은 유사한 것에 대한 유사한 것의 사랑이지 본질적으로 다른 존재에 대한 사랑이 아니며, 따라서 그것은 필연적인 사랑이지 자유로운 사랑이 아니기 때문이다.[26] 그러나 하나님의 완전한 사랑은 필연적이며 동시에 자유롭다. "하나님은 자신을 자신과 유사한 것에 전달하며 또한 자신의 타자에 전달한다."[27] 이것이 왜 내재적 삼위일체가 창조세계로 넘쳐흘러야 하는가 하는 이유이다. 다시 말하면 하나님의 사랑은 세계를 필요로 한다. "창조세계는 아버지와 아들 사이의 영원한 사랑의 일부이다. 그것은 아들에 대한 아버지의 사랑으로부터 생겨나며 아버지에 대한 아들의 응답적 사랑에 의해 구원받는다. 창조세계는 영원한 사랑이 자신을 자신의 타자에게 창조적으로 전달하기 때문에 존재한다."[28]

사랑은 타자의 존재와 자유를 긍정한다. 따라서 하나님은 세계와의 관계에서 자신을 제한한다. 몰트만은 창조를 아무런 자기제한도 수반하지 않는 단지 외적인 행위로 간주하는 어거스틴의 견해를 거부한다. 창조는 외적 행위일 뿐 아니라 하나님이 고통당하고 견디어야 하는 내적 행위이기도 하다. "하나님에게 있어서, 창조는 자기제한, 움츠림, 즉 겸비를 의미한다."[29] 겸비와 자기비움은 그리스도의 성육신에서만 일어나는 것이 아니라 하나님의 창조에서도 일어난다. "세계의 창조와 더불어 시작되는 하나님의 케노시스는 아들의 성육신에서 완전한 형태에 도달한다."[30]

몰트만은 창조에서의 하나님의 자기제한을 설명하기 위해서 유대교 카발라 전통의 짐줌(zimsum, 수축) 개념을 채용한다. 만일 하나님이 참으로 무한하고 편재(遍在)하다면 하나님의 "바깥"이란 없다. 창조를 위해서 하나님은 먼저 자신 안에 유한자를 위한 자리를 만들어야 했다. '무로부터의 창조'

---

26) Ibid.
27) Ibid., p. 59.
28) Ibid.
29) Ibid.
30) Ibid., p. 118.

의 무 또는 비존재는 하나님의 자기수축의 원초적 결과이다. "하나님이 창조적으로 활동할 수 있는 공간인 무를 만드는 것은 오직 하나님의 자신 안으로의 움츠림이다."[31] 하나님의 자기부정과 창조성의 종합은 하나님 안의 유한한 피조물의 시간, 공간, 실존, 자유를 구성한다. "하나님은 그 자신 안에서 세계를 창조함에 있어서, 세계에 자신의 영원 안에서 시간을 주었으며, 자신의 무한 안에서 유한을 주었으며, 자신의 편재 안에서 공간을 주었으며, 자신의 무아적 사랑 안에서 자유를 주었다."[32]

몰트만의 만유재신론에 있어서 사랑의 하나님과 세계의 관계는 일방적이 아니라 상호적이다. 즉 하나님과 세계는 서로 주고받는다. 사랑의 하나님은 단지 자신으로부터 유출되거나 흘러나오지 않는다. 하나님은 또한 사랑을 기대하고 필요로 한다. 사랑의 하나님은 본유적으로 세계와 상호적인 사랑의 관계 안에 계시기를 원한다. 따라서 하나님이 세계에 영향을 주는 것처럼 세계도 하나님에게 영향을 준다. "하나님의 세계 역시 응답적 행동, 탈선, 자신의 주도적 행위를 통하여 하나님에게 자신의 인상(印象)을 남긴다."[33] 하나님과 세계의 상호적 사랑의 관계는 하나님께서 만유의 주로서 만유 안에 거하시는 종말론적 하나님 나라의 만유적 페리코레시스 또는 쉐키나 안에서 완성될 것이다. "하나님이 만유의 주로서 만유 안에 계시게 됨으로써 모든 것은 종말에 이른다(고전 15:28). 세계 안에 계신 하나님과 하나님 안에 있는 세계, 이것이 성령을 통해 세계가 영광스럽게 되는 것이 의미하는 바이다. 이것이 삼위일체의 본향이다."[34]

---

31) Ibid., p. 109.
32) Ibid.
33) Ibid., p. 98.
34) Ibid., p. 105

(3) 삼위일체의 통일성과 경세적, 내재적 삼위일체의 일치 : 페리 코레시스와 종말

『삼위일체와 하나님 나라』에서 몰트만은 구원 역사의 사건들과 관계없이 영원 속에 존재하는 내재적 삼위일체 개념을 거부하고, 경세적 삼위일체와 내재적 삼위일체의 본질적 동일성을 재확인한다. 그러나 여기서 그는 그 둘의 관계를 구별이 없는 절대적 동일성이 아닌 상호 작용적이며 상호 의존적인 불가분리의 관계성으로 설명한다. 한편으로, 내재적 삼위일체는 영원 속의 하나님의 완전한 삼위일체적 본질이며 경세적 삼위일체는 세계 안에서의 이 본질의 역사적 현실화이다. 다른 한편, 경세적 삼위일체는 고전적 유신론에서처럼 단순히 내재적 삼위일체의 표현이 아니라 종말론적으로 내재적 삼위일체를 구성한다. "경세적 삼위일체는 내재적 삼위일체를 계시할 뿐 아니라 또한 내재적 삼위일체에 소급적으로 영향을 준다."[35] 아들의 십자가와 성령을 통한 영화로 말미암은 사랑의 기쁨은 영원부터 영원까지 계시는 삼위일체 하나님의 내적 삶에 그 자욱을 남겼다.[36] 그러나 몰트만의 주된 관심은 세계 초월적인 영원 속의 내재적 삼위일체가 아니라 세계역사와의 관계 속의 경세적 삼위일체에 집중된다.

몰트만의 경세적 삼위일체의 특징은 전통적인 서방교회의 신학에서처럼 어떻게 한 실체 또는 주체로서의 하나님 안에서 세 위격이 구별될 수 있는지를 설명하고자 하지 않고, 세 위격의 구별을 전제하고 세 위격의 통일성을 설명하고자 한다는 것이다. 그는 이러한 접근방식이 성서에 나타나는 구별된 세 신적 위격에 적합한 것이라고 주장한다. 즉 그는 성서가 증언하는 하나님의 구원 역사 속에 세 구별된 신적 위격이 나타난다고 본다. "그리스도의 역사는 이미 신약성서 안에서 삼위일체적인 용어들로 서술되어 있다... 신약

---
35) Ibid., p. 160.
36) Ibid., p. 161.

성서는 친교적 관계들로서 이 세계에 개방되어 있는 아버지, 아들, 성령의 세 관계들을 이야기체로 선포함으로써 하나님에 대하여 말한다."[37]

몰트만에 의하면 하나님 나라를 향해 나아가는 삼위일체적 활동의 주체는 아버지만이 아니라 세 위격 모두이다. 삼위일체의 세 위격은 상호적인 관계의 패턴의 변화에 따라 각기 다양한 양태로 하나님 나라를 위한 활동의 주체가 된다. 세 위격은 각기 다른 두 위격과의 공조 속에서 세계를 창조하고, 해방하며, 완성한다. 한 실체적 위격으로서의 통일성이 아니라 공동체적 관계성 안에 있는 세 구별된 위격들의 통일성을 말하는 몰트만의 삼위일체론은 사회적 삼위일체론이라고 불린다.

몰트만은 세 위격의 공동체로서의 하나님의 통일성을 두 가지 방식으로, 즉 페리코레시스 개념에 의해서 그리고 종말론적 관점으로부터 설명한다. 먼저 그는 페리코레시스 개념을 통해서 삼위일체 하나님의 하나 됨을 설명한다. 하나님은 한 실체, 존재, 절대적 주체가 아니다. 하나님의 하나 됨은 세 위격들의 완전한 친교적 연합에 있다. 삼위일체 하나님의 통일성은 한 신적 실체의 동질성을 의미하지도 않고, 절대적 주체의 동일성을 의미하지도 않으며, 한 인격 안으로의 동화를 의미하지도 않는다. 그것은 신적 위격들의 페리코레시스 즉 상호내주, 상호침투, 친교적 연합 안에서의 하나 됨을 의미한다. "삼위일체의 통일성은 삼위일체의 위격들의 영원한 페리코레시스에 있다."[38] 세 위격들은 완전한 사랑의 친교적 연합 안에서 하나의 신적 실재를 구성한다. 세 위격들은 영원한 사랑의 힘으로 온전히 서로 안에 살고 온전히 서로 안에 내주함으로써 하나가 된다. 몰트만의 사회적 삼위일체론이 삼신론과 구별되는 것은 세 위격이 각기 선행적인 자신의 개별적 정체성을 가지고 상호적 관계성에 참여하는 것이 아니라 자기를 내어주는 사랑의 관계성

---

[37] Ibid., p. 64. 그러나 우리는 구약성서가 설서한 군주적 유일신론을 보여주고 있으며, 신약성시의 지자들도 이러한 유대교의 유일신론의 전통 안에 있었던 유대인들이었음을 기억할 필요가 있다.
[38] Ibid., p. 175.

안에서 서로의 그리고 자신의 정체성을 형성하기 때문이다.

삼위일체 하나님 내면의 상호적인 사랑의 관계성은 세계를 향해 열려있다. 하나님의 역사와 세계의 역사는 상호적으로 연관된다. 하나님은 세계에 영향을 줄 뿐만 아니라 세계에 의해 영향을 받는다. 하나님은 사랑이며 고통 당하지 않는 사랑은 불가능하기 때문에, 하나님은 고통을 당하신다. 세계의 역사적 사건들은 하나님의 존재와 삶을 결정한다. 이것은 하나님의 통일성이 세 위격만이 아니라 세계를 포함한다는 것을 의미한다. 세계의 역사와 운명 전체가 삼위일체의 삶 안에 포함된다.[39] 하나님의 완전한 통일성은 세계와의 완전한 페리코레시스 안에서의 친교적 연합의 실현에 달려있다. 세계를 포괄하는 경세적 삼위일체에 있어서 페리코레시스적 통일성은 아직 완전히 실현되지 않았다. 세계를 포함하는 삼위일체 하나님의 완전한 페리코레시스의 실현은 세계의 역사가 완성되는 미래의 종말론적 하나님 나라에서 이루어진다. 즉 하나님의 완전한 통일성은 종말론적이다. 삼위일체 하나님의 완전한 통일성은 목표의 통일성이지 기원의 통일성이 아니다. "아버지, 아들, 성령의 통일성은 삼위일체적 하나님의 역사의 완성에 관한 종말론적 문제이다."[40] 하나님은 하나님 나라의 완성 안에서 완전히 하나가 된다.

구속사가 완성되는 종말론적 미래에 내재적 삼위일체가 완성된다. 다시 말하면, 삼위일체 하나님의 페리코레시스적 통일성이 완성되는 종말론적 미래에 시간 속의 경세적 삼위일체는 영원 속의 내재적 삼위일체와 하나가 된다. "역사와 구원의 경험이 완결되고 완성될 때 경세적 삼위일체도 완결되고 완성되어 내재적 삼위일체로 지양된다. 만유가 하나님 안에 그리고 하나님이 만유 안의 만유가 되실 때 경세적 삼위일체는 내재적 삼위일체로 고양되고 초월된다."[41]

---

39) Ibid., p. 178.
40) Ibid., pp. 149. 175.
41) Ibid., p. 161.

4. 창조 안에 계신 하나님

『창조 안에 계신 하나님』에서 몰트만은 하나님의 자기제한을 통한 세계의 창조와 하나님과 세계의 관계에 대해 설명하며, 페리코레시스적인 상호적 관계 안에 있는 하나님과 세계의 만유재신론적 비전을 상술한다.

(1) 하나님의 자기제한과 창조세계

몰트만에게 있어서 하나님의 세계창조는 하나님의 본성인 사랑의 자연스러운 발로(發露)이다. 하나님의 사랑 안에서 필연과 자유 사이에 긴장은 극복된다. 즉 하나님은 이 세계를 영원히 사랑해야 되는 것도 아니지만, 반대로 세계를 사랑할 수도 있고 그렇지 않을 수도 있는 것도 아니다. 하나님의 사랑의 발로로서의 세계의 창조는 하나님의 자기제한을 통해 일어난다. 하나님은 자신의 현존의 수축 또는 신적 존재의 부분적 부정을 통해 창조를 위한 공간 즉 무를 만든다. '무로부터(ex nihilo)의 창조'의 '무'는 하나님의 자기제한 또는 자기부정의 결과로서, 창조자 안의 비존재를 의미한다. 무는 하나님 안의 비존재이기 때문에 하나님은 창조세계의 실존을 유지하기 위하여 자신의 부정성 즉 자신 안의 비존재를 억제해야 한다. "하나님의 세계창조의 모태가 되는 무는 하나님께 버림받음, 지옥, 절대적 죽음인데, 이 무의 위협에 대항하여 하나님은 자신의 창조세계의 생명을 유지시킨다."[42] 이와 같이 하나님의 창조는 하나님 자신 안의 내적 긴장 즉 자기분화와 자기 동일화의 변증법적 역동성으로부터 말미암는다.[43]

몰트만은 시간과 공간을 하나님의 짐줌 즉 자기제한 또는 자기수축의 결과로 이해한다. 하나님은 자신의 영원성을 자신 안으로 수축시킴으로써 창

---

42) Jürgen Moltmann, *God in Creation: A New Theology of Creation and the Spirit of God*, trans. Margaret Kohl (San Francisco: Harper and Row, 1985), pp. 87-88.
43) 이 점에 있어서 몰트만은 유대교 카발라 전통의 짐줌이론과, 뵈메, 쉘링 등의 사상을 수용한다.

조세계에 시간을 준다. 하나님은 본질적으로 영원하지만 창조자로서 자신을 시간적으로 만들고 시간 안에 참여한다. 공간은 하나님의 영원한 본질은 아니지만 하나님의 창조적인 자기제한에 의한 하나님의 한 속성이다. 창조세계는 하나님이 창조적 결심에 의해 세계를 위해 산출해낸 공간 안에 존재한다.44)

이와 마찬가지로 몰트만은 자기수축 개념을 사용하여 하늘과 땅을 하나님의 힘의 양태로 설명한다. 하나님이 전능하다면 피조물의 힘은 하나님의 힘의 제한을 요구한다. 몰트만은 하늘을 하나님의 창조적 힘으로, 그리고 땅을 하나님이 자신의 힘을 현실화시키는 자기 제한적 힘으로 정의한다. 창조세계는 하나님의 창조적, 자기 제한적 힘에 기반을 둔 탈자아적(脫自我的, ec-static) 실재이며 열려진 체계이다. 그는 이 체계의 결정적 측면을 땅이라 부르고, 비결정적 측면을 하늘이라고 부른다.45)

몰트만에게 있어서 역사는 하나님이 자신 안에 있는 원초적 비존재를 현실화시키고 또한 최종적으로 초월하는 장이다. 태초의 '무로부터의 창조'는 역사 속에서의 구속적인 '무의 무효화'(annihilatio nihil)에 대한 준비와 약속이다. 하나님은 버림받은 이 세계를 구속하기 위해 자기제한을 통해 세계로 들어가 세계의 고통과 죽음을 끌어안음으로써 세계를 자신과 화해시키고 자신의 삶 안으로 재통합시킨다. 이것이 성육신과 십자가를 통한 '무의 무효화' 즉 구속이다. 십자가에서의 구속적인 '무의 무효화'에 의해 화해와 구원이 성취되며 창조세계는 영원한 존재를 획득한다.46) "하나님께 버림받은 것(무) 안에 들어오심으로써, 하나님은 그것을 극복하고 그것을 자신의 영원한 삶의 부분으로 만드신다."47) 궁극적으로 하나님 안에는 '어두운 면'이 존재하지 않는다. 왜냐하면 하나님의 선의 최종적 승리는 필연적이기 때문이다.

---

44) Ibid., p. 156.
45) Ibid., p. 163.
46) Ibid., p. 90.
47) Ibid., p. 91.

영원한 죽음과 지옥은 피조물이 무에 대한 하나님의 구속적인 변혁으로부터 자신을 소외시킬 수 있을 때에만 초래될 것이다.[48]

(2) 페리코레시스적 만유재신론

『창조 안에 계신 하나님』에서 몰트만은 하나님과 세계의 상호 내재성과 상호 초월성에 관한 만유재신론적 이해를 잘 보여준다. 그는 하나님의 세계 내적 현존과 우주의 진화를 위한 성령의 역할을 특히 중요시한다. 성령 안에서 하나님과 우주는 상호 초월적이며 동시에 상호 내재적이다. 세계는 하나님을 향해 열려있다. 하나님은 "세계를 둘러싸는 환경"(milieu)이자 "세계 초월적 앞마당"(extra-worldly forecourt)으로서, 세계의 모든 생명과 물질체계는 초월자인 하나님으로부터 존재하고 하나님 안에 존재하며 하나님을 향해 진화해 나아간다(ex-ist). 세계가 하나님을 향해 열려있는 것과 마찬가지로 하나님도 세계를 향해 열려있다. 하나님은 자신의 존재의 가능성들로 세계를 에워싸며, 성령의 능력으로 세계 안에 침투해 들어간다. 하나님은 성령의 에너지를 통해 세계 안에 현존한다.[49]

몰트만은 특히 하나님과 세계의 상호 내재 또는 상호 침투 즉 페리코레시스를 강조한다. 그는 『삼위일체와 하나님 나라』에서처럼 『창조 안에 계신 하나님』에서도 아버지, 아들, 성령의 완전한 페리코레시스적 친교 안에서의 하나님의 통일성을 말한다. 하지만 여기서 그는 이 개념을 더욱 확장시켜 하나님과 세계의 모든 존재들 사이의 페리코레시스와 세계의 모든 존재들 간의 페리코레시스에 관해서 말한다. 삼위일체 하나님의 내적인 상호적 페리코레시스는 하나님에 상응하는 창조와 구속 안의 모든 관계들의 원형이다(요 17:21).[50] 삼위일체의 상호적 관계는 세계와 인간 안에서의 상호적 관계의

---

48) 그러나 몰트만은 궁극적으로 그러한 일이 가능하리라고 생각하지 않는다. 그의 풍밀론은 『오시는 하나님』에 잘 나타나 있다.
49) Ibid., pp. 205-6.

기초이다. 그것은 특권이나 종속이 없는 인간의 친교를 요구한다.51) 삼위일체적 친교는 세계를 자체 안에 포함하기 위하여 세계를 향해 열려있다. "하나님과 유사한 모든 관계들은 삼위일체적 페리코레시스의 원초적인 상호내주와 상호침투를 반영한다. 즉 하나님이 세계 안에 있고 세계가 하나님 안에 있다."52)

따라서 몰트만은 삼위일체의 형상(imago Trinitatis)으로 창조된 인간의 영혼과 육체의 관계나 모든 인간 공동체 안의 관계가 성령 안에서 페리코레시스를 반영해야 한다고 주장한다. 페리코레시스는 모든 참된 실재의 구조적 역동성이다. 존재한다는 것은 페리코레시스적으로 참여하는 것을 의미한다. "창조적이고 생명을 주는 성령의 능력 안에서, 하나님은 창조세계 안에 침투한다. 안식일의 안식 안에서 하나님은 피조물이 자신에 영향력을 발휘하도록 허용한다. 창조 안의 성령의 측면에서 하나님과 세계의 관계는 또한 페리코레시스적 관계로 이해되어야 한다."53) 몰트만은 하나님이 만유의 만유로서 페리코레시스적으로 세계에 충만하게 내주하는 하나님 나라를 하나님의 안식으로 표현한다. 하나님 나라에서 하나님은 더 이상 지배하는 주님이라기보다는 애정을 가지고 세계를 느끼며 안식하는 친구이다.54)

5. 오시는 하나님

몰트만은 『오시는 하나님』55)에서 만유재신론의 종말론적 완성에 대하여

---

50) Ibid., p. 279
51) Ibid., pp. 156-57.
52) Ibid., p. 17.
53) Ibid., p. 258.
54) Ibid., p. 279.
55) Jürgen Moltmann, *The Coming of God: Christian Eschatology*, trans. Margaret Kohl (Minneapolis: Fortress, 1996).

말한다.

(1) 종말론적 심판과 구원

몰트만은 『오시는 하나님』에서 종말론, 즉 영원한 하나님 나라에서의 인간과 우주의 최종적 심판과 구원에 관해 말한다. 마지막 날에 하나님은 모든 죄를 심판하실 것이다. 이 심판에서 모든 죄, 모든 악, 모든 폭력행위, 서로 죽이고 고통당하는 이 세계의 모든 불의가 정죄당하고 절멸될 것이다. 그러나 심판이 하나님의 최후의 말씀은 아니다. 최종적으로 하나님은 모든 만물을 구원하시며 심지어 마귀까지도 구원하실 것이다. "하나님의 심판 때에, 모든 죄인, 악한 자들과 폭력을 행하는 자들, 살인자들과 사탄의 자식들, 모든 마귀와 타락한 천사들이 변화 받음을 통해 절멸의 저주로부터 해방되고 구원받아 참된 피조물이 될 것이다."[56]

몰트만은 보편적 구원의 근거를 두 가지 관점에서 제시한다. 첫째는 창조신학적 관점이고 둘째는 구속신학적 관점이다. 첫째, 원초적인 창조의 동기인 사랑이 창조세계에 대한 종말론적인 보편적 구원의 동기가 된다. 하나님이 만유를 구원하시는 이유는 "하나님이 자신에게 신실하시며, 한 번 창조하고 긍정한 것을 포기하지도 않고, 그것이 상실되도록 허용하지도 않기 때문"이다.[57] 둘째 몰트만은 또한 만유의 구원과 완성을 그리스도의 십자가와 연결시킨다. "보편적 구원에 대한 희망의 진정한 기독교적 토대는 십자가 신학이다. 그리고 십자가 신학의 실재론적 귀결은 오직 만유의 회복이다."[58] 몰트만은 그리스도의 지옥여행의 최종적 의미가 지옥과 죽음이 하나님 안에서 정복되었다는데 있다고 이해한다. 예수 그리스도의 승리는 죽음을 정복했으며 죽음 자체의 죽음을 가져왔다(고전 15:54-57).[59] "그리스도가 지옥으

---

56) Ibid., p. 255.
57) Ibid.
58) Ibid., p. 251.

로부터 이끌어내어졌기 때문에 모든 지옥의 문이 열렸으며, 지옥의 벽이 무너졌다. 그리스도는 자신의 고난을 통해 지옥을 파괴하였다. 그리스도가 십자가에서의 지옥 같은 죽음으로부터 부활한 이후로 이제 더 이상 '영원히 저주받음'은 존재하지 않는다."[60]

(2) 변증법적 만유재신론의 종말론적 완성

삼위일체 하나님과의 관계에서의 세계 역사의 변증법적 과정과 세계와의 관계에서의 삼위일체 하나님의 변증법적 과정의 최종적 완성은 종말론적 하나님 나라에서 이루어진다. 몰트만에 따르면 종말론적 하나님 나라의 완성은 창조의 최종적 완성을 의미한다. 그는 창조의 최종적 완성이 하나님의 창조적 자기제한을 반전시킴으로써 이루어진다고 주장한다. 태초에 하나님은 창조세계를 위한 시간, 공간, 존재, 힘을 만들기 위하여 자신을 제한하고 부정하셨다. 마지막 날에 하나님은 이 자기부정을 변증법적으로 부정하신다. 하나님은 창조세계를 자신 안에 품기 위해서 다시 자신을 확장시킨다. 즉 짐줌이 전도(顚倒)된다. "원초적 순간이 하나님의 창조적 자기제한으로부터 나온 것처럼, 종말론적 순간은 구원을 위한 하나님의 결심 안에서 하나님의 '자기제한의 해제'(derestriction)가 결정됨으로써 생겨난다."[61] 그러나 하나님은 단지 창조를 취소하거나 흡수하지 않는다. 하나님은 창조세계를 무효화시키기 위해서 자신의 제한을 해제하지 않는다. 하나님은 온전히 현실화된 창조세계를 자신 안으로 받아들인다. "하나님의 목적은 자신의 창조세계 안에 내주하며 그 안에서 '만유의 만유'가 되는 것이다."[62]

시간과 공간은 제한성이 해제되어 하나님의 영원성과 편재성 안으로 받

---

59) Ibid., pp. 252-53.
60) Ibid., p. 254.
61) Ibid., p. 294.
62) Ibid.

아들여진다. 창조세계를 완성하는 제한 해제를 통해 하나님 또한 스스로를 완성한다. 다시 말하면, 하나님은 창조를 가능케 했던 자기부정을 변증법적으로 부정함으로써 만유 안에서 자신을 완성한다. "종말론적으로 하나님은 스스로 자신에 대한 자기제한 해제를 완성한다. 하나님은 은폐되지 않은 영광의 광채 속에 창조세계에 나타난다."[63] 이때에 변증법적 만유재신론의 종말론적 완성이 이루어진다.

(3) 페리코레시스적 만유재신론의 종말론적 완성

또한 몰트만은 페리코레시스적 만유재신론의 종말론적 완성을 말한다. 역사와 창조가 완성되는 마지막 날에 하나님이 창조세계 안에 내주하는 영광스런 하나님 나라가 실현될 것이다. 다시 말하면, 창조세계 안에서의 하나님의 새로운 현존에 의해서 쉐키나 즉 하나님의 영광의 내주가 실현될 것이다. 창조자 하나님은 더 이상 창조세계의 반대편에 계시지 않는다. 하나님은 세계 안에 내주하며 세계 안에서 안식하신다. 세계는 하나님의 현존에 의해 침투되고 하나님의 한없는 삶의 충만함에 참여한다.[64] 내주는 상호적이다. 즉 하나님이 세계 안에 내주하시는 것처럼 세계도 하나님 안에 내주한다. 하나님과 세계의 상호 내주로 인하여 신적 속성과 우주의 속성 사이에 우주적 페리코레시스가 일어난다. "내주하시는 하나님이 피조물의 제한된 시간과 한정된 공간에 참여하시는 것처럼 피조물은 하나님의 영원과 편재의 속성에 참여한다."[65]

그러나 몰트만은 범신론에서처럼 하나님과 세계의 구별을 폐기하지는 않는다. 하나님과 세계 사이의 구별은 유지된다. "하나님은 하나님으로, 세계는 세계로 남아있다. 하나님과 세계는 상호적 내주를 통해 혼동되지도 않

---

63) Ibid., p. 295.
64) Ibid.
65) Ibid., p. 307.

으며 반대로 분리되지도 않는다."66) 페리코레시스는 하나님과 세계 사이의 차이를 폐기하지 않는다. 페리코레시스 안에서 하나님의 주권과 인간의 자유가 일치한다. "인간에 대한 하나님의 통치는 동시에 그 통치에 대한 인간의 참여이다."67) 몰트만의 페리코레시스적 만유재신론에 있어서 하나님과 세계는 존재론적으로 상호 구별되며 동시에 상호 협력적이고, 상호 초월적이며 동시에 상호 내재적이다.

6. 결론 : 종말론적 만유재신론

몰트만의 신관은 그 자신의 언명대로 근본적으로 만유재신론적이다. 그에게 있어서 내재적 삼위일체와 경세적 삼위일체는 결코 분리되지 않는다. 삼위일체 하나님 안의 변증법적 존재방식은 세계를 향하여 열려있다. 하나님의 세계창조는 삼위일체 안의 내적 변증법 즉 영원한 자기 분화와 자기 동일화의 외적 현시이다. 하나님은 자유와 사랑의 일치 가운데 자기제한을 통해 세계를 창조한다. 하나님은 세계를 창조할 뿐만 아니라 세계의 역사적 과정에 참여함으로써 그 과정을 인도하고 세계를 구원한다. 몰트만은 예수의 십자가를 영원한 삼위일체 하나님 안에서의 아버지와 아들(그리고 성령) 사이의 변증법적 관계가 역사의 한 지점에서 결정적으로 구현된 사건으로 이해한다.

하나님께서 세계의 역사적 과정에 참여함에 있어서, 하나님과 세계는 상호적인 초월과 내재의 관계 안에서 서로 영향을 주고받는다. 세계 안에 하나님이 계시며, 하나님 안에 세계가 있다. 하나님은 세계에 영향을 줄 뿐만 아니라 세계로부터 영향을 받는다. 세계의 역사는 단지 하나님의 존재 밖의 에

---

66) Ibid..
67) Ibid., pp. 318-19.

피소드가 아니라 영원한 하나님의 존재를 위한 본유적인 구성요소가 된다. 따라서 시간 속의 경세적 삼위일체뿐만 아니라 영원 속의 내재적 삼위일체도 세계와의 상호적인 관계성으로부터 분리되어 있지 않다. 몰트만의 만유재신론적 신관 안에는 근본적으로 하나의 삼위일체만이 존재한다.

몰트만의 만유재신론은 삼위일체적이고, 변증법적이며, 페리코레시스적이고, 종말론적이다. 그의 만유재신론이 삼위일체적인 까닭은 세계의 창조 자체가 하나님의 영원한 삼위일체적인 존재와 삶으로부터 나오며, 세계의 역사와 종말론적 완성이 아버지, 아들, 성령의 삼위일체적 역사 안에 포괄되고 그 안에서 전개되고 성취되기 때문이다. 삼위일체 하나님은 그리스도의 십자가 안에서 세계의 고통에 동참하며, 성령 안에서 세계에 내주하며, 궁극적으로 만유의 만유가 되신다. 몰트만의 만유재신론이 변증법적인 까닭은 삼위일체 하나님의 역사가 세계의 창조와 역사와의 관계 속에서 무의 창조와 무의 무화, 자기부정과 자기부정의 부정, 자기제한과 자기제한의 해제의 변증법적 과정 속에 전개되고 완성되기 때문이다.

몰트만의 만유재신론은 페리코레시스적 만유재신론이다. 페리코레시스, 즉 상호침투, 상호내재를 통한 일치는 그의 신학적 존재론의 핵심 개념이다. 그는 삼위일체의 세 위격들 사이의 영원한 페리코레시스를 말할 뿐만 아니라, 하나님과 세계 사이에 페리코레시스, 그리고 모든 피조물들 사이의 페리코레시스를 통한 친교적 연합을 이상적 존재의 상태로서 말한다. 몰트만의 만유재신론은 종말론적 만유재신론이다. 왜냐하면 그에게 있어서 하나님의 존재와 역사의 삼위일체적, 변증법적 과정과 페리코레시스적 일치가 종말론적 미래의 하나님 나라에서 완성되기 때문이다. 하나님과 창조세계의 페리코레시스가 완성되는 종말론적인 하나님 나라에서 경세적 삼위일체는 내재적 삼위일체와 온전히 하나가 된다.

몰트만에게 있어서 종말론적 만유재신론의 완성은 만유구원론으로 귀결된다. 그는 "하나님의 심판 때에, 모든 죄인, 악한 자들과 폭력을 행하는 자들, 살인자들과 사탄의 자식들, 모든 마귀와 타락한 천사들이 변화 받음을 통해 절멸의 저주로부터 해방되고 구원받아 참된 피조물이 될 것"이라고 말한다. 그는 창조신학과 구속신학의 관점에서 자신의 주장의 정당성을 변호한다. 그러나 개혁신학의 전통을 충실히 따르는 사람들 가운데에는 그의 주장에 동의하지 않는 사람들도 있을 것이다. 하나님은 무한하신 사랑 안에서 구원하실 수 있는 모든 것을 구원하실 것이다. 우리는 예수 그리스도의 십자가에 나타난 하나님의 무한하신 사랑을 믿는다. 우리에게는 하나님의 무한하신 사랑을 제한할 수 있는 권리가 없다. 하나님은 만유를 구원하실 수도 있을 것이다. 그러나 이와 동시에 우리에게는 하나님이 만유를 구원해야 한다고 요구할 수 있는 권리도 없다. 어쩌면 하나님께서 구원하시고 싶어도 구원하실 수 없는, 돌이킬 수 없는 과거의 상실들이 세계 역사의 시간들 속에 있을지도 모른다.

제17장
삼위일체적, 변증법적, 종말론적 만유재신론

1. 서론

　이 글의 목적은 만유재신론의 주요 특징들에 대하여 살펴보고 이 신관에 있어서 세계 안에서의 하나님의 행동이 어떻게 설명될 수 있는지를 고찰해 보는데 있다. 삼위일체론이 그러하듯이, 만유재신론이란 개념은 성서로부터 직접적으로 도출된 개념이라기보다는 성서의 증언에 기초하여 경험론적 추론과 형이상학적 논증의 과정을 거쳐 수립된 신학적 개념이다. 성서의 언어와 신학적 언어 사이에는 해석학적 순환이 존재한다. 만유재신론은 단지 성서적 언어와 관계가 없거나 긴장관계에 있는 신학적 언어의 산물이 아니라, 성서적 언어에 기초하여 발전된 신학적 개념으로서, 오늘날의 과학적 세계관에 적절하고 이해 가능한 방식으로 하나님과 세계의 관계를 설명할 수 있는 신관이다.

　만유재신론의 사전적 정의는 "하나님의 존재가 우주 전체를 포함하고 관통하며, 따라서 우주의 모든 부분이 하나님 안에 존재하지만, (범신론과 반대로) 하나님의 존재는 우주보다 크며 우주에 의해 다 소진되지 않는다는 믿음"[1]이다. 하나님은 세계보다 크시다. 그러나 하나님은 자신 안에 세계를

---
1) *Oxford Dictionary of the Christian Church*, F. L. Cross ed., (Revised Edition edited by E. A.

포함한다. 만유재신론자들은 이와 같은 정의를 공유하지만, 이들 사이에는 다양한 입장들이 있다. 닐스 그레거슨은 『그분 안에서 우리가 살고 움직이고 존재한다』[2)]는 책에 실려있는 자신의 "만유재신론의 세 가지 유형"이란 글에서 "엄격한 (양극적) 만유재신론"과 "적절한 (기독교) 만유재신론" 등을 구별하면서, 만유재신론자들은 자신들이 어떠한 종류의 만유재신론을 지지하는지를 분명히 밝혀야 한다고 주장한다. 이 글에서 그는 세 가지 범주에서 만유재신론을 분류한다. 첫째는 구원론적(또는 종말론적) 만유재신론이며, 둘째는 표현주의적 만유재신론이며, 셋째는 양극적 만유재신론이다. 공통적으로 이 세 가지 유형의 만유재신론은 지나치게 내재적인 범신론의 하나님과 지나치게 초월적이고 분리적인 유신론의 하나님 사이를 중재하고자 하며, 또한 하나님이 우주의 과정에 밀접하게 참여하며 자연과 역사 안에서 일어나는 것에 의해 영향을 받는다는 사실을 보여주고자 한다. 그럼에도 불구하고 이 세 유형은 서로 쉽사리 조화되기 힘든 분명한 차이점들을 지니고 있다.

구원론적 만유재신론은 주로 동방정교회의 신학자들에 의해 대표되며, 필립 클레이턴, 조셉 브라켄, 케이트 워드(Keith Ward)(그리고 대체로 판넨베르그와 몰트만도)가 이 유형에 가깝다고 할 수 있다. 이 견해는 하나님이 세계 안에 계시며 세계에 의해 영향을 받을 정도로 세계와 친밀하다는 점을 강조하면서도, 하나님의 모종의 자기 충족성(self-sufficiency)을 포기하지 않는다. 하나님의 세계창조는 필연성에 의한 것은 아니며 따라서 세계를 창조하지 않았을 수도 있다. 그리고 하나님의 존재 자체와 본질적 본성은 세계에 의존하지 않는다. 하나님과 세계의 연합은 마침내 궁극적인 완성에 이르게 될 것이지만, 이 완성은 하나님과 세계의 본질적 본성의 차이를 폐기하지 않

Livingstone) (Oxford University Press, 2005), p. 1027.
2) Niels Henrik Gregersen, "Three Varities of Panentheism," Philip Clayton and Arthur Peacocke eds., *In Whom We Live and Move and Have our Being: Panentheistic Reflections on God's Presence in a Scientific World* (Grand Rapids, Mich.: William B. Eerdmans, 2004), pp. 23, 34.

는다. 표현주의적 만유재신론은 헤겔의 신관과 연관된다. 이 견해는 하나님이 자연과 역사의 시간적 과정을 통해 자기실현에 도달하게 된다고 주장한다. 양극적 만유재신론은 과정사상에 의해 대표된다. 이 견해는 하나님이 세계로부터 독립적인 영원한 원초적, 추상적 본성을 소유함과 동시에, 세계로부터 구체적 존재, 즉 경험된 삶을 받아들인다고 본다. 여기서 하나님의 자존성(自存性, aseity)이나 '무로부터 창조'(creatio ex nihilio)는 인정되지 않는다.

이 글에서는 대체로 클레이턴과 브라켄, 몰트만 등의 견해를 참고하여 구원론적 만유재신론의 관점에서 만유재신론의 주요 내용들과 하나님의 행동에 관해 고찰하고, 삼위일체적, 변증법적, 종말론적 관점에서의 만유재신론의 전망을 모색하고자 한다.

2. 하나님과 세계의 관계: 편재와 공간

하나님과 세계의 관계에 대해서, 전통적으로 다음 두 가지 이해 가운데 하나를 양자택일해야 하는 것으로 인식되어왔다. 하나는 세계가 하나님으로부터 분리되어 있으며 하나님 '밖'에 존재한다고 주장하는 유신론이며, 다른 하나는 세계가 하나님과 구별되지 않으며 동일하다고 주장하는 범신론이다. 만유재신론은 이 둘 사이의 제3의 길, 즉 서구의 고전적 유신론과 범신론을 변증법적으로 종합하는 중도의 길을 추구한다. 세계는 하나님 안에 포함되며 동시에 하나님과 질적으로 구별된다. 달리 말하면, 세계는 하나님으로부터 분리되어 하나님 밖에 존재하지도 않으며, 또한 하나님과 동일시되지도 않는다. 세계는 자신의 고유한 독립적인 실존을 가짐과 동시에 하나님에 절대적으로 의존한다. 만유재신론은 이러한 두 가지 측면을 변증법적으로 종합하고자 한다.

서구의 기독교 전통은 범신론이 아니라 고전적 유신론에 의해 지배되어

왔기 때문에 고전적 유신론과 만유재신론의 관계가 주된 신학적 주제와 관심사가 된다. 클레이턴에 따르면 이 두 신관은 상이성에도 불구하고 다음과 같은 유사점을 공유한다. 즉 둘 다 삼위일체론적이며, 하나님의 자유로운 세계 창조와 인간의 타락을 받아들이며, 고기독론과 건전한 교회론을 공유한다.[3] 그러나 두 신관의 상이성도 분명하다. 고전적 유신론이 하나님이 세계 안에 현존하지만 하나님과 세계는 완전히 구별된다고 주장하는 반면, 만유재신론은 하나님이 세계보다 크지만 자신 안에 세계를 포함한다고 주장한다. 전자가 실체론적 실재관을 전제한다면, 후자는 관계론적 실재관을 전제한다.

하나님과 세계의 관계에 대한 만유재신론적 이해는 고전적 유신론의 그것보다 더욱 성서의 세계관과 잘 부합한다. 서구의 고전적 유신론은 성서의 세계관보다는 그리스의 실체론적 세계관의 영향 안에서 형성된 것이다. 고전적 유신론에 있어서 모든 실재는 실체거나 실체의 속성이다. 그리고 한 실체가 있는 곳에 다른 실체가 동시에 있을 수 없다. 따라서 세계를 창조함에 있어서 하나님은 두 가지 가능성 가운데 하나를 택하여야 한다. 즉 하나님은 세계를 실체인 하나님의 속성으로서 창조하거나 스스로 독립된 실체로서 창조하여야 한다. 전자의 경우 세계는 단지 하나님의 현현으로서 자신의 실체를 갖지 못하기 때문에, 기독교는 이 모델을 받아들이지 않는다. 후자의 경우 세계는 신적 실체의 외부의 빈 상자와 같은 공간에 존재하는 유한한 실체가 된다. 고전적 유신론은 이 모델을 채택하였다. 클레이턴은 이 모델이 다음과 같은 두 가지 문제점을 지니고 있다고 지적한다.[4] 첫째로 이 모델은 물리학적으로 부정확하다. 시간은 절대적 양이 아니라 관찰자의 관성적 틀에 의존하며, 공간기하학은 물체의 부피와 에너지에 의해 변형된다. 이런 의미에서,

---

3) Philip Clayton, "The Case for Christian Panentheism," *Dialog: A Journal of Theology*, Vol. 37, Number 2 (Summer 1998), pp. 202-3.
4) Ibid., p. 203.

우주의 공간은 물체 자체와 더불어 존재하게 된다. 둘째로 이 모델은 신학적으로 문제가 있다. 여기서는 하나님의 세계 안의 현존을 말하는 것이 어렵다. 한 실체가 다른 실체 안에 내면적으로 현존하는 것이 불가능하다면 어떻게 하나님께서 신자 안에 현존할 수 있는가?

몰트만은 하나님의 창조를 하나님의 자기비움을 의미하는 유대교 신비주의 전통의 짐줌(zimzum)이론을 사용하여 표현한다. 이 견해에 따르면 세계는 하나님의 자기제한으로 인해 생겨난 하나님 안의 빈 공간, 즉 자궁 안에서 창조되었다. 왜냐하면 무한하신 하나님의 외부에서 창조가 일어나는 것은 불가능한 일이기 때문이다. 세계는 하나님의 자기제한으로 생겨난 하나님의 외연(外延)인 자궁 안에서 창조되었지만 그럼에도 불구하고 무한자인 하나님을 벗어날 수는 없다. 『창조세계 안에 계신 하나님』에서 그는 창조세계에 대한 온전한 이해는 만유재신론적 신관으로 인도된다고 주장한다. 그는 하나님과 세계의 관계를 공간의 관점에서 다음과 같이 설명한다. 한편으로, 세계는 비실재적이거나 환상적인 것이 아니다. 세계는 진정으로 분리되어 존재하는 실재로서 실제적인 시공간 안에 펼쳐져 있다. 그에 따르면, "만일 공간이 하나님의 편재(偏在)의 차원으로 해석된다면, 범신론적 결론은 불가능하다."[5] 왜냐하면 분리된 실재로서 존재하는 세계가 전제되어야 세계 안의 하나님의 편재를 말할 수 있기 때문이다. 다른 한편, 공간은 하나님 안에서 기원하는 신학적 실재이다. 공간은 창조 이전에 하나님과 독립적으로 존재하는 빈 상자 같은 것, 즉 하나님이 창조를 통해 다양한 것들로 채워 넣어야 하는 그런 것이 아니다. 하나님은 유한한 시간을 초월하고 포괄하는 영원한 현재 안에 모든 현재를 포섭하면서 동시에 모든 현재 안에 현존하실 수 있는 것처럼, 또한 물리적 공간을 초월하고 포괄하는 신적 공간 안에 모든 여기를 포섭하면서 동시에 여기에 현존하실 수 있다. 몰트만에게 있어서 "'절

---

[5] Jürgen Moltmann, *God in Creation: A New Theology of Creation and the Spirit of God* (Minneapolis: Fortress Press, 1993), p. 154.

대적 공간'은 전체 물질세계와 그 안의 모든 개별적 사물 안의 하나님의 직접적 현존을 의미한다."6) 신적 편재의 개념은 모든 사물이 하나님이라고 주장하는 것이 아니라 모든 사물을 그것들의 유일한 원천인 신적 현존 안에 위치시키는 것이다. "만일 하나님이 편재를 통해 모든 사물을 직접적이고 즉각적으로 인식한다면, 이것은 하나님의 비피조적인 영원한 편재가 공간의 편재와 동일한 것임을 전제한다."7) 만일 공간이 하나님의 공간이라면, 세계는 하나님 '밖'이 아니라 하나님 '안'에 존재한다.

만유재신론에 있어서 유한자와 무한자는 범신론에서처럼 동일시되지 않으며, 고전적인 유신론에서와는 다른 방식으로 질적으로 구별된다. 즉 유한한(또는 무한히 확장된) 창조세계의 공간은 하나님과 동일시되지는 않으면서 하나님 안에 포함된다. 하나님은 세계와 동연적이다. 즉 모든 공간의 지점이 하나님에 의해 포괄되며, 이런 의미에서 하나님 '안'에 있다. 그럼에도 불구하고, 창조된 공간은 피조적이며, 우연적이다. 클레이턴은 공간의 범주 안에서 만유재신론을 이렇게 설명한다. "오직 하나님만이 절대적이며 자신 안에 모든 공간을 포함할 수 있는 존재론적 위상을 갖는다. 요약하면, 유한한 공간은 절대공간 안에 포함되며, 세계는 하나님 안에 포함된다. 하지만 세계는 하나님과 동일하지는 않다. 바로 이것이 만유재신론의 핵심 명제이다."8)

3. 하나님 안에 있는 세계, 세계 안에 계신 하나님

그리스적 사고는 실체론적일 뿐만 아니라 이원론적이다. 서구의 고전적 유신론이 하나님과 세계를 분리시키고 하나님을 세계의 '외부'에 자리매김한 것은 그리스의 이원론적 사고에 기초한 것이다. 그리스의 이원론적 사고

---

6) Ibid.
7) Ibid., p. 155.
8) Philip Clayton, *God and Contemporary Science* (Grand Rapids: WM. B. Eerdmans, 1997), p. 90.

에 따르면 영과 육 또는 정신과 육체는 상호 분리적인 실재로서, 전자는 우월하고 순수하며 후자는 열등하고 악하다. 플라톤 이래로 물질적 세계는 저급한 실재를 지니거나, 본질을 결여하거나, 심지어는 실재가 아닌 환상으로 간주되었다. 이러한 이원론적 세계관과 가치관의 영향으로 말미암아 고대의 교부들은 순수한 영으로서의 하나님은 물질적 세계로부터 분리되어야 한다고 생각하였다. 따라서 세계는 하나님의 '밖'에 그리고 하나님은 세계의 '밖(위)'에 자리매김되었다.

만유재신론은 이와 같은 이원론과 그에 따른 하나님과 세계의 분리를 거절한다. 근본적으로 영과 물질이 상호 분리적이거나 대립적인 실재가 아니기 때문에, 영으로서의 하나님은 물질로서의 세계와 분리되거나 대립될 필요가 없다. 창조세계는 하나님이 보시기에 좋은 세계이다. "하나님이 지으신 그 모든 것을 보시니 보시기에 심히 좋았더라"(창 1:31). 세계는 하나님의 피조물로서, 결코 신성화되거나 신격화될 수 없다. 그러나 세계는 하나님의 보편적 존재와 현존 안에 포괄되며 그 안에 존재할 수 있다. 특히 하나님은 하나님의 형상으로 창조하고 하나님의 영을 불어넣어 생령이 된 육체로서의 인간 안에 현존하며 활동하실 수 있다.

기독교 신학은 하나님을 무한자로서 세계는 유한자로서 이해한다. 무한자는 그 외부에 그 무엇, 즉 (유한한) 세계를 가질 수 없다. 왜냐하면 무한자 외부에 그 무엇이 존재한다면 그 무엇은 무한자를 제한하며, 따라서 무한자는 더 이상 무한자가 아니기 때문이다. 따라서 무한자인 하나님은 유한자인 세계와 그 안의 존재들을 자신 안에 포함한다. 클레이턴의 말을 빌면, "유한한 존재가 절대적으로 무제한적인 존재의 외부에 '존재'할 수 있는 장소는 없다. 따라서 무한한 하나님은 자신이 창조하신 유한한 세계를 자신 '안'에 포함하여야 한다."[9]

---

9) P. Clayton, *God and Contemporary Science*, p. 99.

만유재신론에 있어서 하나님과 인간은 특히 밀접한 관계에 있다. 하나님의 형상으로 지음 받은 인간의 본성은 근본적으로 하나님의 본성과 깊이 연관되어 있으며 또한 하나님의 본성을 반영한다. 클레이턴에 따르면, 인간 안에 본래적으로 주어진 하나님 감각 또는 의식(sensus divinitatis)은 존재론적으로 우리가 하나님 안에 있기 때문에 가능하다. 하나님은 바로 하나님 자신으로부터 유한한 세계를 창조하셨으며, 우리는 하나님으로부터 구성되었다.[10] 이것이 무로부터 창조의 본래적 의미이다. 이미 언급한 바와 같이 이와 같은 창조이해는 하나님의 자기제한 또는 자기비움(짐줌) 개념(카발라, 몰트만)이나 세계가 거기로부터 창조되는 근거인 무한한 포괄적 장으로서의 영 개념(판넨베르그), 그리고 자궁의 은유(여성신학) 등에 의해 잘 표현된다. 따라서 우리는 하나님을 벗어날 수 없다. 시편저자는 이 사실을 이렇게 표현한다. "내가 주의 영을 떠나 어디로 가며 주의 앞에서 어디로 피하리이까? 내가 하늘에 올라갈지라도 거기에 계시며 스올에 내 자리를 펼지라도 거기 계시나이다. 내가 새벽 날개를 치며 바다 끝에 가서 거주할 지라도 거기서도 주의 손이 나를 인도하시며 주의 오른 손이 나를 붙드시리이다"(시 139:7-10). 바울에 따르면 "우리는 그분(하나님) '안에서' 살며 움직이며 존재하며"(행 17:28), 그리스도 '안에서'(en Christo) 그분과 신비한 연합을 이룬다.

물론, 이와 같은 하나님과 인간의 밀접한 관계와 연합이 하나님과 인간의 동일성을 의미하지는 않는다. 무한한 창조자 하나님과 유한한 피조물 인간 사이의 본성적 질적 차이는 결코 폐기될 수 없다. 더욱이 인간의 죄와 타락으로 인하여 인간 안의 하나님의 형상은 심각하게 손상되고 인간은 하나님으로부터 소외되었다. 심지어 그리스도 안에서 하나님과 화해되고 하나님의 형상을 회복한 이후에도 인간은 여전히 남아있는 죄성과 육신적 연약함으로

---

10) Ibid., p. 102.

인하여 하나님의 충만한 현존을 경험하지도 못하며 그리스도와의 완전한 연합을 지속하지도 못한다.

    그럼에도 불구하고 신자와 그리스도의 연합은 존재론적이고 실재적인 것이다. 왜냐하면 성육신 안에서 예수 그리스도가 바로 구체적인 인간의 본성을 취하였으며, 우리에게 성령을 보내주시겠다고 약속했기 때문이다(요 16:7, 13). 또한 인간의 죄가 세계 안의 하나님의 현존 또는 하나님 안의 세계의 현존 자체를 무효화시키는 것은 아니다. 왜냐하면 유한자가 무한자를 벗어나는 것은 존재론적으로 불가능하기 때문이다. 죄와 타락이 창조의 폐기가 아니라 왜곡이라면, 그리스도 안에서의 하나님의 구원은 폐기된 창조세계를 재창조하는 것이 아니라 왜곡된 창조세계를 회복하고 완성하는 것이다. 하나님의 창조사역과 구원사역, 자연과 은혜는 이분법적이거나 상호배타적인 관계에 있지 않다. 만유재신론은 이 둘을 양자택일의 관계가 아니라 변증법적인 관계 안에서 종합하고자 한다. 하나님과 인간과 세계가 페리코레시스적인 친교 안에서 완전한 화해와 연합을 실현하고 하나님이 만유 가운데 충만히 임재하시는 성서의 종말론적 비전(고전 15:28)은 구원과 창조의 동시적 완성을 의미한다.

4. 하나님과 세계의 상호적 관계성

    고전적 유신론은 하나님의 자존성(自存性, aseity), 불변성(immutability), 고통불가능성(impassivity), 자기 충족성(self-sufficiency)을 일방적으로 강조하고, 하나님의 공동체성, 가변성, 고통가능성, 상호성을 인정하지 않으려는 경향을 보여준다. 아리스토텔레스는 신을 순수 현실태(actus prus)와 부동의 동자(unmoved mover)로 이해하였다. 아퀴나스는 아리스토텔레스의 인식론과, 선을 변화불가능성(immutability)과 동일시하는 완전성 개념을 받아들였다. 따라서 그는 하나님이 끊임없이 변하는 물질적 사물들의 우연적 특성을 알기보다는 하나님의 마음 안에 있는 세계의 사물들의 형상들(forms)을 통해서만 세계를 안다고 생각했다. 그러나 세계에 직접적으로 응답할 수 없는 하나님은 세계를 향한 진정한 사랑과 공감(compassion)을 보여줄 수 없다. 하나님은 하나님 안에 있는 창조세계와 일방적이 아닌 상호적인 관계를 맺으신다. 하나님은 부동의 동자가 아니라 세계의 인과성에 의해 영향을 받고 변화를 경험하는 존재이다. 하나님의 신실하심은 변함이 없다. 그러나 하나님이 자신의 존재와 삶이 세계의 우연적 결정에 대한 진정한 응답에 의해 구성되도록 허용하는 것은 바로 이 하나님의 신실하심 때문이다. 세계와의 관계 속에서 하나님은 세계에 영향을 줄 뿐만 아니라, 세계와 그 안의 존재들에 의해 영향을 받으신다.

성서는 세계와의 상호적 관계성 안에서 세계에 영향을 줄 뿐 아니라 세계로부터의 영향을 받아들이는 하나님의 모습을 증언한다. 역사와 개인적 인간의 삶을 향한 하나님의 섭리는 인간의 기도와 호소에 대한 하나님의 응답을 수반한다. 성서는 인간의 역사 속에 깊이 참여하시는 하나님을 보여준다. 하나님은 이스라엘 민족의 역사에 동참하시고 그 역사 속에서 자신을 계시하셨다. 하나님은 출애굽과 그 이후의 가나안을 향해 가는 이스라엘 민족의 광야의 여정 속에 함께 동행하셨다. 하나님은 역사 속에 참여하실 뿐만 아니라 예수 그리스도 안에서 인간으로 성육신하심으로써 역사가 되셨다. 예수 그리스도의 십자가는 인간의 죄와 고통을 친히 담당하시고 대신 고난 받으시는 하나님의 자기희생적인 사랑의 궁극적 현현이다. 십자가 사건은 세계의 고통과 슬픔에 동참하심으로써 그것들을 변혁시키고 구원하는 하나님을 결정적으로 계시한다.

실체론적 세계관에 기초한 고전적 유신론의 하나님이 무고통성, 불변성을 전제하는 것과는 달리, 관계론적 세계관에 기초한 만유재신론의 하나님은 자신 안에 존재하는 세계를 냉정한 가치중립적 관점에서 바라보시지 않는다. 만유재신론의 하나님은 자신의 완전성과 충만성을 희생함이 없이 세계의 고통과 기쁨과 슬픔을 공감적으로 함께 경험한다. 세계와의 관계 속에서 하나님은 창조적일 뿐 아니라 응답이며, 세계에 영향을 줄 뿐 아니라 세계로부터 영향을 받으신다. 하나님은 영원한 형상과 창조적 가능성을 세계에 제공하실 뿐만 아니라 세계의 기쁨과 고통을 함께 경험하시며 구원하신다. 세계의 역사는 하나님 자신의 삼위일체적 역사를 위한 구성적 의미를 갖는다. 세계를 창조하시고 세계의 역사 속에 깊이 참여하시는 하나님은 세계를 창조하지 않았을 경우와는 다른 신적 역사의 과정을 경험한다.

그러나 이것은 세계의 창조를 위한 하나님의 결단이 필연성에 의한 것임을 의미하지는 않는다. 바르트가 강조하듯이, 하나님의 창조는 하나님의 자유로운 결정에 의한 것이다. '무로부터의 창조'는 창조가 외적인 필연성이나 요구에 의한 것이 아니라 절대적인 하나님의 자유로운 결정에 의한 것임을 함축한다. 세계의 창조를 위한 하나님의 자유로운 결정은 하나님과의 상호적인 관계에서 스스로 자유로운 결정을 할 수 있는 세계의 자유를 위한 토대이다. 그러나 세계의 자유로운 결정에 의해 하나님이 영향을 받는다는 것은 세계로부터의 영향으로 인해 하나님의 본질적 속성 자체가 변하는 것을 의미하지는 않는다. 사랑, 긍휼, 거룩, 정의, 지혜와 같은 하나님의 속성은 영원토록 변함없는 하나님의 본질적 속성이다. 만유재신론의 하나님은 진정으로 세계에 응답하며 세계로부터 영향을 받지만, 그럼에도 불구하고 하나님의 본질적 속성은 결코 이 응답으로 환원되거나 세계의 영향에 의해 훼손당하지는 않는다.

클레이턴은 만유재신론의 하나님이 창조세계에 대한 하나님의 응답으로 환원되지 않는다는 점을 특히 강조한다.[11] 하나님은 세계 이전에도 계셨으며, 세계 이후에도 계실 것이다. 세계창조 이후에, 하나님이 세계가 없었

---

11) Ibid., p. 95.

으면 경험할 수 없었던 새로운 우연적 경험을 하신다는 것은 하나님의 존재 자체가 세계에 의존한다는 것을 의미하지는 않는다. 세계의 존재는 우연적인 반면, 하나님의 존재는 필연적이다. 하나님은 세계의 생성과 동일시되지 않는다. 하나님의 우주의 창조 이전과 마찬가지로 우주의 종말 이후에도 존재하신다. 종말에 옛 세계는 질적으로 변화되어 신세계 즉 하나님의 목적이 완전히 성취되는 하나님 나라가 도래할 것이다. 하나님이 만유의 주로서 만유 안에 계시게 될 종말에 시간 속의 경세적 삼위일체는 영원 속의 내재적 삼위일체와 일치되고 그 안으로 통합될 것이다.

종말론적 하나님 나라는 인간의 자유로운 결단과 역사의 우연성을 배제하지 않는다. 하나님의 목적의 최종적 성취는 일방적 결정이나 강제적 힘이 아니라 상호적 관계성 안에서의 무한한 사랑의 힘에 의해 실현된다. 하나님의 사랑(사랑의 하나님)의 전능과 궁극적 승리를 믿는 것이 기독교의 신앙의 본질이다. 하나님이 진정으로 세계로부터 영향을 받으며 세계에 응답한다는 사실은 세계의 역사에 대한 완전한 신적 결정론의 불가능성을 함축한다. 완전한 신적 결정론은 인간의 역사를 꼭두각시극으로 만들 뿐 아니라, 하나님이 세계의 역사와 자연 안의 모든 악과 고통에 대하여 책임지도록 만든다. 하나님과 세계의 상호적 관계성은 인간의 자유로운 결정과 역사의 진정한 개방성을 전제한다. 역사의 자유, 우연성, 개방성은 하나님이 모든 역사의 결과를 미리 예정하거나 일방적으로 결정할 수 없음을 의미한다. 따라서 하나님은 신정론 즉 악과 고통의 문제로부터 자유롭다. 세계의 역사와 개인의 운명을 일방적으로 결정하는 고전적 유신론의 하나님과 달리 세계와의 상호적인 창조적-응답적 관계 속에서 자기희생적인 사랑의 설득과 감화를 힘으로 세계를 섭리하는 만유재신론의 하나님은 세계의 악과 고통에 대하여 직접적인 책임이 없다.

5. 만유재신론적 유비와 하나님의 행동

오늘날의 과학시대에 있어서 세계 안에서의 하나님의 행동의 문제는 매우 뜨거운 논쟁의 주제가 되고 있다. 세계가 하나님으로부터 분리되어 있고 하나님의 외부에 존재한다고 전제될 때, 세계와의 관계 속에서의 하나님의 행동은 세계 외부로부터의 세계 안으로 들어오는 '개입'(intervention)의 형태를 띠게 된다. 이 경우에 하나님은 독립적으로 존재하는 세계의 질서를 깨뜨리고 돌입하는 낯선 행위자로 나타난다. 이와 달리, 세계를 하나님 안에 있는 것으로 이해하는 만유재신론에 있어서 세계의 질서는 하나님과 독립적인 자체의 인과성에 따라 기능하는 것으로 간주되지 않고 세계 내적인 인과성 자체가 신적 행위의 현현으로 이해된다. (물론 신적 행위가 세계 내적 인과성으로 환원되지는 않는다.)

클레이턴은 "만유재신론적 유비"를 통해 하나님의 존재와 행동을 설명한다.[12] 이 유비는 고전적 유신론의 실체개념이 아닌 성서의 인격개념에 기초한 존재론적 유비이다. 성서에서 하나님은 비인격적이고 추상적인 실체가 아니라 인격적인 존재이며, 하나님의 형상으로 창조된 인간도 인격적 존재이다. 한 인격적 주체는 자신의 몸과 분리되어 있지 않다. 인간의 주체성은 몸을 지닌(embodied) 주체성이다. 만유재신론적 유비에 따르면, 몸과 정신의 관계는 몸과 정신의 결합인 인간과 하나님의 관계와 유사하다. 우리가 하나님의 몸과 유비적이라면, 하나님은 몸 안에 거주하는 정신과 유비적이다.[13]

하나님과 우주의 관계를 인간의 인격체와 몸의 관계와 유사한 것으로 이

---

12) Ibid., pp. 101-2, P. Clayton, "The Case for Christian Panentheism," pp. 204-8.
13) Philip Clayton, "The Panentheistic Turn in Christian Theology: A Response to My Critics," Symposium on Clayton's Panentheism, *Dialog: A Journal of Theology*, Vol. 38, Number 2 (Summer 1999), pp. 286-87. 보다 정확하게 말하자면, 하나님은 단지 정신과 유비적이라기보다는 몸과 정신의 통합으로서의 전체적 인격과 유비적이다.

해할 경우, 세계는 존재론적으로 하나님 밖에 존재하지 않으며, 따라서 세계 안에서의 하나님의 행동은 세계 밖으로부터의 개입으로 이해되지 않는다.[14] 이 경우, 세계 내적인 인과성과 규칙성 자체가 바로 하나님의 행동의 현현으로 이해된다. 이 유비에 따르면 우주 안의 자연법칙은 대체로 개인의 몸 안에서의 자율적 반응과 유사하다. 이 반응은 의식의 간섭이나 안내 없이 몸이 행하는 것이다. 하지만 이 행위는 규칙적 또는 자율적 방식으로 작용하는 몸을 통해 무의식적으로 발생하는 것임에도 불구하고 여전히 우리 자신의 행동이다. 우주 안의 물리적 법칙은 증대하는 복합성의 연쇄과정 속에서 생명체를 산출하며, 우주의 역사 속에서 가장 복합적인 차원에서 자의식, 합리적 사고를 지닌 인간이 출현한다. 이것은 인간이 하나님의 자율적 행동 안에서 출현함을 의미한다.(그러나 이 자율적 행동이 하나님의 의식적 행동을 모두 대체하는 것은 아니다.) 만유재신론은 물리학과 신학을 밀접하게 연결시킨다. 하나님은 모든 물리적 상호작용과 모든 공간의 지점에 현존하시기 때문에, 모든 상호작용은 넓은 의미에서 하나님의 존재의 일부이다. "우리는 그분 안에서 살며 움직이며 존재한다"(행 17:28).

만유재신론적 유비에 있어서, 자연법칙의 규칙성 즉 하나님의 자율적 행동과 특수한 하나님의 의도적 행동 사이에 질적 또는 존재론적 차이는 없다. 즉 이 두 가지가 모두 하나님의 행동이다. 자연법칙은 신적 행동 패턴의 예측 가능한 규칙성에 대한 기술(記述)로 간주된다.[15] 자연법칙으로서의 자율적인 하나님의 행동은 보다 적극적이고 의식적인 하나님의 행동을 배제하거나

---

14) 왜 하나님은 물리적 세계의 법칙을 깨뜨리고 개입하지 않는가? 클레이턴은 그 이유를 다음 세 가지로 든다. 첫째, 유한한 행위주체가 자신의 의도를 가지고 자신의 몸을 통해 행동할 수 있는 자리가 확보되어야 한다. 둘째, 유한한 행위주체가 행동하고 세계에 대한 지식을 가지기 위해서는 물리적 세계의 규칙성의 맥락이 요구된다. 셋째, 사건들의 인과적 역사가 탐구될 수 있어야 자연과학이 가능해진다. Ibid., pp. 290-91. 물리적 법칙을 깨뜨리는 하나님의 개입이라는 개념이 초래하는 중요한 신학적 문제는 바로 신정론의 문제로서 이 개념이 이 세계의 악과 고통의 현실에 대하여 하나님이 책임을 지도록 만든다는 사실이다.

15) P. Clayton, *God and Contemporary Science*, p. 101, "The Case for Christian Panentheism," p. 206.

그것과 양립불가능하지 않다. 인간 주체가 특수한 의도를 가지고 행동을 할 수 있듯이, 하나님도 의식적으로 어떠한 특정한 목적을 추구하는 행동을 하실 수 있다. 그러나 이 하나님의 의도적인 행동은 서구의 고전적 유신론에서처럼 손쉽게 자연법칙을 깨뜨리고 '개입'하는 '기계 밖의 하나님'(Deus ex Machina)의 행동과 동일한 것을 의미하지는 않는다. 이 하나님의 "초점적"(focal), 의도적 행동을 어떻게 이해하고, 이러한 행동에 대한 믿음을 어떻게 오늘날의 과학적 세계관과 조화시킬 수 있는가 하는 것이 오늘날의 과학적 자연신학의 핵심적 주제이다.

이 문제는 서구의 고전적 유신론이 아닌 만유재신론의 맥락 안에서 보다 적절하게 다루어질 수 있다. 만유재신론의 맥락 안에서, 내재적인 자연법칙을 통한 '아래로부터 위로'(bottom-up)의 하나님의 행동과 보다 적극적이고 의도적인 '위로부터 아래로'(top-down)의 하나님의 행동은 상호 모순적이거나 양립 불가능한 것이 아니다. 몸(손, 다리, 심장)의 행동은 몸 자신의 행동인 동시에 몸의 주체인 자아의 행동이다. 그러나 또한 나의 주체적 자아(정신)가 과거의 패턴(습관)이나 환경적 제약요소를 극복하는 행동을 할 수 있는 것과 마찬가지로, 하나님은 우주법칙의 인과적 규칙성을 통해 행동하실 뿐만 아니라 그것을 넘어서는 초점적 또는 변혁적 행동을 하실 수 있다. 즉 정신적 인과성은 육체적 인과성 이상이다. 그러나 그것은 자연법을 깨뜨리지는 않는다. 따라서 만유재신론적 유비는 자연법을 깨뜨리지 않고 하나님의 의도와 행동을 표현할 수 있는 가능성을 제공해 준다.[16]

그러므로 만유재신론적 유비에 있어서 두 가지 유형의 하나님의 행동이 가능하다. 한편으로, 모든 물리적 사건은 하나님의 행위이다. 즉 세계의 규칙성은 '아래로부터 위로'의 인과성으로서의 하나님의 행위이다. 다른 한편

---

16) '위로부터 아래로'의 행동의 예를 들면, 우리가 손을 들고자 (정신적으로) 의도하고, 실제로 손(물리적 대상)을 들어 올릴 경우, 자연법은 깨어지지 않는다. P. Clayton, "The Panentheistic Turn in Christian Theology," pp. 286-88.

으로, 우리의 정신이 전체적으로 뇌에 그리고 뇌를 통해 몸과 세계에 '위로부터 아래로'의 인과성을 수행하듯이 하나님도 역시 인간의 정신에 그리고 정신을 통해 인간 전체와 세계에 '위로부터 아래로'의 인과성 또는 유인을 수행하신다.[17] 이 하나님의 의도적인 행동은 아무런 "개입"의 문제를 초래하지 않는다. 다시 말하면, 하나님은 자신이 세우신 자연법칙을 깨뜨리거나 자연의 질서를 무시함이 없이 의식적으로 인간의 사고와 의도에 영향을 주실 수 있다. 하지만 하나님의 의도적, 초점적 행동은 정신적 차원의 존재인 인간의 의도와 사고에만 제한되는 것은 아니다. 이 하나님의 행동은 미시적인 양자 차원에서의 비결정성, 불확정성에 특정한 방향과 목적을 주고 그러한 목적과 방향으로 잠재적 가능성이 현실화되도록 유인하는 하나님의 행동에서도 발견될 수 있다. 이 하나님의 행동은 '위로부터 아래로'의 신적 인과성이면서 동시에 '아래로부터 위로'의 물리적 인과성을 가능케 하는 출발점이 된다.

그러나 하나님과 세계의 관계와 세계 속에서의 하나님의 행동을 이해하기 위한 하나의 모델로서 만유재신론적 유비는 다음과 같은 몇 가지 한계점을 지닌다. 첫째, 몸이 없는 인간 주체는 생각할 수 없지만, 하나님이 반드시 몸(세계)을 지닌 주체여야 하는 것은 아니다. 하나님의 존재는 필연적이지만 세계의 존재는 우연적이다. 둘째, 인간의 몸의 자율적 행동은 무의식의 차원에서 일어나지만 전지하신 하나님은 세계에서 일어나는 모든 자율적 행동들을 언제나 의식 안에서 파악하신다. 셋째, 인간은 자신의 몸의 행위의 일부만을 제한적으로 통제할 수 있지만, 하나님은 (적어도 원리적으로) 모든 물리적 세계를 제한 없이 통제하실 수 있다. 성서의 관점에서 클레이턴은 만유재신론적 유비가 다음 두 가지를 표현할 수 없는 한계점을 지닌다고 지적한다.[18] 첫째, 성서는 세계의 창조자로서의 하나님의 선재(pre-existence)와,

---

17) Ibid., p. 291.
18) P. Clayton, "The Case for Christian Panentheism," pp. 205-6.

세계의 종말 이후에 새 하늘과 새 땅을 건설하시는 하나님의 후재(post-existence)를 증언한다. 이것은 하나님이 세계와 분리되어 존재하실 수 있음을 의미하며, 하나님의 세계 창조가 필연성에 의한 것임이 아님을 의미한다.[19] 둘째, 하나님께서 세계와 분리되어 존재하실 수 있기 때문에 우리는 우리의 육체의 죽음 이후에 하나님 안에서 영생을 누릴 소망을 가질 수 있다. 그리스도가 사망의 쏘는 것(고전 15:55)을 극복한 것처럼, 신자도 "그의 영광스런 몸과 같은"(빌 3:21) 새로운 하늘의 몸을 부여받게 될 것이다. "내가 너희를 위하여 거처를 예비하러 가노니 가서 너희를 위하여 거처를 예비하면 내가 다시 와서 너희를 내게로 영접하여 나 있는 곳에 너희도 있게 하리라"(요 14:2-3).

만유재신론적 유비는 하나님과 세계의 관계를 이해하기 위한 다양한 모델들 가운데 하나이며, 그 언어의 성격은 문자적이라기보다는 은유적이다. 하지만 이 유비는 한계점에도 불구하고 이원론적이고 실체론적 세계관 안에서의 고전적 유신론의 한계를 극복하고 비이원론적이고 관계론적인 세계관 안에서 하나님과 세계의 관계를 이해할 수 있는 하나의 대안적 모델을 제공해 줄 수 있다.

6. 만유재신론과 삼위일체론

만유재신론은 삼위일체론을 전제한다. 삼위일체론은 예수 그리스도와 성령 안에서의 하나님의 구원 행동에 나타난 하나님의 삼중적 존재방식에 대한 경험론적 추론과 신학적 논증의 산물이다. 따라서 삼위일체론의 우선적인 과제는 세계와의 관계성 안에 계신 하나님, 즉 경세적 삼위일체를 해명

---

[19] 그럼에도 불구하고 하나님이 세계를 창조하기로 자유롭게 결정하셨을 때, 하나님은 우리 자신과 우리의 몸과의 관계와 유사한 방식으로 세계와 관계하신다. 즉 우리가 몸이 없는 정신이 아닌 것처럼 하나님은 세계와 분리되어 세계 밖에 계시지 않는다.

하는 것이다. 삼위일체 하나님에 있어서, 아버지는 세계를 창조하시고 섭리하시는 분으로 이해되며, 아들은 예수 그리스도 안에서 성육신하여 십자가에 죽고 부활하심으로써 인간을 구원하신 분이며, 성령은 신자들 안에 내주하시면서 "말할 수 없는 탄식으로 우리를 위하여 친히 간구하시는"(롬 8: 26) 보혜사로서 예수 그리스도의 구원을 완성하시며 또한 온 우주에 임재하는 우주의 영으로서 창조세계를 종말론적으로 완성하신다.

만유재신론은 경세적 삼위일체와 내재적 삼위일체가 동일하다는 라너의 명제를 받아들인다. 판넨베르그가 말한 바와 같이 이 명제는 단지 삼위일체론이 예수 그리스도 안의 하나님의 계시와 더불어 시작하여 하나님의 영원한 본질 안의 삼위일체로 돌아가야 한다는 것을 의미하는 것이 아니라, 삼위일체론이 하나님의 영원한 본질 안의 삼위일체를 끊임없이 하나님의 역사적 계시와 연결시켜야 한다는 것을 의미한다.[20] 하나님의 역사적 계시는 단지 하나님의 신성의 외면에 있는 행위가 아니라 영원하신 하나님의 자기 현실화이다. 영원한 본질 안에 계신 하나님은 자신을 역사적으로 계시하는 하나님과 동일하기 때문에 내재적 삼위일체는 구속역사 속에서의 삼위일체 즉 경세적 삼위일체 안에서 발견되어야 한다.

만유재신론은 삼위일체를 실체론적 관점이 아닌 관계론적 관점에서 이해한다. 세 위격을 선행하며 세계 안의 다수의 독립적 실체들로부터 존재론적으로 분리되어 있는 한 실체(본질) 안에서 세 위격이 연합되는 것이 아니라, 페리코레스적 사랑의 관계성 안에서의 세 위격의 친교적 연합(communion)이 한 본질을 구성한다. 즉, 삼위일체 하나님은 영원한 친교 안에 있는 세 위격의 친교적 연합으로 존재한다. 삼위일체 하나님은 아버지, 아들, 성령이 상호 내재적인 사랑의 관계성 안에서 한 신성을 구성하는 공동체적 존재이다. 판넨베르그는 삼위일체 안의 관계성을 잘 묘사하였다. 그에

---

20) Wolfhart Pannenberg, *Systematic Theology*, trans. Geoffrey W. Bromiley (Grand Rapids: Eerdmans, 1991), vol 1, pp. 327-28, 405.

따르면 한 하나님은 세 분리된 위격으로 구성된다. 삼위일체의 내적 관계 속에서 아들은 영원히 자신을 아버지께 드리며, 아버지는 이를 영원히 받아들인다. 아들은 스스로 신성을 주장하지 않고 아버지를 영광스럽게 한다. 아버지는 아들의 사랑을 받아들이며 아들에게 충만한 신성을 부여한다. 성령은 아버지의 받아들이는 사랑과 아들의 자기를 내어주는 사랑 모두를 영화롭게 하며 아버지와 아들을 중재한다.[21] 몰트만도 삼위일체 하나님의 내적인 사랑의 관계를 잘 묘사하였다. 그는 예수 그리스도의 십자가 죽음을 안셀름처럼 성부 하나님의 정의를 만족시키기 위한 희생으로 이해하지 않고, 인간을 위해 아들을 죽음에 내어주는 아버지, 아버지의 뜻에 죽기까지 순종하는 아들, 이 둘을 사랑으로 연결하는 성령에 의한 삼위일체적 사건으로 이해하였다.[22]

장(場) 이론의 관점에서 세 위격을 인격적 활동의 장들로 이해하는 브라켄의 사회적 삼위일체론은 만유재신론적이다. 그에 따르면, 하나님은 영원히 삼위일체적 힘의 장, 또는 세 위격적 정체성으로서 존재하신다. 각각의 위격은 함께 "하나의 무제한적인 활동의 장"을 구성한다.[23] 하나님은 자유롭게 신적 삶을 나누고자 결단하셨다. 그리하여 하나님은 신적 존재의 공간 안

---

[21] 판넨베르그의 삼위일체론에 대해서는 Pannenberg, *Systematic Theology*, vol. 1, 5–6장 참고. 공동체적 위격으로서의 삼위일체론은 사회적 삼위일체론을 주장한 몰트만, 동방정교회 신학자인 지지울라스, 가톨릭 여성신학자인 라쿠나, 그리고 엘리자벳 존슨과 같은 여성신학자들의 삼위일체론에 잘 나타난다. 이들의 삼위일체론은 만유재신론적 삼위일체론의 특성을 보여준다. Jürgen Moltmann, *The Trinity and the Kingdom of God*, trans. by Margaret Kohl (London: SCM Press Ltd, 1981). John Zizioulas, *Being as Communion: Studies in Personhood and the Church* (Crestwood. NY: St. Vladimir's Seminary Press, 1985). Catherine M. LaCugna, *God for Us: The Trinity and Christian Life* (New York: HarperCollins Publishers, 1991). Elizabeth A. Johnson, *She Who is: The Mystery of God in Feminist Theological Discourse* (New York: Crossroad, 1992). 함세웅 역, 『하느님의 백한 번째 이름』 (서울: 바오로 딸, 2000).

[22] Jürgen Moltmann, *The Crucified God: The Cross of Christ as the Foundation and Criticism of Christian Theology*, trans. R.A. Wilson and John Bowden (Minneapolis: Fortress Press, 1993). pp. 235–49.

[23] Joseph Bracken, "Creatio ex Nihilo: A Field-Oriented Approach," Philip Clayton "Kenotic Trinitarian Panentheism," *Dialog: A Journal of Theology*, Vol 44, Number 3 (Fall 2005), p. 252 에서 재인용.

에 유한한 활동의 중심들을 창조하셨다. 브라켄은 "창조세계는 신적인 공동체적 삶을 창조세계와 나누고자 하는 세 신적 위격들의 자유로운 결단의 결과"[24]라고 말한다. 다시 말하면 차고 넘치는 신적인 사랑이 다른 활동의 중심들 안에 현현하였다. 다수의 활동의 중심을 자신 안에 포함하고자 하는 것이 하나님의 영원한 본성이기 때문에 하나님은 자신의 신적 현존 안에 다른 활동의 중심들을 창조하셨다. 이 창조된 활동의 중심들은 하나님의 한 힘의 장 안에 있음에도 불구하고 유한하고 우연적인 본성에 있어서 무한하고 필연적인 하나님의 본성과 구별된다. 창조는 하나님의 자기제한 또는 자기비움(kenosis)의 행위이다. 즉, 하나님은 다른 주체의 존재를 허용하기 위해서 자유롭게 자신의 무한한 힘을 제한하신다.

만유재신론에 있어서 삼위일체는 세계를 향하여 열려있다. 창조 이후에 하나님은 세계 밖에 계신 것이 아니라 세계를 포괄하며 세계 안에 현존하신다. 브라켄에 의하면, 한 실체는 다른 실체를 포함할 수 없는 반면, 한 인격적 활동의 영역은 유한한 인격들을 포함하면서 동시에 그것을 초월할 수 있다.[25] 그에게 있어서, 하나님과 세계의 관계성의 중심적 특징은 하나님이 아닌 것을 하나님처럼 만드는 구속이 아니라, 참여, 포괄적 임재, 하나의 전체를 통한(그 안에서의) 구속이다. 하나님이 창조한 세계는 하나님 밖이 아니라 하나님 안에 존재하며 하나님은 세계 안에 현존한다. 모든 것이 하나님 안에 있다. 모든 행동은 하나님의 형상으로 만들어진 자유롭고, 도덕적이고, 책임적인 인간주체의 행위인 동시에 하나님의 행동이다. 따라서 하나님의 포괄적인 현존과 인과성 안에 상대적으로 독립적이고 자율적인 인간의 행위를 위한 자리가 있다.[26]

---

24) Ibid.
25) Joseph Bracken, *The Divine Matrix: Creativity as Link Between East and West* (Maryknoll, NY: Orbis Books, 1995). Joseph Bracken and Marjorie H. Suchocki eds., *Trinity in Process: A Relational Theology of God* (New York: Continuum, 1997).
26) 이에 관해서는 Joseph Bracken, *Society and Spirit: A Trinitarian Cosmology* (London and Toronto: Associated University Press, 1991); *The Triune Symbol: Persons, Process and*

만유재신론에 있어서 삼위일체 하나님의 내적 관계와 삼위일체 하나님과 세계의 관계는 유비적으로 이해된다. 세 신적 위격이 분리된 활동의 중심들이면서 동시에 삼위일체 하나님의 통일성을 구성하는 것처럼, 우리는 분리된 주체이면서 동시에 하나님의 현존에 참여한다. 몰트만이 말한 바와 같이, 우리는 삼위일체 안의 페리코레시스에 참여한다. 이것이 신화이다. 삼위일체 안의 페리코레시스에의 참여가 세계 안의 페리코레시스를 가능케 한다. 클레이턴에 의하면, 아버지, 아들, 성령이 동일하게 한 신성에 참여하지만 하나님은 자신의 외부에 세계를 창조한다고 주장하는 전통적 삼위일체론과 달리, 만유재신론적 삼위일체론에 있어서 아버지, 아들, 성령이 한 신성에 함께 참여하는 것과 유비적으로 창조질서가 하나님 안에 참여한다.[27]

7. 변증법적 만유재신론

삼위일체 하나님은 영원히 세 위격 사이의 자기분화와 자기 동일화의 변증법 안에 존재하신다. 그러나 헤겔의 관념론에서처럼 아들은 단지 아버지의 부정이 아니며, 영은 아버지와 아들의 변증법적 지양이 아니다. 세 위격은 한 절대적 주체로서의 절대정신의 세 연속적 상태가 아니라, 상호적인 사랑의 페리코레시스를 통한 친교적 연합 안에서 한 하나님을 구성한다. 하나님의 창조는 하나님 자신 안의 내적 긴장, 즉 자기분화와 자기 동일화의 변증법

Community (Lanham: University Press of America, 1985)를 참고.
[27] Philip Clayton, "Panentheist Internalism: Living within the Presence of the Trinitarian God," *Dialog: A Journal of Theology*, Vol. 40, Number 3 (Fall, 2001), p. 214. 아울러 클레이턴은 이러한 유비의 한계점도 세 가지로 지적한다. 첫째, 신적 통일성을 구성하는 세 신적 위격은 신적 본성을 갖지만, 신적 현존에의 인간의 참여는 본성에 의한 것이 아니라 하나님의 은혜에 의한 것이다. 둘째, 세 신적 위격은 아버지, 아들, 성령의 삼위일체로서의 하나님을 구성하지만 인간의 사고와 행위는 하나님을 구성하지 못한다. 하나님은 창조 이전과 우주의 종말 이후에도 영원히 존재하신다. 하나님 안의 우리의 실존은 하나님의 은혜의 선물에 의한 것이다. 셋째, 하나님은 노넉석으로 완선하시지만 인간은 그렇지 못하다. 그러나 그럼에도 불구하고 은혜가 무한하신 하나님은 가장 어두운 인간의 행동까지도(그것들을 긍정함 없이) 하나님의 존재 안에 품으신다. Ibid.

제17장 • 493

적 역동성으로부터 말미암는다. 즉, 창조란 아버지의 사랑에 대한 아버지의 타자로서의 아들의 자유로운 응답의 열매이다. 그러므로 세계 관념은 영원한 하나님 자신의 본성에 본유적이다. 이원론적, 실체론적 세계관에 기초하여 세계와 분리된 하나님의 초월성을 강조하는 고전적 유신론과 달리 비이원론적, 관계론적 세계관에 기초한 만유재신론은 하나님 안에 있는 세계 또는 세계 안에 계신 하나님의 내재성을 강조한다.

그러나 만유재신론에서 하나님의 초월성은 결코 간과되지 않는다. 만유재신론은 하나님의 내재성을 강조함에도 불구하고 내재성과 초월성 사이의 변증법적 긴장관계를 유지하고자 한다. 여기서 세계는 하나님과 분리되거나 부정적으로 인식되지도 않지만 하나님과 동일시되거나 신성화되지도 않는다. 하나님은 세계 안에 계시지만 자유로운 결정에 의해 무로부터 세계를 창조한 창조자이며, 세계는 하나님 안에 있지만 하나님에 의해 무로부터 창조된 피조물이다. 하나님은 자신의 영원성을 유지하시면서 세계의 시간성에 참여하신다. 하나님은 하나님 자신의 편재성이 세계의 공간성으로 환원됨 없이 세계의 공간에 참여하신다. 무한한 하나님은 유한한 세계 안에 참여하시지만 하나님의 무한성은 세계의 유한성으로 환원되지 않는다. 신적 주체와 인간 주체 사이에는 과정신학자들의 존재론적 원리에 의한 유사성보다 더 큰 비유사성이 있다. 브라켄이 말한 바와 같이 하나님이 모든 만물을 포괄하는 무한한 활동의 장이라면, 하나님은 화이트헤드가 말한 것처럼 단지 다른 모든 주체들에게 적용되는 형이상학적 원리의 "최고의 실증사례"(Chief Exemplification)일 수만은 없다. 무한하고 필연적인 존재로서의 하나님과 유한하고 우연적인 존재로서의 세계와 인간 사이의 존재론적 차이는 보다 충분히 강조되어야 한다.

이와 아울러 하나님의 자존성(自存性, aseity)도 유지될 필요가 있다. 왜냐하면 영원한 하나님은 시간적 세계의 창조 이전과 종말 이후에도 존재하시기 때문이다. 삼위일체론의 두 가지 차원, 즉 내재적 차원과 경세적 차원은 분리될 수 없지만 전자가 후자로 환원되지는 않는다. 내재적 삼위일체는 경세적 삼위일체의 앞과 뒤를 포괄한다. 경세적 차원에 있어서 삼위일체론은 세계와의 상호적 관계성 안에서 세계의 변증법적 역사의 과정에 참여하시고 인간과 세계를 구원하시는 하나님을 지시한다. 내재적 차원에 있어서 삼위일체론은 세 위격 사이의 영원한 상호적인 관계성 안에 계신 하나님의 내적인 변증법적 존재방식을 지시한다. 인간과 세계의 유한한 피조물과는 달리, 하나님은 스스로 존재하기 위하여 타자와의 외적 관계성을 반드시 필요로 하지는 않는다. 즉, 하나님은 존재하기 위해서 내적으로 관계되어지는 것으로 충분하다. 내재적 차원에서의 삼위일체 하나님의 영원한 위격적 관계성은 하나님의 자존성(aseity)과 아울러 "무로부터 창조"의 근거가 된다.

하나님의 초월성과 자존성의 전제 아래, 만유재신론은 하나님의 세계 내재성을 강조한다. 유한한 세계는 무한한 하나님을 벗어날 수 없다. 그것은 심지어 인간의 타락 이후에도 마찬가지이다. 종말론적으로 이 세계의 모든 고통과 비극까지도 하나님 안에 포괄되어야 한다. 이 말은 하나님이 세계의 모든 고통과 비극의 발생에 책임을 져야 한다는 것이 아니라 그 모든 고통과 비극까지도 궁극적으로 하나님 안에서 극복되어야 한다는 것을 의미한다. 하나님은 우주적 영이신 성령 안에서 만유 안에 현존하며 만유를 새롭게 하신다. 우리는 이 현존 안에 살며 움직이고 존재한다.

하나님은 세계 안에 현존하면서 세계와의 상호적인 관계 안에서 행동하신다. 세계와의 관계에서 하나님의 사랑은 창조적일 뿐만 아니라 또한 응답적이다. 물론 하나님의 영원한 본성(사랑, 거룩, 지혜, 공의 등)은 인간과 세계와의 관계에 의해 변화되거나 손상되지 않는다. 그러나 하나님은 인간의 행동이 세계와 인간에 응답하는 하나님의 존재와 행동에 영향을 주는 것을 허용하신다. 세계로부터의 영향을 허용하고 응답하시는 하나님의 완전성이 그렇지 않은 하나님의 완전성보다 더욱 크고 충만하다. 하나님은 결핍이 아니라 충만한 완전성 안에서 우리의 사고와 행동에 지속적으로 응답하신다.

하나님은 창조적 사랑과 응답적 사랑의 상호 관계 안에서 세계의 역사를 미래의 종말론적인 하나님 나라의 완성을 향하여 인도하신다.

세계의 역사 안에 참여하며 세계를 종말론적인 미래의 하나님 나라로 인도하시는 하나님의 행동은 오늘의 과학시대에 적합한 만유재신론적 유비(이 유비의 한계점에도 불구하고)를 통해 이해 가능한 방식으로 설명될 수 있다. 이 유비에 따르면, 하나님의 행동은 두 가지 방식으로 이루어진다. 하나는 '아래로부터 위로'의 방식이며 다른 하나는 '위로부터 아래로'의 방식이다. 전자는 우리 몸의 자율적 기능과 유사한 자연법칙과 규칙성을 통해서이며, 후자는 우리의 의식적 행동과 유사한 하나님의 초점적, 의도적 행동에 의해서이다. 하나님의 특별한 초점적, 의도적 행동방식에는 두 가지가 있다. 하나는 인간의 사고와 의도에 영향을 주는 행동이며, 다른 하나는 미시적 차원에서 불확정적인 양자의 상태에 방향과 목적을 주는 행동이다. 그러나 'Deus ex machina'로서 세계 밖으로부터 자의적으로 세계의 자연법칙을 깨뜨리고 들어오는 개입으로서의 하나님의 행동은 거절되거나 최소한 유보된다.

만유재신론에 있어서 하나님의 세계 초월성과 내재성, 삼위일체론의 내재적 차원과 경세적 차원은 변증법적으로 통합된다. 클레이턴은 내재주의(internalist)와 외재주의(externalist) 신학을 구분하고, 외재주의 모델에서는 창조성과 목적 지향성이 세계의 외부에 계신 하나님으로부터 체계 안으로 주어져야 하는 반면, 내재주의 모델에서는 하나님의 창조성이 체계의 내면에서 드러난다고 주장했다. 자연질서가 창조적으로 진화하여 의식적 존재가 출현하는 것은 자연질서의 내재적 속성에 의한 것이다.[28] 내재주의의 모델에 대한 그의 강조는 기본적으로 만유재신론적 신관에 부합하지만, 내재주의와 외재주의의 이분법과 이에 기초한 내재주의적 환원주의는 문제가 있어 보인다. 왜냐하면 내재주의 모델은 세계가 하나님 안에 있고 하나님이 세

---

[28] J. Bracken, "Creatio ex Nihilo: A Field-Oriented Approach," P. Clayton "Kenotic Trinitarian Panentheism," Ibid., p. 209.

계 안에 계시다는 의미에서 타당하지만 하나님이 세계보다 크시다는 의미에서는 타당하지 않기 때문이다. 만유재신론에 있어서 유한자인 세계는 무한자인 하나님 안에 있고, 무한한 하나님은 유한한 세계 안에 계신다. 그러나 이와 동시에 무한자는 유한자보다 크기 때문에 하나님은 세계 '안'에만 아니라 세계 '밖'에도 계신다. 즉, 하나님은 세계 내재성으로 환원될 수 없다. 유한한 세계는 무한한 하나님의 외부에 존재할 수 없는 반면, 무한자인 하나님은 유한자인 세계의 내부와 외부에 동시에 존재하신다. 따라서 하나님의 세계 외재성, 초월성, 숨어계심(Deus absconditus)은 포기될 수 없다.

하나님이 세계를 포괄하면서 동시에 세계보다 크시며, 따라서 하나님은 세계 안에 계실 뿐 아니라 세계 밖에도 계셔야 한다면, 내재주의 모델뿐 아니라 외재주의 모델도 필요하다. 그러므로 통전적인 만유재신론은 내재주의와 외재주의, 하나님의 내재성과 초월성을 변증법적 관계 안에서 통합한다. 초월적 차원의 삼위일체의 내적 변증법은 본유적으로 세계를 향하여 열려있다. 삼위일체 하나님의 세 위격인 아버지, 아들, 성령은 초월과 내재의 변증법적 과정 속에서 세계의 과정을 인도하는 신적 활동의 중심(장)들이다. 창조, 타락, 구원과 종말론적 완성으로 전개되는 세계의 변증법적 과정은 삼위일체 하나님의 세 위격의 변증법적 관계에 상응한다. 변증법적 만유재신론의 모델에 있어서 삼위일체 하나님은 초월과 내재의 변증법적 관계 안에서 세계를 미래의 종말론적 하나님 나라로 인도하신다.

8. 결론: 종말론적 만유재신론

세계의 역사 속에서 하나님은 아직 만유의 만유로서 세계 안에 충만하게 거하시지 못한다. 그 까닭은 세계의 죄와 악과 소외로 인하여, 아직 하나님의 통치가 세계 안에 온전히 실현되지 못하고 있기 때문이다. 하나님께서 만유의 주로서 만유 안에 충만하게 거하시는 만유재신론 비전(고전 15:28)은 궁극적으로 종말론적 비전이다. 삼위일체 하나님의 변증법적 관계에 상응하는 세계 역사의 변증법적 과정은 종말론적 하나님 나라에서 최종적으로 완성된다. 다시 말하면, 삼위일체적, 변증법적 만유재신론은 종말론적으로 완성된다. 몰트만의 표현을 빌면, 하나님은 창조를 가능케 했던 자기부정을 변증법적으로 부정함으로써 만유 안에서 자신을 완성한다. "종말론적으로 하나님은 스스로 자신에 대한 자기제한 해제를 완성한다. 하나님은 은폐되지 않은 영광의 광채 속에 창조세계에 나타난다."29)

종말론적 하나님 나라는 세계의 안과 밖, 아래와 위를 중재하고 통합한다. 하나님 나라는 단순히 내재주의적 차원의 '아래로부터'의 역사적, 자연적 실현만도 아니며, 반대로 외재주의적 차원의 '위로부터'의 초역사적, 초자연적 도래만도 아니다. 변증법적 만유재신론의 모델에 있어서 종말론적 미래에 삼위일체 하나님은 '아래로부터'의 인간의 모든 자유로운 결단과 노력과 그 결과들을 자신 안으로 받아들이고 포괄하면서 동시에 그것들을 변화시켜 '위로부터' 도래하는 하나님 나라를 완성하신다. 그때에 역사적 우연성의 모든 부분들은 하나님 나라의 전체성 안에서 변혁되고, 구원을 받고, 통합될 것이다. 그때에 하나님의 영광이 온 세계에 충만할 것이다(민 14:21, 시 72, 19, 사 6:3). 하나님의 세계 내재적 현존이 세계 안에서 하나님 나라를 구현하기 위한 우리의 힘의 원천이라면, 하나님의 세계 초월적 현존은 종말론적 하나님 나라의 도래와 완성에 대한 우리의 소망의 근거이다.

"너희 마음에 그리스도를 주로 삼아 거룩하게 하고 너희 속에 있는 소망에 관한 이유를 묻는 자에게는 대답할 것을 항상 준비하되..."(벧전 3:15). "우리는 그의 약속대로 의가 있는 곳인 새 하늘과 새 땅을 바라보도다"(벧후 3:13).

---

29) Jürgen Moltmann, *The Coming of God: Christian Eschatology*, trans. Margaret Kohl (Minneapolis: Fortress, 1996), p. 295.

제4부

하나님과 세계:
신학과 과학의 대화

제18장

과학적 세계관과 만유재신론 : 아서 피콕과 필립 클레이턴을 중심으로

1. 서론

오늘날의 과학적 세계관은 하나님과 세계의 관계에 대한 새로운 이해를 요청한다. 서구의 고전적 유신론은 하나님을 필연적인 "실체"로, 그리고 세계를 하나님의 "밖"에 정위(定位)된 공간에 창조된 것으로 간주해왔다. 한 실체는 자신의 정체성을 상실함 없이 다른 실체 안에 존재할 수 없다. 따라서 하나님이 실체로 간주되는 한 하나님은 세계의 사건들에 대하여 "외부로부터" 영향을 줄 수밖에 없다. 이러한 초자연적인 "개입"(intervention)은 세계의 인과적 연계성에 대한 오늘날의 과학적 설명과 조화되기 힘들다. 따라서 오늘의 과학적 세계관은 세계의 사건, 실재, 구조, 과정 안에서의 하나님의 현존과 행동을 표현하기 위한 새로운 신학적 모델을 요청한다. 신학이 오늘의 과학적 세계관 안에 사는 현대인들에게 이해 가능한 신학이 되기 위해서는 이러한 과학의 요청을 진지하게 고려하고 함께 대화해야 한다.

이와 같은 과학적 세계관의 요청에 부응하여 20세기 이후 일어나고 있는 "조용한 혁명"이 만유재신론의 재부상(再浮上)이다. 만유재신론에 대한 사전적 정의에 의하면, "(만유재신론은) 하나님의 존재가 전 우주를 포함하고 전 우주에 편재한다는 믿음이다. 따라서 우주의 모든 부분이 하나님 안에 존재한다. 그러나 (범신론과는 반대로) 하나님의 존재는 우주보다 크며 우주에 의해 소진되지 않는다."[1] 만유재신론에 있어서 하나님의 존재는 우주 전체를 포함하고 우주의 모든 부분에 침투하며, 따라서 우주의 모든 부분은 하나님 "안"(in)에 존재한다. 그러나 하나님의 존재는 우주보다 크며 우주에 의해 소진되지 않는다. 세계는 하나님 "안"에 있다. 그러나 하나님은 세계보다 크신 세계의 창조자이다. 하나님은 모든 존재하는 실재, 구조, 과정을 포함하는 포괄적 존재로서, 만유보다 크시며 동시에 만유 안에서 만유를 통해서 활동하신다. 따라서 만물은 하나님의 존재와 활동 안에 있다. 하나님의 무한성은 다른 모든 유한한 실재와 구조와 과정을 포함한다. 하나님의 무한성은 만유를 포괄하고 통합하기 때문에, 무한한 하나님 밖에 피조물이 존재할 수 있는 장소는 있을 수 없다. 하나님은 만물을 하나님 자신 안에 창조하시며 동시에 만물과 존재론적으로 구별된다.

만유재신론은 종종 전통적인 조직신학자나 성서신학자보다는 신학을 과학, 형이상학, 윤리, 사회정치철학, 오늘날의 문화적 상황과 관련된 다른 학문들과 연결시키고자 하는 철학적 또는 과학적 신학자에 의해 더 변호된다. 다시 말하면, 하나님과 세계의 관계성에 대한 만유재신론적 이해는 신학과 다른 학문들을 보다 이해 가능한 방식으로 연결시킬 수 있다. 만유재신론을 위한 과학적 세계관의 기초를 수립한 물리생화학자인 아서 피콕에 따르면, 계층질서적인 자연의 복잡한 체계를 탐구하기 위해서는 분자물리학에서 생태학과 사회학에 이르는 계층구조적인 과학의 연속체가 요구된다. 자연의 복잡계에 있어서 더 복잡한 차원은 덜 복잡한 차원으로 구성되며 이 모든 차원들은 체계들의 체계들 안에서 상호작용하며 상호관계를 갖는다. 오늘날의 하나님 이해는 과학에 의해 발견된 이와 같은 세계의 다차원적 통일성과 적절히 관계되어야 한다. 서구의 고전적 유신론의 "외부적" 하나님은

---

1) The Oxford Dictionary of the Christian Church, ed. F. L. Cross and E. A. Livingstone, 2nd ed. (Oxford: Oxford University Press, 1974), p. 1027.

다양한 분리된 차원에서 개입함으로써만 세계에 영향을 미칠 수 있다. 그러나 만유재신론에서와 같이 하나님이 자신 안에 개별적 체계들과 전체 체계들의 체계를 포괄한다면, 하나님이 복잡한 체계들과 어떻게 상호작용할 수 있는지가 보다 잘 설명될 수 있다.[2]

오늘날의 과학적 세계관을 설명함에 있어서 사용되는 가장 중요한 과학 이론의 하나는 "창발" 개념이다. 피콕은 "창발"을 이렇게 정의한다. "창발이란 특히 생명 유기체의 구조가 더 높은 수준의 복잡성을 띠면서 새로운 능력과 기능을 개발하게 되는 자연현상의 일반적인 특징을 가리키는 개념이다. 그러나 이것은 더 좋아진다는 뜻은 없이 사용하는 순전히 가치중립적인 개념이다."[3] 클레이턴에 따르면 "창발"은 "우주적 진화가 비예측적, 비환원적, 그리고 새로운 출현을 끊임없이 포함한다는 이론"이다. 일반적으로 말하자면, "창발적 속성은 하부체계로부터 생겨나는 것이지만 그 체계로 환원되지 않는 것이다. 창발은 그 이상의 것이지만 전혀 다른 것이 아닌 것(more than but not altogether other)에 관한 것이다."[4]

"창발"은 대립적인 두 입장, 즉 설명이 물리적 체계의 구성적 부분들의 관점에서 주어져야 한다고 주장하는 물리주의와 그 본질이 결코 기초적인 물리적 속성으로부터 도출될 수 없는 정신이나 영과 같이 다른 종류의 실재의 인과적 역할을 주장하는 이원론 사이의 중도적 입장이다.[5] 한편으로, 창발이론은 과학적 환원주의에 대한 비판을 함축한다. 전체가 부분에 의해, 계층질서의 상위 차원이 하위 차원의 요소들에 의해 남김없이 다 설명될 수 있

---

[2] 이에 관해서 Arthur Peacocke, *All That Is: A Naturalistic Faith for the Twenty-First Century*, ed. by Philip Clayton (Minneapolis: Fortress Press, 2007), pp. 21-25 참고.
[3] Ted Peters ed. 『과학과 종교』 윤철호 외 공역 (서울: 동연, 2002), p. 326.
[4] Philip Clayton, *Mind & Emergence: From Quantum to Consciousness* (Oxford: University Press, 2004), p. 39.
[5] Ibid., pp. 39-40. 클레이턴은 다음 다섯 가지의 창발의 의미를 소개한다. ① 특수한 과학분야늘에서의 창발이론들. ② 자연세계 안에서의 창발의 차원들. ③ 과학적 이론들을 가로지르는 패턴들. ④ 과학들 사이의 전이에 있어서의 패턴에 관한 이론. ⑤ 창발 형이상학. Ibid., pp. 41-42.

다고 하는 환원주의는 엄밀히 말하면 순수한 의미에서의 과학적 태도라기보다는 과학과 융합된 형이상학적 신념체계로서 이데올로기의 한 형태라고 할 수 있다.[6] 다른 한편, 창발개념은 서구의 고전적 신학의 이원론에 대한 비판을 함축한다. 영(정신)과 물질에 대한 서구의 실체론적이고 이원론적인 세계관에 기초한 고전적 유신론은 오늘날 과학의 창발적 세계관과 양립되기 힘들다. 고전적 유신론과 비교하여 볼 때, 만유재신론은 오늘날의 물리학이나 생물학의 결과나 또는 다른 여러 과학분야에서 이야기하는 창발적 현상과 같은 공통된 특성들을 이해하기 위한 보다 적합한 세계관을 제공해 줄 수 있다. 또한 단지 세계 외부로부터의 "개입"으로서의 하나님의 행동만을 말하는 고전적 유신론과 달리, 세계가 하나님 안에 있다고 보는 만유재신론은 자신의 세계 안에서의 하나님의 행동을 과학적으로 보다 이해 가능한 방식으로 설명할 수 있는 모델을 제공해줄 수 있다.

이 글에서는 오늘날의 대표적인 신학적 과학자의 한 사람인 아서 피콕과 대표적인 과학적 신학자의 한 사람인 필립 클레이턴의 사상을 중심으로 과학적 세계관과 만유재신론의 비전을 고찰해 보고, 바람직한 과학적 만유재신론의 전망을 모색해 보고자 한다.

2. 피콕의 자연주의 만유재신론

피콕은 과학적 세계관에 기초하여 자연주의 만유재신론으로서의 신학적 세계관을 수립하고자 한다. 그는 공시적 관점과 통시적 관점에서 과학적 세계관에 접근한다. 공시적 관점은 복잡성의 계층질서와 창발주의적 일원론을 보여주며, 통시적 관점은 우주적, 생물학적 차원에서의 진화론적 역사

---

6) 이에 대하여 John F. Haught, *Christianity and Science* (New York: Orbis Books, 2007), p. 143. 그리고 John F. Haught, 『과학과 종교, 상생의 길을 가다』 구자연 역 (서울: 코기토, 2003), pp. 116-17 참고.

를 보여준다.

(1) 과학적 세계관

먼저 피콕은 공시적 관점에서 과학적 세계관에 접근한다. 공시적 차원은 복잡성의 계층질서로 구성된다. 자연과학은 복잡한 계층질서로 구성되는 세계의 상을 보여준다. 세계는 다양한 차원에서 일어나는 물질의 조직화로 구성된다. 이 조직화에 있어서 선행하는 부분들로 구성되는 전체성은 한 단계 더 높은 차원의 전체성을 구성하는 부분이 된다. 전체성은 역동적으로 그리고 공간적으로 상호 연관된 부분들의 조직화된 체계로서, 높은 차원으로 갈수록 복잡성의 강도가 증대된다. 복잡성의 계층질서의 각 차원들은 미시적 차원으로부터 거시적 차원으로 각기 물리학, 화학, 생물학, 심리학, 사회학 등의 다양한 차원의 학문적 개념들에 의해 기술된다. 일반적으로, 복잡한 전체성을 기술하는 속성, 개념, 설명은 그 전체성을 구성하는 부분들을 기술하는 속성, 개념, 설명으로 환원되지 않는다. 복잡한 전체성은 그것을 구성하는 부분들의 인과적 힘으로 환원되지 않는 인과적 힘을 갖는다. 다시 말하면, 더 높은 복잡성의 차원에서는 새로운 유형의 실재가 "창발한다." 자연계에서 한 체계는 몇몇 구성요소들의 단순하고 비선형적인 상호작용의 결과로 창발하는 복합적인 행위를 가질 수 있다.[7]

피콕은 창발에 의해 생겨나는 복잡성의 계층적 질서에 주목한다. 그는 실재를 계층적으로 질서지워진 "체계들의 체계"로 이해한다. 복잡성의 계층질서는 하나의 차원으로 환원되지 않으며, 각 계층 사이의 상호작용 안에서 새로운 차원의 실재를 출현시킨다. 자연세계의 복잡성의 계층질서는 다양한 차원의 복잡성들의 상호작용과 파생효과에 의해 어떻게 더 높은 차원의 복잡성에서 새로운 실재가 창발하는지 분명하게 드러낸다. 이 더 높은 차원

---

7) Arthur Peacocke, *Theology for a Scientific Age* (Blackkwell: Oxford, 1990), p. 53.

의 복잡성은 그것을 구성하는 더 낮은 차원의 실재들의 행위에 영향을 주고 또한 변화시키기까지 한다.8)

피콕의 일원론적 견해에 의하면, 공시적 차원에서 모든 실재는 근본적으로 쿼크와 같은 물리적 실재로 구성된다. 즉 모든 실재는 궁극적으로 물리적 실재로 쪼개질 수 있다. 그리고 더 높은 차원의 복잡계의 속성을 설명하기 위해서 외부로부터 외적인 실재의 도입이 요청되지 않는다. 피콕은 이러한 자신의 견해를 "창발주의적 일원론"(emergentist monism)이라고 부른다.9) 낮은 차원과의 관계에서 높은 차원의 실재, 독특성, 인과적 힘이 존재한다. 하지만 높은 차원의 복잡성은 근본적으로 물리적 구성요소들의 복잡한 모임 외에 다른 것이 아니다. 전체성을 구성하는 부분들이 전체성의 새로운 독특한 속성을 획득하기 위해서 그 부분들에 새로운 실재가 부가되지 않는다.

인간의 경우, 정신의 독특성은 신경생리학으로 환원되지 않는다. 그러나 정신이란 실재가 물리적 세계와 다른 영역에 존재하는 것도 아니다. 인격은 정신 또는 영혼(영)이 부가되는 물리적 실재가 아니라 물리적, 정신적, 영적 능력을 지닌 심신 통일체(psychosomatic unity)이다. 구약성서에 나타난 히브리적 사고에 따르면 인격성의 개념은 성육신한 영혼이 아니라 생동화(生動化)된 몸이다. 이원론적 사고는 성서적 사고와 오늘날의 과학적 관찰 모두와 조화되지 않는다.

창발은 복잡성의 계층질서의 사다리를 올라가는 공시적 차원과 우주적, 생물학적 진화론적 역사의 통시적 차원 모두에서 발생한다. 우주와 지구와 지구 위의 생명체의 역사적 과정에 대한 우주론, 지질학, 생물학의 연구는 자연주의적인 진화론적 관점을 정당화한다. 진화론에 의하면 지구 위의 비유

---

8) Peacocke, *All That Is: A Naturalistic Faith for the Twenty-first Century*, p. 3.
9) Arthur Peacocke, "Articulating God's Presence in and to the World Unveiled by the Sciences," Philip Clayton and Arthur Peacocke eds., *In Whom We Live and Move and Have Our Being: Panentheistic Reflections on God's Presence in a Scientific World* (Grand Rapid: William B. Eerdmans Publishing Company, 2004), pp. 139-40.

기체적 물질이 복잡한 구조 안에서 자기 복제적인 특정한 패턴의 속성을 획득하고 자연선택의 과정을 통해 다양한 형태의 생명체와 의식의 능력을 지닌 복잡한 뇌가 산출되었다. 이 진화적 과정에 있어서 자연적 인과성의 사슬은 끊어지지 않으며, 그 어떤 "간극(間隙)의 신"(deus ex machina)도 요청되지 않는다. 자손의 생존 기회를 증대시키기 위한 자연선택 작용에 의해, 생물학적 진화는 복잡성, 정보처리과정과 저장, 의식, 고통에 대한 민감성, 그리고 인간존재의 전제조건인 자의식의 증대를 향한 경향성을 보여준다.

피콕은 이와 같은 자연의 진화적 과정이 창조자 하나님의 목적론적 과정과 일치한다고 주장한다. 그러나 그는 이와 같은 "스스로를 만드는 사물들"의 과정은 바로 체계들과 그 구성요소들의 본성 안에 새겨진 순수하게 자연적인 과정임을 강조한다. 그는 다음과 같은 디콘(T. W. Deacon)의 말을 인용한다. "자연적 '디자인'에 대한 진화론적, 창발적 설명에 있어서, 창조적 역동성은 세계의 외부에 있는 것이 아니라 세계 안에 내재해 있는 것으로 이해되어야 한다."[10] 피콕은 존재와 생성의 과정 속에 있는 세계의 복잡한 계층질서들 안의 관계에 대한 통시적, 진화론적 고찰을 통하여 창발주의적 일원론의 관점에서 하나님의 창조적 활동을 이해한다.

(2) 자연주의 만유재신론

피콕은 이상과 같은 과학적 세계관으로부터 자연주의의 관점에서의 신학적 세계관으로 나아간다. 우주의 가능성과 경향성이 현실화되는 과정을 통해 창조자는 창조된 우주의 가능성을 전개한다. 창조자 하나님은 과학에 의해 밝혀진 세계의 자연적 과정 안에, 그것과 더불어, 그것 아래 내재한다.

---

10) T. W. Deacon, "Evolution and the Emergence of Spirit," Science and the Spiritual Quest Boston Conference, 21-23 October, 2001. Peacocke, "Articulating God's Presence in and to the World Unveiled by the Sciences," In Whom We Live and Move and Have Our Being, p. 142에서 재인용.

현대의 자연과학은 자연적 과정을 설명하기 위해 비자연적 원인을 요청하지 않는다. 자연적 과정은 빈틈없는 상호연관성의 그물망을 구성한다. 그리고 시간의 경과 속에서 새로운 형태의 물질이 출현하고, 조직화의 계층질서 안에서 새로운 종류의 실재가 창발적으로 나타난다.

피콕은 하나님이 자연적 질서의 과정을 통해 창조하시는 내재적 창조자임을 강조한다. "그(자연적 질서의) 과정은 그 자체로서 하나님은 아니지만, 창조자로서의 하나님의 행동이다. 하나님은 자신이 창조하신 시간 안에서 그 자체가 스스로 새로움을 만들어내는 과정에 실존을 부여하신다. 하나님은 이를 통해 창조하신다."[11] 하나님은 세계의 과정에 부가되는 추가적인 영향이나 요소와 같은 것으로서 발견되지 않는다. 과학에 의해 밝혀진 자연적 과정은 그 자체가 창조자로서 행동하시는 하나님이다. 이것이 피콕의 "유신론적 자연주의"이다.

하나님을 자신의 외부에 창조세계를 위한 영역으로서의 공간을 갖는 필연적 "실체"로 인식하는 고전적 유신론에 있어서, 하나님은 세계의 사건들에 대하여 오직 세계의 외부로부터 영향력을 행사할 수밖에 없다. 피콕에 의하면, 이와 같은 개입은 닫혀져 있는 세계의 인과적 관계에 대한 오늘날의 과학적 관점에서 볼 때 심각한 문제를 불러일으키기 때문에 자연적 사건, 실재, 구조, 과정 안의 하나님의 현존과 가까움을 표현하기 위한 새로운 신학적 모델이 요청되는데, 이 모델이 바로 만유재신론이다. 바울이 아테네에서 행한 설교에 나타나는 바와 같이 "그분 안에서 우리가 살고, 움직이며, 존재한다"(행 17:28).

피콕에 따르면, 원리적으로 하나님은 어떤 공간적 속성을 가질 수 없기 때문에, "안"이란 공간적 위치가 아닌 밀접한 관계성을 표현한다. 다시 말하면, 이 개념은 세계가 하나님의 일부임을 의미하는 것이 아니라, 존재론적 관

---

11) Peacocke, "Articulating God's Presence in and to the World Unveiled by the Sciences," *In Whom We Live and Move and Have Our Being*, p. 144.

계성을 의미한다. 세계는 하나님의 존재 안에 있는 것으로 인식된다. 그러나 그럼에도 불구하고 세계는 자신의 구별된 존재론을 갖는다.12) 만유재신론의 "안"은 세계가 자체의 독특성을 상실함 없이 하나님 안에 포괄됨을 표현한다. 피콕은 이 만유재신론의 "안" 은유가 서구의 고전적 유신론에서의 하나님의 내재성 즉 "분리되지만 현존한다"는 의미의 내재성의 용어보다 더욱 유용한 가치가 있다고 본다. 하나님은 모든 존재하는 실재, 구조, 과정을 에워싸는 포괄적 실재로서 만유보다 크며 동시에 만유 안에서 만유를 통하여 활동하신다. 무한자 하나님은 모든 다른 유한한 실재, 구조, 과정을 포함한다.

피콕은 이와 같은 만유재신론 모델이 자신의 일원론적 세계관과 일치하며 또한 세계의 체계가 인과적으로 닫혀져 있다는 자신의 주장과도 일치한다고 생각한다. 이른바 특별한 신적 행위를 가능하게 하는 이원론적, 생기론적(vitalistic), 초자연주의적 차원은 없다. 하나님과 세계의 상호작용은 세계 "외적"이 아닌 세계 "내적"인 차원에서 이루어진다.13) 어떤 피조물도 무한한 하나님의 "외부의 장소"에 존재할 수 없다. 하나님은 존재하는 모든 것을 하나님 자신 "안에" 창조하신다.

피콕에 의하면 고전적 유신론, 즉 세계와 분리된 공간에 존재하는 초월적인 하나님은 자연적 악의 문제를 해결할 수 없다. 이 하나님은 본질적으로 세

---

12) 몰트만은 세계가 하나님에 의해 창조되었으면서도 하나님과 구별되는 존재의 양태를 갖는다는 사실을 카발라의 짐줌(자기수축) 이론을 사용하여 표현한다. 그는 하나님의 창조적 행위가 하나님 자신에 의한 자기제한을 포함한다고 말한다. 하나님은 자신과 구별되는 세계를 자신의 외부에 창조하기 위하여 먼저 그 자신 안에 유한자를 위한 여백을 만들어야 한다. "하나님이 창조적으로 행동할 수 있는 공간을 자유롭게 하는 것은 오직 하나님의 자기 자신 안으로의 수축이다." 하나님은 단지 그 무엇을 존재로 불러내거니 그 무엇을 계획힘으로써 창조하시지 않는다. "하나님은 빙임(letting-be)에 의해, 여백을 만드심에 의해, 그리고 자신을 수축함에 의해 창조하신다." 밖을 향한(ad extra) 창조가 하나님 자신에 의해 자유롭게 된 공간 안에서 발생한다면, 하나님 밖의 실재는 여전히 그 "밖"을 자신 안에 만드는 하나님 안에 존재한다. 창조자와 창조세계 사이의 상이성이 없다면 창조세계는 결코 생각될 수 없다. 그러나 이 상이성은 더 큰 진리, 하나님이 모든 것 안의 모든 것이 되신다는 진리에 의해 포함되고 포괄된다. J. Moltmann, *God in Creation* (London: SCM Press, 1985), pp. 86, 88, 88-89.
13) Peacocke, "Articulating God's Presence in and to the World Unveiled by the Sciences," *In Whom We Live and Move and Have Our Being*, p. 147.

계의 고통으로부터 분리되어 있으며, 외부로부터의 개입에 의해서만 악의 문제에 대처할 수 있다. 고전적 유신론은 하나님이 악을 해결할 수 있으나 하려고 하지 않거나, 아니면 해결하려고 하지만 할 수 없다는 딜레마에 빠진다. 세계의 진화과정에 편만한 고통과 죽음의 현실에 직면하여, 우리는 하나님을 세계의 창조적 과정 안에서 고통당하는 사랑의 하나님으로 이해하여야 한다. 그 모든 고통의 현실과 더불어 자연세계가 만유재신론적으로 "하나님 안에" 있다면, 세계의 고통과 죽음의 악은 하나님 자신의 자아에 내면적인 것이다. 이에 의해 하나님은 자연에 대한 경험을 갖는다. 그리고 이러한 하나님의 친밀하고 현실적인 경험은 인간 사회의 도덕적 악도 역시 포함한다.[14]

피콕에 따르면, 하나님과 세계의 관계에 대한 만유재신론 모델은 여성신학적 세계관, 즉 하나님의 자궁 안에서 존재를 부여받는 세계에 대한 여성신학적 창조 이해와 조화된다. 하나님은 세계를 하나님 자신 안으로부터 창조하며 세계는 하나님 안에 존재한다. 따라서 하나님은 세계의 고통을 외부에서가 아니라 하나님 자신의 것으로 직접적으로 경험한다.

하나님은 세계의 고통을 하나님 자신 안으로 받아들임으로써 그것을 변화시키고 치유한다. 이것이 구원이다. 하나님의 변화와 치유는 건강한 몸이 그러하듯이 안으로부터 일어난다. 피콕에 의하면, 세계 안에서의 하나님의 고통을 통한 인간의 구속과 변화는 그리스도의 삶, 죽음, 십자가에 분명하게 나타난 바에 대한 일반적 현시이다.[15] 바꾸어 말하면, 그리스도 안에서의 하나님의 구원은 세계 안에서의 하나님의 구원의 특별한 현시이다.

(3) 지혜와 하나님의 말씀, 성례전적 우주, 성육신

피콕은 자연주의 만유재신론이 지혜(Sophia)와 하나님의 말씀(Logos) 전

---

14) Ibid., p. 151. Peacocke, *All That Is: A Naturalistic Faith for the Twenty-First Century*, p. 25.
15) Peacocke, "Articulating God's Presence in and to the World Unveiled by the Sciences," *In Whom We Live and Move and Have Our Being*, p. 152.

통에 의해 지지된다고 주장한다. 제임스 던에 따르면, 지혜문학에서 여성명사인 지혜는 하나님의 창조, 계시, 구원의 행동에 관해 말하는데 적합한 방법이었다. 지혜는 결코 하나님의 행위의 인격화 이상의 것이 아니다.16) 지혜는 인간에게 구체적 경험과 자연세계에 대한 관찰에 기초한 인격적 지혜를 부여해준다. 자연세계의 질서와 현자의 마음에 각인된 지혜는 신적 지혜 즉 세계와의 관계에 있어서 하나님의 행위의 반영이다.

지혜뿐만 아니라 하나님의 말씀도 만유재신론을 위한 성서적 근거를 제공해 준다. 말씀은 하나님 자신의 존재 양태로서, 창조의 행위자로서, 그리고 창조질서의 토대 안에 각인된 하나님 자신의 존재와 과정의 표현으로서 영원히 존재한다. 하나님의 말씀은 창조적 행위 안의 하나님의 의지를 표현하는 히브리 개념인 "주의 말씀"과, 우주와 인간 이성 안에 현시되는 합리성의 원리를 나타내는 스토아 사상의 신적 로고스 개념이 결합된 것이라고 할 수 있다. 따라서 말씀 개념 안에서도 상호적인 관계성 안에서 하나님과 인간과 자연을 연합시키는 만유재신론적 세계관이 발견된다.

피콕의 자연주의의 만유재신론은 동방교회 전통의 성례전적 우주관을 지지한다. 과학은 인간이 자연적으로 진화된 창발적인 정신-육체적 통일체임을 보여준다. 물질의 정신적, 영적 잠재성은 진화의 창발적 과정을 통해 인간의 뇌가 출현함으로써 현실화되었다. 원초적인 파동적 양자장은 120억년이 지난 후에 모차르트, 셰익스피어, 부다, 나사렛 예수가 되었다. 물질은 자연적으로 물리적, 정신적, 영적 능력의 독특한 연합체인 인격의 차원을 현시하였다. 하나님이 자연적 과정 "안에서, 더불어, 아래에서"(in, with, and under) 일하신다고 보는 피콕에게 있어서, 진화적 과정의 이 독특한 결과는 하나님이 자연적 과정을 하나님의 본성과 목적에 대한 통찰을 가져다주는 상징으로 사용하신다는 사실을 함축한다. 이것은 바로 성례전적 우주관을 의

---

16) James G. Dunn, *Christology in the Making* (London: SCM Press, 1986), pp. 259, 262.

미한다. 즉 루터가 성만찬에서의 그리스도의 실재적 임재를 "안에, 더불어, 아래에"란 구절로 표현한 것처럼, 하나님은 우주의 자연적 과정 "안에, 더불어, 아래에" 임재하신다.17)

만유재신론적인 성례전적 세계관은 말씀 하나님이 세계 안에서 진화된 인간 안에 표현될 수 있다는 사실과 조화된다. 즉 세계 안의 하나님으로서의 자기 표현적, 창조적 말씀(로고스)이 역사적 인간 나사렛 예수 안에 성육신하였다. 세계는 하나님 안에 존재한다. 그리고 성육신은 하나님이 자연적으로 세계에 속한 한 인간의 궤도 안에 나타남을 의미한다. 이 인간 안에서 이제 세계는 하나님에 대하여 투명해진다. 즉 이전에는 숨겨지고 암시적이었던 것이 이제는 명시적으로 계시된다. 진화의 서사시가 "인간 안의 하나님"(God-in-a-human-person) 안에서 절정에 도달하였다.18)

(4) 하나님의 행동

그러면 하나님은 과연 이 세계 안에서 어떻게 행동하시는가? 피콕은 하나님이 세계 창조 이후에 일반적 섭리 안에서 피조물의 행동에 대한 응답으로 특수한 의도를 지속적으로 실행하신다고 주장한다. 하나님의 행동은 한결같고 균등하다. 그러나 세계에 대한 하나님의 관계성 때문에 하나님의 행동은 개별적으로 구별된 성격을 갖는다. 하나님의 지속적인 행동은 지탱 즉 자연질서의 유지와, 창조 즉 복잡한 구조의 창발로 이루어진다. 영원한 창조자로서 하나님은 지속적으로 창조적이다. 왜냐하면 "하나님은 본유적으로 창조적이며 새로운 형태를 산출하는 과정들에 지속적으로 실존을 부여하기 때문"19)이다.

---

17) Peacocke, "Articulating God's Presence in and to the World Unveiled by the Sciences," *In Whom We Live and Move and Have Our Being*, pp. 153-54.
18) Ibid., p. 154.
19) Arthur Peacocke, *Paths from Science Towards God: The End of All Our Exploring* (Oxford:

그러나 하나님의 행동은 결코 자연법칙을 깨뜨리지 않는다. 피콕에 의하면 자연세계의 작용은 모두 하나님의 행동이다. "규칙적이고 자연적인 사건들의 그물망 전체가 하나님의 지탱과 창조의 생동이다."[20] 하나님은 세계 내재적 창조자로서 자연질서의 과정 안에서 그리고 그 과정을 통하여 행동하신다. 하나님은 자연의 자율성과 자기조직화의 잠재성의 현실화 과정 안에서 그리고 그 과정을 통하여 행동하신다. 하나님은 창조세계의 자유와 자율성을 위해 스스로 전지와 전능을 제한하신다. 세계의 미래는 결정되어있지 않다. 우연성(chance)은 창조세계의 일부이다. 하나님은 창조세계의 우연성을 통해 창조하신다. 하나님은 우연성을 통해 창조세계의 가능성들을 탐사하신다. 우연은 하나님을 위한 "탐지 레이더"이다.[21]

피콕은 하나님이 일반적 섭리의 틀 안에서 창조세계의 자유로운 결정과 행동에 응답하는 특수한 의도를 실행하신다고 주장한다. 그렇다면 하나님과 세계의 상호작용이 일어나는 "인과적 접촉점"은 어디인가? 그의 만유재신론에 있어서, 하나님은 존재론적으로 창조세계와 구별되면서 동시에 모든 곳에 내재하신다. 하나님의 편재로 인하여, 하나님은 전일적(holistic) 방식으로 세계에 영향을 줄 수 있다. 다시 말하면, 하나님은 세계의 모든 개별적 시스템들과 시스템들의 시스템 전체를 자신 안에 포함하기 때문에, 모든 복잡한 체계들의 전일적 차원에서 그 체계들과 상호작용할 수 있다. "세계 체계는 자체의 구성요소들에 대하여 전체-부분 인과성에 의해 영향을 주는데, 이 인과성의 매개에 의해 하나님은 자신의 의도를 표현하는 특수한 사건들의 유형들이 발생하게 하실 수 있다."[22] 하나님은 세계 전체에 대하여 전일적으로 행동하시지만 하나님의 행동의 영향은 일반적일 뿐만 아니라 또한 특수적이다. 즉 하나님의 행동은 우주 전체에 영향을 줄 뿐만 아니라 개별적

Oneworld, 2001), p. 67.
20) Ibid., p. 58.
21) Ibid., p. 76.
22) Ibid., p. 110.

인 사건들과 실재들에 영향을 준다.

피콕은 전일적 차원에서의 하나님의 행위에 대한 유비를 전일적인 정신-육체적(psychosomatic) 사건으로서의 인간의 인격적 행위에서 발견한다. 인간의 인격은 특수한 육체적 행동에 의해 수행되는 의도와 목적을 갖는다. 다원적 차원으로 이루어지는 몸 전체의 행동은 바로 인격적 주체가 의도하는 행동이다. 육체적 차원에서 몸의 행동은 생체학, 해부학 등의 관점에서 기술될 수 있다. 그러나 그것은 또한 인격적 주체의 의도와 목적을 표현한다. 물리적인 것과 정신적인 것은 동일한 전일적인 정신-육체적 사건의 두 차원이다. 사고하는 의식적 주체로서의 인격은 몸을 초월함과 동시에 몸의 행동 안에 내재한다. 인간의 인격적 주체에 대한 이와 같은 정신-육체적, 통일적 이해는 만유재신론적 모델 안에서 하나님과 세계의 관계를 이해하는 것을 가능케 해주는 유비를 제공해 준다. 즉 이 모델에 따르면, "우리가 인격으로서 우리의 몸 안에 현존하며 행동하는 것과 유사한 방식으로 하나님은 세계의 모든 실재, 구조, 과정 안에 내적으로 현존한다."[23]

피콕은 카오스 체계나 양자 차원의 비결정성 또는 불확정성 안에서 하나님이 행동하신다는 견해를 받아들이지 않는다. 그는 전체로서의 세계에 대한 하나님의 전일적인 하향식 행동만이 가능하다고 주장한다. 세계 전체에 대한 하나님의 전일적 행위는 어떻게 개별자들에 대한 특수한 영향을 미칠 수 있는가? 피콕에 의하면, 하나님이 전체로서의 세계에 주는 영향은 "조금

---

[23] Peacocke, "Articulating God's Presence in and to the World Unveiled by the Sciences," In Whom We Live and Move and Have Our Being, p. 150. Peacocke, All That Is: A Naturalistic Faith for the Twenty-First Century, p. 24. 그러나 피콕은 이 하나님과 세계의 관계에 대한 인격-몸의 유비에 몇 가지 제한적 조건이 있음을 인식한다. 첫째 하나님은 인간의 인격과 달리 단지 세계 안에서의 자연적 창발의 결과가 아니라 세계의 창조자이다. 둘째, 인간의 인격은 몸의 자율적 기능을 인식하지 못하는 반면, 하나님은 세계에서 일어나는 모든 자연적 사건들, 즉 하나님의 특별한 의도의 수행으로서의 사건뿐만 아니라 일반적 섭리로서의 사건 모두를 인식한다. 셋째, 하나님은 본질적 본성에 있어서 단지 인격적 존재가 아니라 초인격적 존재이다. Peacocke, "Articulating God's Presence in and to the World Unveiled by the Sciences," In Whom We Live and Move and Have Our Being, pp. 150-51. Peacocke, All That Is: A Naturalistic Faith for the Twenty-First Century, p. 24.

씩 흘러내리는"(trickle-down) 효과, 즉 하나님의 특수한 의도에 영향을 받은 각 차원이 보다 낮은 차원에 영향을 줌에 의해 복잡성의 계층질서를 내려감으로써 하나님이 의도하는 특수한 목적을 성취한다.[24] 즉, 전체에 일어나는 것은 그 구성요소에 반향을 불러일으킨다. 이 하향식 행동은 결코 개입이 아니다. 왜냐하면 하나님은 자연질서를 무시하지 않고 우주의 인과적 그물망을 사용하여 자신의 의도를 실현하시기 때문이다.

3. 클레이턴의 과학적-형이상학적 만유재신론

클레이턴은 두 가지 관점에서 자신의 만유재신론을 수립하고자 한다. 하나는 근대의 주체 형이상학의 관점이고, 다른 하나는 오늘날의 과학철학과 정신철학의 창발이론의 관점이다.

(1) 주체 형이상학과 만유재신론

클레이턴은 서구의 고전적 실체 형이상학이 붕괴된 이후 만유재신론적 유비가 하나님에 대하여 인격의 유비를 적용하는 길을 제시해 준다고 주장한다. 하나님은 세계 안에서 의도를 가지고 행동하시는 인격적 주체이다. 하나님의 존재는 아버지, 아들, 성령의 세 인격으로 구성된다. 세계와의 외적(ad extra) 관계에 있어서 하나님은 세계 안에 인격적으로 현존한다. 하나님은 인격의 범주를 무한히 초월하지만 그럼에도 불구하고 하나님과 인간의 관계는 인격 대 인격의 관계이다.

클레이턴은 데카르트로부터 헤겔에 이르는 근대의 서구 사상사를 "인격적 존재"가 의미하는 바를 적절하게 표현하기 위한 형이상학을 발견하기 위

---

24) Peacocke, *Paths from Science Towards God: The End of All Our Exploring*, p. 110.

한 지속적인 노력의 역사로 이해한다.25) 특히 칸트는 인격의 형이상학을 획기적으로 발전시켰다. 그의 인격 형이상학에 있어서 근본적인 것은 다양한 경험을 그가 "통각(統覺, apperception)의 선험적 통일성"이라고 부르는 단일한 전체성 안으로 통일시키는 능동적 원리이다. 인간 주체에게 근본적인 것은 다양한 자료들을 자신의 사고와 감정의 핵심적 경험으로 변화시키는 것이다. 칸트에 의해 "사물"에 기초한 실체론적 존재론으로부터 살아있는 주체 존재론으로의 전환이 이루어졌다. 이것은 단지 아리스토텔레스 전통에서처럼 실체 개념에 기초하여 주체 개념에 이르는 것을 의미하지 않는다. 헤겔은 『정신현상학』에서 존재가 주체로 재개념화 되어야 한다고 강조하였다.

근대의 시기에 인격 존재론으로서의 주체 형이상학은 피히테의 주관적 관념론과 쉘링의 객관적 관념론의 형태로 전개되었다. 피히테의 주관적 관념론에 있어서 모든 사물과 모든 변화는 자기 전개적인 주체 또는 자아로부터 말미암는 반면, 쉘링의 초기의 객관적 관념론은 절대자 관념으로부터 출발한다. 헤겔은 이 두 형이상학을 통합하고자 하였다. 그의 "변증법적 관념론"에 따르면, 인간주체의 행위는 반복적인 변증법적 과정 안에서 실재를 산출한다. 이 과정 속에서 주체는 끊임없이 타자와의 상이성을 초월하며 또한 보존하는 새로운 종합명제 안에서 그 상이성을 극복한다. 클레이턴은 이와 같은 헤겔의 변증법적 관념론에 의해 이전의 실체 형이상학이 새로운 주체성의 형이상학으로 대체되었다고 본다. 즉 이제 존재는 실체가 아닌 주체로 이해된다.

클레이턴은 여기서 오늘날의 만유재신론적 비전의 시작을 발견한다. 이것은 분리된 실체로서의 하나님과 세계를 전제하는 전통적인 실체론적 형이상학에 단지 새로운 주체성의 형이상학을 부가하는 것이 아니다. 피히테, 쉘링, 헤겔은 근대의 주체 이론을 발전시킴에 있어서 의식적 경험의 중심 뒤에

---

25) Philip Clayton, "Panentheism in Metaphysical and Scientific Perspective," *In Whom We Live and Move and Have Our Being*, pp. 77-81.

있는 통일적 힘으로 기능하는 행위주체의 중심으로서의 칸트의 "통각의 선험적 통일성"을 받아들임으로써 스피노자의 범신론[26]을 만유재신론의 방향으로 수정하였다.

헤겔은 무한자의 관점에서 만유재신론을 발전시켰다. 그에 따르면, 유한자와 대립해 있으면서 유한자와 관계를 맺어야 하는 무한자는 참된 무한자가 아니다. 참된 무한자는 유한자를 자체 안에 포함한다. 만일 하나님이 참된 무한자라면, 하나님은 세계를 자신 안에 포함해야 한다. 물론 이것은 창조된 존재들의 행위 주체성과 본질적 유한성을 제거하지도 않으며 또한 하나님의 무한성과 행위 주체성을 부정하지도 않는다. 클레이턴은 이와 같은 무한한 하나님 안에 논리적으로 포함된 유한한 세계에 대한 만유재신론적 개념을 근대의 주체성이론의 산물로 간주한다.

클레이턴은 만유재신론의 "안"을 은유적 표현으로 이해한다. 왜냐하면 이 단어는 공간의 창조자로서의 하나님이 본유적으로 공간적일 수 없음에도 불구하고 하나님에게 공간성을 귀속시키기 때문이다. 이 단어가 은유적으로 사용된다는 사실은 만유재신론자들이 이 단어를 두 가지 서로 다른 방향으로 사용한다는 사실에서 분명하게 드러난다. 즉 세계가 하나님 안에 있고, 하나님도 세계 안에 있다. 세계의 공간적 관계에 있어서 이것은 불가능하다. 클레이턴은 "안" 은유가 하나님과 세계의 상호의존성을 나타낸다고 이해한다. 하나님은 세계의 필연적이고 영원한 원천이기 때문에 세계는 하나님께

---

[26] 스피노자에게 있어서 오직 한 실체만 존재한다. 모든 사물은 이 한 실체의 양태들이거나 영향들, 즉 합 실체의 무한한 본질이 표현되는 방식들이다. 스피노자가 deus sive natura라고 부르는 하나의 전체성의 무한한 속성들 가운데 사고와 연장이 있다. 사고와 연장이 분리된 실체의 유형들이 아니라면, 그것들은 일자의 구별된 측면들이어야 한다. 세계 안의 모든 양태에 대하여 하나의 관념이 상응한다. 양태들이 상호 연관된 계층질서 안에서 우리가 자연이라고 부르는 물리적 전체성으로 나아가는 것과 마찬가지로, "관념들의 관념들"은 스피노자가 하나님 또는 자연(Nature)이라고 부르는 전체성으로 나아간다. 클레이턴에 따르면, 스피노자의 문제점은 그가 능동적 관념과 수동적 관념, 그리고 사실로서의 자연(natura naturata)과 행위로서의 자연(natura naturans)을 말했지만 행위의 원리를 개념화하지 못했다는데 있다. 즉 그는 의식적 경험의 중심 뒤에 있는 통일적 힘으로서의 행위주체의 중심이 있어야 한다는 점을 인식하지 못함으로써 범신론에 빠졌다는 것이다. Ibid., p. 80.

의존한다. 하나님의 창조적 행위가 없다면 세계는 존재할 수 없을 것이다. 그리고 하나님도 세계에 의존한다. 왜냐하면 하나님의 실제적 경험의 성격이 유한한 피조물과의 상호작용에 의존하기 때문이다.

클레이턴은 이와 같은 하나님과 세계의 관계를 나타내는 만유재신론적 유비로서 정신과 몸의 유비를 제시한다.27) 세계는 하나님의 몸과 유사하며, 하나님은 몸 안에 거하는 정신과 유사하다. 물론 하나님은 자연세계 전체보다 크다. 인간의 경우에 있어서, 정신적 인과성은 물리적 인과성 이상의 것이지만 여전히 자연세계의 한 부분이다. 만유재신론적 유비는 자연법칙을 깨뜨리지 않고 하나님의 의도와 주체성을 표현하는 신적 행위를 이해할 수 있는 가능성을 제공해준다.28) 만유재신론적 유비에 있어서, 하나님의 주체적 행위의 규칙적 또는 반복적 작용을 표현하는 것으로 이해되는 자연법칙의 규칙성과 하나님의 특수한 행동의 의도성 사이에 아무런 질적, 존재론적 차이가 존재하지 않는다.

(2) 창발이론과 정신: 창발주의적 수반과 창발주의적 일원론

클레이턴의 만유재신론은 창발이론에 기초한다. 창발이론은 전체의 실재가 부분의 합으로 모두 설명될 수 있다고 주장하는 과학적 환원주의의 극복을 함축한다. 전체는 부분의 합보다 크다. 달리 말하면, 어느 체계의 행위를 설명하기 위해서는 부분들에 대한 이해와 아울러 전체로서의 체계가 부분들의 행위에 미치는 영향을 모두 이해해야 한다. 예를 들면, 동물(특히 포유류)은 복잡한 중앙신경계로부터 창발하지만 그것으로 환원되지는 않는 내적 경험의 질적 차원을 보여준다. "적어도 복잡성의 사다리의 어느 지점들에서는 창발현상이 기본적인 물리학의 관점에서 엄밀하게 연구될 수 있다.

---

27) Ibid., pp. 83-84.
28) 우리가 우리의 손을 들고자 (정신적으로) 의도하고 그 특수한 물리적 대상(손)이 일어나도록 만들 때, 아무런 자연법칙도 깨지지 않는다.

그럼에도 불구하고, 창발은 그 무엇을 작동시킨다. 그리고 그 결과는 물리적 환원주의자들이 기대하는 것이 아니다."29)

진화의 과정 속에서 신경생리학적 구조의 복잡성의 증대는 정신의 창발을 가져왔다. 사고, 의도, 소원은 뇌로부터 창발된 복잡한 속성들로서, 생리학적 하부구조에 의해 영향을 받지만 그것으로 환원되지는 않는다. 뇌와 중앙신경계는 정신을 창출하는데, 정신의 속성은 뇌에 의존하지만 뇌와 질적으로 구별된다. 정신은 신경과 신경절(ganglia)에 귀속되지 않는 속성을 소유한다. 나아가서 정신(사고, 의도, 소원)은 몸에 인과적 영향을 발휘한다. 그러나 다른 한편, 복잡한 창발적 속성인 정신은 뇌와 중앙신경계와 이원론적 관계에 있지도 않다. 따라서 정신은 신경과학의 차원에서 다 설명될 수 있는 물리적, 물질적 실재도 아니고, 반대로 몸과 이원론적 관계에 있는 비물리적, 비물질적 실재(res cogitans)도 아니다.

클레이턴은 수반(supervenience)이론으로 정신적 속성의 창발을 설명한다. 수반이론은 본래 윤리학과 가치론에서 사용된 개념으로서 도덕적, 미학적 가치와 같은 특성들이 자연적, 기술적 특성들로 환원되거나 정의될 수는 없지만, 이것들에 의존한다는 이론이다. 즉 사실적, 자연적 특성이 정의나 환원에 의해 가치적, 도덕적 특성을 결정하지는 않지만, 후자는 전자에 의해 제약되고 수반된다는 것이다. 낸시 머피에 따르면, 동일한 실체에 여러 속성이 속해 있는 경우에, 그 실체가 어떤 속성 G를 가지고 있기 때문에 다른 속성 F를 가진다면, 속성 F는 속성 G에 수반된다고 할 수 있다. 이 관계는 계층구조상 다른 차원들의 여러 속성들과의 관계를 말하기 위해 유용하다. 예를 들어 정신적 속성은 물리적 속성에 수반된다고 할 수 있다. 고통을 느끼는 속성은 다양한 종의 다양한 물리적 속성의 체계에 수반된다.30)

---

29) Ibid., pp. 86-87.
30) 낸시 머피, "신학, 우주론, 윤리학." 피터스 엮음, 『과학과 종교』, pp. 202-3. 낸시 머피는 수반에 대하여 "서로 다른 유형들이나 차원들이 가지는 특성들 간의 관계로서, 이는 곧 무언가가 상위 차원의 유전기질이 가진 특성을 입증한다면 그것은 또한 하위 차원의 특성을 입증한 효과로서(비인과적인

클레이턴은 이와 같은 수반이론이 정신에 대한 창발이론을 수립함에 있어서 다음 세 가지 중요한 역할을 한다고 말한다.[31] 첫째, 수반은 한 차원의 현상이나 속성의 유형(정신적)이 다른 차원(생물학적 또는 신경생리학적)에 의존하지만 그것(다른 차원)으로 환원되지는 않는다는 것을 의미한다. 클레이턴은 "강한 수반"이론을 지지한다. 이 이론에 따르면 하위 차원에 의해 상위의 수반적 현상이 결정된다. 예를 들면, 사고와 같은 정신현상은 뇌와 중앙신경계와 같은 신경 기저(基底)에 의해 결정된다.

둘째, 수반이 "신호-신호"(token-token) 관계로 이해된다면, 즉 정신적 속성의 개별적 사례가 특수한 뇌 상태에 직접적으로 수반된다면, 정신적 인과성을 위한 자리는 없게 된다. 그럴 경우에 정신적 사건은 그에 상응하는 물리적 사건에 의해 완전히 결정될 것이다. 이것은 인과적 설명이 오직 물리적 사건(뉴런 발사)의 관점에서만 가능하다는 것을 의미한다. 따라서 수반은 어떻게 우리의 사고가 우리의 몸의 행동에 영향을 주는 인과적 역할을 할 수 있는지에 대한 설명을 제공하지 못한다.

셋째, 수반을 창발로 보완하는 것은 정신적인 것과 물리적인 것의 관계를 "신호-신호" 관계에서 "유형-유형"(type-type) 관계로 전환하는 것을 포함한다. 후자의 관계에 있어서 정신과 물질은 세계의 두 유형의 사건들을 대표하며, 그것들의 관계는 보다 일반적인 관점 즉 한 유형의 사건이 어떻게 다른 유형의 사건과 관계되는가 하는 관점에서 설명된다. 창발의 관점에서, 정신적 사건은 한 유형의 속성을 나타내는데, 정신적 유형의 속성의 존재는 다른 유형의 속성 즉 유기체의 신경생리학적 상태에 의존한다. 정신과 물질의 관계에 대한 "유형-유형" 이해는 "다중적 실현가능성"(multiple realizability) 개념에 의해 강화된다. 이 개념은 서로 다른 많은 생물계 또는 비생물계가 하

결과로서) 그렇게 한다는 의미이다"라고 설명한다. Nancy Murphy, *Beyond Liberalism and Fundamentalism: How Modern and Postmodern Philosophy Set the Theological Agenda* (Valley Forge: Trinity Press Internaltional, 1996), p. 141.
31) Clayton, *Mind & Emergence*, pp. 124-26.

나의 동일한 정신적 속성을 실현할 수 있다는 것을 의미한다.

클레이턴은 물질에 대한 정신의 수반을 진화적 창발로 이해한다. 따라서 공시적 관점과 아울러 통시적 관점이 요구된다. 정신적 속성은 어느 특정한 시간의 유기체의 물리적 상태에 의존함과 아울러 점차적으로 복잡한 뇌와 중앙신경계의 진화를 야기하는 자연의 역사 전체에 의존한다. 클레이턴은 정신을 자연의 역사에서 출현한 창발적 속성으로 이해하는 자신의 입장을 "창발주의적 수반"(emergentist supervenience), "창발주의적 일원론"(emergentist monism)이라는 용어들로 표현한다.32) 자연의 역사는 계층적으로 질서화된 창발적 속성을 지닌 다양한 실재를 산출한다. 창발주의적 정신이론은 신경과학적 설명과의 조화를 추구하며(비이원론), 이와 동시에 정신의 인과적 영향의 독특성을 확보하고자 한다(비환원주의). 정신은 진화적 역사의 산물로서 뇌로부터 창발한 속성의 유형으로서, 신경과학적으로 설명되는 하위의 기초(뇌)에 지속적으로 의존한다. 그러나 그럼에도 불구하고 정신은 신경학적 체계로 환원되지 않으며, 정신이 의존하고 있는 물질의 총합 이상의 인과적 힘을 갖는다. 따라서 정신적 활동은 다른 정신적 사건과 육체적 행위에 영향을 주는 인과적 기능을 수행한다.

(3) 정신의 창발과 초월적 정신으로서의 하나님

클레이턴은 과학적 창발이론에 기초하여 만유재신론을 발전시킨다. 창발이론은 자연세계 안에서의 다양한 차원의 내적인 포함 관계의 계층질서에 대한 이해를 가능케 한다. 그리고 세계 안의 다양한 차원의 내적인 포함 관계를 신학적 모델로 전유하는 창발적 만유재신론은 하나님과 세계의 본유적인 내적 관계에 대한 이해를 가능케 한다. 클레이턴은 특히 가장 높은 차원의 창발인 인간의 인격성, 즉 가장 복잡한 생물학적 구조로부터 창발된 인간의 정

---

32) Ibid., pp. 127-28.

신을 신적 실재의 모델로 사용한다. 이것이 그의 만유재신론적 유비이다.

클레이턴은 창발개념이 세계 안의 하나님의 내재성을 다시 생각할 수 있는 길을 제공해 줄 뿐만 아니라 하나님의 초월성도 확보할 수 있는 논리적 근거를 갖고 있다고 주장한다. 즉, 그는 창발이론에 기초하여 하나님의 내재성과 초월성의 균형을 유지하는 창발적 만유재신론을 주장한다. 즉 전체는 부분들을 포함하며 동시에 초월하듯이 하나님은 세계를 포함하며 동시에 초월한다. 여기서 세계는 하나님 안에서 하나님과 내적인 관계를 갖는다. 창발은 자기포함(self-inclusion) 또는 귀속(belong to)의 관계 "⊂"를 제시한다. 이것은 처격적(locative)이라기보다는 논리적인 포함의 관계를 의미한다.[33]

클레이턴은 정신의 창발을 이해하기 위한 네 가지의 형이상학적 틀을 소개한다.[34] 첫 번째는 세계를 철저히 물리적 관점에서 이해하는 입장이다. 이 입장에 따르면 정신은 순수하게 물리적인 과정에 의해 산출된 전적으로 물리적인 결과이다. 둘째는 "우연적 창발"의 입장으로서, 이 입장에 따르면 정신적 인과성을 가진 인간은 진화에 의해 출현했다. 즉 (하나님이 아닌) 우주가 정신적 속성을 가진 의식적 인간을 산출해냈다. 세 번째 입장은 창발이 우연적이라는 것을 부인하지만 여전히 창발의 불가피성에 대한 순수하게 자연주의적인 설명을 제시한다.[35] 네 번째 입장은 우주의 창조자를 가정하는 유신론적 입장이다. 신학자 클레이턴은 물론 이 네 번째 입장을 지지한다.

클레이턴은 창발적 속성인 정신에 의한 만유재신론적 유비가 하나님을 자연세계 안으로부터의 생겨난 창발적 정신으로 오해하게 만드는 것을 분명

---

[33] 무한자가 유한자를 포함한다는 헤겔의 사고는 이러한 논리적 포함의 관계를 표현한다. 예를 들면, 유기체는 생태계 안에 있다. 우리는 공동체 안에서 산다. 모든 인간은 사회 안에 존재한다. Clayton, "Panentheism in Metaphysical and Scientific Perspective," In Whom We Live and Move and Have Our Being, p. 88.
[34] Clayton, Mind & Emergence, pp. 159-63.
[35] Michael Denton에 의하면 단백질 구조의 제한된 범위는 진화과정의 결과를 좁게 제한한다. 만일 전체 진화의 역사가 다시 전개된다 해도 다시 인간과 같은 지적인 동물이 지구상에 출현할 것이다. Ibid., p. 161.

히 거부한다. 이와 같은 급진적인 창발적 유신론에서는 신성이 우주가 시간이 흐름에 따라 점차적으로 갖게 되는 속성으로 이해된다. 여기서 하나님은 우주의 점진적인 신격화의 결과일 뿐이다. 클레이턴은 신성을 단지 자연세계의 창발적 속성으로가 아니라 우리가 하나님이라고 부르는 주체적 실재의 속성으로 이해한다. 영원성, 완전, 사랑, 정의, 만물의 창조자와 원천으로서의 하나님의 속성은 세계의 속성과 질적으로 다른 차원에 있다.

그러므로 클레이턴은 하나님의 주체성을 인간의 창발적 정신 또는 주체성과의 유비 안에서 이해하는 관점의 한계를 분명히 한다. 즉 그는 인간의 정신현상이 중앙신경계라는 복잡한 물리적 체계부터 창발하듯이 하나님도 자연의 역사의 과정 안에서 창발한다는 창발주의 유신론을 거부한다. 그는 "우주의 과정이 생명, 의식, 그리고 종교적 또는 영적 경험을 발전시키듯이 하나님의 주체성의 어떤 국면이 단지 점진적으로 현시됨에도 불구하고, 하나님은 시초부터 존재, 힘, 또는 근거로서 현존하셨다"[36]고 말하는 것이 가능하다고 믿는다. 신적 정신이 초월적이거나 또는 우주의 실존을 선행한다고 간주되는 한, 자연주의적인 창발의 틀은 한계를 드러낸다. 하나님은 "단지 자연세계의 창발적 속성으로서만이 아니라 또한 그 자신의 고유한 주체성의 원천으로서의 초인격적 정신(영 또는 신성)"[37]이다. 하나님은 "초월적 정신"으로서, "자신의 존재 안에 우주를 포괄하고 포함함에도 불구하고 아울러 우주를 초월한다."[38] 경험적 세계의 모든 정신적 현상은 생물학적 하부구조에 의존하지만, 초월적 정신으로서의 하나님은 그렇지 않다. 클레이턴의 유신론적 전제에 있어서 이원론적 요소는 불가피하다.

그렇다면, 어떻게 하나님은 모든 만물의 초월적 원천이면서 동시에 우주의 역사의 과정 속에서 출현하는 창발적 실재가 될 수 있는가? 이 딜레마에

---

36) Ibid., p. 179.
37) Ibid., p. 182.
38) Ibid., p. 183.

직면하여 클레이턴은 형이상학에 호소한다. 유신론적 형이상학은 그 안에서 우주가 정위(定位)되고 설명될 수 있는 포괄적인 틀을 제공한다. 형이상학에 의해 노정(露呈)되는 포괄적인 틀 안에서 하나님은 "이 우주의 원천과 궁극적 절정이며, 알파와 오메가이며, 그 안에 만물이 정위(定位)되는 힘 또는 현존이다."[39] 과학이론으로서의 창발은 진화 안의 창발적 속성으로서의 신성 또는 영성의 범주로 우리를 인도하는 개념적 구조이다. 그러나 창발은 이 속성을 완전히 설명하기에는 충분치 않다. 창발은 우리를 형이상학으로 인도한다. 형이상학적 반성은 창발의 논리를 넘어서는 신학적 가설을 제시한다. 그러므로 클레이턴의 신관은 과학적 창발개념에 기초하여 하나님의 내재성을 강조하되 유신론적 형이상학의 범주 안에서 하나님의 초월성을 확보하는 과학적-형이상학적 만유재신론이라고 할 수 있다.

(4) 하나님의 행동

클레이턴에 따르면 세계 안에서의 하나님의 행동에 관한 논의는 증명의 문제가 아니라 양립가능성 또는 개연성의 문제이다. 즉 이 논의의 목적은 "특수한 신적 행동이 일어났다는 것을 증명하는 것이 아니라 신적 행동이 불가피하게 자연법칙과 충돌하는지를 밝히는 것"[40]이다. 그는 물리적 세계와 인간의 정신에 미치는 하나님의 영향에 대하여 세 가지 점을 언급한다.[41] 첫째, 창발과학은 자연이 하향식 영향에 열려있음을 보여주었다. 낮은 차원에서의 비결정성은 하향식 전체-부분 인과성을 허용한다. 그러나 아래부터 목적성과 방향성이 작용한다는 표식은 없다. 둘째, 정보가 전달되고 이해되는 차원은 의식적 정신의 차원이다. 하나님에 관한 정보가 의식적 주체에게 전

---

39) Ibid., p. 184. Clayton, "Panentheism in Metaphysical and Scientific Perspective," *In Whom We Live and Move and Have Our Being*, p. 91.
40) Clayton, *Mind & Emergence*, p. 193.
41) Ibid., p. 191.

달되기 위해서는 하향식으로 올 수밖에 없다. 셋째, 낮은 차원에서의 하나님의 개입에 관한 주장은 불가지성의 문제에 봉착한다. 낮은 차원에서 통계학적으로 매우 비개연적인 결과가 관찰되지 않는다면, 우리는 낮은 차원으로부터 높은 차원으로 상향식 신적 영향이 작용한다고 믿을만한 이유를 가질 수 없게 된다.

하나님의 행동은 물리적 차원과 정신적 차원에서 상이한 인과적 관계의 성격을 보여준다. 물리적 원인에는 어떤 의미나 목적이 요구되지 않지만, 인간의 행위와 사고에 대한 설명에는 목적, 의도, 이유가 요구된다. 여기서는 물리학에서 발견할 수 없는 목적인(agential cause)을 위한 자리가 있다. 나아가서 정신적 차원에서 "궁극적 의미"에 대한 물음은 경험적인 과학이론에 종속되지 않는 초월의 언어영역 즉 형이상학적, 신학적 영역을 개방한다.

클레이턴은 인간의 정신에 대한 하나님의 영향에 대하여 관심을 집중한다. 하나님은 인간의 정신에 어떻게 영향을 미치는가? 그에 의하면, 어떤 자연법칙도 인간의 정신과 행동에 영향을 줄 수는 있지만 그것을 결정할 수는 없다. 만일 인간이 어떤 상황에서 예상되는 행동과 다른 행동을 하는 경우에도 그것으로 인해 자연법칙이 깨어지지 않는다. 인간의 정신은 자연의 현상이지만 물리적 법칙에 의해 결정되지 않으며 더 높은 유형의 인과성에 개방되어있다. 신적 인과성은 이 더 높은 차원의 인과성들 가운데 하나로 생각될 수 있다. 인간의 행동이 뇌의 상태와 환경적 요인에 기초함에도 불구하고 이미 비예측적이기 때문에, 하나님의 영향이 다른 결과를 초래할지라도 아무런 결정적 조건이 깨지지 않는다.

그러나 창발 개념은 인간의 정신에 대한 하나님의 영향을 설명하는데 한계가 있다. 인간의 정신과 달리 하나님은 우주적 진화과정에서 창발하지 않은 초월적 정신(영)이기 때문에, 세계에 대한 하나님의 인과성은 단지 몸에 대한 (창발적) 정신의 인과성의 유비로 다 설명될 수 없다. 클레이턴은 인간에 대한 하나님의 영향이 모든 물리적 인과성을 배제한 순수하게 관념적인 하향식 인과성이라는 주장과 하나님이 뇌의 상태를 조작함으로써 상향식으로 특수한 사고를 산출한다는 주장을 모두 비판적으로 극복하는 제3의 길을 찾고자 한다. 그는 인간에 대한 하나님의 행동의 자리를 창발적인 복잡성의 차원인 "인격 자체" 또는 "전체로서의 인격"에서 발견한다. 그는 전체로서의 인격을 "한 인격과 자신의 몸, 환경, 다른 사람과의 통합적 상태가 수립될 때 창발하는 차원으로, 그리고 자신의 사회적, 문화적, 역사적, 종교적 상황에 대한 해석을 포함하는 전체적 정신상태"[42]로 정의한다. 다시 말하면, 전체로서의 인격이란 물리적, 감정적, 지성적, 사회적, 윤리적 차원 등을 모두 포괄하는 통전적인 인격개념이다. 인격성은 자연세계의 창발적 속성으로서, 이원론적인 영혼-실체도 아니고 환원론적인 생물학적 실체도 아니다.

클레이턴은 "통합적 자아 또는 공동체 안에서의 정신물리학적 주체로서의 인간 인격이 하나님의 행동의 가능성을 도입하는 적절한 차원을 제공한다"[43]고 주장한다. 오직 여기서만 하나님은 물리적 분자나 향정신성 신경전달물질에 대한 조작으로 환원되지 않는 하향식 인과적 영향을 발휘할 수 있다. 이와 같은 인격의 차원에서 작용하는 신적 인과성만이 단지 마술적 차원이 아닌 종교적으로 유의미한 차원에 영향을 줄 수 있다. 우리는 하나님이 어떻게 인격에 영향을 주는지 과학적으로 설명할 수는 없다. 그러나 다른 모든 자연적 영향과는 달리 신적 영향은 물리적 매개를 필요로 하지 않을 것이다. 이 점에 있어서 신적 영향은 인격에 대한 다른 영향들과 달리 세계와의 이원론적 구별을 전제한다. 그러나 이 구별이 정신과 창발에 관한 과학적 지식이 간과되거나 무시될 수 있음을 의미하지는 않는다. 왜냐하면 통전적 인격의 차원에서의 하나님의 영향은 구체적인 정신적, 감정적, 물리적 과정에 영향을 미치기 때문이다. 하나님의 행동은 단지 물리적 법칙을 깨뜨리고 이루어지는 것도 아니며, 반대로 직접적인 관념 대 관념의 영향을 통해서만 이루어

---

42) Ibid., p. 195.
43) Ibid., p. 198.

지는 것도 아니다.[44]

4. 결론

피콕과 클레이턴은 많은 점에 있어서 공통점을 공유하지만 또한 차이점도 보여준다. 이 두 사람은 공통적으로 이원론적 초월주의(이신론)와 일원론적 내재주의(범신론), 고전적 유신론의 개입주의와 현대과학의 물리적 환원주의 양자를 모두 거부한다. 이들은 자연세계의 창조적 과정에 대한 창발이론을 공유한다. 이들은 정신과 몸(물질)에 대한 이원론적 이해를 거부하며, 우주를 "창발주의적 일원론"의 관점에서 이해한다. 이들은 창발주의적 일원론을 모든 설명이 물리학의 관점에서 완전히 주어질 수 있다고 믿는 물리주의적 환원론과 두 가지의 구별된 종류의 실체(res cogitans, res extensa)가 있다고 보는 실체론적 이원론 둘 다를 극복하기 위한 제3의 이론으로 간주한다. 특히 클레이턴은 "강한 창발이론"의 입장에서 창발은 단지 인식론적 차원이 아닌 존재론적 차원의 새로운 현상으로서, 창발된 속성은 자체의 인과적 힘을 갖는다는 사실을 강조한다. 이들은 공통적으로 창발을 통한 자연세계 창조적 과정에 대한 과학적 이해에 기초하여 오늘날의 과학 시대에 이해 가능한 신학적 세계관으로서 창발적 만유재신론을 고전적 유신론에 대한 대안으로 제시한다. 이들은 창조자와 창조세계의 구별을 위해서 이원론이 요청됨을 인정한다. 따라서 이들은 창조자와 창조세계의 이원론적 구별에 의해 초래되는 창발이론의 한계에 대한 이해도 어느 정도 함께 공유한다(하지만 이 한계에 대하여 클레이턴은 피콕보다 더욱 분명하게 언급한다).

그러나 피콕과 클레이턴의 입장 사이에는 분명한 차이점도 존재한다. 한 마디로, 피콕은 클레이턴보다 더 자연주의적이다. 그는 하나님이 역사의 과

---

[44] Ibid., pp. 198-99.

정에 대하여 하향식 영향을 발휘하며 이러한 영향력이 그리스도 사건에서 절정에 이른다고 주장함에도 불구하고, "비자연적 원인"을 인정하지 않는다. 새로움을 가져오는 것은 자연적 과정 그 자체이다. 하나님은 철저하게 창조세계의 자연적 질서 안에 내재하시며 자연적 과정 자체가 하나님의 창조적 행동이다. 즉 하나님은 세계의 자연적 과정 자체를 통하여 창조적 행동을 계속하신다. 그는 자연적 과정과 구별되는 하나님의 독자적 또는 추가적인 행동을 인정하지 않는다. 하나님의 창조의 수단으로 사용되어야 하는 것은 "창조질서 안에서 작동하는, 과학이 우연이라고 부르는 것이다."[45]

피콕의 자연주의 만유재신론은 자연적 질서 안에서의 하나님의 지속적인 인과적 활동을 부인하는 이신론과는 달리 세계 안의 하나님의 내재적 행위를 강조한다. 그에 의하면 하나님은 매순간 우주의 존재를 유지, 보전하며 창조세계 안의 창조성의 원천이다. 하지만 그에게 있어서 하나님의 의도나 목적은 철저하게 거시적이다. 그는 미시적 차원에서의 하나님의 구체적이고 초점적인 행동을 인정하지 않으며, 거시적인 차원에서 전체로부터 부분으로 이행하는 전일적 하향식 인과율만을 인정한다. 그는 하나님이 양자의 차원에서 행동하신다는 견해에 대하여 회의적이다. 왜냐하면 그에게 있어서 그러한 견해는 고전적 유신론의 개입주의적 하나님의 행동이 은폐된 방식으로 재현되는 것과 다를 바 없기 때문이다.[46]

피콕과 달리 클레이턴은 세계 안에서의 하나님의 행위가 전일적 하향식 인과율만으로는 다 설명될 수 없다고 생각한다. 그는 피콕이 자신의 신학에서 실제로 초점적으로 의도된 하나님의 행동을 위한 자리를 마련하고 있는지 묻는다. "피콕의 견해에 있어서, 하나님은 실제로 초점적으로 의도된 행동에 참여하시는가? 예를 들면, 피콕이 예수의 마음(또는 그 어떤 다른 사람)

---

45) Clayton, "Panentheism in Metaphysical and Scientific Perspective," *In Whom We Live and Move and Have Our Being*, p. 143.
46) Peacocke, *Theology for a Scientific Age*, p. 154.

에 대한 하나님의 영향력에 관해 쓸 때, 그는 우주를 창조하고 유지하는 하나님의 전체적인 행동이 인간의 마음에 끼치는 영향이 아닌 초점적으로 의도된 하나님의 행동을 생각하고 있는 것인가?"[47]

피콕에게 있어서 하나님이 전체에 입력하는 정보가 "조금씩 흘러내리는 인과성(trickle-down causes)의 긴 연쇄사슬"을 통해 특수한 장소에서 특수한 사건이 발생하도록 만들기 때문에, 원리적으로 하나님의 전일적인 하향식 인과율은 초점적으로 의도된 행위를 배제하지 않는다고 할 수 있다. 그러나 클레이턴은 어떻게 조금씩 흘러내리는 인과성이 작동하는지, 어떻게 전체 차원에서의 정보입력이 한 개인으로 하여금 특정한 시간에 특수한 생각을 갖도록 만드는지 보다 구체적이고 직접적으로 설명되어야 한다고 강조한다. 구체적이고 직접적인 인과적 연결점(causal joint)이 부정된다면 어떻게 전일적인 하향식 인과율을 직접적이고 구체적인 방식으로 설명할 수 있는가? 하나님은 어떻게 전체로서의 우주로부터 한 개인에게 하향적인 방식으로 직접적인 영향을 미칠 수 있는가? 그가 주장하는 전일적인 하향식 인과론 즉 전체로부터 부분으로 계층적으로 "조금씩 흘러내리는" 효과가 과연 기도 가운데 하나님과 직접적으로 소통하고 대화하는 기독교인과 하나님의 인격적 관계와 상호작용을 대신할 수 있는가?

피콕은 계층질서의 최상위 차원 즉 전체로서의 우주에 정위되는 신적인 인과적 접촉으로서의 하향식 정보 입력을 말한다. 그에 의하면 이 하나님의 정보 입력은 에너지의 이동 없이 이루어진다. 하나님의 비에너지적인 정보의 흐름이 어떻게 에너지적인 효과를 가져올 수 있는지는 수수께끼이다. 피콕의 전일적인 하향식 신적 행동에 있어서 "인과적 접촉점"의 문제는 미해결로 남아있다.

또한 피콕은 자신의 자연주의 만유재신론의 모델이 신정론의 문제를 해

---

[47] Clayton, "Panentheism Today: A Constructive Systematic Evaluation," *In Whom We Live and Move and Have Our Being*, p. 263.

결할 수 있다고 주장한다. 그러나 그의 주장대로 자연세계의 모든 작용이 다 하나님의 행동이라면, 수만 명의 목숨을 앗아가는 지진해일도 하나님의 행동일까? 하나님의 행동은 인간에게 자연의 재앙을 가져오는 것이라기보다는 자연의 재앙에 맞서 인간을 구원하시는 것이 아닐까? 하나님의 행동은 자연의 선택에 의한 진화의 과정 그 자체라기보다는 적어도 때때로 진화의 과정에서 낙오되거나 도태될 수밖에 없는 약자의 손을 붙잡아 일으키시는 것이 아닌가? 피콕의 자연주의적 관점은 기본적으로 타당하다. 그러나 그의 근본적인 문제는 그의 자연주의 유신론이 그가 비판하는 물리주의적 환원론과 마찬가지로 자연주의적 환원론에 사로잡혀 있다는 점이다.

피콕과 달리 클레이턴은 양자 차원의 비결정성 또는 불확정성 안에서의 하나님의 행위가 자연법칙을 깨뜨리는 것이 아니기 때문에, 미시적인 양자적 차원에서의 하나님의 초점적 행동에 의한 하향식 인과율이 세계 안에서의 하나님의 행위를 보다 구체적이고 직접적으로 하지만 비개입주의적으로 설명할 수 있는 방식이라고 주장한다. 그는 피콕보다 더 분명하게 하나님의 초월성을 강조함과 아울러 세계 안에서의 하나님의 직접적인 행위를 말하고자 한다. 그는 하나님을 세계 전체를 초월하는 순수한 영으로 이해한다. 인간이 하나님의 본질에 참여하는 한, 우리 안에도 순수한 영의 요소가 있다고 할 수 있다.[48] 그는 세계에 대한 하나님의 인과적 영향력을 주장할 수 있는 최소한의 조건을 이 영 또는 정신의 차원에서 발견한다.

하나님은 세계 안에서의 모종의 인과적 행위를 통해서 세계를 종말론적 완성을 향해 인도하신다. 그러나 아마도 거시물리학의 차원에서는 하나님의 영향력을 위한 자리가 없을지 모른다. 왜냐하면 여기서는 필요한 모든 영향력이 처음부터 짜 맞추어져 있고 그 자체의 경로로 진행되도록 되어있기 때문이다. 그러나 클레이턴은 지각적 존재로부터 창발하는 정신의 차원에

---

48) 물론 과학은 이것을 검증할 수 없다. 과학은 정신적 속성만을 말할 수 있을 뿐이지 정신적 본질을 말할 수 없다.

서, 정신의 창조성과 이해력에 대한 하나님의 초월적 영향이 가정될 수 있다고 본다. 우리의 정신은 궁극적으로 연산이나 법칙에 종속되지 않는다. 정신의 특징은 비구속적인 개방성과 창조성에 있다. 클레이턴에 따르면, 이것은 하나님의 실제적인 영향력에 대하여 (비록 매우 제한된 형태이지만) 응답할 수 있는 자리가 있다는 것을 의미할 수 있다.[49] 인간의 행위 가운데에는 의식과는 관계없이 몸에 의해 자율적으로 수행되는 행위와 아울러 어떤 분명한 의도에 의해 수행되는 행위도 있다. 그렇다면 정신과 몸의 만유재신론적 유비에 있어서 하나님의 분명한 의도에 의한 초점적 행위의 가능성이 인정될 필요가 있다. 만일 그렇지 않을 경우 유신론적 자연주의는 이신론적 자연주의와 구별되기 어렵게 된다.

결론적으로, 만유재신론적 세계관 안에서의 하나님의 초점적 행위는 두 가지 관점에서 접근될 수 있다. 이 두 가지 관점은 모두 경험적 자연과학의 관찰에 의해 증명되거나 검증될 수 없는 형이상학적, 신앙적 가설일 수도 있다. 그러나 그것들은 자연과학을 무시하는 것이 아니라 포괄하면서 넘어서는 것이다. 첫째, 우리는 미시적인 양자 차원의 비결정성, 비예측성, 우연성, 개방성의 영역 안에서의 하나님의 하향식 초점적 행위에 관해 말할 수 있다. 피콕의 자연주의 유신론이 주장하는 전일적 인과론 즉 전체로서의 세계에 대한 하나님의 전일적 영향은 세계의 구체적인 인과적 접촉점에서의 직접적인 하나님의 행위와 모순되거나 또는 그것을 거부할 이유가 없다. 미시적 차원에서 통계학적으로 매우 개연적인 결과가 관찰되기 때문에, 이 차원에서의 하나님의 직접적인 행위는 자연법칙을 깨뜨리고 들어오는 고전적 유신론의 개입주의적 행위와 동일시되지 않는다. 미시적 차원에서의 비결정적, 비예측적인 양자역학으로부터 어떻게 거시적 차원에서의 결정론적, 예측적인 뉴턴적 물리학의 수립이 가능한가 하는 것은 과학이 아직 풀지 못하고 있는

---

49) Ibid., p. 264.

수수께끼이다. 어쩌면 과학은 이 문제를 영원히 풀 수 없을지도 모른다. 이 둘의 연결은 오직 미시적 차원의 비결정적 영역에서의 하나님의 의도적인 초점적 행위의 일관적인 방향성에 의해서만 가능한 것일 수도 있다. 만일 이것이 사실이라면 그것은 모든 예측 가능한 자연법칙과 물리적 현상 자체가 매순간의 구체적인 초점적 행동을 포함하는 하나님의 유지, 보존의 섭리에 의한 기적이라는 것을 의미한다.

둘째, 하나님의 창조세계의 자연적 질서는 닫혀져 있지 않고 미래 개방적이고 창조적이다. 다시 말하면, 자연은 자기조직화의 원리와 힘에 의한 창조적 과정 속에서 공시적(물리-화학-생물-심리-사회학적), 통시적(진화론적, 역사적, 우주적) 차원에서 창발적 계층질서의 복잡성을 발전시킨다. 이 두 차원은 공간과 시간의 관계처럼 매우 밀접하게 연결되어 있다. 미시적 차원에서의 하나님의 구체적이고 직접적인 하향식 인과율은 세계의 다차원적 복합성의 계층질서 안에서 더 높은 복합성의 차원을 향한 상향식 인과율에 의해 거시적 차원에서의 새로운 창발적 현상을 불러일으킬 수 있다. 즉 물질적인 물리적 차원으로부터 점점 더 복잡한 창발적 계층질서가 발전될수록 우연성, 개방성, 창조성의 가능성은 더욱 증대하며, 하나님의 하향식 초점적 행위 또는 인과성을 위한 가능성은 더욱 증대된다. 자연의 자기 조직화 과정에 의한 창발적 계층질서의 정점에 심신 통일체로서의 인간 인격의 정신 또는 영이 있다. 인간이 하나님의 형상으로 창조되었다는 것은 바로 자연의 복합성의 계층질서의 정점에서 인간의 인격이 하나님과 인격적인 관계를 맺을 수 있는 능력을 갖는다는 것을 의미한다. 인간의 정신 또는 영의 본성은 자유(비결정성)이기 때문에 하나님은 인간과의 인격적 관계 안에서 인간의 인격적 주체성을 파괴하지 않고 직접적이고 구체적으로 하향식 초점적 영향력을 미칠 수 있다. 전통적인 신학의 용어로 표현하자면 하나님은 성령 안에서 인간의 영과 직접 교통하며 인간의 영을 내적으로 조명한다.

하나님의 영향은 단지 몸과 분리된 순수한 정신에 대한 관념적인 정보의 입력만을 의미하지는 않는다. 왜냐하면 심신 통일체로서의 인간의 통전적인 인격에 있어서, 하나님과 직접적으로 교통하며 영향을 받는 정신의 차원은 육체적 차원의 모든 감정적, 신경생리학적, 물리적 과정에 그 영향을 전달하기 때문이다. 더욱이 인간의 정신 또는 영 안에서의 인간과 하나님의 관계는 일방적인 것이 아니라 상호적인 것이다. 따라서 인간에 대한 하나님의 영향과 아울러 하나님에 대한 인간의 영향도 가능하다.[50] 그렇기 때문에 우리는 하나님과의 상호적인 인격적 관계성 안에서 하나님의 말씀을 들음과 아울러 하나님께 간구의 기도를 드릴 수 있다. 이와 같은 하나님과 상호적인 인격적 관계 안에 있는 인간 실존이 만유재신론적 세계관 안에서의 기독교인의 영적 실존이다.

---

[50] 물론 후자의 가능성은 무한하신 하나님의 사랑을 위한 자유와 자기제한에 의한 것이다.

제19장

하나님의 섭리에 대한 과학적 자연신학의 이해

1. 서론

    기독교의 진리를 성서의 본래적인 메시지에 충실하고 동시에 동시대적인 세계관과 현실에 적합하고 이해 가능한 방식으로 해석하고 설명해야 하는 변증적 과제는 기독교 신학의 본유적이고 영속적인 과제이다. 초기교회 이후 지난 20세기 동안 기독교 교회는 때로는 명시적으로 때로는 암묵적으로 그리고 때로는 심지어 이러한 과제의 필요성을 부인하는 사람들조차도 실제로는 이러한 과제를 수행해왔다. 특히 오늘날 놀랍게 발전하고 있는 과학시대에 살아가고 있는 현대인들에게 신학자들은 이 세계가 자연과학이 밝혀내는 우주의 법칙에 따라 운행되는 세계인 동시에 하나님의 창조와 섭리 안에 운행되는 세계임을 설득력 있게 논증해야 하는 과제를 안고 있다.

    기독교의 역사를 돌이켜 보면 과학과 신학의 관계가 그리 우호적인 것은 아니었다. 특히 갈릴레이와 코페르니쿠스 이래로 교회의 가르침과 과학의 설명 사이에는 지속적으로 심각한 갈등이 빚어져 왔다. 세계에 대한 자연과학의 설명은 전통적인 기독교의 세계관과 믿음을 근본적으로 흔드는 것처럼 보였다. 예를 들면, 지구가 더 이상 우주의 중심이 아니라는 코페르니쿠스의 지동설은 천동설에 근거한 전통적인 기독교의 세계관에 혁명적인 '코페르니쿠스적' 전환을 가져왔다. 교회는 지동설에 동조하던 조르다노 브루노(Giordano Bruno)를 화형시켰으며, 갈릴레이는 기독교의 종교법정에서 강압적으로 자신의 주장을 번복해야 했다. 17세기에 들어 데카르트의 합리주의적 세계관과 기독교 세계관은 분명한 분열을 겪게 되었는데, 합리주의 세계관은 뉴턴의 물리학에 이르러 절정에 달했다. 18-19세기동안 자연과학은 광범위하게 발달하였으며, 이와 더불어 합리주의 세계관과 종교적 세계관은 더욱 극단적으로 대립하게 되었다. 19세기에 다윈은 진화이론에 근거하여 인간의 조상이 유인원라고 선언함으로써, 하나님의 형상으로 창조된 만물의 영장으로서의 기독교의 인간론에 정면으로 도전하였다.

근대 자연과학의 발달과 더불어 증폭된 대립관계 속에서, 교회와 자연과학은 서로가 상대의 영역을 인정하고 침범하지 않는 한도 내에서 서로에 대한 의도적인 무관심 속에 냉랭하게 공존하는 양상을 보여주기도 했다. 과학은 관찰, 측정, 논리적·수학적 추론 방식의 지식을 추구한 반면, 종교와 신앙은 아직 알려지지 않거나 찾아내지 못한 영역을 담당하였다. 그러나 과학의 방법론의 영향력은 점차 신앙의 영역에까지 확대되었으며, 사람들은 장차 자연과학의 엄밀한 지식이 종교와 신앙의 영역을 대체하게 될 것으로 생각하였다. 반면 정통주의적 정신을 가진 기독인들은 게토화된 교회의 영역 안에서 신앙의 순수성을 지키고자 했다. 이들은 과학의 도전에 대항하여 기존의 전통적 교리와 세계관을 수호하기 위하여 계시실증주의적 권위에 호소하였다. 오늘날에도 성서가 진화론이 아닌 창조론을 과학적으로 증명해주는 계시의 책이라고 주장하는 일군의 기독교인들이 있는데, 이들은 이러한 정통주의적 정신을 대변한다. 이러한 상황 속에서는 서로 마음을 열고 대화함으로써 서로를 이해하고자 하는 태도는 찾아보기 힘들다.

그러나 20세기에 들어와서 기존의 과학이론의 한계를 경험한 일군의 과학자들이 양자물리학 등의 새로운 과학이론의 발전에 힘입어 신학과의 대화에 관심을 보이기 시작하였으며, 기독교 쪽에서도 변증적 신학 특히 과학적 자연신학의 필요성과 정당성에 대한 인식이 증대하면서, 점차 두 영역 사이의 대화의 분위기가 형성되었다. 그리하여 지난 수십 년 동안 유럽과 미국을 중심으로 신학과 과학의 대화에 주목할 만한 발전이 이루어지고 있다. 그러나 아직 우리나라에서는 신학과 과학 사이의 개방적이고 진지한 학제간 대화가 미흡한 형편이다. 이러한 현실 속에서, 이 글에서는 신학과 과학의 대화를 통해 과학적 자연신학의 관점에서 하나님의 섭리를 새롭게 이해할 수 있는 길을 모색하고, 그 길을 포스트토대주의적 과학적 자연신학과 만유재신론적 하나님의 섭리에서 발견하고자 한다.

2. 과학적 자연신학(scientific theology of nature)의 전망

하나님이 세계를 창조하셨으며 세계의 과정이 하나님의 섭리 가운데 있다고 보는 신학적 세계관과 물리학을 비롯한 자연과학의 이론이 대립되는 것으로 여겨져야 할 필연적인 이유는 없다. 신학의 논리는 법칙을 가정해 놓고 그것을 실험으로 입증하는 자연과학과 같은 차원에 있지 않다. 인간의 인식은 제한된 지식에 바탕을 두고 있기 때문에 먼저 무엇인가를 추측하고 검증하고 수정해나가는 방법을 사용한다. 이와 달리 기독교 신학은 하나님이 세계의 창조자이시며 예수 그리스도 안에서 자신을 계시하셨다는 믿음에서 출발한다. 하지만 신학은 세계 안에서 일어나는 현상들의 세세한 부분까지 설명하지는 못한다. 따라서 신학과 자연과학은 서로를 더 잘 이해하기 위해 함께 대화하고 서로 협력해야 한다. 자연과학과 종교의 관계를 이해하는 방식에는 여러 가지 유형들이 있는데,[1] 대체로 이 두 영역 사이에는 유사성과

---

[1] Michael Welker는 신학과 자연과학 사이의 관계에 대한 잘못된 이해('문화적 덫')의 유형을 다음의 6가지로 정리하였는데 그 중에 주요한 네 가지만 소개하면 다음과 같다. ① 메타 담론의 차원에서의

상이성이 함께 있다. 이 둘의 공통적인 중심적 관심은 진리에 있다. 이 두 영역 모두에 있어서 진리는 인식론적, 실재론적 세계관과 관계된다. 이 진리를 향한 과학과 신학의 접근은 모두 유한하고 불완전하며, 따라서 언제나 새로운 이론과 패러다임에 의해 수정될 가능성에 열려있다. 두 영역 사이의 차이점도 간과될 수 없다. 과학은 조작과 실험이 가능한 물리적 대상을 탐구하는 반면, 신학은 일방적으로 주어지고 반복 불가능한 계시적 사건과 대상화될 수 없는 신적 실재를 향한다. 자연과학은 우리가 경험적으로 측정하고 검증할 수 있는 외적 세계의 대상을 관찰한다. 과학자들은 도구와 측정기기를 사용하여 사물이나 현상을 측정, 분석하며, 지적 능력과 논리적 개념을 통해 그것들 사이에 어떤 관계가 있는지 살핀다. 과학이 대상을 분리하고 객관화하는 과정을 바탕으로 한다는 사실은 과학의 근본적인 한계를 의미한다. 이와 달리 신학의 지식은 근본적으로 내면적이며 실존적인 신앙의 지식에 기초한다. 신앙이 이해를 추구한다. 더욱이, 신학은 단지 물리적 자연세계에 관한 지적 이해를 추구하지 않고, 인간과 자연을 구원하는 진리의 힘과 그 진리에 대한 인간의 실존적 응답과 헌신을 추구한다.

 아인슈타인은 "종교 없는 자연과학은 무력하고 자연과학 없는 종교는 눈먼 것이다."라고 말했는데, 이는 이 둘 사이의 불가분적이고 상호보완적인 관계를 잘 표현해준다. 비판적, 합리적 사고방식과 주관적, 신비적 체험, 지식과 신앙, 자연과학과 종교는 상호보완적인 관계에 있다. 특히 오늘날 자연과학이 지배하는 세계의 위기, 즉 전 지구적인 생태학적 위기, 핵확산의 위기, 생명복제의 위기 등을 경험하면서 사람들은 점차 자연과학의 문제성과 한계성을 인식함과 아울러 초월적인 것의 안내의 필요성을 인식하게 되었

보편적 관점에 관한 환상을 지닌 현대주의의 덫, ② 과학 혹은 신학 쪽에서의 환원주의의 덫 ③ 과학과 신학 사이의 관계에 대한 이원론적인 세계관의 덫 ④ 신학 또는 과학 또는 둘 다에 있어서의 어떤 성격을 과장하고 일반화시키는 진부한 덫. Michael Welker, "Springing Cultural Traps: The Science and Theology Discourse on Eschatology and the Common Good," 제 16/17 회 국제학술세미나 "인간복제 · 휴먼지놈 프로젝트를 어떻게 볼 것인가?" 우원사상연구소, 2000, 9.

다. 신학 쪽에서도 점차 이 세계에 대한 자연과학의 설명에 귀를 기울이지 않을 수 없게 되었다. 물론 자연과학의 우주론이 하나님을 증명해 주리라고 기대하는 것은 무리이다. 하지만 하나님의 세계창조와 이 세계 안에서의 하나님의 섭리활동을 오늘날의 사람들에게 설득력 있게 설명하고자 할 때, 신학자는 자연과학의 성과를 적절히 고려하지 않을 수 없으며, 따라서 배타적 독선을 버리고 상호적인 대화를 통해 배우려는 자세를 가져야 한다.

'과학적 자연신학'은 이와 같은 과학과 신학의 상호보완적 관계에 대한 인식에 기초하여, 오늘날의 과학적 정신에 적합하고 이해 가능한 방식으로 기독교의 신앙을 명료화하고자 한다. 이것은 신학을 과학에 또는 과학을 신학에 종속시키고자 하는 시도가 결코 아니다. 과학적 자연신학은 오늘의 과학시대에 고전적인 기독교 교리와 사상이 새롭게 이해되고 진술되어야할 필요가 있다는 사실을 인식할 뿐만 아니라, 우주의 합리적이고 심미적인 구조를 발견해가는 과정 속에서 하나님과의 만남을 경험하게 된다고 믿는다. 자연과학이 밝혀내고자 하는 우주의 질서와 법칙은 바로 하나님께서 창조하신 질서와 법칙이다. 폴킹혼이 말한 바와 같이, "우주의 합리적 아름다움은 실로 그 우주의 존재를 부여잡고 있는 정신(the Mind)을 반영한다."[2)]

이미 언급한 바와 같이, 과학적 논증과 논리적 추론은 한계가 있다. 궁극적으로 하나님의 존재와 섭리에 관한 담론은 과학적인 귀납적 논증과 추론의 문제라기보다는 신학적인 계시와 믿음의 문제이다. 성서는 "믿음으로 모든 세계가 하나님의 말씀으로 지어진 줄을 우리가 아나니 보이는 것은 나타난 것으로 말미암아 된 것이 아니니라"(히 11:3)고 말씀한다. 하나님에 대한 신앙만이 과학적 이성을 포함한 유한하고 개별적인 인간경험에 가장 폭넓고 전체적인 의미를 부여해 줄 수 있다. 그러나 다른 한편, 신학은 적어도 오늘날의 과학시대의 지성을 만족시킬 만한 일관성 있는 세계관을 제시할 필요

---

2) John Polkinghorne, *Belief in God in an Age of Science* (New Haven and London: Yale University Press, 1998), p. 4.

가 있다. 오늘날 우리가 추구하는 과학적 자연신학은 고전적 자연신학처럼 하나님의 존재를 증명하려는 프로메테우스적인 과업을 추구하기보다는, 세계 안에서의 하나님의 창조적 섭리를 적절하게 이해하기 위한 맥락과 기초를 제공해 주고자 한다. 폴킹혼에 따르면, "이 새로운 자연신학은 신존재 증명에 대하여 말하려 하지 않는다는 점에서, 그리고 유신론적 신앙을 현재 일어나고 있는 일에 대한 통찰력 있는 설명으로 제시하는 겸허한 역할에 만족한다는 점에서, 옛 유형의 안셀름과 토마스 아퀴나스의 자연신학과 구별된다."[3]

과학적 자연신학은 과학적 설명에 맞서는 경쟁자가 되려고 하기보다는 보다 넓고 심원한 이해의 맥락 속에서 과학적 설명과 보완관계를 수립하고자 한다. 과학 자체는 우주의 구조와 자연법칙을 합리적으로 이해하지만 왜 그것이 비합리적이지 않고 합리적인지를 설명하지는 못한다. 과학적 자연신학은 보이는 우주의 합리적 구조를 보이지 않는 창조주 하나님의 합리적 정신을 반영하는 존재론적 유비로 이해한다. 따라서 여기서는 바르트가 거부했던 전통적인 존재론적 유비 개념이 새로운 관점에서 긍정된다. 또한 과학적 자연신학은 우주의 물리적인 합리적 패턴과 구조뿐만 아니라 우주의 역사적 과정과 생물적 진화 과정에 대해서도 목적론적인 메타담론의 가능성을 제공한다. 즉 여기서는 세계의 물리적, 생물적, 역사적 변화의 과정이 왜 다른 방식이 아니라 지금 그것들이 보여주는 방식으로 발전해 왔는지를 하나님의 섭리에 관한 목적론적 담론 안에서 설명하고자 한다.

사실상 자연과학의 뒤에는 언제나 어떤 세계관이나 인간관이 숨어있으며, 따라서 자연과학은 결코 철학이나 종교와 전혀 무관할 수 없다. 이것은 단순히 과학적 연구결과가 하나님에 대한 이해를 간접적으로 드러낸다는 의미가 아니라, 연구과정 자체에서 철학적 전제나 종교적 신앙이 중요한 인식

---

3) Ibid., p. 10.

도구로 사용된다는 의미이다. 고전적인 아리스토텔레스의 물리학은 모든 존재는 각기 어떤 목적을 위해 존재한다는 목적론적 구조를 가지고 있었다. 그의 물리학은 의미의 범주를 바탕으로 하고 있었으며, 그에게 세계는 의미의 질서정연한 결합 즉 코스모스였다. 세계 안에서 의미의 구조를 파악하면 최고의 의미를 추론해갈 수 있었기 때문에 아리스토텔레스의 물리학은 신의 존재를 증명할 수 있었다.4) 그러나 정확하게 말하자면 아리스토텔레스의 물리학의 목적론적 구조는 신의 존재를 증명하기 위한 것이었다기보다는 신의 존재에 대한 전제에 기초한 것이었다.

그러나 근대에 들어 자연과학은 의미를 묻는 질문을 도외시하게 되었다. 사실 뉴턴이 자연과학의 수학적 원리에 관한 책을 쓴 것은 데카르트의 철학에 대항하여 자연현상에 내재하는 신의 역할을 입증하기 위해서였다. 뉴턴은 정신이 우리의 몸을 움직이는 것처럼 신도 우주를 움직이지만 그것이 기계적인 방법으로 이루어지지는 않는다고 생각했다. 하지만 뉴턴은 자연을 엄밀하게 기계론적이고, 수학적이고, 인과율적으로 설명해야 함을 강조했기 때문에, 18세기에 그는 기계론적인 자연 이해의 창시자로 간주되었다. 그 이후, 의미를 묻는 질문은 과학자들에 의해 외면되어 왔다. 다윈은 『종의 기원』에서 생명의 진화 과정에 관해 설명하면서 우주의 설계자로서의 신에 관한 목적론적 논증을 폐기하고 그것을 자연선택, 즉 환경에 대한 적응에 의한 적자생존의 원리라는 생물학적 인과론으로 대체하였다. 따라서 이제 생명의 존재를 주관하는 설계자나 섭리자를 전제하는 목적론적 세계관은 거부되었다. 다시 말하면, 근대 과학에는 자연에 의미와 목적이 있다는 목적론적 관념이 들어설 자리가 없었다. 근대 이래 과학자들은 대체로 과학의 과제는 기계론적 인과론을 통해서 자연현상을 설명하는 것이며 의미나 가치평가와는

---

4) Hans Peter Dürr · Klaus Michael Meyer-Abich · Hans-Dieter Mutscher · Wolfhart Pannenberg · Franz M. Wuketits, *Gott, der Mensch und die Wissenschaft*, 여상훈 옮김, 『신, 인간 그리고 과학』(서울: 시유시, 2000), p. 49.

아무런 관계가 없다고 생각해 왔다.[5]

그러나 오늘날의 자연과학은 물리세계가 신적인 목적을 반영한다는 이해를 가능케 하는 과학적 자연신학의 가능성을 새롭게 열어주고 있다. 특히 양자물리학의 발전은 과학적 자연신학을 위한 기초를 제공해 준다. 20세기 초에 물리학이 비약적으로 발전하고 양자역학이 제 모습을 갖추게 되면서 고전 물리학에 기초한 자연과학의 세계상은 붕괴되었다. 뉴턴의 고전 물리학에서는 물질 즉 질량을 가진 입자들이 유동적이고도 소극적인 집합을 이루고 있다가 외부의 영향을 받아 어떤 형태를 갖게 된다고 생각되었다. 그리고 세계는 질서, 조화, 예측가능성이 지배하는 하나의 유기체 또는 기계장치 같은 것으로 여겨졌다. 이러한 세계관을 처음으로 뒤흔든 사건은 '상대성 이론'의 출현이었다. 그때까지 확고부동한 기본단위라고 믿어 의심치 않았던 '시간'과 '공간'은 상대성 이론에 의해 가변적이고 상대적인 단위임 밝혀졌다. 그 뒤 양자물리학이 등장해 물질에 대한 종래의 관념을 완전히 뒤엎었다. 원자를 구성하고 있는 미시세계는 거시세계를 축소해놓은 것이라는 종래의 생각은 양자이론에 의해 무너졌다. 과거에는 물질을 쪼개고 쪼갤수록 점점 더 작은 조각을 얻게 되고 그런 작은 조각들은 원래의 물질과 동일한 속성을 지닌다고 생각했다. 그러나 양자물리학은 원자가 전통적인 의미에서의 '작은 물질'이 아니라는 사실을 밝혀냈다. 원자를 구성하는 전자나 핵 등이 물질이라고 할 수 없는 완전히 다른 성질을 가지고 있음이 드러났다.[6] 이것들은 물질이라기보다는 '장'(場, field)[7]이라고 하는 편이 정확한데, 그런

---

[5] 학문의 가치중립성에 대하여 막스 베버(Max Weber, 1864-1920)는 "경험에 토대를 둔 학문은 무엇을 할 수 있는지를 가르쳐줄 수 있을 뿐, 무엇을 해야 하는지에 대해서는 아무 것도 말해주지 않는다" 라고 말했다.

[6] 폴 디렉(Paul Dirac)은 1927년 빛을 양자역학적으로 설명함으로써 최초로 양자장 이론(quantum field theory)을 고안해냈다. 이 발견은 양자장이 불연속적으로 양자화(quantised)되어 있는 속성들(입자의 특성을 보여주는 반응)과 넓게 전개된 장의 속성들(파동의 특성을 보여주는 반응)을 모두 보여준다는 사실을 보여줌으로써 파동/입자의 역설을 가장 만족스럽게 해결해 주었다. J. Polkinghorne, *Belief in God in an Age of Science*, p. 27.

[7] 물리학에서 말하는 '장'은 눈에 보이지 않는 '힘'으로, 일정한 공간 내에서 사물의 배열에 영향을 미

장이 서로 응집하여 우리가 입자라고 부르는 것이 생긴다.

　원자를 관찰하면, 물질이 아니라 일종의 비물질적인 포텐셜(potential)[8] 이라고 할 수 있는 '장'이 현실세계를 구성하고 있다. 이 포텐셜이 스스로 물질이 되는 능력을 가지고 있다고 여겨진다. 따라서 '장'이 우주 전체를 구성하는 유일한 요소인 셈이다. '장'은 지극히 짧은 순간에 포텐셜을 만들어내고, 바로 그 순간 세계가 새로이 탄생한다는 것이다. 이렇게 세계가 순간순간 새롭게 만들어지는 과정에서도 변함없이 이전의 상태를 반복하는 '활기 없는 현상들'이 있는데, 그것이 바로 입자이다. 이렇게 이전 것이 그대로 되풀이되는 부분도 있지만, 현재의 상태가 시간이 지나면서 어떻게 변할지는 원칙적으로 정해져 있지 않다. 바로 다음 순간 전자에 어떤 일이 일어날지는 전혀 예측할 수 없다. 다만 포텐셜의 응집, 즉 포텐셜이 물질로 바뀌는 현상이 일어날 확률만을 제시할 수 있을 뿐이다.[9] 그러므로 이제 세계를 태엽장치와 같은 기계로 설명하는 뉴턴식의 이론 대신, 파동과 입자들이 인과관계를 엄밀하게 따르지 않는 예측 불가능한 형태로 연결되어 우주를 이룬다는 이론이 지배적인 학설이 되었다. 그리고 연구가 더욱 진척되면서 양자장 이론은 애초에 물질이란 존재하지 않으며 보이지 않는 에너지 장들의 불규칙한 자극이나 파동만 존재할 뿐이라고 주장하기에 이르렀다.

　또한 양자물리학은 '객관적인 물리현실'은 그 물리현실의 관찰자와 상관없이 독자적으로 존재하는 것이 아니라고 말한다. 닐스 보어(Niels Henrik David Bohr)의 이론에 바탕을 둔 이른바 '코펜하겐 양자이론'에 의하면, 관

진다. 가장 잘 알려진 예로는 숭력상, 선기장, 사기정 등이 있다. 자석의 N극과 S극 사이에 쇳가루를 뿌리면, 자력이 미치는 자기장의 모습이 눈으로 직접 확인될 수 있다.

[8] 역장 가운데서 물질입자가 현재의 위치에서 어느 기준점까지 이동할 때, 힘의 크기를 위치의 함수로서 나타낸 양. 소위 위치 에너지.

[9] 양자세계에서 미래는 예측할 수 없지만 완전히 제멋대로 모든 것이 생겨나고 일어난다는 얘기는 아니다. 미래는 열려 있지만 동시에 한계도 가지고 있으며 어느 정도의 일정한 구조를 유지한다. 그러므로 아인슈타인이 양자물리학이 미래의 예측 불가능성을 주장한다고 비판하면서 "신은 주사위 놀음을 하지 않는다."고 말한 것은 적절한 표현이 아니다. 원자 안에서는 우주를 구성하는 모든 것들이 서로 영향을 주고받는다.

찰자가 어떤 대상을 측정하여 그것을 물리학적인 단위로 나타내지 않으면 그 대상은 존재한다고 할 수 없다. 즉 관찰 대상과 관찰자 또는 측정기기는 서로 분리될 수 없는 일체를 이룬다는 것이다. 양자이론에 따르면 우리는 이 세계에 속하지 않은 이방인의 입장에서 세계의 바깥에서 세계를 관찰하고 기술할 수 없다. 세계는 나뉘어 있지 않고, 나뉠 수도 없는 그 무엇이다. 아직 나누어지지 않은 '온전한 무엇'이 분화되면서 하위구조를 만들어내다가 결국 입자 같은 상태가 된다는 것이다. 즉 양자이론에서는 '이미 쪼개져 있는 것들'이 서로 영향을 주고받는 것이 아니라, 시간의 흐름에 따라 분화가 진행되는 것이라고 생각된다.

이러한 양자물리학의 세계는 과학적 자연신학의 가능성을 위한 함의를 갖는다. 물리학자이자 철학자인 한스 페터 뒤르(Hans-Peter Dürr)는 신학자가 '하나님의 숨결'(루아흐, 영)이라고 일컫는 것에는 자연과학의 기술(記述)에 나타나는 것과 동일한 기본구조가 내포되어 있다고 본다. 그는 양자물리학이 상정하는 비물질적인 기본구조로서의 '장'[10])으로부터 물질적인 것의 생성은 바로 하나님의 숨결이 응결되면서 물질이 형성되는 것과 동일시될 수 있다고 주장한다.[11]) 어떤 신학자들은 자유의 문제가 양자물리학에 의해 검증되었다고 보기도 한다. 이들은 양자운동이 예측을 불허한다는 사실은 바로 인간이 자유의지를 가지고 있음을 입증한다고 주장한 물리학자 에른스트 파스쿠알 요르단(Ernst Pasqual Jordan)에게서 신학적 사고의 단초를 발견한다. 물론 양자역학이 인간의 자유의지를 설명하는 데에는 한계가 있다. 자유의지는 우리가 스스로의 뜻에 따라 뭔가를 할 수 있음을 뜻하는 반면, 양자역학은 앞으로 일어날 일을 확실하게 예측하는 것은 불가능하고 다만 확률적으로 말할 수밖에 없다고 주장할 뿐이다. 하지만 적어도 우리는 이

---

10) 이것은 '장'이 비물질적이라는 말은 아니다. 단지 장은 전체성을 가지고 있고 입자로 이루어진 것이 아니고 물질과는 거리가 멀다는 점에서, 물질적이라기보다는 정신적인 것에 가깝다고 할 수 있다. Hans-Peter Dürr, 『신, 인간 그리고 과학』, pp. 227-28.
11) Ibid., p. 222.

러한 물리학의 변화와 더불어 신학은 이전처럼 물리학 이론과 더 이상 충돌하지 않을 수 있다고 생각할 수는 있다. 세계가 순간순간 새롭게 태어난다는 양자이론이 사실이라면, 우리는 바로 이 지점에서 이전의 물리학의 기계론적 결정론을 극복하고 기독교의 창조론 또는 섭리론과 현대 물리학이 만나는 접촉점을 발견할 수 있다. 왜냐하면 실재의 본성이 결정론적 인과율에 닫혀있지 않고 비결정적 개방성에 열려있다면, 그것은 세계 안에서의 하나님의 행동을 위한 가능성이 열려있다는 것을 의미하기 때문이다.

양자물리학은 세계의 미래가 기계론적 인과론에 의해 미리 결정되지 않고 단지 통계적인 확률로만 결정될 뿐이라는 사실과 아울러, 이 세계는 주관적 인식과 객관적 인식, 관찰자와 행위자, 인식주체와 인식대상을 분리해낼 수 없는 총체적 구조를 가지고 있다는 사실을 발견해내었다.[12] 객관화되고, 대상화되고, 분절화되고, 분리된 현상은 결코 실재의 본질이 아니다. 세계의 본질은 전체성, 통전성에 있다. 양자이론은 우리의 관찰대상이 처음부터 객관적인 사물이 아니라 양자가 통합된 상태이거나 모여 있는 상태로 있다가 적극적인 관찰행위를 통해서 비로소 객관적으로 확인할 수 있는 사실로 바뀐다는 것을 발견했다. 객관적인 관찰 행위는 관찰자와 관찰대상이 하나로 녹아있는 비객관적인 일체성을 깨뜨리는 행위이다. 여기서 출현하는 현실은 앞선 원인에 의해 영향을 받는 인과율의 범주를 무시하는 것은 아니지만, 고전적인 결정론적 인과율에 의해 예측 가능한 것이 아니라 다만 상대적인 확률에 의해 예측될 수 있을 뿐이다. 말하자면 세계는 거대한 기계장치가 아니라 시간의 흐름에 따라 변화하는 강물이나 의식의 흐름 같은 것이다. 하이젠베르그는 "양자이론은 어떤 사실의 관련을 분명하게 이해할 수 있지만, 그럼에도 그것을 표현할 때에는 추상과 비유로써만 가능하다는 것을 알게 해주는 놀라운 예"라고 말한다.[13] 말하자면 종교적인 체험에서 볼 수 있는 "형

---

[12] 이에 관해서는 하이젠베르그, 『부분과 전체』(*Der Teil und das Ganze*) (서울: 지식산업사, 2005), 특히 7장 "자연과학과 종교에 대한 첫 대화"와 17장 "실증주의, 형이상학, 그리고 종교"를 참고하라.

언할 수 없는 상태"가 양자이론에 의해 외적인 경험에까지 확장되었다고 할 수 있다. 이러한 의미에서 양자물리학의 세계는 실재의 객관적, 외적 차원과 실존적, 내적 차원, 자연법칙에 대한 과학적 언어와 하나님의 섭리에 대한 신학적 언어를 더 이상 대립관계가 아니라 상호보완적인 관계 안에서 파악하고자 하는 과학적 자연신학의 전망을 열어준다고 할 수 있다.

3. 과학적 자연신학의 관점에서의 하나님의 섭리

과학적 자연신학은 자연과학적 인과론과 신학적 목적론을 상호보완적인 관계 안에서 이해하고 조화시킴으로써, 물리 세계 안에서의 하나님의 창조 섭리활동을 이해 가능한 방식으로 설명할 수 있는 길을 찾고자 한다. 여기서는 과학적 자연신학의 전망을 제공해주는 두 학자의 이론을 소개함으로써, 과학적 자연신학의 관점에서 하나님의 섭리를 설명하기 위한 통찰력을 얻고자 한다. 한 사람은 수리 물리학자로서 영국 왕립학회 회원이며 동시에 영국 국교회 목사인 폴킹혼이며, 다른 한 사람은 저명한 개신교 신학자이며 뮌헨 대학교 명예교수인 판넨베르그다.

(1) 폴킹혼의 비판적 실재론, 양자 차원의 존재론적 개방성, 능동적 정보를 통한 하나님의 활동

이미 언급한 바와 같이, 오늘날의 과학의 중요한 발견은 물리적 세계의 과정에 존재하는 본유적인 비예측성에 있다. 근대적인 결정론적이고 기계론적인 인과법칙은 더 이상 '과학적' 이론으로 통용되지 않으며, 시계장치 같은 우주는 더 이상 과학적 가설이 되지 못한다. 이러한 탈근대적인 과학이

---
13) Ibid., p. 322.

론을 대표하는 두 가지 이론이 미시영역의 양자이론과 거시영역의 카오스이론이다. 양자이론은 미시영역의 양자사건의 결과에 관한 확률적 예측만이 가능함을 보여주며, 카오스 이론도 혼돈적인 다수의 시스템들이 작용하여 나타나는 거시영역에서의 비예측적인 행위들을 말한다. 그러나 양자계와 카오스계의 운동이 전적으로 무질서한 것은 아니다. 이 양계에는 각기 '양자확률'과 '낯선 유인자'(strange attractor)라고 불리는 미래의 상태와 운동에 관한 일종의 유적(類的) 특성, 또는 확률적 패턴이 존재한다.14)

인식에서 실재로 나아가는 것은 논리적인 필연성에 의한 것은 아니지만 그 둘 사이에는 모종의 연결고리가 있다고 생각할 수 있다. 예를 들면, 양자계에서 위치와 운동에 관한 하이젠베르그의 인식론적 불확실성의 원리는 양자적 존재들이 분명한 위치와 운동을 갖고 있지 않다는 존재론적 불확정성의 원리와 동일시될 수 있다. 이 연결고리에 대한 가정은 철학적으로는 선험적인 형이상학적 결단이며 신학적으로는 신앙적 결단에 의한 것이다. 폴킹혼은 인식경험과 실재 사이의 연결고리를 선험적으로 전제함으로써 인식론적 정보입력과 존재론적 믿음간의 상관성을 극대화하려는 자신의 시도를 "비판적 실재론"이라고 명명한다. 그에 따르면 탈근대주의 시대의 비판적 실재론은 계몽주의 시대의 확실성과 현대의 해체주의 비평이 선포하는 상대주의 사이에 있다. 비판적 실재론의 접근방식은 늘 비판에 열려있으며, 또한 경험을 의미 있게 구성해내는 힘이 실재와의 상관성으로부터 유래한다.15) 폴킹혼은 과학의 진보가 단순히 물리적 세계를 조작하는 능력에만 관심을 기울이지 않고, 세계의 실재적 본성을 이해할 수 있는 능력에 관심을 기울인다고 믿는다. 이런 의미에서 그는 '실재론자'이다. 그런데 과학의 지식은 어느 정도 부분적이고 수정 가능하다. 우리가 성취하는 것은 절대적 진리

---

14) J. Polkinghorne, *Belief in God in an Age of Science*, p. 52. 'strange attractor'에 대해서는 James Gleick, 『카오스』 박배식 옮김 (동문사, 1993), pp. 157-93을 참고하라.
15) J. Polkinghorne, *Belief in God in an Age of Science*, pp. 53, 97-98.

가 아니라 근사치이다. 우리의 방법은 경험으로부터의 완고한 추론이 아니라 경험에 대한 창조적인 해석이다. 이런 의미에서 그는 '비판적' 실재론자이다.16)

폴킹혼은 과학에서의 비판적 실재론의 인식론적 특징을 다음 여섯 가지로 제시한다.17) ① 우리는 "총체적 설명" 지식이론을 거부하고 그 대신 보다 단편적인 성취들을 귀하게 여겨야 한다. 우리는 그 무엇에 관하여 옳기(동의하기) 위하여 모든 것에 관하여 옳을(동의할) 필요는 없다. ② 과학방법의 본질을 추출해내는 것은 불가능하다. 과학방법들은 각기 과학의 복합적인 실천의 어느 측면들을 보여주지만, 과학적 탐구를 위한 보편적인 약정서를 작성하는 것은 가능하지 않다.18) ③ 과학적 사고에 있어서 이론과 실험은 불가분리하게 뒤얽혀 있다. 이미 해석된 사실이 아닌 의미 있는 과학적 사실이란 없다. 이론과 실험 사이에는 순환적 관계가 있다. ④ 보편적 인식론이란 없으며, 어떤 실재는 그 실재의 독특한 본성에 순응하는 방식을 통해서만 알려질 수 있다. ⑤ 비록 사회적 요인들이 과학적 지식의 성장을 촉진하거나 저해할 수 있음에도 불구하고, 그 요인들이 과학적 지식의 성격을 결정하지는 않는다. 물리적 세계는 우리의 공상을 충족시켜주는 형태로 왜곡될 수 있을 만큼 유연하지는 않다. ⑥ 과학적 실재론은 우리의 실제적인 과학함의 경험을 이해하기 위한 가장 최선의 방식이다. 이 이론은 원자와 분자로부터 쿼크와 글루온에 이르는 일련의 연구과정을 이해하기 위한 가장 자연스런 방식을 제공해 준다. 과학적 실재론은 우리의 인식론적 힘과 세계 존재론 사이의 관계에 대한 우연적 사실이지, 모든 가능한 세계에 관한 형이상학적 필연성이 아니다. 유한한 경험에 기초하여 신뢰할 만하고 결실 있는 추론을 할 수 있는

---

16) Ibid., p. 104.
17) Ibid., pp. 105-10.
18) 마이클 폴라니에 따르면, 과학은 공동체 안에서의 도제(徒弟)를 통해 습득된 암묵적 기술에 의지하여 이루어지는 인간의 활동인데, 이 공동체는 물리적 세계에 관한 진리를 추구하는 보편적 목적을 지는 공동체로서, 또한 현재의 결론이 수정 가능성에 열려 있어야 한다는 사실을 인정한다. Michael Polanyi, *Personal Knowledge* (Routledge and Kegan Paul, 1958).

일반적 필연성이란 존재하지 않는다. 그럼에도 불구하고 과학적 실재론의 가장 중요한 확신은 이해 가능성이 존재론에 대한 신뢰할 만한 안내가 된다는 것이며, 또한 경험에 기초한 개념과 실재를 실제적인 실재에 대한 기술로서 진지하게 받아들여야 한다는 것이다.

모든 지식의 궁극적인 통전성과 일치를 믿는 폴킹혼은 과학적 실재론으로부터 신학적 실재론으로 나아간다. 그는 다음과 같은 로너간의 말을 자신의 모토로 삼는다. "하나님은 모든 아르키메데스적인 유레카의 외침 안에서 어렴풋이 드러나는 비제약적(unrestricted) 이해의 행위이며, 영원한 황홀이다."[19] 진리에 대한 추구는 궁극적으로 하나님에 대한 추구이다. 폴킹혼은 과학적 실재론의 여섯 가지의 특징에 상응시켜 신학적 실재론을 설명한다.[20]

① 우리는 지시체의 관용(charity of reference)을 고려해야 한다. 즉 우리는 상호적인 담화 이전에 전적인 동의가 요구되지 않으며, 지식과 통찰의 나눔이 처음에는 전체적이라기보다는 부분적이라는 사실을 인식하여야 한다. 신학적으로 이것은 내적으로는 정통주의와 이단의 문제를 외적으로는 세계의 종교 전통들의 관계의 문제를 제기한다. 특히 신학적 실재론에 대한 가장 심각한 도전은 상충되는 다양한 세계 종교 전통들로부터 온다. 폴킹혼은 세계 종교들의 실재관 사이에 조화나 종합이 쉽사리 이루어지기는 어렵지만 그럼에도 불구하고 그것들이 적어도 영적 실재와의 공유된 만남에 대하여 말한다고 가정할 만한 확실한 이유가 있다고 주장한다.

② 과학적 지식의 판단의 인격적 특성 때문에, 단일한 방법론적 공식 안에 정형화된 과학이란 없으며 과학적 지식을 보증해주는 확실한 토대도 없다는 사실에 대한 인식은 다른 형태의 합리적 탐구들이 이와 비

---

19) Bernard Lonergan, *Insight* (Longman, 1958), p. 684.
20) J. Polkinghorne, *Belief in God in an Age of Science*, pp. 110-23.

교되는 지적인 모험을 수행하도록 고무한다. 폴킹혼은 세계의 종교 전통들 안에 각기 가장 심원하고 권위 있는 영적 경험의 역사가 있다는 사실은 그 전통들이 (그들의 경쟁적인 인지적 주장의 불일치에도 불구하고) 서로를 향해 말할 수 있는 중요한 것들을 가지고 있다고 추측할 수 있는 근거가 된다고 본다.

③ 과학에서의 이론과 실험, 해석과 사건의 순환성은 다른 합리적 학문 분야들과의 또 다른 유사성을 구성한다. 신학에서 우리는 이해하기 위해 믿어야 한다고 말해 왔다. 전통에의 헌신이 필수적이다. 왜냐하면 판단을 위한 중립적이고 분리적인 아르키메데스의 점은 존재하지 않기 때문이다. 그러나 또한 우리는 믿기 위해서 이해해야 한다. 신앙은 문자적으로 받아 적은 명제를 무비판적으로 수용하는 것이 아니다. 모든 영은 검증되어야 한다(살전 5:21).

④ 보편적 인식론은 없다는 인식과, 실재에 대한 우리의 지식은 그 실재의 독특한 본성에 순응하여야 한다는 사실에 대한 인식은 올바른 신학의 수립을 위한 전제이다. 다른 피조물이 알려지는 방식과는 달리, 하나님은 신적 본성에 순응하는 방식으로 알려진다. 토런스가 말한 바와 같이 "하나님이 어떻게 알려질 수 있는가 하는 것은 시종일관 하나님이 실제로 알려지는 방식에 의해 결정되어야 한다."[21]

⑤ 사회 문화적 요인은 과학에서보다 종교에서 더 크고 중요한 영향력을 발휘한다. 종교는 특수한 전통에 의해 형성된 특수한 공동체 안에서 수행된다는 사실이 이를 뒷받침한다. 그러나 이것은 신학이 순수하게 사회적 구성물이라는 것을 의미하지는 않는다. 자연신학은 우주의 이해가능성과 풍부한 결실에 의지하여 논증을 전개하며, 따라서 인간의 실존적 경험의 영역의 밖을 바라본다. 과학이 문화로부터 상대적으로

---

21) Thomas F. Torrance, *Theological Science* (Oxford: Oxford University Press, 1969), p. 9.

독립적인 것과 유사하게 자연신학은 문화로부터 상대적으로 독립적이다.

⑥ 우리가 지적인 능력을 지닌 인간으로서 합리적으로 명료한 우주 안에 살고 있으며, 이 우주의 패턴과 과정에 대하여 많은 것을 이해할 수 있는 것은 우주가 창조되었기 때문이며 우리가 창조자의 형상으로 창조된 피조물이기 때문이다. 과학의 가능성은 인간에게 주어진 하나님의 형상의 결과이다. 따라서 비판적 실재론은 하나님의 신실성에 대한 신학적 믿음에 의해 보증되며, 지식의 통일성은 한분이신 참된 하나님의 통일성에 의해 보증되며, 올바른 동기를 가진 믿음의 진실성은 하나님의 신뢰성에 의해 보증된다. 폴킹혼은 이해가능성이 존재론적 믿음의 근거를 제공해준다는 비판적 실재론에 기초하여 물질이 비가시적인 쿼크구조의 실재임을 확신하는 것과 유사한 확신을 가지고 비가시적인 하나님의 실재에 대한 믿음을 확증한다.

폴킹혼은 이러한 과학적, 신학적 비판적 실재론의 토대 위에서 하나님의 섭리활동에 대한 과학적 자연신학의 설명을 제시한다. 그는 하나님과 피조물 사이의 관계를 인간과 몸 사이의 관계의 유비를 통해 설명한다. 하나님은 마치 우리가 몸으로 체현되어 있듯이 우주 안에 체현된 분으로서, 우리를 구성하고 있는 몸을 우리가 전체적으로 조종하듯이 우주를 통치한다. 물론 이 유비는 한계를 지니고 있다. 인간존재는 정신과 물질의 양면성이 유기체적인 상호연관성 속에 통일된 영육 일원론적 실재이므로, 만일 세계가 하나님의 몸이라면 하나님의 신경계가 몸인 세계의 어디에 있어야 할 것이다. 또한 우리는 몸이 변화하면 우리 자신도 변화할 뿐 아니라, 몸이 죽으면 우리 자신도 죽는다. 그러므로 이 유비로 하나님과 세계의 관계를 표현하는 데는 한계가 있다. 하지만 이러한 한계성을 충분히 고려한다면, 우리는 하나님의 목적론적 섭리를 우주의 자연법칙과 상관시키기 위하여 이 유비를 사용할 수 있다. 즉 우리는 나 자신과 몸의 관계에서, 부분이 전체를 구성하는 상향식 관계뿐만 아니라 전체적인 나 자신이 몸의 부분을 임의로 움직이는 행위를 명령하는 하향식 관계를 생각해 볼 수 있는데, 이 하향식 인과율은 세계를 향한 하나님의 목적론적 섭리에 대한 좋은 유비를 제공해 준다.

폴킹혼은 전체를 구성하는 작은 부분들의 상호작용 안에서의 물리적 인과율의 네트웍 안에서 전일적인(holistic) 목적론적 인과원리가 작용할 여지를 설명하기 위하여 전체를 부분에, 인간 자아를 몸에, 그리고 하나님을 피조물에 연결시키는 "인과적 연결점"을 찾고자 한다. 물론 이 인과적 연결점이란 아직 분명하게 규명된 것이 아니며 어쩌면 영원히 규명될 수 없는 것인지도 모른다. 하지만 하나님의 목적론적 섭리에 관한 신학적 통찰과 인간과 세계의 작용인에 대한 과학적 통찰을 소화, 통합시키기 위하여 이 인과적 연결점을 탐구하는 노력은 포기될 수 없다.

폴킹혼에 따르면 위로부터의 목적인은 단순히 아래로부터의 작은 상호작용들의 집합으로 이루어진 것이 아니다. 전일적 인과율이 존재한다면 그것은 진정으로 새로운 것이며, 전체 안의 부분들 간의 관계 구조는 위로부터의 작용에 개방적이어야 한다. 어떤 의미에서 아래로부터의 인과율 안에는 본질적이고 존재론적인 틈이 존재해야 한다. 이 틈은 바로 인과적 연결점의 단서를 제공해 줄 수 있다. 폴킹혼은 비판적 실재론의 관점에서 양자론에서의 불예측성, 불확실성을 현실의 존재론적 개방성의 기호로 해석한다.[22]

양자사건이 하나님의 섭리적 활동을 위한 효과적인 자리로 간주될 수 있기 위해서는 이러한 양자 차원의 개방성이 고전 물리학 차원의 개방성으로 확대되어야 하지만, 아직은 미시세계의 차원과 거시세계의 차원이 어떻게 서로 연결되는지를 설명해주는 통합이론이 존재하지 않는다. 하지만 폴킹혼은 카오스계가 아서 피콕이 말하는 "낯선 유인자"를 선회하는 방식에서

---

22) J. Polkinghorne, *Belief in God in an Age of Science*, p. 59.

이와 같은 개방적 발전을 위한 모델을 발견한다. 유인자의 위상공간(phase space)을 통과하는 다양한 궤도들의 산개적(散開的) 특성은 교란에 대한 카오스계의 극단적인 민감성에 의한 것인데 이 민감성이 비예측성을 산출해낸다. 비판적 실재론의 관점에서 볼 때, 이러한 카오스계의 인식론적 불확실성은 존재론적 개방성으로 귀착된다.[23] 이 가설에 따르면 미래 행위의 패턴의 결정에 있어서 새로운 전일적 성격의 인과율적 원리가 작용한다. 여기서 우리는 어떻게 자아가 의지적 행위를 수행하는지, 그리고 어떻게 하나님이 세계와의 상호작용 안에서 섭리활동을 하시는지를 이해할 수 있는 빛을 발견할 수 있다.

폴킹혼은 육신을 가진 인간이 에너지와 정보에 의해 활동한다면, 순수정신인 하나님은 오직 정보입력을 통해서만 활동하신다고 이해한다. 따라서 그는 "능동적 정보"를 통하여 작용하는 하향식 인과율 개념을 제안한다.[24] 인간은 에너지적 물리적 인과율과 능동적 정보의 결합을 통해서 활동하는 반면, 피조물과 하나님의 섭리적 상호작용은 순전히 위로부터의 정보입력을 통해서만 이루어진다. 폴킹혼은 "능동적 정보" 개념이 계속적 창조를 인도하고 유인하는 성령의 활동을 가리키는 기독교 사상의 오랜 전통을 세속의 언어로 번역한 것이라고 말한다. 그에게 있어서 패턴형성 작용, 즉 전일적 인과율인 "능동적 정보"는 하나님의 활동에 대한 신학적 진술과 피조물의

---

23) Ibid., p. 62.
24) 동시에 폴킹혼은 이에 세 가지 비평적 관점을 덧붙인다. 첫째는 어떻게 카오스계의 민감성을 양자 시스템의 불확정성, 개방성과 결합시켜 미시세계의 양자역학과 거시세계의 카오스역학을 통합하는 하나의 통일이론을 구축할 것인가 하는 난제에 관한 것이다. 둘째는 만일 전일적인 능동적 정보에 의한 위로부터의 삭봉, 즉 하나님의 섭리가 가능하게 된다면 뉴턴적인 결정론적 방정식은 부분이 위로부터의 힘이 표출되는 전체의 맥락으로부터 고립될 수 있는 특수한 상황, 즉 단편적인 하위집합 속에서만 적용된다고 할 수 있다는 것이다. "결정론적 카오스 개념"이라든가 "융통성 있고 맥락적인 자연법칙 개념"이라든가 일리야 프리고진(Llya Prigogine)의 "전일적이고 개방적인 역학이론" 등은 폴킹혼에게 있어서 능동적 정보에 의한 위로부터의 인과율을 가능케 해주는 개념들이다. 셋째는 능동적 정보를 통한 인과율의 특성으로서 "정보"는 에너지를 전달해 주는 것이 아니라 방향을 결정해 줌으로써 양자적 '실재의 운동에 영향을 미친다는 깃이다. 따라서 봄(Bohm)의 "유도파"(guiding wave)의 경우처럼 이 정보는 에너지의 손실이 없기 때문에 그 효과는 소멸하지 않는다는 것이다. Ibid., pp. 62–67.

활동에 대한 과학적 진술 사이의 연결점이 된다.[25]

(2) 판넨베르그의 창조신학과 '장'으로서의 하나님의 창조적 섭리

판넨베르그는 자연법칙을 우연적으로 일어나는 구체적인 개별적 사건들을 추상화하고 무시간적으로 획일화시킨 것으로 이해한다.[26] 이 획일화된 법칙을 구체적인 자연 과정의 사례들에 적용시키기 위해서는 각 사례들에 우연적인 모종의 초기적이고 주변적인 조건이 요구된다. 자연법칙은 우연적으로 주어진 자료들을 전제로 한다. 자연과학적 공식은 각각의 맥락의 우연성을 무시하고 자연현상들에 일어나는 획일성에 관심을 집중시키기 때문에, 사실은 숨겨져 있다. 만일 우리가 법칙에만 초점을 맞춘다면 우리는 실제적인 사건 과정이 철저하게 이 법칙에 의해 결정된다는 잘못된 결론을 내리게 된다. 결정성이 주제화되는 반면, 우연성은 무시된다.

자연은 역사적이다. 즉 자연의 실제적 과정의 우연적 사건들은 각기 시간적으로 유일무이하다. 고전역학의 법칙은 시간적으로 가역적(可逆的)이지만 자연사건의 실제적 과정은 비가역적이다.[27] 판넨베르그에 의하면 자연이 본질적으로 역사적이라는 것은 자연과학과 신학의 대화의 문이 열려있다는 것을 의미한다. 왜냐하면 역사는 신학자들이 하나님의 우연적이고 시간적으로 유일무이한 행동에 대하여 말해온 범주이기 때문이다. 태초에 창조질서가 단번에 영원히 완성되고 그 뒤로는 더 이상 아무런 변화도 일어나지 않는다는 잘못된 창조신학은 신학과 자연과학이 서로를 이해하는데 걸림돌이 되어왔다. 오늘날 신학은 자연과학과의 열린 대화를 통하여, 생명은 돌이

---

25) Ibid., pp. 71-73.
26) Wolfhart Pannenberg, *Toward a Theology of Nature: Essays on Science and Faith*, Ted Peters ed. (Louisville: Westminster/John Knox Press, 1993), p. 9.
27) 자연의 과정의 우연성, 비가역성, 역사성 속에서의 하나님의 보전과 다스림에 대하여는 Ibid., pp. 19-22를 참고하라.

킬 수 없는 방향으로 진화하며 그 과정에서 우연적인 사건과 변화들이 끊임없이 새롭게 발생한다는 사실을 확증한다. 판넨베르그는 하나님이 자유에 의해 세계의 역사 안에서 늘 새롭고 예측 불가능한 방식으로 역사하신다고 주장한다. 하나님의 역사(役事)는 필연적 법칙을 보여준다기보다는 우연적 현상에 가깝다. 물론 이 우연성의 개념은 논리적 우연성이 아니라 현상적 우연성을 의미한다.[28] 하나님의 섭리는 결정론적인 법칙에 따르는 것도 아니지만 비논리적이고 혼란스러운 것도 아니다. 그러나 유한하고 제한된 인간의 관점에서 하나님의 역사는 현상적으로 우연성에 가까운 것으로 경험된다.

근대의 지배적인 이신론적 또는 무신론적 세계관의 배후에 있는 데카르트의 자연현상에 대한 기계론적 설명에 따르면, 세계 안에서 작용하는 모든 힘의 원천은 물질적 실재들과 그것들의 상호작용이다. 하나님은 물질적 존재가 아니기 때문에 자연현상에 하나님이 개입할 여지는 차단되었으며, 따라서 하나님의 창조적 섭리는 불가능해졌다. 그러나 판넨베르그는 오늘날 양자물리학이 원자 단위에서 이루어지는 모든 기본적인 현상이 근본적으로 불확정적이라는 사실을 발견함으로써, 신학적인 현상적 우연성 개념과 공명을 보여주는 자연과학적인 우연성 개념을 확증한다고 본다.[29] 이 기본적인 현상들은 한편으로는 일정한 형태를 보여주기 때문에 자연법칙의 적용대상이 되면서 동시에 다른 한편으로 근본적인 우연성의 현상을 보여준다. 세

---

28) Hans-Peter Dürr, 『신, 인간 그리고 과학』, pp. 303-6.
29) 소립자. 예를 들면 전자는 물질적인 것이 아닌 잠재적인 그 무엇. 그 근거를 확인할 수 없는 그 무엇으로부터 전혀 예측할 수 없게 돌발적으로 생겨난다. 또한 전자가 어떤 움직임을 보일지를 법칙에 따라 예측하는 것도 불가능하다. 어떤 전자 하나가 어떻게 움직일지에 대해서는 오직 통계상의 확률로만 이야기할 수 있을 뿐이다. 아인슈타인은 이런 현상이 우리의 지식이 부족하기 때문에 생긴다고 보고, "신은 주사위 놀이를 하지 않는다"고 말했다. 그는 아무 것도 정해지지 않은 듯한 소립자의 움직임 속에 숨어있는 법칙성을 언젠가는 발견하게 되리라고 믿었다. 그러나 그 뒤에 이루어진 여러 실험들을 통해 원자를 구성하는 입자의 세계에서 발생하는 일이란 정말로 예측 불가능하다는 사실이 입증되었다. 전자는 일정한 시간 동안 일정한 공간 속에서 움직이는 것이 아니라, 한 장소에서 파괴되고는 다른 장소에서 다시 만들어진다. 그리고 그 파괴와 생성 사이에는 아무런 연결이 없다. 따라서 소립자들은 일정한 공간 안에서 이동하는 것이 아니라, 한 곳에서 사라졌다가 다른 곳에서 생겨난다고 할 수 있다. W. Pannenberg, Toward a Theology of Nature, pp. 24-25.

계의 존재 자체가 하나님의 자유로운 사랑의 행위의 결과이며, 따라서 우연적이다. 세계의 우연적 사건들의 과정에는 새로운 것이 발생한다. 세계는 '엔텔러키'(질료가 형상을 얻어 완성하는 현실)로서 예정된 목적(telos)을 향해 진화되어가는 것이 아니다. 그러나 또한 사건들이 아무런 목적 없이 일어나는 것도 아니다. 이 목적은 하나님의 다스림으로부터 온다.30)

판넨베르그는 로고스를 획일적인 자연법칙의 범주가 아니라 우연적인 사건의 범주에 자리매김한다. 로고스는 추상적이 아닌 구체적인 창조세계의 질서이다. 로고스는 무시간적인 구조가 아니라 실제적이고 역사적으로 드러나는 창조적 원리로서 창조세계의 통일과 완성을 가능케 한다. 예수 안에서의 로고스의 성육신은 하나님의 창조적 섭리가 지향하는 목표인 종말론적인 하나님 나라를 지시하는 표지(標識)이다. 그는 하나님의 보전과 다스림의 개념과 우연적 창조의 개념을 하나님의 신실성의 개념으로 묶는다. 하나님의 신실성은 아버지, 아들, 성령의 내적 삶 속에서의 삼위일체적 사랑의 관계성이 세계를 향한 사랑으로 나타난 것으로서, 세계를 창조적으로 새롭게 변화시키면서 계속 유지한다.31)

근대의 결정론적 과학주의에 영향을 받은 18세기의 계몽주의적인 이신론32)에 대항하여 기독교 교회는 하나님이 태초에 세계를 창조하고 우주의 질서를 세우셨을 뿐만 아니라, 계속해서 세계를 유지하고 창조적인 권능을 행사하신다는 '계속적 창조'(creatio continua) 신학을 발전시켰다. '창조된

---

30) 판넨베르그에 의하면, 이 목적이 하나님 자신 안의 하나님(the visio Dei)에 대한 충만한 인식에 있다는 견해(토마스 아퀴나스)나 하나님을 영화롭게 하고 찬양하는 것이라는 견해(개신교)는 하나님을 신적인 자아도취자(narcissist)처럼 보이게 만든다. 피조세계를 향한 하나님의 목적은 피조물 자체의 완성과 관련이 있다. 자연의 목적은 자연 밖으로부터, 즉 하나님으로부터 오지만, 그 목적은 자연을 '위한' 목적이다. Ibid., pp. 11-12.
31) Ibid., pp. 12-13.
32) 프랑스의 볼테르(François Marie Arouet de Voltaire, 1694-1778)와 같은 이신론자들에 의하면 하나님은 이 세계를 완벽하게 창조했으며, 일단 창조가 끝난 뒤에는 자연이나 역사에 더 이상 개입하지 않는다. 따라서 하나님이 자연법칙을 넘어서는 방식으로 자연과 인간의 역사에 개입한다는 믿음을 전제로 하는 기적이나 계시 같은 현상은 있을 수 없다.

다'는 것은 새로운 무엇이 생성된다는 뜻이다. 물리적 등식에서 유도되어 나오는 것은 '창조적'인 것이 아니라, 반복 가능한 것일 뿐이다. 오늘날의 양자물리학은 고전적 물리학과는 달리 하나님의 '창조적' 섭리를 위한 초월적 영역을 개방한다. 영국의 물리학자이며 화학자인 패러데이(Michael Faraday)는 비물질적 실재인 '장'을 모든 물질적 존재의 운동과 현상의 근원으로 생각했는데, 판넨베르그는 이 '장' 개념을 신학에 응용해서 하나님의 창조적 섭리를 설명하고자 한다. 그는 '장'이란 물리학 개념이 성서와 고대 철학의 프뉴마(영) 개념을 구체화한 것이라고 주장하는 과학사학자 막스 얌머(Max Jammer)의 사상을 수용하여 이 둘의 관계를 설명한다.[33] 영처럼, '장'을 파악하는 데 빛과 같은 물질적 매개가 필요하지 않다. '장'은 아주 포괄적인 성격을 가지며 모든 사물을 투과한다. '장' 이론은 힘이 오직 운동 가운데 있는 물체의 직접적인 결과이며, 따라서 원거리 행위는 배제된다는 이전의 관점을 뒤엎는다. 패러데이에 있어서, 힘의 '장'은 물체 이전의 독립된 실재이며, 물체(소립자)는 힘의 '장'의 현현이다. 물체와 덩어리는 이차적인 현상으로서, '장'의 특정한 장소와 지점에서의 역동적 힘의 집중현상이다. 따라서 '장'에서는 원거리 행위가 가능하다.

막스 얌머는 고대의 프뉴마 개념을 현대 물리학의 '장'의 원조로 보았다. 그러나 오늘날의 '장' 개념은 모든 것에 침투할 수 있는 극히 미세한 입자로 된 공기로서의 스토아적 '장' 개념이나, 공기나 빛의 파동을 전하는 매질로 여겨졌던 가상 물질인 에테르(ether)의 매개를 필요로 하는 19세기적 '장' 개념과 다르다. 판넨베르그는 프뉴마가 미세한 물질로 이루어져있다는 스토아학파의 유물론적 입장이나, 이러한 입장을 배격하고 신적 프뉴마를 실체 없는 이성체인 누스로 이해한 오리겐의 입장도 프뉴마의 본래적 의미와 다르다고 본다. 그는 고대의 프뉴마론에서 물질적 실체 개념과 매개물을 필요

---

[33] '장'과 성령의 관계에 대하여는 Pannenberg, *Toward a Theology of Nature*, pp. 37-41을 참고하라.

로 한다는 내용을 제외하면 그 프뉴마는 오늘날의 '장'에 가까운 것이 된다고 주장한다.

판넨베르그는 세 위격 안에서 드러나는 신성을 '장'으로 이해할 때, 하나님을 물질적 존재로 보는 견해를 거부하는 오리겐의 입장을 따르면서 동시에 프뉴마의 원뜻도 놓치지 않을 수 있다고 주장한다.[34] 그는 '장'을 신성의 프뉴마적 본질로 해석하는 것은 모든 기하학적인 설명에 앞서 선험적으로 존재하는 불가분의 전체로서의 시공간 개념에 근거를 두고 있다고 말한다. 하나님의 무한한 크기가 차지하는 공간이 모든 기하학적 공간의 전제이며, 하나님의 영원한 시간이 모든 시간의 흐름을 가능케 한다. 그러므로 신학의 '장'은 물리학의 '장'과 같지 않지만 공간과 시간의 경우에서 보듯 신학의 '장'은 물리학의 '장'의 근거라고 할 수 있다. 이렇게 볼 때, 하나님의 힘으로서의 '장'은 물리학의 '장'과 대립하는 것이 아니라, 자연 안에 존재하는 힘들을 통해서 끊임없이 서로 영향을 주고받는 것이다.

판넨베르그는 기독교의 하나님이 단지 세계의 밖 저편에 존재하는 초월적 실재가 아님을 강조한다. 성서는 하나님을 "영"(요 4:24)과 "사랑"(요일 4:28)으로 묘사한다. 영을 의미하는 성서의 단어인 루아흐와 프뉴마의 원뜻은 '공기의 움직임', '숨', '바람'이다. 그러므로 하나님이 영이란 말은 "하나님이 모든 것에 침투하는 바람, 때로는 조용한 숨으로 때로는 거센 폭풍으로 모든 것에 침투하여 지배하는 바람이라는 뜻"이다.[35] 그는 요한복음 3장 8절[36]을 단지 상징적 비유가 아니라 영으로서의 하나님의 실재에 대한 정확한 표현이라고 본다. 정신, 영을 가리키는 그리스어 프뉴마는 '바람'으로 표현되는 구약성서의 영, 즉 히브리어 루아흐와 일맥상통한다. 따라서 신적 영(요 4:24)을 표현하는 성서의 루아흐와 프뉴마는 오리겐 이래로 이해된 몸

---

34) Hans-Peter Dürr, 『신, 인간 그리고 과학』, p. 309.
35) Ibid., pp. 35, 308.
36) "바람은 제가 불고 싶은 대로 분다. 너는 그 소리를 듣고도 어디서 불어와 어디로 가는지를 모른다. 성령으로 난 사람은 누구든지 이와 마찬가지다."

없이 존재하는 이성인 누스(nous)와 거리가 멀다. 소크라테스 이전 시대의 철학자 아낙시메네스나 스토아 학자들은 프뉴마로서의 영을 '공기의 흐름'이라는 뜻으로 이해했다. 이들에 따르면, 가장 미세한 물질로 이루어져 있어서 그 어떤 것도 뚫고 들어가는 '공기'가 그 자체의 '장력'(tónos)으로 온 우주를 지탱한다.

판넨베르그에 따르면, 무소부재한 하나님은 모든 사물 안에 동시에 존재하면서도 빛의 속도 따위에 구애받지 않기 때문에 상대성 이론에서 말하는 '동시성의 역설'[37]에 얽매이지 않으며, 또한 하나님의 힘의 '장'은 (고전 물리학에서와 같이) 파동과 같은 모습을 갖지 않는다. '장'이 파동의 형태로 번져간다고 전제하지 않고도 '장'을 상상할 수 있다면, 각기 다른 곳에서 일어나는 일들이 동시에 같은 모습을 보이는 현상도 '장'의 작용으로 이해할 수 있다.[38] 그는 영이 "역장과 같다"고 말하지 않고, 직접이고 문자적으로 영이 "역장이다"라고 말한다.

하나님은 삼위일체적 관계의 '장' 안에서 세계를 감싸고 계신다. 우리는 믿음 안에서 삼위일체의 아버지와 아들의 부자관계에 참여함으로써 하나님의 내적 생명을 함께 나누게 된다.[39] 아버지 하나님은 세계의 창조자로서 세계와 마주하고 있으면서 세계와 구별되는 존재인 동시에, 세계 안으로 들어온 아들과 분리될 수 없고, 아버지와 아들로부터 나와서 세계를 채우고 세계 안에 현존하는 성령과도 분리될 수 없는 존재이다. 이와 같은 삼위일체 하나님의 숨결이 이 세계 안에 창조적으로 현존하면서 모든 사물을 항상 새롭게 창조해낸다.[40]

---

[37] 같은 위치에서 '두 사건'이 어떤 관측자에게 동시에 일어났다면, 이 관측자에 대해 등속도로 운동하고 있는 다른 모든 관측자에게도 동시에 일어난 것이 된다. 그러나 서로 다른 위치에서 두 사건이 어떤 관측자에게 동시에 일어났다면, 이 관측자에 대해 등속도로 운동하고 있는 다른 모든 관측자에게도 동시에 일어난 것이 되지 않는다.
[38] Hans Peter Dürr, 『신, 인간 그리고 과학』, pp. 310-11.
[39] Ibid., p. 73.
[40] Ibid., pp. 36-37.

테드 피터스(Ted Peters)는 판넨베르그의 '장' 이론의 신학적 함의를 세 가지로 기술한다.[41] 첫째, 힘을 운동 중에 있는 물체로 환원시키는 뉴턴 이후의 환원주의는 신적 힘을 배제하는 우주관을 초래했다. 왜냐하면 만일 하나님은 물체적 몸을 소유하지 않고 힘은 물체적 존재를 요구한다면 하나님은 힘을 가질 수 없기 때문이다. 이 문제가 오늘날의 '장' 이론에 의해 극복되었다. 두 번째, '장' 이론은 부분에 대한 전체의 우선성을 주장한다. 하나님과 전체는 상관적 범주이다. 하나님은 모든 것을 규정하는 실재로서 전체 우주의 통일적 근거이다. 신적인 것으로 간주된 전체 실재 개념은 모든 개별적인 우연적 사건 안에서의 하나님의 현존과 활동을 이해할 수 있게 해준다. 세 번째, 판넨베르그는 자연세계 안에서 활동하는 신적 영을 '장' 이론을 통해 이해하고자 한다. 즉 그는 역동적인 '장' 개념으로 삼위일체적 삶 안의 성령의 사역을 기술하고자 한다. 신성의 본질은 영이다. 아들이 아버지로부터 출생하고 아버지와 아들이 사랑 안에서 연합하는 것은 역동적인 힘의 '장'으로서의 성령에 의해서이다. 성령은 아들을 출생시키고, 우주를 창조하고, 구속을 촉진시키고, 만물을 통일시키는 사랑이다. 삼위일체적 신성의 인격들과 독립된 창조세계는 역동적인 '장'으로서의 성령의 활동으로부터 나타나는 특이점들(singularities)이다.

신적 본질로서의 루아흐와 프뉴마 즉 성령을 '장'과 동일시하고 신적 본질인 장과 창조세계의 장을 유비적 관계 안에서 이해하는 판넨베르그의 사고는 만유재신론적 신관의 특징을 잘 보여준다. 이와 같은 그의 장 만유재신론은 성령의 인격성을 약화시키고, 빠른 속도로 발전하고 변하는 자연과학의 이론들과 부침(浮沈)을 같이 할 위험이 있다고 비판될 수도 있다. 또한 그는 신학 언어를 지나치게 문자적 의미로 개념화하기 때문에 신학 언어의 상징적이고 은유적인 차원의 의미와 지시 관계를 위한 여지를 남겨두지 않는

---

41) Pannenberg, *Toward a Theology of Nature*, pp. 13-14.

다. 그는 "영이 역장과 같다"고 말하지 않고 "영이 역장이다"라고 말한다. 그럼에도 불구하고 그의 창조신학은 세계 안의 하나님의 섭리활동을 이해하기 위한 하나의 창조적인 과학적 자연신학의 모델을 보여준다.

4. 결론: 포스트토대주의적 과학적 자연신학과 만유재신론적 하나님의 비 결정론적, 목적론적 섭리

과학적 자연신학은 물리적 세계의 인과율과 인간의 작용인을 하나님의 목적론적 섭리의 인과율과 통합, 조화시킬 수 있는 길을 찾는다. 현대과학의 미시적 양자물리학과 거시적 카오스 이론은 실재의 불확실성, 비예측성, 개방성, 그리고 전일적 세계관을 발견해 냄으로써 이와 같은 과학적 자연신학의 가능성을 열어놓았다고 할 수 있다. 물론 세계 안에서의 하나님의 목적론적 섭리는 단지 비결정성과 불확실성이라는 세계의 물리적 현상을 통해서만 이루어지는 것은 아니다. 그것은 모든 물리적 인과론 전체를 포괄하며 무엇보다도 인간 정신의 자유까지 총체적으로 포괄한다. 전체는 부분에 대해 대칭일 뿐만 아니라 부분 안에 현존하면서 부분을 포괄하며, 부분에 의해 구성될 뿐 아니라 부분을 넘어서서 부분에 영향을 미친다. 세계의 물리적 인과론과 인간의 자유를 포괄하고 초월하는 하나님의 목적론적 섭리는 궁극적으로 우리가 다 헤아릴 수 없는 하나님의 무한한 지혜와 사랑 안에서의 통치의 신비이다(롬 11:33-34).

그러나 이와 같은 하나님의 목적론적 섭리와 통치의 신비는 단지 신앙에 의한 신학적 명제로서 주장되기만 해서는 안 되고, 오늘날의 세계관 속에서 가능한 한 이해 가능한 방식으로 설명될 수 있어야 한다. 하나님의 창조적 섭리에 관한 과학적 자연신학은 전근대, 근대, 탈근대 시기의 잘못된 세계관들을 비판하고 피조물의 자유와 인과적 자연법칙을 세계 안에서의 하나님의 창조적 섭리와 통합하는 통전적인 인과론을 수립하고자 한다.

먼저, 세계 안에서의 하나님의 섭리적 행동을 설명함에 있어서, 과학적 자연신학은 서구의 고전적인 초월적 유신론에 기초한 신학적 결정론을 거부한다. 이 유신론적 결정론에 따르면, 고대의 절대군주적 이미지로 표상되는 전능하신 하나님은 영원 전의 예정에 의하여 세계의 모든 실재와 과정과 인간의 운명을 미리 결정하였다. 세계의 미래의 운명이 영원 전에 이미 하나님의 예정에 의해 결정되었다고 주장하는 이 교리는 초월적 유신론의 결정론적 토대주의라고 명명될 수 있다. 여기서 과학적 인과론은 신학적 결정론으로 대체되며, 인간의 자율적 이성은 절대적인 신적 주체성 안에 용해된다. 이러한 견해는 비결정성, 불확실성, 미래에 대한 개방성 안에서 창조적으로 진화하는 자연세계에 대한 자연과학의 증언과 자기 창조적인 존재로서의 하나님의 형상으로 지음을 받은 인간에 대한 성서의 증언과 배치된다. 오늘날의 양자물리학, 진화생물학 등의 발전과 아울러 인간의 주체성, 자율성, 역사적 우연성에 대한 인식의 증대로 말미암아 세계와 인간의 미래가 영원한 신적 예정에 의해 결정되었다고 하는 초월적 유신론의 결정론적 토대주의는 붕괴되었다. 오늘의 탈근대적 과학시대에 다시 전근대적인 유신론적 결정론으로 회귀하는 것은 불가능하다.

오늘의 탈근대적 시기에 있어서, 전근대적인 초월적 유신론의 결정론적 토대주의뿐만 아니라 근대적인 과학적 합리주의의 결정론적 토대주의의 한계도 분명히 드러났다.[42] 근대의 기계론적, 결정론적 인과율은 하나님을 세계 밖으로 추방하거나(이신론 또는 무신론), 하나님을 세계와 동일시하고 세계 내적인 자연법칙에 의해 세계의 모든 실재와 과정을 설명하고자 했다(범신론). 여기서는 하나님의 주체성이 인간의 자율적 이성에 의해 대체되고 신

---

[42] '토대주의'(foundationalism)란 개념은 본래 합리주의적으로든지 경험론적으로든지 신앙에 대한 인식론적 토대를 정당화할 수 있다는 긍정적인 입장을 지시한다. 그러나 이 글에서는 이 개념을 단지 인식론적인 차원이 아닌 존재론적 차원으로 확장하여 사용한다.

학적 목적론이 과학의 결정론적 인과론으로 환원되었다. 세계와 인간의 실재와 과정이 전적으로 기계론적인 내재적 자연법칙에 의해 결정된다고 주장했던 과학적 환원주의는 상대성 이론과 양자물리학의 등장으로 더 이상 불가능하게 되었다.

상대성이론, 양자물리학, 카오스 이론 등의 출현 이후, 과학의 개념 자체가 바뀌었다. 자연세계는 본래부터 틈이 있었음이 밝혀졌다. 절대성이 아니라 상대성, 결정성이 아니라 비결정성, 기계론적인 인과론이 아니라 불확실성과 불확정성, 부분이 아니라 전체, 분리가 아니라 통합이 과학의 주된 원리가 되었다. 세계의 미래는 비결정적, 비예측적이며, 분리된 형태의 소립자의 배후에는 분리되지 않은 전체적인 그 무엇 즉 장이 있다. 장 이론으로 말미암아 대상적 실재에 대한 객관적이고 명증적인 지식을 추구하는 근대적 토대주의는 불가능한 가능성임이 더욱 분명하게 드러났다. 근대적 토대주의의 붕괴와 더불어 이 토대에 기초했던 이신론 또는 범신론적 세계관의 문제점도 분명해졌다. 이러한 세계관은 하나님의 창조적 섭리에 대한 성서의 증언과 양립될 수 없을 뿐만 아니라 오늘날의 과학의 발견과도 모순된다.

그러나 오늘날의 과학의 업적이 곧바로 하나님의 존재와 섭리를 입증하는 것은 아니다. 더욱이 오늘의 탈근대적인 상황 속에서는 과학에서의 상대성, 우연성, 불확실성, 비예측성, 비결정성으로 인한 반토대주의(anti-foundationalism)적 상대주의 또는 다원주의의 유혹도 현존한다. 상대주의적 해체주의와 혼돈적 다원주의는 탈근대적 과학시대에 있어서 극복되어야 할 또 다른 위기현상이다. 존재론적 비결정성, 인식론적 상대주의, 논리적 우연성에 기초한 탈근대적 반토대주의는 하나님의 창조적 섭리에 대한 신앙에 기초한 기독교의 목적론적 세계관과 정면으로 대립한다. 따라서 보다 새로운 차원의 통전적인 인과론에 기초한 세계관이 요청된다.

과학적 자연신학은 전근대시기의 초월적 유신론의 결정론적 토대주의, 근대시기의 과학적 합리주의의 결정론적 토대주의, 탈근대시기의 해체주의적 비토대주의를 넘어서는 포스트토대주의적 관점에서 하나님의 창조적 섭리와 세계의 자연법칙과 인간의 자율적 주체성을 통합할 수 있는 통전적 인과론을 수립하여야 한다. 이 통전적 인과론은 하나님의 섭리를 비결정론적이며 동시에 목적론적인 관점에서 이해한다. 하나님의 창조적 섭리는 세계가 꼭두각시처럼 단지 입력된 프로그램대로 움직이도록 조종하지 않는다. 양자물리학, 장 이론, 카오스 이론은 인간의 세계뿐만 아니라 자연세계의 영역도 비결정성, 우연성, 비예측적인 미래 개방성에 열려있음을 지시한다. 더욱이, 하나님께서 인간에게 주신 자유는 유한하지만 '진정한' 자유이다. 자연세계의 본유적 범주인 비결정성과 인간존재의 본유적 범주인 자유는 바로 종말론적 하나님 나라를 향한 하나님의 비결정론적, 목적론적 섭리와 행동을 위한 본유적 범주이다.

자연세계의 물리학적 인과율이 기계적인 결정론에 의해 닫혀져 있지 않고 비결정적, 비예측적이며, 따라서 목적론적인 신적 인과율에 열려있다는 것, 그리고 하나님의 창조적 섭리가 인간의 자율적 주체성 안에서 그리고 그것을 통하여 이루어진다는 것은, 한편으로 우주의 미래가 전혀 예측 불가능한 철저한 우연성에 열려있지 않다는 것을 의미하며, 다른 한편으로 우주의 미래가 하나님의 영원한 예정에 의해서 단번에 모두 결정되어 있지도 않다는 것을 의미한다. 달리 표현하면, 이것은 세계와 인간과의 관계성 속에서 하나님의 섭리활동의 범주가 시간적 우연성이라는 사실을 의미한다. 하나님의 목적론적 섭리는 초시간적인 필연성 안에서의 결정론적 인과율이 아니라 시간적 우연성 안에서의 비결정론적 인과율을 통해서, 그러나 틀림없이 성취된다.

포스트토대주의적 과학적 자연신학은 초월적 유신론의 결정론적 토대주의, 과학적 합리주의의 결정론적 토대주의, 그리고 해체주의적 비토대주의를 넘어서 물리적 세계의 인과율과 인간의 작용인을 하나님의 섭리 안의 목적론적 인과율과 통합하는 통전적 인과율의 전망을 고전적 유신론 또는 이신론과 범신론을 변증법적으로 극복하는 만유재신론에서 발견한다. 만유재신론의 하나님은 세계와 인간의 운명을 영원 전에 결정하는 전제군주적 신도 아니며, 우주의 질서를 깨뜨리고 초자연적으로 개입하는 '기계 밖의 하나님'(deus ex machina)도 아니며, 세계 밖의 격리된 곳에 홀로 계신 방관자도 아니며, 세계와 동일시될 수 있는 자연(natura naturans)도 아니다. 특히 무시간적 영원 속에서의 하나님의 예정에 의해 세계의 미래가 결정되어 있다고 주장하는 고전적 유신론의 결정론적 세계관에서는 창조적 미래를 위한 시간적 우연성 안에서의 인간의 결단과 노력이 무의미해지며, 신정론의 문제 즉 세계의 악과 고통의 문제가 해결되지 않는다. 세계에 대한 하나님의 섭리의 무시간적 영원성은 성서적 관념이 아니다. 하나님의 사랑의 창조적 섭리활동에 수반되는 필연적인 변화무쌍함은 시간의 전개를 통해 가장 자연스럽게 표현될 것이다.[43]

폴킹혼의 인간과 몸의 유비와 판넨베르그의 장이론에서의 전체와 부분의 관계에 잘 나타나듯이, 만유재신론의 하나님은 세계 초월적이면서도 동시에 세계 내재적이다. 하나님은 세계를 초월해 계시면서 동시에 세계의 모든 피조물들을 포용하고 그 안에 현존하시며 그것들 안에서 그리고 그것들을 통하여 활동하신다. 하나님은 스스로 만드신 창조질서를 임의로 파괴하지 않으신다. 세계에 대한 하나님의 섭리는 자기 제한적이고 상호적인 방식으로 즉 물리 세계의 인과율을 무시하거나 인간의 작용인을 억압하지 않는 방식으로 이루어진다. 피조물에게 개방성과 자유를 허락하시는 하나님의 비결정론적, 목적론적 섭리는 하나님 자신의 케노시스 즉 자기비움과 자기제한에 기초한다. 하나님의 케노시스는 세계의 창조와 예수 그리스도의 성육신과 십자가에 분명히 현시되었다. 성서는 자기비움과 자기제한에 의해 세계를 창조하시고, 세계의 역사과정과 하나님의 백성의 삶의 여정에 동참

---

[43] W. H. Vanstone, *Love's Endeavour, Love's Expense* (Darton, Longman and Todd, 1977).

하시며, 예수 그리스도 안에서 인간이 되시고 모든 인간의 죄와 고통을 대신 걸머지고 죽음을 당하신 하나님을 증언한다.

미래를 향하여 개방된 세계를 인도하시는 하나님을 화이트헤드는 "세계의 모험가"와 "세계의 시인"으로 표현하였다. 전자는 세계의 미래가 어떤 세계 외적 요인에 의해 일방적으로 결정될 수 없다는 사실을 함축하며, 후자는 하나님이 고대의 절대군주적 통치자처럼 일방적이고 강제적인 힘에 의해서가 아니라 "부드러운 갈릴리인 예수"에게서 계시된 바와 같이 설득, 비전의 제공, 그리고 고통당하는 사랑에 의해서 세계를 인도하신다는 사실을 함축한다. 이와 같은 하나님의 모습은 하나님을 "세계를 이해하며 함께 고통당하는 위대한 동료"[44]로 묘사한 화이트헤드의 진술이나, 십자가 위에서 "심지어 아우슈비츠조차도 성부의 비통한 슬픔과 성자의 자기를 내어줌과 성령의 능력 안으로 삼키어진다."[45]는 몰트만의 진술에 잘 나타나 있다.

역사 안에서의 예수 그리스도의 생애와 십자가에 나타난 하나님의 자기희생적인 사랑은 세계와 인간의 구원과 완성이라는 하나님의 목적을 성취하기 위한 유일한 능력이다(고전 1:18). 세계를 향한 하나님의 목적은 종말론적 하나님 나라에서 궁극적으로 성취될 것이다. 미래를 향하여 열려진 세계의 시간성 속에서, 세계의 넘쳐나는 고통과 비극과 절망에도 우리가 결코 하나님의 목적론적 섭리가 완성되는 종말론적인 미래에 대한 희망을 포기하지 않는 까닭은 예수 그리스도 안에 계시된 하나님의 자기희생적인 사랑의 힘의 궁극적 승리를 믿기 때문이다.

만유재신론적 비전 안에서 우리는 포스트토대주의적인 과학적 자연신학에서의 하나님의 섭리를 이해하기 위한 신론적 근거를 발견할 뿐만 아니라, 우리의 종말론적 희망의 이유를 발견한다. 빅뱅으로 불리는 우주의 시작

---

44) "God is the great companion—the fellow sufferer who understands" Alfred North Whitehead, *Process and Reality* (New York: Macmillan, 1978), p. 351.
45) Jürgen Moltmann, *The Crucified God* (New York: SCM Press, 1974), p. 278.

이 있었듯이 수십 억 년 후에 우주는 결국 큰 폭발과 함께 소멸하든지 아니면 무한한 확장을 거듭하면서 서서히 종말을 맞이하게 될 것이다. 그러나 태초의 우주의 창조가 하나님의 사랑을 위한 자유로 말미암은 것처럼 우주의 종말에 죽음과 사멸을 넘어서는 종국적인 구원도 하나님의 사랑을 위한 자유로 말미암을 것을 우리는 믿는다. "하나님은 죽은 자의 하나님이 아니요 살아있는 자의 하나님이시라 하나님에게는 모든 사람이 살았느니라"(눅 20:38). 종말론적 미래에 하나님은 자기제한을 해제하고 온 우주에 충만하게 거하시게 될 것이며, 이로 말미암아 우주는 새롭게 변화되어 하나님의 신성에 참여하게 될 것이다. "만물을 저에게 복종하게 하신 때에는 아들 자신도 그 때에 만물을 자기에게 복종케 하신 이에게 복종케 되리니 이는 하나님이 만유의 주로서 만유 안에 계시려 하심이라"(고전 15:28).

제20장

세계 안에서의 하나님의 행동에 대한 과학적 자연신학의 관점에서의 통전적 이해

1. 서론

하나님과 세계의 존재론적 관계성의 문제는 세계 안에서의 하나님의 행동의 문제와 밀접하게 연관되어 있다. 세계 안에서 하나님이 자신을 계시하시고 행동하신다는 것은 무엇을 의미하는가? 오늘날의 과학 시대에 신학이 변증적 과제를 수행하기 위해서는 철학(특히 과학철학)과 과학과의 대화를 통하여 세계 안에서의 하나님의 행동의 문제를 가능한 한 이해 가능한 방식으로 설명할 수 있어야 한다.

기독교의 목적론적 세계관에 의해 지배되었던 서구의 전근대적 시기에는 작용인(作用因, efficient cause)과 더불어 목적인(目的因, final cause)이 사건의 인과율의 본질적 요소로 간주되었다. 예를 들면, 아퀴나스는 모든 사건에 작용하는 인과적 힘으로서 목적인, 즉 하나님의 목적의 역할을 강조하였다. 오늘날의 과학 시대에 있어서도 신학자들은 하나님의 목적인이란 관념을 포기하지 않는다. 판넨베르그는 "미래의 힘"을 모든 사건의 인과적 구성 요소로서 제시했는데,[1] 이 "미래의 힘"은 아리스토텔레스나 아퀴나스의 목적인과 유사한 것이다. 목적인의 관념은 또한 화이트헤드의 영향을 받은 루

---

[1] Wolfhart Pannenberg, *Theology and the Kingdom of God* (Philadelphia: Westminster, 1969), 제4장.

이스 포드의 "미래의 유인"과 같은 개념에도 잘 나타난다. 과연 이러한 미래로부터 오는 인과적 힘 또는 목적인 개념이 물리적, 화학적, 생물적 작용인의 관점에 의해 설명되는 오늘의 과학적 세계관의 인과율의 틀 안에 수용될 수 있는가? 물론 인간처럼 의식과 의도를 지닌 행동주체는 어떤 목적에 의해 행동하기 때문에 목적인은 중요한 인과적 결정요소들 가운데 하나다. 그러나 물리적 세계에는 일반적으로 이 의도주의 모델이 적용되지 않는다. 일반적으로 과학자들은 어떤 물리적 사건을 물리적 원인의 관점에서 설명함에 있어서, 우주적 목적의 관점에서의 설명이 추가적으로 필요하다고 생각하지 않는다.

"하나님은 세계를 창조하신 후에 이 창조세계 안에서 어떻게 행동하시는가?"하는 문제에 대한 답변은 일반적으로 다음 두 가지 유형 가운데 하나로 주어졌다. 첫째는 완전하신 하나님에 의해 완전하게 창조된 세계는 하나님의 목적대로 완전하게 작동하기 때문에 하나님은 세계 안에 개입할 필요가 없다는 것이다. 둘째는 하나님은 불완전한 세계를 창조하셨으므로 세계가 잘못 작동할 때에 때때로 세계 안에 개입하여 다시금 하나님의 목적대로 작동하도록 잘못된 부분을 고쳐야 한다는 것이다. 전자는 이신론으로서 하나님의 세계 내 행동을 사실상 불가능하게 만들며, 후자는 '기계 밖의 하나님'(Deus ex Machina)으로 표상되는 초월적 유신론으로서 오늘날의 과학적 세계관과 조화되기 어렵다.

그러나 이러한 두 가지 답변이 세계 안에서의 하나님의 행동에 대한 가능한 설명의 전부는 아니다. 오늘날의 신학의 주된 과제의 하나는 어떻게 이러한 두 가지 신관의 어느 한쪽에 빠지지 않고 과학과의 열린 대화 속에서 하나님의 행동을 이해 가능한 방식으로 설명할 수 있는가 하는 것이다. 라플라스의 생각처럼 물리세계의 철저한 인과적 결정론으로 인하여 우리가 모든 미래의 상태를 예측할 수 있고 모든 과거의 상태를 정확하게 측정할 수 있다면 하나님의 행동을 위한 자리는 없을 것이다. 그러나 물리적 세계가 어느 지점

(예를 들면 양자 차원의 미립자 영역)에서 비결정적이라면 하나님이 자연법칙을 무시하지 않고 행동하시는 것이 형이상학적으로 가능할 것이다. 이 글에서는 후자의 관점에서 세계 안에서의 하나님의 행동에 관한 논의를 전개할 것이다. 이 논의는 자연세계 안에서의 하나님의 행동에 관한 여러 유형의 모델들을 중심으로 이루어질 것이다. 자유의지를 지닌 인간과의 관계 속에서의 하나님의 행동에 관한 고찰은 다른 논의의 장을 필요로 한다.

2. 하나님의 행동에 관한 오늘날의 논의: 양자역학과 카오스 이론

자연세계 안에서의 하나님의 행동에 관한 논의의 목적은 하나님이 어느 특정한 순간에 세계 안에서 행동하시는 것을 어떻게 증명할 수 있는가 하는 것이 아니라, 세계 안에서의 하나님의 행동의 가능성을 어떻게 우리의 과학적 세계관과 충돌하지 않는 방식으로 생각할 수 있을까 하는 것이다. 다시 말하면, 이 논의의 성격은 "자연신학"(natural theology)이 아니라 "자연의 신학"(theology of nature)이다. 오늘날 자연의 신학을 수행함에 있어서 일반적으로 과학자들과 신학자들은 자연법칙과 충돌하거나 자연법칙을 깨뜨리는 "개입"(intervention)으로서의 하나님의 행동 개념은 논의의 대상에서 제외시킨다.[2]

---

[2] 글레이딘은 하나님의 개입을 쉬운 개입과 어려운 개입으로 나눈다. 쉬운 개입에는 세 가지가 있는데, 첫째는 하나님의 창조사건이고, 둘째는 하나님의 창조세계의 보전이고, 셋째는 심리적 개입이다. 이러한 개입의 경우에는 하나님의 행동으로 인하여 자연법칙이 정지되거나 깨뜨려지지 않는다. 그러나 자연세계에 대한 하나님의 행동은 인간의 마음과 생각에 영향을 주는 행동의 경우보다 어려운 문제를 초래한다. 왜냐하면 이 경우에는 자연법칙이 정지되거나 깨뜨려져야 하기 때문이다. 세계 안에서의 하나님의 행동에 대하여 말하기 위해서는, 하나님의 행동의 의미가 무엇이며, 하나님의 행동이 하나님이 자체이 선함과 완전성을 지닌 유한한 질서를 창조하셨다는 믿음과 어떻게 조화될 수 있는가 하는 문제를 숙고하여야 한다. Philip Clayton, *God and Contemporary Science* (Grand Rapids: Wm. B. Eerdmans Publishing Co. 1997), pp. 190-92.

물리적 세계 안에서의 하나님의 인과적 행동에 관한 최근의 논의는 주로 양자역학과 카오스 이론을 중심으로 이루어져왔다. 양자 확률 방정식에 대한 일반적 해석에 따르면, 양자상태에 대한 우리의 지식의 제한성은 세계 자체의 본유적 성격이다. 아원자적 미립자의 위치와 운동량에 대한 정확한 지식은 결코 가능하지 않다. 왜냐하면 이 측정의 산출을 위해 필요한 양의 에너지가 우리가 측정하고자 하는 바로 그 상태를 변화시키거나 제거하기 때문이다. 이것이 하이젠베르그의 불확정성의 원리이다. 뿐만 아니라, 오늘날 널리 받아들여지고 있는 코펜하겐 양자역학 해석에 따르면 자연 자체가 양자의 차원에 있어서 비결정적이다. 이것은 인식론적 불확실성의 이론을 넘어서는 존재론적 비결정성의 이론이다.

이와 같은 이유로 양자역학은 과학의 규칙성을 깨뜨리지 않고 하나님의 개입을 말할 수 있는 영역으로 간주된다. 따라서 로버트 러셀(Robert J. Russell)은 하나님이 양자의 비결정성의 범위 안에서 초자연적으로 개입하실 수 있다고 주장한다. 이와 같은 미세한 개입을 수십억 번 행하심으로써, 하나님은 거시적 차원의 영역에 중요한 변화를 가져오실 수 있다는 것이다.[3]

하나님의 행동과 물리학 이론의 공명은 오늘날의 카오스 이론에서도 발견된다. 폴킹혼은 카오스 현상, 즉 초기조건의 작은 변화가 본질적으로 예측불가능한 미래의 인과적 효과를 초래하는 현상이 거시물리적 세계 안에서의 "본유적인 비확정성" 또는 비결정주의를 나타낸다고 주장한다.[4] 카오스 체계에 있어서 우주의 미래의 상태는 현재의 상태로부터 예측될 수 없다. 왜냐하면 탐지해내기 어려울 정도의 지극히 작은 초기조건의 변화가 체계의 미

---

[3] 양자의 차원에 있어서, 하나님이 지속적으로 행동하시더라도 어떤 행동의 패턴은 발견되지 않는다. 즉 확률을 넘어 양자의 결과를 예측할 수 있는 법칙은 존재하지 않는다. 그러나 하나님의 섭리와 행동의 패턴은 더 높은 차원, 즉 신학적 관점에서 해석되는 역사의 차원에서 발견된다.

[4] John Polkinghorne, "The metaphysics of divine action," Robert J. Russell, Nancy Murphy and Arthur Peacocke (eds), *Chaos and Complexity: Scientific Perspectives on Divine Action* (Vatican City State: Vatican Observatory Publications, 1995), pp. 147이하, 특히 p. 155.

래 상태에 엄청난 변화를 불러오기 때문이다. 폴킹혼의 견해가 옳다면, 양자 차원뿐 아니라 거시물리적 세계의 카오스 체계에도 역시 실제적인 개방성 또는 비결정성이 존재한다. 만일 그렇다면, 이 체계에 있어서 하나님은 물리적 법칙을 깨뜨리지 않고 신적 의도를 수행하실 수 있을 것이다.

많은 물리학자들이 양자물리학에는 순전한 무작위성이 있다고 본다. 신학자들은 그것이 사실이라면 이 영역에서 하나님은 물리법칙을 깨뜨리지 않고 행동하실 수 있다고 생각한다. 그러면 과연 카오스 체계에서도 그러한가? 로버트 러셀과 웨슬리 윌드만(Wesley Wildman)은 카오스의 역동적 체계 안의 무작위성은 결정론이나 비결정론 어느 한 쪽을 쉽사리 확증하지 않는다고 말한다. 한편, 대부분의 물리학자들은 카오스 체계를 비결정론적이 아닌 인과적으로 결정론적인 체계로 본다. 즉 존재론적 비결정성을 보여주는 양자 차원과는 달리 카오스 체계에서는 초기조건이 인과적인 결정자의 역할을 한다. 여기서 불확정성은 존재론적인 것이라기보다 인식론적인 것이다. 만일 어떤 특정한 상태의 초기조건에 대한 완전한 지식이 가능하다면, 증폭 효과가 결정론적인 방식으로 기능하는 것을 확인할 수 있을 것이다. 즉 카오스 이론은 결정론적 성격을 보여준다. 본성상 카오스는 자연 안에서의 그 어떤 형이상학적 개방성의 증거도 제공하지 않는다.[5] '나비효과'도, 어떤 체계(부분)가 환경(전체)에 의해 영향을 받는다는 사실도, 비결정론을 증명하지는 않는다. 카오스 수학은 철저하게 결정론적이다. 그리고 그 결론은 실제적인 역동적 체계의 행동을 근사치적으로나마 반영한다.

다른 한편, 카오스 이론에 따르면 초기조건의 작은 변화가 미래의 체계 상태에 큰 영향을 줄 수 있는데, 이것은 이 체계가 결정론에 의해 다 설명될 수 없음을 의미한다. 이 체계에서는 초기조건에 대한 민감성이 매우 크기 때문에, 초기조건을 구성하는 미시적 차원의 미립자의 위치나 운동량을 정확

---

[5] Robert J. Russell and Wesley Wildman, "Chaos: A mathematical introduction with philosophical reflection," Russell, Murphy and Peacocke (eds), *Chaos and Complexity*, p. 82.

하게 측정하는 것이 거시적이고 장기적인 예측을 위해 필수적이다. 그러나 양자 차원은 비결정론적이기 때문에 정확한 측정이 불가능하다. 따라서 카오스 체계에서의 결정론적 예측도 불가능하다.

우리는 하나님이 초기조건(양자 차원)에 매우 작은 변화를 주기 위해 개입하시는지, 그리고 카오스 단계의 법칙을 통해 그 변화를 증폭시켜 중대한 결과가 초래되도록 만드시는지 알 수가 없다. 러셀과 윌드만에 따르면, 카오스 이론은 결정론적 가설을 제한하면서 거시적 세계의 역동적 체계 안에서의 인식론적 한계를 드러낸다.[6] 하지만 하나님이 자신이 창조하신 세계의 자연법칙의 인과율을 임의로 깨뜨리지 않고 세계를 섭리하시고 행동하신다고 믿는 기독교인에게, 카오스 이론은 양자역학과 더불어 세계 안에서의 하나님의 행동의 가능성을 열어주는 이론으로 간주될 수 있다. 아마도 (어떤 체계의 초기 상태를 완전하게 파악하시는) 하나님은 양자 차원에 변화를 야기하시고 카오스 체계의 증폭효과를 사용하여 이 변화를 거시물리적 결과로 확대시키실 수 있을 것이다.

이와 같은 전 이해를 전제로, 이제 우리는 몇몇 학자들의 사상을 중심으로 세계 안에서의 하나님의 행동의 모델들에 대하여 살펴보고자 한다. 여러 학자들이 『행동하시는 하나님』[7]이란 책에서 세계 안에서의 하나님의 행동의 가능성에 관해서 논하였다. 이들 가운데 한 사람인 모리스 와일스(Maurice Wiles)는 세계 안에서의 하나님의 특수한 행동을 인정하지 않는 입장을 취한다. 그는 악의 문제를 그 실증사례로 들면서, 만일 하나님이 세계의 악과 고통을 방지할 수 있는데도 불구하고 그렇게 하지 않는다면 하나님의 그 악과 고통에 대하여 책임이 있다고 주장한다.[8] 그는 직접적인 또는 특수한 하나님의 행동의 가능성을 원칙적으로 배제한다. 그는 하나님을 모든 유

---

6) Ibid., p. 83.
7) Thomas F. Tracy (ed.), *The God Who Acts: Philosophical and Theological Explorations* (University Park, PA: Pennsylvania State University Press, 1994).
8) Ibid., pp. 16 이하.

한한 존재의 근거, 유한한 세계의 원천, 유한한 세계의 안과 뒤에 존재하는 목적을 지시하는 형이상학적 실재로 이해하면서, 어떻게 만물의 원천이 세계 안의 특수한 사태를 가져오는 특수한 인과적 행동주체가 될 수 있는가 하고 묻는다. 존재하는 모든 것의 원천인 하나님은 특수한 사건의 원인이 될 수 없으며, 따라서 하나님은 세계 안에서 구체적인 방식으로 행동하시지 않는다는 것이다. 더욱이 하나님의 직접적인 개입은 인간의 자유를 침해한다. 만일 하나님이 어떤 사태를 직접적으로 가져오신다면 인간은 그 결과에 책임을 질 수 없게 되며, 반면에 인간이 정말 자신의 행동의 원인이라면, 그 행동이 하나님께 귀속될 수 없다는 것이다. 이와 같은 견해는 세계 안에서의 하나님의 직접적이고 구체적인 행동의 가능성을 원칙적으로 차단하기 때문에 이신론에 가깝다. 따라서 우리는 이러한 견해를 일단 논외로 하고, 다른 과학자들 또는 신학자들의 견해를 중심으로 신적 인과율과 행동에 대하여 고찰하고자 한다.

3. 상향식 인과율과의 상호성 안에서의 하향식 인과율[9]로서의 신적 행동 모델: 폴킹혼[10]

폴킹혼은 "비판적 실재론자"이다. 즉 그는 인식론과 존재론 또는 이론과 실재 사이의 최적의 일치를 추구함에 있어서, 존재론적 전제를 변호하기 위해서 인식론적 또는 이론적 모델을 사용한다. 그는 하이젠베르그의 양자 이

---

[9] 하향식 인과율에는 전일적 유형과 비전일적인 개입주의적 유형이 있다. 개입주의적 유형은 이 논의에서 고려의 대상이 아니다. 전일적 유형의 하향식 인과율은 다시 비초점적 유형과 초점적 유형으로 구별된다. 전자가 보다 간접적, 일반적인 것이라면, 후자는 보다 직접적, 특수적인 것이다. 전자는 세계 안에서의 하나님의 행동을 위한 구체적 장소 또는 인과적 연결점을 필요로 하지 않는 반면, 후자는 그것을 필요로 한다.
[10] J. Polkinghorne, "The metaphysics of divine action," Russell, Murphy and Peacocke (eds), *Chaos and Complexity*, pp. 147-56.

론인 불확정성의 원리가 함축하는 지식의 한계를 존재론적 비결정성의 반영으로 받아들인다. 그는 과학자가 인식론적 한계를 특정한 존재론의 증거로 간주하는 것은 정당하다고 주장한다.

폴킹혼의 목표는 이러한 절차를 통해 하나님의 행동을 위한 자리를 발견하는데 있다. 그에 의하면 오늘날의 과학은 하나님의 행동을 위한 자리를 인정하지 않는 "물리주의"(physicalism)라는 형이상학적 교리를 용인하지 않는다. 이 물리주의는 선입견에 의한 선택일 뿐이다. 또한 발전된 양자 이론은 모든 사태를 근본적인 소립자로 환원시키는 입장, 즉 원자론(atomism)도 지지하지 않는다. 또한 폴킹혼은 모든 피조물의 "이차적 인과율"의 사례 안에 "일차적 원인"으로 현존하는 하나님이 모든 사건의 원인이라고 주장하는 오스틴 파러(Austin Farrer)의 "이중적 행동주체성"의 견해[11]에도 동의하지 않는다. 그는 이러한 견해가 하나님이 세계에서 어떻게 행동하시는지 이해하는데 별 도움이 되지 않는다고 본다.

폴킹혼은 전일적(holistic) 하향식 접근과 환원주의적 상향식 방법을 종합하고자 한다. 한편으로, 그는 과학이 환원주의적 형이상학에 빠지지 않고 근본적 힘과 미립자에 관한 환원주의적 설명방법을 사용할 수 있다고 믿는다. 다른 한편, 그는 물리적 환원주의 인과율에 대한 대안으로서 하향식 접근을 제시한다. 즉 그는 환원주의적 설명방법을 사용하지만, 전체로서의 체계가 그 체계를 구성하는 부분 안에 변화를 줄 수 있는 가능성을 제시한다. 이 하향식 인과율은 의식과 몸의 관계에서 잘 드러난다. 세계 안에서의 하나님의 행동은 몸에 대한 정신(영혼)의 관계와 유사하다.[12] 폴킹혼은 우리의 주관적 의식의 환원불가능성이 하향식 인과율에 정당성을 부여한다고 생

---

11) Austin Farrer, *Faith and Speculation* (New York: New York University Press, 1967).
12) 그러나 폴킹혼은 자신이 만유재신론주의자라고 생각하지 않는다. 그는 하향식 신적 인과율이 적용될 수 있는 경우를 다음 두 경우에 제한한다. 첫째, 신적 행동에 대한 말은 상향식 접근에 의해 쉽사리 기술될 수 없는 현상에 기초해야 한다. 하향식 인과율은 보다 개방되고 비국부적(非局部的)인 성격을 가져야 한다. 둘째, 만일 하향식 인과율이 어떤 일련의 상황에 대한 적합한 설명양태라면, 상향식 모델의 적용은 이 상황에서 관찰된 현상을 완전하게 기술하기에는 불충분한 것이어야 한다.

각한다.

폴킹혼은 상향식이 아닌 하향식 접근이 적합한 오늘날의 주된 물리학의 영역을 양자 이론과 카오스 이론에서 발견한다. 먼저, 양자 이론은 하나님이 물리적 과정의 결과에 영향을 줄 수 있는 여백을 열어놓는다. 만일 양자 사건이 본유적으로 비결정적(확률적)이라면, 하나님은 물리적 법칙을 깨뜨리지 않고 그 결과에 영향을 주실 수 있다. 폴킹혼은 말한다. "(하나님의 신실하심을 따라 언제나 통계적 규칙성을 지혜롭게 존중하시면서) 원인 없는 양자사건의 원인으로 행동할 수 있는 능력으로 인해 하나님은 과학적으로 규칙적인 세계를 조종하는 역할을 하실 수 있지 않겠는가?"[13] 과학법칙을 위반하지 않고 양자 차원의 일련의 사건들이 세계 안에 커다란 결과를 초래할 수 있다. 그런데 하나님의 행동에 대한 양자적 접근의 문제점은 어떻게 양자 차원의 개입이 거시물리적 결과로 증폭되는지 분명치 않다는 것이다. 우리는 어떻게 양자 사건이 사고에 영향을 주는 뇌의 변화를 야기하는지 아직 알지 못한다. 또한 신학적으로 적합한 신적 행동의 이론을 수립하기에는 개입의 기회가 너무 삽화적이다.[14]

카오스 체계는 열역학 평형과는 거리가 먼 역동적 체계로서 초기조건에 대한 놀라운 민감성을 보여주며, 따라서 결과를 정확하게 예측하는 것은 불가능하다. 이 체계의 본유적인 비예측적 성격으로 인해, 우리는 이 체계가 개방성과 통전성(integrity)을 지니고 있다고 생각할 수 있다. 즉, 이 체계에서는 환원주의적 요소가 미래의 사건을 절대적으로 결정하지 못하며, 따라서 다른 인과적 원리를 위한 여백이 남겨지기 때문에 개방적이며, 이 다른 인과적 원리의 성격이 전일적 또는 하향식이어야 하기 때문에 통전적이다. 따라서 이 체계에서는 몸에 대한 정신의 영향, 세계에 대한 하나님의 영향과 같은

---

[13] John Polkinghorne, *One World: The Interaction of Science and Theology* (London: SPCK, 1986), p. 71이하.
[14] J. Polkinghorne, "The metaphysics of divine action," Russell, Murphy and Peacocke (eds), *Chaos and Complexity*, pp. 152이하.

비국부적인 인과적 영향이 작용할 수 있다.15)

폴킹혼은 하나님의 행동에 대한 과거의 세 가지 잘못된 이론, 즉 정신을 평가절하는 유물론, 물질을 평가절하는 관념론, 정신과 물질을 분리시키는 이원론을 거부하고 물리적 세계에 대한 영향의 상호보완성을 제안한다. 적어도 카오스 체계에 있어서, 세계는 "에너지의 교류" 즉 물리적 또는 작용인적 과정(상향식)과 "능동적 정보"(하향식) 둘 다에 의해 영향을 받는다. 하나님은 후자의 방식으로, 즉 "에너지의 교류"에 의해서라기보다 "역동적 패턴" 또는 전체적 맥락의 형성에 영향을 줌으로써 행동하신다.16) 폴킹혼은 세계 안에서의 하나님의 행동을 말할 수 있기 위한 세 가지 조건을 제시한다. 첫째, 하나님의 행동은 단속적(斷續的)이거나 일시적인 것이 아니라 지속적인 것이어야 한다. 둘째, 그것은 물리적 영역을 부정 또는 무시하는 개입이 아니라 물리적 영역과의 상호작용하는 것이어야 한다. 셋째 그것은 창조자의 신실한 의지의 표현인 자연법칙을 거스르지 않고 자연법칙과 더불어 일해야 한다.17)

이미 언급한 바와 같이, 카오스 체계가 존재론적으로 비결정론적이라는 폴킹혼의 견해는 오늘날 많은 과학자들로부터 지지를 받지 못한다. 카오스 체계의 비결정론적 성격은 카오스 체계 자체라기보다는 그 체계의 초기조건을 구성하는 양자 차원의 비결정성에서 비롯되며, 이 비결정성이 카오스 체계 안에서의 증폭 과정을 통해 더욱 확대된다고 보는 것이 정확할 것이다. 이와 같은 전제 아래에서 우리는 카오스 체계 안에서 하향식 인과율로서의 하나님의 행동을 위한 여백이 발견된다고 말할 수 있다. 폴킹혼은 양자 차원과 카오스 체계 안에서 하향식 인과율과 상향식 인과율을 상호보완적인 관계로 이해한다. 그리고 그에게 있어서 하향식 신적 인과율은 양자 차원에서는 직

---

15) Ibid., pp. 153-54.
16) 폴킹혼에 따르면 순수하게 영적인 본성을 지닌 하나님은 우주 안에 체현되지 않으며, 세계에 대한 하나님의 영향은 순수하게 능동적 정보의 형태여야 한다. Ibid., pp. 155이하.
17) Ibid., pp. 244이하.

접적이고 초점적인 반면, 카오스 체계에서는 간접적이고 비초점적인 것처럼 보인다.

4. 비결정론적, 틈-의존적(초점적) 하향식 인과율 모델: 토마스 트레이시[18]

토마스 트레이시는 오늘날의 과학과 조화될 수 있는 신적 행동의 모델을 찾기 위해서 세 가지 모델을 구별한다. 첫째는 슐라이에르마허(그리고 고든 카우프만(Gordon Kaufman))의 결정론적 모델이며, 둘째는 브라이언 헤블드와이트(Brian Hebblethwaite)와 존 컴프턴(John Compton)의 틈-없음(gap-free) 모델이며, 셋째는 트레이시 자신의 비결정론적, 틈-의존(gap-dependent) 모델이다.

첫째, 슐라이에르마허의 모델은 이중적 행동이론[19]의 한 형태로서, 여기서 관찰된 물리적 인과율은 세계에 대한 하나님의 편재적이고 일차적인 지지(支持)에 대하여 이차적인 것으로 이해된다. 이 이차적, 물리적 인과율은 전적으로 완전하게 결정론적이다. 즉 아무런 틈이 없다. 물리적 인과율과 신적 인과율은 완전히 구별된다. 즉 우리는 순수하게 결정론적인 물리적 인과율의 관점에서 말하든지, 아니면 하나님의 궁극적인 지지와 계획의 관점

---

18) T. Tracy, "Particular providence and the God of the gaps," Russell, Murphy and Peacocke (eds), *Chaos and Complexity*, pp. 289-324.
19) 이중적 행동주체성(double agency)을 주장한 사람으로 오스틴 파러(Austin Farrer)가 있다. 그에 의하면 모든 사건에는 두 유형의 원인이 있는데, 세계 안의 유한한 원인과 분리된 유형의 인과율로서의 하나님이다. T. Tracy (ed.), *The God Who Acts*, p. 25. 한편 캐더린 태너(Kathryn Tanner)는 두 상이한 효력의 질서(orders of efficacy)를 말한다. 수평적 차원에는 창조된 원인과 결과의 질서가 있으며, 수직적 차원에는 수평적 질서를 세우신 하나님의 질서가 있다. 창조된 존재들에게 적용되는 술어는 단지 창조된 존재들의 수평직 차원의 관계 안에시만 동용된다. Kathryn Tanner, *God and Creation in Christian Theology: Tyranny or Empowerment?* (Oxford: Basil Blackwell, 1988), p. 89.

에서 말하든지 해야 한다. 여기서는 하나님과 인간 사이의 직접적인 상호작용이나 역사 안으로의 하나님의 직접적 참여가 불가능하다. 그러나 하나님의 의지(일차적)와 인간의 의지(이차적)는 대립되지 않고 일치한다. 하나님은 아픔과 고통을 허용하시지 않지만, 운명이 예정된 역사를 창조하심으로써 아픔과 고통이 발생하도록 하셨다.[20] 여기서는 역사 안에서의 예수의 역할도 결정론적이다. 예수는 완전한 신의식을 실현할 수 있는 인간의 본유적인 가능성을 구현하도록 예정된(그리고 자기 동기화된) 인간이다.[21] 하나님은 오직 예수를 통해서만 간접적으로 행동하며 또한 접근될 수 있다.

트레이시는 이 모델이 기독교 신학으로 충분치 못하다고 본다. 이러한 물리적 결정론은 자유의지의 부재를 초래한다. 물리적 세계의 진정한 개방성(물리적 비결정론)만이 인간의 진정한 자유의지와 아울러 하나님의 행동을 위한 자리를 남겨놓는다.[22] 트레이시는 순수하게 결정론적인 틀 안의 신적 행동 모델, 즉 하나님이 세계 안에서 직접적으로 행동하실 수 없는 모델은 근본적인 문제를 안고 있다고 본다. 이 모델은 이신론과 크게 다르지 않아 보인다. 여기서 세계와 인간의 운명은 숙명적이다.

둘째, 만일 하나님이 완전히 결정된 역사의 섭리자일 수 없다면, 역사 자체가 본유적으로 부분적으로 결정되고 부분적으로 열려있다고 볼 수는 없을까? "틈이 없는 특수한 섭리"는 불가능한가? 트레이시에 따르면, 브라이언 헤블드와이트가 이 혼성적 견해를 대변한다. 이 견해에 따르면, 자연세계는 인과적 조직에 틈이 없는 상태로 하나님이 세계의 사건의 결과에 영향을 주는 것을 허용할 만큼 유연하다. 하나님의 광범위한 영향은 물리적인 인과적

---

20) T. Tracy, "Particular providence and the God of the gaps," Russell, Murphy and Peacocke (eds), *Chaos and Complexity*, p. 299.
21) Ibid., p. 298.
22) 카우프만도 슐라이에르마허처럼 창조 이후 하나님은 역사 안에서 직접적으로 행동하시지 않는다고 생각한다. 그 대신 그는 역사의 전 과정으로서의 하나님의 마스터 행위(master act)를 말한다. Gordon Kaufman, "On the Meaning of 'Act of God'," *God the Problem* (Cambridge, MA: Harvard University Press, 1972), 제6장.

구조를 변경시키지 않고 효력을 발휘할 수 있다. "피조물의 사건의 전체 그 물망은 하나님의 섭리의 손길에 대하여 유연하고 탄력적인 것으로 이해되어야 한다... 하나님은 피조물의 역사를 조작하거나 강제로 결정하지 않고 피조물이 각각의 복합성의 차원에서 자신을 만들어나가도록 만드신다."[23] 하나님은 세계의 물리적 인과성을 깨뜨리지 않는 방식으로 영향을 주고, 세계는 내재적 인과성을 유지하며 영향을 받는다.

이 견해는 하나님이 자연법칙의 틀을 허물거나 미래의 결과를 미리 결정함이 없이 역사를 구속의 방향으로 인도하시는 것을 가능하게 하는 것처럼 보인다. 하지만 만일 하나님의 영향에 의해 다양한 결과가 가능하게 된다면, 그것은 인과적으로 비결정적인 것이다. 왜냐하면 동일한 선행(先行)사건이 원칙적으로 다양한 결과를 허용하기 때문이다. 여기서는 개별적인 사건에 있어서 어떻게 결과가 인과적으로 결정론적이지도 않고 또한 어떻게 다양한 결과에 열려있지도 않은지 즉 비결정론적이지도 않은지가 설명되지 않는다.

존 컴프턴은 하나님의 행동을 이해하기 위해 인간의 행동 모델을 사용한다.[24] 우리는 인간의 행위를 생리학적 과정의 관점에서 보거나 또는 주체의 의도적 행동으로서 기술할 수 있다. 컴프턴에 따르면 이 둘은 "인간에 관한 일치되지만 독립적인 담화형식이다."[25] 하나님과 세계의 관계가 우리 자신과 몸의 관계와 유비적이라면, "우리가 우리 몸의 화학작용에 틈을 필요로 하지 않는 것처럼, 하나님은 행동하시기 위해 자연 안에 틈을 필요로 하시지 않는다."[26] 하지만 이 견해의 난제는 물리적 원인에 관한 언어와 역사 안의

---

23) Brian Hebblethwaite, "Providence and divine action," *Religious Studies* 14/2 (1978): 223-35. T. Tracy, "Particular providence and the God of the gaps," Russell, Murphy and Peacocke (eds), *Chaos and Complexity*, p. 305에서 인용.
24) John Compton, "Science and God's action in nature," Ian Barbour (ed.), *Earth Might Be Fair: Reflections on Ethics, Religion, and Ecology* (Englewood Cliffs, NJ: Prentice-Hall, 1972).
25) T. Tracy, "Particular providence and the God of the gaps," Russell, Murphy and Peacocke (eds), *Chaos and Complexity*, p. 307.
26) Ibid., p. 308.

하나님의 의도에 관한 언어를 구체적으로 어떻게 연결하는가 하는 것이다. 이 세계 안에서의 하나님의 행동이란 말이 의미가 있으려면 하나님의 행동을 위한 어떤 자리 또는 연결점이 있어야 한다. 인간의 경우에는 뇌로부터 몸 전체에 퍼져있는 신경조직이 정신(뇌)과 몸을 연결한다. 하나님과 세계 사이에도 이러한 신경조직이 있는가?

트레이시가 말한 바와 같이, "만일 '역사 안에서의 하나님의 행동'이 우리가 세계 안의 사건의 경과에 영향을 주는 (창조와 보존을 넘어서는) 신적 주도성을 의미한다면, 어떻게 그러한 행동이 닫혀있는 인과적 구조를 닫힌 그대로 둘 수 있는지 이해하기가 매우 어렵다."[27] 하나님의 행동을 말하기 위해서는 하나님이 행동하실 수 있는 인과적 공간을 가진 열려진 세계가 요청된다. 그리고 이 개방성은 하나님이 행동하실 때마다 자연법칙을 정지시키거나 위반하는 것이 아니어야 하며, 또한 과학의 진보에 의해 닫히는 것도 아니어야 한다.

셋째, 트레이시는 비결정론적인 틈-의존 모델을 제안한다. 틈이란 우리가 어떤 사건의 충분한 조건을 완전히 설명할 수 없을 때 발견된다. 그에 따르면 틈은 카오스 이론과 양자 이론에서 기술되지만, 이 둘 가운데 양자 이론만이 자연 질서 안에서의 진정한 비결정성과 인과적 틈을 보여준다. 여기에서는 왜 확률기능이 붕괴하는지 설명할 수 있는 충분한 유한한 원인이 없다. 따라서 양자 차원의 세계는 하나님이 자연의 내재적 질서를 교란하지 않고 사건들에 지속적으로 영향을 줄 수 있는 방식으로 구조화되어있다.[28]

그러나 양자 차원의 개방성 자체만으로는 충분치 않다. 양자 세계가 열린 구조를 가져야 할 뿐 아니라, 미결정적 사건이 거시적 세계에 변화를 가져올 수 있기까지 증폭되어야 한다. 더욱이 이 "비결정론적 우연"은 아직 자유로운 의도적 행동은 아니다. 자유로운 선택은 비결정성 이상이다. 행동주체는

---

27) Ibid., p. 310.
28) Ibid., p. 318.

자기에게 열려진 대안들 가운데 어느 것을 행동으로 실현할 것인지 결정해야 한다. 따라서 비결정성은 자유를 위한 필요조건이지만 충분조건은 아니다. 여기서 우리는 과학적 매개변수와 신학적 매개변수 사이의 상호작용을 발견한다. 우연이라는 물리적 현상은 중요한 신학적 의미를 갖는다. 그러나 하나님(또는 인간)의 행동에 관한 이론은 자연과학으로부터 직접적으로 도출되지는 않는다.

트레이시에 의하면, 세계의 개방성이 하나님의 섭리적 목적을 위해 사용되기 위해서는 두 가지 조건이 전제되어야 한다. 첫째, 우연의 발생은 질서화된 체계의 일부여야 한다. "우리가 하나님이 사건들의 방향을 정위함에 있어서 지속적이고 포괄적인 역할을 하신다고 이해하고자 한다면, 세계는 우연과 법칙을 매끄럽게 통합하며 또한 개방적이면서 동시에 질서화된 방식으로 구조화되어야 한다."[29] 둘째, 양자 차원의 개방성은 신적인 행동을 거시적 차원까지 증폭시키는 모종의 매커니즘을 필요로 한다. "만일 (우연적 사건이) 확률적 패턴 안에 함께 모아졌을 때, 우연의 효과가 더 넓은 결정론적 규칙성 안으로 완전히 소멸된다면 우연은 역사와 관계없는 것이 될 것이다."[30] 하나님은 자연법칙을 깨뜨림 없이 양자의 확률상태의 결정을 지속적으로 인도하시며, 또한 카오스와 같은 결정론적 구조를 통해 그 결과를 증폭시켜 물리적 세계 안에 중대한 변화가 일어나게 하신다. 예를 들면, 양자 차원에서의 하나님의 영향이 뇌상태의 변화나 유전자의 변화를 가져올 수 있다.

이와 같은 트레이시의 비결정론적 틈-의존 모델의 약점은 무엇인가? 첫째, 트레이시에게 있어서 하나님의 하향식 행동 모델은 헤블드와이트와 컴프턴에게 있어서와 달리 포괄적이고 비초점적인 것이 아니라 오직 특수하고 초점적인 것이다. 이 모델은 특히 인간과의 관계에 있어서 하나님이 특별한 의도 안에서 설득과 유인을 통하여 인간의 자유로운 결정과 행동에 영향을

---

29) Ibid., p. 316.
30) Ibid., p. 317.

주실 수 있음을 설명하기 힘들다. 둘째, 이 모델에서는 비결정론적일 뿐만 아니라 자연질서의 지배적인 패턴과 규칙의 구조 자체를 넘어서는 사건, 즉 보다 강한 창발(또는 기적)을 가능케 하시는 하나님의 행위에 대하여 말하기 어렵다.[31]

5. 개입적 하향식과 비초점적 하향식 인과율의 중도 모델: 낸시 머피

낸시 머피(Nancey Murphy)는 신적 행동에 관한 '개입주의' 이론과 특수한 신적 행동을 위한 자리를 남겨놓지 않는 비초점적인 전일적 모델 사이의 중도의 길을 추구한다.[32] 그녀는 과학적 결과를 기술하고 그 후에 그 결과와 부합하는 신적 행동의 신학을 전개하는 것이 아니라 신학적 기준과 더불어 시작한다. 즉 그녀는 신학적 요구와 더불어 신적 행동의 문제에 접근하며, 과학적 자료에 의해 통상적인 형이상학적 전제를 수정하고자 한다. 그녀는 과학의 의미를 평가함에 있어서 전통적 교리를 중요시한다. "과거의 교리형식은 절망적으로 이해 불가능한 것으로 드러날 때에만 거부되거나 근본적으로 변화되어야 한다."[33] 또한 머피는 인간의 행동과 구별되는 "특수한 신적 행위"와 아울러, 자연법칙을 위반하지 않는 범위 내에서 전통적인 기적 개념에

---

31) 폴킹혼은 기적을 "우리가 일상적으로 이해하는 합리성보다 더 깊은 합리성에 대한 징표와 통찰"로 이해한다. 그는 부활과 같은 사건을 우리가 일상적으로 접근할 수 없는 새로운 "질서"(regime)의 부분으로 간주한다. J. Polkinghorne, "The metaphysics of divine action," Russell, Murphy and Peacocke (eds), *Chaos and Complexity*, p. 76. 이와 유사하게 판넨베르그도 기적을 자연질서의 위반으로가 아니라 미래의 세계를 성격지울 새로운 규칙성의 유형의 첫 번째 현현으로 정의한다. Wolfhart Pannenberg, *Systematic Theology*, Vol. 2, trans. Geoffrey Bromiley (Grand Rapids, MI: Eerdmans, 1994), pp. 44–46.
32) Nancy Murphy, *Beyond Liberalism and Fundamentalism: How Modern and Postmodern Philosophy Set the Theological Agenda* (Valley Forge, PA: Trinity Press International, 1996).
33) Ibid., p. 330.

해당하는 "비일상적인 신적 행위"를 보존하고자 한다.[34] 그녀는 이와 같은 신적 행위 개념을 통해, 세계에 어떤 결과를 직접적으로 가져오는 행동으로서의 전통적인 하나님 행동 이해와 추가적인 하나님의 행동 없이 신적 의도를 간접적으로 실현하는 자연적 과정으로서의 뉴턴 이후의 표준적 모델, 이 둘 사이를 중재하는 제3의 길을 제시하고자 한다.

머피는 기회 원인론(occasionalism), 이신론, 이중 행동이론 등을 비판하고 새로운 인과론의 모델을 제안한다. 이 새로운 인과론은 자연법칙의 규칙성을 보존하면서도 인간의 자유의지와 신적 인과율을 위한 자리를 확보하기 위해서 뉴턴 물리학의 중요한 특징들인 결정론, 환원주의적 설명, 그리고 자연법칙의 "존재론화"에 도전한다. 그녀는 하향식 인과율만을 주장하는 입장에는 동의하지 않지만, 하나님에 의한 하향식 인과율 자체는, 그것이 "영향 받는 존재 안의 특수한 변화에 의해 매개되는 것"인 한, 변호하고자 한다.[35]

신적인 하향식 인과율은 어떻게 기능하는가? 머피에 따르면 하나님은 자연법칙을 깨뜨리지 않고 양자 차원에서 세계에 영향을 주며, 카오스 효과를 통해 이 영향을 증폭시키심으로써 세계 안에서 중요한 결과가 초래되도록 만드신다. 그녀는 양자 차원의 실재가 뷰리단의 당나귀[36]의 축소판과 같다고 본다. "당나귀는 어느 하나를 선택하여 행할 힘이 있다. 문제는 무엇이 당나귀로 하여금 그 행동을 선택하도록 유도하는가 하는 것이다."[37] 양자의 경우에 있어서, 비결정적인 상태가 어느 한 결과로 나아가도록 추진하는 힘은 바로 하나님이다. "하나님이 숨어있는 변수이다."[38] 양자사건에 대한 물

---

[34] Ibid., pp. 330-31.
[35] Ibid., p. 339.
[36] 같은 거리에 같은 양, 같은 질의 건초를 두면 당나귀는 어느 쪽을 먼저 먹을까 망설이다가 굶어 죽고 만다는 궤변적 논리.
[37] Ibid., p. 341.
[38] Ibid., p. 342.

리적 영향과 더불어, 또한 "그 안에 내재한 가능성들 가운데 하나를 현실화시키는 하나님의 의도적 행동"이 있다.[39] 이와 같은 하나님의 행동은 자연법칙을 깨뜨리는 개입을 의미하지 않는다. 그녀에 따르면, 양자역학과 마찬가지로 카오스 체계도 "자연의 인과적 질서에 대한 우리의 믿음을 훼손하지 않고 하나님이 특수한 결과를 야기할 수 있는 여백을 제공한다."[40] 하나님의 특수한 행동은 모든 양자 차원의 사건들 안에서 항시적으로 일어나며, 이 행동이 우주 전체를 하나님의 목적을 향해 인도한다. 또한 이 행동이 신경계를 상향식으로 조작함으로써 우리의 사고에 영향을 준다. 머피는 자신의 모델을 통해 역사 안에서의 하나님의 의도적 행동과 탄원기도를 위한 자리를 마련하고자 한다.[41]

머피는 하나님의 하향식 영향과 세계 안에서의 상향식 인과율 모두가 양자 차원의 현상 안에서 가능하다는 것과, 카오스 효과가 양자 효과를 더욱 광범위하게 확대시킬 수 있다는 것을 보여주고자 했다. 그녀의 입장은 상호보완적인 두 언어 이론과 유사하다. 그녀는 자연의 사건에 대한 과학적 설명과 신학적 설명 사이의 대립과 모순을 극복하는데 기여하였다. 그녀의 견해는 폴킹혼과 유사하지만 그보다 더 강한 신학적, 교리적 전제를 보여준다. 과학자가 가장 최선의 경험적이고 규칙적이고 예측 가능한 자연과학적 지식을 추구하는 반면 신학자가 우주 안에서의 하나님의 본성과 목적을 발견하는데 더욱 관심을 기울이는 한, 이 두 언어 사이의 긴장관계는 완전히 해소되기 어려울 것이다.

---

39) Ibid., p. 343.
40) Ibid., p. 348.
41) Ibid., p. 352.

6. 비초점적인 전일적 하향식 인과율 모델: 아서 피콕

세계 안에서의 하나님의 행동에 대한 폴킹혼, 트레이시, 머피의 견해는 다소의 상이점들에도 불구하고 하나님께서 비결정론적인 양자 세계 안에서 초점적인 하향적 인과율을 통해 직접적이고 구체적인 방식으로 행동하신다는 것을 인정한다는 점에서 공통점을 갖는다. 그러나 아서 피콕(Arthur Peacocke)은 이러한 견해들에 동의하지 않는다. 피콕은 하나님을 세계의 존재의 근거(Ground of Being)로 이해한다. 그는 세계 자체 안의 지속적인 창조적 과정을 강조한다. 하나님의 행동은 물리적, 생물적 과정 자체 안에 있다. 세계 안의 하나님의 창조적 행동의 결과로서 원시적 생명체와 고등 유기체와 자의식을 가진 인간이 출현(창발)한다. "무생물, 생물, 인간의 세계는 단지 하나님의 행동의 무대가 아니라 그 자체가 전통적으로 창조자 영, 즉 성령과 연관된 하나님의 행동의 양식이다."[42] 하나님의 창조적 행동의 진화적 성격은 빅뱅으로부터 인간에 이르는 자연세계의 과정 안에 현존하는 하나님의 내재성에 대한 인식을 수반한다. 피콕은 자신의 만유재신론적 입장을 이렇게 표현한다. "여기서 기본적으로 확증하는 바는 자연과 인간을 포함한 존재하는 모든 것은 어떤 의미에 있어서 하나님 '안'에 있다는 것이며, 그러나 하나님은 심층적으로 그리고 궁극적으로 자연과 인간 '이상'이라는 것이다."[43]

피콕은 하나님이 양자 차원에서 행동하시고 카오스 체계를 통해서 그것을 증폭하심으로써 양자 카오스를 만들어내신다는 머피의 견해가 하나님이 기적을 통해 고전적 물리학의 법칙을 깨뜨린다고 주장하는 개입이론과 다름이 없다고 생각한다. 다른 점이 있다면 이 개입이 뉴턴의 우주에서는 드러나지만, 양자 세계에서는 숨겨져 있는 점이라는 것이다.[44] 그러나 이와 같은

---
42) Arthur Peacocke, "Chance and law in irreversible thermodynamics, theoretical biology, and theology," Russell, Murphy and Peacocke (eds), *Chaos and Complexity*, p. 139.
43) Ibid.

피콕의 생각은 머피의 견해에 대한 정확한 이해에 기초한 것은 아니다. 물론 하나님의 행동에 대한 양자 차원의 이론은 하나님이 물리적 세계 안에 어떤 결과를 가져오신다는 사실을 인정하며, 이것이 세계 안에서의 하나님의 행동의 그 어떤 특수한 장소도 인정하지 않는 윌레스나 카우프만의 견해와 다른 점이다. 하지만 자연법칙 안의 양자 차원의 개방성을 통한 하나님의 행동은 자연법칙을 깨뜨리는 개입과는 분명히 구별되는 것이다. 양자 차원에서 가능한 하나님의 행동은 구체적인 장소 안에서의 초점적 하향식 행동이지만 전통적인 개입주의적 하향식 행동은 아니다.

피콕은 지금까지 발전된 과학은 특수한 양자 현상이 원칙적으로 비예측적이라는 사실을 말해줄 뿐이며, 양자 차원에서 하나님이 행동하신다는 가설은 논리적 모순은 아니지만 물리적 세계에 대한 인간의 유한한 지식의 한계를 넘어서는 것이라고 주장한다. 이러한 이유로 그는 하나님이 개별적인 전자나 광자의 차원에서 물리학적으로 이해 불가능한 방식으로 물리적인 영향을 가져오신다는 생각을 환영하지 않는다. 그는 이러한 특수한 설명은 구체적인 문제들을 안고 있기 때문에, 신학은 세계 안에서의 하나님의 목적에 관한 일반적 진술의 차원에 머무는 것이 낫다고 주장한다. 다시 말하면 신학자가 비예측성, 개방성 등의 새로운 과학적 발견을 인지하는 것은 좋지만, 이러한 세계의 특징들을 넘어서 하나님이 세계 안에서 자신의 목적을 성취하기 위한 "인과적 연결점"(causal joint)을 구체화하려고 하지는 말아야 한다는 것이다.[45] 우리는 세계의 틈 안에서 하나님의 행동의 자리를 찾으려고 해서도 안 되며, 또 그것이 증폭되어 우주의 역사에 영향을 준다고 생각해서도 안 된다. 만일 하나님이 섭리적으로 행동하신다면, 그 영향은 부분으로부터 전체로 움직이지 않고 전체로부터 부분으로 움직이는 것이다. 그는 이것을 하향식 인과율

---

44) Arthur Peacocke, *Theology for a Scientific Age: Being and Becoming–Natural, Divine, and Human*, enlarged edition (Minneapolis: Fortress, 1993), p. 154.
45) Ibid., p. 157.

또는 전체-부분 인과율'(whole part constraint)이라고 부른다.

피콕에 따르면 과학은 체계의 구성요소의 행위에 대한 "한계조건"의 영향을 보여준다. "복합적인 전체 안의 구성적 단위들 사이의 관계성은 이 단위들을 위한 새로운 한계조건이다."[46] "체계의 구성단위들의 행위에 대한 체계 전체 상태의 영향, 즉 부분에 대한 전체의 영향이 인식되어야 한다."[47] 그는 카오스 현상이 대체로 낮은 차원의 현상에 대한 높은 차원, 즉 창발적 차원의 영향을 보여준다고 주장한다. 따라서 그는 비초점적 하향식, 즉 전일적 전체-부분 인과율을 세계 안에서의 하나님의 행동의 유일한 방식으로 제시한다. 결정론적 거시 물리적 차원이든 비결정론적 양자 차원이든 신적인 직접적 물리적 인과율 개념은 부분에 대한 전체 체계의 상호적 그물망의 관계성의 영향을 기술하기에 적합하지 않다. 그는 비초점적인 전일적 하향식 인과율 안에서 하나님이 세계 전체를 섭리하시고 인도하신다고 믿는다. 우주 전체를 포함하는 하나님은 우주에 영향을 주는 포괄적 맥락으로서 우주 안에서 직접적으로 행동하실 수 있다. "만일 하나님이 이 전체성의 수반적(supervenient) 차원에서 세계와 상호작용하신다면, 하나님은 세계를 구성하는 수많은 낮은 차원의 존재에서 작동하는… 법칙과 규칙을 폐기하지 않고 하향식으로 인과적 영향을 발휘하실 수 있다."[48] 하나님은 오직 세계 전체에 대하여만 행동하신다. 우리는 어떤 특별한 자연적 또는 역사적 사건 안에서 더욱 신적인 의미를 발견할 수는 있다. 그러나 "하나님은 모든 시공간 안에 동등하게 전체적으로 현존하신다."[49]

이와 같은 피콕의 견해는 세계의 구체적인 인과적 연결점에서의 하나님

---

46) Arthur Peacocke, "God's interaction with the world: The implications of deterministic 'chaos' and of interconnected and interdependent complexity," Russell, Murphy and Peacocke (eds), *Chaos and Complexity*, p. 273.
47) Ibid., p. 272.
48) A. Peacocke, *Theology for a Scientific Age*, p. 159.
49) Ibid., pp. 163, 181.

의 하향식 초점적 인과율을 인정하지 않는다는 점에서 헤블드와이트나 컴스턴의 견해와 유사하다. 클레이턴은 이와 같은 피콕의 전일적 하향식 접근은 실제로 하나님의 직접적인 행동을 말하기 어렵게 만든다고 본다.[50] 어떻게 피콕은 하나님의 하향식 영향이 전체 우주로부터 나에게 직접적으로 주어진다고 말할 수 있는가? 양자 차원에서의 직접적, 구체적 행위가 없다면, 어떻게 하나님의 직접적인 인과적 영향이 구체화될 수 있는가? 피콕의 자연주의 유신론의 문제점은 예수 그리스도의 인격과 사건에 대한 그의 이해에 분명히 드러난다. 그는 예수 그리스도 계시 사건도 "자연주의적" 모델 안에서 정보이론에 의해 설명한다. 즉 그는 계시된 지식과 자연적 지식의 이분법을 거부하고, 인간에 대한 하나님의 자기 전달을 "정보제공"의 과정으로 간주하는 노선을 따라 기독론을 제시한다.[51] 예수 안에서의 하나님의 현시는 창조 안으로부터, 즉 그의 삶, 가르침, 죽음, 부활로 인도되는 사건과 과정의 심층으로부터의 출현이다.[52] 하지만 또한 피콕은 예수가 고도의 특수한 신적 의도를 구현하였다고 말한다. 즉 하나님은 자연에 대한 숙고를 통해서는 오직 부분적이고 불완전하게만 식별할 수 있었던 신적 목적 안에 있는 인격성의 의미를 예수를 통해 분명하게 계시하였다는 것이다.[53]

그러나 하나님의 초점적 하향식 행동이 없이 단지 비초점적인 전일적 하향식 인과율에 의해 예수 안에서의 하나님의 행동을 설명하는 것은 한계가 있어 보인다. 왜냐하면 여기서는 예수에 대한 하나님의 영향이 구체적이고 직접적이라기보다 전체적이고 간접적일 수밖에 없기 때문이다. 클레이턴에 따르면, 이 입장은 예수를 매우 오랜 진화적 과정을 통해 창조질서 즉 예수

---

50) P. Clayton, *God and Contemporary Science*, p. 224.
51) Arthur Peacocke, "The incarnation of the informing self-expressive word of God," Mark Richardson and Wesley Wildman (eds), *Religion and Science: History, Method, Dialogue* (New York: Routledge, 1996), p. 321.
52) Ibid., p. 332.
53) A. Peacocke, *Theology for a Scientific Age*, p. 305.

자신의 유전암호 안에 이미 형성된 영적 잠재력을 우연히 활성화시킨 사람으로 봄으로써, 하나님의 그 어떤 특수한 의도도 봉쇄한다.[54] 피콕의 전일적 하향식 접근은 하나님의 섭리와 행동이 간헐적이거나 산발적인 것이 아니라 가장 포괄적이며 지속적인 것이라는 사실을 정당하게 보여줌에도 불구하고, 세계 안에서의 구체적인 시공간 안에서의 하나님의 직접적이고 의도적인 특수한 행동, 특히 예수 그리스도 안에 나타난 하나님의 유일회적인 계시를 충분히 설명하기에는 미흡하다.[55]

7. 결론

양자 차원에서 하나님이 세계 안에서 행동하실 수 있다는 명제는 과학적 증명에 기초한 명제라기보다는 신앙에 기초한 명제이다. 자연과학은 단지 양자 차원에서의 인식론적 불확실성과 존재론적 비결정성과 개방성만을 입증할 뿐이다. 또한 카오스 체계가 양자 차원에서의 개별적인 하나님의 행동을 증폭시켜서 물리적 세계에 가시적인 변화를 만들어내는 것이 사실인지 밝혀내는 것도 어려운 일이다. 더욱이 오늘날 "양자 카오스"라는 현상이 실제로 존재하는가 하는 문제 자체가 과학자들 사이에 논란이 되고 있다.[56] 그

---

54) P. Clayton, *God and Contemporary Science*, p. 226.
55) 클레이턴은 하향식 인과율은 일반적 섭리, 즉 세계에 대한 하나님의 전체적 섭리를 이해하는데 적합하지만, 하나님의 특수한 섭리를 위해서는 상향식 행동, 즉 양자 차원의 행동 이론이 필요하다고 주장한다. Ibid., p. 227. 그에 의하면, 양자 차원에서 하나님은 자연법칙이나 물리적 규칙성을 깨뜨리지 않고 사건을 인도하기 위해 행농하실 수 있으며, 따라서 하향식과 상향식 인과율의 결합은 세계 안에서의 하나님의 행동을 이해하기 위한 바람직한 대안이 될 수 있다. 그러나 여기서 클레이턴이 말하는 '상향식'이란 개념은 '초점적 하향식'이란 개념으로 대치될 필요가 있다. 왜냐하면 양자 차원에서의 하나님의 구체적인 행위는 상향식 행동이 아니라 초점적 하향식 행동이기 때문이다. 폴킹혼은 이 하나님의 행동을 하향식 행동으로 부른다. 물론 양자 차원에서의 하나님의 하향식 행동이 거시물리적 세계 안에서 효과를 발휘하기 위한 증폭과정에는 상향식 인과율이 작용한다. 한편, 클레이딘이 말하는 하나님의 '하향식' 행동은 '비초점적 전일적 하향식' 행동을 의미힌다.
56) A. Peacocke, "God's interaction with the world: The implications of deterministic 'chaos' and of interconnected and interdependent complexity," Russell, Murphy and Peacocke (eds), *Chaos*

러므로 세계 안에서의 하나님의 행동 가능성을 보증해주는 확고한 자연과학적 토대가 확립되어 있다고 할 수 있는지도 아직은 확실치 않다. 그러므로 과학적 자연신학이 가야할 길은 아직 멀어 보인다.

이와 같은 인식 아래, 우리는 세계 안에서의 하나님의 행동을 이해하기 위한 통전적 모델을 창발이론의 관점에서 모색해보고자 한다. 창발이론에는 약한 창발과 강한 창발의 두 가지 입장이 있다. 약한 창발은 창발의 특성이 근본적인 미시적 물리 과정의 부수적 결과에 불과하다고 보는 입장이고, 강한 창발은 상위 시스템이 자체를 구성하는 하위 요소들에 영향을 미치는 새로운 인과적 영향의 형태를 획득한다는 입장이다. 약한 창발론자와 강한 창발론자는 인식적 새로움, 즉 독특하게 새로운 그 무엇이 출현한다는 사실과, 개념적 비환원성, 즉 창발된 상위차원이 미시물리적 요소들에 대한 설명적 모델로 표현되거나 설명되지 않는다는 사실에 동의한다. 하지만 강한 창발론자는 여기서 더 나아가, 상위의 창발 특성들과 과정들이 인과론적으로 유효한 존재론적 실재라고 본다. 즉 강한 창발이론은 하향식 인과율, 즉 보다 포괄적인 상위구조가 그 구성요소에 인과적 영향을 미친다는 사실을 전제한다. 하지만 강한 존재론적 창발이론은 생물적, 생리적, 사회적 차원의 조직으로의 창발을 선행하는 물리-화학적 차원의 상향식 영향을 전제한다. 결과물이 아닌 창발물은 없다. 따라서 강한 창발론자들은 어떤 경우에 구성요소들로의 인과적 환원이 충분한 설명이 되지 않음에도 불구하고 상향식 인과율에 관한 환원론적 분석을 사용한다.

닐스 그레거슨은 종교적 관점에서 다섯 가지의 창발 모델을 제시한다.[57] 이 다섯 가지 모델은 단순한 종교적 자연주의, 진화하는 유신론적 자연주의,

---

and Complexity, p. 268, 각주 11. 그리고 Joseph Ford, "What is chaos, that we should be mindful of it?" Paul Davies (ed.), *The New Physics* (Cambridge: Cambridge University Press, 1989), pp. 366, 370.

57) Niels H. Gregersen, "The Emergence of Novelty: Exploring Five Theological Models," 장신대 기독교사상연구부 해외석학초청 학술세미나, 2006. 5. 17. 『기독교 사상과 문화』 제2호, 장로회신학대학교출판부, 2007. pp. 120-48.

무시간적 유신론, 시간적 유신론, 종말론적 유신론이다. 종교적 자연주의는 창발주의의 신학적 주장에 관심을 갖지 않는다. 이 모델은 실재하는 모든 것은 물리-화학적 역사로서의 진화의 다양한 산물에 불과하다고 본다. 다음 세 모델은 "유신론적 자연주의"라는 포괄적 범주에 속한다. "진화하는 유신론적 자연주의"는 범신론과 유사하게 신을 자연과정의 창발적 결과로 본다. "무시간적" 또는 "시간적 유신론"에서, 신은 자연세계와의 관계에서 인과적 우선권을 가진 창조적 원리로 이해된다. 무시간적 유신론과 시간적 유신론의 차이는 창발하는 세계가 신적 특성과 피드백 영향을 갖는지의 여부에 있다. 전자에 있어서 신은 변화하지 않는 창조의 원리로서 항상 자기동일성을 유지하는 반면, 후자에 있어서 신은 세계와 주고받으면서 세계와의 관계에서 본질적 특성과 변화하는 특성의 양극을 가진다. 종말론적 유신론은 창발의 표준적 유형에서 발견되는 자연주의적 전제를 공유하지 않는다는 점에서 다른 모델들과 다르다. 이 모델에서는 세계에의 신의 도래가 진화적 새로움의 궁극적 원인이기 때문에 상위의 창발현상이 그것을 선행하는 인과적 요인에 의해 온전히 설명될 수 없다고 가정된다.

이 다섯 가지 모델들 가운데 시간적 유신론과 종말론적 유신론 모델이 강한 창발론의 입장에서 상향식과 하향식을 통합하는 통전적인 신적 행동의 모델을 위한 적합한 과학적-신학적 논의의 맥락을 제공해준다. 자연주의 유신론자인 피콕은 시간적 유신론의 모델 안에서 강한 창발을 통합하는 길을 제시한다. 창발적 특성의 실제적 선택 이전에는 미래가 결정되지 않기 때문에, 하나님은 미래의 가능성들의 위상 공간(phase space)에 대해서는 알 수 있지만 창발적 진화의 정확한 길은 알 수 없다. 이 제한은 외적인 제한이 아니라 하나님의 사랑의 관대함에 의한 내적인 자기제한에 기인한다. 피콕은 하나님의 "방임"의 창조성을 전체-부분 인과율의 모델로 설명한다. 자연은 선제가 개별적 체계들에 영향을 미치는 상호연관적이고 상호의존적인 "체계들의 체계"이다. 그리고 하나님은 우주를 "에워싸는 실재"이다. 하나님은 우주에서 멀리 떨어져있는 환경이 아니라, 세계 안에 편재하면서 자연전체의 연계망 "안과 곁과 아래"에서 신적 의도를 펼치며 끊임없이 활동한다. 이러한 맥락에서 피콕은 하나님이 창발적 진화과정에 영향을 미치는 방식으로서 전일적인 하향식 전체-부분 인과율을 제시한다. "실제 체계 안에서의 전체-부분 영향과 유사하게, 하나님과 세계의 존재론적 간극이 시공간 안의 모든 곳에 있기 때문에, 하나님은 세계 체계의 상태에 전일적으로 영향을 줄 수 있다. 따라서 세계 체계의 구성요소들에 대한 세계 체계의 전체-부분 영향에 의해 매개되어, 하나님은 자신의 의도를 표현하는 특별한 패턴의 사건들을 야기할 수 있다."[58] 피콕은 하나님이 전일적인 전체-부분 인과율에 의한 세계의 창발적 과정을 통해 행동하신다고 생각한다.

피콕은 물리적 세계 안에 하나님의 구체적인 행동을 위한 틈이 있다고 보지 않는다. 그는 양자와 의식 두 차원에 존재론적 비결정성이 있음을 인정하지만 이것은 자연 안에서의 하나님의 특수한 행동을 말하기에는 충분치 않다고 본다. 피콕의 신학적 설명은 무엇보다 세계 전체와 관계되어 있다. 자연 전체가 창발의 사례를 나타내고 더 큰 복잡성의 방향으로 움직이고 있다. 상위체계(이동하는 새의 무리)가 하위체계(개체의 새들)에 정보적 영향력을 주는 방식과 유사하게 하나님은 세계 전체에 끊임없이 정보의 흐름을 제공한다. 어떤 정보의 흐름도 물질과 에너지의 교환 없이는 불가능하므로 신적 영향력은 부가적인 초월적 인과율이 아니라 자연 과정들 안에 숨어있는 인과율이다. 우리는 정보의 자연적 흐름으로부터 "신적 요인"을 추출해낼 수 없다. 왜냐하면 바로 자연의 작용 그 자체 안에서 하나님이 활동하시기 때문이다. 따라서 피콕의 유신론적 이해의 합리성은 과학적 설명의 틈에 의존하지 않고 진화의 전 과정에 대한 메타 반성에 의존한다.

이와 같은 피콕의 비초점적인 전일적 하향식 신적 인과율의 모델에서는

---

58) Arthur Peacocke, *Paths from Science Towards God: The End of All Our Exploring* (Natl Book Network, 2001), p. 110.

세계 안의 특정한 인과적 연결점에서의 직접적이고 초점적인 하나님의 행동을 말하기 어렵다. 또한 이 모델에서는 기도를 통한 하나님과 인간 사이의 직접적인 인격적 교제와 상호적 대화가 어떻게 가능한지도 의문이다. 강한 창발론을 통합하는 시간적 유신론의 모델 안에는 비초점적 하향식 인과율을 주장하는 피콕의 입장뿐만 아니라, 초점적 하향식 인과율을 말하는 폴킹혼, 트레이시, 머피 등의 입장도 포함된다. 이들은 창발(강한 창발)이 하나님의 비초점적 하향식 인과율에 의해서만 일어난다는 피콕의 주장에 동의하지 않는다. 따라서 강한 창발론을 지지하는 시간적 유신론의 모델 안에는 비초점적 하향식 인과율뿐만 아니라 초점적 하향식 인과율도 포함된다. 하나님의 초점적 하향식 인과율 모델에서 전체-부분 인과율은 부분-전체 인과율을 수반한다. 양자 차원에서의 하나님의 전체-부분 인과율 즉 초점적 하향식 행위는 상향식 부분-전체 인과율을 거쳐 거시적 세계(카오스 체계) 안에서 증폭됨으로써 거시적 차원에서의 (강한) 창발을 불러일으킨다.

한편, 판넨베르그는 종말론적 유신론의 모델 안에서 창발을 이해한다. 그는 자연법칙을 자연적 사건들의 발생 방식을 규정하는 규범(prescription)이 아니라, 사건들이 신적 섭리 아래 어떻게 통상적으로 일어나는지에 대한 일반적인 기술(description)로 본다. 다시 말하면, 그는 자연법칙을 사건들보다 선행하는 플라톤적 형상으로 보지 않고, 미묘한 우발적 사건들과의 관계를 통한 추상(抽象)으로 본다. 따라서 인간 사회의 실정법에서처럼 자연법에서도 예외가 허용되고 변화가 가능하다. 사건들이 규칙성을 앞서며, 창발과 새로운 조직의 형성이 자연법칙의 형성에 우선하다.

이러한 논증에 근거하여, 판넨베르그는 자연주의적 창발 이해를 거부하고, 미래의 새로운 가능성들이 존재로 옴(coming-into-being)에 의한 종말론적 창발 이해를 제시한다. 미래의 사건은 이전의 사건에 새로운 빛을 비추며, 이전의 사건은 새로운 관계 안에 나타난다. 오직 미래만이 우리에게 사건의 의미를 가르쳐준다면, 사건의 '본질'은 현재에 완결될 수 없다. 오직 사건들의 전체 연계망이 완결된 후에야 개별적 사건의 참된 본질이 인식될 수 있다. 궁극적 미래만이 어떤 사건의 특이성을 결정할 것이다.[59] 판넨베르그의 종말론적 유신론의 요점은 가능태가 단순히 물질의 과거 형태에 있지 않고 피조물의 잠재력과 세상에 제공되는 신적 가능성의 도래의 상호작용에 의해 실현되며, 따라서 창발적 새로움도 이 상호작용에 의해 생겨난다는 것이다. 창발적 미래가 과거와 현재로부터 이해되지 않고 과거와 현재가 창발적 미래의 빛 안에서 이해된다. 이 창발적 미래는 바로 하나님의 영역이다.[60]

창발이론을 중심으로 한 이와 같은 과학적 자연신학적 논증은 전통적인 자연신학에서처럼 하나님의 존재를 증명하기 위한 것이 아니라, 과학이론과 신학전통 사이를 가교하고 그렇게 함으로써 과학에는 방향을 제시하고 신학에는 이해 가능성을 제공하기 위한 것이다. 자연이 비환원론적인 (강한) 창발의 사례를 포함하고, 하나님이 세계 안에서 활동하는 창조자라면, 창발이론과 유신론 전통 사이에는 모종의 연결점 또는 공명이 가능하다고 할 수 있다. 결론적으로, 세계 안에서의 하나님의 행동은 두 가지 창발 유형 안에서의 네 가지 행동방식을 통해 설명될 수 있다. 먼저, 두 가지 창발 유형 즉 약한 창발과 강한 창발은 반드시 양자택일적인 관계에 있어야할 이유가 없다는 점이 언급될 필요가 있다. 왜냐하면 이 두 유형의 창발은 얼마든지 서로 다른 경우에 모두 발생할 수 있기 때문이다.

먼저, 약한 창발에 있어서는 상향식 부분-전체 인과율이 지배적으로 작용한다. 여기서 창발된 새로운 전체의 속성은 그것을 구성하는 부분의 속성에 강하게 수반된다. 따라서 여기서는 물리적 환원주의 방법이 지배적으로 사용될 수 있다. 여기서 하나님의 행동은 자연법칙을 통해 일어나는 것으로,

---

59) Wolfhart Pannenberg, *Toward a Theology of Nature: Essays on Science and Faith* (Louisville: Westminster/John Knox Press, 1993), p. 83.
60) 하나님을 과거의 힘이 아니라 미래의 힘으로 보는 견해는 몰트만에게도 나타난다. 몰트만에게 있어서 미래는 단순히 과거와 현재의 연장선상에서 예측될 수 없다. 창발적 새로움이 가능성의 영역으로부터 미래에서 현재로 들어온다.

즉 자연주의적이고 보편적인 것으로 간주될 수 있다. 자연법칙이란 하나님의 창조행위에 의해 수립된 질서로서, 자연법칙의 인과율 자체가 하나님의 신적 행동의 중요한 부분이라고 하는 말은 틀린 말이 아니다. 즉 세계의 물리적, 화학적, 생물적, 역사적, 우주적 진화과정 안에서의 창발 자체가 하나님의 행동이다. 이러한 하나님의 자연주의적이고 보편적인 행동만을 인정하는 사람들로서 모리스 윌레스, 카우프만 등을 들 수 있다. 이들은 미시물리적 양자 차원에서의 비결정성에 의해 야기된 작은 변화(초기조건)가 카오스 체계 안에서 증폭되어 거시물리적인 변화 즉 창발이 초래되는 현상도 하나님의 세계 내재적 행동으로 간주한다.

강한 창발에서는 창발된 상위 차원의 새로운 전체성이 상향식 부분-전체 인과율에 수반될 뿐만 아니라 그것을 구성하는 부분들을 포괄하고 그것들에 영향을 미친다. 이와 같은 하향식 전체-부분 인과율은 근본적으로 신적인 하향식 전체-부분 인과율로부터 말미암은 것이다. 강한 창발에 있어서 하나님의 행동은 세 가지 방식으로 생각될 수 있다. 첫 번째 방식은 특수한 초점적 행위에 의존하지 않는 전일적 방식이다. 이 전일적 인과율은 간접적인 방식의 하향식 전체-부분 인과율이다. 피콕은 유신론적 자연주의의 관점에서 이러한 비초점적 전일적 전체-부분 인과율 유형의 하나님의 행동 안에서의 강한 창발을 긍정한다. 그러나 사실상 그에게 있어서 상향식 부분-전체 인과율과 하향식 전체-부분 인과율의 구별 자체가 실제로 큰 의미가 없다. 왜냐하면 세계의 창발을 포함하는 자연주의적 과정 자체가 하나님의 행위로 간주되기 때문이다. 이 유형은 첫 번째 하나님의 행동방식 즉 약한 창발을 일으키는 상향식 부분-전체 인과율의 유형과 더불어 자연주의적 관점을 공유한다. 피콕의 자연주의 유신론은 변화하지 않는 창조의 원리로서의 신의 자기동일성을 고수하는 무시간적 유신론이 아니라 세계와의 상호적 관계 속에서 신의 변화 가능성을 인정하는 시간적 유신론에 속한다.

강한 창발을 불러일으키는 하나님의 두 번째 행동방식은 세계 안에서의 하나님의 직접적인 하향식 초점적 행동이다. 이 행동은 이미 언급된 바와 같이 무엇보다 양자 차원의 비결정성의 영역 안에서 일어날 수 있다. 이 경우 하나님은 자연법칙을 깨뜨리지 않고(비개입주의적으로) 개입하신다. 이 미시물리적 차원에서의 하나님의 행동은 카오스 체계 안에서 증폭되어 거시물리적인 변화를 수반하는 강한 창발을 가능케 한다. 이 모델은 비결정적 양자 차원에서의 하나님의 하향식 초점적 행동을 인정하는 트레이시, 머피, 폴킹혼, 클레이턴 등의 견해와 함께 간다. 그러나 하나님의 하향식 초점적 행동은 단지 미시적인 양자 차원의 비결정성의 영역에만 국한되지는 않는다. 인간 안의 하나님의 형상은 인간이 하나님과 '나와 당신'(I-Thou)의 관계를 맺을 수 있는 존재로 지음을 받았다는 사실에 있다. 인간은 영적 차원에서 영이신 하나님과 직접적인 관계를 가질 수 있도록 지음을 받았다. 인간의 영적 차원에서, 하나님은 직접적인 방식으로 행동하심으로써 회개를 통한 삶의 근본적 전환과 같은 창발적 새로움을 가능하게 하실 수 있다.

강한 창발을 가능케 하는 세 번째의 하나님의 행동방식은 종말론적 미래의 도래에 의한 새로운 가능성의 실현을 주장하는 종말론적 유신론에 의해 대변된다. 이 모델은 판넨베르그와 몰트만 등의 신학에 나타난다. 종말론적 하나님 나라가 역사적 예수의 부활 안에 선취적으로 실현됨으로써, 세계의 역사 속에 종말론적 미래를 향한 창발을 일으킨다. 종말론적 미래로부터 창발적 새로움이 도래하기 때문에, 그리고 과학 자체가 미래를 향해 열려있기 때문에, 여기서는 비과학적인 기적과 같은 강한 창발도 가능하다. 종말론적 미래의 도래로서의 하나님의 행동이 전통적인 신학의 개입(intervention) 개념과 구별이 힘들 정도로 직접적이지만, 그것과 동일한 것은 아니다. 그러나 여기서는 하나님의 초점적 행위 안에서의 하향적 인과율을 위한 구체적인 인과적 연결점에 대한 보다 충분한 논의가 요구된다. 즉, 종말론적 미래의 도래로서의 하나님의 행동에 대한 언어가 과학과의 대화를 통해 보다 이해 가능한 언어로 구체화될 필요가 있다.

요약하면, 세계 안에서의 하나님의 행동의 유형으로서, 약한 창발과 강한 창발은 양립 가능하다. 세계 안에서의 전체-부분 하향식 인과율로서의 하나님의 행동은 부분-전체 상향식 인과율을 포괄하면서 두 창발 유형의 네 가지 행동방식 모두에 의해 이루어진다. 이 네 가지 행동방식들이 모두 완벽하게 일치되거나 조화되는 것은 아니지만, 그것들이 상호배타적이거나 모순적이어야 할 이유도 없다. 하나님께서 이 네 가지 방식들을 자유롭게 선택하여 행동하심으로써 이 세계 안에 창발적 새로움을 가져오시지 못할 이유가 없다.

 참고문헌

Augustine. *Tractates on John, A Select Library of the Nicene and Post-Nicene Fathers of the Christian Church*. [first series,] Ed. P. Schaff. Grand Rapids: Eerdmans, 1978-79.

_____. *Trinity*, trans. Edmund Hill, Ed. John E. Rotelle. *Augustinian Heritage Institute* New York: New City Press, 1991.

_____. *Tractates on John, A Select Library of the Nicene and Post-Nicene Fathers of the Christian Church*, [first series,] Ed. P. Schaff. Grand Rapids: Eerdmans, 1978-79(이하 *NPNF*1).

_____. *Letters* 169, *NPNF*1.

_____. *On the Holy Trinity, Doctrinal Treatises, Moral Treatises*, vol 3 of *NPNF*1.

Athanasius. *On the Incarnation* 1, Patrologia graeca, Ed. J.-P. Migne *et. al*, Paris, 1857-86 (이하 PG).

_____. *Against the Arians*, PG.

_____. *Serapion*, PG

_____. *Statement of Faith* 4, PG.

Barbour, Ian G. *Religion and Science: Historical and Contemporary Issues*. New York: HarperSanFrancisco, 1997.

_____. *When Science meets Religion*. New York: HarperSanFrancisco, 2000.

Barth, Karl. *Church Dogmatics* vol. I/1, I/2, II/1, IV/1. Ed. G. W. Bromiley and T. F. Torrance. Trans. G. T. Thomson and Harold Knight. Edinburgh: T. & T. Clark, 1956-77.

Basil of Caesarea. *Letters*, PG.

_____. *On the Holy Spirit*, PG.

Basinger, David. *The Case for Freewill Theism*. Downers Grove, IL: InterVarsity, 1996.

Boff, Leonardo. *Trinity and Society*. Maryknoll, N.Y.: Orbis Books, 1988.

Bonhoeffer, Dietrich. *Letters and Papers from Prison*. New York: The MacMillan Company, 1971.

Bracken S. J, Joseph A. "The Holy Trinity as a Community of Divine Persons," *Heythrop Journal* 15. 1974.

_____. "Process Philosophy and Trinitarian Theology," *Process Studies* 8, no. 4. Winter 1978.

_____. "Process Philosophy and Trinitarian Theology II," *Process Studies* 11, no. 2. Summer 1981.

_____. *The Triune Symbol: Persons, Process and Community*. Lanham: University Press of America, 1985.

_____. "The World: Body of God or Field of Cosmic Activity?" *Charles Hartshorne's Concept of God*, Ed. Santiago Sia. Dordrecht: Klower Academic Publishers, 1990.

_____. *Society and Spirit: A Trinitarian Cosmology*. London and Toronto: Associated University Press, 1991.

_____. "Review of *God for Us*," *Theological Studies* 53/3. September 1992.

_____. *The Divine Matrix: Creativity as Link Between East and West*. Maryknoll, NY: Orbis Books, 1995.

_____. "Panentheist Internalism: Living within the Presence of the Trinitarian God," *Dialog: A Journal of Theology*. Vol. 40, Number 3. Fall, 2001.

_____. "Panentheism from a Process Perspective," *Trinity in Process*. Ed. Joseph A. Bracken & Marjorie Hewitt Suchocki. New York: The Continuum International Publishing Group Inc., 2005.

Brown, Delwin. *Process Philosophy and Christian Thought*. Indianapolis: Bobbs-Merrill Educational Publishing, 1971.

Calvin, John. *Institutes of the Christian Religion*. trans. Ford Lewis Battles, Ed. John T. McNeil. Philadelphia: Westminster Press, 1960.

_____. *Calvin's Commentaries: The Epistles of Paul the Apostle to the Romans and to the Thessalonians*. Trans. Ross Mackenzie, Ed. David W. Torrance and Thomas F. Torrance. Edinburgh: Oliver and Boyd, 1961.

_____. *Calvin's Commentaries: The Gospel According th St. John 11-21 and the First Epistle of John*. Trans. T. H. L. Paker. Ed, David W. Torrance and Thomas F. Torrance. Edinburgh: Oliver and Boyd, 1961.

Cargas, Harry James. *Religious Experience and Process Theology: The Pastoral Implications of Major Modern Movement*, New York: Paulist, 1976.

Christian, William A. *An Interpretation of Whitehead's Metaphysics*. New Haven: Yale University Press, 1959.

Clayton, Philip. *God and Contemporary Science*. Edinburgh: Edinburgh University Press, 1997.

_____. "The Case for Christian Panentheism," *Dialog: A Journal of Theology*, Vol. 37, Number 2. Summer 1998.

_____. "The Panentheistic Turn in Christian Theology: A Response to My Critics," Symposium on Clayton's Panentheism, *Dialog: A Journal of Theology*, Vol. 38, Number 2. Summer 1999.

_____. *The Problem of God in Modern Thought*. Grand Rapids: William B. Eerdmans, 2000.

_____. *Mind & Emergence: From Quantum to Consciousness*. Oxford/New York: Oxford University Press, 2004.

_____. "Kenotic Trinitarian Panentheism," *Dialog: A Journal of Theology,* vol 44, Number 3. Fall 2005.

Clayton, Philip & Peacocke, Arthur. Ed. *In Whom We Live and Move and Have Our Being: Panentheistic Reflections on God's Presence in a Scientific World*. Grand Rapids: William B. Eerdmans, 2004.

Cobb, John B. Jr. *A Christian Natural Theology*. Philadelphia: Westminster, 1965.

_____. *God and the World*, Simon and Schuster, 1965. Reprint, Eugene, OR: Wipf and Stock, 1998.

_____. *Christ in a Pluralistic Age*. Philadelphia: Westminster, 1975.

_____. "The Resurrection of the Soul," *Harvard Theological Review* 80/2. 1987.

_____. *Beyond Dialogue: Toward a Mutual Transformation of Christianity and Buddhism*. Fortress Press, 1982. Reprint, Eugene, : Wipf and Stock, 1998.

_____. *Can Christ Become Good News Again?* St. Louis: Chalice Press, 1991.

_____. *Transforming Christianity and the World: A Way beyond Absolutism and Relativism*. Maryknoll, NY: Orbis, 1999.

Cobb, John B. and Clark Pinnock, Ed. *Searching for an Adequate God: A Dialogue between Process and Free Will Theists.* Grand Rapids: Eerdmans, 2000.

Cobb, John B. Jr. & David Ray Griffin. *Process Theology: An Introductory Exposition.* The Westminster Press, 1976. 『과정신학』, 열림, 1993.

Compton, John. "Science and God's action in nature." *Earth Might Be Fair: Reflections on Ethics, Religion, and Ecology.* Ed. Ian Barbour. Englewood Cliffs, NJ: Prentice-Hall, 1972.

Cooper, John W. *Panentheism: The Other God of the Philosophers: From Plato to the Present.* Grand Rapids: Baker Academic, 2006.

Cousins, Ewert H. Ed. *Process Theology: Basic Writings.* New York: Newman Press, 1971.

Cross, F. L. and Livingstone, E. A. Ed. *The Oxford Dictionary of the Christian Church,* 3rd Ed. New York: Oxford University Press, 1997.

Dabney, D. Lyle. "Pneumatologia Crucis: Reclaiming Theologia Crucis For A Theology of the Spirit Today." *Scottish Journal of Theology* 53, no., 2000.

Dunn, James D. G. *Christology in the Making: A New Testament Inquiry into the Origin of the Doctrine of the Incarnation.* Philadelphia: Westminster Press, 1980.

Dürr, Hans-Peter. et. al. *Gott, der Mensch und die Wissenschaft*, 여상훈 옮김, 『신, 인간 그리고 과학』 서울: 시유시, 2000.

Farrer, Austin. *Faith and Speculation.* New York: New York University Press, 1967.

Fiddes, Paul. *Participating in God: A Pastoral Doctrine of the Trinity.* Louisville: Westminster John Knox, 2000.

Ford, Joseph. "What is chaos, that we should be mindful of it?" *The New Physics.* Ed. Paul Davies. Cambridge: Cambridge University Press, 1989.

Fox, Patricia A. *God as Communion: John Zizioulas, Elizabeth Johnson, and the Retrieval of the Symbol of the Triune God.* Collegeville: The Liturgical Press, 2001.

Ganssle, Gregory. Ed. *God and Time: Four Views.* Downers Grove, IL: InterVarsity, 2001.

_____. *Reaping the Whirlwind: A Christian Interpretation of History.* New York: Seabury Press, 1976.

Gilkey, Langdon. "God," *Christian Theology: An Introduction to Its Tradition and Tasks*, Ed. Peter C. Hodgson and Robert H. King. Philadelphia: Fortress Press, 1985. 윤철호 옮김, 『현대기독교조직신학』, 서울: 한국장로교출판사, 1999.

Gieschen, C. A. *Angelomorphic Christology: Antecedents and Early Evidence*, AGAJU 42. Leiden: Brill, 1998.

Gleick, James. 박배식 옮김. 『카오스』, 동문사, 1993.

Gregersen, Niels H. "The Emergence of Novelty: Exploring Five Theological Models," 장신대 기독교사상연구부 해외석학초청 학술세미나, 2006, 5, 17. 『기독교 사상과 문화』제2호, 장로회신학대학교출판부, 2007.

Gregory of Nazianzen. *Select Orations of Saint Gregory Nazianzen*. vol 7 of NPNF2.

Gregory of Nyssa. *Dogmatic Treatises, A Select Library of the Nicene and Post-Nicene Fathers of the Christian Church*. [second series,] Ed. P. Schaff and H. Wace. Grand Rapids: Eerdmans, 1979.

_____. *Against Eunomius*.

Gregory Palamas. *The Triads*, Ed. John Meyendorff, trans. Nicholas Gendle. New York: Paulist Press, 1983.

_____. *Capita physica theologica*, PG.

Grenz, Stanley J. and Roger E. Olson. *Twentieth-Century Theology: God and the World in a Transitional Age*. Downers Grove, IL: InterVarsity Press, 1992.

_____. *Rediscovering The Triune God: The Trinity in Contemporary Theology*. Minneapolis: Fortress Press, 2004.

Griffin, David Ray. *God, Power, and Evil: A Process Theodicy*. Philadelphia: Westminster, 1976. Reprint, Louisville, KY: Westminster John Knox, 2004.

_____. *John Cobb's Theology in Process,* Philadelphia: Westminster, 1977.

_____. *God and Religion in the Postmodern World*. SUNY Series in *Constructive Postmodern Thought*. Albany: State University of New York Press, 1989.

_____. *Unsnarling the World-Knot: Consciousness, Freedom and the Mind-Body Problem*. Berkeley: University of California Press, 1998.12.

_____. *Religion and Scientific Naturalism: Overcoming the Conflicts*. Albany: State University of New York Press, 2000.

_____. *Reenchantment without Supernaturalism*. Ithaca, NY: Cornell University Press, 2001.

_____. *Two Great Truths: A New Synthesis of Scientific Naturalism and Christian Faith*. Louisville, KY: Westminster John Knox, 2004.

Hansen, R. P. C. *The Search for the Christian Doctrine of God: The Arian Controversy*. Edinburgh: T & T Clark, 1988.

Harrison, Nonna Verna. "Zizioulas on Communion and Otherness," *St. Vladimir's Theological Quarterly*. 42/3-4. 1998.

Hartshorne, Charles. *The Divine Relativity: A Social Conception of God*. New Haven: Yale University Press, 1948.

_____. *Reality as Social Process: Studies in Metaphysics and Religion*. Glencoe, IL: Free Press, Boston: Beacon, 1953.

_____. *Man's Vision of God and the Logic of Theism*. Chicago: Willett, Clark, 1941. Reprint, Hamden, CT: Archon, 1964.

_____. *A Natural Theology for Our Time*. La Salle, IL: Open Court, 1967.

_____. *Creative Synthesis and Philosophic Method*. La Salle, IL: Open Court, 1970.

_____. *Omnipotence and Other Theological Mistakes*. Albany: State University of New York Press,1984. 홍기석, 임인영 외 옮김. 『하나님은 어떤 분이신가: 하나님의 전능하심과 여섯 가지 신학적 오류』. 서울: 한들, 1995.

_____. *Wisdom as Moderation: A Philosophy of the Middle Way*. Albany: State University of New York Press, 1987.

Hartshorne, Charles. & Peden, Creighton. *Whitehead's View of Reality*. New York: The Pilgrim Press, 1981.

Hartshorne, Charles and Reese, William. *Philosophers Speak of God*. Chicago: University of Chicago Press, 1953.

Haight, Roger. "The Point of Trinitarian Theology," *Toronto Journal of Theology* 4, no. 2. Fall 1988.

Hasker, William. *God, Time, and Knowledge*. Ithaca, NY: Cornell University Press, 1989.

Haught, John F. *Christianity and Science*. New York: Orbis Books, 2007.

_____. 구자연 역.『과학과 종교, 상생의 길을 가다』. 서울: 코기토, 2003.

Hurtado, Larry W. "Lord," *Dictionary of Paul and His Letters*, Ed. Gerald F. Hawthorne. Downers Grove, Ill.: InterVersity Press, 1993.

_____. "Christology," *Dictionary of the Later New Testament and Its Developments*, Ed. Ralph P. Martin and Peter H. Davids. Downers Grove, IL.: InterVersity Press, 1997.

Irenaeus. *Against Heresies*. PG.

_____. *Against Heresies, Ante Nicene Fathers: Apostolic Fathers, Justin Martyr, Irenaeus*. Ed. Alexander Roberts and James Donaldson Rev. A. Cleveland Coxe vol. 1. Grand Rapids: Eerdmans, 1950.

_____. *Demonstration of Apostolic Preaching, Ante-Nicene Fathers* vol. 1.

Jenson, Robert W. "The Triune God," *Christian Dogmatics*, Ed. Carl E. Braaten and Robert W. Jenson. Philadelphia: Fortress Press, 1984.

Jentz, Arthur H. *Whitehead's Philosophy: Primary Texts in Dialogue*. University Press of America, 1985.

John of Damascus, *On the Orthodox Faith*, PG.

Johnson, Elizabeth. "The Incomprehensibility of God and the Image of God Male and Female," *Theological Studies* 45/3. September 1984.

_____. *She Who is: the Mystery of God in a Feminist Theological Perspective*. New York: Crossroad, 1992.

_____. "Wisdom Was Made Flesh and Pitched Her Tent among Us," *Reconstructing the Christ Symbol: Essays in Feminist Christology*. Ed. Maryanne Stevens. Mahwah, N.J.: Paulist, 1993.

_____. *She Who is: The Mystery of God in Feminist Theological Discourse*. New York: Crossroad, 1992. 함세웅 역,『하느님의 백한 번째 이름』. 서울: 비오로 딸, 2000.

Jüngel, Eberhard. *The Doctrine of the Trinity: God's Being Is in Becoming*. Grand Rapids: Wm. B. Eerdmans, 1976.

Justin Martyr. *The Second Apology, Ante-Nicene Fathers* vol. 1.

_____. *The Dialogue with Trypho, a Jew, Ante-Nicene Fathers* vol. 1.

Kasper, Walter. *The God of Jesus Christ*, trans. Matthew J. O'Connell. New York: Crossroad, 1991.

Kaufman, Gordon. "On the Meaning of 'Act of God'," *God the Problem*. Cambridge, MA: Harvard University Press, 1972.

Kelly, J. N. D. *Early Christian Doctrines*. London: Adam & Charles Black, 1968.

Krause, Karl. *The Ideal of Humanity and Universal Federation (Das Urbild der Menschheit)*, Trans. W. Hastie. Edinburgh: T&T Clark, 1900.

LaCugna, Catherine Mowry. *God for Us: The Trinity and Christian Life*. San Francisco: Harper & Row, 1991.

_____. "The Trinitarian Mystery of God," *Systematic Theology: Roman Catholic Perspectives*, Ed. Francis Schüssler Fiorenza and John P. Galvin. vol. 1. Minneapolis: Fortress Press, 1991.

_____. "God in Communion with Us: The Trinity," *Freeing Theology: The Essentials of Theology in Feminist Perspective*. Ed. Catherine Mowry LaCugna. San Francisco: HarperSanFrancisco, 1993.

_____. "The Practical Trinity," *Christian Century* 109/22. July 15-22, 1992.

Lee, Jung Young. *The Principle of Changes: Understanding the I Ching*. New Hyde Park, New York: University Books, 1971.

_____. *The Theology of Change: A Christian Concept of God in an Eastern Perspective*. Maryknoll, Orbis Books, 1979.

_____. *The Trinity in Asian Perspective*. Nashville: Abingdon Press, 1996.

Letham, Robert. *The Holy Trinity: In Scripture, History, Theology, and Worship*. Phillipsburg: P&R Publishing, 2004.

Lonergan, Bernard. *Insight*. Longman, 1958.

Lossky, Vladimir. *The Mystical Theology of the Eastern Church*. Cambridge & London: James Clarke & Co. LTD, 1973.

_____. *In the Image and Likeness of God*. Ed. John H. Erickson and Thomas E. Bird. Crestwood, N.Y.: St. Vladimir's Seminary Press, 1974.

_____. *Orthodox Theology*. New York: St Vladimir's Seminary Press, 2001.

Lowe, Victor. *Alfred North Whitehead: The Man and His Work: 1910-1947*. Baltimore:

    Johns Hopkins University, 1990.

Lucas, George R. Jr. Ed. *Hegel and Whitehead: Contemporary Perspectives on Systematic Philosophy*. Albany: State University of New York, 1986.

McFague, Sallie. *Metaphorical Theology: Models of God in Religious Language*. Philadelphia: Fortress Press, 1982.

_____. *Models of God: Theology for an Ecological, Nuclear Age*. Philadelphia: Fortress, 1987.

_____. *The Body of God: An Ecological Theology*. Mineapolis: Fortress Press, 1993.

_____. *Life Abundant: Rethinking Theology and Economy for a Planet in Peril*. Minneapolis: Fortress, 2001.

Meerson, Michael Aksionov. *Trinity of Love in Modern Russian Theology: The Love Paradigm and the Retrieval of Western Medieval Love Mysticism in Modern Russian Trinitarian Thought* (from Solovyov to Bulgakov). Quincy, Ill.: Franciscan Press, 1998.

Mellert, Robert B. *What is Process Theology*. New York: Paulist Press, 1975. 김상일 옮김. 『화이트헤드의 철학과 신학』. 서울: 지식산업사, 1989.

Moltmann, Jürgen. *The Crucified God: The Cross of Christ as the Foundation and Criticism of Christian Theology*. trans. R. A. Wilson and John Bowdon. New York: Harper and Row, 1974.

_____. *Religion, Revolution, and the Future*. New York: Scribner's, 1969.

_____. "The 'Crucified God': God and the Trinity Today". *New Questions on God*, Ed. Johannes Metz. New York: Herder & Herder, 1972.

_____. *The Church in the Power of the Spirit*. New York: Harper & Row, 1977.

_____. *The Trinity and the Kingdom of God*, trans. Margaret Kohl. London: SCM Press, 1981.

_____. *The Trinity and the Kingdom: The Doctrine of God*. Translated by Margaret Kohl. New York: Harper & Row, 1981.

  The Trinity and the Kingdom: The Doctrine of God, trans. Margaret Kohn Minneapolis: Fortress Press, 1993. -〉p. 150

_____. "Theological Proposals Towards the Resolution of the Filioque Controversy," *Spirit of God, Spirit of Christ: Ecumenical Reflections on the Filioque Controversy*. Ed. Lukas Vischer. London: SPCK, 1981.

_____. *The Way of Jesus Christ: Christology in Messianic Dimensions*, San Francisco: Harper & Row, 1990.

_____. *History and the Triune God: Contributions to Trinitarian Theology*. trans. John Bowden. New York: Crossread, 1992.

_____. *The Crucified God: The Cross of Christ as the Foundation and Criticism of Christian Theology*. Minneapolis: Fortress Press, 1993.

_____. *Theology of Hope: On the Ground and the Implications of a Christian Eschatology*. Translated by James W. Leitch. New York: Harper & Row, 1967. Reprint, Minneapolis: Fortress, 1993.

_____. *The Church in the Power of the Spirit: A Contribution to Messianic Ecclesiology*. trans. Margaret Kohn. Minneapolis: Fortress Press, 1993.

_____. *God in Creation: A New Theology of Creation and the Spirit of God*. ranslated by Margaret Kohl. Minneapolis: Fortress, 1993.

_____. *The Coming of God: Christian Eschatology*. trans. Margaret Kohl. Minneapolis: Fortress Press, 1996.

_____. *Experiences in Theology: Ways and Forms of Christian Theology*. trans. Margaret Kohl. Minneapolis: Fortress Press, 2000.

_____. *Science and Wisdom*. Translated by Margaret Kohl. Minneapolis: Fortress, 2003.

Moltmann, Jürgen. et al. *The Future of Hope*. Ed. Frederick Herzog. New York: Seabury, 1970.

Moltmann Wendel, Elisabeth. & Jürgen Moltmann. *Humanity in God*. Cleveland: Pilgrim Press, 1983.

Murphy, Nancy. *Beyond Liberalism and Fundamentalism: How Modern and Postmodern Philosophy Set the Theological Agenda*. Valley Forge: Trinity Press Internaltional, 1996.

Niebuhr, Reinhold. *The Nature and Destiny of Man*. vol. 1. New York: Scribner's, 1941.

_____. "Biblical Thought and Ontological Speculation in Tillich's Theology,"

Charles W. Kegley (ed), *The Theology of Paul Tillich*. New York: The Pilgrim Press, 1952, 1982.

O' Collins, Gerald. *The Tripersonal God: Understand and Interpreting the Trinity*. London: Geoffrey Chapman, 1999.

O' Donnell, John. *Trinity and Temporality: The Christian doctrine of God in the Light of Process Theology and the Theology of Hope*. Oxford: Oxford University Press, 1983.

Origen. *On First Principles, Ante-Nicene Fathers* vol. 4. Peabody, Massachusetts: Hendrickson Publishers, 1994.

Pannenberg, Wolfhart. Ed. *Revelation as History*. trans. David Granskou. New York: Macmillan, 1968.

_____. *Jesus-God and Man*. trans. Lewis Wilkins and Duane Priebe. Philadelphia: Westminster, 1968.

_____. *Theology and the Kingdom of God*. Louisville: Westminster/John Knox Press, 1969.

_____. *Basic Questions in Theology* vol 2. trans. George Kehm and R. A. Wilson. Philadelphia: Fortress, 1971.

_____. "Problems of a Trinitarian Doctrine of God," *Dialog 26,* no. 4. Fall 1987.

_____. *An Introduction to Systematic Theology*. Grand Rapids: Eerdmans, 1991.

_____. "The Christian Vision of God: The New Discussion on the Trinitarian Doctrine," *Asbury Theological Journal* 46, no. 2. Fall 1991.

_____. *Systematic Theology*. Ed. Geoffrey Bromiley, 3 vols. Grand Rapids: Eerdmans, 1991-1998.

_____. *Systematic Theology*, 3 vols. Trans. Geoffrey W. Bromiley. Grand Rapid, MI: William B. Eerdmans Publishing Company, 1988, 1991, 1993.

_____. *Toward a Theology of Nature: Essays on Science and Faith*. Ed. Ted Peters. Louisville: Westminster/John Knox, 1993.

Peacocke, Arthur. *Theology for a Scientific Age*. Blackkwell: Oxford, 1990.

_____. "The incarnation of the informing self expressive word of God," Mark Richardson and Wesley Wildman(eds). *Religion and Science: History, Method,*

Dialogue. New York: Routledge, 1996.

_____. _Paths from Science Towards God: The End of All Our Exploring_. Oxford: Oneworld, 2001.

_____. _All That Is: A Naturalistic Faith for the Twenty-First Century_. Ed. by Philip Clayton. Minneapolis: Fortress Press, 2007.

Peters, Ted. _God as Trinity: Relationality and Temporality in Divine Life_. Louisville: Westminster/John Knox Press, 1993.

_____. Ed. _Science and Theology_. Boulder: Westview Press, 1998. 김흡영, 배국원, 윤원철, 윤철호, 신재식, 김윤성 옮김. 『과학과 종교: 새로운 공명』. 서울: 동연, 2002.

_____. _God as Trinity: Relationality and Temporality in Divine Life_. Yale University Press, 1998.

Pinnock, Clark. 외 _The Openness of God: A Biblical Challenge to the Traditional Understanding of God_. Downers Grove, IL: InterVarsity, 1994.

Polanyi, Michael. _Personal Knowledge_. Routledge and Kegan Paul, 1958.

Polkinghorne, John. _One World: The Interaction of Science and Theology_. London: SPCK, 1986.

_____. John. _Science & Theology: An Introduction_. Minneapolis: Fortress Press, 1998.

_____. _Belief in God in an Age of Science_. New Haven and London: Yale University Press, 1998.

_____. _Belief in God in an Age of Science_. New Haven and London: Yale University Press, 1998. 이정배 역. 『과학시대의 신론』. 동명사, 1999.

_____. Ed. _The End of the World and the End of God: Science and Theology on Escatology_, Trinity Press, 2000.

Polkinghorne, John and Welker, Michael. _The End of the World and the Ends of God: Science and Theology on Eschatology_. Harrisburg: Trinity Press International, 2000. 신준호 옮김. 『종말론에 관한 과학과 신학의 대화. 서울: 대한기독교서회』, 2002.

Rahner, Karl. _Theological Investigations_ vol 4. London: Longman, 1966.

_____. *The Trinity*. trans. Joseph Donceel. New York: Crossroad, 1997.

_____. "The Concept of Mystery in Catholic Theology," *Theological Investigations* 4, Trans. Kevin Smith. New York: Crossroad, 1982.

_____. *Foundations of Christian Faith: An Introduction to the Idea of Christianity*. Trans. William V. Dych. New York: Seabury, 1978.

Rice, Richard. *The Openness of God: The Relationship between Divine Foreknowledge and Human Free Will*. Washington, DC: Review and Herald, 1980, 개정판 Minneapolis: Bethany House, 1985.

Russell, Robert J. Nancy Murphy and Arthur Peacocke. (eds). *Chaos and Complexity: Scientific Perspectives on Divine Action*. Vatican City State: Vatican Observatory Publications, 1995.

Schilpp, Paul Arthur & Hahn, Lewis Edwin Ed. *The Philosophy of Charles Hartshorne*. La Salle: Open Court, 1991.

Said, Edward W. *Orientalism*. 박홍규 역.『오리엔탈리즘』. 서울: 교보문고, 1996.

Shults, F. LeRon. *The Postfoundationalist Task of Theology: Wolfhart Pannenberg and the New Theological Rationality*, Grand Rapids: William B. Eerdmans, 1999.

St. Photios the Great. *On the Mystagogy of the Holy Spirit*. Astoria, N.Y.: Studien Publications, 1983.

Suchocki, Marjorie Hewitt. *God, Christ, Church: A Practical Guide to Process Theology*. New Rev. & Ed. New York: Crossroad, 1997 (c1982).

_____. *The End of Evil: Process Eschatology in Historical Context*. Albany: State University of New York Press, 1988.

_____. *In God's Presence: Theological Reflections on Prayer*, 1996.

_____. *The Whispered Word: A Theology of Preaching*, 1999.

_____. *The Fall to Violence: Original Sin in Relational Theology*. New York: Continuum, 1999. Reprint, Eugene, OR: Wipf and Stock, 2003.

_____. *Divinity and Diversity: A Christian Affirmation of Religious Pluralism*. Nashville: Abingdon Press, 2003.

Suchocki, Marjorie Hewitt and Joseph A. Bracken, S.J., Ed. *Trinity in Process: A Relational Theology of God*. New York: Continuum, 1997.

Swinburne, Richard. *The Coherence of Theism* (Oxford: Oxford University Press, 1993.

_____. *The Christian God.* Oxford: Oxford University Press, 1994.

Tanner, Kathryn. *God and Creation in Christian Theology: Tyranny or Empowerment?.* Oxford: Basil Blackwell, 1988.

Tertullian, *Against Praxeas*, Ante-Nicene Fathers vol. 3. Patrologia latina, Ed. J.-P. Migne et. al, Paris, 1878-90.

Thatcher, Adrian. *The Ontology of Paul Tillich.* Oxford: Oxford University Press, 1978.

Thomas Aquinas, *Summa Theologica.*

Tillich, Paul. *The Protestant Era.* trans. by James Luther Adams. Chicago: University of Chicago Press, 1948.

_____. *Systematic Theology.* 3 vols. Chicago: University of Chicago Press, 1951, 1957, 1963.

_____. *Ultimate Concern: Tillich in Dialogue.* Ed. by D. Mackenzie Brown. New York: Harper & Row, 1965.

_____. *The Courage to be.* New Haven & London: Yale University Press, 1980.

Torrance, Alan J. *Persons in Communion: An Essay on Trinitarian Description and Human Participation.* Edinburgh: T. & T. Clark, 1996.

Torrance, Thomas F. *Theological Science.* Oxford University Press, 1969.

_____. *The Trinitarian Faith: The Evangelical Theology of the Ancient Catholic Church.* Edinburgh: T&T Clark, 1988.

_____. *Trinintarian Perspectives: Toward Doctrinal Agreement.* Edinburgh: T&T Clark, 1994.

_____. *The Christian Doctrine of God: One Being, Three Persons.* Edinburgh: T & T Clark, 1996.

Tracy, Thomas F. Ed. *The God Who Acts: Philosophical and Theological Explorations.* University Park, PA: Pennsylvania State University Press, 1994.

Van Huyssteen, J. Wentzel. *Essays in Postfoundationalist Theology.* Grand Rapids: William B. Eerdmans, 1997.

Vanstone, W. H. *Love's Endeavour, Love's Expense.* Darton, Longman and Todd, 1977.

Wainwright, Arthur. *The Trinity in the New Testament*. London: SPCK, 1963.

Ware, Timothy. *The Orthodox Church*. London: Penguin Books, 1993.

Welker, Michael. *Universalitat Gottes und Relativitat der Welt: Theologische Kosmologie im Dialog mit dem Amerikanischen Prozessdenken nach Whitehead*, Neukirchen-Vluyn: Neukirchener Verlag, 1988.

_____. "Springing Cultural Traps: The Science and Theology Discourse on Eschatology and the Common Good," 제 16/17 회 국제학술세미나 "인간복제·휴먼지놈 프로젝트를 어떻게 볼 것인가?" 우원사상연구소, 2000, 9.

Westermann, Claus. *Elements of Old Testament Theology,* trans. Douglas W. Stott. Atlanta: John Knox Press, 1982.

Whitehead, Alfred North. *Science and the Modern World: The Lowell Lectures,* 1925 (New York: Macmillan, 1950.

_____. *Religion in the Making*. New York: Macmillan, 1926, reprint, New York: Fordham University Press, 1996.

_____. *Process and Reality: An Essay in Cosmology*. New York: Macmillan, 1929.

_____. *Adventures of Ideas*. New York: Simon and Schuster, 1953

_____. *Process and Reality*. Ed. David Ray Griffin & Donald W. Sherburne. New York: The Free Press, Macmillan, 1978. -〉 p.191.

_____. *Science and the Modern World*. London: Cambridge University Press, 1926. 오영환 옮김.『과학과 근대세계』. 서울: 서광사, 1989.

_____. *Symbolism: Its Meaning and Effect*. New York: Fordham University Press,1927. 정연홍 옮김.『상징작용 : 그 의미와 효과』, 서광사, 1989.

_____. *Adventures of Ideas*. London: Cambridge University Press, 1933. 오영환 옮김.『관념의 모험』. 서울: 한길사, 1996.

_____. *Religion in the Making*. New York: The Macmillan Company, 1960. 류기종 옮김.『종교론』. 종로서적. 1986.

_____. *Process and Reality*. Edited by David Ray Griffin and Donald W. Sherburne. New York: The Free Press, 1978. 오영환 옮김.『과정과 실재』. 서울: 민음사, 1992.

_____. 김용옥 옮김.『이성의 기능』. 통나무, 1998.

Zizioulas, John D. "Human Capacity and Human Incapacity: A Theological Exploration of Personhood," *Scottish Journal of Theology* 28, no. 5. October 1975.

_____. "The Teaching of the 2nd Ecumenical Council on the Holy Spirit in Historical and Ecumenical Perspective," in *Credo in Spiritum Sanctum*. edited by J. S. Martins. Rome: Libreria Editrice Vaticana, 1983.

_____. *Being as Communion: Studies in Personhood and the Church*. Crestwood, N.Y.: St. Vladimir's Seminary Press, 1985.

_____. "Contribution of Cappadocia to Christian Thought," *Sinasos in Cappadocia*, Ed. Frosso Pimenides and Stelios Roādes. National Trust for Greece: Agra Publications, 1986.

_____. "On Being a Person, Towards an Ontology of Personhood," *Persons, Divine and Human*. Ed. C. Schwöbel and C. Gundon. Edinburgh: T&T Clark, 1992.

_____. *Being as Communion: Studies in Personhood and the Church*. New York: St. Vladimir's Seminary Press, 1993.

_____. "Communion and Otherness," *St. Vladimir's Theological Quarterly* 28. 1994.

_____. "The Doctrine of the Holy Trinity: The Significance of the Cappadocian Contribution," in *Trinitarian Theology Today Essays on Divine Being and Act*. edited by Christoph Schwobel. Edinburgh: T&T Clark, 1995.

고부웅. "에드워드 사이드와 탈식민주의 이론,"「역사비평」. 2004년 겨울호.

나병철.「탈식민주의와 근대문학」. 서울: 문예출판사, 2004.

서원모. "4세기 삼위일체 논쟁의 전개," "동방교부들의 삼위일체론,"「삼위일체론의 역사」. 역사신학연구회. 서울: 대한기독교서회, 2008.

윤철호.「예수 그리스도」하. 서울: 한국장로교출판사, 1998.

하이젠베르그.「부분과 전체」(*Der Teil und das Ganze*). 서울: 지식산업사, 2005.

후카이 도모아키(Tomoaki Fukai). "아시아 신학자에게 있어서 구미신학의 의의," 제1회 한일신학자학술회의,「구미신학과 아시아신학」, 장로회신학대학교, 3, 10, 2009.

색인

인명 색인

[가]

가이사랴의 바실(Basil of Caesarea) 53, 55, 106

구티에레스 208

그레거슨(Gregersen, N. H.) 474, 592

그레고리 팔라마스(Gregory Palamas) 57, 74

그리핀(Griffin, D. R.) 112, 364, 377-380, 382-384

길키(Gilkey, L.) 7, 127, 187-211

[나]

나지안주스의 그레고리
(Gregory of Nazianzen) 54, 55, 57, 59, 61, 62, 68, 79, 81, 157, 158, 162, 177, 178

노바티안 62

뉴턴 363, 531, 536, 541-543, 560, 585, 587

니버(Niebuhr, R.) 188, 189, 201, 205-207

니콜라스 쿠사 252

닛사의 그레고리(Gregory of Nyssa) 53, 55, 57, 61, 157

[다]

다마스커스의 요한(John of Damascus) 68, 69, 73, 74, 82, 163, 178, 390

대처(Thatcher, A.) 358

던(Dunn, J. D. G.) 30, 511

데오도시우스 황제 53

뒤르(Dürr, Hans-Peter) 544

디오니시오스 387

[라]

라너(Rahner, K.) 85, 86, 90, 94, 95, 99, 121, 125, 130, 131, 184, 259, 275, 280, 285-288, 304, 314, 316, 322, 328, 423, 434, 435, 453, 490

라쿠냐(LaCugna, C. M.) 87, 93-98, 120, 121, 129, 160-162, 184, 280, 303-307, 312, 319-321, 323, 328

러셀(Russell, R. J.) 572-574

레담(Letham, R.) 33

로스키(Lossky, V.) 138, 147, 156, 163, 171, 172, 387-390, 392-395, 397-407, 409, 411, 413-417

루터 252

[마]

마르셀루스 50

마르시온 41

머피(Murphy, N.) 519, 584-588, 595, 598

몰트만(Moltmann, J) 70, 71, 87-93, 96, 97, 119, 128, 132-134, 139-141, 156, 163-170, 184, 208, 252, 280, 288-294, 315, 316, 321, 324, 430, 447, 449-451, 453-461, 463-471, 474, 475, 477, 480, 491, 493, 498, 566, 598

[바]

발렌티누스 41

베스터만(Westermann, C.) 20, 21

보어(Bohr, N. H. D.) 543

보프(Boff, L.) 97, 140, 141, 324, 325

부버 252

브라켄(Bracken, J. A.) 87, 111-118, 120, 136, 142-144, 153, 321, 386, 474, 475, 491, 492, 494

[사]

사모사타의 바울 48

사벨리우스 48, 50, 59, 77, 146, 165, 299, 389, 390

샤르댕 250, 252

수하키(Suchocki, M.) 112, 136, 386

쉘링 250, 252, 358, 449, 451, 516

슐라이에르마허 252, 312, 579

스윈번(Swinburne, R.) 272

[아]

아드리안 대처 358

아리우스(Arius) 47-50, 59, 67, 156, 244, 300, 303, 390

아인슈타인 220, 363, 432, 538

아타나시우스(Athanasius) 50-53, 79, 89, 137, 303

안셀름 406, 491, 540

알렉산드리아의 주교 알렉산더(Alexander Alexandrinus) 49

어거스틴(Augustine) 4, 55, 62-69, 75-77, 79-81, 85, 98, 135, 144, 145, 147, 156, 159-162, 165, 166, 168, 169, 187, 192, 206, 213, 219, 265-267, 292, 317, 400, 455, 458

오리겐(Origen) 40, 46, 47, 49, 107, 557,
558

오콜린스(O'collins, G.) 22

와일스(Wiles, M.) 574

요르단(Jordan, E. P.) 544

워드(Ward, K.) 474

웨어(Ware, T.) 146, 147, 175

웨인라이트(Wainwright, A.) 24, 36

위디오니시우스 457

윌드만(Wildman, W.) 573, 574

유노미우스 300

융엘(Jüngel, E.) 130

이레네우스(Irenaeus) 40-44, 50, 268, 414, 455

이정용 7, 8, 213, 218-229, 231-238, 240, 242-246

[자]

잠머(Jammer, M.) 424

장재(張載) 234

저스틴(Justin Martyr) 40, 41, 43

젠슨(Jenson, R.) 132

존슨(Johnson, E.) 180, 280, 308-311, 321, 322, 331

지지울라스(Zizioulas, J. D.) 81, 87, 105-111, 119, 120, 141, 142, 148-150, 153, 156, 162, 163, 171, 173-175, 280, 298-302, 306, 307, 318, 324, 326

[카]

카스퍼(Kasper, W.) 86, 87

카우프만(Kaufman, G.) 579, 588, 597

카파도키아의 교부들 55, 59, 62, 68, 81, 82, 85, 89, 100, 106, 107, 137, 140,

156-158, 161-163, 169, 299-302, 318

칼빈(Calvin, J.) 78, 79, 187

캅(Cobb, J. B.) 112, 136, 364, 377-379, 382, 383

컴프턴(Compton, J.) 579, 581, 583

콘스탄틴(Constantinus) 황제 49

쿠퍼(Cooper, J. W.) 251, 252, 257, 258, 260-264, 266, 267, 270, 271, 385

크레이그(Graig, W. L.) 272

클레이턴(Clayton, P.P.) 136, 258, 320, 385, 474-476, 478-480, 483, 485, 488, 493, 496, 501, 503, 504, 515-531, 590, 598

[타]

터툴리안(Tertullian) 40, 44-47, 62, 137

토렌스(Torrance, A.) 319

토렌스(Torrance, T. F.) 176, 324, 326

토마스 아퀴나스(Thomas Aquinas) 75, 214, 219, 396, 540

트레이시(Tracy, T.) 579, 580, 582, 583, 587, 595

틸리히(Tillich, P.) 7, 127, 187-189, 199, 201, 202, 205, 213, 252, 333-360

[파]

파러(Farrer, A.) 576

파르메니데스 363

판넨베르그(Pannenberg, W.) 71, 87, 99-101, 103, 104, 120, 121, 132-134, 145, 156, 163, 164, 168-170, 177, 179, 180, 188, 252, 280, 294-298, 316-318, 321, 324, 325, 419-437, 439, 440, 442-448, 474, 480, 490, 546, 554-560, 565, 569, 595, 596, 598

페러데이(Faraday, M.) 425

포드(Ford, L. S.) 112, 136, 570

포티오스(St. Photios the Great) 146

폴킹혼(Polkinghorne, J.) 252, 539, 540, 546-553, 565, 572, 573, 575-578, 586, 587, 595, 598

프락세아스 44, 48

피노크(Pinnock, C.) 383, 384

피데스(Fiddes, P.) 319

피콕(Peacocke, A.) 502-514, 527-531, 552, 587, 589-591, 593-595, 597

피터스(Peters, T.) 127, 314, 315, 321, 560

피텐저(Pittenger, N.) 112, 136

피히테 252, 516

[하]

하이젠베르그 363, 545, 547, 572, 575

하이트(Haight, R.) 129

하트숀(Hartshorne) 136, 252, 253, 364, 373-377, 382, 383

헤겔 250, 252, 313, 337, 422, 449, 451, 452, 475, 493, 515-517

헤라클리투스 363

헤리슨(Harrison, N. V.) 301

헤블드와이트(Hebblethwaite, B.) 579, 580, 583, 590

화이트헤드(Whitehead, A. N.) 104, 111, 112, 114, 117-119, 136, 142, 188-190, 200-202, 204, 205, 250, 252, 363-366, 368-375, 377, 378, 380, 382, 383, 386, 439, 494, 566, 569

후타도(Hurtado, L. W.) 25, 26, 28, 29

주제어 색인_

[가]

가능태의 원리 118, 144, 386

객체적 불멸성 372, 373, 386

결과적 본성 114-116, 118, 119, 144, 371-374, 376, 378, 381, 382, 386

경세적 가변성 131

경세적 삼위일체 44, 46, 47, 69, 80, 90, 91, 94, 95, 99, 114, 121, 125, 129-134, 136, 143, 147, 150-154, 167, 171, 176, 180, 183, 184, 185, 245, 258, 259, 275, 276, 280, 282, 287, 288, 291, 294, 297, 298, 304, 305, 314-318, 320-323, 326-332, 400, 413, 421, 423, 428, 434-437, 441, 443, 447, 448, 453, 460, 462, 470, 471, 484, 489, 490, 495

계시적 삼위일체론 280, 303, 312

계열적 연속성(succession) 261

고기독론 24, 29, 30, 35-37, 124, 126, 476

공감적 사랑(compassionate love) 254

과정사상 119, 120, 136, 142, 152, 153, 201, 202, 204, 363, 364, 380, 383, 386, 475

관계론적 실재관 85, 120, 476

군주신론 22, 44, 48, 50, 59, 82, 88, 97, 139, 156, 162, 163, 175

군주적 통치(Monarchy) 48, 168, 307, 438

궁극적 관심 187, 335, 336

궁극적 현실태의 원리 118, 144, 386

글로컬리즘(glocalization) 217

긍정신학(cataphatic theology) 387

기(氣) 236-239, 245, 263

기원적 창조 345, 346

[나]

낯선 유인자(strange attractor) 547, 552

내재적 불변성 131

내재적 삼위일체 46, 69, 80, 88, 90, 91, 94, 95, 97-99, 121, 125, 129-134, 136, 139, 143, 151, 152, 154, 167, 170, 171, 176, 184, 185, 258, 259, 275, 276, 280, 282, 285, 287, 288, 291, 292, 294, 297, 298, 304, 305, 312-318, 320-323, 326-332, 413, 421, 423, 428, 434-437, 441, 443, 447, 453, 458, 460, 462, 470, 471, 484, 490, 495

누스 557, 559

니케아 공의회, 니케아 신조 48-50, 53, 67, 93, 106, 107, 156, 158, 176, 185, 303, 324

[다]

단일인격적(unipersonal) 양태론

단일통치(monarchy) 46, 56, 57, 61, 62, 68, 69, 81, 157, 162, 178, 180

데미우르고스 41

동일본질(homoousia) 49, 50, 52-56, 61, 64, 67-70, 81, 145, 156-158, 176, 185, 304, 324, 391, 392, 395, 398, 401

[라]

라너의 규정 90, 121, 125, 130, 285, 314, 316, 328, 453

로고스(영원한 말씀) 7, 24, 26, 27, 31, 35-37, 39-41, 43, 47, 48, 50, 102, 131, 155, 156, 187-189, 191, 192, 195, 200

−203, 205, 207, 209, 211, 285, 287, 303, 337, 344, 345, 355, 358, 360, 379, 382, 397, 398, 401, 404, 511, 512, 556

루아흐(ruach) 23, 227, 228, 236, 544, 558, 560

리옹 공의회 67

[마]

만유재신론 7, 8, 9, 38, 116, 117, 134, 144, 151, 154, 167, 237, 245, 246, 249, 250−260, 262−264, 267−271, 274, 275, 277, 278, 293, 311, 312, 316, 323, 333 −335, 338, 341, 345, 349, 355, 356, 359, 360, 364, 381, 382, 385−387, 417, 419−421, 424, 443, 447−449, 453, 454, 456, 459, 463, 465, 466, 468 −471, 473−498, 501−503, 507−511, 513, 515, 517, 518, 521, 522, 524, 527−529, 560, 565

만유재신론적 삼위일체론 6, 7, 117, 118, 279, 280, 321−323, 327, 330−332, 449, 450, 493

메시아 기독론 모델 30

무극(無極) 224

무로부터의 창조(creatio ex nihilo) 275, 345, 346, 383, 385, 403, 429, 458, 464, 483

[바]

반토대주의(anti−foundationalism) 563

발출(spiration) 45, 76, 77

변증법적 97, 119, 121, 124−130, 152, 166, 211, 217, 270, 313, 335−338, 341, 345, 346, 349, 355, 358, 360, 449−453, 457, 463, 468−471, 475, 481, 493−498, 516, 565

변증법적 만유재신론 7−9, 333, 335, 355,
450, 493, 497, 498

본성(physis) 46, 50−52, 54, 56−61, 73, 76, 81, 87, 88, 93, 96, 102, 107, 108, 110, 111, 113, 115−119, 135, 136, 138, 142, 144, 145, 157, 158, 162, 166, 171, 213, 216, 221, 222, 226, 227, 230, 234, 237, 238, 250, 251, 253, 254, 257−260, 266, 275, 276, 282, 287, 288, 299−302, 304, 306, 314, 318, 320, 369−373, 375 −380, 382, 383, 388−390, 393, 396− 399, 401, 403, 405−412, 417, 421, 423, 425, 428, 429, 438, 451, 456, 457, 463, 474, 475, 480, 481, 492, 494, 495, 507, 511, 532, 545, 547, 548, 550, 586

본성적 행렬 171

본질, 실체(ousia, esse, substantia, essence) 63, 80, 138, 159, 165, 313, 318

본질의 외부 172, 414−416

본체 22, 283, 299−302

부동의 동자 221, 222, 254, 481, 482

부정신학(apophatic theology), 부정적(apophatic) 접근방식 5, 171, 387, 388, 415

비제한적 존재(Unlimited Being) 210

비판적 실재론 546−548, 551−553, 575

[사]

사랑의 끈(bond) 68, 76, 77, 81, 111, 116, 145, 151, 159, 161, 165, 166, 172, 175, 183, 292, 317, 411

사회 92, 93, 111−114, 118, 120, 140− 143, 153, 194, 198, 199, 206, 207, 238, 293, 308, 367, 368, 373, 374, 379, 386, 510, 595

사회들의 사회 113, 142

사회적 삼위일체론 62, 85, 92, 93, 112,

색 인 • 621

119, 125, 137, 139, 140, 141, 143, 153, 166, 279, 280, 288, 291, 315, 316, 386, 428, 454, 461, 491

상향식 인과율 532, 575, 578, 586, 592, 599

상호내주 181, 293, 450, 461, 466

상호적 인격성(interpersonality), 상호적 주체성(intersubjectivity) 86, 87

선재적 고기독론 31, 35, 36

선재적 로고스 37

섭리 7, 9, 20, 42, 188-193, 195, 198-201, 203, 206-211, 254, 273, 295, 343, 348, 372, 400, 406, 444, 446, 450, 484, 490, 512, 513, 532, 535, 539, 563, 574, 580, 589, 595

성부수난설 135, 221, 348

성육신 26, 41, 43, 51, 63, 97-99, 102, 126, 127, 130, 131, 133, 195, 226, 235, 255, 269, 285, 287, 304, 306, 310, 311, 314, 330, 331, 337, 379, 380, 382, 383, 397, 402, 405, 406, 408, 409, 438, 458, 464, 481, 482, 490, 506, 510, 512, 556, 565

세 구별된 실존방식(three distinct manners of subsisting), 세 구별된 존재방식 86

세 존재양태(three modes of being) 86, 100, 139, 165, 286, 291

소극적 수정주의 고전적 유신론 275

소외(죄) 193

소피아 309, 311, 331

소피아 삼위일체론 280, 308, 310, 311

속성 23, 29, 31, 32, 55-57, 60, 65, 74-78, 80, 100, 101, 103, 104, 135, 158, 160, 164, 172, 174, 175, 183, 204, 210, 257, 297-300, 307, 326, 350, 368-370, 376, 388, 390, 391, 398, 400, 401, 414 -417, 421-423, 426, 439, 464, 469,

476, 483, 496, 503, 505-508, 519-524, 526, 527, 542, 596

수반(supervenience) 518, 519

수정주의 과정신학자 136

순수 현실태(actus purus) 135, 254, 272, 342, 375, 481

스토아 철학 424

스피리투케(spirituque) 71, 148, 179, 181, 183

신적 유명론(nominalism) 315

신정론 197, 244, 251, 265, 267, 348, 349, 454, 455, 484, 529, 565

신플라톤주의 63, 219, 253

신화(θέωσις, theosis, deification) 51, 75, 96, 98, 110, 158, 171, 388, 389, 396, 402, 404-407, 409-414, 417, 493

실체(substance) 106, 110, 390

실체론적 실재관, 실체론적 존재론 80, 85, 120, 135, 250, 274, 476, 516

[아]

아리스토텔레스 100, 136, 213, 219-221, 249, 481, 516, 541, 569

안(in) 201, 208

야훼(YHWH) 221, 223

양태론 43-46, 48, 50, 65, 66, 77, 80, 86, 100, 146, 155, 156, 164, 165, 299

에너지 57, 69, 74, 75, 163, 171, 172, 175, 186, 221, 227, 236, 239, 262, 269, 273, 278, 292, 388, 396-403, 407, 410, 412-415, 417, 432, 442, 445, 465, 476, 529, 543, 553, 572, 578, 594

에너지적 만유재신론 8, 417

역(易), 역 삼위일체론 8, 213, 219-231, 235, 240, 241, 245

역동적 유신론 250

역사적-종말론 삼위일체론 280, 294

역장(영) 삼위일체론 8, 419, 448

연계(nexus) 365

연합적 사랑(uniting lover) 183

열린 유신론 274, 385

영광송(doxology), 찬송 신학 56, 90, 91, 123

영원적 객체(eternal object) 368, 369, 377

영원한 현재(nunc eternum) 351, 441, 477

예정 250, 260, 261, 264-268, 273, 275, 277, 350, 354, 355, 378, 383, 384, 484, 556, 562, 564, 565

오리엔탈리즘 214-216

오이코노미아 삼위일체론 280, 303, 328

오이코노미아(oikonomia) 93-95, 98, 121, 303-305, 307, 321, 323, 328

왕적 메시아 모델 30

우시아(οὐσία, 실체substance, 본질essence) 137, 140, 389, 390

원천(arche) 5, 52, 57, 64, 65, 68, 69, 78, 79, 81, 101, 110, 120, 127, 135, 138, 146, 148, 150, 153, 157, 159, 161, 162, 168, 169, 172-175, 178, 180, 182, 188, 191, 203, 205, 217, 222-225, 229, 239-241, 244, 245, 252, 281, 302, 307, 320, 326, 372, 379, 387, 391, 393, 394, 404, 408, 409, 411, 413, 422, 478, 498, 517, 523, 524, 528, 555, 575

원초적 목적(initial aim) 115, 153, 371, 381

원초적 본성(primordial nature) 114, 115, 118, 119, 371-375, 379-383, 386

위격, 인격(hypostasis, prosopon, person) 22, 23, 30, 35, 43, 44, 45, 48, 50, 54-57, 60-63, 66, 67, 69, 71-78, 80-82, 85, 86, 89, 96, 101, 103, 106-108, 111, 113, 115, 119-121, 131, 138, 140, 142, 146, 147, 151, 152, 156-163, 166-175, 177-183, 233, 243, 283, 292, 298, 301, 313, 325, 326, 383, 389-401, 405-409, 411, 414, 426-428, 435, 436, 451, 460, 461, 491

위격적 실존(subsistence) 68, 75, 172, 396, 398, 413

위격적 행렬 171

위상공간(phase space) 553

유기체적 만유재신론 8, 363

유사본질 49, 54, 56

유지적 창조 345, 347

유출모델 98

응답적 사랑(responding lover) 183, 378-380, 383, 458, 496

이위적(binitarian) 27, 35, 147

이중출원 66, 144

이행(履行) 190

인격성의 존재론(ontology of personhood) 299

인도적 창조 345, 348, 355

일과성(一過性, facticity) 190

[자]

자궁 240, 255, 477, 480, 510

자기초월적 본성(superject nature) 114, 118, 119, 144, 386

자발적 내재성 270

자유의지 유신론 274, 384, 385

장(field), 역장(力場, force field), 장이론, 역장이론 8, 112, 263, 297, 420, 424-426,

428, 430, 432, 433, 436, 442, 445, 446, 559, 561, 565

저기독론 35, 36, 124

적극적 수정주의 고전적 유신론 274

절대적 주체 86, 88, 166, 313, 340, 454, 461, 493

정적 유신론 250

정치(해방)신학 189, 201, 206, 208, 209

조망(envisionment) 114, 189, 192, 203, 204, 209, 374, 377

존재-관계론적(onto-relational) 178

존재론적 내재성 270

존재양태, 존재방식(Seinsweise) 71, 138, 165, 166, 168, 175, 182, 283, 312, 313, 367, 371

종말론 104, 121, 132, 189, 195, 197-201, 207-209, 211, 335, 359, 467

종말론적 예언자 모델 30

종속론, 종속주의 40, 46-48, 50, 82, 155, 156, 162, 163, 168, 177, 178, 244, 299

주도적 사랑(initiating lover) 183

주역 218-220, 222, 224, 226, 227, 239, 243

주체적 목적 200, 367, 371, 381

중간적 존재 28, 29, 43, 156

중심화된 결정(centered decision) 202

지혜(호크마), 지혜전통 23, 29-31

지혜적 고기독론

짐줌 255, 270, 275, 430, 458, 463, 468, 477, 480

[차]

창발 503-505, 512, 515, 518, 519-527, 530, 584, 587, 592-599

창발주의 유신론 523

창발주의적 수반 (emergentist supervenience) 518, 521

창발주의적 일원론(emergentist monism) 504, 506, 507, 518, 521, 527

창조적 자존성(自存性, aseity) 192

초상대성(Surrelativity) 375, 377

최고 실체 88

출원(procession) 76, 297, 323

친교적 연합 62, 64, 72, 75, 82, 87, 93, 95-97, 105-111, 119-121, 137, 140-142, 144-147, 149, 150, 152, 153, 159, 163, 165, 167, 170, 173-175, 177, 178, 181-183, 284, 285, 292, 293, 296, 298-302, 305-307, 311, 318-327, 331, 332, 428, 461, 462, 471, 490, 493

칭의의 우선성의 원리 196

[카]

카발라 전통 430, 458

카오스 체계 514, 572-574, 577-579, 586, 587, 591, 595, 597, 598

코펜하겐 양자이론 543

콘스탄티노플 공의회, 니케아-콘스탄티노플 신조 7, 39, 50, 53, 55, 57, 59, 62, 67, 79, 82, 107, 124, 144, 156

[타]

탈자아적(ecstatic) 105, 108, 110, 119, 141, 181, 334, 335, 427, 464

탈존(脫存, ekstasis) 153, 301, 302, 306

테올로기아(theologia)　93, 94, 95, 98, 121, 303-305, 320, 328

토대주의(foundationalsim)　562-564

토착화 신학　8, 213, 215, 217, 218, 240, 246

톨레도 공의회　67

[파]

파루시아　128, 412

파악(preshension)　366

페르소나(persona)　80, 137, 390

페리코레시스(상호내주, 상호순환, 상호침투)　8, 66, 70, 71, 73, 74, 81, 82, 87, 89, 90, 92, 119, 121, 140, 151, 152, 158, 163, 165-167, 170, 174, 175, 177-179, 181-183, 292, 293, 307, 311, 315, 316, 319, 323-327, 332, 449, 450, 459-463, 465, 466, 469-471, 481, 493

포물선 운동　98, 306, 331

포스트토대주의(post-foundationalism)　537, 561, 564, 566

포월(包越)　7, 329, 330, 332

프뉴마(pneuma)　227, 424, 425, 557-560

프로소폰($\pi\rho\acute{o}\sigma\omega\pi o\nu$, prosopon)　137, 390

플라톤　47, 49, 136, 213, 219, 249, 368, 403, 415, 479, 595

플로티누스　249, 252, 253

필리오케(filioque)　38, 55, 64, 67, 69, 70, 71, 77, 79-81, 144-149, 153, 161, 166, 167, 169, 179, 181, 183, 284, 316, 323, 324, 326, 393, 394

[하]

하나님의 자존성(aseity)　48, 192, 257, 258, 342, 475, 481, 494, 495

하향식 인과율　528-530, 532, 552, 553, 575, 576, 578, 579, 584, 585, 587-590, 592, 595, 599

합생(concrescence)　115, 116, 118, 204, 365-367, 381, 386

허용　76, 97, 120, 208-210, 228, 235, 260, 265-268, 276, 377, 384, 397, 417, 439, 447, 455, 466, 467, 482, 492, 495, 524, 580, 581, 595

현재적 현실태의 원리　118, 144

휘포스타시스($\acute{u}\pi\acute{o}\sigma\tau\alpha\sigma\iota\varsigma$, hypostasis 위격, 인격)　137, 138, 140, 141, 389, 390